LEHRBUCH DES STRAFRECHTS

VON

DR. ROBERT v. HIPPEL
GEH. JUSTIZRAT · ORD. PROFESSOR DER RECHTE
IN GÖTTINGEN

SPRINGER-VERLAG BERLIN HEIDELBERG GMBH 1932

ISBN 978-3-662-00255-1 ISBN 978-3-662-00275-9 (eBook)
DOI 10.1007/978-3-662-00275-9

Vorwort.

Die Geschichte dieses Buches reicht weit zurück: Als junger Ordinarius in Rostock entschloß ich mich (1898), eine umfassende Gesamtdarstellung des Strafrechts zu schreiben und dann auf solcher breiten, selbst erarbeiteten Grundlage ein kürzer zusammenfassendes Lehrbuch erscheinen zu lassen. Äußere Ereignisse, insbes. meine Beteiligung an der Strafrechtsreform (1902—1913), dann Kriegs- und Sorgenjahre verzögerten die Durchführung. 1925 und 1930 aber konnte ich mein großes Werk „*Deutsches Strafrecht*“ (Berlin: Julius Springer) in bisher zwei Bänden erscheinen lassen. Der erste Band umfaßt die für das Verständnis des Gesamtgebiets entscheidenden *Grundlagen* (Gegenstand des Strafrechts, Geschichte, Übersicht über das Recht des Auslands, Strafrechtstheorien und Kriminalpolitik); der zweite Band enthält die *allgemeinen Lehren vom Verbrechen*, die für alle einzelnen strafbaren Handlungen die wissenschaftlich wie praktisch maßgebende Grundlage der Beurteilung bilden.

Ich stand nun vor der Frage, ob ich weiter als Band III in gleicher Weise die *einzelnen Delikte* (Strafrecht, besonderer Teil) bearbeiten oder bereits auf Grundlage der bisherigen zwei Bände die *Gesamtdarstellung des Lehrbuchs* in Angriff nehmen sollte. Ich entschloß mich in letzterem Sinne, einmal in dem begreiflichen Streben nach einem vorläufigen Abschluß, wenn auch in verkürzter Form, sodann weil die unsichere politische Lage der gesetzlichen Strafrechtsreform eine umfassende Bearbeitung gerade des besonderen Teils erschwerte. So ist das vorliegende Lehrbuch entstanden.

Aus dieser Entstehungsgeschichte ergibt sich zugleich: Die ersten beiden Teile (allgemeine Grundlagen und allgemeine Lehren vom Verbrechen) stellen sich, meinem Plan entsprechend, in der Hauptsache als zusammenfassende Fortführung dessen dar, was mein „Deutsches Strafrecht“, Bd. I/II, in großer Darstellung enthält. In solcher Herausstellung des Wichtigsten unter Wahrung von Gründlichkeit liegt erhebliche Arbeit. Zu meinem Gebrauch wie zum Gebrauch jedes Lesers, der nähere Ausführung wünscht, ist dabei fortlaufend auf die Begründung jener zwei Bände verwiesen. Zitiert sind diese als „Strafr. I, II“.

Neu ist im jetzigen Lehrbuch der große dritte Teil über die einzelnen strafbaren Handlungen (besonderer Teil) und der vierte Teil (Strafensystem). Auch sie beruhen auf eingehender Vorarbeit. Das Ziel des Lehrbuchs aber erforderte nicht Einzelausführung, sondern möglichst klare und scharfe Darstellung der Hauptfragen. Ständige nähere Vorführung von Literatur war deshalb nicht möglich. Wohl aber ist jeweils der Stand der Ansichten, vielfach auch an Beispielen, gekennzeichnet. Dauernd berücksichtigt ist die Rechtsprechung des Reichsgerichts, die zugleich wertvollstes Anschauungsmaterial liefert. Dabei sind insgesamt die neueren Entscheidungen in den Vordergrund gestellt.

Wichtigere Nebengesetze sind kurz oder näher erörtert. Vollständige Vorführung aller Nebengesetze lag nicht im Plan der Arbeit. Insbes. sind das Militärstrafrecht und das Zoll- und Steuerstrafrecht nur an einschlägigen Stellen behandelt.

Die einzelnen Deliktstatbestände sind je nach Bedeutung und Schwierigkeit eingehender oder kürzer dargestellt. Von diesem Standpunkt aus bedurften eine ganze Reihe von Tatbeständen zum wirklichen Verständnis näheren Eingehens.

Die Darstellung des Strafensystems enthält Ausführungen, die mir für Theorie und Praxis gleich wesentlich sind.

Überall war es mein Ziel, auf knappem Raum in klarer Form sachlich möglichst viel zu bieten. Dem entspricht die reichliche Verwertung von Anmerkungen, die es zugleich gestattet, den Text durch Entlastung von Einzelheiten möglichst durchsichtig zu gestalten. Wie in meinem großen Werke, so war ich auch jetzt im engeren Rahmen durchweg bestrebt, über die Kenntnis bloßer Tatsachen hinaus auf Entstehung, Bedeutung, Wert und Fortentwicklung hinzuweisen. Wer dabei von meinen Ansichten abweicht, der setze die seinigen an die Stelle. Wer aber als Jurist auf solche Methode verzichten wollte, der würde zwar das Recht kennen, aber nicht begreifen und damit weder den Aufgaben der Wissenschaft noch denen des Unterrichts und der Praxis gerecht werden.

Während meine Arbeit schon weit im besonderen Teil (Teil III) stand, erschienen die Lehrbücher von Mezger (Strafrecht, 1931) und Eberh. Schmidt (v. Liszt-Schmidt, Lehrbuch, 26. Aufl., 1932, Teil I). Sie behandeln die allgemeinen Lehren des Strafrechts (Begriff, Geschichte, Verbrechen, Strafe) in einem Bande mittlerer Stärke, also naturgemäß viel kürzer als mein Strafr. Bd. I/II. Fortlaufende nachträgliche Berücksichtigung war aus zeitlichen wie räumlichen Gründen nicht mehr möglich. Ich verweise daher hiermit auf jene Systeme. Über sonstige wichtigste Literatur vgl. unten S. 44/45.

Zur Übersicht für den Leser ist das Inhaltsverzeichnis eingehend ausgeführt. Als Ergänzung dient das Sachverzeichnis, das ausgiebig auf sachliche Fragen hinweist, ohne den Anspruch auf erschöpfende Vorführung aller Einzelheiten zu erheben. Ein Register der Paragraphen des Strafgesetzbuchs ist beigefügt; ein besonderes Register der Übertretungen befindet sich S. 393/95. Nebengesetze sind aus dem Inhalts- und Sachverzeichnis ersichtlich. Das Verzeichnis ständiger Abkürzungen dient deren Erläuterung. Der Text des Buches selbst ist klar geordnet und verweist scharf auf zusammengehörige Stellen. Mit diesen Mitteln wird insgesamt ein rascher, sicherer Aufschluß über jede gesuchte Frage gewährleistet.

Geschrieben habe ich dies Buch zur Belehrung für mich selbst wie für meine Hörer. Ich hoffe daher, daß es ebenso den Bedürfnissen der Studierenden wie den Anforderungen entspricht, die Wissenschaft und Praxis an eine räumlich begrenzte Gesamtdarstellung des Strafrechts zu stellen berechtigt sind.

Göttingen, Juni 1932.

R. v. Hippel.

Inhalt.

Erster Teil.

Allgemeine Grundlagen.

Kapitel I.

Der Gegenstand des Strafrechts.

Kapitel II.

Die geschichtliche Entwicklung des Strafrechts.

Kapitel III.

Kapitel IV.

Die Wirksamkeit des Strafrechts.

Zweiter Teil.

Das Verbrechen. Allgemeine Lehren.

Kapitel I.

Rechtsquellen und Geltungsgebiet.

Kapitel II.

Begriff und Einteilungen des Verbrechens.

Kapitel III.

Die Handlung.

Kapitel IV.

Die Rechtswidrigkeit.

Kapitel VII.

Der Versuch.

Kapitel VIII.

Täterschaft und Teilnahme.

Kapitel IX.

Einheit und Mehrheit der Verbrechen.

Kapitel X.

Verzicht auf Strafe.

Dritter Teil.

Die einzelnen Verbrechen (Strafrecht, Besonderer Teil).

Erstes Buch.

Die Verbrechen gegen den Einzelnen.

Kapitel I.

Verbrechen gegen Leib und Leben.

Kapitel II.

Sonstige Verbrechen gegen persönliche Rechtsgüter.

Kapitel III.

Verbrechen gegen das Vermögen.

Zweites Buch.

Die Verbrechen gegen den Staat.

Kapitel I.

Verbrechen gegen Bestand und Sicherheit des Staates.

Kapitel II.

Verbrechen gegen die Staatsgewalt.

Kapitel III.

Die Amtsverbrechen.

Drittes Buch.

Die Verbrechen gegen die Gesamtheit.

Kapitel I.

Urkunden- und Münzverbrechen.

Kapitel II.

Friedensstörungen.

Kapitel III.
Preßrecht, Vereins- und Versammlungsrecht.

Kapitel IV.
Gemeingefährliche Verbrechen.

Kapitel V.

Die Übertretungen.

Vierter Teil.

Die Strafe.

Kapitel I.

Allgemeine Grundlagen.

Kapitel II.

Die Hauptstrafen.

Kapitel III.

Nebenstrafen und Nebenfolgen.

Übersicht über die Paragraphen des Strafgesetzbuches.

Die Seitenzahlen bezeichnen die *Hauptstellen*, an denen die einzelnen Paragraphen behandelt sind. Über *Nebengesetze* vgl. das systematische und das alphabetische Sachverzeichnis.

Sachverzeichnis.

Wo nicht Paragraphen ausdrücklich erwähnt sind, bezeichnen die großen Ziffern die Seiten, die kleinen die Anmerkungen.

(Das Verzeichnis verweist ausgiebig auf den Inhalt, ohne den Anspruch auf erschöpfende Vorführung aller Einzelheiten zu erheben.)

Verzeichnis ständiger Abkürzungen.

Allfeld = Allfeld, Lehrbuch d. deutschen Strafrechts, 8. Aufl., 1922.

Aschaffb. Monatsschr. = Monatsschrift für Kriminalpsychologie und Strafrechtsreform, herausgeg. v. Aschaffenburg, 1904/05ff.

v. Bar, G. u. S. I, II, III = v. Bar, Gesetz und Schuld im Strafrecht, Bd. I bis III, 1906/09.

v. Bar, Handb. I = v. Bar, Handbuch des deutschen Strafrechts, Bd. I: Geschichte des deutschen Strafrechts und der Strafrechtstheorien, 1882.

Beling, Verbrechen = Beling, D. Lehre v. Verbrechen, 1906.

Berner = Berner, Lehrbuch des deutschen Strafrechts, 18. Aufl., 1898.

Binding, Grundr. = Binding, Grundriß des deutschen Strafrechts, Allgem. Teil, 7. Aufl., 1907.

Binding, Handb. I = Binding, Handbuch des deutschen Strafrechts, Bd. I, 1885.

Binding, Lehrb. I, II 1, II 2 = Binding, Lehrbuch des deutschen Strafrechts, Besonderer Teil, Bd. I, 2. Aufl., 1902; Bd. II, Abteilung I, 2. Aufl., 1904; Abteilung II, 1905.

Binding, Normen = Binding, Die Normen und ihre Übertretung. Bd. I, 1872, 2. Aufl. 1890. — Bd. II, 1877, 2. Aufl. 1914, zweite Hälfte 1916. — Bd. III, 1918. — Bd. IV, 1919.

E. = Entscheidungen des Reichsgerichts in Strafsachen, Bd. 1—65.

Finger = Finger, Lehrbuch des deutschen Strafrechts, Bd. I, 1904.

Frank = Frank, Das Strafgesetzbuch f. d. Deutsche Reich (Kommentar), 18. Aufl., 1931.

GerS. = Der Gerichtssaal.

Goltd. Arch. = Archiv für Strafrecht, begründet von Goltdammer.

Goltd. Mat. = Goltdammer, Die Materialien zum Strafgesetzbuch f. d. Preuß. Staaten, B. I/II, 1851/52.

Hälschner = Hälschner, Das gemeine deutsche Strafrecht, Bd. I, II 1/2, 1881/87.

Hälschner, Preuß. Strafr. = Hälschner, Das preußische Strafrecht, Bd. I (Geschichte), 1855; II, 1858; III 1, 1868.

IKV. = Internationale kriminalistische Vereinigung.

Jur. Ztg. = Deutsche Juristenzeitung. Jahrg. 1—37, 1896ff.

Leipz. Komm. = Reichsstrafgesetzbuch, Kommentar, von Ebermayer, Lobe, Rosenberg, 4. Aufl., 1929.

Leipz. Z. = Leipziger Zeitschr. f. Deutsches Recht.

v. Liszt = v. Liszt, Lehrbuch des deutschen Strafrechts, 21./22. Aufl., 1919 (die letzte, vom Verf. selbst besorgte Auflage).

v. Liszt-Schmidt = v. Liszt, Lehrb. d. deutschen Strafrechts, 25. Aufl., von Eberhard Schmidt, 1927 (26. Aufl., Teil I, 1932).

M. E. Mayer = Max Ernst Mayer, Der allgemeine Teil des deutschen Strafrechts, 1915.

A. Merkel, Enzykl. = A. Merkel, Juristische Enzyklopädie, 5. Aufl., von Rud. Merkel, 1913.

A. Merkel, Lehrb. = Adolf Merkel, Lehrbuch d. deutschen Strafrechts, 1889.
Mitt. d. IKV. = Mitteilungen d. internationalen kriminalistischen Vereinigung 1889ff.
Mommsen = Mommsen, Römisches Strafrecht, 1899.
Olshausen = Olshausen, Kommentar zum Strafgesetzbuch, 11. Aufl., Bd. I/II, 1927.
R. = Rechtsprechung des Reichsgerichts in Strafsachen, Bd. 1—10, 1879/88.
RG. = Reichsgericht.
Stenglein = Stenglein, Strafr. Nebengesetze, Kommentar, 5. Aufl., Bd. I/II, 1928/31 (von Ebermayer, Conrad, Feisenberger, Schneidewin).
StG. = Die Strafgesetzgebung der Gegenwart in vergleichender Darstellung (Herausgeber: v. Liszt, Crusen), Bd. I/II, 1894/98.
Strafr. Abh. = Strafrechtliche Abhandlungen (Heft Nr. 1 usw.), begründet von Bennecke, jetzt herausgegeben von Schoetensack. Breslau: Schletter.
Strafr.-Ztg. = Deutsche Strafrechtszeitung, Jahrg. 1—9, 1914ff.
V. D. = Vergleichende Darstellung des deutschen und ausländischen Strafrechts, 15 Bde. und Registerband. (Allg. Teil, Bd. 1—6; Bes. Teil, Bd. 1—9.) 1905 bis 1908.
Z. = Zeitschrift für die gesamte Strafrechtswissenschaft, begründet von v. Liszt und Dochow, Bd. 1—50, 1881ff.

Die Zitate erfolgen, wo nichts anderes angegeben ist, nach Band und Seitenzahl. Die allgemein üblichen Abkürzungen der Gesetze (insbesondere StrGB. = Strafgesetzbuch, StrPO. = Strafprozeßordnung, GVG. = Gerichtsverfassungsgesetz, EinfG. = Einführungsgesetz) setze ich als bekannt voraus.

Nicht gedruckte Dissertationen, ein jetzt überwundener Übelstand der schweren Jahre nach 1914, sind in Maschinenschrift vorhanden 1. auf der Berliner Staatsbibliothek, 2. auf der betr. Universitäts-Bibliothek (Göttinger Dissertationen also in Göttingen).

Nachtrag zu S. 52.

Polen. Neues Strafgesetzbuch v. 11. Juli 1932 (in Kraft 1. Sept.), anschließend insbes. an Deutsches Recht und Entwürfe.

Erster Teil.

Allgemeine Grundlagen.

Kapitel I.

Der Gegenstand des Strafrechts.

§ 1. Das Strafrecht als Teil der Rechtsordnung.

I. Das Strafrecht ist nur ein Teil der Rechtsordnung, seine Bedeutung daher nur im Rahmen des Ganzen verständlich[1].

Das Wesen des menschlichen Gemeinschaftslebens (sozialen Lebens) besteht im Zusammenwirken zur Befriedigung der Lebensbedürfnisse[2]. Dafür bedarf es der Entwicklung mannigfachster Regeln, teils belehrender, teils befehlender Art. Letztere umfassen die Vorschriften von Recht, Moral, Religion und Sitte. Ursprünglich ungetrennt, entwickeln sie sich allmählich selbständig[3].

Die Eigenart der Rechtsregeln (Rechtssätze, Rechtsnormen) besteht darin, daß sie in bindender Weise die menschlichen Machtgebiete — anders ausgedrückt, die menschliche Handlungsfreiheit — begrenzen[4]; Befugnisse gewährend einerseits, Pflichten

---

[1] Vgl. dazu eingehend Strafr. I, § 2.

[2] Dazu grundlegend: STAMMLER: Wirtschaft und Recht, 1896.

[3] Religion und Moral stellen Anforderungen an die Gesinnung (den Glauben bzw. den Charakter), Recht und Sitte an das äußere Verhalten (Tun oder Unterlassen); und zwar die Sitte, weil dies gesellschaftlich üblich, das Recht, weil es staatlich geboten ist.

Recht und Moral stehen im Verhältnis zweier selbständiger, sich schneidender Kreise. Auf der einen Seite gehen die Anforderungen der Moral weit über diejenigen des Rechts hinaus; andererseits umfaßt das Recht in breitem Umfang auch moralisch indifferentes Gebiet. Vielfach aber begegnen und unterstützen sich beide, so im Strafrecht insbesondere auf dem Hauptgebiet der schwereren Delikte (sozial schädliche und zugleich regelmäßig moralisch verwerfliche Handlungen). Auch hier aber zeigt sich die grundsätzliche Selbständigkeit: Endzweck des Rechts bleibt stets die Herbeiführung eines bestimmten äußeren Verhaltens, Endzweck der Moral die Erzeugung einer bestimmten Gesinnung. Rechtmäßiges Verhalten kann im Einzelfalle auf unmoralischer Gesinnung beruhen und umgekehrt.

[4] Der vielerörterte und angeblich immer noch nicht gefundene Begriff des Rechts lautet damit klar und einfach: Recht ist die Summe der Vorschriften (die Ordnung), die in bindender Weise die menschlichen Machtgebiete (die menschliche Handlungsfreiheit) begrenzen.

auferlegend andererseits. Soweit letzteres der Fall, daher grundsätzlich im Strafrecht, läßt sich das Recht formell als eine Summe staatlicher Gebote und Verbote bezeichnen.

II. Als Teil des öffentlichen Rechts umfaßt das Strafrecht im weitesten Sinne die Gesamtheit der Rechtsvorschriften, die der Bestrafung menschlichen Verhaltens durch den Staat[1] dienen. Diese Vorschriften zerfallen in drei große Gebiete: In das materielle Strafrecht (Strafrecht im engeren Sinne), den Strafprozeß und den Strafvollzug[2].

Das materielle Strafrecht bestimmt, welche Handlungen strafbar (Verbrechen[3]) sind, und welche Strafen dafür eintreten. Daran anschließend regelt der Strafprozeß die Ermittlung und Aburteilung des Beschuldigten in gesetzlich geordnetem Verfahren. Die Art der Vollstreckung der erkannten Strafe wird durch die Vorschriften über Strafvollzug näher bestimmt[4].

III. Aus dem objektiven Strafrecht entspringt das subjektive Recht des Staates auf Bestrafung im Einzelfalle, der sog. öffentlichrechtliche Strafanspruch des Staates gegenüber dem Verbrecher[5].

IV. Gegenstand dieses Buches ist zusammenfassende Darstellung des materiellen Strafrechts[6]. Eingehende Behandlung der Grundlagen bietet dem Leser weit darüber hinaus mein „Deutsches Strafrecht". Berlin: Julius Springer; Bd. I (Allgemeine Grundlagen) 1925; Bd. II (Das Verbrechen, Allgemeine Lehren) 1930[7].

---

[1] Über die geschichtlich vorausgehende privatrechtliche Kulturperiode des Strafrechts vgl. unten S. 8.

Das Wort „Strafe", „stråfen" (ursprünglich tadeln, schelten) im heutigen Sinne tritt erst seit dem 14., das Wort „Verbrechen" (Brechen der Ordnung) erst seit dem 17. Jahrhundert auf. Die Gesamtbezeichnung „Strafrecht" kommt erst nach 1800 in Gebrauch. Früher sprach man von ius criminale, ius poenale, deutsch: Kriminalrecht, Peinliches Recht.

[2] Ganz analog im Privatrecht: Materielles Privatrecht, Zivilprozeß, Zwangsvollstreckung.

[3] Das Wort Verbrechen (Delikt, Straftat) bezeichnet wissenschaftlich jede strafbare Handlung; im engeren Sinne dagegen nur die schwersten Delikte (vgl. StrGB. § 1). Wo es in letzterem Sinne (im Gegensatz zu Vergehen und Übertretungen) gebraucht wird, ergibt dies der Zusammenhang.

[4] Die Aufgabe des Juristen verlangt Kenntnis aller drei Teile. Denn erst im Prozeß gelangt das materielle Recht zur Anwendung, erst in der Vollstreckung zur Durchführung. Der Strafprozeß wird seit dem 19. Jahrhundert in besonderen Darstellungen und Vorlesungen behandelt. Für den Strafvollzug sind wichtig Vorlesungen über Gefängniskunde. Vgl. zum Vollzug auch die folgende geschichtliche und kriminalpolitische Darstellung sowie Teil IV (Strafe).

[5] Regelmäßig ist dies Recht des Staates zugleich Pflicht; vgl. näher Strafprozeßordnung (StrPO.) § 152ff.

[6] Strafprozeß und Strafvollzug werden erwähnt, wo dies zum Verständnis erforderlich ist; geschichtlich, beim Strafensystem usw.

[7] Ich zitiere dies Werk fortlaufend als „Strafr. I/II"; zum vorstehenden vgl. eingehend Strafr. I, § 1.

V. Verbrechen und Strafe sind die beiden Grundbegriffe des Strafrechts, die sich aber erst durch ihre Beziehung aufeinander zum Strafrecht zusammenschließen. Daraus ergibt sich das folgende System: Teil I: Allgemeine Grundlagen; Teil II: Das Verbrechen; Teil III: Die einzelnen strafbaren Handlungen (Strafrecht, Besonderer Teil); Teil IV: Die Strafe.

§ 2. Rechtsgüterschutz und Rechtsnormen.

I. Die Notwendigkeit des Rechts folgt aus der Eigenschaft der Menschen als Gemeinschaftswesen, weil ohne bindende Abgrenzung der Machtgebiete der menschliche Egoismus zum Kampf aller gegen alle führen würde. Das Recht ist damit die unentbehrliche Grundlage jedes sozialen Lebens wie aller Kultur[1].

II. Zweck des Rechts ist es[2], durch seine Abgrenzung der Machtgebiete die für begründet erachteten menschlichen Lebensinteressen zu schützen, unbegründete Machtäußerungen aber abzuwehren[3].

III. Die rechtlich geschützten Interessen (z. B. Staatssicherheit, Leben, Freiheit, Eigentum) bezeichnet man als Rechtsgüter[4]. Die Verwertung dieses Begriffs gewährt Einsicht in wichtige sachliche Zusammenhänge:

Wir sehen, wie sich in breitem Umfang die Rechtssätze verschiedener Rechtsgebiete zum Schutz des gleichen Rechtsguts zusammenschließen[5]. Das Wesen des Strafrechts besteht also nicht im Rechtsschutz sonst ungeschützter Güter[6], sondern in dem eigenartigen Mittel des Schutzes durch Androhung und Vollzug der Strafe. Auch über Notwendigkeit und Höhe des Strafschutzes wie über die Fassung, richtige Auslegung und den Zusammenhang der einzelnen Deliktstatbestände läßt sich nur auf Grund klarer Einsicht in das zu schützende Interesse

---

[1] Vgl. näher Strafr. I, 7. [2] Zum folgenden eingehend Strafr. I, § 3.

[3] Welche Interessen dabei als schutzbedürftig, welche Machtäußerungen als verwerflich erscheinen, das ist Frage der Kulturentwicklung der Völker und Zeiten. Gewisse grundlegende Lebensinteressen der Menschheit (wie z. B. Leben, Sicherung der Gesamtheit nach außen) findet man regelmäßig geschützt.

[4] Der Ausdruck ist im Strafrecht entstanden (zuerst anscheinend Birnbaum, Archiv d. Kriminalrechts 1834, S. 174ff.) und heute durchaus üblich. Minder glücklich, aber neuerdings auch nicht selten (zuerst Oppenheim, Objekte d. Verbrechens, 1894) ist das Wort „Schutzobjekt".

Zu beachten bleibt: Der Ausdruck „Rechtsgut" ist abstrakt, nicht konkret zu verstehen. Rechtsgut ist also z. B. das Leben, das Eigentum, nicht der einzelne angegriffene Mensch, die einzelne gestohlene Sache. (Gelegentlich kommen hier Unklarheiten vor.)

[5] Beispiel: Das Eigentum ist zunächst privatrechtlich geschützt; aber auch strafrechtlich (vgl. die Eigentumsdelikte: Diebstahl, Unterschlagung, Raub, Sachbeschädigung).

[6] Obwohl auch solche Fälle durchaus möglich sind (z. B. Friedensstörungen, Sittlichkeitsdelikte, Tierquälerei usw.).

(Rechtsgut) zutreffend entscheiden[1]. Auf dieser Erwägung beruht ferner jede zusammenfassende systematische Darstellung des besonderen Teils (der einzelnen Delikte) des Strafrechts[2].

IV. Als allgemeinstes Rechtsgut läßt sich die Wahrung der Rechtsordnung selbst, jedes Unrecht daher als Angriff auf dieses Gut, als Ungehorsam gegen die staatliche Rechtsordnung bezeichnen[3]. Für sich allein ungenügend[4] wird diese Betrachtung insbesondere dort fruchtbar, wo es sich um die Schuld des Täters im Verhältnis zur Rechtsordnung handelt[5].

V. Wie alle sonstigen Vorschriften für menschliches Verhalten[6], so richten sich auch die Rechtssätze (Rechtsnormen) an jedermann, der nach ihren Anweisungen verfahren soll. Die Strafgesetze richten sich also in erster Linie an die Untertanen[7], denen sie Pflichten auferlegen[8], demnächst an die Behörden der Strafrechtspflege, die sie bei Bedarf anzuwenden haben.

VI. Verkannt wurde diese Sachlage von BINDINGS Normentheorie[9]. Danach verletzt der Täter das Strafgesetz nicht, da er dessen Tatbestand entsprechend handelt, sondern er verletzt hinter dem Gesetz liegende „Normen" ungesetzten Rechts[10], die BINDING durch Rechtsauslegung zu gewinnen sucht. Der Grundfehler dieser Theorie, die eine ganze Literatur, überwiegend kritisch-ablehnender Art, hervorrief[11], liegt im Ausgangspunkt: Gerade dadurch, daß der Täter dem Tatbestand (z. B. der Tötung) gemäß handelt, verletzt er das Straf-

---

[1] So ist z. B. zutreffende Auslegung des vielumstrittenen Urkundenbegriffs nur möglich, wenn man einsieht, daß es sich hier um den Schutz sachlicher Beweismittel (verkörperter Gedankenäußerungen) im Rechtsverkehr handelt.

Zu beachten bleibt, daß es sich bei demselben Delikt um den Schutz mehrerer Rechtsgüter handeln kann. So richtet sich z. B. der Raub gegen Person und Eigentum, die Erpressung gegen Freiheit und Vermögen, die Brandstiftung bedeutet gemeine Gefahr für Leib, Leben und Eigentum usw.

[2] Siehe als Beispiel das System dieser Darstellung unten Teil III.

[3] So insbesondere BINDINGS Normentheorie; vgl. unten.

[4] Weil die verschiedene sachliche Bedeutung der geschützten Interessen nicht beachtend.

[5] Vgl. unten §§ 37ff. [6] Zum folgenden eingehend Strafr. I, § 4.

[7] Der Ausdruck umfaßt hier auch die dem Gesetz unterworfenen Ausländer.

[8] Es gibt gar keinen nachdrücklicheren Rechtsbefehl, als ein bei Strafe erfolgendes Verbot oder Gebot bestimmten Verhaltens. Jeder Befehl aber richtet sich an den, der gehorchen soll. Erst subsidiär, bei rechtswidrigem Verhalten, bedarf es des Eingreifens staatlicher Organe.

[9] Vgl. BINDING, Normen, Bd. I, 1. Aufl. 1872, 2. Aufl. 1890, § 1ff.; dazu eingehend mein Strafr. I, S. 17ff.

[10] Die schuldhafte Zuwiderhandlung gegen die „Norm" nennt BINDING Delikt; das Delikt, soweit es strafbar ist, Verbrechen.

[11] Auch die Anhänger BINDINGS weichen teilweise stark von ihm ab. So OETKER, FINGER, BELING.

gesetz[1]. Denn die an den Tatbestand geknüpfte Strafdrohung enthält das denkbar schärfste Verbot solchen Verhaltens. Das Strafgesetz selbst also enthält die Normen, die der Verbrecher übertritt. In der Durchführung ferner ist BINDINGS Methode besonderer Normenaufstellung vielfach höchst unsicher[2] und subjektiv.

Den Versuch einer Berichtigung dieser Normentheorie unternahm in neuerer Zeit M. E. MAYER[3]. Er findet die „Normen", die der Verbrecher verletze, nicht im Recht, sondern in der Kultur. In ihrem Kern ist diese Lehre eine nicht gelungene Rechtsgütertheorie[4].

In meiner Darstellung wird daher das Wort „Normen" nicht im Sinne BINDINGS bzw. MAYERS, sondern gemäß dem üblichen Sprachgebrauch verwertet: Rechtsnormen sind die Rechtsvorschriften[5]; im Strafrecht insbesondere die Gebote und Verbote, die das Strafgesetz selbst enthält und aufstellt.

§ 3. Rechtszwang, strafbares Unrecht.

I. Das Recht begrenzt die menschlichen Machtgebiete bindend, d. h. mit dem Anspruch der Geltung unabhängig vom Willen des Betroffenen (Zwangscharakter[6]). Es erreicht dies Ziel unter einer brauchbaren Rechtsordnung in breitestem Umfang bereits auf psychischem Wege, formell durch seine Eigenschaft als Befehl einer dem Einzelnen übergeordneten Autorität[7], sachlich durch Gerechtigkeit und Zweckmäßigkeit seines Inhalts. Physische Zwangsmittel im Einzelfalle gehören daher nicht notwendig zum Wesen, zum Begriff des Rechts.

[1] Genauer: dessen Anforderungen; denn das Gesetz bleibt natürlich bestehen. In diesem Sinne ist der Begriff der Gesetzesverletzung allgemein anerkannt. Vgl. auch StrGB. § 73, StrPO. § 337.

[2] BINDING selbst (Normen I, 2. Aufl., S. 46) empfindet dies als „verhängnisvoll". Auf einzelne Ergebnisse der Normentheorie verweise ich, soweit erforderlich, später an den einschlägigen Stellen dieses Buches.

[3] Rechtsnormen u. Kulturnormen, 1903; dann insbes. Lehrbuch 1915, S. 33ff.; Rechtsphilosophie 1922, S. 31ff.

[4] Vgl. näher Strafr. I, 22—25. Die Rechtsgüter erscheinen bei MAYER als Kulturgüter, aus Kulturnormen werden durch rechtliche Anerkennung Rechtsnormen. Wichtigste Rechtsgüter aber (so Leben, Körperintegrität, Freiheit) sind, unabhängig von jeder Kultur, schon mit der menschlichen Natur gegeben. Im übrigen haben wir es in erheblichem Umfang nicht nur mit Anerkennung bereits vorhandener Kulturnormen, sondern mit rechtlichen Neuschöpfungen zu tun.

[5] So auch unser geltendes Recht; vgl. StrPO. § 337 Abs. 2.

[6] Im Gegensatz dazu sind die Vorschriften der Religion, Moral und Sitte heute sog. Konventionalregeln (so STAMMLER), d. h. ihre Befolgung ist abhängig von freiwilliger Unterwerfung des Verpflichteten.

Zum folgenden vgl. näher Strafr. I, § 5.

[7] Das ist der Wille der Gesamtheit bzw. der zur Rechtssetzung berufenen Staatsorgane.

Regelmäßig aber sieht sich das Recht genötigt, für den Fall von Rechtsverletzungen besondere äußere Machtmittel zur Durchsetzung seiner Gebote bereitzustellen. Man pflegt sie als sog. Rechtsfolgen begangenen Unrechts (Unrechtsfolgen) zu bezeichnen. Die wichtigsten unter ihnen sind Schadensersatz, Erfüllungszwang[1] und Strafe[2].

II. Die Strafe ist also keine alleinstehende Erscheinung im Rechtsleben, sondern sie fällt gemeinsam mit anderen Maßregeln unter den höheren Begriff der Unrechtsfolgen. Begangenes Unrecht aber läßt sich nicht ungeschehen machen. Bekämpfen kann man es nur durch tunlichsten Ausgleich seiner schädlichen Wirkungen in der Gegenwart und durch Verhütung von Wiederholungen für die Zukunft. In dieser doppelten Wirkung der Ausgleichung (Repression) und der Vorbeugung (Prävention) erschöpft sich die mögliche Bedeutung aller Unrechtsfolgen. Das Wesen der einzelnen Unrechtsfolge, hier der Strafe, bestimmt sich innerhalb dieses Rahmens durch ihren besonderen Inhalt und Zweck[3].

III. Seit Hegel versuchte man mehrfach, das strafbare Unrecht (Verbrechen) vom bürgerlichen begrifflich zu sondern[4]. Vergeblich; denn das Wesen des Unrechts läßt sich nicht aus den Unrechtsfolgen ableiten, sondern allein aus dem Wesen des objektiven Rechts, als dessen Verneinung es erscheint. Unrecht ist formell der Verstoß gegen die Gebote und Verbote der Rechtsordnung, sachlich der Eingriff in rechtlich geschütztes fremdes Machtgebiet, der Angriff auf rechtlich geschützte Interessen (Rechtsgüter). Das strafbare Unrecht kennzeichnet sich durch seine Rechtsfolge, nicht durch seinen Tatbestand[5]. Für Anwendung der Strafe sind nicht begriffliche Erwägungen, sondern die Bedürfnisse des Rechtsgüterschutzes maßgebend[6].

IV. Man spricht da und dort von akzessorischer bzw. subsidiärer Natur des Strafrechts[7]. Selbstverständlich ist hier, daß die Strafe wie alle Unrechtsfolgen nur im Falle der Rechtsverletzung eintritt. Unrichtig ist jene Vorstellung im übrigen. Geschichtlich ge-

[1] Beispiele: Zwangsvollstreckung; Verwaltungszwang zur Durchsetzung bestimmten Verhaltens.

[2] Über sonstige Unrechtsfolgen vgl. unten Teil IV (Strafe).

[3] Vgl. darüber näher unten §§ 16, 17.

[4] Vgl. Hegel, Grundlinien der Philosophie des Rechts, 1821, S. 88ff. Dann insbes. Hälschner, v. Bar, vor allem Binding; in neuerer Zeit, aber nur in begrenztem Sinne, Liepmann, Hegler; näher Strafr. I, S. 28ff.

[5] Vgl. oben S. 3.

[6] Heute herrschende Ansicht, insbes. begründet durch Ad. Merkel, v. Jhering, G. Jellinek; v. Liszt, Lehrb. 1. Aufl. 1881, S. 13, bezeichnete diese Einsicht damals als „eine der schönsten Errungenschaften der modernen Strafrechtswissenschaft“.

[7] Ähnliche Ausdrücke sind: komplementär, sekundär, sanktionär; vgl. näher Strafr. I, S. 31/32.

hört das Strafrecht zum wichtigsten Urbestande des Rechts aller Völker. Sachlich ferner ergänzen alle Teile der Rechtsordnung einander, ohne daß hieraus ein Verhältnis der Subsidiarität folgte[1]. Das Strafrecht steht vielmehr dogmatisch wie nach seiner sozialen Bedeutung als grundlegend wichtiger, selbständiger Teil der Rechtsordnung gleichberechtigt neben den anderen großen Rechtsgebieten.

V. Der Begriff des strafbaren Unrechts bedarf schließlich noch der Klärung nach einigen Richtungen[2].

1. Man unterscheidet Öffentliches und Privatstrafrecht. Im Privatstrafrecht erscheint als strafberechtigt der Verletzte[3] (bzw. sein Geschlecht), im öffentlichen Strafrecht der Staat. Das Privatstrafrecht nimmt in der geschichtlichen Entwicklung der Völker zunächst die herrschende, später noch eine wichtige Rolle ein, bis es mit Erstarken der Staatsgewalt mehr und mehr durch die öffentliche, staatliche Strafe verdrängt wird. Uns ist die Privatstrafe völlig verlorengegangen[4].

2. Verschieden vom öffentlichen ist das Disziplinarstrafrecht. Es trifft nur den Angehörigen bestimmter engerer Rechts- bzw. Pflichtenkreise wegen nicht standesgemäßen Verhaltens[5], unterliegt eigenem Gesetzes- bzw. Gewohnheitsrecht und steht selbständig neben dem öffentlichen Strafrecht. Für unsere Darstellung scheidet es daher aus.

3. Begrifflich ebenfalls verschieden vom materiellen Strafrecht ist das Gebiet der sog. Exekutivstrafe (Zwangsstrafe, Strafzwang). Hier handelt es sich um Erzwingung eines bestimmten zukünftigen Verhaltens, also nicht um Strafe, sondern um Erfüllungszwang.

4. Dagegen gehört zum öffentlichen materiellen Strafrecht das Gebiet des sog. Polizei- bzw. Verwaltungsstrafrechts. Vgl. darüber unten § 26.

5. Kein selbständiges Gebiet ist das der sog. Ordnungsstrafe. Der Ausdruck kommt vor für geringere Delikte bei öffentlichen Strafen, insbesondere Zoll- und Steuerstrafen, ferner für geringere Disziplinarstrafen, für Exekutivstrafen.

---

[1] Möglich ist, daß einzelne Rechtsvorschriften verschiedener Rechtsgebiete aufeinander hinweisen. Dies Verhältnis aber ist ein gegenseitiges. So setzt z. B. der Diebstahl den privatrechtlichen Begriff des Eigentums voraus, wie umgekehrt BGB. § 823 Abs. 2 auf die Strafgesetze als Schutzgesetze verweist.

[2] Vgl. zum folgenden näher Strafr. I, § 6.

[3] Er klagt; die Strafe ist eine über den Schadensersatz hinausgehende Leistung an ihn.

[4] Vgl. dazu über die sog. Buße unten § 105, V.

[5] Beispiele: Das Disziplinarrecht der Beamten, der Studierenden, die Ehrengerichtsbarkeit über Rechtsanwälte und Ärzte usw.

Kapitel II.
Die geschichtliche Entwicklung des Strafrechts.

§ 4. Allgemeiner Entwicklungsgang.

Zum Verständnis des Rechts der Gegenwart bedarf es der Einsicht in die geschichtliche Entwicklung[1]. Hier wieder ist die Geschichte eines einzelnen Volkes nur unter dem allgemeinen Gesichtspunkt der Gesamtentwicklung menschlichen Strafrechts überhaupt voll begreiflich[2]. Diese Forschung ist noch jung und vielfach noch nicht genügend gewürdigt[3]. Sie gestattet aber bei sachverständiger Verwertung grundlegende Einblicke[4].

I. Recht, also auch Strafrecht, ist erst in einem menschlichen Gemeinschaftsleben möglich[5]. Hier sehen wir zunächst die Blutsverwandten zur Sippe zusammengeschlossen[6], dann eine Mehrzahl von Sippen zum Stamm.

Das Unrecht erscheint in dieser Zeit als Angriff auf den Verletzten und sein Geschlecht (privatrechtliche Auffassung des Strafrechts).

[1] Eine damals wertvolle „Geschichte d. deutschen Strafrechts" schrieb vor 50 Jahren v. Bar (Handb. d. Strafr. Bd. I, 1882, 361 S.). Skizzen bieten die Lehrbücher (insbes. v. Liszt). Die einzige neuere eingehende Gesamtdarstellung enthält mein Deutsches Strafr. Bd. I, 1925, S. 38—375. Darauf beruht die folgende Zusammenfasung. — Die deutschrechtlichen Grundlagen des Strafrechts behandelte neuerdings R. His, Geschichte d. deutschen Strafrechts bis zur Carolina, 1928 (188 S.), leider nicht entwicklungsgeschichtlich, sondern in systematisch-dogmatischer Anordnung (zur Kritik Strafr. II, 13; dort auch einige weitere Literaturnachträge für die Zeit seit 1925). — Über die neuen Lehrbücher v. Liszt-Schmidt und Mezger vgl. mein Vorwort.

[2] Mittel dafür ist die Rechtsvergleichung der strafrechtlichen Kulturperioden der Völker, die uns — entsprechend den natürlichen Lebensbedürfnissen des menschlichen Geschlechts — in breitem Umfang regelmäßig wiederkehrende Erscheinungen unter entsprechenden sozialen Verhältnissen zeigt (im Gegensatz zu Sondererscheinungen und zu Rezeptionen).

Den Ausgangspunkt für primitive Kulturen bildete hier Bachofens Mutterrecht (1861); wichtig dann insbes. die Arbeiten von Post (Ethnologische Jurisprudenz, I/II, 1894/95 usw.) und von Kohler; vgl. näher Strafr. I, 38/39.

[3] Meist wegen mangelnder Beachtung, auch wegen unzureichender Kenntnisse; stellenweise wegen Überschätzung des Gedankens der Rezeption. So wenig aber z. B. im Privatrecht die Erscheinungen eines Familienrechts, des Eigentums und Erbrechts Eigentümlichkeiten nur einzelner Völker sind oder auf Rezeption beruhen, so wenig im Strafrecht etwa Blutrache und Sühnezahlung, später Leibes- und Lebensstrafen usw.

[4] Eingehend zum folgenden Strafr. I, § 7. Ergänzung und Bestätigung bietet ferner die Übersicht über das ausländische Recht unten § 15.

[5] Vgl. oben S. 1.

[6] Bei den Kulturvölkern ist schon in ältester nachweisbarer Zeit die väterliche Blutsverwandtschaft maßgebend. Außer Betracht lasse ich daher die Erscheinung des sog. Mutterrechts (Blutsverwandtschaft durch die Mutter). Vgl. Strafr. I, 39.

Diese persönliche Gliederung behält später im räumlich zusammengefaßten Staat noch lange Zeit erhebliche Bedeutung, auch im Strafrecht.

Blutrache bei Bluttaten, evtl. auch sonst, ist Recht und Pflicht der Sippe[1]. An Stelle der Blutrache aber kann das verletzte Geschlecht sich mit Sühnezahlung (Buße, compositio) begnügen[2], die bei geringeren Verletzungen die Regel bildet. Dafür entwickeln sich allmählich durch die Praxis bestimmte Bußsätze[3].

II. Erst im späteren Teil dieser privatrechtlichen Periode finden wir als entscheidenden Fortschritt[4] die ersten Ansätze öffentlich-rechtlicher Auffassung des Strafrechts: Friedlosigkeit[5] und Todesstrafe bei schwersten Angriffen auf die Gesamtheit, auf Religion und Sitte[6].

III. Als Übergang von der Blutrache zur öffentlichen Strafe tritt regelmäßig die Talio, die Vergeltung des Gleichen mit dem Gleichen, auf, damals ein großer Kulturfortschritt. Der Rächer darf sich nicht mehr schrankenlos rächen, sondern dem Täter nur das gleiche Übel zufügen[7]. Auf die Talio verweisen noch lange Zeit später die sog. spiegelnden Strafen, die sinnfällig die Art des Verbrechens kennzeichnen[8].

IV. Als Regelung des äußeren menschlichen Zusammenlebens[9] geht das Recht notwendig vom Erfolge aus (Erfolghaftung). Beschränkung des Strafrechts auf schuldhaftes Handeln ist bereits das Zeichen

---

[1] Sie äußert sich in fortgesetzten gegenseitigen Mordtaten oder in offenem Geschlechterkrieg, evtl. bis zur Erschöpfung bzw. Vernichtung; und zwar möglicherweise durch Generationen.

Unter Umständen schützt ein Asyl den Täter dauernd oder zeitweilig. Das Asylrecht (z. B. bei den Arabern das Zelt, bei den Juden der Altar) ist weitverbreitet; vgl. auch unten S. 12, 17, 21 Anm. 2, 31 Anm. 2.

Dem Sippegenossen gegenüber besteht die Strafgewalt des Familienhaupts; hier tritt an Stelle der Blutrache regelmäßig die Ausstoßung aus der Sippe, die den Täter schutzlos macht.

[2] Auch bei Tötung, obwohl dies gerade hier oft als schimpflich empfunden wurde und deshalb scheiterte.

[3] Bis diese später gesetzlich festgelegt werden. So in Deutschland durch die Volksrechte; vgl. unten S. 22.

[4] Vgl. näher Strafr. I, 43.

[5] Das heißt Ausstoßung aus der Rechtsgemeinschaft; vgl. dazu unten S. 10, Anm. 7.

[6] Religiöse Auffassungen und Gebräuche spielen im Strafrecht, wie anderwärts, eine bei den verschiedenen Völkern größere oder geringere Rolle. Nicht zutreffend aber ist die stellenweise vertretene Anschauung sakraler Natur des ältesten Strafrechts (Frevel wider die Gottheit, Ausstoßung des Frevlers aus dem Kulturverbande); vgl. näher Strafr. I, 43/44.

[7] Auge um Auge, Zahn um Zahn usw. Zunächst auf Grund freiwilliger Vereinbarung der Sippen; dann gefördert durch die entstehende staatliche Gewalt. Vgl. näher Strafr. I, 44/45.

[8] Verlust der Schwurhand bei Meineid, der Zunge bei Gotteslästerung, Feuertod des Brandstifters usw.

[9] Interessenschutz durch bindende Abgrenzung der Machtgebiete; vgl. oben S. 1, 3, 5.

höherer, der privatrechtlichen Periode nach unbekannter Kultur[1]. Auch die schuldlose Tat fordert die Blutrache heraus, selbst die in Notwehr begangene. Dem entspricht die Straflosigkeit des Versuchs da hier kein Schaden eintrat.

V. Die Fortentwicklung des Strafrechts zum öffentlichen Recht vollzieht sich mit dem Erstarken der Staatsgewalt. Der Staat bekämpft die friedenstörende, Geschlechter vernichtende Blutrache[2] und schreitet mit öffentlicher Strafe ein. In dem Maße, wie er dazu die Kraft findet[3], verschwinden Blutrache und Buße[4].

Als Verbrechen erscheint jetzt vor allem der Verrat am Staate, weiter ev. Angriffe gegen die öffentliche Ordnung, gegen heiliges oder öffentliches Gut. Dazu treten Tötung, Körperverletzung, Ehrverletzungen, Vermögensdelikte. Weitere Tatbestände reihen sich allmählich an[5].

Entscheidender Fortschritt ist die allmähliche Berücksichtigung der Schuld des Täters durch den über den Parteien stehenden Staat. Sie führt, wenn auch vielfach noch unbeholfen und kasuistisch, zur Trennung absichtlicher und unabsichtlicher Missetat (Ungefährwerk), die milder strafbar oder straflos ist, bis sich hier erst viel später Fahrlässigkeit und Zufall sondern[6].

Herrschende Strafen schwerer Missetat sind Friedloslegung (Ächtung[7]) und Todesstrafe[8]. Aus der Friedlosigkeit spalten sich Verbannung, Strafknechtschaft, bürgerlicher Tod, Ehrenstrafen und Vermögenskonfiskation ab. An Todesstrafe und Talio schließen mannigfache Körperstrafen an. Aus der Buße entwickelt sich die Geldstrafe[9].

Dies ganze Strafrecht steht, wie früher die Privatstrafe, unter den Gedanken der Vergeltung, Abschreckung, Unschädlichmachung[10].

---

[1] Gegen diese (herrschende) Auffassung insbes. BINDING, Normen; zur Kritik Strafr. I, 46/47.

[2] Die Annahme der Sühne (compositio) wird befördert, evtl. erzwungen, die Talio an die Stelle maßloser Rache gesetzt.

[3] In Deutschland hat diese Entwicklung rund 1500 Jahre beansprucht (bis zur Carolina, 1532; vgl. unten § 10.

[4] Nachklänge beider erhalten sich evtl. noch lange. So in Deutschland im Feldrecht (unten § 9, II) und in der Ablösung der Strafe durch Vereinbarung mit dem Verletzten (unten S. 22, 26 Anm. 5). In Griechenland und Rom sind Nachfolger der compositio die delicta privata (unten S. 12, I).

[5] Näher Strafr. I, 48/49. [6] Vgl. näher Strafr. I, 51.

[7] Entsprechend der früheren Ausstoßung aus der Sippe. Der Friedlose kann bzw. soll bußlos erschlagen werden, sein Vermögen verfällt der Wüstung oder Fronung (Einziehung).

[8] Als Abschwächung der Blutrache; vgl. näher Strafr. I, 49.

[9] Zum vorstehenden näher Strafr. I, 49/50.

[10] So auch das da und dort auftretende Gefängnis. Insgesamt fehlt die Freiheitsstrafe oder spielt eine untergeordnete Rolle. Erst um 1600 entsteht die heutige, auf dem Besserungszweck beruhende Freiheitsstrafe; vgl. unten § 11, IV.

VI. Im älteren Teil der privatrechtlichen Zeit fehlt die Möglichkeit gerichtlicher Klage[1]. Ihr Auftreten bedeutet einen entscheidenden Fortschritt in öffentlich-rechtlicher Richtung. Noch hat der Verletzte die Wahl zwischen Rache, Vereinbarung und Rechtsgang. Wählt er aber diesen, so unterwirft er sich damit der Gesamtheit und nimmt von ihr sein Recht entgegen[2]. Bei Delikten öffentlicher Art[3] erscheint die sog. Popularklage jedes gleichberechtigten Genossen. Weiterhin beginnt die Verbrechensverfolgung von Amts wegen.

Eine Trennung von Zivil- und Strafprozeß fehlt zunächst[4]. Im Prozeß erscheinen als maßgebende Beweismittel Reinigungseid und Gottesurteil, die sich vielfach noch lange erhalten[5].

VII. Anschaulich stellt sich die vorstehende Entwicklung an Beispielen der Kulturvölker dar[6]. Rein privatrechtliche Auffassung zeigen die alten Araber[7]; die Germanen daneben bereits wichtige Anfänge öffentlicher Verbrechen und Strafen sowie Volksgerichtsbarkeit. Islam und Hebräer bieten den Übergang von der Talio zur öffentlichen Strafe. Bei den Griechen folgt auf zunächst durchaus privatrechtliche die öffentlich-rechtliche Auffassung. Rom zeigt letztere von vornherein, daneben aber eine fortdauernde Rolle der delicta privata[8].

VIII. Das deutsche Strafrecht ist zugleich ein besonders lehrreiches Beispiel allgemeingeschichtlicher Art. Von sehr frühen, privatrechtlichen Anfängen aus durchläuft es die Gesamtentwicklung bis zu der höchsten bisher erreichten Stufe der Kultur.

Wie in der deutschen Rechtsgeschichte überhaupt, so sehen wir dabei auch im Strafrecht zunächst nationale Grundlagen, dann die Rezeption des römisch-italienischen Rechts und die Verschmelzung beider im gemeinen Recht, bis neue Gedanken der Aufklärungszeit und das

---

[1] Der Verletzte ist auf den Schutz seines Geschlechts, auf Vergleich, evtl. auf vereinbarte Schiedsrichter angewiesen. So bei den alten Arabern.

[2] Das Erscheinen vor Gericht und die Befolgung des Urteils werden evtl. durch Ächtung (oben S. 10) erzwungen.

[3] Vgl. oben S. 9, Nr. II.

[4] In Deutschland erster Ansatz im fränkischen Rügeverfahren; vgl. unten S. 23 Anm. 8.

[5] Diese eigentümlichen formalen Beweismittel des alten Prozesses finden ihre Erklärung darin, daß jenen Zeiten der Begriff des Beweises im Sinne objektiver Feststellung von Tatsachen (insbes. mittels Zeugen) noch fremd ist. Die Klage bedeutet den Vorwurf des Rechtsbruchs. Von ihm darf der gleichberechtigte Genosse sich reinigen (durch Eid, regelmäßig mit Helfern). Subsidiär tritt das Gottesurteil ein. Vgl. dazu neuerdings Stutz, D. Beweisrolle im altdeutschen Rechtsgang, Weimar 1928 (Zeitschr. d. Savigny-Stiftung, Bd. 49, 1929).

[6] Vgl. näher Strafr. I, 39ff., Zusammenfassung S. 53.

[7] Vor Mohammed; keine Obrigkeit, keine Gerichtsbarkeit.

[8] Vgl. dazu unten S. 12, I. Die Inder bieten Reste privatrechtlicher Anschauung, überwiegend aber öffentlich-rechtliche. Das Gesetz Hammurabis von Babylon (um 2100 v. Chr.) enthält bereits ein ausgebildetes öffentliches Strafrecht der orientalischen absoluten Monarchie; dazu unten S. 54 Anm. 9.

19. Jahrhundert das heutige Strafrecht heraufführen. Dieser Entwicklung wenden wir uns im folgenden zu.

§ 5. Das Römische Strafrecht.

Das Römische Strafrecht umfaßt annähernd 1300 Jahre[1]. Für die Rezeption in Deutschland kommt vor allem die Kaiserzeit in Betracht. Zum Verständnis aber bedarf es eines Blicks auch auf die frühere Entwicklung[2].

I. Schon zu Beginn unserer geschichtlichen Kenntnis sehen wir in Rom die öffentlich-rechtliche Auffassung des Strafrechts herrschend. Deutlich aber ist noch die ältere, privatrechtliche Anschauung erkennbar: Innerhalb der Sippe finden wir die unbeschränkte Strafgewalt des pater familias[3]. Nach außen erscheint nicht mehr die Blutrache, wohl aber noch die Talio, ferner das Tötungsrecht bei frischer Tat, das Asyl. Aus der Ablösung der Rache durch das Sühnegeld sind die wichtigen delicta privata entstanden. Berücksichtigung der Schuld des Täters fehlt noch[4].

II. Das öffentliche Strafrecht Roms führt insgesamt, entsprechend der Entwicklung des Verfassungsrechts, von der Herrschaft der Magistratur zur Bindung durch die Volksgemeinde und wieder zurück zur Herrschaft der Magistratur.

III. Die Strafgewalt des Königs, dann des Magistrats (coercitio) ist zunächst unbeschränkt. Seit der Republik aber hat der zu Kapitalstrafe[5] verurteilte Bürger das Recht der Provocation an die Volksversammlung[6].

Die ältesten und wichtigsten Kapitalverbrechen sind perduellio (Staatsverbrechen, Hoch-, Landesverrat usw.) und parricidium

---

[1] Gründung der Stadt 754 v. Chr.; corpus iuris Justinians, Digesten 533, Codex 534 n. Chr. — Zwölftafelgesetzgebung 451 v. Chr.

[2] Literatur vgl. Strafr. I, 54/55. Grundlegendes Quellenwerk ist MOMMSEN, Römisches Strafrecht, 1899, leider nicht entwicklungsgeschichtlich, sondern systematisch geordnet. Eine namentlich darauf beruhende Entwicklungsgeschichte, die uns bisher fehlte, bietet mein Strafr. I, § 8.

[3] Bis zum Recht über Leben und Tod (ius vitae ac necis); häufig auch in Gestalt der relegatio aus Rom, die erst in der Kaiserzeit zur öffentlichen Strafe wird.

[4] Zum vorstehenden näher Strafr. I, S. 55/58, auch über den grundsätzlich weltlichen (nicht sakralen) Charakter dieses Strafrechts. Dazu oben S. 9, Anm. 6; betr. Talio oben S. 9; delicta privata oben S. 10, Anm. 4, unten S. 13 Anm. 3.

[5] Todesstrafe, evtl. auch Körperstrafe; vgl. näher Strafr. I, 59.

[6] lex Valeria de provocatione (509? v. Chr.); bestätigt 451 durch die 12 Tafeln, neu eingeschärft durch Gesetz 134 v. Chr. (Gracchus). Der Täter kann sich der Strafe durch Selbstverbannung (exilium) entziehen; dann erfolgt bei Schuldspruch aquae et ignis interdictio (Ächtung), evtl. Vermögenskonfiskation. Vgl. näher Strafr. I, 59/60.

(Tötung)[1]. Daneben treten die Entwendung von Tempelgut (sacrilegium) und Gemeindegut (peculatus), ferner schon in den 12 Tafeln insbes. Brandstiftung, Diebstahl der Ernte.

Im übrigen bleibt die freie Strafbefugnis des Magistrats (coercitio) bestehen[2].

Dieses Strafrecht setzt sich also aus mehreren Gebieten zusammen und ist nur so verständlich: Kapitalverbrechen, coercitio des Magistrats, delicta privata[3] und Hauszucht stehen ergänzend nebeneinander.

IV. Eine durchgreifende Fortbildung vollzieht sich gegen Ende der Republik durch die sog. leges iudiciorum publicorum[4]. Sie erklären eine ganz bedeutende Anzahl von Handlungen zu öffentlichen Verbrechen (crimen legitimum[5]) mit festbestimmter Strafe (poena legitima, regelmäßig Verbannung)[6] und schaffen hierfür einen gesetzlich geregelten Anklageprozeß mit Aburteilung durch Laiengerichte (Schwurgericht, quaestio perpetua)[7].

Es ist dies ein Fortschritt von allgemeiner Bedeutung: die gesetzliche Durchführung der Herrschaft des öffentlichen Strafrechts mit fest geregelten Tatbeständen[8] und Strafen und gesetzlich geordnetem Ver-

[1] Über beide näher Strafr. I, 60/61. Die Grenzen der perduellio sind nicht scharf bestimmt. Die Beschränkung des Wortes parricidium auf Verwandtenmord erfolgt erst gegen Ende der Republik.

[2] Strafen sind hier: Züchtigung (verbera), Ausweisung aus Rom (relegatio), Einsperrung (carcer, vincula), evtl. Vermögenseinziehung, vor allem aber Vieh- und später Geldbußen, auch Wegnahme bzw. Zerstörung von Sachen; vgl. näher Strafr. I, 62.

[3] Hier Klage des Verletzten vor dem Zivilgericht, Verurteilung zu einer über den Schadensersatz hinausgehenden Leistung (meist 2- bis 4faches des Schadens); also Privatstrafe (vgl. oben S. 7, 8/9). So insbes. bei furtum und iniuria (Körperverletzung, Sachbeschädigung); vgl. näher Strafr. I, 57.

[4] Zuerst lex Calpurnia, 149 v. Chr., gegen Amtserpressung; dann insbes. die leges Corneliae Sulla's (82—80 v. Chr.) und die leges Juliae unter Cäsar und Augustus. Vgl. zum folgenden näher Strafr. I, 62—65.

[5] Unter Sulla bestanden 7 quaestiones für crimen maiestatis (Staatsverbrechen, Grenzen sehr unbestimmt), ambitus (Stimmenkauf usw.), repetundae (Amtserpressung usw.), sacrilegium und peculatus (vgl. oben), Mord (mehrfache Fälle, auch Brandstiftung), schwere Iniurien (oben Anm. 3), falsum (insbes. Münz- und Testamentsfälschung). Noch während der Republik traten hinzu plagium (Menschenraub) und vis (Gewalt, Grenzen unbestimmt), unter Augustus Ehe- und Sittlichkeitsdelikte und Wucher.

[6] Dem jetzt wichtigsten Strafmittel (nur ausnahmsweise Todesstrafe).

[7] Anklageberechtigt ist jeder Bürger (also Popularklage; vgl. oben S. 11). Die Entscheidung erfolgt durch die Geschworenen (in schriftlicher Abstimmung ohne Beratung) unter Vorsitz des Prätors. Vgl. näher, auch zur Entstehung und Erklärung dieses Quaestionenprozesses Strafr. I, 63/64. Die frühere Volksgerichtsbarkeit bei Kapitalverbrechen verschwindet damit. Den analogen Vorgang sehen wir in Deutschland in Gestalt der Ersetzung der Volksversammlung durch die Schöffen; vgl. unten S. 23, Anm. 6.

[8] Auch wenn deren Begriffsbestimmung naturgemäß noch vielfach zu wünschen übrigläßt.

fahren. Zur Ergänzung dienen aber auch jetzt noch die coercitio (cognitio) des Magistrats, die delicta privata und die Hauszucht.

V. Die römische Kaiserzeit zeigt uns das Bild absoluter Herrschaft auch im Strafrecht[1]. Träger unumschränkter, über dem Gesetz stehender Gerichtsgewalt ist der Kaiser, in besonders wichtigen Fällen persönlich im Kaisergericht[2], sonst mittels Delegation an seine Beamten[3]. Im Prozeß stehen dabei amtliches Einschreiten auf Anzeige (cognitio) und Klage des Bürgers (accusatio) nebeneinander.

Die Strafgesetzgebung stockt[4]. Die Rechtsprechung stützt sich auf die bisherigen Deliktsbegriffe der crimina legitima (publica), aber mit der Möglichkeit des Abweichens von Tatbestand und Strafe. Durch kaiserliche, für allgemein verbindlich erklärte Entscheidungen[5] bildet sich daneben eine neue Deliktsgruppe der sog. crimina extraordinaria[6]; die Strafe bestimmt sich hier nach richterlichem Ermessen[7]. Die delicta privata bestehen noch, sind aber in fortschreitender Auflösung[8].

Im Strafensystem[9] findet die im Quästionenprozeß fast verschwundene Todesstrafe ausgedehnte Verwertung, oft in verschärfter Form. Daneben gegen honestiores[10] die Verbannung (relegatio)[11], gegen humiliores Zwangsarbeit[12] sowie Abgabe zu den Tierkämpfen und Fechtspielen. Verstümmelnde Körperstrafen kommen seit Diocletian vor[13], Geldbuße insbesondere bei den delicta privata. Als Nebenstrafen finden sich capitis deminutio[14], sonstige bürgerliche Zurück-

[1] Vgl. eingehend Strafr. I, 65—71.

[2] Daneben zunächst das Senatsgericht, rechtlich gleichstehend, tatsächlich zurücktretend und unter Diocletian (284—305 n. Chr.) verschwindend.

[3] Im Einzelfalle oder allgemein. So für den Bezirk der Hauptstadt der praefectus urbis, in den Provinzen die Statthalter. Dabei bildet sich das für alle Folgezeit wichtige Institut der Berufung (appellatio) an das Kaisergericht heraus.

[4] Seit Augustus (oben S. 13, Anm. 4, 5). Erst das 4. Jahrhundert bringt als neue Delikte die Entführung und die Häresie (infolge Annahme des Christentums durch Konstantin). Dazu näher Strafr. I, 67, auch über die früheren Christenverfolgungen.

[5] Verfahren extra ordinem.

[6] Teils neue Fälle (wie calumnia, falsche Anklage), teils solche bisheriger Privatklage; vgl. unten Anm. 8, näher Strafr. I, 68.

[7] Poena extraordinaria. Über die große Bedeutung dieser Deliktsgruppe für die Rezeption in Deutschland vgl. unten S. 34.

[8] So wird wegen furtum und iniuria meist von Amts wegen (extra ordinem) eingeschritten.

[9] Dazu näher Strafr. I, 68—70.

[10] Angehörige höheren Standes.

[11] Von mildester bis zu härtester Form.

[12] Bergwerksstrafe (metallum) oder öffentliche Arbeit (opus publicum); wichtig später für Deutschland nach der Rezeption, vgl. unten S. 35 Anm. 3.

[13] Justinian sucht sie einzuschränken.

[14] In verschiedenen Graden. Als maxima umfaßt sie den Verlust von Freiheit, Bürgerrecht, Familienstand (libertas, civitas, familia).

setzungen, Vermögenskonfiskation. Freiheitsstrafe, tatsächlich da und dort vorkommend, erscheint rechtlich als verboten[1]. Folter, früher nur gegenüber Sklaven, wird seit Tiberius auch gegen humiliores üblich.

Insgesamt sehen wir hiernach, wie das allmächtige Kaisertum mit seinen Beamten das gesamte öffentliche Strafrecht aufsaugt. Die rechtlich gesicherte Stellung des Einzelnen ist dabei geschwunden, er ist zum Objekt des öffentlichen und in breitem Umfang nach Willkür erfolgenden Einschreitens geworden.

VI. Als allgemeine Grundsätze des Römischen Strafrechts, vom heutigen Standpunkt kritisch betrachtet, sind hervorzuheben[2]:

1. Von maßgebender Bedeutung bis zur Gegenwart ist die schon in der Republik erfolgte Entwicklung der Schuldlehre[3]:

Öffentliche Strafe ist nur bei vorsätzlichem Handeln (dolus) zulässig. Dolus ist der gesetzwidrige Wille (animus occidendi, furandi usw.)[4]. Er fordert die gewollte Verwirklichung des die Strafbarkeit begründenden Tatbestandes. Unkenntnis eines Tatbestandsmerkmals (ignorantia facti) schließt den Vorsatz aus[5]. Ob zum Vorsatz auch ein Bewußtsein der Rechtswidrigkeit gehörte, ist streitig[6].

Bei den delicta privata steht als mildere Schuldform neben dem Vorsatz bereits die Fahrlässigkeit (culpa, imprudentia)[7]. Ob diese in der Kaiserzeit in einzelnen Fällen (insbes. Tötung, Brandstiftung) bereits kriminell (extra ordinem) gestraft wurde, ist bestritten.

2. In gewissen Fällen ist die Rechtswidrigkeit der Tat ausgeschlossen: Hierher gehören verbindliche Pflicht und solcher Befehl,

---

[1] Vgl. den Ausspruch ULPIANS, der noch 300 Jahre später in Justinians Digesten aufgenommen wird (Dig. 48, 19, 9): Solent praesides in carcere continendos damnare aut ut in vinculis contineantur, sed id eos facere non oportet, nam huius modi poenae interdictae sunt; carcer enim ad continendos homines non ad puniendos haberi debetur. Näher hierzu v. HIPPEL in BUMKE, Deutsches Gefängniswesen, 1928, S. 4/5. Grundsätzlich ist das Gefängnis (carcer, vincula) Zwangs- und Sicherungsmittel (insbes. Untersuchungshaft).

[2] Wissenschaftliche Gesamtbehandlung des öffentlichen Strafrechts fehlt in Rom (im Gegensatz zu den delicta privata). Erst PAULUS (Sententiae, 3. Jahrh. n. Chr.) hat die Gerichtsbarkeit im allgemeinen erläutert. Erst JUSTINIANS Digesten stellen in Buch 47 die delicta privata, in Buch 48 die iudicia publica zusammen; vgl. näher MOMMSEN, S. 530ff.

[3] Handlungsunfähig sind Geisteskranke und Kinder (infantes, unter 7 Jahren). Jugendliches Alter wirkt strafmildernd; näher Strafr. I, 72.

[4] Vgl. zum Folgenden näher Strafr. I, 72/73; II, 300.

[5] Gleichgültig, ob dies Merkmal tatsächlicher oder rechtlicher Natur ist (z. B. Beamter; fremde Sache beim Diebstahl).

[6] Kenntnis des Strafgesetzes ist grundsätzlich nicht erforderlich.

[7] Und zwar als einheitlicher Begriff in dem Sinne: culpam esse, quod cum a diligenti provideri potuerit non esset provisum (PAULUS, l. 31 D. 8, 2). Ältester Fall des culposen Delikts, in den 12 Tafeln, ist die iniuria (Körperverletzung, Sachbeschädigung). Stellenweise wird noch schwere Fahrlässigkeit dem dolus gleichgestellt; vgl. näher Strafr. I, 73/74.

Notwehr[1], Notstandsfälle[2]; bei den delicta privata auch Einwilligung des Verletzten.

3. Die Unterlassung (Nichthinderung des Erfolges) ist noch nicht grundsätzlich, sondern nur in einzelnen Fällen kriminell strafbar[3].

4. Der Begriff des Versuchs ist noch unbekannt. Bei den delicta privata wird die Schädigung, also die Vollendung, bestraft; bei öffentlichen Verbrechen der durch Handlung betätigte Entschluß, also auch bereits die Vorbereitung[4].

5. Bei der Teilnahme werden wohl Anstifter (auctor) und Gehilfe (minister) vom Täter unterschieden, rechtlich aber alle dolos Mitwirkenden als Täter bestraft[5].

6. Das Zusammentreffen mehrerer Gesetzesverletzungen (heute sog. Konkurrenz) behandelt das römische Recht unter dem prozessualen Gesichtspunkt mehrerer Klagen mit dem Ergebnis: quot delicta tot poenae[6].

7. Verjährung ist nur als Klagenverjährung bekannt[7]. Begnadigung, in der Republik selten, erscheint seit dem Prinzipat häufig. Gesetzliche Niederschlagung bereits schwebender Klage (abolitio publica) wird seit Ende des ersten Jahrhunderts n. Chr. bei besonders festlichen Anlässen üblich[8].

8. Die Strafzumessung späterer Zeit ist in breitestem Umfang Sache des richterlichen Ermessens, vielfach richterlicher Willkür. Immerhin lassen sich gewisse, wenigstens häufig beachtete Strafzumessungsgründe erkennen[9]. —

VII. Rom hat das öffentliche Strafrecht, ferner insbes. die Schuldlehre, zum Siege geführt. Auch sonst werden wir den Einfluß römischen Rechts in der Rezeption sehen[10]. Insgesamt aber stellt das Recht der Kaiserzeit mit seiner Unsicherheit, Härte und Willkür kein

[1] Grundsatz: vim vi repellere licet; scharfe Abgrenzung fehlt; näher Strafr. I, 72; II, 202.

[2] Notwendige Zerstörung fremden Eigentums; vgl. Strafr. I, 72; II, 216.

[3] Näher Strafr. I, 71; II, 154. Dazu neuerdings quellenkritisch Honig in Festschrift f. Heilfron, 1930, S. 63ff.; ferner in Festgabe f. Rich. Schmidt, 1932 (Entwicklung bis zum gemeinen Recht; auch gesondert erschienen).

[4] Maßgebend ist mangels näherer Regelung richterliches Ermessen; Strafr. I, 71; II, 392.

[5] Insbesondere die Beihilfe nicht milder; Strafr. I, 74; II, 441.

[6] Mit gewissen Einschränkungen: Insbes. in der Kaiserzeit Möglichkeit einer Gesamtstrafe (ohne scharfe Begrenzung). Vgl. näher Strafr. I, 74/75; II, 494.

[7] In der Kaiserzeit bei Kriminalklagen 20, bei privaten Deliktsklagen 30 Jahre; vgl. Strafr. I, 76; II, 552.

[8] Strafr. I, 76; II, 571.

[9] Mildernd: Jugend, weibliches Geschlecht, Trunkenheit; evtl. Affekt, sittliches Motiv, Befehl, geringere Beteiligung, Ausbleiben des Erfolges. — Schärfend: Infamie des Täters, Amtsdelikt, Rückfall, evtl. Häufigkeit des Verbrechens; vgl. Strafr. I, 75/76.

[10] Vgl. unten §§ 10, 11.

Vorbild dar. Die Fortbildung übernahm das kanonisch-italienische Recht.

§ 6. Das Kanonische Strafrecht bis zur Rezeption.

I. Im römischen Reich übt die Kirche[1] eine ausgedehnte Disziplinargerichtsbarkeit[2] in rein geistlichen Angelegenheiten über Geistliche und Laien; das weltliche Strafrecht bleibt in der Hand des Staates.

So auch im Frankenreich unter den Merowingern[3].

Im Karolingerreich werden eine Reihe kirchlicher Delikte zugleich zu weltlichen Verbrechen erklärt[4], die Durchführung der kirchlichen Urteile wird unterstützt.

II. Vom 10. bis 12. Jahrhundert gewinnt das kirchliche Strafrecht zugleich weitgehende weltliche Bedeutung[5]. In ihren sog. Sendgerichten[6] schreitet die Kirche von Amts wegen auch gegen schwerste weltliche Verbrechen ein; mit ihrem Gottesfrieden[7] bekämpft sie Gewalttat und Fehderecht; in ihrem Asylrecht[8] bietet sie Schutz. Sie erreicht die ausschließliche Strafgerichtsbarkeit über Geistliche und über rein geistliche Verbrechen[9] sowie eine mit der weltlichen konkurrierende Gerichtsbarkeit auf dem breiten Gebiet der sog. delicta mixta[10]; endlich greift sie bei weltlicher Rechtsverweigerung ein. Dazu kommt politisch, daß zahlreiche Geistliche zugleich Landesfürsten sind.

III. Zusammenfassung findet das kirchliche Recht im corpus iuris canonici[11]. So steht das kanonische Recht selbständig neben dem welt-

---

[1] Grundlegend für die Kenntnis des kanonischen Strafrechts ist Hinschius, Kirchenrecht, Bd. 4 (691ff.) bis Bd. 6 (1889—1897). Daran vor allem knüpft meine kritisch zusammenfassende Darstellung, Strafr. I, § 9, an.

[2] Zu diesem Begriff vgl. oben S. 7; über die nähere kirchliche Gestaltung Strafr. I, 77—80. Die Rechtsverhältnisse der Kirche bestimmen sich im übrigen nach römischem Recht (ecclesia vivit lege Romana). Damit hat die Kirche fortgesetzt längst vor der Rezeption Kenntnis römischen Rechts auch in Deutschland vermittelt.

[3] Näher Strafr. I, 81/82 (Annahme des Christentums durch Chlodwig 496).

[4] So insbes. Heidentum, Zauberei usw.

[5] Mit dem Verfall des Frankenreichs und der gesteigerten Machtstellung des Papsttums (insbes. Gregor VII, 1073—1085; Alexander III., 1159—1181; Innocenz III., 1198—1216), vgl. unten S. 24.

[6] Nach Mitte des 9. Jahrhunderts, aus Anlaß der jährlichen Kirchenvisitationen des Bischofs (anschließend an das karolingische sog. Rügeverfahren; vgl. unten S. 23, Anm. 8). Näher Strafr. I, 85, 87.

[7] treuga dei, seit dem 11. Jahrhundert; näher Strafr. I, 85.

[8] Vgl. Strafr. I, 80, 82, 86.

[9] delicta mere ecclesiastica. Ketzerei, Schisma, Apostasie, Simonie.

[10] Sünde, Ärgerniserregung; insbes. Ehe- und Sittlichkeitsdelikte, Zauberei, Meineid, Fälschung usw.; vgl. Strafr. I, 86.

[11] Zunächst im decretum Gratiani (um 1140), weiter in päpstlichen Dekretalen (insbes. 12./13. Jahrhundert). Der Mönch Gratian lehrte als erster zu Bologna das kanonische Recht als selbständige Wissenschaft; vgl. Strafr. I, 84/85.

lichen. Dies Strafrecht ist nach Bedarf entstanden und daher im corpus iuris canonici verstreut. Demgemäß bietet es auch fast keine allgemeinen Normen über das Verbrechen. Soweit Regelung fehlte, entschied die Praxis nach Ermessen, evtl. ergänzend nach römischem Recht.

IV. Grundlegend für die Folgezeit wird die Entwicklung des kanonischen Inquisitionsprozesses[1], d. h. der gerichtlichen Verbrechensverfolgung und Aburteilung von Amts wegen. Sie findet 1215 unter Innocenz III. ihre entscheidende gesetzliche Regelung[2].

Bei ernsthaftem Gerücht (infamia) oder Anzeige (denuntiatio) hat danach der Richter von Amts wegen, insbes. durch Zeugenbeweis, die Wahrheit zu ermitteln (inquisitio). Als Ziel erscheint gerechte Entscheidung mit ausgiebiger Verteidigung[3]. Das Verfahren gilt zunächst noch als außerordentliches, die Verurteilung darf daher nicht zur schwersten Strafe erfolgen.

Um 1300 wird der Inquisitionsprozeß bei den weltlichen Gerichten Italiens zur regelmäßigen Prozeßform. Aus dem römischen Recht wird dabei die Folter übernommen, die Verurteilung erfolgt zur vollen gesetzlichen Strafe. In dieser Gestalt gelangt der Inquisitionsprozeß mit der Rezeption nach Deutschland[4].

V. Das kanonische Strafrecht stellt, vom heutigen Standpunkt aus, einen weitgehenden Eingriff der geistlichen Gewalt in staatliches Gebiet dar und hat auch sachlich manches Unerfreuliche gebracht[5]. Andererseits hat dies Strafrecht damals als Ergänzung des weltlichen Wesentliches geleistet[6]: So insbes. durch seine öffentlich-rechtliche Auffassung im Gegensatz zum germanischen Privatstrafrecht, durch Betonung des Schuldgedankens, Einschränkung von Todes- und verstümmelnden Leibesstrafen, durch die Gottesfrieden als Vorläufer der Landfrieden[7], durch amtliche Verbrechensverfolgung (Inquisitionsprozeß). Vom 13. und 14. Jahrhundert ab führt das Erstarken der staatlichen Gewalt zu Zurückdrängung des kanonischen Rechts. Bedeutender Einfluß aber bleibt noch im gemeinen Recht bis zur Aufklärungszeit[8].

§ 7. Die italienische Wissenschaft (12. bis 15. Jahrhundert).

I. Seit dem 12. Jahrhundert erfolgt wissenschaftliche Verarbeitung des römischen und kanonischen Rechts durch die italienischen

[1] Dazu näher Strafr. I, 86—89.

[2] Über die Entstehung vgl. unten S. 23, Anm. 8; näher Strafr. I, 88/89, 121.

[3] Die Folter wird verworfen, das Gottesurteil verboten; vgl. näher a. a. O. — Das Bedenkliche des Inquisitionsprozesses liegt in der Vereinigung der Aufgaben der Verfolgung und Aburteilung in derselben Hand (des Richters). Vgl. dazu unten S. 34.

[4] Vgl. unten S. 32/33.

[5] So insbes. die Ketzerinquisition; vgl. unten S. 34/35.

[6] Vgl. unten S. 24; betr. fränkische Zeit auch Strafr. I, 113.

[7] Vgl. unten S. 24. [8] Näher Strafr. I, 89/90.

Universitäten[1]. Beide gemeinsam, das kaiserliche und das päpstliche Recht, bilden so das ius utrumque des Mittelalters.

Zunächst arbeitet die Schule der Glossatoren (ca. 1100—1250) an Auslegung und Erläuterung des corpus iuris Iustinians[2]. Gestützt darauf behandeln die Postglossatoren (Kommentatoren, Praktiker, ca. 1250 bis 1450) die Anwendung des römischen Rechts in der Gegenwart, unter dauernder Mitheranziehung des kanonischen Rechts. Sie führen uns also nicht mehr rein römisches Recht, sondern das geltende Recht, die generalis consuetudo ihrer Zeit vor Augen[3]. Gerade dadurch erst schaffen sie die wissenschaftliche und praktische Grundlage für die Brauchbarkeit dieses Rechts zur Rezeption in Deutschland[4]. Das erste, zugleich grundlegend wichtige strafrechtliche System (um 1300) stammt von Gandinus[5], das bedeutendste spätere von Angelus Aretinus († 1450)[6]; beide haben auch in Deutschland als Vorbilder gedient.

II. Eine zusammenfassende Darstellung des Strafrechts der Postglossatoren fehlte uns bis vor kurzem[7]. Seine entscheidende Bedeutung, auch für Deutschland, besteht darin, daß hier zum erstenmal in der Geschichte das Strafrecht eingehende dogmatisch-wissenschaftliche Bearbeitung erfuhr. Das führte sachlich insbes. zu bedeutender Förderung der allgemeinen Lehren vom Verbrechen[8], im Prozeß zum Sieg des Inquisitionsprozesses[9]. Auch Strafe und Strafzumessung werden

[1] Bahnbrechend insbes. Bologna. Vgl. näher Strafr. I, 90/91.

[2] Zusammenfassender Abschluß ist die glossa ordinaria des ACCURSIUS (erste Hälfte des 13. Jahrhunderts).

[3] Auf Grund des ius utrumque, aber zugleich unter dem Einfluß germanischen (langobardischen) Rechts, der italienischen Stadtrechte und des Gerichtsgebrauchs.

[4] Vgl. dazu näher Strafr. I, 91—95. Grundlegende Quellen- und Literaturgeschichte (nicht inhaltliche Darstellung) ist: v. SAVIGNY, Geschichte des römischen Rechts im Mittelalter, 2. Aufl., 1834ff. (vgl. Bd. III, V, VI).

[5] Libellus de maleficiis; zum Inhalt näher Strafr. I, 94/95. Neuerdings eingehend W. BEYER, D. italienische Strafrecht der Scholastik nach ALBERTUS GANDINUS (Göttingen, Dissert.), 1931.

[6] Tractatus de maleficiis.

[7] Grundlegend wichtige Vorarbeiten, insbes. betr. GANDINUS, lieferte KANTOROWICZ (vgl. näher Strafr. I, 92). Neuerdings umfassende Darstellung: DAHM, D. Strafrecht Italiens im ausgehenden Mittelalter, 1931.

[8] Vgl. näher Strafr. I, 95—97. Hier ganz kurz einige Beispiele: Die staatliche Zersplitterung Italiens führte zu Erörterungen über zeitliche und räumliche Geltung des Strafgesetzes sowie über Zeit und Ort der Tat (vgl. unten §§ 21 ff. 31). Eingehend behandelt wird die Schuldlehre. Neben den dolus (directus und indirectus) tritt als milder bestrafte zweite Schuldform die culpa (mit poena extraordinaria). Zum ersten Male wird die Notwehr näher erörtert, ebenso der Versuch (Trennung von Vorbereitung, mildere Strafe gegenüber der Vollendung gemäß longobardischem Recht). In der Teilnahmelehre wird die Beihilfe eingehend behandelt, die Anstiftung gleich der Täterschaft bestraft (quod quis per alium facit, per re ipsum facere videtur).

[9] Vgl. oben S. 18.

behandelt. Die Strafe kann durch Vergleich des Täters mit dem Verletzten abgelöst werden[1].

Ihren Höhepunkt erreicht die mittelalterlich-italienische Wissenschaft erst im 16. Jahrhundert[2], also nach der Rezeption. Diese Literatur hat dann im gemeinen deutschen Strafrecht noch erhebliche Benutzung gefunden[3].

III. Lebhaft erörtert wurde neuerdings das Auftreten der Freiheitsstrafe[4] in Italien. Sie erscheint stellenweise[5], vom 12. Jahrhundert ab, in gleicher Art wie anderwärts im Altertum und Mittelalter, auch in Deutschland, in meist durchaus untergeordneter Rolle als Einsperrung im Kerker (carcer, turris) zwecks Abschreckung und Sicherung, oft mit Schärfungen verbunden. Grundsätzlich ist das Gefängnis dieser Zeit hier wie anderwärts nicht Strafe, sondern Zwangs- und Sicherungsmittel[6]. Ein Einfluß der italienischen Freiheitsstrafe auf Deutschland ist nicht nachweisbar und, soweit übersehbar, nicht anzunehmen[7].

§ 8. Germanische und Fränkische Zeit.

I. Das Germanische Strafrecht führt uns in die Jugend der Völker zurück[8]. Schon sind die Stämme räumlich angesiedelt, aber die Rechtsstellung des Einzelnen beruht noch auf der Zugehörigkeit zur Sippe. Demgemäß sehen wir als herrschend das Privatstrafrecht, aber bereits mit Ansätzen öffentlich-rechtlicher Auffassung[9].

---

[1] transactio, pactum (deutschrechtlicher, longobardischer Einfluß).

[2] Mit JULIUS CLARUS (1525—1575); vgl. Strafr. I, 97.

[3] Dazu neuerdings eingehend SCHAFFSTEIN, D. Entwicklung d. allgem. Lehren v. Verbrechen durch d. Wissenschaft d. gemeinen Rechts, 1931 (Göttingen, Habilitationsschrift).

[4] Eingehendes Quellenwerk: BOHNE, Die Freiheitsstrafe in den italienischen Stadtrechten des 12. bis 16. Jahrhunderts, Bd. I, 1922; II, 1925. Dazu meine kritischen Besprechungen Strafr. I, 98—100, Jurist. Wochenschr. 54, 2736/38, und neuerdings in BUMKE, Deutsches Gefängniswesen, 1928, S. 6—9. Dort weitere Literatur.

[5] In etwa der Hälfte der von BOHNE untersuchten (ca. 80) Stadtrechte; im 12./13. Jahrhundert nur ganz vereinzelt (3 Fälle), häufiger vom 14. Jahrhundert ab.

[6] Zwangshaft (insbes. Schuldhaft), Untersuchungshaft.

[7] BOHNE nahm irrtümlich an, daß die Freiheitsstrafe zuerst in Italien auftrete (siehe dagegen oben) und daß hier auch die Wurzeln unserer modernen, durch den Besserungszweck gekennzeichneten Freiheitsstrafe liegen. Letztere aber führt erst auf das Amsterdamer Zuchthaus v. 1595 zurück (vgl. unten S. 35/36). Das Material BOHNES zeigt für Italien weder eine Besserungsstrafe, noch Beziehungen zu Deutschland. Vgl. meine Kritiken oben Anm. 4. Betr. Deutschland unten S. 26, Anm. 2.

[8] Hier insbes. in die Zeit der Völkerwanderung (102/01 v. Chr. Sieg des Marius über Cimbern und Teutonen; 476 n. Chr. Herrschaft Odovakars über Italien; 481 Begründung des Merowingerreichs durch Chlodwig).

[9] Vgl. dazu allgemeingeschichtlich oben S. 8/9. Wichtigste Rechtsquelle ist TACITUS, Germania (98/99 n. Chr.); Grundlegende Darstellung vor allem BRUNNER,

Innerhalb der Sippe finden wir die Strafgewalt des Familienhaupts und das Recht zur Ausstoßung unwürdiger Mitglieder[1]. Nach außen Blutrache[2], bei Verzicht darauf Sühne (Buße, compositio[3]).

Bei schwersten Angriffen auf öffentliche Interessen tritt bereits Todesstrafe ein[4]. Vereinzelt findet sich die Friedlosigkeit als Strafe[5].

Der herrschenden privatrechtlichen Auffassung entspricht die Strafbarkeit auch schuldloser Tat (Erfolghaftung) wie die Straflosigkeit des Versuchs[6].

Der Prozeß[7] ist Volksgerichtsbarkeit mit Klage des Verletzten bzw. seiner Sippe[8]. Beweismittel sind Reinigungseid des Beklagten und Gottesurteil[9].

Dies Germanische Strafrecht ist Gewohnheitsrecht.

II. Das Frankenreich bringt den Deutschen zum ersten Male eine einheitliche Staatsgewalt, die ihren Höhepunkt unter Karl dem Großen erreicht[10].

Rechtsgeschichte Bd. I/II, 1887/92 (auch für die fränkische Zeit); Bd. I, 2. Aufl., 1906; Bd. II, 2. Aufl., v. Frhr. v. SCHWERIN, 1928. Selbständige kritische Bearbeitung mein Strafr. I, § 9; dort näher betr. Rechtsquellen und Literatur S. 101.

[1] Dazu oben S. 9, Anm. 1 (allgemeingeschichtlich), S. 12, Anm. 3 (römisch).

[2] Schon in alter Zeit findet sich anscheinend das Asyl, weiterentwickelt dann durch die christliche Kirche; vgl. oben S. 9, Anm. 1, S. 12, 17.

[3] Auf Grund Vertrages oder Klage, auch bei Tötung; bei geringeren Delikten nur Buße (an Waffen, Pferden, Vieh). Bei Klage fällt ein Teil der Zahlung als Friedensgeld (fredus) an die Gesamtheit. Wer die Buße nicht zahlt, wird friedlos. Vgl. näher Strafr. I, 102/03; dazu allgemein oben S. 9.

[4] So schon bei TACITUS für Kriegsverrat und Heeresflucht. Viel weitergehende Ausdehnung der Todesstrafe nimmt v. AMIRA, D. germanischen Todesstrafen, 1922, an. Dazu und dagegen vgl. Strafr. I, 104/05.

[5] So nach der lex Salica bei Beraubung des bestatteten Leichnams, bei Verheiratung einer Freien mit ihrem Knecht (häufiger bei den Nordgermanen). Regelmäßig erscheint die Friedlosigkeit (Ächtung) als Folge prozessualen Ungehorsams; vgl. oben S. 10, Anm. 7, 11, Anm. 2. Ausgedehnte ältere Anwendung der Friedlosigkeit als Strafe und Abspaltung der Todesstrafe von dieser nimmt BRUNNER an; vgl. dagegen Strafr. I, 49, 106, 113; oben S. 10, Anm. 7. 8.

[6] Vgl. oben S. 9/10; dazu Strafr. I, 106.

[7] Vgl. näher Strafr. I, 106/07, oben S. 11.

[8] In den öffentlich-rechtlichen Fällen wohl jedes Rechtsgenossen (Popularklage); vgl. oben S. 11.

[9] Zur Erklärung dieser formalen Beweismittel vgl. oben S. 11, Anm. 5. Bei handhafter Tat ist der Kläger zum Eid berechtigt. Gottesurteile sind Zweikampf, Feuer- und Wasserproben, Los.

Über und wider sakrale Auffassung des germanischen Strafrechts vgl. Strafr. I, 107/08; oben S. 9, Anm. 6.

[10] Merowinger 481—751; Karolinger 751—911 (Karl der Große 768—814); Reichsteilung zu Verdun 843, damit Trennung der deutschen von der französischen Geschichte.

1. Rechtsquellen sind jetzt die Volksrechte[1]; dazu tritt das Königsrecht[2]. Dieser Übergang zum Gesetzesrecht bedeutet als grundlegenden Fortschritt die erste gesetzliche Festlegung von Verbrechensbegriffen und Strafen[3].

2. Herrschend ist noch die privatrechtliche Auffassung des Strafrechts, aber der Staat bemüht sich um Einschränkung der Blutrache[4]. Im Mittelpunkt der Volksrechte steht das System der Buße (compositio)[5].

Öffentliche Strafe spielt in den älteren Volksrechten noch eine durchaus untergeordnete Rolle. Aber ihre Bedeutung wächst dauernd, insbes. unter dem Einfluß des Königsrechts. Schwerstes öffentliches Verbrechen ist der Verrat (infidelitas[6]). Daneben treten andere Fälle[7]. Als öffentliche Strafen finden wir Leibes- und Lebensstrafen[8], ferner Verbannung, bisweilen Strafhaft, Verknechtung, Vermögensverlust, daneben Ehrenstrafen[9]. Regelmäßig sind diese Strafen noch gegen Sühne ablösbar[10].

3. Herrschend ist auch jetzt noch die Erfolghaftung (vgl. oben S. 21). Aber es bahnt sich bereits eine gewisse Berücksichtigung der Schuld des Täters an[11]. Die Notwehr fällt noch unter den Gesichtspunkt des Tötungsrechts bei handhafter Tat[12]. Einzelne typische Ver-

---

[1] Sog. leges barbarorum; lateinisch geschrieben, auf Volksbeschluß beruhend Ältestes Volksrecht ist die lex Salica (um 500). Noch zur Merowingerzeit folgen die Rechte der Ribuarier, Alemannen und Bayern; in karolingischer die der Friesen, Sachsen, der chamavischen Franken, der thüringischen Angeln und Warnen; vgl. näher Strafr. I, 109.

[2] Königliches Verordnungsrecht, vor allem in den Kapitularien der Karolingerzeit; vgl. näher Strafr. I, 110.

[3] Neben dem Gesetz behält das Gewohnheitsrecht ergänzende Bedeutung.

[4] Vgl. näher Strafr. I, 110/11.

[5] Eingehend über dies System, das in schweren Fällen einen tiefen wirtschaftlichen Eingriff für den Schuldigen und seine Sippe bedeutete, vgl. Strafr. I, 111/12.

[6] Bruch der Königstreue, Crimen maiestatis, vor allem Hoch- und Landesverrat umfassend. Der Verräter verwirkt Leben und Gut; vgl. näher Strafr. I, 112, 114.

[7] So insbes. handhafter großer Diebstahl, schädliche Zauberei einschließlich Vergiftung, Meineid, Verletzung der Kirchen, Begünstigung des Verbrechers nach der Tat. Vgl. meine nähere Darstellung der wichtigsten Delikte mit ihren öffentlichen bzw. Privatstrafen Strafr. I, 114—117, 119.

[8] Vielfach als sog. spiegelnde; vgl. oben S. 9, Anm. 8.

[9] Näher über dies Strafensystem Strafr. I, 113/14.

[10] Vgl. dazu oben S. 20, Anm. 1.

[11] Insbesondere: Gewisse Absichtsdelikte sowie mildere Bestrafung mancher Fälle als Ungefährwerke. Hier wieder schwerere Bestrafung einzelner typischer Fahrlässigkeitsfälle. Dazu trat die Billigkeitsjustiz des Königsrechts. Vgl. näher Strafr. I, 117/18.

[12] Vgl. näher Strafr. I, 118; II, 202.

suchsfälle werden bestraft[1], auch einzelne Fälle von Anstiftung und Beihilfe[2].

4. Als Strafzwecke erscheinen nebeneinander[3]: Versöhnung des göttlichen Zorns, Vergeltung, Abschreckung der Gesamtheit (Generalprävention), Unschädlichmachung, Abschreckung des Verbrechers (Spezialprävention)[4].

5. Im Prozeß steht neben dem Volksgericht das Königsgericht[5]. Den Vorsitz im Volksgericht führt der Graf. An die Stelle der Volksversammlung treten dabei seit Karl dem Großen mehr und mehr die ständig bestellten Schöffen[6]. Das Schöffengericht bleibt die deutsche Gerichtsverfassung bis lange über die Rezeption hinaus. Das Prozeßverfahren ruht noch auf den alten Grundlagen[7]. Aber das staatliche Bedürfnis führt in gewissen Fällen zum Einschreiten von Amts wegen, ein Fortschritt von erheblichster Tragweite[8].

6. Als Gesamtbild zeigt uns so der machtvolle, aber noch junge fränkische Staat das Nebeneinander von Fehde, Sühne und öffentlicher

---

[1] Näher Strafr. I, 118; dazu oben S. 21, bei Anm. 6.

[2] Vgl. Strafr. I, 119: Mittäter zahlen Buße nur einmal; die Strafe trifft jeden.

[3] In gelegentlichen Äußerungen fränkischer Quellen; vgl. Strafr. I, 113.

[4] Nur vereinzelt Besserung; vgl. a. a. O.

[5] Vorsitzender der König bzw. Pfalzgraf, Urteilsfinder die bei Hofe anwesenden Großen; vgl. Strafr. I, 119/20. Das Königsgericht entscheidet mit außerordentlicher Gerichtsgewalt nach Billigkeit.

[6] Durch Capitulare (wahrscheinlich zwischen 770—780) beschränkt Karl der Große die damals bereits als drückend empfundene allgemeine Dingpflicht auf 3 Gerichtstage jährlich und führt statt dessen das ständige Schöffentum ein; vgl. näher Strafr. I, 120.

Wie in der Volksversammlung der Beamte Vorsitzender ist und das Volk urteilt, so jetzt im Schöffengericht die Schöffen. Den entsprechenden Vorgang sahen wir in Rom bei Einführung des Quästionenprozesses; vgl. oben S. 13, Anm. 7.

[7] Privatklage, Reinigungseid und Gottesurteil; vgl. oben S. 21. Über einzelne Fortschritte Strafr. I, 120/21.

[8] Vgl. näher Strafr. I, 121. Erste Ansätze schon unter den Merowingern. Grundlegend dann das Fränkische Rügeverfahren (lateinisch inquisitio). Es erfordert besondere königliche Vollmacht (die allgemein wohl nur der Sendgraf, missus, hatte) und tritt anscheinend nur bei besonderem Bedürfnis ein. Der Richter verpflichtet angesehene Personen zur eidlichen Aussage über begangene Verbrechen. Der so Beschuldigte ist dann in gleicher Lage wie ein Angeklagter (also evtl. Reinigungseid, Gottesurteil; Zweikampf scheidet dabei mangels Kläger aus).

Das fränkische Rügeverfahren, an das im 9. Jahrhundert das kirchliche Sendgericht anschließt (vgl. oben S. 17, Anm. 6), ist nach herrschender Auffassung die Grundlage des englischen Schwurgerichts wie des kanonischen und später deutschen Inquisitionsprozesses (oben S. 18, unten S. 32/33); auch in den Vemgerichten tritt sein Einfluß hervor (vgl. unten S. 27).

Strafe, deren Bedeutung zur Blütezeit der Karolinger dauernd steigt. Dem entsprechen auch die Anfänge der Verbrechensverfolgung von Amts wegen.

§ 9. Das spätere Mittelalter.

I. Unter Otto I.[1] erwächst Deutschland zum Römischen Reiche deutscher Nation und erlangt die Vorherrschaft in Europa. Es folgen die Kämpfe zwischen Kaiser und Papst[2], endigend mit dem Untergang der Hohenstaufen[3]. In Deutschland entwickelt sich die selbständige Gewalt der Landesherren.

Diese Zeit bis zum Anfang des 13. Jahrhunderts ist der Fortbildung des Strafrechts ungünstig[4]. Volksrechte und Kapitularien geraten in Vergessenheit[5], herrschend wird wieder das Gewohnheitsrecht, räumlich zersplittert, ausgeübt durch die Schöffengerichte[6]. Als wichtiger Ausgleich wirkt gerade in dieser Zeit die Entfaltung des Kanonischen Strafrechts (oben S. 17).

II. Seit dem 12. Jahrhundert bemüht sich die Reichsgesetzgebung um Einschränkung des Fehderechts mittels der sog. Landfrieden[7]. Aber erst 1495 kommt es im ewigen Landfrieden zu Worms zum dauernden Verbot der Fehde[8].

Die Fortentwicklung des Strafrechts erfolgt durch das Landesrecht. Seit dem 13. Jahrhundert entstehen massenhafte Rechtsaufzeichnungen, insbes. Rechtsbücher, Stadtrechte, Landesrechte, Weistümer. Bahnbrechend ragt unter ihnen der Sachsenspiegel

---

[1] 936—973; Kaiserkrönung in Rom 962.

[2] Beginnend mit Gregor VII. (1073—1085).

[3] Konradin, 1268.

[4] Das Kaisertum hatte dringendere Sorgen und die partikulären Gewalten waren noch nicht genügend erstarkt. An Rechtsaufzeichnungen ist diese Zeit arm, es sind die „für uns stummen Jahrhunderte" der deutschen Rechtsgeschichte (so Frensdorff, in Göttinger Nachrichten d. Gesellschaft d. Wissensch., 1921, S. 106).

[5] Im 10. Jahrhundert noch eine gewisse Geltung, im 11. nicht mehr.

[6] Das Königsgericht besteht fort, hat aber nicht mehr die frühere Machtstellung. Vgl. zum Vorstehenden näher Strafr. I, 122/23.

[7] Vorläufer sind die kirchlichen Gottesfrieden, vgl. oben S. 17, 18. Der älteste Mainzer Landfriede ist von 1103 (unter Heinrich IV., auf 4 Jahre). Vgl. näher über die Entwicklung Strafr. I, 123/24. Insbesondere die älteren Landfrieden enthalten auch Strafdrohungen gegen manche Verbrechen. Zuwiderhandlung ist strafbarer Landfriedensbruch. Erst gegen Ende dieser Zeit nimmt das Wort engere Bedeutung (unerlaubte Fehde) an.

[8] Die tatsächlich noch ein Jahrhundert fortdauert (deshalb noch wiederholt „ewige" Landfrieden; zuletzt Augsburg 1548).

Die früheren Landfrieden beschränkten sich zunächst auf Einschränkung der rechtlich anerkannten Fehde (sog. gemeine Landfrieden); dann verboten sie diese auf Zeit (einige Jahre; sog. vertragsmäßige Landfrieden); vgl. näher Strafr. a. a. O.

(um 1230) hervor[1]. Auf diesen Grundlagen ergibt sich das folgende Bild[2].

III. Das Strafrecht baut weiter auf den gewohnheitsrechtlich überlieferten Grundlagen der fränkischen Zeit. Dabei schreitet die öffentlich-rechtliche Auffassung gegenüber der privatrechtlichen fort.

Blutrache[3] und Buße (compositio) erhalten sich noch, die öffentliche Strafe ist regelmäßig noch gegen Sühne ablösbar[4]. Auch die Acht (Bann) behält als Folge prozessualen Ungehorsams ihre Bedeutung[5]. Aber mehr und mehr überwiegt die öffentliche Strafe.

Ausgedehnte Anwendung findet die Todesstrafe[6], oft in verschärfter Form des Vollzuges[7]. Auch die Verstümmelungsstrafen spielen, insbes. in Süd- und Westdeutschland, eine große Rolle. Sie können auch ohne gesetzliche Androhung zur Talion und als willkürliche Anwendung finden. Dazu treten als Strafen an Haut und Haar Prügelstrafe und Brandmarkung, teils als gesetzliche, häufig als Gnadenstrafen[8].

---

[1] Verfasser der Sächsische Ritter EIKE VON REPGOW. Daran anschließend in Süddeutschland insbes. der Schwabenspiegel (1274/75). Beide Rechtsbücher gewinnen ausgedehnte Herrschaft in den Gerichten, im 14. Jahrhundert werden sie bereits für kaiserliche Gesetze gehalten.

Unter den Stadtrechten sind insbes. Magdeburg und Lübeck wichtig, vielfach auf andere Städte übertragen.

Die Landesrechte sind teils Gesetze, teils Aufzeichnungen geltenden Rechts; die Weistümer in Dörfern und Bauernschaften aufgezeichnetes Gewohnheitsrecht. Vgl. näher Strafr. I, 126/27; zum Sachsenspiegel insbes. S. 152/54.

[2] Umfassende Quellendarstellung lieferte 1920 R. HIS, D. Strafrecht des Deutschen Mittelalters, Teil I: Die Verbrechen u. ihre Folgen im allgemeinen. Darauf vor allem beruht meine kritische Bearbeitung Strafr. I, 128—156. Sonstige Literatur vgl. dort S. 127; neuerdings insbes. HIS, Geschichte d. D. Strafr. bis zur Carolina, 1928 (dazu oben S. 8, Anm. 1).

[3] Bei Totschlag, stellenweise auch sonst. Sie verschwindet erst im 16., in der Schweiz erst im 17. Jahrhundert; vgl. Strafr. I, 128.

[4] Vgl. näher a. a. O. Strafen an Hals und Hand, d. h. Todes- und Verstümmelungsstrafen, nur mit Einwilligung des Richters und Klägers.

[5] Auch als Folge des Kirchenbanns, der Verletzung besonderer königlicher Befehle und der Landfriedensgesetze. Der Geächtete ist friedlos, rechtlos. Regelmäßig ist die Acht gegen Sühne ablösbar. Vgl. Strafr. I, 131/32.

[6] Vgl. näher Strafr. I, 132/33. Seit dem 13. Jahrhundert kommt das Amt des Henkers und die Vorstellung von dessen Ehrlosigkeit auf.

[7] Einfache Formen sind Enthaupten (ehrlichste Strafe), Erhängen (schimpflich, insbes. bei Diebstahl), Ertränken (insbes. bei Frauen). Verschärft: Vierteilen (fast ausschließlich für Verrat), Rädern (Männerstrafe, häufig, insbes. bei Mord und schwerem Raub), lebendig Begraben, oft mit Pfählung (häufig, insbes. Frauenstrafe), Verhungernlassen (selten), Verbrennen (häufig, insbes. bei Mordbrand, Sodomie, Zauberei, Vergiftung; regelmäßig als Ketzerstrafe), Sieden (fast ausschließlich bei Fälschung).

Zusätzliche Verschärfungen: Schleifen zur Richtstatt, Reißen mit Zangen, Verstümmelungen, Verbindung mehrerer Hinrichtungsarten. Vgl. näher Strafr. I, 133/34.

[8] Zum vorstehenden näher Strafr. I, 135/36.

Große Bedeutung erlangt die Verbannung, in vielen Stadtrechten wird sie geradezu zur Hauptstrafe[1]. Die Freiheitsstrafe spielt auch jetzt noch eine durchaus untergeordnete Rolle[2]. Reiche Entwicklung finden die Ehrenstrafen[3]. Dazu tritt die Geldstrafe (Brüche, Wette, Gewette)[4]. Häufig ist die Verbindung von Todesstrafe und Vermögensverlust.

Willkürliche (d. h. nach Ermessen des Gerichts zu bestimmende) Strafe tritt ein in gesetzlich nicht bestimmten Fällen; oft wird sie auch gesetzlich zugelassen. Durchaus überwiegend ist noch das System der absolut bestimmten Strafe. Wichtig ist hier aber die Zulässigkeit des Richtens nach Gnade, das beliebige Milderung oder Erlaß der gesetzlichen Strafe gestattet[5]. Auch nach dem Urteil kann das Gericht, der Gerichtsherr, der Rat, der Landesherr Gnade für Recht ergehen lassen[6]. Mildernd wirkt ferner auch jetzt noch das Asylrecht, das vielfach in breitem Umfang ausartet[7].

IV. Allgemeine Lehren. Auch jetzt herrscht noch der alte Standpunkt der Erfolghaftung[8], also der Bestrafung auch ohne Schuld, mit einzelnen Milderungen[9]. Stellenweise aber dringt man zu allgemein milderer Bestrafung der absichtslosen Tat vor; da und dort finden sich Ansätze zur Unterscheidung von Fahrlässigkeit und Zufall[10].

Über Zurechnungsfähigkeit[11] fehlen noch allgemeine Grundsätze; ebenso über Unterlassungsdelikte[12].

---

[1] Sie erfolgt lebenslang, auf Widerruf, auf Zeit (so meist); bei verbotswidriger Rückkehr tritt peinliche Strafe ein; vgl. näher Strafr. I, 136/37.

[2] Immerhin sind die Nachweise schon im 13. Jahrhundert zahlreicher als die gleichzeitigen für Italien (vgl. oben S. 20). Häufiger wird die Freiheitsstrafe seit dem 15. Jahrhundert. Meist dienen Stadttürme, häufig der Keller des Rathauses als Gefängnis, bei kurzen Strafen auch der Stock (truncus, cippus), das Untersuchungsgefängnis. Vgl. näher Strafr. I, 137; dazu v. Hippel in Bumke, Deutsches Gefängniswesen, 1928, S. 8.

[3] Beschimpfende Strafen (schimpflicher Aufzug, Pranger usw.); Widerruf und Abbitte; dauernde Entziehung der Ehre (Recht und Ehrlosigkeit); vgl. näher Strafr. I, 138/39.

[4] Vgl. näher Strafr. I, 139.

[5] Regelmäßig fordert dies allerdings Zustimmung des Klägers (vielfach dafür Sühnevertrag mit dem Täter); vgl. näher Strafr. I, 140/41.

[6] Erst im 16. Jahrhundert erreichten die Landesherrn das ausschließliche Begnadigungsrecht.

[7] Vgl. näher Strafr. I, 141/42.

[8] Vgl. oben S. 9 (allgemein), 21 (germanisch), 22 (fränkisch).

[9] Ähnlich wie in fränkischer Zeit; vgl. vorige Anm.

[10] Vgl. eingehend Strafr. I, 142/45. Das Wort fahrlässig, Fahrlässigkeit tritt erst um 1500 auf.

[11] Bei Kindern teils mildere Strafe, teils Straflosigkeit. Über rechte Toren und sinnlose Leute soll man nach dem Sachsenspiegel und verwandten Quellen nicht richten. Anderwärts findet sich Strafe, selbst Todesstrafe; vgl. Strafr. I, 145.

[12] Vgl. a. a. O.

Aus dem Tötungsrecht bei handhafter Tat entwickelt sich der Begriff der Notwehr (notwere, nötwer, not)[1], regelmäßig zum Schutz von Leib und Leben, bisweilen auch von Gut. Die Notwehr schließt peinliche Strafe aus, meist — aber nicht überall — jede Strafe[2]. Vereinzelt finden sich straffreie Notstandsfälle[3].

Die Behandlung des Versuchs entspricht zunächst der fränkischen Zeit[4]. Im 14./15. Jahrhundert aber tritt in städtischen Rechten als grundsätzlicher Fortschritt der allgemeine Versuchsbegriff auf[5].

Mittäter zahlen, wie früher, Buße nur einmal, die Strafe trifft jeden[6]. Anstiftung wird regelmäßig nur bei einzelnen Verbrechen erwähnt, die Strafe ist verschieden. Auch Begriff und Behandlung der Beihilfe sind noch unsicher und schwankend[7]. Grundsätzlich strafbar ist die Begünstigung[8].

Bei Mehrheit von Gesetzesverletzungen (heute Konkurrenz) erscheint als überwiegend der Standpunkt der Strafenhäufung[9]. Verjährung tritt als Verjährung der Privatklage auf[10]; bisweilen ist auch die amtliche Klage an Fristen gebunden.

V. Der Prozeß ruht noch auf den alten Grundlagen[11], insbes. ist noch die Privatklage herrschend. Aber das öffentliche Interesse an Verbrechensverfolgung tritt stärker hervor. Das fränkische Rügeverfahren[12] findet Verbreitung; bei schweren Verbrechen, klagt an manchen Stellen evtl. ein Beamter[13], da und dort kommt eine Art Popularklage vor. Der Verfolgung todeswürdiger Verbrechen dienen ferner die westfälischen Vemgerichte, die Gerichtsbarkeit für das ganze Reich erlangen[14]. In Süddeutschland bilden sich als summarisches Verfahren gegenüber dem gefangenen schweren Verbrecher (schädlichen

---

[1] Vgl. dazu oben S. 22 (fränkisch). [2] Vgl. näher Strafr. I, 146/47.

[3] Vgl. a. a. O. [4] Vgl. oben S. 22/23. [5] Vgl. Strafr. I, 147/48.

[6] Vgl. oben S. 23, Anm. 2.

[7] Vgl. näher Strafr. I, 148/50. Als Fall selbständig entwickelter Beihilfe betrachtet His den Verrat. Er ist aber schwerstes, selbständiges Verbrechen, ausgezeichnet durch die furchtbare Strafe des Vierteilens, anschließend offenbar an die fränkische infidelitas; vgl. oben S. 22 bei Anm. 6.

[8] Vgl. Strafr. I, 150. [9] Näher Strafr. I, 150/51; II, 494.

[10] Häufigste Frist 1 Jahr, daneben auch kürzere; vgl. a. a. O. I, 151.

[11] Schöffengericht, formale Beweismittel (Eid, Gottesurteil), vgl. oben S. 23. Immerhin gewinnt jetzt der Zeugenbeweis eine gewisse Bedeutung. Folter, früher nur gegen Knechte, kommt stellenweise vor, aber noch nicht als rechtlich anerkanntes Beweismittel; vgl. näher a. a. O. I, 154/55.

[12] Vgl. oben S. 23, Anm. 8; dazu Strafr. I, 155.

[13] Richter, Bürgermeister, Rat bzw. ein Beauftragter.

[14] Anfang in der zweiten Hälfte des 13., Blüte im 15. Jahrhundert, Untergang an dessen Ende. Die Veme entwickelt sich aus der alten karolingischen Gerichtsverfassung Westfalens (Freigrafen und Freischöffen). Einzige Strafe ist der Strang, einziges Beweismittel der Eid. Vgl. näher Strafr. I, 155/56.

Mann) das sog. Übersiebnen[1] und weiter das Leumundsverfahren[2] heraus.

VI. Dies deutsche Strafrecht vor der Rezeption mit seiner Herrschaft der Leibes- und Lebensstrafen beruht auf den Gedanken der Versöhnung des göttlichen Zorns, der Vergeltung, Abschreckung, Unschädlichmachung[3].

Eine höhere Kulturstufe gab es damals noch nirgends[4]. Aber in der Übertreibung jenes Strafensystems in Verbindung mit grundlegendsten Mängeln der Strafanwendung liegen die schweren Gebrechen dieser Zeit[5]. Amtlich urteilt darüber die Peinliche Gerichtsordnung Karls V. (Carolina, 1532) in der Vorrede mit den Worten: „daß an vielen orten offtermals wider recht und gute vernunfft gehandelt, unnd entweder die unschuldigen gepeinigt und getödt, oder aber die schuldigen, durch unordentliche geverliche und verlengerliche Handlung den peinlichen klegern, und gemeynem nutz zu großem nachtheyl gefristet, weggeschoben und erledigt werden."

§ 10. Rezeption, Carolina, Reichspolizeiordnungen.

I. Ein noch jugendfrisches Volk holt sich aus der Ferne ein fremdes Recht in fremder Sprache, ein Vorgang so wunderbar, daß er innerer Erklärung zu spotten scheint. Und doch ist diese einfach, sobald man über den Einzelfall vergleichend hinaussieht. Dann lehrt ein Blick, daß die Völker, sobald der Verkehr sie in Berührung bringt, ebenso wie die Einzelmenschen dauernd auf den verschiedensten Lebensgebieten voneinander lernen. Nur eine Teilerscheinung solcher Rezeptionen fremden Gutes ist die Rezeption fremden Rechts[6]. Sie tritt ein, wenn das heimische Recht nicht genügt und äußere Verhältnisse auf ein überlegenes auswärtiges Vorbild hinweisen[7]. So war die Lage Deutschlands am Ausgang des Mittelalters[8].

---

[1] Der städtische Anwalt schwört mit 6 Helfern, damit ist der Beweis geführt (bei handhafter Tat nur 2, bisweilen keine Helfer); vgl. näher a. a. O. I, 156.

[2] Der Rat prüft von Amts wegen und entscheidet eidlich, daß der schädliche Mann besser tot als lebendig sei; vgl. a. a. O.

[3] Vgl. näher Strafr. I, 130; dazu oben S. 23.

[4] Sie wurde erst mit der modernen Freiheitsstrafe, um 1600, erreicht. Vgl. unten S. 35/36.

[5] Vgl. darüber eingehend Strafr. I, 157/58.

[6] So gerade in unserem Falle nur eine Teilerscheinung der Renaissance, der Wiederbelebung des klassischen Altertums auf dem Gesamtgebiet der Kunst und Wissenschaft.

[7] Siehe dazu auch Beispiele unten § 15, Ausland, S. 47ff.; so insbes. die Türkei (unten S. 52); ferner China und Japan unten S. 54.

[8] Zum vorstehenden eingehend Strafr. I, 159/60. Bereits seit dem 12. Jahrhundert entsteht die Vorstellung, daß das römisch-italienische Recht „kaiserliches Recht" mit subsidiärer Geltung in Deutschland sei. Zur Geltung des kanonischen Rechts vgl. oben S. 17.

Praktisch entscheidend für die Rezeption[1] wird die Entstehung des an den italienischen Universitäten gebildeten Juristenstandes, der das dort gelernte ius utrumque[2] in immer steigendem Maße in die deutsche Praxis einführt. Das Verständnis der Laien, insbes. der Schöffen, im fremden Recht wird zugleich durch eine ausgedehnte populäre Literatur gefördert[3].

II. Im Privatrecht und Zivilprozeß ist die Rezeption gewohnheitsrechtlich erfolgt. Im Strafrecht und Strafprozeß hat sie zu einer umfassenden Reichsgesetzgebung geführt, ein gewaltiger Vorzug[4].

Das Jahr 1495 bringt den ewigen Landfrieden[5] und die Gründung des Reichskammergerichts. Auf Beschwerde des Reichskammergerichts über die strafrechtlichen Mißstände an den Reichstag zu Lindau (1496) beschließt der Reichstag zu Freiburg 1498 „ein gemein reformation und ordnung in dem Reich fürzunehmen, wie man in criminalibus procedieren soll"[6].

Daß diese Tat gelang, ist das Verdienst eines hervorragenden Mannes und seines Werkes: des fränkischen Ritters Johann Freiherr zu Schwarzenberg und seiner „Halsgerichtsordnung" für das Bistum Bamberg, constitutio criminalis Bambergensis, von 1507. Bahnbrechend für Jahrhunderte hat damit Hans v. Schwarzenberg dem deutschen Strafrecht den Weg gewiesen[7].

Auf den Reichstagen zu Augsburg (1530) und Regensburg (1532)[8] kam auf dieser Grundlage das neue große Reichsgesetz, die Peinliche

---

[1] Zum folgenden vgl. näher Strafr. I, 160/63.

[2] Vgl. oben S. 19. Auch an den deutschen Universitäten (zuerst Prag 1347, Wien 1365, Heidelberg 1386, Köln 1389 usw.) wird zunächst dieselbe Wissenschaft als die einzige damals vorhandene gelehrt.

[3] Wichtig insbes. der sog. Klagspiegel, um 1425.

[4] Um 1500 entstanden zunächst einige Partikulargesetze auf dem Boden der Rezeption (Worms 1498, Tirol 1499, Radolfzell 1506). Für die Folgezeit in Deutschland hat wohl nur die Wormser Reformation beschränkte Bedeutung; vgl. näher Strafr. I, 163/64.

[5] Vgl. oben S. 24. [6] Zum vorstehenden näher Strafr. I, 164/65.

[7] Ein eingehendes Lebensbild dieses hochbedeutenden und ausgezeichneten Mannes (1463—1528) habe ich Strafr. I, 165—170 gezeichnet und verweise darauf (dort auch Bildnis). In Bamberg war Schwarzenberg (1501—1524) Vorsitzender des bischöflichen Hofgerichts; auf den Reichstagen v. 1521, 1522, 1524 erscheint er als hervorragend einflußreiches Mitglied.

In seiner Bambergensis hat Schwarzenberg es meisterhaft verstanden, deutsches und fremdes Recht zu vereinigen und zu verschmelzen und dies Recht in klarer, markiger, dem Verständnis der Laien, insbes. der Schöffen, angepaßter Sprache zur Darstellung zu bringen. Damit entsprach die Bambergensis zugleich dem allgemeinen deutschen Bedürfnis und fand rasch weite Verbreitung und Anwendung; vgl. näher Strafr. I, 171/72.

[8] Entwürfe Worms 1521, Nürnberg 1524, Speyer 1529. Fertigstellung Augsburg 1530, aber nochmals Vertagung wegen partikularrechtlicher Bedenken. Diesen wurde 1532 Rechnung getragen in der Vorrede des Gesetzes durch die sog. clausula salvatoria. Danach will die Carolina „Churfürsten, Fürsten und Stenden,

Gerichtsordnung Karls V. (PGO.), constitutio criminalis Carolina (CCC., Carolina) zu stande[1].

III. Die Carolina[2] (219 Artikel) umfaßt gleichmäßig Strafrecht (Art. 104—180) und Strafprozeß[3]. Das ganze Gesetz atmet den hohen sittlichen Ernst und Gerechtigkeitssinn SCHWARZENBERGS[4]. So auch in der immer wiederkehrenden Anweisung an Richter und Schöffen, im Zweifel bei Rechtsgelehrten Rat zu fragen.

Hauptaufgabe mußte sichere Begrenzung des Anwendungsgebietes der peinlichen Strafe[5] unter Klarstellung des Verhältnisses zum heimischen und fremden Recht sein[6].

Die Durchführung war folgende: Für die wichtigsten Delikte und deren Strafen wie für die wichtigsten allgemeinen Lehren vom Verbrechen gibt die Carolina selbst die maßgebenden Vorschriften, also die bisher fehlende bindende gesetzliche Regelung. Analoge Bestrafung ist zulässig[7], aber nicht mehr nach Belieben der Richter und Schöffen, sondern nur auf Grund Ratsuchens bei Rechtsgelehrten (vgl. oben). Die Art der peinlichen Strafe bestimmt sich, soweit das Gesetz sie nicht bindend vorschreibt, nach deutschem Brauch oder rechtsgelehrter Entscheidung[8]. Die peinliche Strafe ist, zum erstenmal in Deutschland, lediglich öffentlich-rechtlich geregelt. Es gibt keine Ab-

---

an iren alten wohlherbrachten rechtmäßigen unnd billichen gebräuchen, nichts benommen haben". Dagegen schafft Art. 218 eine Reihe von Mißbräuchen ausdrücklich ab. Vgl. näher Strafr. I, 172/73; 211/12.

[1] Amtliche Druckausgabe Hornung (Februar) 1533 bei Ivo Schöffer in Mainz (sog. editio princeps). Danach ist auch ferner gedruckt und geurteilt. Danach ist auch die neue Ausgabe von ZOEPFL, 1883 (einschließlich Bambergensis und Entwürfen), verfaßt; kleine Ausgabe neuerdings von RADBRUCH (Reklam). Nur mit Vorsicht benutzbar ist die sonst verdienstliche Ausgabe von KOHLER-SCHEEL, 1900 (auch kleine Ausgabe für Studierende), weil nicht auf der editio princeps, sondern auf einer vermeintlichen Regensburger Originalhandschrift v. 1532 beruhend; vgl. näher Strafr. I, 174.

[2] Die Wissenschaft hat sich vielfach mit der Entstehungsgeschichte der Carolina beschäftigt. Die Hauptsache, die inhaltliche Klarstellung ihrer Bedeutung und ihres Verhältnisses zum deutschen und fremden Recht, fehlte uns merkwürdigerweise. Ich habe diese Darstellung eingehend geliefert (Strafr. I, 175—211), und verweise darauf.

[3] Oberflächlich und unrichtig ist die in der Literatur häufige Annahme, daß die Carolina in der Hauptsache Strafprozeß und nur nebenbei auch Strafrecht enthalte; vgl. Strafr. I, 175.

[4] Die Gerichte sind aufs beste zu besetzen, damit „niemandt unrecht geschehe" (näher Art. 1); Richter und Schöffen sollen schwören, zu richten „dem armen als dem reichen" (näher Art. 3/4, vgl. auch Art. 219).

[5] „An leben, ehren, leib oder glidern", vgl. Art. 104. Nur diese schweren Delikte behandelt das Gesetz; vgl. näher Strafr. I, 177/78.

[6] Vgl. dazu Art. 104/105; näher zum Verständnis Strafr. I, 176/77.

[7] So auch bisher überall. Erst die Aufklärungszeit bringt den Grundsatz nullum crimen sine lege; vgl. unten S. 38.

[8] Vgl. näher Strafr. I, 176/77.

lösung[1] mehr und kein Richten nach Gnade, sondern nur nach Recht[2].

IV. Die Betrachtung der einzelnen Verbrechen mit ihren Strafen[3] liefert folgendes Ergebnis:

1. Eine ganze Reihe wichtigster Deliktstatbestände ist durchaus deutschrechtlich[4]. In anderen Fällen ist fremder Einfluß nicht nachweisbar oder untergeordnet[5], nur bei einer geringeren Anzahl von Delikten weitgehend oder entscheidend[6]. Der deutschrechtliche Einfluß überwiegt also insgesamt entschieden; nur ein großer Fortschritt ist offenbar dem fremden Recht zu danken, die Aufnahme der fahrlässigen Tötung[7].

2. Die Strafen sind in breitem Umfang gesetzlich fest bestimmt. Das entsprach noch dieser Kulturperiode und diente zugleich der Verhütung von Willkür der Schöffen. Wo dem Ermessen Spielraum bleibt, findet sich gewöhnlich das Erfordernis des Ratsuchens (oben S. 30)[8]. Das Strafensystem ist durchaus deutschrechtlich, stellt aber gegenüber dem bisherigen Zustand eine gewisse Milderung dar, stellenweise bei der Todesstrafe, namentlich aber durch Einschränkung der Verstümmelungsstrafen[9]. Die Freiheitsstrafe spielt noch, wie bisher, eine ganz untergeordnete Rolle[10]. Dies Strafrecht beruht, wie bisher,

---

[1] Ein entscheidender Fortschritt, auch gegenüber den Italienern; vgl. oben S. 20.

[2] Vgl. näher Strafr. I, 178/79. Das noch in der Bambergensis vorhandene Asylrecht ist gestrichen.

[3] Eingehende Darstellung vgl. Strafr. I, 179/195.

[4] So: Verräterei, Aufruhr, Landzwang, Fehde, Brandstiftung, Raub, Diebstahl (von Einzelheiten abgesehen), Meineid, Urfehdebruch, schädliche Zauberei, Fälschung (abgesehen wohl von Münzfälschung), widernatürliche Unzucht, Entführung, Notzucht, Kindestötung, Tierhaftung des Herrn. Auch die Unterscheidung von Mord und Totschlag (nach dem Vorsatz) ist m. E. deutschrechtlich; vgl. Strafr. I, 188/89, 205.

[5] Vgl. Vergiftung, Aussetzung, Unfruchtbarmachung, Tötung durch den Arzt, wohl Kuppelei, Raufhandel, Einzelheiten beim Diebstahl.

[6] Gotteslästerung, Schmähschrift, wohl Münzfälschung, Blutschande, Ehebruch und Bigamie (aber selbständige Verarbeitung), Abtreibung, Selbstmord, fahrlässige Tötung, Kirchendiebstahl, Entweichenlassen von Gefangenen. Vgl. näher Strafr. I, 196.

[7] Vgl. unten S. 32, Anm. 4.

[8] Näher Strafr. I, 197/99.

[9] Näher Strafr. I, 196/99.

[10] Vgl. Carolina Art. 158 („etlich taglang kerker"; subsidiär, beim ersten kleinen Diebstahl); Art. 10, 101 (Hinweis auf die Möglichkeit ewigen Gefängnisses); Art. 176 (Gefängnis als sichernde Maßnahme gegenüber drohenden Verbrechen).

Die damalige Beschaffenheit der Gefängnisse erhellt aus Carolina Art. 218. Unter den danach abzuschaffenden Mißbräuchen (vgl. oben S. 30, Anm.) findet sich auch der, daß „an viel peinlichen gerichten die gefengknuss nit zu der verwarung sondern mer peinigung der gefangen und eingelegten zugericht" sind. Vgl. dazu v. Hippel in Bumke, Deutsches Gefängniswesen, 1928, S. 9.

auf den Gedanken der Vergeltung, Abschreckung, Unschädlichmachung[1].

V. Zu den allgemeinen Lehren vom Verbrechen ist hervorzuheben: Über Kausalzusammenhang und Unterlassungsdelikte fehlen noch Grundsätze. Sehr eingehend wird, im Anschluß an Mord und Totschlag, die Notwehr behandelt. In ihren entscheidenden Grundlagen ist die Begriffsbestimmung deutsch[2]. Als Notstandsfall erscheint das Stehlen in Hungersnot.

Einen ganz durchgreifenden Fortschritt auf Grund des fremden Rechts zeigt die Schuldlehre[3]: Grundsätzlich ist nur der Vorsatz strafbar. Daneben tritt als selbständige zweite, zwischen Vorsatz und Zufall stehende Schuldform die Fahrlässigkeit[4].

Weiterer Fortschritt ist die Anerkennung des Versuchsbegriffs in überlegter, überwiegend an die Italiener anschließender Begriffsbestimmung[5]. Die Teilnahme wird in einer allgemeinen Sammelvorschrift mit peinlicher Strafe auf Grund Ratsuchens belegt, aber „in eynem fall anderst dann in dem andern"[6]. Über Verbrechenskonkurrenz fehlen Vorschriften[7].

VI. Dringlichst reformbedürftig war der deutsche Strafprozeß[8]. Hier bringt die Carolina als entscheidenden Fortschritt den Sieg des kanonisch-italienischen Inquisitionsprozesses, also der richterlichen Wahrheitsermittlung von Amts wegen[9], leider auch unter

---

[1] Solche Kulturauffassung war noch der Mitte des 16. Jahrhunderts völlig selbstverständlich; vgl. näher Strafr. I, 200. Dazu oben S. 23, 28.

[2] Überlaufen mit tödlichen Waffen, Schutz von Leib und Leben, Zulässigkeit jeder erforderlichen Abwehr; vgl. eingehend Strafr. I, 201/03.

[3] Betr. Zurechnungsfähigkeit bot weder das deutsche noch das fremde Recht Brauchbares (vgl. oben S. 15, Anm. 3, S. 26, Anm. 11). Die Carolina verweist daher für Jugendliche und Geisteskranke auf das Ratsuchen (dazu Sondervorschrift „von jungen Dieben", Art. 164). Näher Strafr. I, 204.

[4] Mit vortrefflicher selbständiger Begriffsbestimmung bei der fahrlässigen Tötung (Art. 146); näher Strafr. I, 204/06.

[5] Art. 178. Die mildere Bestrafung gegenüber der Vollendung entspricht longobardisch-italienischem Recht; vgl. oben S. 19, Anm. 8; näher Strafr. I, 206/07.

[6] Art. 177. Hier bot weder heimisches noch fremdes Recht Brauchbares; schon obige Vorschrift ist daher anzuerkennen; vgl. Strafr. I, 207. Dazu oben S. 16, 27.

[7] Das bisherige Recht bot auch hier kein geeignetes Vorbild; vgl. Strafr. I, 208; II, 494. Dazu oben S. 16, 27.

[8] Vgl. oben S. 27 (Richten nach Gnade S. 26).

[9] Vgl. oben S. 18, 19, Anm. 9. Eingehend Strafr. I, 208/10. Verurteilung erfordert Geständnis oder Beweis durch mindestens 2 einwandfreie (klassische) Zeugen. Auf schwere Indizien hin wird das Geständnis durch Folter erzwungen. Dabei strebt die Carolina nach maßvoller Anwendung und gerechter Entscheidung.

Wir haben es hier mit einer sog. gesetzlichen Beweistheorie zu tun (übernommen von den Italienern). Für freie Beweiswürdigung, uns heute selbstverständlich, fehlte das Vorbild; sie hätte überdies der Willkür der Schöffen Tür und Tor geöffnet.

Über Rechtsmittel schweigt die Carolina. An ihrer Stelle steht das Ratsuchen bei Rechtsgelehrten mit Aktenversendung; vgl. oben S. 30.

Übernahme der Folter, die damaliger Kulturauffassung noch entsprach. Der Inquisitionsprozeß ermöglichte die wirkliche Durchführung des materiellen Strafrechts der Carolina. Freilich enthielt er auch Gefahren, die in der Folgezeit zu schweren Mißständen führten[1].

VII. Die Carolina steht als einzigartiger großer Markstein deutscher Gesetzgebung an der Wende des Mittelalters und der Neuzeit[2]. Als ein für seine Zeit hervorragendes Werk, zugleich als Durchführung der Rezeption unter verständnisvoller Würdigung des deutschen Rechts, hat sie dem Strafrecht die reichsgesetzliche Grundlage geschaffen, die dem Privatrecht noch Jahrhunderte versagt blieb.

VIII. Als wichtige Ergänzung der Carolina erscheint die gleichzeitige Reichspolizeiordnung (RPO.) von 1530, revidiert 1548 und 1577. Diese Ordnungen[3] gewähren lehrreichen Einblick in soziale Schäden der Zeit. Rechtlich enthalten sie außer bloßen Verwaltungsvorschriften überwiegend neues materielles Reichsstrafrecht. Neben Bestimmungen von nur zeitlicher Bedeutung finden wir hier die Aufstellung oder Anbahnung einer Reihe wichtiger neuer Deliktsbegriffe[4]. Wie die Carolina, so sind auch die RPO. Grundlage für die Entwicklung der Folgezeit geworden.

§ 11. Das gemeine Deutsche Strafrecht.

Die Zeit nach der Carolina verläuft unter religiösen und äußeren Kämpfen, die in der Verwüstung Deutschlands durch den 30jährigen Krieg gipfeln[5]. Mühsam und allmählich beginnt der Wiederaufbau[6]. Die Macht des Kaisertums sinkt, in den Ländern entwickelt sich die absolute, auf Heer und Beamtentum gestützte Monarchie.

I. Reichsrechtliche Grundlage des Strafrechts bleibt die Carolina[7]. Die Wissenschaft, zunächst noch in ihren ersten Anfängen, bemüht sich um nähere Feststellung des geltenden Rechts, naturgemäß unter Anschluß an das römisch-kanonische Recht und die Italiener[8]. So setzt

[1] Doppelstellung des Richters als Inquirent und Urteiler, schriftlich-geheimes Verfahren, gesetzliche Beweistheorie mit dem gefährlichen Mittel der Tortur.

[2] Vgl. näher Strafr. I, 211/13.

[3] Zum Inhalt eingehend Strafr. I, 213—220.

[4] Preßdelikte, Wucher, Preistreiberei, Betrug, Bankrott, Untreue, Erregung von Ärgernis durch Konkubinat usw., Bettel, Landfriedensbruch, Amtsdelikte von Richtern und Anwälten.

[5] Dabei Verlust von $^3/_4$ der Bevölkerung.

[6] So insbes. in Brandenburg unter dem Großen Kurfürsten (1640—1688).

[7] Vgl. dazu meine eingehenden Nachweise, insbes. auch für das Landesrecht, Strafr. I, 221—225.

[8] Als der — auch in Deutschland — zunächst allein vorhandenen Wissenschaft; entsprechend auch den Hinweisen der Carolina selbst auf Ratsuchen und kaiserliches Recht; vgl. oben S. 28, Anm. 8, S. 30. Näher über diese Wissenschaft Strafr. I, 221/22, 226/27.

sich die Rezeption noch ergänzend fort[1]. Von entscheidender Bedeutung wird auf diesen Grundlagen, zugleich aber unter ausgiebiger Berücksichtigung der heimischen Praxis, das große Werk von BENEDICT CARPZOW, Practica nova imperialis Saxonica rerum criminalium, 1635[2], das die deutsche Strafrechtspflege über ein Jahrhundert mit fast gesetzesgleicher Wirkung beherrscht[3].

II. Insgesamt zeigt das Strafrecht in diesen ungefähr 200 Jahren des gemeinen Rechts ein höchst unerfreuliches Bild: Die Schranken der Carolina, ihr verständiges Maßhalten gehen verloren, mehr und mehr straft die Praxis, was sie für strafwürdig hält und wie sie es für strafwürdig hält. Schon CARPZOW schreibt, daß hodie omnia fere crimina sint arbitraria et extra ordinem puniantur[4].

III. Verhängnisvolle Auswüchse bringt insbes. der Inquisitionsprozeß[5]: Verdächtige, aber nicht voll überführte Personen sprach man nicht mehr frei, sondern verurteilte sie zu einer geringeren poena extraordinaria (Verdachtstrafe). Genügte der Verdacht auch dafür nicht, war aber die Unschuld nicht sicher, so griff man (statt Freisprechung) zur vorläufigen sog. Instanzentbindung, die jederzeit neues Vorgehen ermöglichte. Ferner aber erweiterte sich das Anwendungsgebiet der Folter mehr und mehr zu schrankenloser Erpressung von Schuldbekenntnissen. So hat die Folter in furchtbarster Weise insbesondere gegenüber der von der Kirche zum Religionsdelikt gestempelten Hexerei gewütet und Hunderttausende sog. Hexen auf Grund

[1] Bis sie später allmählich in steigendem Maße durch die Gedanken der Aufklärung verdrängt wird. Vgl. über diese Entwicklung neuerdings eingehend SCHAFFSTEIN, oben S. 20, Anm. 3.

[2] Vgl. näher Strafr. I, 227/28. CARPZOW (1595—1666) war Leipziger Ordinarius, zugleich Mitglied des dortigen Schöffenstuhls. Das Werk ist eine Verbindung von System und Kommentar. Gelehrt, fleißig, gründlich, aber nichts weniger als genial erstrebt CARPZOW harte Gerechtigkeit im Geiste der Zeit auf dem Boden alttestamentlicher Vergeltungsanschauung. Er glaubt z. B. an wirklichen coitus des Teufels mit den Hexen. Das sei durch gewichtigste Autoritäten wie durch zahllose Bekenntnisse der Hexen selbst (Kritik = in der Folter!) festgestellt; auch die Theologi consentiunt communiter! Vgl. näher Strafr. a. a. O.; unten S. 35, Anm. 1.

[3] Vgl. LEYSER, Medit ad Pandectas, 1778: ut parum absit, quin legislatoriam potestatem CARPZOVIO tribuant; näher Strafr. I, 228.

[4] Näher über dies Bild Strafr. I, 232—239. Durchaus begreiflich war angesichts des Schweigens des Reichsrechts die Entwicklung einer Anzahl neuer Deliktsbegriffe durch das Landesrecht; aber auch hier finden wir teilweise unerfreuliche Erscheinungen (vgl. a. a. O. S. 233/34). Darüber hinaus betrachtete man die Bibel, insbes. das Gesetz Mosis, als lex divina positiva (a. a. O. S. 232). Dazu kam das unbegrenzte Gebiet der poena extraordinaria in nicht benannten Fällen und die Überschreitung des Gesetzes für delicta atrocissima (zulässig auch nach CARPZOW).

[5] Näher Strafr. I, 229—232. Entscheidend wird hier der rechtsgelehrte Richter; die Schöffen verschwinden allmählich oder sinken zu bedeutungslosen Solemnitätszeugen herab.

stets gleichartiger und gleich sinnloser „Geständnisse" dem Feuertode überliefert[1].

IV. Als Lichtblick erscheint in diesem Zeitalter willkürlichster Bestrafung die allmähliche Milderung des Strafensystems der Carolina durch die gerichtliche Praxis[2]. Ersatz bietet da und dort die Verurteilung zu öffentlichen Arbeiten[3], vor allem aber jetzt in steigendem Maße die Freiheitsstrafe.

1. Ewiges Gefängnis (carcer) erscheint als Milderung der Todesstrafe, zeitiges (offenbar meist kurzzeitiges) wird eine der regelmäßigen Formen der poena extraordinaria. CARPZOW verwirft dabei den fürchterlichen Zustand vieler Gefängnisse[4] und verlangt, daß das Gefängnis sei ein locus tolerabilis, ut in eo vivere aereque ac lumine captivus frui possit. Aber weiter reicht das Verständnis der Zeit noch nicht[5].

2. Der entscheidende Fortschritt kommt von Holland. In Amsterdam wird 1595 das erste Zuchthaus (tuchthuis) gegründet, schon mit dem neuen Namen — Haus der Zucht, d. h. der Erziehung — die neue Sache verkündend. Im Mittelpunkt steht hier die zwangsweise Erziehung zú Ordnung und Arbeit, unterstützt durch Seelsorge und Unterricht. Es ist die Entstehung der modernen, auf den Besserungszweck gestützten Freiheitsstrafe, im Gegensatz zum Kerker des Altertums und Mittelalters, die wir hier vor Augen haben, ein entscheidender Wendepunkt in der Geschichte des Strafensystems und der Strafzwecke[6].

---

[1] Dazu näher Strafr. I, 230/32. Ausgangspunkt die Bulle Innocenz VIII., 1484 (cum daemonibus incubis et succubis abuti); dazu CARPZOW, oben S. 34, Anm. 2. Die Blütezeit der Hexenbrände fällt in das Ende des 16. und die erste Hälfte des 17. Jahrhunderts; aber erst um 1750 wurden die letzten Hexen in Deutschland verbrannt (1749 Würzburg; 1751 Endingen, Breisgau; 1775 Kempten). — Als Vorläufer der Aufklärung, insbes. im Kampf gegen Hexerei und die Auswüchse des Inquisitionsprozesses, steht in dieser Zeit CHRISTIAN THOMASIUS (1655—1728); vgl. näher Strafr. I, 233.

[2] Insbesondere kommen verschärfte Todesstrafen und Verstümmelungsstrafen mehr und mehr in Abnahme; näher Strafr. I, 239/40.

[3] Anschließend an das römische opus publicum (oben S. 14, Anm. 12), seit etwa 1600; näher Strafr. I, 240 (auch Kriegsdienst, Galeerenstrafe).

[4] Siehe dazu schon die Carolina, oben S. 31, Anm. 10.

[5] Näher zum vorstehenden (auch über die mit dem 18. Jahrhundert auftretende, langzeitige Festungsbaustrafe) vgl. Strafr. I, 240/42; v. HIPPEL, in BUMKE, Gefängniswesen 1928, S. 9.

[6] Eingehend klargestellt ist dies durch meine auf selbständiger Quellenforschung beruhende Arbeit: „Beiträge zur Geschichte der Freiheitsstrafe", Z. 18, 419ff., 608ff. (1898). Kurze, neue Darstellung bietet mein Strafr. I, 242—247; dort auch lehrreiche Bilder (Anhang S. 579, Nr. 1—9); vgl. ferner mein Beitrag in BUMKE, Gefängniswesen, S. 10/11, 1928. — Die Hauptteile meiner obigen Arbeit („Beiträge"), betr. Amsterdam und Bremen, sind neuerdings veröffentlicht als Heft 2 der Schriften der Thüringischen Gefängnisgesellschaft („Die Entstehung der modernen Freiheitsstrafe und des Erziehungsstrafvollzuges"), Eisenach 1931.

3. Das Amsterdamer Zuchthaus und seine Erfolge erregten weithin die Bewunderung der Zeitgenossen. Ihr folgte bald die Nachahmung, in Deutschland zunächst in den Hansestädten[1]. Ende des 18. Jahrhunderts waren in Deutschland über 60 Zucht- und Arbeitshäuser vorhanden.

Die Praxis folgt. In dem Maße, wie Zuchthäuser geschaffen werden, erkennen die Gerichte an Stelle der alten Strafen mehr und mehr auf Unterbringung im Zuchthaus. Im 18. Jahrhundert hat so die Freiheitsstrafe bedeutenden Raum gewonnen und wird in der Aufklärungszeit zur herrschenden[2].

V. Im 18. Jahrhundert verblaßt das Ansehen CARPZOWS. Die Wissenschaft gewinnt[3], insbes. mit KRESS[4] und I. S. F. BÖHMER[5], einen neuen Aufschwung, bei BÖHMER namentlich auch in selbständiger Behandlung der allgemeinen Lehren vom Verbrechen[6].

Trotz dieses wissenschaftlichen Fortschritts und des Vordringens der Freiheitsstrafe trägt die erste Hälfte des 18. Jahrhunderts noch durchaus die Züge des gemeinen Rechts. So in Preußen unter Friedr. Wilhelm I. (1713—1740)[7]; in Bayern und Österreich in den großen Landesgesetzen des codex iuris Bavarici 1751 und der constitutio criminalis Theresiana 1768, die als Denkmäler der Vergangenheit mit aller Härte des gemeinen Strafrechts am Wendepunkt einer neuen Zeit stehen[8].

---

[1] Bald nach 1600 entstehen Zuchthäuser in Bremen, Lübeck, Hamburg, 1629 in Danzig; schon 1617 auch in Kassel. Vgl. oben S. 35, Anm. 6; dazu neuerdings WAGENER, D. Entwicklung der Freiheitsstrafe in Lübeck (Göttingen, Diss.), 1929; PIETSCH, Das Zuchthauswesen Alt-Danzigs (Göttingen, Diss.), 1931.

[2] So insbes. auch im Preußischen Landrecht, 1794. Zum vorstehenden eingehend meine „Beiträge" oben S. 35, Anm. 6; Zusammenfassungen Strafr. I, 247/49 (Bilder, Anhang Nr. 10—14), und bei BUMKE, Gefängniswesen, S. 11/12.

Die späteren deutschen Häuser zeigen leider überwiegend (nicht überall) einen bedauerlichen Rückschritt: Das Zuchthaus dient zugleich als Armen-, Waisen- und Irrenhaus, zum Schaden jedes Zweckes. Statt des musterhaften Amsterdamer Vollzugs ferner sehen wir wieder Verwahrlosung, Abschreckung und Peinigung der Gefangenen. (Dieser Rückschritt war offenbar vor allem eine Folge des 30jährigen Krieges.)

[3] Näher über diese Literatur vgl. Strafr. I, 249/50.

[4] Karolina-Kommentar (Commentatio succincta etc.), 1721.

[5] Lehrbuch, elementa iuris criminalis 1732, 4. Aufl., 1749; später Observationes, 1759 (Kritik über CARPZOW), und Meditationes, 1770 (Carolina-Kommentar).

[6] Dazu näher Strafr. I, 250—255.

[7] Näher über die Rechtslage in Brandenburg-Preußen Strafr. I, 224/25, 255/57. Friedr. Wilhelm I. steht insgesamt noch völlig auf dem Boden der Vergeltung im alttestamentlichen Sinne und der Abschreckung.

[8] Vgl. näher Strafr. I, 257. Im codex Bavaricus erscheint z. B, noch der ganze Hexenwahn; die Theresiana schildert die Folter auf 48 Tafeln in Abbildungen.

§ 12. Die Aufklärungszeit.

I. Neue Gedanken brechen den Geist religiöser Enge und weltlicher Willkür. Sie verkünden die Herrschaft der Vernunft und des natürlichen Menschenrechts und ringen dem allmächtigen Staate die rechtlich gesicherte Stellung des Bürgers ab. Das ist das Zeitalter der Aufklärung.

Im 16./17. Jahrhundert befreien sich Naturwissenschaft und Philosophie aus den Banden der Theologie. 1625 entwickelt in Holland HUGO GROTIUS (de iure belli ac pacis libri tres) die erste selbständige Strafrechtstheorie der neueren Zeit aus der Vernunft. Es folgen in Deutschland PUFENDORF (1632—1694), THOMASIUS (1655—1728), CHRISTIAN WOLFF (1679—1754)[1].

Die entscheidende Entwicklung setzt um die Mitte des 18. Jahrhunderts ein. Als Vorkämpfer der Strafrechtsreform im Geiste der Aufklärung ragen MONTESQUIEU, VOLTAIRE, BECCARIA hervor[2]. Daneben stehen zahlreiche andere[3], in Deutschland wissenschaftlich insbes. HOMMEL[4] und hinsichtlich der Befreiung vom ius divinum MICHAELIS[5].

II. In Frankreich führt erst die Revolution zum Siege der Reform[6]. Für Österreich schafft Joseph II. 1787 das erste Strafgesetzbuch der Aufklärungszeit, freilich mit schweren Einseitigkeiten und Mängeln[7].

In Deutschland setzt schon 1740 die bahnbrechende Tätigkeit Friedrichs des Großen ein, die Preußen zeitlich und sachlich an die Spitze stellt[8]. Drei Tage nach seinem Regierungsantritt (3. Juni 1740) beseitigt Friedrich die Folter. Schlag auf Schlag folgen weitere Reformen[9]. 1779 ordnet Friedrich die Gesamtreform des Strafrechts

---

[1] Eingehend zum vorstehenden Strafr. I, 258/61.

[2] MONTESQUIEU vor allem in seinem esprit des lois, 1748 (schon früher die lettres Persanes, 1721); VOLTAIRE, seit 1762 insbes. als unermüdlicher Kämpfer in Einzelfällen, endlich im Prix de justice et de l'humanité, 1777. — BECCARIA durch sein Buch dei delitti e delle pene, 1764, das in zahlreichen Ausgaben und Sprachen den Verf. zur europäischen Berühmtheit machte. Über die Wirksamkeit dieser drei Männer näher Strafr. I, 262—269.

[3] Vgl. Strafr. I, 266, 270; über THEODOR GOTTLIEB v. HIPPEL (1741—1786) Strafr. I, 275.

[4] Professor in Leipzig; hier 1765 seine berühmte Disputation über Strafrechtsreform, dann weitere Werke; vgl. Strafr. I, 271.

[5] Professor der Theologie in Göttingen; Darstellung des Mosaischen Rechts (Strafrecht in Bd. 5/6, 1774/75); dazu Strafr. I, 271.

[6] Erklärung der Menschenrechte 1789. Gesetzgebung 1791 (unter Übernahme des englischen Schwurgerichts). Vgl. näher Strafr. I, 269/70.

[7] Vgl. Strafr. I, 271, 376/77.

[8] Dazu meine nähere Darstellung Strafr. I, 271—276. Siehe auch KANT (Was ist Aufklärung? Berliner Monatsschr. 1784): „In diesem Betracht ist dieses Zeitalter das Zeitalter der Aufklärung oder das Jahrhundert Friedrichs.“

[9] Näher Strafr. I, 272/74. Die Zahl der vollstreckten Todesurteile ist in Preußen nach den schlesischen Kriegen auf 14—15 jährlich zurückgegangen.

an[1]. Diese und damit das Werk des Königs findet im Preußischen Landrecht von 1794 ihren Abschluß[2]. Für Preußen war damit „ein Zustand begründet, der weit, und noch viel weiter, als es bisher der Fall gewesen war, den aller übrigen deutschen Länder überragte“[3]. Erst im 19. Jahrhundert entstanden in den übrigen deutschen Staaten neue Strafgesetze an Stelle der Carolina und des gemeinen Rechts.

III. Bestehen blieb, auch nach Beseitigung der Folter, der Inquisitionsprozeß, mit dem Geständnis als Hauptbeweismittel und den Mißständen der Verdachtstrafe und Instanzentbindung. Er fand bald nach 1800 in Preußen, Bayern und Österreich seine letzte große, gesetzliche Festlegung[4].

IV. Die Freiheitsstrafe ist in der Aufklärungszeit zur herrschenden geworden, aber im Vollzuge überwiegend verwahrlost[5]. Reform brachte hier erst das 19. Jahrhundert.

V. Die Aufklärungszeit bedeutet im Strafrecht die Abschüttelung des Mittelalters und die Heraufführung der Gegenwart. Grundlegendster Fortschritt ist die rechtliche Sicherstellung des Bürgers durch Anerkennung des Satzes: Kein Verbrechen, keine Strafe ohne Gesetz[6]. Gebrochen wird die Herrschaft des Vergeltungsgedankens im mittelalterlichen biblisch-theologischen Gewande. Das Strafrecht wird auf die Vernunft, damit auf Notwendigkeit und Zweckmäßigkeit, gestützt. Das führt weiter zur Forderung der Verhältnismäßigkeit von Verbrechen und Strafen, damit zur Ablehnung unnötiger Härte. Wesen des Verbrechens ist nicht mehr die Sünde[7], sondern die schuldhafte Schadenszufügung bzw. Rechtsverletzung[8]. Die Begriffsbestimmungen des allgemeinen Teils wie der einzelnen Delikte werden auf dieser Grundlage wesentlich gefördert. Im Strafensystem wird die Freiheitsstrafe herrschend, im Inquisitionsprozeß wird die Folter beseitigt. So

---

[1] „Die Rechte nachzusehen und alle die grausame Artikul und Punkte in gewisser Arth zu mildern und gelinder zu machen, dergestalt, daß vor alle Vergehen eine Strafe bleibt, umb die Ordnung zu erhalten, doch aber, daß die Strafen dem Verschulden mehr angemessen sind.“

[2] Vgl. zur Entwicklung Strafr. I, 275/76; über das Strafrecht des Landrechts (Teil II, Titel 20, 1577 Paragraphen) als trotz mancher Mängel hochbedeutender Gesamtleistung Strafr. I, 276—283.

[3] So Hälschner, Preuß. Strafrecht I, 1855, S. 228. Lange Zeit verging, ehe die übrigen Länder Preußen in Abschaffung der Folter folgten. Zuerst Baden 1767, zuletzt Hannover 1822, Gotha 1828. Ähnlich steht es mit sonstiger Reform; vgl. näher Strafr. I, 283.

[4] Preußen, Criminalordnung, 1805; Österreich, Gesetz v. 1803 (StrGB. und Strafprozeßordnung); Bayern, StrGB. 1813, zweiter Teil; vgl. Strafr. I, 285.

[5] Vgl. oben S. 36, Anm. 2; dazu Strafr. I, 284.

[6] nullum crimen, nulla poena sine lege; vgl. unten S. 71/73.

[7] Daraus folgt insbes. völlig veränderte, rein weltliche Behandlung der Religions- und Sittlichkeitsdelikte.

[8] Wo sie fehlt, besteht kein Recht zur Strafe.

hat die Aufklärung in kurzer Zeit Großes geleistet. Mit Erfüllung ihrer Aufgabe macht sie anderen geistigen Strömungen Platz[1].

§ 13. Das 19. Jahrhundert bis zum Deutschen Reich.

I. Im Gegensatz zur Aufklärung stellt KANT den Vergeltungsgedanken in den Mittelpunkt des Strafrechts[2]. Die Strafe mag auch Nützlichkeitszwecken dienen, ihre Rechtfertigung liegt allein in dem absoluten Prinzip gerechter Vergeltung. Diesen Standpunkt führt KANT leider so einseitig durch[3], daß seine strafrechtlichen Ansichten ohne praktischen Einfluß bleiben mußten. Seine kritische Philosophie aber wird zum wissenschaftlichen Rüstzeug für die folgenden Juristen.

Mit KANT beginnt der bis zur Gegenwart dauernde Streit der sog. Strafrechtstheorien um Rechtsgrund und Zwecke des Strafrechts[4], während die Nützlichkeitsauffassungen der Aufklärungszeit in den Grundlagen wesentlich übereinstimmten. Kennzeichnend für diesen Streit ist die einseitige Hervorkehrung einzelner[5] statt umfassender Würdigung aller Strafzwecke (Vergeltung, General- und Spezialprävention), die allein den Tatsachen und Bedürfnissen des Lebens gerecht werden kann[6].

II. In der Gesetzgebung gehen Österreich mit seinem StrGB. von 1803 (vgl. unten S. 47) und Frankreich mit Napoleons code pénal von 1810 zeitlich voran[7]. Der code stellt sich dar als imperialistischer Abschluß der Aufklärungs- und Revolutionszeit im Sinne der Verbrechensverhütung durch Abschreckung. Für seine Zeit in Frankreich ein großer Fortschritt, ist das Gesetz heute zwar noch in Geltung, aber längst veraltet und überholt.

III. Die Führung des deutschen Strafrechts in den ersten Jahrzehnten des 19. Jahrhunderts übernimmt PAUL ANSELM V. FEUERBACH[8],

---

[1] Zum vorstehenden näher Strafr. I, 286/87.

[2] Metaphysik der Sitten, 1797. Erster Teil: Metaphysische Anfangsgründe der Rechtslehre (Einleitung und Teil II, Abschn. 1, Staatsrecht). Vgl. dazu näher Strafr. I, 288/90.

[3] Im Sinne des Talion („Wiedervergeltungsrecht, ius talionis"); vgl. Strafr. I, 289.

[4] Entsprechend zugleich dem Bedürfnis der Zeit nach Strafrechtsreform, die kritische Maßstäbe der Bewertung verlangt; vgl. Strafr. I, 288—292.

[5] So bei KANT Vergeltung, bei STÜBEL (1795) und v. GROLMAN (1798) Spezialprävention, bei FEUERBACH (vgl. unten) Generalprävention (psychologischer Zwang); dazu Strafr. I, 291/92, 294.

[6] Vgl. unten §§ 16—18.

[7] Der Strafprozeß wurde durch den code d'instruction criminelle v. 1808 geregelt.

[8] 1775—1833; 1799 Dozent, 1801 Professor in Jena, dann in Kiel und Landshut; 1805 zur Ausarbeitung des StrGB. in das Justizministerium nach München berufen. Vgl. über FEUERBACH neuerdings insbes. GRÜNHUT, A. v. Feuerbach usw., 1922. Kritische Würdigung der Bedeutung FEUERBACHS vgl. Strafr. I, 292/298 (mit Bildnis).

wissenschaftlich durch sein Lehrbuch[1], praktisch als Schöpfer des ersten modernen deutschen Strafgesetzbuchs, des Bayrischen StrGB. von 1813, das trotz mancher Einseitigkeiten und Mängel[2] als großer dogmatisch-kriminalpolitischer Fortschritt erscheint und dadurch bedeutenden Einfluß auf die folgende Gesetzgebung ausübte[3].

IV. Das Bayerische StrGB. wurde 1814 in Oldenburg eingeführt[4]. Erst um 1840 entsteht eine erhebliche Zahl weiterer neuer Strafgesetzbücher[5]: Sachsen 1838 (später 1855, revidiert 1868); Württemberg 1839[6], Hannover 1840[7], Braunschweig 1840[8], Hessen-Darmstadt 1841[9], Baden 1845[10], thüringische Staaten 1848/49; Preußen 1851 (unten Nr. V).

Bayern schloß später durch StrGB. von 1861[11] an das Preußische StrGB. von 1851 an; Lübeck führte dieses 1863 ein, Hamburg schuf noch 1869 ein eigenes StrGB.

Gemeinrechtsgebiet blieben bis 1870 Mecklenburg, Schaumburg-Lippe und Bremen.

Im Rheinland galt seit der Invasion Napoleons bis zum Preuß. StrGB. (1851) das französische Recht (oben Nr. II u. Anm. 7 dort).

V. Entscheidend für die weitere Entwicklung wird das Preußische Strafgesetzbuch von 1851. Es ist in langen, mühe- und wertvollen Vorarbeiten von 1826—1851 entstanden[12] und „kennzeichnet einen Fortschritt der Rechtsentwicklung, dem, abgesehen von der Carolina, etwa nur der durch das Bayerische Gesetzbuch von 1813 bewirkte an

---

[1] Erste Auflage 1801; 14., von Mittermaier herausgegebene, 1847.

[2] Insbesondere infolge der einseitigen Strafrechtstheorie Feuerbachs; vgl. Strafr. I, 301; oben S. 39, Anm. 5.

[3] Das Bayerische StrGB. v. 1813 umfaßt 459 Artikel (davon 141 allgemeiner Teil) gegenüber 1577 des Preuß. Landrechts (mit nur 90 §§ allgem. Teil); schon der zeigt den Fortschritt. Die Bedeutung des Gesetzes für seine Zeit wird 1827 von den Motiven des preußischen Entwurfs dahin gewürdigt: „Die Vorzüge dieses, von Feuerbach entworfenen Werkes, — seine streng systematische Ordnung, — die Schärfe der darin aufgestellten Begriffe, — das Streben, Bestimmtheit der Strafen, ohne Beeinträchtigung des richterlichen Ermessens zu erreichen, — die stetig fortschreitende Stufenfolge der angedrohten Strafübel usw. sind allgemein anerkannt" (trotz des „Unanwendbaren und Unzweckmäßigen mancher Bestimmungen"). Näher Strafr. I, 298—302.

Zur Entstehungsgeschichte neuerdings wichtig: Geisel, Der Feuerbachsche Entwurf v. 1907 (vom Verfasser entdeckt; Göttingen, Dissertation, 1929).

[4] 1858 ersetzt durch das Preußische v. 1851.

[5] Vgl. die Texte in Stenglein, Sammlung der deutschen Strafgesetzbücher. 3 Bde, 1858. Über Entwicklung und Inhalt näher Strafr. I, 304, 327—335.

[6] Dazu Polizeistrafgesetzbuch (PolStrGB.) 1839.

[7] PolStrGB. 1847. [8] PolStrGB. 1855. [9] PolStrGB. 1847, dann 1855.

[10] PolStrGB. 1863. [11] Dazu PolStrGB. 1861.

[12] Es war mir möglich, diese Entwicklung auf Grund der heute seltenen, gedruckten Originalmaterialien zur näheren Darstellung zu bringen; vgl. Strafr. I, 314—326. Dort S. 314 weitere Literatur. Wichtige Zusammenfassung bietet Goltdammer, Materialien, Bd. I/II, 1851/52.

die Seite gestellt werden kann"[1]. Im Gegensatz zum Bayerischen StrGB. vertritt es keine einseitige Strafrechtstheorie. Im Gegensatz zur Kasuistik des Preuß. Landrechts gewährt es der Wissenschaft und Praxis ausreichende Bewegungsfreiheit. So konnte es die Grundlage unseres heutigen Reichsstrafgesetzbuchs werden und hat sich in dieser verbesserten Gestalt durch nunmehr über 60 Jahre bewährt[2].

VI. Der Wissenschaft nach FEUERBACH fiel die hohe Aufgabe zu, über die Pflege der geltenden Landesrechte hinaus die Rechtseinheit des deutschen Strafrechts zu hüten und zu wahren. Bedeutendste Vertreter sind MITTERMAIER[3] und v. WÄCHTER[4]; neben ihnen stehen zahlreiche andere[5].

VII. Als grundlegender Fortschritt erfolgte unter dem Einfluß des Jahres 1848 die Beseitigung des Inquisitionsprozesses in den meisten deutschen Staaten. An seine Stelle tritt, hier anschließend an das Französische Recht und seine Geltung im Rheinland[6], der moderne Anklagprozeß mit Staatsanwaltschaft, Schwurgericht, öffentlich-mündlichem Verfahren und freier Beweiswürdigung unter Beseitigung von Verdachtstrafe und Instanzentbindung[7].

VIII. Das 19. Jahrhundert bringt ferner eine durchgreifende Reform des Vollzuges der Freiheitsstrafe[8].

Nach den Freiheitskriegen gelang es zunächst Preußen, in den großen Anstalten militärische Zucht und Ordnung in Gemeinschaftshaft herzustellen. Im übrigen blieb der Zustand des Vollzugs unverändert kläglich.

---

[1] So treffend v. BAR, Handb. d. Strafr., Bd. I, 1882, S. 185. — Durchaus unrichtig ist die stellenweise auftretende Ansicht, daß das Preuß. StrGB. als Rezeption des Französischen code pénal v. 1810 dessen Herrschaft in Deutschland begründet habe. Es ist ein originales deutsches Werk, das hier vorliegt. Der Einfluß des code pénal (insbes. durch die rheinischen Stände und Juristen) ist ein durchaus begrenzter. Das ganze Werk ist dem code pénal weit überlegen; zur Kritik des code pénal (Abschreckungstheorie) oben S. 39; Strafr. I, 399, 401.

[2] Vgl. dazu unten S. 42. [3] 1787—1867, seit 1821 Prof. in Heidelberg.

[4] CARL GEORG v. WÄCHTER, 1797—1880, seit 1852 Prof. in Leipzig.

[5] Vgl. näher Strafr. I, 302—305. Nach 1840 macht sich auch im Strafrecht ein gewisser, aber auf eine kleinere Anzahl von Vertretern begrenzter Einfluß der HEGELschen Philosophie geltend, überwiegend nicht zum Segen der Sache, in der Richtung eines einseitigen Doktrinarismus; darüber näher Strafr. I, 305—311.

[6] Vgl. oben S. 40. [7] Dazu näher Strafr. I, 311/13.

[8] Über seine Verwahrlosung oben S. 36, Anm. 2; S. 38, IV; näher Strafr. I, 338.

Als Vorbild wirkte das neue Zuchthaus zu Gent (1775), vor allem aber die Tätigkeit des englischen Menschenfreundes JOHN HOWARD (State of Prisons, 1777) und die Einführung der Einzelhaft mit Strahlenplan in Amerika (Eastern Penitentiary zu Philadelphia, 1822/25), die in der berühmten Anstalt Pentonville bei London (1840/42) eine wesentlich verbesserte Nachahmung fand. Diese sämtlichen entscheidenden Anregungen führen, wie ich nachweisen konnte, letzten Endes auf Holland zurück, wo sich der alte musterhafte Amsterdamer Strafvollzug (oben S. 35) erhalten hatte. Vgl. Strafr. I, 335—338 (Bilder Nr. 16—21 im Anhang); ferner v. HIPPEL in BUMKE, Gefängniswesen, 1928, S. 12/13.

Entscheidend für den Fortschritt wurde die neu entstehende Gefängniswissenschaft[1] mit dem Hinweis auf England und Amerika. Seit ungefähr 1840 beginnen Anläufe zur Reform nach verschiedenen Grundsätzen[2]. Baden führte seit 1848 planmäßig die Einzelhaft durch[3] und wurde auch sonst für lange Zeit das Musterland des Gefängniswesens in Deutschland[4]. Preußen eröffnete 1849 die Anstalt Moabit als getreues Abbild von Pentonville[5]. Es folgten Münster, Breslau, Ratibor, dann kam die Reform ins Stocken. Oldenburg entschloß sich nach Versuchen allmählich zur Einzelhaft, ebenso Mecklenburg. Sachsen bildete seit 1840 eine klassifizierte Gemeinschaftshaft aus. In Bayern, Württemberg, Hannover erfolgten nach 1860 Ansätze zur Einzelhaft. In den übrigen Staaten geschah bis 1870 nichts von Bedeutung[6].

§ 14. Das Deutsche Reich.

I. Nur einmal, in der Carolina, hatte Deutschland ein einheitliches Strafrecht besessen, dann war es wieder der Zersplitterung verfallen. Das neue Deutsche Reich aber bedurfte dringend der Rechtseinheit, gerade auf strafrechtlichem Gebiet. Erst damit konnte auch die Wissenschaft ihre volle Kraft für gemeinsame Ziele einsetzen. So war die Schaffung eines Reichsstrafgesetzbuchs zugleich eine Aufgabe von hoher nationaler und wissenschaftlicher Bedeutung[7].

Rasche Lösung war nur im Anschluß an ein vorhandenes Vorbild möglich. Als solches bot sich das bewährte, den größten Teil Deutschlands[8] beherrschende Preußische StrGB. von 1851. So ist unser Reichsstrafgesetzbuch von 1870 einer Revision und Verbesserung des Preußischen von 1851 geworden. Diese Lösung war zugleich eine sachlich gute. Wissenschaft und Praxis sind dabei erblüht wie nie zuvor, die Rechtssicherheit ist im Deutschen Reiche bis zur Revolution eine vorbildliche gewesen. Noch heute ist die Fortdauer dieses Rechtszustandes jeder nicht einwandfreien, insbes. jeder parteipolitischen Reform vorzuziehen[9].

---

[1] Grundlegend JULIUS, Vorlesungen über die Gefängniskunde, 1828.

[2] Schon seit 1830 in Bayern unter OBERMAIER (Besserungssystem mit Klasseneinteilung), aber ohne dauernden Erfolg.

[3] Zuerst 1848 in der Anstalt Bruchsal (mit Strahlenplan, oben S. 41, Anm. 8).

[4] Bis erst in den letzten Jahrzehnten die anderen Staaten allmählich nachrückten.

[5] Vgl. oben S. 41, Anm. 8.

[6] Dazu Strafr. I, 339/40; Bilder von Bruchsal und Moabit im Anhang, Nr. 22/23.

[7] Die Kaiserliche Thronrede bei Reichstagsschluß (26. Mai 1870) kennzeichnete den über Erwarten erfreulichen Fortschritt der Reichsgesetzgebung dahin: „Die erste Stelle in dieser Reihe wichtiger Gesetze nimmt aber das gestern von Ihnen und vom Bundesrat genehmigte Strafgesetzbuch ein.“

[8] Auch Bayern, Oldenburg, Lübeck; oben S. 40.

[9] Zahlreiche Europäische Rechte sind älter; vgl. unten S. 55.

II. Das Reichsstrafgesetzbuch[1] (StrGB.) trat am 1. Januar 1871 im Norddeutschen Bunde (einschließlich Hessen südlich des Mains), am 1. Oktober 1871 in Elsaß-Lothringen, am 1. Januar 1872 in Bayern, Württemberg und Baden in Kraft[2].

Seit seinem Bestehen hat das Gesetz eine Anzahl von Veränderungen in einzelnen Punkten erfahren[3]. Ferner ist neben das Strafgesetzbuch eine große Anzahl (über 200) Reichsgesetze getreten, die auch oder überwiegend strafrechtliche Vorschriften enthalten. Man bezeichnet sie als die strafrechtlichen Nebengesetze des Reichs[4].

III. Zur einheitlichen Durchführung des Strafrechts bedurfte es einheitlicher Gerichtsverfassung und einheitlichen Prozesses. Sie wurde durch das Gerichtsverfassungsgesetz (GVG.) und die Strafprozeßordnung (StrPO.) von 1877, in Kraft 1. Oktober 1879, geschaffen[5]. Damit eröffnete zugleich das neue Reichsgericht seine hervorragende Wirksamkeit.

IV. Das wichtige Gebiet des Militärstrafrechts wurde durch das MilStrGB. vom 20. Juni 1872 (in Kraft 1. Oktober) reichsrechtlich geregelt; am 16. Juni 1926 erhielt das Gesetz eine veränderte Neufassung[6].

Der Militärstrafprozeß erfuhr durch die bedeutsame Militärstrafgerichtsordnung von 1898 (in Kraft 1. Oktober 1900) einheitliche Gestaltung; an die Spitze trat das Reichsmilitärgericht[7].

V. Durch das Reichsstrafrecht wurde auch das Gefängniswesen, zum erstenmal in der deutschen Geschichte, vor einheitliche Auf-

---

[1] Entwurf I, Juli 1869, ausgearbeitet im Preuß. Justizministerium (Verfasser der spätere Justizminister Dr. Friedberg); mit Motiven, veröffentlicht. — Entwurf II, 31. Dez. 1869, beraten durch eine Kommission des Bundesrats; nur als Manuskript gedruckt, ohne Motive. — Entw. III, Reichstagsvorlage, 14. Febr. 1870, mit Motiven. Gesetz v. 31. Mai 1870 für den Norddeutschen Bund, v. 15. Mai 1871 für das Deutsche Reich. Näher zur Entstehungsgeschichte Strafr. I, 342—345.

[2] Am 1. April 1891 in Helgoland.

[3] Sie sind in jeder neuen Textausgabe des StrGB. enthalten; näher Strafr. I, 346—348; II, 13. Im einzelnen die folgende Darstellung.

[4] Großer Kommentar dazu: Stenglein, Komm. z. d. strafr. Nebengesetzen d. D. Reichs; gegenwärtig 5. Aufl., v. Ebermayer, Conrad, Feisenberger, Schneidewin, Bd. I, 1928; II, 1931.

Zu diesen Nebengesetzen kam zeitweilig die Flut des Kriegsnotrechts.

[5] Über spätere Veränderungen Strafr. I, 369 (auch betr. die Entwürfe v. 1908/09 und 1920 mit meinen Kritiken); II, 13. Zur Kritik der Verordg. v. 1924 meine Arbeit in Aschaff. Monatsschr. 15, S. 129ff. Über Entwürfe v. 1927 unten S. 46, Anm. 6. Neuerdings Verordg. d. Reichspräsidenten v. 14. Juni 1932 (RGBl. I, 285).

[6] Dazu ergingen 1926 neue Disziplinarstrafverordnungen für Heer und Marine und Strafvollstreckungsvorschriften; vgl. Strafr. II, 13.

[7] Leider ist heute durch Verf. Art. 106 und Gesetz v. 17. Aug. 1920 (RGBl. Nr. 176) dieser gesunde, weiteren Ausbaus fähige Rechtszustand beseitigt. Die Militärgerichtsbarkeit ist aufgehoben, außer für Kriegszeiten und an Bord der Kriegsschiffe. Es entscheiden also im Frieden die ordentlichen bürgerlichen Strafgerichte.

gaben gestellt[1]. Es handelte sich jetzt insbes. um sachgemäßen Vollzug der drei Strafarten: Zuchthaus, Gefängnis, Haft. Darüber und über die Fortentwicklung bis zur Gegenwart vgl. unten § 100 (Freiheitsstrafe). Über Literatur unten S. 45, Nr. 4, 5.

VI. Die Wissenschaft des Strafrechts hat sich seit 1870 zu hoher Blüte entwickelt und Deutschland auch hier eine hervorragende Stellung im Rahmen der Kulturvölker geschaffen. Dogmatische, kriminalpolitische, geschichtliche wie rechtsvergleichende Arbeit treten dabei hervor und ergänzen sich. Dazu kommt in neuerer Zeit, insbes. in der jüngeren Generation, auch im Strafrecht ein philosophisch-methodologisches Streben, dessen Ergebnisse abzuwarten bleiben[2].

Als wichtigste zusammenfassende Literatur des Strafrechts ist zu nennen[3]:

1. Systeme: Ältere, aber noch wissenschaftlich in Betracht kommende Werke: v. HOLTZENDORFF, Handbuch, Bd. I—IV, 1871/77. — v. WÄCHTER, Beilagen I, 1877 (Geschichte), Vorlesungen 1881. — BERNER, Lehrbuch, 18. Aufl., 1898. — HÄLSCHNER, Gem. d. Strafr. I, II[1 2], 1881/87. — AD. MERKEL, Lehrbuch, 1889 (bedeutend trotz Kürze). — BINDING, Handb. I, 1885; Grundriß, 8. Aufl., 1913; Lehrbuch (besonderer Teil) I, II[1 2], 1902/05. — v. BAR, Handb. I, 1882 (Geschichte); Gesetz u. Schuld I—III, 1906/09. — FINGER, Lehrb. I (Allgemeiner Teil), 1904.

Für die Gegenwart insbes.:

Größeres System: R. v. HIPPEL, Deutsches Strafrecht Bd. I (Allgemeine Grundlagen), II (Allgemeine Lehren vom Verbrechen), 1925/30.

Lehrbücher: v. LISZT, Lehrb. 21./22. Aufl., 1919; jetzt herausgegeben von EBERH. SCHMIDT, 25. Aufl. 1927 (stark verändert und verbreitert); 26. Aufl. (Neubearbeitung), I (Allgemeiner Teil), 1932. — ALLFELD, Lehrb. (begründet von HUGO MEYER), 8. Aufl., 1922. — M. E. MAYER, Lehrb. (Allgem. Teil), 1915 (unverändert 1922). — MEZGER, Lehrbuch (Allgemeiner Teil) 1931. — Ferner: WACHENFELD, Lehrbuch, 1914. — KÖHLER, D. Strafr. (Allg. Teil) 1917. — GERLAND, D. Reichsstrafrecht, 1922 (kürzere Darstellung). — R. SCHMIDT, Grundriß, 2. Aufl., 1931. — HEIMBERGER, Strafrecht, 1931 (kurze, klare Zusammenfassung, geschrieben für die Beamtenhochschule).

Grundlagen: SAUER, 1921.

---

[1] Zum folgenden näher Strafr. I, 369—375; II, 15.

[2] Dies Wort soll keine Kritik über einzelne Arbeiten oder Verfasser bedeuten. Die Gefahr der Richtung liegt in der Entstehung von Leistungen von mehr subjektivem als objektivem Wert und in der Überschätzung von Methoden auf Kosten von Ergebnissen. Vgl. Strafr. I, 352/53.

[3] Nähere Darstellung vgl. Strafr. I, 345—357; II, 13—15. Der Strafprozeß bleibt hier außer Betracht.

2. Kommentare: FRANK, 18. Aufl., 1931 (ausgezeichnet durch klare, knappe Darstellung). — Größere Werke: OLSHAUSEN, I/II, 11. Aufl. 1927 (bearbeitet von Mitgliedern des Reichsgerichts). — EBERMAYER, LOBE, ROSENBERG, 4. Aufl. 1929. — Nebengesetze vgl. oben S. 43 Anm. 4.

3. Rechtsvergleichung: v. LISZT und CRUSEN, Strafgesetzgebung der Gegenwart (StG.) I/II, 1894/98. — Dann die große „Vergleichende Darstellung d. deutschen u. ausländ. Strafr." (VD.), 15 Bde., 1905/08 (vgl. unten Anm. 3). — Neuerdings v. HIPPEL, Strafr. I, 376—456; II 15—30 (1925/30).

4. Gefängniswesen: v. HOLTZENDORFF u. v. JAGEMANN, Handb. I/II, 1888. — KROHNE, Lehrb., 1889. — KRIEGSMANN, Einführung 1912. — Neuerdings BUMKE, Deutsches Gefängniswesen, 1928. — Strafvollzug in Preußen, 1928 (herausg. v. Pr. Justizministerium).

5. Zeitschriften, insbes.: Der Gerichtssaal, seit 1849. — Archiv f. Strafrecht (GOLTDAMMERS Archiv), seit 1853. — Zeitschr. f. d. gesamte Strafrechtswissenschaft (Z.), seit 1881. — ASCHAFFENBURG, Monatsschr. f. Kriminalpsychologie u. Strafrechtsreform, seit 1904. — Blätter f. Gefängniskunde, seit 1864.

6. Sammlung selbständiger Einzeldarstellungen: Strafrechtliche Abhandlungen, seit 1896 (Breslau, Schletter).

7. Neuerdings wichtige Sammelwerke (Beiträge verschiedener Verfasser): LOBE, Fünfzig Jahre Reichsgericht, 1929. — SCHREIBER, Die Reichsgerichtspraxis, Festgabe, Bd. V (Strafrecht und Strafprozeß), 1929. — HEGLER, Festgabe für FRANK, Beiträge zur Strafrechtswissenschaft Bd. I/II, 1930. — Festgabe für RICH. SCHMIDT (I: Straf- und Prozeßrecht), 1932.

VII. Reform und Entwürfe: Unter Führung v. LISZTS setzte 1889 eine wissenschaftliche Reformbewegung ein[1], die um 1900 nach heftigem Schulenstreit über Rechtsgrund und Zwecke des Strafrechts soweit geklärt erschien, daß gesetzgeberische Arbeit möglich war. Sie wurde planmäßig und großzügig von Staatssekretär NIEBERDING in Angriff genommen und unter seinem Nachfolger LISCO fortgesetzt[2].

Auf umfassender wissenschaftlicher Vorarbeit aufgebaut[3] erschien 1909 der „Vorentwurf zu einem Deutschen StrGB.", eine als erste Grundlage bedeutende Leistung[4], richtig abgestellt auf Berücksichtigung

---

[1] Vgl. näher unten S. 58ff. [2] Dazu näher Strafr. I, 358—368.

[3] Wissenschaftliches Komitee von 8 Professoren (v. LISZT, KAHL, WACH, BIRKMEYER, v. LILIENTHAL, FRANK, v. HIPPEL, VAN CALKER), von NIEBERDING berufen, 1902—1908. Ergebnis: Das große Werk der gesamten deutschen Strafrechtswissenschaft: „Vergleichende Darstellung des deutschen und ausländischen Strafrechts" (V. D.), Berlin: Liebmann, 15 Bände u. Registerband, 1905/08.

[4] Bearbeitet durch eine kleine Kommission von Praktikern: Vorsitzender LUCAS; Mitglieder: v. TISCHENDORF, später JOËL; SCHULZ, später KLEINE; DITZEN, später OELSCHLÄGER; KARL MEYER. — Zum Inhalt vgl. Strafr. I, 360 bis 363; eingehend v. HIPPEL, Z. 30, 871ff., 1910.

aller Strafzwecke[1]. Als eingehende, verbesserte Durch- und Neubearbeitung folgte 1913 der Entwurf der großen Strafrechtskommission (Kommissionsentw., KE.)[2]. Er sollte nach Stellungnahme des Reichs-Justizamts und Bundesrats dem Reichstag zugehen und hätte Deutschland ein gutes, auf der Höhe der Gegenwart stehendes Strafrecht gebracht: Reformfreundlich, aber frei von Einseitigkeiten und Übertreibungen, die Sicherheit des Staates wie der Einzelnen schützend.

Weltkrieg und Staatsumwälzung vereitelten den wohlüberlegten Plan. Es erfolgte zunächst eine durch den veränderten Rechtszustand notwendige Überprüfung. Sie führte im Entwurf von 1919[3] zu einer Anzahl von Änderungen (im Anschluß an den grundlegenden Entwurf von 1913), die überwiegend, aber nicht überall Verbesserungen waren[4].

Damit brach die einheitliche sachliche Entwicklungslinie ab, auch das Strafrecht geriet unter den Einfluß wechselnder Parteipolitik. Als bedeutender Rückschritt, insbes. in einseitiger Spezialprävention und unzureichender Regelung der allgemeinen Lehren vom Verbrechen, erschien zunächst der amtliche Entwurf von 1925[5]. Vielseitige Kritik führte im Reichsrat zu wesentlicher Verbesserung im Sinne der früheren Entwürfe. Aber auch der so entstandene Entwurf von 1927 genügt berechtigten Anforderungen noch nicht[6]. Ebensowenig die Verhandlungen der Reichstagskommission[7], die jetzt zum drittenmal durch Reichstagsauflösung ihr Ende fanden[8].

Unser Staat, parteipolitisch zerrissen, von außen bedrängt, ringt heute um politische und wirtschaftliche Freiheit und Gleichberechtigung.

---

[1] Dazu oben S. 39, I.

[2] Vorsitzender Lucas, später Kahl. Als Mitglieder und Regierungskommissare eine Anzahl bedeutender Praktiker (darunter Joël, Ebermayer, Bumke); Professoren Kahl, Frank, v. Hippel; vgl. näher Strafr. I, 363; II, 1, Anm. 1.

[3] Gearbeitet von einer kleinen Kommission bisheriger bester Kenner: Joël, Ebermayer, Cormann, Bumke; leider unter verfehlter Ausschaltung der Theorie.

[4] Über Entstehung und Inhalt der Entwürfe 1913/19 vgl. näher Strafr. I, 363 bis 368. Dazu meine eingehende Kritik der allgemeinen Lehren vom Verbrechen Z. 42, 404ff., 525ff. (1921).

[5] Vgl. näher Strafr. II, 1/3; dazu meine eingehende Kritik der allgemeinen Lehren v. Verbrechen, Z. 47, 18ff., 1926.

[6] Dazu meine Kritik Strafr. II, 4—8. Unnötig erschwert wurde die Aufgabe durch gleichzeitige Vorlage einer Strafprozeßreform (Einführungs-Ges. Art. 66 bis 73; überaus zahlreiche Einzelvorschriften) und eines Strafvollzugsgesetzes (330 Art.); vgl. näher Strafr. II, 12. Sie kamen nicht zur Beratung im Reichstag.

[7] Trotz Mitwirkung hervorragender Kräfte, wie insbes. Kahl als Vorsitzender und Ebermayer als Regierungsvertreter. Als anschauliches Einzelbild der hier zu leistenden Sisyphusarbeit lese man z. B. den Artikel Kahls in der Festgabe für Frank II, 287ff., 1930, über Religionsdelikte.

[8] Zunächst 62 Sitzungen, Juli 1927 bis März 1928; dann erneut 143 Sitzungen, Juli 1928 bis Juli 1930 (erste Lesung und Anfang der zweiten); dazu näher Strafr. II, 8—10. — Weiter 36 Sitzungen, Dezember 1930 bis März 1932.

Solche Zeiten eignen sich nicht zur Strafrechtsreform[1]. Sie bedarf der Ruhe und Sachlichkeit. Heute handelt es sich als strafrechtliche und staatliche Lebensfrage vor allem um Wahrung der stark erschütterten Rechtssicherheit auf dem Boden unseres geltenden Rechts[2]. Kommen später ruhigere und bessere Zeiten, so wird die Reform wieder aufzunehmen sein, und zwar sachgemäß in erster Linie im Anschluß an die Entwürfe 1913/19[3].

Kapitel III.

§ 15. Das ausländische Strafrecht.

Eine knappe Übersicht über das Recht des Auslandes[4] soll die Stellung Deutschlands im Rahmen des Rechts der Kulturvölker zeigen und ferner den Leser bei Bedarf kurz auf die dortige Rechtslage hinweisen. Zugleich bieten sich hier lehrreiche Beispiele allgemeingeschichtlicher Entwicklung (vgl. unten S. 55).

I. **Österreich**[5]. Mit der Theresiana (1768)[6] scheidet Österreich aus dem Gebiet des gemeinen deutschen Strafrechts aus. Es folgt das StrGB. JOSEPHS II. (1787)[7], das bald durch das StrGB. von 1803 abgelöst wird[8]. Die Güte dieses Werkes erhellt aus seiner Fortdauer. Das gegenwärtig geltende StrGB. von 1852 ist eine revidierte Neuausgabe.

Seit 1863 erstrebt Österreich ein neues StrGB.[9], neuerdings unter Rechtsangleichung an Deutschland[10].

Lehrbücher: FINGER, I/II, 3. Aufl., 1912/14; STOOSS, 2. Aufl. 1913; LAMMASCH-RITTER, Grundriß, 5. Aufl. 1926; LOHSING Strafprozeßrecht, 3. Aufl., 1932.

II. **Tschechoslowakei**[11]. Grundlage ist das frühere Recht dieser Gebiete; dazu neuere Gesetze[12]. Entwürfe 1921 (Allgem. Teil) und 1926. — Lehrbuch: v. WEBER, Grundriß, 1929.

III. **Ungarn**[13]. Geschichtlich ist Ungarn durch die westeuropäische insbes. die deutsche Rechtsentwicklung beeinflußt. Dies gilt auch für

[1] Vgl. Strafr. II, 10/11; neuerdings K. MEYER Jur. Ztg. 37, 969; KLEE, GOLTDAMMER Arch. 76, 129.

[2] Über dessen Wert vgl. oben S. 42.

[3] Noch im Januar 1930, Jurist. Ztg. 35, S. 148, schrieb KAHL über den Entwurf v. 1919: „Nach meinem Urteil noch heute der beste aller Entwürfe."

[4] Eingehende Darstellung vgl. Strafr. I, 376—456; II, 15—30 (1925/30). Dort auch weitere Literaturnachweise.

[5] Dazu näher Strafr. I, 376—381; II, 15.

[6] Über ihre Rückständigkeit vgl. oben S. 36.

[7] Vgl. oben S. 37. [8] Oben S. 39.

[9] Über die zahlreichen Entwürfe vgl. Strafr. a. a. O.

[10] Die Geschichte der Entwürfe ist insoweit seit 1925 eine gemeinsame; vgl. Strafr. II, 16. Über Gesetzgebung 1929/31 vgl. MITTERMAIER Z. 52, 272 ff.
Über Abschaffung der Todesstrafe (1919) unten § 99 III (Todesstrafe).

[11] Vgl. näher Strafr. I, 381; II, 16. [12] Vgl. eingehend DOERNER, Z. 52, 291 ff. (1932).

[13] Vgl. näher Strafr. I, 382/84; II, 16.

das geltende StrGB. von 1878[1] (Verfasser der bedeutende Jurist CZEMEGI). Die Wissenschaft hat in den letzten Jahrzehnten bedeutenden Aufschwung genommen. Lehrbücher (ungarisch): Prof. ALBERT IRK (Pest), 1928; HELLER I, 1 (allgem. Teil), 1931. Über neue Gesetze AUER, Z. 51, 991ff., 1932.

IV. **Die Schweiz**[2]. Die Schweiz ist bis zum Mittelalter deutsches Rechtsgebiet, partikulär stark zersplittert. Vom 16. bis ins 18. bzw. 19. Jahrhundert erlangte die Carolina ausgedehnte Bedeutung. Seit dem 19. Jahrhundert krankt die Schweiz an einer Masse von 24 verschiedenen Kantonal-Strafrechten[3].

Eine beachtliche Strafrechtswissenschaft entstand erst Mitte des 19. Jahrhunderts. Sie ist mit der deutschen aufs engste verbunden[4]. Lehrbuch neuerdings HAFTER, 1926 (allg. Teil).

Die Bemühungen um Schaffung eines einheitlichen Schweizer StrGB. blieben bisher ohne Erfolg. Sie brachten uns aber in den ersten Entwürfen von STOOSS (Prof. in Bern, später in Wien), 1893/94, eine für die ganze moderne Strafrechtsreform bahnbrechende Leistung[5].

V. **Die Niederlande**[6]. Im Jahre 1579 trennen sich die Niederlande vom Deutschen Reich[7], das Strafrecht bleibt in den Bahnen des gemeinen Rechts. Bahnbrechend wird die Schaffung des Amsterdamer Zuchthauses (1595)[8] sowie die Begründung der Aufklärung durch HUGO GROTIUS (1625)[9].

Das erste einheitliche StrGB. von 1809 wurde schon 1811 durch den französischen code pénal verdrängt. Es folgte das heute geltende Strafgesetzbuch von 1881, ein bedeutendes, selbständiges Werk[10].

Die Literatur ist reich und inhaltlich wertvoll. Sie arbeitet in voller Kenntnis der deutschen Wissenschaft. Lehrbücher: VAN HAMEL,

---

[1] Amtliche deutsche Übersetzung 1878/79, Budapest.

[2] Vgl. näher Strafr. I, 385/89; II, 17.

[3] 22 Gesetzbücher und 2 Kantone gemeinen Gewohnheitsrechts (Uri und Halbkanton Nidwalden). Die Gesetze der deutschen Schweiz stehen unter dem Einfluß deutschen Vorbilds. In den welschen Kantonen ist Einfluß des französischen code pénal vorhanden, aber in sehr verschiedenem Umfang; vgl. näher a. a.O.

Das Bundesstrafgesetz v. 1853 beschränkt sich auf Verbrechen gegen den Bund, der Bundesbeamten und einige weitere Vorschriften.

[4] Berührt sich aber naturgemäß auch mit derjenigen Frankreichs.

[5] Über die weiteren Verhandlungen und Entwürfe vgl. Strafr. a. a. O.

[6] Vgl. näher Strafr. I, 389—392; II, 17.

[7] 1815 Vereinigung mit Belgien, 1830 Trennung.

[8] Vgl. oben S. 35, 41, Anm. 8. [9] Oben S. 37.

[10] Zeitlich noch vor Beginn der modernen Reformbewegung (oben S. 45), in der dann Holland insbes. durch VAN HAMEL (Prof. in Amsterdam) hervorragend vertreten war; vgl. näher Strafr. a. a. O. Deutsche Übersetzung als Beilage zur Z., Bd. I, 1881.

Neue Strafprozeßordnung v. 1925, in Kraft 1. Jan. 1926.

Inleiding, 3. Aufl., 1913; SIMONS, Leerboek, 5. Aufl., 1927; ZEVENBERGEN, Leerboek, 1925.

VI. **Die nordischen Staaten**[1]. Das Recht der nordischen Staaten, die erst um etwa 900—1000 in die Geschichte eintreten[2], ist zunächst durchaus altgermanisch[3]. So noch für Norwegen das Gesetzbuch Christians IV. von 1605.

Im 19. Jahrhundert schließt Norwegen durch StrGB. von 1842 wesentlich an deutsches Vorbild an. Als bedeutendes selbständiges Werk folgt das heute geltende StrGB. von 1902[4].

Das Schwedische StrGB. ist von 1864; seit 1910 Entwürfe (Verfasser zunächst Prof. THYRÉN).

In Dänemark folgte auf das StrGB. von 1866 jüngst ein neues StrGB. von 1930[5] (Verfasser insbes. Prof. TORP).

Die Literatur[6] beginnt in Dänemark um 1600, die schwedisch-norwegische im 18. Jahrhundert. Grundlegenden Aufschwung brachte im 19. Jahrhundert ÖRSTED. Heute arbeitet die wertvolle nordische Wissenschaft in Kenntnis der deutschen.

Lehrbücher: Norwegen: HAGERUP (Allg. Teil) 1911, URBYE (Bes. Teil), 1913; Schweden: HAGSTRÖMER, I/II, 1901ff.; THYRÉN, 1907; STJERNBERG, 1920.

VII. **Großbritannien**[7]. Das angelsächsische Recht vor der Normannenzeit (1066) zeigt die bekannten germanischen Züge[8]. Mit den Normannen dringt das Fränkische Rügeverfahren ein, aus dem sich das für Europa vorbildliche Schwurgericht entwickelt[9]. Das 13. Jahrhundert bietet das Bild des mittelalterlichen Strafrechts mit Herrschaft der Leibes- und Lebensstrafen[10].

Rezeption und Aufklärung werden nicht wirksam. So entwickelt sich das Englische Strafrecht selbständig und eigenartig fort. Das merkwürdige Ergebnis ist noch heute die Herrschaft des auf der Praxis beruhenden Gewohnheitsrechts (common law), abgeschwächt durch zahlreiche, mit unbehilflicher Kasuistik arbeitende Einzelgesetze (statute law)[11]. Dem entspricht auch die verhältnismäßig geringe Bedeutung der Wissenschaft. Hervorzuheben sind insbes. STEPHEN, Digest, 7. Aufl., 1926; HARRIS, Principles, 14. Aufl., 1926.

---

[1] Vgl. näher Strafr. I, 393—399; II, 18.

[2] Die früheren Zustände sind überwiegend sagenhaft.

[3] Vgl. oben S. 20/21.

[4] Deutsche Übersetzung: ROSENFELD u. URBYE, Mitt. d. JKV. 1902; Übersetzung der Motive: BITTL, FRANK, WEBER 1907/12, (Verlag Guttentag).

[5] Unter Aufhebung der Todesstrafe; vgl. unten § 99, III.

[6] Näher Strafr. a. a. O. [7] Vgl. näher Strafr. I, 413—417; II, 21/22.

[8] Vgl. oben S. 20/21. [9] Vgl. oben S. 23, Anm. 8.

[10] Vgl. oben S. 25ff.

[11] Ein ausgezeichneter Kenner, SCHUSTER, spricht hier von einem „Augiasstall" der Gesetzgebung; vgl. StrG. (oben S. 45, Nr. 3), I, 616.

VIII. **Frankreich**[1] lebt noch heute unter dem veralteten code pénal Napoleons von 1810[2]. Seine Rückständigkeit und Härte mußten wir im besetzten rheinischen Gebiet erleben. Bedeutend und reich, wenn auch in gewissem Umfang durch das Gesetz gehemmt, ist die französische Wissenschaft. Ich hebe hervor GARRAUD: Précis, 14. Aufl., 1926; Traité, 5 Bde., 3. Aufl., 1924[3].

IX. **Belgien**[4]. Der geltende code pénal von 1867 ist eine wesentliche Verbesserung des französischen von 1810[5]. Neuere Systeme: THIRY, Cours, 1899; BELTJENS, Encyclopédie, I/III, 1901/03[6].

X. **Italien**[7]. Bis vor kurzem galt der codice penale von 1889, eine für seine Zeit bedeutende Leistung[8]. Auf einen verfehlten Entwurf FERRI (1921)[9] folgten neuerdings Entwürfe des Justizministers Rocco 1926 (Vorentwurf) und 1929. Der Inhalt ist teilweise stark diktatorisch, die Fassung reichlich kasuistisch und breit[10].

Daran anschließend ergingen der neue codice penale (StrGB.) und der codice di procedura penale (StrPO.) vom 19. Oktober 1930, in Kraft 1. Juli 1931.

Die italienische Wissenschaft ist eine reiche, sie arbeitet auch unter Berücksichtigung der deutschen; kriminalpolitisch zerfällt sie, ähnlich wie in Deutschland, in verschiedene Richtungen. Als systematische Werke seien genannt PESSINA, Enciclopedia, 5 Bde., 1904/06; MANZINI, Trattato, 4. Bd., 1908/11; ALIMENA, Principii I/II, 1910/13; IMPALLOMENI, Istituzioni, I, 1909; LANZA, Principii I, 1909; FLORIAN, trattato, 8 Bde., 3. Aufl. 1926ff.; näher vgl. Strafr. I, II, a. a. O.

Zum neuen Rechtszustand: SOLTELLI e DI FALCO, Commento del Nuovo codice penale (mit Vorwort von Rocco), 2 Bde, 1930ff. — BATTAGLINI, Principii, Bd. I, 1929. — GRISPIGNI, Corso, Bd. I, 1932; MAGGIORE, Principi, Bd. I, 1932 (beide allgemeiner Teil). — Neue, wertvolle Zeitschrift NOVELLI, Rivista di diritto penitenziario (Bd. III 1932).

---

[1] Vgl. näher Strafr. I, 399—401; II, 18/19.

[2] Dazu oben S. 39; 40, IV; 41, Anm. 1; unten S. 55.

[3] Weitere Angaben vgl. Strafr. a. a. O.

[4] Vgl. näher Strafr. I, 401/03 (dort auch Luxemburg, Monaco); II, 19.

[5] Auch in der Grundauffassung: Statt Abschreckung sind entscheidend: Notwendigkeit, Gerechtigkeit, Hoffnung auf Besserung.

[6] Vgl. näher oben Anm. 4. In der neuen strafrechtlichen Reformbewegung war Belgien durch Prof. PRINS (Brüssel) rühmlichst vertreten.

[7] Vgl. näher Strafr. I, 403—408; II, 19/20.

[8] Zur Geschichte vgl. römisch-kanonisch-italienisches Recht oben §§ 5—7; Aufklärung (Beccaria) oben S. 37; weitere Entwicklung Strafr. I, 403/04. (Die 1889 abgeschaffte Todesstrafe wurde 1926 wieder eingeführt.) Deutsche Übersetzungen: TEICHMANN, Beilage z. Z. Bd. 10; STEPHAN, Berlin, 1890.

[9] Einseitigste Spezialprävention; dazu dogmatisch höchst mittelmäßig; vgl. näher Strafr. I, 406, 532/33.

[10] Vgl. näher Strafr. II, 19/20.

XI. **Spanien**[1]. Im Jahre 206 v. Chr. wurde Spanien römische Provinz. Mit Gründung des Westgotenreichs (475ff. n. Chr.) begann die Herrschaft der germanischen leges Wisigothorum. Die jüngste Umgestaltung (Fuero Iuzgo, 1229) zeigt das Bild des mittelalterlichen Strafrechts mit noch stark privatrechtlichem Einschlag. Die Siete Partidas (1256—65) brachten die Rezeption des römisch-kanonischen-italienischen Rechts. Der Fortschritt der Aufklärung ging an Spanien bis 1848 vorüber.

Auf ein StrGB. von 1848/50 folgte das StrGB. von 1870/71. Es wurde ersetzt durch ein neues StrGB. von 1928, ein mangelhaftes Werk der Diktatur.

Infolge der Revolution wurde dieses StrGB. durch Verordnung vom 15. April 1931 beseitigt, damit das StrGB. von 1870/71 wieder in Kraft gesetzt.

Die spanische Wissenschaft arbeitet neuerdings unter starker Berücksichtigung der deutschen. Vgl. insbes. die Übersetzung des Lehrbuchs v. Liszt (mit wertvollen Zusätzen) von Prof. de Asúa (Madrid), 1914. Neue Lehrbücher: de Asúa, Programma, 1927; Losada, Código 1928; Calón, Bd. I, 1928; Magnol, 1928; Garzia, I/II, 1928/29; Zamudro, 1929; Guallart, 1929; Calón, 1, 1930.

XII. **Portugal**[2]. Die geschichtliche Entwicklung ist ähnlich der spanischen. Das geltende StrGB. ist von 1852, mit gewissen Umarbeitungen 1884/86. — Neue Strafprozeßordnung, 1929.

XIII. **Rußland**[3]. Das Russische Recht um 1000 n. Chr. zeigt das bekannte Bild des alten Privatstrafrechts[4]. Der Mongoleneinbruch (um 1250) schafft die absolute Monarchie, damit ein mittelalterliches Strafrecht mit Herrschaft von Leibes- und Lebensstrafen[5]. Dabei bleibt es auch in den folgenden Jahrhunderten[6].

Eine wesentliche Reform erfolgte 1861/64 unter Alexander II., dann durch das StrGB. von 1903, das aber nur zum kleineren Teil in Kraft gesetzt wurde[7].

Der Sowjetstaat hat diese noch junge Kulturentwicklung gestürzt und auch im Strafrecht eine brutale Klassendiktatur durchgeführt, die insbes. mit der Todesstrafe wütet. Diesem Terror in Gesetzesform dient der Strafgesetzkodex von 1922/26, äußerlich übertüncht mit einigem europäischem Firnis[8].

---

[1] Vgl. näher Strafr. I, 408—412; II, 20/21. [2] Näher Strafr. I, 412/13.

[3] Vgl. näher Strafr. I, 418—423; II, 22/23. [4] Vgl. oben S. 8ff., 20/21.

[5] Vgl. oben S. 10/11, 25ff.

[6] Wichtig dazu die Verbannung. Das Bemühen Katharinas II. (1776) um Durchführung der Gedanken der Aufklärung blieb erfolglos. Auch das StrGB. (Swod) v. 1832, revidiert 1845/57, ruht wesentlich auf den alten Grundlagen.

[7] Vgl. näher Strafr. I, 420/21.

[8] Vgl. näher Strafr. I, 421/23; II, 22/23. Deutsche Übersetzung des StrGB. v. 1926 mit Nachträgen bis 1930 von Gallas, Verlag de Gruyter (Guttentag), Sammlung Nr. 49, 1931.

XIV. **Die neuen Randstaaten.** Finnland: StrGB. von 1889, anschließend insbes. an das schwedische und deutsche[1]. — Litauen: Russisches StrGB. von 1903. — Lettland: Ebenso; Entwürfe 1922/28; neues StrGB. 1930. — Estland: Ebenso; Entwurf 1923; neues StrGB. 1928.

XV. **Polen.** Dreiteilung in deutsches, russisches und österreichisches Rechtsgebiet; Entwürfe 1918/22[3].

XVI. **Der Balkan.** 1. Die Türkei[4]: Das Recht der alten Araber zeigt rein privatrechtliche Auffassung, noch keine Gerichtsbarkeit[5]. Die Staatsgründung MOHAMEDS (622 n. Chr.) führt zur Beschränkung der Blutrache durch die Talio[6] und zum Beginn öffentlicher Strafe. Das für die späteren Jahrhunderte grundlegende wissenschaftliche Werk, Multaqâ (vor 1549), zeigt lehrreich das Nebeneinander von öffentlicher Strafe, Talio und Buße.

Anschließend an den französischen code pénal von 1810 kam es endlich zum StrGB. von 1858, neben dem sich aber älteres Recht noch erhielt[7]. 1926 führte die Türkei das Italienische StrGB. von 1889 mit gewissen Änderungen ein[8].

2. Bulgarien[9] wird durch den Berliner Kongreß (1878) selbständiges Fürstentum. Das türkische StrGB. von 1858 wurde ersetzt durch StrGB. von 1896[10] (Justizminister STOILOFF). Die Wissenschaft steht in hoffnungsvollen Anfängen, auch anschließend an die deutsche.

3. Rumänien[11], Fürstentum seit 1859/61, schuf sich im Anschluß an den code pénal, aber auch an das preußische Recht, das StrGB. von 1864; Entwurf 1928.

4. Jugoslawien[12]. Serbien erließ nach Befreiung von der türkischen Herrschaft das StrGB. von 1860, anschließend an das preußische von 1851. Es folgte für ganz Jugoslawien das StrGB. von 1929, ein in kürzester Frist geschaffenes Werk der Militärdiktatur.

---

[1] Vgl. näher Strafr. I, 423/24. [2] Vgl. näher Strafr. I, 424; II, 23.

[3] Vgl. näher Strafr. I, 424; Gerichtsverfassung und Strafprozeß sind 1928 einheitlich geregelt; vgl. Strafr. II, 23.

[4] Vgl. näher Strafr. I, 425—429; II, 24. [5] Vgl. oben S. 9, Anm. 1; 11, Anm. 7.

[6] Oben S. 9. [7] Näher Strafr. I, 428/29.

[8] Zugleich das Schweizer Bürgerliche Gesetzbuch. Ein großes Musterbeispiel für das oben S. 28 über Rezeptionen Gesagte.

Deutsche Übersetzung des StrGB. v. 1926 vgl. Sammlung Guttentag Nr. 46, 1927.

Neue Strafprozeßordnung (anschließend an die Deutsche) 1929. Französische Übersetzung Rizzo, Stamboul, 1930.

[9] Näher Strafr. I, 429/30; II, 24.

[10] Anschließend insbes. an Ungarn, Holland, teilweise Rußland, aber auch unter Berücksichtigung des deutschen, italienischen, belgischen und französischen StrGB. — Deutsche Übersetzungen: TEICHMANN, als Beilage zu Z. 17; KRÜGER, Berlin, Heymann, 1897.

[11] Vgl. Strafr. I, 430/31. [12] Näher Strafr. I, 431/32.

5. Griechenland[1]: Das Land, das einst Europa seine Kultur schenkte, führte 1822 den Freiheitskampf und wurde 1832/33 unter Otto v. Bayern Königreich. 1834 erging das StrGB., anschließend an das bayerische Strafrecht. Entwürfe 1923/24.

Die griechische Wissenschaft ist eine verhältnismäßig reiche und berührt sich mit der deutschen[2]. Lehrbuch ELIOPOULOS, Allg. Teil, 3. Ausg., 1923.

XVII. **Amerika.** 1. Vereinigte Staaten[3]: Grundlage des Strafrechts ist das englische common law (oben S. 49). Die Gesetzgebung ist ganz überwiegend Sache der 45 Einzelstaaten[4] (dazu 3 Territorien). Hier haben einige Staaten vollständige Strafgesetzbücher geschaffen[5]. Im übrigen besteht eine wahre Flut technisch unbeholfener Einzelgesetze (statute law[6]).

Lehrbücher: WHARTON, Treatise, I/II, 10. Aufl., 1896; MC. CLAIN, Criminal law, I/II, 1897.

Im Gefängniswesen hat Pennsylvanien (1822/25) die dann für Europa vorbildliche Einzelhaft mit Strahlenplan geschaffen[7]. Die heutigen Gefängniszustände sind im Vergleich zu Deutschland rückständige. Darüber erhebt sich eine beschränkte Anzahl in ihrem Wert teilweise durchaus zweifelhafter Neuerungen[8].

2. Kanada: Criminal code 1906, mit späteren Änderungen.

3. Mittelamerika[9], bis 1822/23 spanisches Rechtsgebiet, dann unter Gewohnheitsrecht, schuf sich nach 1870 neuere Gesetze.

a) Mexiko: StrGB. 1871, ein selbständiges Werk. Entwurf 1914; dann StrGB. von 1929, neues StrGB. und Strafprozeßordnung 1931.

b) Im übrigen erfolgte Anschluß an das spanische StrGB. von 1870 bzw. an dessen Überarbeitung im chilenischen StrGB. von 1874. Vgl.: Guatemala, StrGB. 1877, revidiert 1889. — Salvador, StrGB. 1881; neuerdings 1904. — Honduras: StrGB. 1880, dann 1898; jetzt

[1] Vgl. näher Strafr. I, 432/33; II, 25. Über älteres griechiches Recht oben, S. 11; Philosophie unten S. 56/57.

[2] Vgl. insbes. KYPRIADES, Übersetzung des Lehrbuchs v. LISZTS. — VENTURAS, Deutsche Übersetzung des griechischen Entwurfs (mit Einleitung), Sammlung Guttentag, 1928.

[3] Vgl. näher Strafr. I, 433—436; II, 25/27.

[4] Die Bundeskompetenz ist eine sehr beschränkte, demgemäß auch das sog. Bundesstrafgesetz v. 1909.

[5] So insbes. New-York, 1881.

[6] Also grundsätzlich wie in England. — BARROWS, New Legislation, 1900, hatte 30000 (!) Seiten Gesetzgebung der Einzelstaaten aus den letzten 2 Jahren (!) durchzuarbeiten.

[7] Vgl. oben S. 41, Anm. 8.

[8] Vgl. näher Strafr. I, 436; II, 26. — Insgesamt hat heute die auf Pädagogik abgestellte sog. „Besserungstheorie“ stark abgewirtschaftet, das Anwachsen der Kriminalität, gesteigert durch das Alkohol-Prohibitionsgesetz, bereitet Sorge.

[9] Vgl. näher Strafr. I, 437/39; II, 27.

1906. — Nicaragua: StrGB. 1879, geändert 1891. — Costa-Rica: StrGB. 1880; jetzt 1924. — Panama, 1916, neuerdings 1922. — Cuba: 1879; Entwürfe seit 1903, zuletzt 1926.

4. Südamerika[1] ist ebenfalls bis zur Unabhängigkeit (1810 usw. bis 1825) spanisches Rechtsgebiet.

Brasilien[2]: StrGB. 1890 (anschließend an Italien 1889). Entwürfe bis 1930. — Argentinien: StrGB. 1921[3]. Entwürfe bis 1928. Beide Länder zeigen neuerdings eine beachtliche Strafrechtswissenschaft.

Venezuela: jetzt StrGB. 1926. — Columbia, StrGB. 1922. — Ecuador: StrGB. 1906. — Peru: StrGB. 1924, Entwürfe 1927/28. — Bolivia: StrGB. 1834. — Chile: StrGB. 1874 (wesentlich das spanische von 1870). — Paraguay: StrGB. 1900. — Uruguay: StrGB. 1889.

XVIII. **Asien.** 1. Japan[4]: Die ältere nationale Entwicklung[5] führt uns, auf dem Hintergrunde der orientalischen Monarchie, ein öffentliches Strafrecht[6] auf der Kulturstufe des deutschen Mittelalters vor Augen. Die Aufschließung des Landes für Fremde (seit 1854) führte zur Reform und Rezeption. Nach vorübergehendem Einfluß des französischen code pénal im StrGB. von 1880 folgte das geltende StrGB. von 1907[7], eine an das deutsche StrGB. anschließende aber selbständige Arbeit. Kommissionsvorschläge zur Reform 1927[8]. — Strafprozeßordnung, 1890.

2. China zeigt uns geschichtlich ein entsprechendes Bild wie Japan, zugleich vielleicht das älteste bekannte Strafrecht überhaupt[9]. Die jüngste Entwicklung, seit 1900, brachte auch hier durchgreifende Umgestaltung mittels Rezeption. Das geltende StrGB. von 1912[10] schloß an das japanische von 1907, damit mittelbar an das deutsche Recht an, aber unter selbständiger Verarbeitung[11].

3. Ich nenne schließlich: Siam, StrGB. 1908; Afghanistan, StrGB. 1924, Nachtrag 1925[12].

XIX. **Rückblick.** Die ältere geschichtliche Entwicklung der ausländischen Rechte bestätigt und ergänzt in lehrreicher Weise das oben

---

[1] Vgl. näher Strafr. I, 439—443; II, 28.

[2] Früher portugiesisches Recht; dann StrGB. 1830 (anschließend an den code pénal).

[3] Früher StrGB. 1886 (anschließend an Bayern, 1813, und Spanien, 1850).

[4] Vgl. näher Strafr. I, 441—448; II, 28. [5] Beginnend 660 v. Chr.

[6] Im Anfang noch mit privat-rechtlichen Einschlägen.

[7] Deutsche Übersetzung von Oba, als Beilage zu Z. 28.

[8] Vgl. Z. 48, 70ff.

[9] Vgl. näher Strafr. I, 448—451; II, 28. — In den Grundlagen nicht jünger, vielleicht älter als dasjenige Hammurabis v. Babylon (um 2100 v. Chr.); vgl. oben S. 11, Anm. 8.

[10] Deutsche Übersetzung von Michelsen (W. Schmidt, Tsingtau) 1913.

[11] Die wirkliche Geltung des Gesetzes scheint im Innern des Landes noch recht fragwürdig zu sein.

[12] Deutsche Übersetzung von Beck, Berlin 1928.

(§ 4, S. 8ff.) gezeichnete Bild der Universalentwicklungsgeschichte des Strafrechts; die neuere Entwicklung veranschaulicht in gleicher Weise die Bedeutung von Rezeptionen (oben S. 28).

Das älteste noch geltende StrGB. ist heute der veraltete französische code pénal von 1810, der in der Folgezeit mehrfach von Bedeutung wurde[1].

Erheblichen Einfluß gewann das deutsche Recht[2]. Mit an führender Stelle steht auch die deutsche Strafrechtswissenschaft einschließlich Österreichs und der Schweiz. Neben ihr kommen wissenschaftlich vor allem Frankreich, Belgien, Holland, die nordischen Staaten und Italien in Betracht, weiter neuerdings Ungarn, Spanien, Griechenland, Brasilien, Argentinien. Viel praktischen Sinn bei geringerer Entwicklung von Gesetzgebung und Wissenschaft zeigt das englisch-amerikanische Recht.

Ein erheblicher Teil der geltenden Rechte ist älter als das deutsche StrGB. von 1870[3].

Einseitige Durchführung eines einzelnen Strafzwecks findet sich nur als völlige Ausnahme[4]. Allgemein treffen wir die Gedanken der Gerechtigkeit, Notwendigkeit, Nützlichkeit. Maßgebende Strafzwecke sind Vergeltung, Abschreckung, Unschädlichmachung; mit der modernen Freiheitsstrafe tritt grundsätzlich dazu der Besserungszweck.

Als bedenkliche Erscheinung infolge Weltkrieg und Revolutionen sehen wir neuerdings parteipolitische Einflüsse[5] und die Entstehung von Diktaturstrafrechten[6].

Für die wünschenswerte Strafrechtsreform auf objektiv-sachlichen Grundlagen gewannen zunächst die Schweizer Entwürfe von STOOSS (1893ff.) bahnbrechende Bedeutung. Deutschland steht hier mit seinen wohlerwogenen Entwürfen von 1913/19 mit an führender Stelle[7].

---

[1] So insbes. in Belgien, StrGB. 1867; zeitweilig in der Türkei (1858—1926), in Brasilien (1830—1890), Japan (1880—1907); begrenzter Einfluß noch in Rumänien (1864) und Bulgarien (1896); vgl. die vorausgehende Darstellung.

[2] So in Griechenland (1834, bayrisches Vorbild); Serbien (1860), Ungarn (1878), Rumänien (1864), Dänemark (1866; Preuß. StrGB. v. 1851). Unter deutschem Einfluß stehen ferner die deutsch-schweizerischen (teilweise auch die welschen) Gesetze, weiter Finnland (1889), Japan (1907), China (1912), in gewissem Umfang Bulgarien (1896); vgl. näher Strafr. I, 454/55.

[3] In Europa: Frankreich (1810); Österreich (1852); Schweizer Kantone; Schweden (1864); das englische common law; Belgien (1867); Portugal (1852); Rumänien (1864); Griechenland (1834); gleichalt Spanien (1870/71).

[4] So früher FEUERBACHS Bayerisches StrGB. v. 1813 (oben S. 40, Anm. 3); neuerdings der italienische Entwurf FERRI 1921 (oben S. 50, Anm. 9).

[5] Auch in Deutschland; vgl. oben S. 46.

[6] Vorübergehend in Spanien; in gewissem Umfang in Italien; ungleich schärfer in Jugoslawien und als Höhepunkt (Prinzip des Terrors) in Rußland; vgl. die vorausgehende Darstellung.

[7] Vgl. oben S. 45/46.

Kapitel IV.
Die Wirksamkeit des Strafrechts.

§ 16. Rechtsgrund und Zwecke des Strafrechts.

I. Die wissenschaftlichen Ansichten über Rechtsgrund und Zwecke des Strafrechts bezeichnet man als sog. Strafrechtstheorien[1]. Dabei unterscheidet man üblicherweise absolute Theorien (Bestrafung quia peccatum est, Vergeltung), relative Theorien (Bestrafung ne peccetur, Prävention, Verhütung) und Vereinigungstheorien (die beide Seiten berücksichtigen).

Objektive Klärung dieser Fragen ist zunächst dringendes wissenschaftliches Bedürfnis[2], weiter aber ebenso praktisch notwendig für Gesetzgebung, Strafzumessung und Strafvollzug[3]. Einseitige Hervorkehrung einzelner Strafzwecke vermag dabei ihrem Wesen nach jeweils nur einen Teil der Lebenserscheinungen und -bedürfnisse zu überblicken und zu begreifen. Wissenschaftlich haltbar und praktisch brauchbar ist daher allein umfassende Berücksichtigung aller Strafzwecke (Vereinigungstheorie)[4].

II. Seit Seneca und Hugo Grotius erscheint ständig wiederkehrend als Ansicht Platos und Leitsatz der relativen Theorien das Wort: Nemo prudens punit quia peccatum est, sed ne peccetur. Revocari enim praeterita non possunt, futura prohibentur.

Dazu ist zu bemerken: daß begangenes Unrecht nicht ungeschehen gemacht werden kann, ist eine Selbstverständlichkeit (vgl. oben S. 6). Über Wesen und Zweck der Vergeltung ist damit überhaupt nichts ausgesagt (vgl. unten S. 59/61). Geschichtlich hat neue Forschung ergeben, daß obiger Satz nicht von Plato, sondern, wesentlich ausführlicher, bereits von Protagoras stammt[5]. Ferner, daß diese älteste uns erhaltene wissenschaftliche Strafrechtstheorie des Protagoras[6] bereits eine beachtliche Vereinigungstheorie

[1] Vgl. eingehend zum folgenden Strafr. I, 521 (S. 457—490). Wenn oft von Rechtsgrund und Zwecken der Strafe gesprochen wird, so ist dieser Ausdruck ungenau, mag aber als Abkürzung dienen.

[2] Nur der versteht ein Rechtsgebiet, der sich über Grund und Zwecke klar ist.

[3] Evtl. auch für dogmatische Fragen. Beispiel: Ablehnung strafrechtlicher Haftung für unberechenbaren Zufall (sog. adäquate Verursachung, vgl. unten S. 96), weil hier nichts zu vergelten und zu verhüten ist.

[4] Vgl. oben S. 39; unten § 17. So auch die gesamte Gesetzgebung des Strafrechts; oben S. 55; entsprechend das Reichsgericht (unten § 98).

[5] Dessen Ansicht gibt Plato in seinem Dialog Protagoras wieder; vgl. Menzel, Österr. Z. f. Strafr. I, 1910, S. 389ff.; dazu meine Darstellung Strafr. I, 461/62. Plato vertrat in seiner Jugend (im Gorgias) eine absolute Theorie (Entsühnung und Vergeltung), fünfzig Jahre später (in den „Gesetzen") eine relative (Abschreckung und Besserung).

[6] 480—411 v. Chr.; Begründer der Sophistenschule, Freund des Pericles und Euripides.

war[1]. Eine umfassende, großzügige Vereinigungstheorie schuf dann ARISTOTELES[2].

III. Um 150 v. Chr. dringt die griechische Philosophie nach Rom, ohne hier zu bedeutenden Strafrechtstheorien zu führen[3]. Das römische Strafrecht selbst steht im Zeichen der Vergeltung und der Verhütung mittels Abschreckung und Unschädlichmachung[4].

IV. Gleiches gilt für das deutsche öffentliche Strafrecht bis einschließlich der Carolina[5]. Im gemeinen Strafrecht artet der Vergeltungsgedanke in Verfolgungswahn und Willkür aus[6]. Zugleich aber bringt diese Zeit den wichtigsten Fortschritt in der Geschichte der Strafzwecke: Mit dem Amsterdamer Zuchthaus (1595) tritt neben Vergeltung und Abschreckung der Besserungszweck der modernen Freiheitsstrafe[7].

V. Die Entartung des Vergeltungsgedankens im gemeinen Recht führt zur Abkehr der Aufklärungszeit. Die Strafe wird allein auf die Gesichtspunkte der Notwendigkeit und Nützlichkeit gestützt[8].

Mit KANTS Vergeltungstheorie setzt dann der bis zur Gegenwart dauernde Streit einseitiger (absoluter oder relativer) Strafrechtstheorien ein[9].

VI. Unter den Vereinigungstheorien der Folgezeit ist BERNER hervorzuheben[10]. Die ersten beiden Jahrzehnte des Deutschen Reichs zeigen den Vergeltungsgedanken als wissenschaftlich herrschend, aber überwiegend unter Mitberücksichtigung der relativen Strafzwecke, also mit dem Streben nach Vereinigung[11]. Die bedeutend-

---

[1] Näher Strafr. I, 461/62; Protagoras verwirft die Vergeltung im Sinne unvernünftiger Rache (damals bestand noch Blutrache).

[2] Leider nicht zusammengefaßt, sondern an verstreuten Stellen. Einheitliche Darstellung erfolgte 1903 durch R. LÖNING (D. Zurechnungslehre des Aristoteles). Auf dieser Grundlage vgl. näher Strafr. I, 462—465.

[3] Dazu über SENECA Strafr. I, 465/66.

[4] Vgl. Strafr. I, 466/67; bei den delicta privata steht die Genugtuung für den Verletzten im Vordergrund.

[5] Dazu oben S. 23, 28, 32; näher Strafr. I, 467, 469). Im Privatstrafrecht sehen wir die Vergeltung als Genugtuung für den Verletzten und seine Sippe, dadurch mittelbar vorbeugende Wirkung für die Zukunft.

Das kanonische Recht betont den Besserungsgedanken im Sinne kirchlicher Bußfertigkeit. THOMAS v. AQUINO (1225—1274), Höhepunkt der mittelalterlich-theologischen Wissenschaft, schließt an Aristoteles an; vgl. Strafr. I, 467/68.

[6] Vgl. oben S. 34; Strafr. I, 469.

[7] Vgl. oben S. 35.

[8] Vgl. oben S. 38; näher Strafr. I, 469/71.

[9] Vgl. oben S. 39; dazu Strafr. I, 471/72.

[10] Richtig erkennt (seit 1845) BERNER insbes., daß der Vergeltungsgedanke für die anderen Strafzwecke erheblichen Spielraum gewährt; dazu unten S. 60/61; Strafr. I, 472/73.

[11] Vgl. näher Strafr. I, 473. Als schroff einseitige Vertreter der Vergeltung erscheinen insbes. BINDING und BIRKMEYER; vgl. Strafr. I, 474, 485, Anm.

sten Vereinigungstheorien schufen R. Löning[1] und vor allem Ad. Merkel[2].

VII. Schwerer Streit begann mit dem Beginn der strafrechtlichen Reformbewegung unter Führung v. Liszts (1889)[3]. Sein Standpunkt läßt sich kurz dahin kennzeichnen: Ablehnung der Vergeltung und Herrschaft der Spezialprävention, d. h. der Rücksicht auf angemessene Bestrafung des einzelnen Verbrechers zwecks Verhütung neuer Delikte[4]. Dieser Standpunkt wurde dann zum Kampfruf der sog. „modernen Schule" des Strafrechts[5]. Ihr trat als sog. „klassische Schule" die konservative Richtung, gestützt auf den Vergeltungsgedanken, entgegen[6]. Dieser „Schulenstreit" beherrschte unser Strafrecht durch 20 Jahre[7] und besteht in gewissem Umfang noch heute fort[8]. Jede der beiden Richtungen hat dabei zur Klärung der Vergeltung einerseits, der Prävention, insbes. der Spezialprävention, andererseits, Wesentliches geleistet. Fehlerhaft war die Behandlung beider Gesichtspunkte als Gegensätze bzw. die Unterschätzung des einem gegenüber dem andern. Das hat zu zahlreichen Einseitigkeiten, Übertreibungen und entbehrlichen Kämpfen geführt[9]. Demgegenüber vertrat eine mittlere Richtung des Faches, zu der auch ich gehöre, den Standpunkt der Vereinigungstheorie[10].

---

[1] Begründung d. Strafrechts, 1889 (auf geschichtlicher Grundlage); vgl. Strafr. I, 475/76.

[2] Seit 1867; später insbes. Lehrb., 1889, 171 ff. usw.; näher Strafr. I, 477—479.

[3] Vgl. oben S. 45.

[4] Vgl. näher Strafr. I, 481—484. Die Rechtfertigung der Strafe erblickt v. Liszt allein in ihrer Notwendigkeit und Zweckmäßigkeit. Geschichtlich entwickelt sich nach seiner Ansicht aus der heute überwundenen Vergeltungsstrafe die Zweckstrafe. Hier legt v. Liszt auf die Generalprävention (Abschreckung der Gesamtheit) wesentliches Gewicht. Eigentlich entscheidend aber ist die Spezialprävention: Der Augenblicksverbrecher soll abgeschreckt, der angehende Zustandsverbrecher gebessert, der unverbesserliche unschädlich gemacht werden. (Kritik: Diese Einteilung kann naturgemäß überhaupt nur insoweit in Betracht kommen, als für Spezialprävention selbst — neben Vergeltung und Generalprävention — Raum ist. Auch hier hat sie nur begrenzte Bedeutung; vgl. Strafr. I, 483; eingehend S. 556—559.)

[5] Insbes. vertreten durch die von v. Liszt (1889) gemeinsam mit van Hamel (Amsterdam) und Prins (Brüssel) gegründete Internationale kriminalistische Vereinigung (I.K.V.); vgl. näher Strafr. I, 484.

[6] Neuerdings vereinigt insbes. in der Bamberger Deutschen strafrechtlichen Gesellschaft.

[7] Bis zum Vorentw. v. 1909; vgl. oben S. 45; näher Strafr. I, 484—490.

[8] Vgl. für die Entwürfe oben S. 45/46.

[9] Es hat damit leider zugleich einen einheitlichen Zusammenschluß der gesamten Deutschen Strafrechtswissenschaft — wie ihn andere Rechtsgebiete (Rechtsgeschichte, Staatsrecht, Zivilprozeß) zum Segen der Sache besitzen — bis zur Gegenwart verhindert.

[10] Vgl. näher Strafr. I, 487/89. Mein Standpunkt ist dies von jeher gewesen. Vgl. näher meine Arbeiten a. a. O.; insbes. Strafrechtsreform u. Strafzwecke

§ 17. Die eigene Ansicht.

Wesen und Zwecke des Strafrechts liegen innerhalb der Grenzen des erfahrungsgemäß Feststellbaren, sind daher objektiv-wissenschaftlicher Klarstellung fähig. Solche Klarstellung ist dann aber naturgemäß, wie sonstige wissenschaftliche Forschung, nur möglich durch umfassende Berücksichtigung aller in Betracht kommenden Gesichtspunkte, während die Einengung des Blickes auf Teilerscheinungen notwendig zu einseitig-beschränkten Ergebnissen führen muß.

I. Der Rechtsgrund, genauer der Rechtfertigungsgrund des Strafrechts, ergibt sich zunächst daraus, daß die Strafe unter den höheren Begriff der Unrechtsfolgen fällt[1]. Als solche ist sie, wie jeder Blick in Vergangenheit und Gegenwart lehrt, notwendig zur Wahrung der Rechtsordnung und deshalb staatlich wie sittlich berechtigt[2]. Die besondere Eigentümlichkeit der Unrechtsfolge „Strafe" liegt darin, daß sie verhängt wird, um dem Täter des Verbrechens ein Übel zuzufügen. Wer nicht hören will, soll fühlen. Damit fällt die Strafe unter den höheren Begriff der Vergeltung menschlicher Taten gemäß ihrem Werte für die Gesamtheit und ist also solche, insbes. auch dem Betroffenen gegenüber, gerechtfertigt[3].

II. Die mögliche Wirkung, daher die möglichen Zwecke aller Unrechtsfolgen erschöpfen sich im Ausgleich der schädlichen Wirkungen des Unrechts in der Gegenwart (Repression) und in Verhütung von Wiederholungen für die Zukunft (Prävention)[4].

Die Eigentümlichkeit des Strafrechts liegt darin, daß es jenen Ausgleich durch Vergeltung gewährt. Der Verbrecher hat unberechtigt in fremdes, rechtlich geschütztes Machtgebiet eingegriffen. Er wird in seine Schranken zurückgewiesen durch entsprechenden Eingriff in sein Machtgebiet. Dadurch wird das eigenmächtig gestörte Gleichgewicht der Kräfte im sozialen Organismus wiederhergestellt,

---

(Göttinger Festrede), 1907; Vorentwurf, Schulenstreit und Strafzwecke, Z. 30, 871ff., 1910.

Neuerdings eingehend Strafr. I, § 22, S. 490—534.

[1] Vgl. oben S. 6; näher Strafr. I, 490—495.

[2] Die Begründung der Strafe auf ihre Notwendigkeit ist heute, soviel ich sehe, allgemein anerkannt. Die weitere Frage nach dem Grunde dieser Notwendigkeit ergibt sich aus der Wirksamkeit der Strafe als Mittel der Verbrechensvergeltung und -verhütung; vgl. dazu das Folgende.

[3] Als die Behandlung, die dieser nach dem Wert seines eigenen Verhaltens verdiente, also als gerechte Vergeltung. Nur auf der Grundlage, daß jeder einzelne nach dem Werte seiner Taten für die Gemeinschaft behandelt wird, ist ein geordnetes und gedeihliches soziales Leben überhaupt möglich. Solches Verfahren fordert auch jeder einzelne als gerecht, sittlich und notwendig zum Schutz seiner eigenen Interessen, muß es daher im gleichen Fall auch seinerseits ertragen.

[4] Denn begangenes Unrecht läßt sich nicht ungeschehen machen; vgl. oben S. 56; dazu oben S. 6.

die Geltung der Rechtsordnung gewahrt und das verletzte Rechtsgefühl aller an der Tat interessierten Kreise befriedigt. So ist die Vergeltung das Pflaster auf die Wunde, die das Verbrechen geschlagen hat. Und zwar nicht etwa als willkürliche Erfindung, sondern als notwendiger Ausfluß des menschlichen Selbsterhaltungstriebes[1].

Daß die Strafe unter den Begriff der Vergeltung fällt, ist heute wohl allgemein anerkannt. Teilweise aber wird ihr Vergeltungs*zweck* bestritten. Mit Unrecht. Ein Übel, z. B. die Freiheitsentziehung, *wird* überhaupt erst dadurch zur *Strafe*, daß es Anwendung findet *zwecks Vergeltung*. Dasselbe Übel, zu anderen Zwecken verwertet, entbehrt des Strafcharakters[2].

III. Näher ist hervorzuheben:

Gerechte Vergeltung liefert kein festbestimmtes Strafmaß im Einzelfalle, sondern läßt regelmäßig erhebliche *Spielräume des Verhaltens*[3]. Die Vergeltung ist also nicht endgültig bestimmendes, wohl aber *grundlegend regulierendes* Prinzip für Gesetzgebung, Strafzumessung und Strafvollzug. Darin betätigt sie ihre hohe eigenartige Macht, während sie innerhalb dieser Schranken zum Segen der Sache den präventiven Strafzwecken Raum läßt[4].

---

[1] In der Jugend der Menschen und Völker sehen wir diesen berechtigten und notwendigen Trieb in Gestalt ungezügelter Rache. Nimmt später der Staat diese dem Einzelnen aus der Hand, so kann er das nicht im Wege bloßen Verbots, sondern nur, indem er die staatliche Vergeltung an die Stelle setzt. Ein Strafrecht, das die Aufgabe gerechter Vergeltung verkennt, würde fortgesetzte Ergänzung und Durchbrechung in ungeordneter, privater Vergeltung finden; vgl. näher Strafr. I, 501.

[2] *Beispiel*: Freiheitsentziehung als rechtswidrige Gewalt, als Schuldhaft, als Untersuchungshaft, als bessernde oder sichernde Maßnahme; Geldentziehung als Schadensersatz, als Steuer; vgl. näher Strafr. I, 496/97.

Als weitere Fehler treten stellenweise hervor:

a) Der Versuch, den Begriff der Vergeltung loszuwerden, indem man ihn in der *Generalprävention* (Abschreckung der Gesamtheit) aufgehen lassen möchte. *Kritik*: Beide Begriffe sind verschieden; vgl. oben III, IV; näher Strafr. I, 498.

b) Die sog. *symptomatische* Verbrechensauffassung: Das Verbrechen Symptom der Gefährlichkeit des Täters, Strafzweck deren Bekämpfung (Spezialprävention). *Kritik*: Maßregeln ohne Vergeltungszweck sind begrifflich überhaupt keine Strafen; vgl. oben; näher Strafr. I, 498/99.

[3] *Unterhalb* deren die Strafe zum Verzicht auf gerechtige Vergeltung, evtl. zum Spott, *oberhalb* deren sie zur unverdienten Härte, evtl. zur Roheit wird; vgl. näher Strafr. I, 502/04.

[4] Wir haben es hier mit einer *allgemeineren* Erscheinung zu tun. Unsere menschliche Schätzungstätigkeit führt überhaupt in breitem Umfang nur zu *Spielräumen* des Verhaltens, gerade auch im Recht (Beispiele: Schadensersatz, angemessene Preise). *Auch für die präventiven Strafzwecke gilt dieser Satz*; vgl. unten S. 62/63.

Maßstab gerechter Vergeltung ist die nach der objektiven Bedeutung der Tat (also nach Ausführung und Erfolg) unter Berücksichtigung der größeren oder geringeren Schuld des Täters verdiente Strafe. Diese Bewertung vollzieht sich nicht in freier Erfindung, sondern auf Grund der gesamten sittlichen und rechtlichen Anschauungen der Zeit. Den schwersten Verbrechen werden die schwersten als zulässig erachteten Strafübel gegenübergestellt; von hier vollzieht sich die Abstufung zu den mittleren und leichteren Fällen. Dabei sehen wir, wie bei höherer Kultur und Rechtssicherheit das Strafensystem sich mildert, weil die Empfindlichkeit der Menschen für die Bedeutung der Übel steigt und zugleich die größere Milde der Vergeltung durch die erhöhte Sicherheit ihres Eintretens ausgeglichen wird[1]. Umgekehrt führen kulturelle und staatliche Rückschläge zu verschärfter Vergeltung.

Das Vergeltungsbedürfnis fordert entsprechende Bestrafung schwererer Rechtsbrüche. In geringeren Fällen wirkt es evtl. unterstützend, jedenfalls aber grundlegend regulierend: Es verbietet Bestrafung, die mit gerechter Würdigung von Tat und Schuld nicht vereinbar ist. Verschärft bzw. gemildert wird das Ausgleichsbedürfnis der Vergeltung evtl. auch durch das Verhalten des Täters nach der Tat; allmählich gemildert und beseitigt wird es durch Zeitablauf (Verjährung)[2].

IV. Als Unrechtsfolge fällt die Strafe ferner unter den Begriff der Verbrechensverhütung (vgl. oben S. 59). Hier bedarf zunächst die Generalprävention, die Abhaltung der Gesamtheit von der Begehung von Verbrechen durch Androhung und Vollzug der Strafe, der Betrachtung[3].

Diese Wirkung kann niemals eine vollständige sein[4], ist aber in ihrer Gesamtbedeutung sehr groß. Jeder einzelne Mensch kann sie an sich selbst beobachten[5]. In Zeiten hochstehender, gesicherter

---

[1] Vgl. eingehend zum Vorstehenden Strafr. I, 504—509. Die grundlegende Bedeutung der Tat für die Vergeltung folgt aus dem Wesen des Rechts als bindender Abgrenzung der Machtgebiete (vgl. oben S. 1). Sie kommt im Strafrecht in der verschiedenen Bewertung der verschiedenen Delikte und ihrer Schwere im Einzelfall zum Ausdruck. Erst auf dieser Grundlage erhebt sich (bei höherer Kultur) die weitere entscheidende Frage nach der Schuld des Täters. So war es bis heute und so bleibt es auch künftig, falls man nicht etwa den Versuch unternimmt, die Rechtsordnung durch eine Zwangsmoral zu ersetzen. Er würde sich sehr rasch ad absurdum führen; vgl. dazu oben S. 1, Anm. 3 betr. Recht und Moral.

[2] Näher zum Vorstehenden Strafr. I, 509—511; zur Verjährung unten § 56.

[3] Vgl. näher Strafr. I, 511—515.

[4] Sie fällt ganz oder teilweise aus, soweit der Täter nicht oder nicht ernsthaft an die strafrechtlichen Folgen der Tat denkt oder ihnen zu entgehen hofft. Dazu kommen Fälle so überragenden Motivs zur Tat, daß demgegenüber jede Strafdrohung versagt.

[5] Unter rechtlich Denkenden überwiegend so, daß strafbares Handeln aus dem Kreise möglicher Betätigung einfach ausscheidet. Aber auch evtl. im Einzelfalle mit Hinblick auf die Strafdrohung, die für minder Gewissenhafte in breitem Umfang entscheidend wird.

Rechtszustände — so insbes. in Deutschland bis zum Weltkrieg — sehen wir dabei als Ergebnis eine hervorragende Rechtssicherheit, die früheren Zeiten fehlte und in unruhigen Zeiten, wie wir sie heute durchleben, zurückgeht.

Die Gefahr der Generalprävention, der das Strafrecht vom Mittelalter bis zur Aufklärungszeit erlag, liegt in möglichst strenger Bestrafung zwecks möglichster Abschreckung. Ein solches Strafrecht aber wirkt verbitternd und verrohend und schädigt damit seinen Zweck. Delikte können nur unterbleiben, nicht mehr als unterbleiben. Jede Strafe, die diesen Zweck überschreitet, ist daher vom Standpunkt verständiger Generalprävention sinnlos. Das danach erforderliche Maß der Generalprävention kann nur durch überlegte Durchschnittserwägung bestimmt werden. Deshalb liefert auch die Generalprävention, ebenso wie die Vergeltung (vgl. oben S. 60), kein absolut bestimmtes Strafmaß sondern gewährt erhebliche Spielräume. In breitem Umfang genügt eine Strafe, die dem Vergeltungsbedürfnis entspricht, zugleich dem Zweck der Generalprävention.

Positiv entscheidend wird letzterer dort, wo nicht die Notwendigkeit der Vergeltung, sondern der Verbrechensverhütung den Staat zur Bestrafung veranlaßt[1]. Auch hier aber spielt die Vergeltung die grundlegend regulierende Rolle, indem sie ungerechte Strafe verbietet (vgl. oben S. 61).

V. Vergeltung und Generalprävention zusammen, also die Zwecke, die das Strafrecht gegenüber der Gesamtheit verfolgt, lassen sich als konstante Strafzwecke bezeichnen[2], weil sie stets in Betracht kommen.

Demgegenüber tritt die Spezialprävention, die Einwirkung auf den einzelnen Verbrecher, mit den variablen Zwecken der Besserung, Abschreckung, Unschädlichmachung auf[3].

Forderung und Maßstab der Spezialprävention ist Verhütung künftiger Verbrechen dieses Täters. Diese Forderung ist vollberechtigt und hervorragend wichtig, solange sie sich innerhalb der durch Vergeltung und Generalprävention gegebenen bedeutenden Spielräume des Verhaltens bewegt. Sie ist unhaltbar, sobald sie diese Grenzen überschreitet. Weder kann der Staat auf die nach Maßgabe von Tat und Schuld verdiente und zur Generalprävention erforderliche Strafe mangels Wiederholungsgefahr verzichten[4] noch kann er

---

[1] So insbes. auf dem breiten Gebiet der ethisch-indifferenten, geringeren Delikte. Aber auch evtl. sonst, z. B. bei der schweren Bestrafung der Spionage.

[2] So zuerst Lammasch, Z. 9, 423ff. (1889); Ger. S. 44, 147ff. (1891).

[3] Beispiele: Unschädlichmachung sehen wir in der Todesstrafe, Abschreckung in der Geldstrafe, den Besserungszweck im Verweis. Die Überlegenheit der Freiheitsstrafe besteht darin, daß sie alle jene Zwecke umfaßt und je nach Bedarf den einen oder anderen in den Vordergrund zu stellen vermag. Deshalb ist sie unsere wichtigste Strafe, die Strafe der schwereren Delikte.

[4] Es sei denn aus besonderen hinzutretenden Gründen im Einzelfalle mittels Begnadigung.

unverdiente Strafen wegen Wiederholungsgefahr verhängen. Er würde damit den Anforderungen der Gerechtigkeit ins Gesicht schlagen und die Interessen der Gesamtheit wie die Achtung vor dem Gesetz unheilbar schädigen. Wo insbes. über das Maß gerechter Vergeltung hinaus ein Sicherungsbedürfnis besteht, kann dieses nur durch bessernde bzw. sichernde Maßnahmen, nicht durch Strafe befriedigt werden.

Der Spezialprävention sind also natürliche Schranken gezogen. Innerhalb dieser hat sie hohe Bedeutung für die Entscheidung im Einzelfalle wie für den Kulturfortschritt des Strafrechts im Ganzen[1]. Maßstab verständiger Spezialprävention kann nur die Anwendung der geringsten, gegen Wiederholungsgefahr schützenden Strafe sein, Unschädlichmachung also nur in letzter Linie. Im übrigen ergibt sich daraus nicht etwa eine Reihenfolge Besserung, Abschreckung oder umgekehrt[2], sondern eine Reihenfolge der Strafmittel (und weiter des Strafmaßes): Verweis[3], Geldstrafe, Freiheitsstrafe, Todesstrafe.

Die Spezialprävention bedeutet ein Möglichkeitsurteil über die Beeinflussung künftigen Verhaltens durch die Strafe. Solches Urteil kann häufig nicht sicher sein und gewährt ferner wesentliche Spielräume des Verhaltens.

VI. Zusammenfassend ist festzustellen[4]: Als Zwecke des Strafrechts können nur erfahrungsgemäß erreichbare günstige Wirkungen der Bestrafung in Betracht kommen. Ferner: Alle solche Wirkungen sind als Strafzwecke zielbewußt anzustreben. Nicht weil etwas anderes logisch unmöglich, sondern weil es praktisch verfehlt wäre. Ein Gesetzgeber oder Richter, der anders verführe, würde ein ihm zur Verfügung stehendes Mittel zur Wahrung der Rechtsordnung nur teilweise und einseitig ausnutzen. Dadurch würde bald der Einzelne, bald die Gesamtheit Schaden leiden.

Über die erste und grundlegendste Frage allen Strafrechts, welche Handlungen überhaupt zu strafen, also Verbrechen sind, entscheiden allein die konstanten Strafzwecke (Vergeltung und Generalprävention). Im übrigen wirkt die Spezialprävention innerhalb der Schranken der Vergeltung und Generalprävention mitbestimmend für die gesetzlichen Strafdrohungen, für die Strafzumessung[5] und den Strafvollzug[6].

[1] Vgl. näher Strafr. I, 515—519. Der größte Fortschritt der letzten Jahrhunderte auf dem Gebiete des Strafensystems, der Ersatz der Leibes- und Lebensstrafen durch die Freiheitsstrafe, bedeutet den Sieg eines Strafmittels, das in früher ungeahntem Umfang die Zwecke der Spezialprävention zu fördern und mit denen der Vergeltung und der Generalprävention zu vereinigen verstand. — Die moderne Strafrechtsreform ferner hat wertvollste Anregungen gerade durch den Gedanken der Spezialprävention erhalten; vgl. unten S. 65ff.

[2] Gleich verfehlt sind deshalb reine Abschreckungs- wie reine Besserungstheorien.

[3] Der Verweis fehlt uns zur Zeit im geltenden Recht; vgl. unten § 102.

[4] Dazu eingehend Strafr. I, 519—534. [5] Vgl. unten § 98.

[6] Insbes. gerade unserer wichtigsten Strafe, der Freiheitsstrafe.

Der beste Gesetzgeber, Richter und Strafvollzugsbeamte ist der, der die konstanten und variablen Strafzwecke am besten zu vereinigen versteht. Das ist in breitem Umfang deshalb möglich, weil jeder dieser Zwecke kein absolut bestimmtes Maß, sondern Spielräume des Verhaltens gewährt. Wo aber wirkliche Kollisionen eintreten, haben das Interesse des Staates und der Gesamtheit und damit die konstanten Strafzwecke den Vorrang (vgl. oben S. 62/63).

§ 18. Kriminalpolitik.

I. Kriminalpolitik[1] ist die Betrachtung der Wirksamkeit des Strafrechts unter dem Gesichtspunkt der Zweckmäßigkeit[2], also keine selbständige Wissenschaft mit eigenem Gegenstande, sondern die Wissenschaft des Strafrechts selbst, soweit diese die Frage nach der Brauchbarkeit des Vorhandenen und seiner Verbesserung für die Zukunft aufwirft. Diese Fragestellung umfaßt das Gesamtgebiet des Strafrechts[3].

Kriminalpolitiker, zum Teil hervorragende, sind die Gesetzgeber aller Völker und Zeiten gewesen. Wissenschaftliche Kriminalpolitik beginnt mit der Aufklärungszeit; über ihre großen Erfolge vgl. oben S. 38/39. Das 19. Jahrhundert zeigt uns hier vor allem rege Strafgesetzgebung, grundlegende Reform des Gefängniswesens und den bis zur Gegenwart dauernden Streit der Strafrechtstheorien[4].

II. Um 1870 setzen neue wissenschaftliche Methoden ein, gerichtet auf Erforschung der Ursachen des Verbrechens als individueller und sozialer Erscheinung und darauf gestützte planmäßige Verbrechensbekämpfung[5]. Der Wert solcher Forschung ist bei ausreichender

[1] Dazu eingehend Strafr. I, § 23, S. 534—577. Das Wort „Kriminalpolitik" tritt anscheinend um 1800 auf.

[2] Zu beachten bleibt dabei, daß zweckmäßig nur eine zugleich gerechte Rechtsordnung ist. Denn Ungerechtigkeit erzeugt Nichtachtung des Rechts und Ungehorsam gegen seine Gebote.

[3] Die allgemeinen Lehren vom Verbrechen wie die einzelnen Deliktsbestände, das Strafensystem nebst ergänzenden Maßregeln wie die Strafzumessung und den Strafvollzug.

[4] Vgl. oben S. 58.

[5] Aufsehenerregend und anregend wirkte hier zunächst die Lehre des Italieners Lombroso vom geborenen Verbrecher (delinquente nato, 1. Aufl., 1871/76). Sachlich ist sie unhaltbar. Es gibt keinen delinquente nato, wohl aber körperlich und geistig minderwertige Menschen (darunter vielfach erblich Belastete), die leichter als andere auf die Bahn des Verbrechens kommen und evtl. besonderer Behandlung bedürfen; vgl. näher Strafr. I, 536/38.

In Deutschland setzten dann v. Liszt und die Internationale kriminalistische Vereinigung (I.K.V.) die obige methodische Forschung auf ihr Programm. Scharf betonte dazu v. Liszt (1889, Z. 9, 367/68), daß solche Forschung „eben erst begonnen" habe. Die I.K.V. habe es daher vermieden, „vermeintliche Ergebnisse" in ihr Programm aufzunehmen.

kritischer Vorsicht ein hoher aber — was nicht immer beachtet wird — ein begrenzter. Wir stoßen dabei insbes. vielfach auf Umstände, an denen das Strafrecht nichts zu ändern vermag. Dennoch bleibt seine entscheidende Aufgabe die Wahrung der Rechtssicherheit[1].

Mittel obiger Forschung sind systematische Einzelbeobachtung[2] und systematische Massenbeobachtung (Statistik)[3]. Sie belehrt uns über den Umfang der Kriminalität und ihrer Arten und über die Anwendung des Strafensystems und gibt damit zugleich vielfach wertvollste Einblicke in Vorzüge und Mängel des geltenden Rechts und seiner Anwendung.

III. Praktisch hat die kriminalpolitische Bewegung der letzten Jahrzehnte zu einer Reihe wichtiger, vielfach bereits in Gesetzen und Entwürfen des In- und Auslandes verwirklichter Reformvorschläge geführt.

1. Im Anfang stand der Kampf gegen die damals überwuchernde kurzzeitige Freiheitsstrafe[4] und das Suchen nach geeigneten Ersatzmitteln[5]. Hauptergebnisse waren hier die Einführung der sog. bedingten Verurteilung, d. h. der Strafaussetzung unter der Bedingung guter Führung während einer Probezeit; ferner eine durchgreifende Reform der Geldstrafe, die diese zur Regelstrafe für geringere Delikte machte[6].

2. In allerweiteste Kreise drang die Forderung nach Reform des Jugendstrafrechts im Sinne tunlichsten Ersatzes der Strafe durch Erziehungsmaßregeln. Ihre Erfüllung brachten das Jugendwohlfahrtsgesetz von 1922 und das Jugendgerichtsgesetz von 1923[7].

3. Eingehend erörtert wurde die angemessene Behandlung vermindert Zurechnungsfähiger und gemeingefährlicher Geistes-

---

[1] Näher hierzu Strafr. I, 539—542.

[2] Soweit sie Erfahrungen unter höheren, allgemeinen Gesichtspunkten zusammenzufassen vermag. Bloße Veröffentlichung von Einzelfällen ist lediglich Materialsammlung von vorläufig unbestimmtem Wert; vgl. näher Strafr. I, 543/44.

[3] Grundlegend hier v. Oettingen, Moralstatistik, 1. Aufl., 1868 (3. 1882); dann v. Mayr, Moralstatistik, 1917. — Gewaltiges, noch nicht annähernd ausgeschöpftes Material bietet die Reichskriminalstatistik (erster Jahrgang für 1882, jetzt einschließlich 1928); dazu treten die Justizstatistiken und die Gefängnisstatistiken der Länder; vgl. näher Strafr. I, 545; II, 15.

[4] Die bei kritikloser Massenanwendung häufig wenig nützt und viel schadet.

[5] Vgl. näher Strafr. I, 553/56.

[6] Vgl. über diese Fragen näher unten § 100, VII (bedingte Verurteilung), § 101, V (Geldstrafe); dazu Strafr. I, 553ff. Über Einschränkungen des Verfolgungszwangs im Strafprozeß unten S. 69 Anm. 4 (für Übertretungen ferner StrPO. § 153 Abs. 1); andererseits über den Gedanken von Strafschärfungen in der Richtung des Arrestes, um kürzere Strafen wirksamer zu machen. Strafr. a. a. O.

[7] Dazu Sachregister „Jugendrecht“; näher Strafr. I, 559/61.

kranker[1], ferner die Bekämpfung des Alkoholismus[2]. Diese Gedanken haben in den Entwürfen Ausdruck gefunden, gesetzliche Regelung fehlt noch.

4. Gleiches gilt von der Forderung verbesserter strafrechtlicher Bekämpfung von Bettel, Landstreicherei und Arbeitsscheu unter sachgemäßer Verwertung des Arbeitshauses[3].

5. Als dringlich trat die Frage entschiedener strafrechtlicher Bekämpfung der schweren Kriminalität hervor. Hier handelte es sich um schärfere Erfassung des Rückfalls, darüber hinaus um langdauernde, evtl. lebenslange Verwahrung des gewerbs- und gewohnheitsmäßigen, gefährlichen Verbrechertums[4]. In diesem Sinne sind unsere Entwürfe vorgegangen; gesetzliche Regelung fehlt dringend.

6. Die Erörterung vorstehender Fragen ergab zugleich das Bedürfnis, unser Strafrecht durch ein System bessernder und sichernder Maßnahmen zu ergänzen[5]. Ihr begrifflicher Unterschied von der Strafe liegt darin, daß ihnen der Vergeltungszweck fehlt, der die Strafe von anderen Unrechtsfolgen scheidet, sowie daß in vorbeugender Richtung ihr entscheidender Zweck lediglich Spezialprävention ist[6]. Gesetzlich durchgeführt ist hier die Fürsorgeerziehung Jugendlicher (vgl. oben S. 65), während die weiter erforderlichen Maßnahmen gegen Alkoholiker (Trinkerheilanstalt), gefährliche Minderwertige und Geisteskranke (Verwahrung in Heil- bzw. Pflegeanstalt) und Gewohnheitsverbrecher (Sicherungsverwahrung) noch im Stadium der Entwürfe liegen.

7. Im Strafensystem wurde die Todesstrafe lebhaft umstritten[7]. Unsere Entwürfe haben sie mit Recht beibehalten. Bei den Ehrenstrafen fand die Rehabilitation Verurteilter im Falle guter

---

[1] Begriff der verminderten Zurechnungsfähigkeit; angemessene strafrechtliche Behandlung; evtl. sichernde Verwahrung; vgl. näher Strafr. I, 561/62; unten § 38 (Zurechnungsfähigkeit).

[2] Dazu Sachregister „Alkoholismus“. Näher Strafr. I, 562/63.

[3] Vgl. darüber unten § 96; dazu Strafr. I, 564/65.

[4] Soweit solche Einsperrung über den Rahmen verdienter Strafe im Sicherungsinteresse hinausgehen muß, hat sie durch anschließende Sicherungsverwahrung, nicht durch Strafe, zu erfolgen (vgl. oben S. 63). Abzulehnen ist insbes. — so auch mit Recht unsere Entwürfe — der öfters vertretene Gedanke unbestimmter Strafe (sog. unbestimmtes Strafurteil); vgl. eingehend Strafr. I, 529/32, 565—570; II, 4, Anm. 2.

Über und wider den Gedanken der Sterilisierung (Kastration) von Gewohnheitsverbrechern vgl. Strafr. I, 570/71.

[5] Bahnbrechend wirkten in dieser Richtung zunächst die Schweizer Entwürfe von Stooss; vgl. oben S. 48; näher Strafr. I, 527.

[6] Vgl. näher Strafr. I, 527/29; II, 7/8.

[7] Vgl. näher unten § 99; dazu Strafr. I, 572; II (Sachverzeichnis „Todesstrafe“).

Zeitweilig stark erörtert wurde die Deportation. Sie ist sachlich abzulehnen, zur Zeit auch für uns praktisch unmöglich; vgl. näher Strafr. I, 571/72.

Führung eingehende Behandlung[1]. Die Nebenstrafe der Polizeiaufsicht wurde mit Recht als schädlich bekämpft[2].

8. Für die Strafzumessung[3] wurden gesetzliche Grundlagen, zugleich aber größere Freiheit des richterlichen Ermessens mittels geeigneter Strafrahmen gefordert. Hier brachten, anschließend an die Reformbewegung, die Entwürfe bedeutende Fortschritte, aber auch Fehlgriffe.

9. Die Forderung einheitlichen, verbesserten Vollzugs der Freiheitsstrafe zeitigte als einstweiliges großes Ergebnis die „Grundsätze über den Vollzug von Freiheitsstrafen" von 1923[4].

Diese gesamten Bestrebungen kennzeichnen zugleich die hohe Bedeutung der Spezialprävention im Strafrecht, wenn und soweit sie sich innerhalb der Schranken der konstanten Strafzwecke, der Vergeltung und Generalprävention, hält[5].

10. Im Strafprozeß führte die Reformbewegung zum Auf- und Ausbau der gerichtlichen Untersuchungskunde (sog. Kriminalistik[6]).

11. Grundsätzlich umfaßt die Kriminalpolitik (vgl. oben S. 64) das Gesamtgebiet des Strafrechts[6], also insbes. auch eine klare und zutreffende Regelung der für alle Strafbarkeit grundlegenden allgemeinen Lehren vom Verbrechen wie der einzelnen Deliktsbegriffe. Als solche kommt sie auf Grund der von der Wissenschaft geleisteten Vorarbeit in unseren Entwürfen, vielfach glücklich, teilweise aber auch noch nicht ausreichend gelungen, zum Ausdruck[7].

IV. Die Gesamtkriminalität Deutschlands zeigt folgendes Bild[8]:

1. Bis zum Weltkriege: Die Verhältnisziffer der Verurteilten auf je 100000 Personen der strafmündigen Zivilbevölkerung stieg von 1882 (996) bis zum Höchstmaß im Jahre 1902 (1246) und zeigte seitdem, insbes. seit 1910, einen Rückgang (1913: 1169[9]). Auf Prozente

[1] Vgl. darüber unten § 102 IV; näher Strafr. I, 573/74.

[2] Darüber unten § 104 I; dazu Strafr. I, 574/85; II, 7.

[3] Vgl. unten § 98; Strafr. I, 573 und insbes. Strafr. II, 3; 4, Anm. 2, 6.

[4] Näher unten § 100 IV. — Es folgte 1927 der unerledigt gebliebene „Entwurf eines Strafvollzugsgesetzes" an den Reichstag; vgl. näher Strafr. II, 12.

[5] Bei Überschreitung dieser Schranken ist sie ungerecht und wirkt schädlich; vgl. oben S. 62/63.

[6] Vgl. näher Strafr. I, 575.

[7] Letzteres gilt vor allem vom Entwurf 1925; vgl. oben S. 46; näher Strafr. II, 2, 5, 8/9. — Dazu meine eingehende Kritik der allgemeinen Lehren vom Verbrechen in den Entwürfen Z. 42, 404ff., 525ff. (betr. Entwürfe 1913/19); Z. 47, 18ff. (betr. Entw. 1925).

[8] Ich fasse hier in äußerster Kürze einige Hauptergebnisse zusammen; vgl. näher meine Darstellung Strafr. I, 546—553, 566/68. Es handelt sich dabei um Verbrechen und Vergehen gegen Reichsgesetze (so die Reichskriminalstatistik), also nicht um bloße Übertretungen und nicht um Landesstrafrecht.

[9] Vgl. dazu jetzt auch die Tabelle der Reichskriminalstatistik für 1927, S 56.

berechnet bedeuten obige Verhältniszahlen von 1882—1913 ein Schwanken von rund 1—1,2%. Dabei war die Rechtssicherheit in Deutschland insgesamt eine hochstehende und weitere Verbesserung durch soziale Fortschritte und Strafrechtsreform zu erwarten.

Zur Bewertung ist ferner zu beachten: die relative Steigerung der Kriminalität entfällt von 1882 gegenüber 1913 zu etwa ein Drittel auf neue Strafgesetze. Insgesamt ferner beruhte jene Steigerung auf starker Zunahme der Rückfälligen, während die relative Kriminalität der erstmalig Verurteilten eine günstigere wurde[1]. Hand in Hand mit der Steigerung der Rückfallskriminalität ging eine ständige Abnahme in der Verwertung der Zuchthausstrafe durch die Gerichte[2]. Eine bedenkliche Steigerung der relativen Kriminalität zeigte sich bei den Jugendlichen[3]. In diesem Bilde der Kriminalität stellten die leichteren Fälle reichlich zwei Drittel aller Verurteilten dar[4].

Unzutreffend ist hiernach die im Eifer der Reformbewegung nicht selten aufgestellte Behauptung, daß unser geltendes Strafrecht versagt habe. Wohl aber sehen wir insbes. unzureichende Energie in Bekämpfung des Rückfalls und bedenkliche Erscheinungen bei der Kriminalität der Jugendlichen.

Die Gesamtkriminalität und die Anwendung des Strafensystems war im Jahre 1913 folgende: Verurteilte: 561801. Davon Todesstrafe: 47; Zuchthaus, lebenslang: 9; zeitig: 7919[5]; Gefängnis: 244739[6]; Festung: 155; Geldstrafe: 296984; Verweis: 13953[7].

2. Im Weltkriege: Die absoluten wie die relativen Kriminalitätsziffern sinken bedeutend[8]. Es ist das Bild eines Volkes, bei dem die

---

[1] Auf je 100000 Strafmündige wurden verurteilt: 1882: erstmals 736, vorbestraft 259; 1911: erstmals 641, vorbestraft 540.

[2] Die Verhältnisziffer der Verwertung der Zuchthausstrafe sinkt 1882 bis 1912 bis unter die Hälfte; vgl. Strafr. I, Anhang, Kurventabelle, Tafel IV. Es ist klar, daß danach zahlreiche Elemente sich in Freiheit befanden, also Rückfälle begehen konnten, die früher eingesperrt waren.

[3] Auf je 100000 strafmündige Jugendliche wurden verurteilt: 1883: 549; 1893: 686; 1906: 764; 1911: 639; 1912: 679.

[4] 1912: Geldstrafe 51,5%; Verweis bei Jugendlichen 2,6%; Freiheitsstrafe von 1—3 Tagen 7,5%; von 4—7 Tagen 7,5%; Summe: 69,1%.

Insgesamt wurden 1912 auf je 100000 Strafmündige verurteilt: zu Zuchthaus 17; Gefängnis 552 (unter 30 Tage: 320; 1 bis unter 12 Monate 201; 1 Jahr und mehr 31); Geldstrafe 623. Auf Todesstrafe wurde in 40 Fällen erkannt.

[5] Unter 2 Jahren: 3782; 2 bis unter 5 Jahre: 3387; 5 Jahre und mehr: 750.

[6] 1—3 Tage: 37296; 4—7 Tage: 39257; 8—29 Tage: 59521; 1 bis unter 3 Monate: 42395; 3 bis unter 12 Monate: 51108; 1 bis unter 2 Jahre: 11902; 2 Jahre und mehr: 3263.

[7] Dazu Nebenstrafen: Verlust d. bürgerl. Ehrenrechte 13003; Polizeiaufsicht 1847.

[8] Gesamtkriminalität: 1914: 460858; 1915: 425566; 1916: 341283; 1917: 357808; 1918: 408147; 1919: 418064.

Verhältnisziffern: 1914: 947; 1915: 834; 1916: 702; 1917: 735; 1918:

wehrfähigen Männer vor dem Feinde standen und in der Heimat alle Kräfte angespannt wurden. Seit 1918 verschlechtert sich dieser Zustand.

3. Nach dem Weltkriege: Die Kriminalität steigt sprunghaft seit 1920 und erreicht im Hauptinflationsjahr 1923 ihren Höhepunkt mit 954847 Verurteilten[1] im verkleinerten Deutschland und einer relativen Kriminalitätsziffer (auf je 100000 Strafmündige) von 1693[2]. Dann folgt ein erheblicher Rückgang: 1927: Verurteilte 612315, relative Kriminalitätsziffer 1249. 1928: Verurteilte 588492; Kriminalitätsziffer 1188. 1929: Verurteilte 595656; Kriminalitätsziffer 1191. Die Ziffer des schlechtesten Vorkriegsjahres (1902) betrug 1246, 1913 = 1169. In Wahrheit aber ist das Vergleichsbild wesentlich ungünstiger, weil heute in erheblichem Umfang Delikte unverfolgt bleiben, bei denen früher eingeschritten werden mußte[3].

Die Gesamtkriminalität und die Anwendung des Strafensystems im Jahre 1928 war folgende: Verurteilte 588492; davon Todesstrafe 46; Zuchthaus lebenslang: 6; zeitig: 5121; Gefängnis: 167820[4]; Festung 100; Geldstrafe: 408619[5].

Wir sehen hier gegenüber der Vorkriegszeit (vgl. oben, 1913): Stark gesteigerte Kriminalität[6] bei fortgesetzt größerer Milde der Strafzumessung.

In diesem ungesunden Zustand kommt eine Übertreibung der Forderungen vermeintlicher Humanität auf Kosten des Schutzbedürfnisses zum Ausdruck[7].

824; 1919: 736. (Diese Ziffern sind für 1914—1918 nur ungefähre, auf Grund meiner Berechnung Strafr. I, S. 546, Anm. 2.)

[1] Vgl. Reichskriminalstatistik f. 1923, S. 34. (Die Angaben der Statistik f. 1927, S. 39, enthalten offenbar nicht die Kriegs- und Notgesetze.)

[2] Vgl. dazu und zum folgenden die neueste Reichskriminalstatistik für 1927, S. 31 ff. (39, 56); 1928, S. 5/6 (S. 61 für 1929).

[3] Vgl. heute StrPO. § 153 Abs. 2 (danach kann Verfolgung geringfügiger Vergehen unterbleiben); dazu kommt die weitgehende Ausdehnung der Privatklage durch Gesetz v. 1921 (heute StrPO. § 374). Ich habe seinerzeit auf Grund der Reichskriminalstatistik für 1906 berechnet, daß bereits die neuen Privatklagedelikte der §§ 123, 223a, 241 und 303 StrGB. rund 29 % sämtlicher im Jahre 1906 Verurteilter betrafen. Vgl. v. Hippel, Entwurf einer StrPO. (Heidelberg, Winter), 1909, S. 33.

[4] Unter 3 Monate: 105703; 3 bis unter 12 Monate: 51493; 1 Jahr und mehr: 10624.

[5] Dazu Nebenstrafen: Verlust der Ehrenrechte: 5913; Polizeiaufsicht: 791.

[6] Die heutigen Ziffern gelten für das verkleinerte Deutschland bei eingeschränkter Strafverfolgung (oben Anm. 3).

[7] Vgl. dazu auch unten Teil IV (Strafensystem).

Zweiter Teil.

Das Verbrechen. Allgemeine Lehren.

Objektiv-wissenschaftliche Darstellung der allgemeinen Lehren vom Verbrechen ist die höchste dogmatische Aufgabe des Strafrechts. Denn hier handelt es sich um die gesicherten Grundlagen und Schranken jeder Bestrafung bei Aburteilung irgendwelcher Delikte. In diesen Grundsätzen kommt zugleich der Schutz der Interessen des Staates und der Gesamtheit wie die Achtung vor den berechtigten Interessen des Einzelnen zum Ausdruck. Nur auf solchen Grundlagen ist weiter eine gerechte und zweckmäßige Gestaltung und Anwendung der einzelnen Deliktstatbestände wie des Strafensystems und der Strafzumessung möglich.

Kapitel I.

Rechtsquellen und Geltungsgebiet.

§ 19. Gesetzesrecht und Gewohnheitsrecht.

I. Gesetzes- und Gewohnheitsrecht sind die einzigen Rechtsquellen[1]. In ihrer Geltung[2] sind beide grundsätzlich gleichwertig[3]. Möglich aber bleibt, daß ein Gesetz für die Dauer seiner eigenen Geltung das Gewohnheitsrecht ausdrücklich einschränkt. So heute im Strafrecht[4].

II. Der früheren geschichtlichen Entwicklung ist der Gedanke abschließender gesetzlicher Regelung von Verbrechenstatbeständen und Strafen noch fremd[5]. Die Carolina bringt gesetzliche Umgrenzung

---

[1] Vgl. näher zum Folgenden Strafr. II, 31ff.

Wissenschaft und Rechtsprechung sind von größter Bedeutung für Entstehung und Auslegung von Gesetzes- bzw. Gewohnheitsrecht, aber keine selbständigen Rechtsquellen (Ausnahme heute Verf. Art. 13, 2; hier evtl. Entscheidung des Reichsgerichts mit Gesetzeskraft über die Gültigkeit von Landesrecht).

[2] Inhaltlich kann Gewohnheits- wie Gesetzesrecht ebenso gut wie schlecht und ebenso klar wie streitig sein.

[3] Gewohnheitsrecht kann ebenso durch Gesetzesrecht geändert bzw. beseitigt werden wie umgekehrt.

[4] Wo das Bedürfnis nach Rechtssicherheit und damit nach Gesetzesrecht besonders hervortritt.

[5] Vgl. näher über römisches und älteres Deutsches Recht oben S. 13/14; 21, 22, 26, dazu Strafr. II, 33.

des Anwendungsgebiets der peinlichen Strafe, gestattet aber analoge Bestrafung auf Grund Ratsuchens bei Rechtsgelehrten[1]. In der Folgezeit des gemeinen Strafrechts werden diese Schranken übersprungen, die Praxis straft mehr und mehr nach beliebigem Ermessen[2].

Zum Schutz der Bürgerfreiheit gegen solche Rechtlosigkeit und Willkür fordert die Aufklärungszeit die unbedingte Bindung des Richters an das Gesetz. Der Grundsatz nullum crimen, nulla poena sine lege wird in den Gesetzgebungen um 1800 anerkannt[3] und bildet seither die Grundlage des modernen Kulturstrafrechts[4].

III. Nach StrGB. § 2 Abs. 1 „kann eine Handlung nur dann mit einer Strafe belegt werden, wenn diese Strafe gesetzlich bestimmt war, bevor die Handlung begangen wurde". Heute ist dieser Satz in die Reichsverfassung von 1919 Art. 116 übernommen und damit als Grundrecht anerkannt, das nur durch Verfassungsänderung beseitigt werden könnte[5]. „Gesetzlich bestimmt" ist auch die auf Grund gesetzlicher Delegation durch Rechtsverordnung angedrohte Strafe[6].

Sachlich enthält StrGB. § 2 zwei Grundsätze: nullum crimen und nulla poena sine lege. Beide bedürfen der Klarstellung.

IV. Nullum crimen sine lege: Verboten ist danach die Bestrafung von Handlungen, die nicht unter einen gesetzlichen Deliktstatbestand fallen oder die den allgemeinen Erfordernissen eines Verbrechens (also den Grundsätzen des allgemeinen Teils) nicht entsprechen[7]. Unzulässig ist damit zugleich analoge Ausdehnung von Deliktstatbeständen[8]

---

[1] Vgl. oben S. 30; näher Strafr. I, 176/78, 195ff.

[2] Vgl. oben S. 34; näher Strafr. I, 235/38, 258.

[3] Österreich: StrGB. Joseps II. 1787; Frankreich: Menschenrechte, 1789; Preuß. Landrecht 1794; vgl. oben S. 37/38; näher Strafr. II, 34.

[4] Auch im Ausland; abweichend das Gewohnheitsrecht (common law) im Englisch-Amerikanischen Rechtsgebiet; oben S. 49, 53. Dänemark gestattet noch analoge Bestrafung (vgl. Strafr. I, 286, Anm. 4, 397/98). Über die Willkür in Sowjet-Rußland oben S. 51.

[5] Der Wortlaut der Verfassung („wenn die Strafbarkeit gesetzlich bestimmt war") weicht nur redaktionell, nicht sachlich, vom StrGB. § 2 ab. Herrschende Ansicht; zur Begründung näher Strafr. II, 34/35.

Die Verfassung hebt nicht etwa den § 2 StrGB. auf, sondern erhält ihn im Gegenteil gerade aufrecht und versieht ihn lediglich staatsrechtlich mit der Garantie erhöhter Geltung. In der Literatur besteht hier teilweise Unsicherheit, ebenso in der Rechtsprechung des RG. (aber im Ergebnis überwiegend zutreffend; vgl. E. 55, 116; 56, 168; 57, 406; 58, 406; 62, 372; bedenklich E. 56, 318; vgl. auch E. 57, 119; zur Kritik näher Strafr. II, 35/36, Anm.).

[6] Anerkannt. Vgl. auch RG.; z. B. E. 55, 116; 55, 246/47; 58, 270.

[7] Also z. B. Bestrafung von Notwehrhandlungen (StrGB. § 53).

[8] Vgl. z. B. RG. E. 29, 111 (Elektrizitätsdiebstahl); E. 42, 412 (Ferngespräche); E. 56, 87 (Betäubungsmittel keine Gewalt).

oder Ergänzung von Deliktstatbeständen durch Gewohnheitsrecht[1]. Im übrigen ist nicht nur selbstverständlich die Rechtsauslegung[2] Recht wie Pflicht der Wissenschaft und Praxis, sondern auch Analogie und Gewohnheitsrecht sind — abgesehen von der Erweiterung bzw. Ergänzung von Deliktstatbeständen — unverboten und unentbehrlich[3].

1. Analogie: Oft genug hat der Richter gesetzlich nicht ausdrücklich geregelte Fragen zu entscheiden. Allgemein anerkannte und völlig unentbehrliche Auslegungsmethoden sind dann je nach Sinn und Zweck des Gesetzes das argumentum a contrario oder die Analogie, selbstverständlich auch im Strafrecht[4].

2. Gewohnheitsrecht kommt einmal als Beseitigung nicht mehr zeitgemäßen Rechts (desuetudo; Gewohnheitsrecht contra legem) in Betracht[5]. Weiter überall dort, wo das Gesetz wirkliche Lücken läßt[6] (ergänzendes Gewohnheitsrecht, praeter legem). Wissenschaft und Praxis springen dann notwendig in die Lücke und erzeugen allmählich allgemein anerkanntes oder noch streitiges Gewohnheitsrecht. So sind heute unsere grundlegenden allgemeinen Lehren vom Verbrechen überwiegend Gewohnheitsrecht, nur zum kleineren Teil gesetzlich geregelt[7].

---

[1] Das sind ganz grundlegend wichtige Sätze. Denn auf ihnen beruht die Freiheit des Einzelnen im Gegensatz zu staatlicher und richterlicher Allmacht und Willkür.

[2] Über ihre Grundsätze näher Strafr. II, 37/38, Anm.

[3] In der Literatur besteht hierüber teilweise keine ausreichende Klarheit; vgl. näher Strafr. II, 37.

[4] Jede Verschränkung obiger Auslegungsmethoden würde die Forderung sinnloser Gesetzesauslegung bedeuten.

Zutreffend RG., vgl. E. 56, 168 (auch E. 2, 257; 32, 185/86); E. 62, 372. In der Literatur teilweise Schwankungen, insbes. stellenweise die verfehlte Ansicht, daß Analogie nur zugunsten des Täters zulässig sei; vgl. näher Strafr. II, 39, Anm. 5.

[5] Dieser Vorgang vollzieht sich zwangsläufig und in dauernd steigendem Maße gegenüber überaltertem Gesetzesrecht. Großes geschichtliches Beispiel: das gemeine Strafrecht im Verhältnis zur Carolina; vgl. oben § 11; heute kommt in dieser Richtung nicht unser StrGB., wohl aber evtl. überaltertes Landesrecht in Betracht.

Weiter verschwinden so gewohnheitsrechtlich nicht mehr brauchbare Gelegenheitsgesetze, wenn sie nicht rechtzeitig aufgehoben werden (die Gesamtzahl unserer Kriegsstrafverordnungen betrug nach einer Statistik in der Presse über 40000!); vgl. näher Strafr. II, 40.

[6] Während es sich bei der Analogie um entsprechende Anwendung vorhandenen Rechtes handelt.

[7] Vgl. näher Strafr. II, 41. Ferner kommt Gewohnheitsrecht evtl. für einzelne Deliktstatbestände in Betracht. Beispiel: StrGB. § 292 setzt Jagdbarkeit des betr. Tieres voraus. Diese bestimmt sich nach Landesrecht, auch gewohnheitsrechtlich; vgl. RG. E. 9, 299; 46, 111. Vgl. ferner StrGB. § 168, unten § 88, IV.

V. Nulla poena sine lege: Die Strafe[1] muß „gesetzlich bestimmt“ sein. Gesetzlich bestimmt ist selbstverständlich nicht nur die in früheren Zeiten übliche absolut bestimmte Strafe, sondern ebenso unsere heutige, seit der Aufklärungszeit herrschende, relativ bestimmte Strafe. Es muß also die Strafart und der Strafrahmen (Höchst- und Mindestmaß) gesetzlich festgelegt sein. Gesetzlich unbestimmt sind Strafdrohungen, die diesen Anforderungen nicht genügen. Das ist heute der Fall bei Androhung von Geldstrafe ohne gesetzlichen Höchstbetrag[2]. Soweit hier der gesetzliche Höchstbetrag überschritten wird, sind solche Strafdrohungen ungültig[3]. Auch kriminalpolitisch sind sie abzulehnen[4].

VI. Wahlweise (alternative) Feststellungen: Steht fest, daß der Täter eine gesetzlich strafbare Handlung beging, aber nicht, welche Begehungsform oder welches von mehreren Delikten vorliegt[5], so ist der Täter auf Grund solcher alternativer Feststellung nach dem mildesten Gesetz zu verurteilen. Denn mindestens dessen Strafe ist „gesetzlich bestimmt“[6].

§ 20. Reichsrecht und Landesrecht; Ausnahmerecht.

I. Älteres Reichsrecht ist nach dem Satz lex posterior derogat priori auf den durch neues Recht geregelten Gebieten beseitigt, im übrigen bleibt es bestehen[7]. Gleiches folgt für das Landesrecht,

---

[1] Bzw. nach Verf. Art. 116 „die Strafbarkeit“. Beides bedeutet dasselbe; vgl. oben S. 71, Anm. 6.

[2] Vgl. die Geldstrafengesetze v. 1921, 1923/24. Ihr Ergebnis ist insoweit die jetzige Fassung von StrGB. § 27 Nr. 1, § 27c Abs. 3. Dazu unten § 101 (Geldstrafe).

[3] Angesichts Verfassung Art. 116, es sei denn, daß verfassungsänderndes Reichsgesetz vorliegt.

Die Frage ist in der Literatur nicht ausreichend erörtert. Für Gültigkeit RG. E. 56, 318 (ohne zureichende Begründung); LOBE, Leipz. Komm. § 2 Nr. 8. Im Sinne des obigen Textes v. LISZT-SCHMIDT. Zur Begründung meines Standpunkts näher Strafr. II, 42/43.

[4] Wo die sehr erheblichen gesetzlichen Höchstmaße der Geldstrafe (vgl. StrGB. §§ 27, 27a) nicht ausreichen, hat Freiheitsstrafe einzutreten. Die Geldstrafe muß die Strafe geringerer Delikte bleiben. Vgl. näher a. a. O.

[5] Solche Fälle sind praktisch häufig; vgl. näher Strafr. II, 44/45. (Beispiele: Täterschaft oder Teilnahme; Diebstahl oder Unterschlagung, Betrug, Begünstigung usw.)

[6] So mit Recht insbes. Reichsgerichtsrat ZEILER, Z. 42, 1921, 665ff.; Z. 43, 596ff. Das Reichsgericht ist leider auf diesem Gebiet viel zu zurückhaltend; vgl. E. 53, 231; E. 55, 45; E. 63, 430. Die unteren Gerichte kommen dadurch fortgesetzt in die üble Lage, entweder Verbrecher freizusprechen oder wider bessere Überzeugung das geringere Delikt als erwiesen „festzustellen“. Vgl. näher Strafr. II, 44/45. — Im Einzelnen vgl. über wahlweise Feststellungen den Besonderen Teil (unten, Teil III).

[7] Eingehende Vorführung des älteren, aufrechterhaltenen Reichsstrafrechts gibt LOBE, Leipz. Komm., EinfGes. § 2 Abs. 2.

älteres wie neues, aus der Rechtsnatur des Reichs als Bundesstaat gemäß dem Grundsatz: Reichsrecht bricht Landesrecht[1].

Im Ermessen des Reichsgesetzgebers steht es, ob er sich auf einem bestimmten Rechtsgebiet einfach auf obige grundsätzliche Regelung beschränkt und die Durchführung der Wissenschaft und Praxis überläßt oder ob er, darüber hinausgehend, ausdrücklich bestimmt, welche Vorschriften aufrechterhalten und welche beseitigt sind[2].

II. Bei Schaffung des Strafgesetzbuchs fehlte für solche schwierige ausdrückliche Regelung die erforderliche Zeit[3]. So beließ man es, abgesehen von einigen ausdrücklichen Vorbehalten für Sondergebiete[4], bei den obigen allgemeinen Grundsätzen und sprach dies im EinfGes. StrGB. § 2 Abs. 1, § 5 noch besonders aus[5]. Die Motive[6] überweisen dabei den Einzelstaaten ausdrücklich die Aufgabe, das Landesrecht „mit den allgemeinen Prinzipien" das Reichsrecht „in Einklang" zu setzen, unter Hinweis auf den Grundsatz „Reichsrecht bricht Landesrecht" und auf das Aufsichts- und Gesetzgebungsrecht des Reichs (Verf. Art. 2/4).

Es ist danach also Auslegungsfrage des Reichsrechts, ob und inwieweit ergänzendes Landesrecht[7] möglich ist oder ob abschließende reichsrechtliche Regelung vorliegt. Und solche Auslegung kann naturgemäß auch zweifelhaft und streitig werden.

III. Diese Frage nach der Gültigkeit vom Landesstrafrecht[8] erhebt sich in dreifacher Richtung: Für die einzelnen Delikte; für die allgemeinen Lehren vom Verbrechen; endlich für das Strafensystem.

---

[1] So jetzt wörtlich Verf. 1919, Art. 13 Abs. 1 (früher ausführlicher Verf. 1871, Art. 2).

[2] So unsere Prozeßgesetze und das BGB. Vgl. StrPO. EinfGes. § 6; ZPO., EinfGes. §§ 14—17; BGB., EinfGes. Art. 55ff.

[3] Vgl. näher zum folgenden Strafr. II, 46ff. Eingehende gesetzliche Regelung für die Zukunft plante der Amtl. Entwurf eines Einführungsgesetzes v. 1929 §§ 7—178.

[4] Vgl. EinfGes. § 2 Abs. 2, unten S. 75 Anm. 1.

[5] Vgl. EinfGes. § 2[1]: Außer Kraft tritt das Reichs- und Landesstrafrecht, „insoweit dasselbe Materien betrifft, welche Gegenstand des StrGB. sind". Umgekehrt Abs. 2: In Kraft bleiben „die besonderen Vorschriften". Entsprechend § 5: Künftiges Landesrecht ist zulässig in „Materien, welche nicht Gegenstand des StrGB. sind".

Das Wort „Materie" ist lediglich ein Fremdwort für „Gebiete", „Gegenstände"; vgl. näher Strafr. II, S. 48. (Siehe auch RG. E. 10, 220: „Eine zusammengehörige Gruppe von Rechtsverhältnissen"; ebenso E. 42, 100.) Entscheidend ist also der Gegensatz zwischen reichsrechtlich geregeltem und nichtgeregeltem Gebiet.

[6] Zum Entw. I (Juli 1869), vgl. näher Strafr. II, 48. Die Entwürfe II (31. Dez. 1869) und III (Reichstagsvorlage, 1870) enthalten keine Begründung zum Einführungsgesetz.

[7] Bzw. älteres ergänzendes Reichsrecht (neues Reichsrecht gilt selbstverständlich nach dem Grundsatz lex posterior derogat priori).

[8] Entsprechendes gilt für älteres Reichsrecht; vgl. vorige Anm.

1. Für die einzelnen Delikte bzw. Deliktsgruppen gilt folgendes: Ausdrücklich aufrechterhalten ist das Landesrecht auf den in § 2 Abs. 2 EinfGes. zum StrGB. namentlich aufgezählten Gebieten[1]. Im übrigen ist es Auslegungsfrage der reichsrechtlichen Tatbestände und ihres Zusammenhangs, ob abschließende Regelung vorliegt oder nicht[2]. Im Zweifel ist ersteres anzunehmen[3]. Auf dem Gebiet der Übertretungen ist landesrechtliche Ergänzung in breitem Umfang zulässig[4]; aber auch hier bedarf es der Prüfung im Einzelfall[5]. Auch Vorschriften der früheren Landesstrafgesetzbücher in reichsrechtlich nicht geregelten Materien gelten evtl. fort[6].

2. Die allgemeinen Lehren vom Verbrechen[7]. Soweit das Landesrecht nichts anderes bestimmt, greift selbstverständlich das Reichsrecht durch[8].

Auf den im EinfGes. § 2 [2] aufgezählten Sondergebieten[9] sollten überkommene geschichtliche Eigentümlichkeiten (wie sie sich

[1] Heute sind danach noch gültig: Preßpolizei (vgl. RG. E. 59, 160) Steuer-, Zoll-, Fischerei-, Jagd-, Forst- und Feldpolizeigesetze sowie Gesetze betr. Holz- (Forst-) Diebstahl. Teilweise handelt es sich hier um Gebiete, die ohne solchen besonderen Vorbehalt reichsrechtlich geregelt wären (Beispiel: Forst- und Felddiebstahl sind begrifflich Diebstahl an bestimmten Orten und Gegenständen); vgl. näher Strafr. II, 50. Betr. Zoll- und Steuerrecht auch unten S. 76 Anm. 1.

[2] Hier einige Beispiele (vgl. weiter Strafr. II, 51): Aufgehoben ist das Preuß. Gesetz betr. Forstwiderstand durch StrGB. §§ 117—119; unzulässig ist ferner z. B. landesrechtliche Bestrafung uneidlicher falscher Aussage (gegenüber StrGB. §§ 153ff.), vgl. E. 42, 100ff.

Für zulässig erklärte das RG. z. B. landesrechtliche Bestrafung irreführender Reklame bei Heilmitteln (E. 47, 117), ferner z. B. Bestrafung des Konkubinats (wilde Ehe) als ärgerniserregend (E. 33, 273).

Als reichsrechtlich geregelt erklärte das RG. die Materien der Körperverletzung (E. 42, 317), des Widerstandes (E. 24, 313), des Betrugs (E. 19, 13); als nicht abschließend geregelt die Gruppen strafbarer Eigennutz (E. 37, 139) und Delikte wider die öffentliche Ordnung (E. 46, 85).

[3] So treffend RG. E. 42, 100, weil „Rechtseinheit auf dem Gebiete des Strafrechts ein Hauptzweck des StrGB. ist" (so auch bereits E. 10, 223).

[4] Deshalb konnten mehrere deutsche Staaten neben dem StrGB. besondere Polizeistrafgesetzbücher beibehalten. So Bayern, Württemberg, Baden, Hessen, Braunschweig; vgl. näher Strafr. II, 52.

[5] So auch RG. E. 10, 220; 36, 249; 49, 115; vgl. näher a. a. O. Beispiel: der Mundraub (StrGB. § 370 [5]) ist reichsrechtlich geregelte Materie.

[6] Da jene Gesetzbücher — leider — nicht reichsrechtlich aufgehoben wurden. Überwiegend (so in Bayern, Württemberg, Sachsen) erfolgte landesrechtliche Aufhebung. In Preußen nicht. Deshalb gilt hier insbes. § 270 Preuß. StrGB. v. 1851 (betr. Abhalten vom Bieten bei öffentlichen Versteigerungen) fort. So wiederholt das RG., vgl. z. B. E. 35, 393; 37, 139. — Näher zum Vorstehenden Strafr. II, 51.

[7] Dazu eingehend Strafr. II, 52—56.

[8] Ebenso wiederholt das RG., z. B. E. 37, 139; 52, 274; dazu auch EinfGes. § 3.

[9] Vgl. oben Anm. 1.

insbes. im Steuerrecht auch reichsrechtlich finden) gewahrt bleiben[1].

Im übrigen ist ausnahmslos unzulässig dem Reichsrecht widersprechendes Landesrecht. Lediglich Ergänzungen für besondere Fälle sind möglich. Ob ein Widerspruch oder eine bloße Ergänzung vorliegt, ist Auslegungsfrage. Im Zweifel ist das Reichsrecht maßgebend[2]. Für weitergehende Zulassung von Landesrecht besteht auch keinerlei berechtigtes sachliches Bedürfnis[3].

3. Für das Strafensystem gibt EinfGes. StrGB. § 6 Abs. 1 ausdrückliche reichsrechtliche Regelung: Es darf nur auf die Strafarten des Reichsrechts erkannt werden. Es darf ferner landesrechtlich „nur Gefängnis bis zu 2 Jahren, Haft, Geldstrafe, Einziehung einzelner Gegenstände und die Entziehung öffentlicher Ämter angedroht werden" (EinfGes. § 5)[4].

---

[1] Hier erklärte das RG. (vgl. näher Strafr. II, 53) insbes. für zulässig: Ausnahmen von StrGB. § 73 (Idealkonkurrenz), insbes. E. 52, 274 (dazu E. 49, 403); ferner betr. Verjährungsfristen (E. 30, 31; 31, 362); beim Forstdiebstahl Gleichstellung von Versuch und Beihilfe mit der Täterschaft (E. 39, 1).

Im Zoll- und Steuerrecht brachte die Reichsabgabenordnung v. 1919/1931 (Neufassung) in wesentlichen Punkten Einheitlichkeit (vgl. jetzt §§ 391, 395, 397/98, 403/04, 418/19); näher Strafr. II, 55.

[2] Vgl. oben S. 75, Anm. 3.

[3] Die allgemeinen Lehren vom Verbrechen bilden die Kulturgrundlagen unseres Strafrechts, indem sie die Strafbarkeit bindend begrenzen. Der Gesetzgeber von 1870 wollte und forderte Übereinstimmung des Landesrechts „mit den allgemeinen Prinzipien des Reichsrechts" (vgl. oben S. 74). Demgemäß ist auch die Landesgesetzgebung grundsätzlich verfahren (vgl. näher Strafr. II, 49, 54/55). Ebenso ein bedeutender Teil der Literatur (insbes. Berner, Binding, Hälschner, A. Merkel, v. Bar, Frank, van Calker, M. E. Mayer; vgl. näher Strafr. II, 56/57, Anm.). Ein anderer Teil der Literatur erklärt leider — lediglich gestützt auf unzutreffende dogmatische Behauptungen — die allgemeinen Lehren für reichsrechtlich nicht geregelt, also beliebige landesrechtliche Zersplitterung der Grundlagen unseres Strafrechts für zulässig (so insbes. v. Liszt; v. Liszt-Schmidt, Allfeld, Beling, Liepmann, Lobe; vgl. näher Strafr. II, 55, Anm. 4/5).

Diese verfehlte Ansicht findet sich auch (ohne Begründung) in einigen Entscheidungen des RG. Vgl. z. B. E. 2, 33; E. 39,1; E. 45, 52 (näher Strafr. II, 54, Anm. 4). Dagegen für reichsrechtliche Regelung insbes. E. 37, 40 (abschließende reichsrechtliche Regelung des Antragsrechts bei Antragsdelikten); ferner z. B. E. 10, 223 (allgemeine Bemerkung); E. 19, 13 (landesrechtliche Bestrafung von Vorbereitung zum Betrug ungültig); E. 52, 274: Grundsätzlich § 73 StrGB. maßgebend (Ausnahme betr. Zoll- und Steuerrecht). Kritik: Dasselbe muß für § 74 StrGB. gelten (verfehlt daher E. 39, 1 betr. Preuß. Lotteriegesetz; vgl. näher Strafr. II, 53, Anm.). — Widerspruchsvoll betr. Teilnahme E. 37, 139 (vgl. Strafr. II, 53/54); Verjährungsfristen kann das Landesrecht auf seinem Gebiet verkürzen, aber nicht verlängern; vgl. unten S. 183 Strafr. II, 568.

[4] Statt der Gefängnis- oder Geldstrafe — entsprechendes hat für die Haft zu gelten — kann landesrechtlich „Forst- oder Gemeindearbeit angedroht oder nachgelassen" werden (EinfGes. § 6 Abs. 2). Vgl. im Einzelnen Strafr. II, 57/59. Dazu ferner unten S. 89, Anm. 2, 5.

IV. **Ausnahmerecht**: An die Stelle des früheren Rechts des sog. Kriegszustandes[1] ist heute, „wenn im Deutschen Reiche die öffentliche Sicherheit und Ordnung erheblich gestört oder gefährdet wird", die „reichsverfassungsmäßige Diktaturgewalt"[2] des Reichspräsidenten auf Grund des Art. 48 der Verfassung getreten[3]. Der Reichspräsident hat dann ein nach Tatbestand und Strafe unbeschränktes Strafverordnungsrecht[4], er darf auch Sondergerichte zur Aburteilung von Verbrechen einsetzen[5]. Die gleiche Befugnis, aber nur zu einstweiligen Maßnahmen[6], haben bei Gefahr im Verzuge die Landesregierungen[7].

Im Kriege erweitert sich das Anwendungsgebiet des Militärstrafgesetzbuchs[8]. Ferner übt dann im militärisch besetzten feindlichen Gebiet die besetzende Macht an Stelle der eigenen die Staatsgewalt einschließlich der Strafgewalt aus[9].

§ 21. Zeitliche Geltung.

I. Über das Inkrafttreten des StrGB. vgl. oben S. 43. Sonstige Reichsgesetze treten gemäß Verf. Art. 71[10] mangels anderweiter Bestim-

---

[1] Verf. v. 1871 Art. 68; EinfGes. StrGB. § 4. Dazu Preuß. Ges. üb. Belagerungszustand v. 1851 (für Bayern Ges. v. 5. Nov. 1912). Näher Strafr. II, 59. Dieser frühere Rechtszustand (einschließlich des Landesrechts) hat heute nur noch geschichtliche Bedeutung. Vgl. auch RG. E. 55, 117/19; E. 56, 188/90.

Möglich aber bleibt es naturgemäß, daß der Reichspräsident bei Ausübung seines Verordnungsrechts (Art. 48) auf jenen früheren Rechtszustand ganz oder teilweise zurückgreift. Vgl. neuestens Verordg. v. 20. Juli 1932 (RGBl. I, 377).

[2] So RG. E. 59, 187; vgl. auch E. 56, 189 („nahezu unbeschränkte, diktatorische Gewalt"). Näher über diesen Rechtszustand Strafr. II, 60/61.

[3] Die Maßnahmen des Präsidenten sind auf Verlangen des Reichstags außer Kraft zu setzen.

[4] So die zweifellose Praxis (Präsident Ebert drohte wiederholt die Todesstrafe an; soeben auch Hindenburg, Verordg. v. 9. Aug. 1932, RGBl. I, 403); ebenso das Reichsgericht (E. 55, 115ff.; 56, 161ff.; 56, 188/90; 59, 185ff.) wie die herrschende Ansicht in der Literatur. Gebunden ist der Präsident an den Grundsatz nullum crimen, nulla poena sine lege (Verf. Art. 116, oben S. 71); vgl. auch E. 56, 163.

[5] Geschehen unter Präsident Ebert; dazu RG. E. 56, 163ff.; 56, 189; mein Referat Z. 42, 498. — Jetzt Verordg. v. 9. Aug. 1932 (RGBl. I, 404).

[6] Danach nicht zur Androhung der Todesstrafe.

[7] Hier als „Organ des Reichs"; vgl. E. 59, 189 („räumlich begrenztes Reichsrecht", daher die Möglichkeit, ändernd in Reichsrecht einzugreifen). Diese Maßnahmen sind auf Verlangen des Reichstags oder Reichspräsidenten außer Kraft zu setzen.

[8] 1872, jetzt 16. Juni 1926 §§ 151—161. Beispiel: § 155: Alle beim kriegführenden Heere sich aufhaltenden Personen unterliegen dem MilStrGB.; vgl. auch unten § 76 II (Landesverrat) Nr. 1, d, Anm.

[9] Vgl. Haager Landkriegsordnung 1907, Art. 43; dazu näher meine Arbeit über Strafverfolgung deutscher Fabrikanten im besetzten Gebiet, in Niemeyer, Z. f. intern. Recht 27, 1919, S. 186ff., 200ff. Siehe Strafr. II, 61/62.

[10] Früher Art. 2. Ebenso Preußen, früher Ges. v. 16. Febr. 1874, jetzt Verf. 1920, Art. 61.

mung 14 Tage nach Ausgabe der betr. Nummer des Reichsgesetzblattes in Kraft. Möglich ist es, daß ein Strafgesetz sein Inkrafttreten bereits mit der Verkündung anordnet[1]; unzulässig, daß es sich rückwirkende Kraft beilegt[2].

II. Außer Kraft treten Strafgesetze durch Aufhebung, ferner mit Ablauf der gesetzlichen Geltungsdauer[3], bei anderweiter Regelung des betr. Gebiets durch neues Gesetz[4], evtl. bei Beseitigung durch Gewohnheitsrecht[5].

III. Bei Verschiedenheit der Gesetze zwischen Begehung und Aburteilung der Tat „ist das mildeste Gesetz anzuwenden" (StrGB. § 2 Abs. 2).

Neues, milderes Recht also hat ausnahmsweise rückwirkende Kraft, nicht als Geschenk für den Verbrecher, sondern im öffentlichen Interesse[6]: Damit angesichts veränderter Rechtsanschauung nicht Reste einer überwundenen Auffassung noch in die Gegenwart hineinragen[7]. Dies gilt naturgemäß erst recht, wenn die Tat infolge veränderter Rechtsauffassung zur Zeit der Aburteilung straflos ist[8].

Anders bei Gesetzen zur Bekämpfung lediglich vorübergehender Gefahren[9]. Sie sind auch nach Ablauf der Geltungsdauer bzw. der Gefahrlage auf die früher begangenen Handlungen anzuwenden. Denn hier hat sich nicht die Rechtsauffassung über die Strafbarkeit geändert, sondern nur die tatsächlichen Verhältnisse sind andere geworden[10]. Bei

---

[1] Feststehende Rechtsprechung des RG.; vgl. E. 57, 49; 57, 405. Dieses geschah häufig in den Kriegsnotzeiten. Sachlich zu rechtfertigen ist es nur bei zwingendem staatlichem Bedürfnis, sonst verwerflich, weil evtl. Kenntnis des Gesetzes zur Zeit der Tat unmöglich war. Näher Strafr. II, 62/63.

[2] Weil Verstoß gegen Verf. Art. 116 (StrGB. § 2[1], nullum crimen sine lege); vgl. oben S. 71. Bei Zweifel, ob die Tat vor oder nach Inkrafttreten des Gesetzes begangen wurde, ist freizusprechen; vgl. E. 57, 50.

[3] Politisch wichtige Beispiele: Sozialistengesetz (1878—1890) und Republikschutzgesetz (1922—1929; jetzt neues Gesetz 25. März 1930). Vgl. näher Strafr. II, 63. Häufiger ist dieser Fall bei Gesetzen gegen vorübergehende Gefahren (Seuchenbekämpfung usw.).

[4] lex posterior derogat priori; vgl. oben S. 73.

[5] desuetudo; vgl. oben S. 72.

[6] So auch RG. E. 57, 209; 61, 134/35; näher Strafr. II, 64.

[7] Und zwar evtl. lange Jahre; vgl. die Verjährungsfristen (dazu die Möglichkeit der Unterbrechung der Verjährung).

[8] Herrschende Ansicht; vgl. auch E. 61, 134/35. Unzutreffend war es danach, wenn das RG. das Sozialistengesetz (E. 21, 294) und das Republikschutzgesetz (E. 63, 244) auch nach Außerkrafttreten noch auf frühere Handlungen für anwendbar erklärte; vgl. näher Strafr. II, 65.

[9] Beispiele: Vorübergehende Seuchenbekämpfung; Verordnungen des Reichspräsidenten gegen vorübergehende Gefahren auf Grund Verf. Art. 48 (vgl. auch RG. unten Anm. 10). Näher Strafr. II, 66.

[10] Herrschende Ansicht. Auch ständig das RG.; vgl. E. 56, 415; 56, 425; 57, 209; 61, 134/35. Mißverständlich ist dabei das öfters auftretende Wort „Zeitgesetze". Nicht darauf kommt es an, ob das Gesetz für festbestimmte Zeit erlassen

anderweiter Entscheidung würden solche Gesetze auch praktisch zum guten Teil wirkungslos werden.

Außer Betracht müssen etwaige mildeste Zwischengesetze bleiben. Denn sie sind vom staatlichen Standpunkt erledigte Dinge. Für die staatliche Bewertung der Tat kann nur das Recht zur Zeit der Begehung und der Aburteilung in Betracht kommen[1].

Zur Feststellung des „mildesten" Gesetzes genügt nicht der Vergleich der Strafdrohungen; vielmehr ist dasjenige Gesetz anzuwenden, das im vorliegenden Einzelfall die mildeste Beurteilung ermöglicht[2].

§ 22. Räumliche Geltung. Auslieferung.

I. Bei der räumlichen Geltung des Gesetzes handelt es sich um die Strafbarkeit im Inland bzw. im Ausland begangener Delikte[3].

Recht und Pflicht des Staates ist hier zunächst die Wahrung der Rechtssicherheit auf seinem eigenen Gebiet (sog. Territorialitätsprinzip). Demgemäß findet das StrGB. Anwendung auf alle im Gebiet des Reichs[4] begangenen strafbaren Handlungen, auch wenn der Täter ein Ausländer ist (StrGB. § 3).

---

wurde, sondern lediglich, aus welchem Grunde es außer Kraft trat, wegen veränderter Rechtsanschauung oder wegen veränderter tatsächlicher Verhältnisse. Treffen beide Gründe zu, so greift der Grundsatz des § 2² StrGB. durch; vgl. näher Strafr. II, 67.

[1] Die Literatur erklärt überwiegend, entsprechend einer verfehlten Bemerkung der Motive, auch mildeste Zwischengesetze für anwendbar. Es handelt sich aber hier um kein Verbrecherprivileg, sondern um öffentliche Interessen; vgl. näher Strafr. II, 67.

[2] So auch die Literatur, wie in „ständiger Rechtsprechung" das RG.; vgl. insbes. E. 57, 121; 61, 134/35; auch E. 63, 68. Näher Strafr. II, 68.

Bei sog. Distanzverbrechen (vgl. unten § 31, III) ist der Augenblick der Tätigkeit, nicht der des Erfolges, maßgebend.

Über die Entwürfe, die sich wesentlich in den Bahnen des heutigen Rechts und der vorausgehenden Darstellung bewegen, vgl. näher Strafr. II, 68/69.

[3] Die Wissenschaft hat diese Fragen vielfach vergleichend und bewertend als sog. „internationales Strafrecht" behandelt. Positivrechtlich aber handelt es sich um Rechte der einzelnen Staaten, für uns also um Deutsches Recht; vgl. dazu näher, auch kritisch und über Literatur, Strafr. II, 69/71.

[4] Zum Reichsgebiet gehören völkerrechtlich auch die Küstengewässer, ferner Staatsschiffe, insbes. Kriegsschiffe; andere deutsche Schiffe auf offener See (vgl. RG. E. 23, 266; 50, 220; auch E. 2, 17); entsprechendes gilt für Luftfahrzeuge. — Evtl. Amtsgebäude auf fremdem Staatsgebiet (z. B. Zollstellen betr. Zolldelikte, vgl. E. 13, 410; 48, 28; 57, 62). Dazu kommen unsere Konsulargerichtsbezirke (für Reichsangehörige und Schutzgenossen), ferner früher unsere Kolonien (vgl. E. 44, 403). Delikte, im abgetretenen deutschen Gebiet vor der Abtretung begangen, bleiben Inlandsdelikte (E. 55, 267). Gesandtschaftsgebäude gehören strafrechtlich zu dem Staat, in dessen Gebiet sie liegen (E. 3, 71).

Aburteilung auf Grund Deutschen Landesstrafrechts ist nur innerhalb des betr. Landes möglich; E. 1, 222; E. 50, 20.

Näher zum Vorstehenden Strafr. II, 72/73.

Eine teils im Ausland, teils im Inland begangene Handlung (sog. Distanzverbrechen) ist strafrechtlich Inlandsdelikt[1]. So insbes. auch ausländische Teilnahme an inländischer Tat[2] und umgekehrt[3].

II. Wegen der im Auslande begangenen Verbrechen und Vergehen[4] findet in der Regel keine Verfolgung statt" (StrGB. § 4 Abs. 1). Jedoch „kann"[5] Verfolgung eintreten in den nachstehend (StrGB. § 4 Nr. 1 bis 3) bezeichneten Fällen:

1. In § 4 Nr. 1, 2 StrGB. handelt es sich um den Schutz deutscher Interessen gegen Angriffe aus dem Ausland (sog. Schutzprinzip oder Prinzip der beteiligten Rechtsordnung). Dieser Schutz beschränkt sich auf Hochverrat, Münzverbrechen, Amtsdelikte (§ 4¹) und Landesverrat (§ 4²)[6].

2. § 4 Nr. 3 StrGB. gestattet, darüber hinausgehend, die Bestrafung des im Ausland handelnden Deutschen, wenn die Tat nach deutschem Recht Verbrechen oder Vergehen und durch die Gesetze des Begehungsorts mit Strafe bedroht ist. Solche weitergehende Bestrafung des Inländers wegen wichtigerer Auslandsdelikte (sog. Personalitätsprinzip[7]) ist deshalb erforderlich[8], weil der Inländer nicht ausgeliefert werden darf (vgl. StrGB. § 9; Verf. Art. 112³)[9]. Die Bestrafung erfolgt hier also in erster Linie im Interesse des Auslandes[10]. Dieser geistige Zusammenhang kommt weiter in den Einschränkungen der §§ 4 Nr. 3 Abs. 2, § 5 StrGB. zum Ausdruck[11].

---

[1] Herrschende Ansicht (auch im Ausland); so auch RG.; vgl. eingehend meine Arbeit Z. 37, 1916, S. 13ff. Über Distanzverbrechen näher unten § 31.

[2] Vgl. RG. E. 11, 20; 13, 337; 19, 147; 20, 169; 25, 424. [3] Vgl. E. 9, 10.

[4] Bei Übertretungen tritt Strafbarkeit nur ein, „wenn dies durch besondere Gesetze oder Verträge angeordnet ist" (StrGB. § 6); vgl. näher Strafr. II, 73.

[5] Maßgebend ist also das Ermessen der Staatsanwaltschaft im Einzelfalle; dazu RG. E. 15, 222; 44, 119. Näher Strafr. II, 73/74.

[6] Beim Landesverrat (§ 4 Nr. 2) wird verfehlterweise verlangt, daß der Täter Deutscher ist; zur Kritik vgl. Strafr. II, 74, Anm. 6.

Ergänzungen brachten einige Nebengesetze: Zu § 4 Nr. 1: Sprengstoffgesetz, 1884, § 12; Sklavenraubgesetz, 1895, § 5; Republikschutzgesetz, 1922, jetzt 1930, § 7; zu Nr. 2: Spionagegesetz, 1914, § 16²; weitere Fälle vgl. Strafr. II, 75.

Diese ganze Regelung unseres heutigen Rechts ist viel zu eng und ängstlich. Erforderlich ist grundsätzlicher und allgemeiner Schutz wichtiger deutscher Interessen gegen im Ausland tätige Verbrecher (vgl. auch Reichsverfassung Art. 112 Abs. 2). Erweiterungen bringen unsere Entwürfe. Vgl. näher, auch zur Kritik, Strafr. II, 75, 81. [7] Ein wenig glücklicher Ausdruck.

[8] Denn sonst wäre das Ergebnis, daß jeder Staat sein schweres Verbrechertum auf das Ausland verwiese und es straflos heimkehren ließe; vgl. näher Strafr. II, 71.

[9] Die Nicht-Auslieferung des Inländers ist allgemeines kontinental-europäisches Recht; anders das Englisch-Amerikanische Gebiet; näher Strafr. II, 76.

[10] Mittelbar zugleich im deutschen Interesse; vgl. oben Anm. 8.

[11] § 4 Nr. 3 Abs. 2: Beim sog. Neubürger (der zur Zeit der Tat Ausländer war, jetzt aber Deutscher ist) ist Strafantrag des Auslands erforderlich und das dortige Recht anzuwenden, soweit es milder ist.

§ 5 StrGB.: Ausschluß der Strafbarkeit 1. Wenn im Ausland Frei-

Begeht der Deutsche die Handlung auf staatenlosem Gebiet, so ist er strafbar[1].

Schiffsbesatzungen unterliegen dem Recht des Schiffes[2], auch wenn sie dieses auf staatenlosem Gebiet zeitweilig verlassen[3].

III. „Eine im Ausland vollzogene Strafe ist, wenn wegen derselben Handlung im Gebiete des Deutschen Reiches abermals eine Verurteilung erfolgt, auf die zu erkennende Strafe in Anrechnung zu bringen" (StrGB. § 7)[4].

IV. **Auslieferung**[5]: Bei der Auslieferung handelt es sich nicht um materielles Strafrecht, sondern um Strafprozeßrecht (internationale Rechtshilfe). Maßgebend dafür sind gegenüber den Vertragsstaaten unsere Auslieferungsverträge[6], im übrigen jetzt das neue deutsche Auslieferungsgesetz vom 23. Dezember 1929 (RGBl. I, 239ff.). Danach „kann" Auslieferung auf Antrag grundsätzlich erfolgen, wenn die Tat nach deutschem Rechte Verbrechen oder Vergehen ist (§ 2 1)[7].

Die Auslieferung vom Ausland nach Deutschland ermöglicht uns evtl. die Durchführung des Prozesses im Einzelfalle; für unser materielles Strafrecht ist sie im übrigen bedeutungslos. Die Auslieferung von Deutschland an das Ausland kann möglicherweise im Einzelfalle eine Bestrafung im Inland entbehrlich machen. Weiter reicht ihre Bedeutung für unser Recht nicht. Ausreichender Schutz deutscher Interessen gegen Angriffe aus dem Ausland bleibt daher selbständige und wichtige Aufgabe unseres materiellen Strafrechts[8].

---

sprechung oder Strafvollstreckung erfolgte; dazu RG. E. 16, 319. — 2. Wenn nach ausländischem Recht Verjährung (dazu E. 22, 341) oder Straferlaß eintrat. — 3. Wenn der nach ausländischem Recht erforderliche Strafantrag fehlt (dazu E. 44, 433).

Näher zum Vorstehenden Strafr. II, 76/77.

[1] So jetzt noch Konsulargerichtsbarkeitsgesetz v. 1900, § 77. Früher streitig; vgl. näher Strafr. II, 77.

[2] Vgl. oben S. 79, Anm. 4.

[3] Näher Strafr. II, 77/78. Es kommen hier also die §§ 3, 4 StrGB. in vollem Umfang zur Anwendung, je nachdem das Schiff inländisch oder ausländisch ist.

[4] Dazu über teilweise Anrechnung E. 35, 41; näher Strafr. II, 78.

[5] Vgl. darüber (auch betr. Literatur und Kritik) näher Strafr. II, 78/80.

[6] Sie begrenzen die Auslieferungspflicht auf die in ihnen bezeichneten Delikte; ausgenommen regelmäßig politische Delikte; umfassende Sammlung neuestens Honig: Die Rechtshilfe des Deutschen Reichs, 1932.

[7] Ausgenommen sind: Militärdelikte und bloße Geldstrafendrohungen (§ 2 2); politische und mit solchen zusammenhängende Delikte (§ 3); unzulässig ist ferner Auslieferung (§ 4): Mangels verbürgter Gegenseitigkeit; bei Unzulässigkeit der Verfolgung bzw. Vollstreckung nach deutschem Recht; wenn die deutschen Gerichte geurteilt oder die Eröffnung des Hauptverfahrens abgelehnt haben. — Genau geregelt wird das Auslieferungsverfahren.

[8] Vgl. oben S. 80 Anm. 6 Abs. 3; näher Strafr. II, 80.

§ 23. Persönliche Geltung.

Dem Strafgesetz ist innerhalb der Schranken seiner zeitlichen und räumlichen Geltung grundsätzlich Jeder unterworfen. Es gibt aber Personen, die aus völkerrechtlichen oder staatsrechtlichen Gründen befreit sind, teils materiell-rechtlich (sog. persönlicher Strafausschließungsgrund)[1], teils wenigstens prozessual (Prozeßhindernis, sog. negative Prozeßvoraussetzung)[2].

I. Aus völkerrechtlichen Gründen[3] sind materiell-rechtlich befreit:

1. Fremde Staatshäupter (Monarchen, Regenten, Präsidenten fremder Republiken; auch der Papst), einschließlich der sie begleitenden Familienmitglieder und des Gefolges[4].

2. Die beim Deutschen Reich beglaubigten Gesandtschaftspersonen („Chefs und Mitglieder", vgl. GVG. § 18 Abs. 1)[5] einschließlich Familienmitgliedern, Geschäftspersonal und Bediensteten[6]. Auch hier handelt es sich um materielle Befreiung[7].

3. Gleiches gilt für fremde Truppenkörper, die sich in heimischem Dienst und mit deutscher Zustimmung auf deutschem Boden befinden[8].

4. Konsuln sind — materiell wie prozessual — dem deutschen Strafrecht unterworfen, falls nicht vertragsmäßig anderes bestimmt ist (GVG. § 21)[9].

5. Lediglich prozessual und auf Zeit befreit sind evtl. ausländische politische Agenten[10]. Ferner aus dem Ausland geladene

---

[1] Die Tat bleibt rechtswidrig (daher z. B. Notwehr zulässig, Teilnahme Dritter strafbar). Dieser Täter aber ist straflos; vgl. unten S. 149.

[2] Hier bleibt die Strafbarkeit bestehen, bei Wegfall des Prozeßhindernisses ist auch der Prozeß durchführbar; näher Strafr. II, 81/82 (auch betr. Literatur).

[3] Man spricht hier von Exterritorialität. Der Ausdruck umfaßt aber sowohl materielle als prozessuale Befreiungen.

[4] Vgl. näher Strafr. II, 82.

[5] Ausnahme: Wenn sie „Staatsangehörige eines der deutschen Länder sind". Dann Befreiung nur bei Verzicht dieses Landes.

[6] Soweit letztere nicht Deutsche sind; GVG. § 19.

[7] In neuerer Zeit mit doktrinär-dogmatischer Begründung teilweise bestritten; vgl. näher Strafr. II, 82/83. Zutreffend RGR. X, 85 (insoweit unzutreffend, aber nicht diesen Fall behandelnd, E. 52, 167).

Lediglich prozessual (von der Gerichtsbarkeit dieses Landes) befreit sind die bei einem deutschen Lande beglaubigten Gesandtschaftspersonen (GVG. § 18 Abs. 2, § 19); näher Strafr. II, 84.

[8] Beispiel: Unsere Bundesgenossen im Weltkriege. Vgl. auch RG. E. 52, 168. Anders das in Görlitz internierte griechische Armeekorps; E. 52, 167; dazu Strafr. II, 85.

[9] Dazu RGR. X, 83ff.; Strafr. II, 84.

[10] D. h. Personen, die sich in Erledigung amtlicher internationaler Geschäfte unter Anerkennung ihrer Tätigkeit seitens des Empfangsstaats im Inland befinden. Die Frage bedarf näherer Prüfung im Einzelfalle; dazu Strafr. II, 84.

Zeugen; endlich Ausgelieferte zum Schutz gegen anderweite Verfolgung[1].

II. Aus staatsrechtlichen Gründen sind materiell befreit:

1. Früher der Kaiser, die deutschen Landesherren und Regenten[2]. Dagegen besteht heute beim Reichspräsidenten nur eine prozessuale Einschränkung[3].

2. Reichstags- und Landtagsmitglieder hinsichtlich ihrer Abstimmungen und beruflichen Äußerungen[4]. Die weitergehende Befreiung von Verfolgung während der Sitzungsperiode ist lediglich prozessual[5].

3. Letzteres gilt auch für Gesandte bei deutschen Einzelstaaten wie für die nichtpreußischen Mitglieder des Reichsrats (früher Bundesrats)[6].

III. Für Militärpersonen gelten die allgemeinen Strafgesetze, soweit es sich nicht um militärische Verbrechen oder Vergehen handelt[7].

Kapitel II.

Begriff und Einteilungen des Verbrechens.

§ 24. Der Begriff des Verbrechens.

I. Die Aufstellung allgemein zutreffender Merkmale jedes Verbrechens, d. h. jeder strafbaren Handlung[8], setzt bereits eine beträchtliche Höhe wissenschaftlicher Entwicklung voraus. Bei CARPZOW[9] fehlt diese noch; ein Jahrhundert später, bei BÖHMER, ist sie erreicht[10].

II. Heute ist festzustellen: Rein formal läßt sich das Verbrechen kennzeichnen als der Tatbestand, an den der Staat die öffentliche Strafe als Folge knüpft.

Wann letzteres geschieht, ist nicht begrifflich bestimmbar[11]. Denn darüber entscheiden die praktischen Bedürfnisse des Rechtsgüterschutzes[12]. Wohl aber läßt sich der unter Strafe gestellte Tatbestand

[1] Vgl. RG. E. 41, 275 (am Schluß); auch bereits E. 29, 270; 34, 385; 37, 88.

[2] Vgl. Strafr. II, 85. [3] Zustimmung des Reichstags; Verf. Art. 43 [3].

[4] Früher Verf. Art. 30, StrGB. § 11; heute Verf. Art. 36. Näher Strafr. II. 85.

[5] Früher Verf. Art. 31; heute Art. 37. Für Zwischenzeiten: Ges. v. 22. Mai 1926 (RGBl. S. 243, betr. Präsidenten, Stellvertreter, Ausschußmitglieder).

[6] GVG. § 18 [2]. [7] StrGB. § 10; MilitStrGB., jetzt 1926, §§ 3, 4.

[8] Vgl. oben S. 2, Anm. 3. [9] Vgl. oben S. 34.

[10] Vgl. oben S. 36. — Treffend erscheinen bei BÖHMER als die Merkmale des Verbrechens: freie Handlung (Tun oder Unterlassen), Rechtswidrigkeit, Schuld, Strafbarkeit. Vgl. näher, auch über die folgende Entwicklung, Strafr. II, 86/87.

[11] Mehrfache Versuche in dieser Richtung mußten daher scheitern. Vgl. darüber näher Strafr. II, 89/92. (Insbes. BELING; auch M. E. MAYER, SAUER, MITTERMAIER.) Ferner oben S. 6.

[12] Vgl. oben S. 6.

inhaltlich abschließend kennzeichnen: Verbrechen ist das mit Strafe bedrohte Unrecht, d. h. menschliche Handlung (Tun oder Unterlassen), die sachlich in rechtlich geschütztes fremdes Machtgebiet eingreift[1], also objektiv rechtswidrig ist. Zu diesen beiden begriffsnotwendigen Merkmalen allen Unrechts tritt auf höherer Kulturstufe, daher grundsätzlich heute, das weitere subjektive Erfordernis der Schuld. Dann liegt in dem Merkmal der Rechtswidrigkeit das Unwerturteil über die Tat, in dem der Schuld das über den Täter[2].

Zusammenfassend ergibt sich daraus die übliche Begriffsbestimmung des Verbrechens als rechtswidrige, schuldhafte, vom Staate mit Strafe bedrohte Handlung. Kürzer: als schuldhaftes, strafbares Unrecht[3].

III. Die obigen drei sachlichen Merkmale (Handlung, Rechtswidrigkeit, Schuld) bezeichnet man als den sog. allgemeinen Tatbestand des Verbrechens im Gegensatz zum besonderen Tatbestand des einzelnen Delikts (z. B. der Tötung, des Diebstahls usw.). Fehlt eines jener drei Merkmale, so ist ein Verbrechen nicht vorhanden.

Man unterscheidet weiter den sog. objektiven Tatbestand vom subjektiven. Den objektiven Tatbestand bilden dann sämtliche Deliktsmerkmale (einschließlich Handlung und Rechtswidrigkeit) im Gegensatz zur Schuld des Täters. Letztere, also die seelische Beziehung des Täters zur Tat, stellt den subjektiven Tatbestand dar.

IV. Aus der Begriffsbestimmung des Verbrechens ergibt sich zugleich der Aufbau der folgenden Darstellung[4]: Zunächst sind die grundlegenden Begriffsmerkmale zu behandeln und zwar in der oben gekennzeichneten, logischen Reihenfolge: Handlung, Rechtswidrigkeit, Schuld. Daran hat sich ein Kapitel über Strafbarkeit zu schließen. Hiermit ist die Darstellung erledigt für den grundlegenden Fall der Begehung eines vollendeten Delikts durch einen einzelnen Täter. Als eigenartige Erscheinungsformen haben sich anzureihen: Versuch und Vorbereitung; Beteiligung Mehrerer; Einheit und Mehrheit der Verbrechen. An den Schluß tritt der Wegfall

[1] Vgl. oben S. 1, 6. [2] So treffend v. LISZT S. 111.

[3] Vgl. näher Strafr. II, 87/89, 93: Seit BELING (Das Verbrechen, 1906 usw.) wird vielfach als Begriffsmerkmal die sog. „Tatbestandsmäßigkeit“ hinzugefügt. Das ist nicht unrichtig, aber entbehrlich. Denn daß die Tat unter einen gesetzlichen Deliktstatbestand fallen muß, folgt bereits aus dem Grundsatz nullum crimen sine lege (oben S. 71) und kommt auch in dem Merkmal „mit Strafe bedrohte Handlung“ zum Ausdruck.

Überdies ist das Wort „tatbestandsmäßig“ mehrdeutig. Es kann alle (auch die allgemeinen) Verbrechensmerkmale umfassen; ebenso nur die Merkmale des einzelnen Deliktstatbestandes. So werde ich es gelegentlich verwerten. Noch enger faßt es BELING (nur die von der Schuld umfaßten besonderen Deliktsmerkmale). Näher dazu Strafr. II, 90/91. Über eine neue, schwere Entgleisung dieser Lehre vgl. unten S. 99, Anm. 6.

[4] Vgl. Strafr. II, 94.

der Strafe durch Verjährung und Begnadigung. Ein so geordnetes System stellt zugleich dem Leser wie dem Richter die in jedem Einzelfalle zu lösende Aufgabe schon in der Reihenfolge seiner Darstellung vor Augen. Das ist wichtig für scharfe Theorie und richtige Praxis.

§ 25. Verbrechen, Vergehen, Übertretungen.

I. Das ältere deutsche Recht zeigt eine Einteilung der Verbrechen in leichtere und schwerere, die Carolina unterscheidet peinliche und bürgerliche Fälle. Im gemeinen Recht wird, anschließend an die Italiener, eine Dreiteilung in delicta levia, atrocia und atrocissima üblich, die aber mit dem Schwinden der Leibes- und Lebensstrafen ihren bisherigen Inhalt verliert. Das Preußische Landrecht spricht einheitlich von „Verbrechen".

Für die weitere Entwicklung entscheidend wird die Dreiteilung des französischen Rechts in crimes, délits und contraventions, Verbrechen, Vergehen, Übertretungen, nach der Höhe der angedrohten Strafe[1].

II. Nach StrGB. § 1 ist Verbrechen eine mit dem Tode, mit Zuchthaus oder mit Festungshaft über 5 Jahre bedrohte Handlung; Vergehen eine mit Festung bis 5 Jahre, mit Gefängnis oder mit Geldstrafe über 150 M.[2], Übertretung eine mit Haft oder Geldstrafe bis 150 M. bedrohte Handlung.

Das Gesetz behandelt die Verbrechen und Vergehen gemeinsam (StrGB. §§ 80—359)[3], die Übertretungen in einem besonderen Abschnitt (StrGB. §§ 360—370)[4].

III. Zur näheren Durchführung der Dreiteilung ist hervorzuheben:

1. Maßgebend ist die angedrohte, nicht die im Einzelfall erkannte Strafe; und zwar die angedrohte höchste Strafe[5].

2. Daraus folgt weiter: bloße Milderungen des Strafrahmens, insbes. durch Zulassung mildernder Umstände, bleiben außer Betracht. Veränderungen der einzelnen Deliktstatbestände mit

[1] Im Ausland besteht ebenfalls vielfach die Dreiteilung, öfters aber auch eine Zweiteilung in schwerere Delikte und Übertretungen. Vgl. zum Vorstehenden näher Strafr. II, 94/95.

[2] Bzw. mit Geldstrafe ohne Höchstbetrag; vgl. oben S. 73, Anm. 2/4.; unten § 101 (Geldstrafe).

[3] Als Unterschiede in der Behandlung beider Gruppen vgl.: StrGB. §§ 27b; 43 [2]; 49a; 67; 126, 151, 241.

[4] Hier mehrfache Milderungen: Vgl. §§ 6; 27, 27b, 29; 40; 43, 49, 257; 67 [4], 70 [6]; 77; 240. Fahrlässigkeit unten § 42, VII. Insgesamt unten § 94.

Im Strafprozeß ist die Dreiteilung, abweichend von Frankreich, nur teilweise zum Maßstab der Zuständigkeit der Gerichte geworden; vgl. näher Strafr. II, 96.

[5] Beispiel: Beleidigung (§ 185) ist Vergehen, auch wenn nicht auf Gefängnis, sondern auf Haft oder Geldstrafe erkannt wurde.

hinzutretender eigener Strafdrohung dagegen sind im Sinne der Dreiteilung als besondere Delikte zu behandeln[1].

3. Abweichend vom System des StrGB. drohen insbes. Zoll- und Steuergesetze öfters Geldstrafe in Gestalt eines Vielfachen des hinterzogenen Betrages an. Nach herrschender Ansicht[2] ist dann das zulässige Höchstmaß im Einzelfalle maßgebend. Eine Minderheit nimmt stets Vergehen an, läßt also das nach dem betr. Deliktstatbestand mögliche Höchstmaß entscheiden[3]. Hierfür spricht entscheidend, daß es sich stets um dasselbe Delikt handelt.

IV. Die heutige Dreiteilung wurde in der Literatur vielfach bekämpft[4], regelmäßig mit der Forderung einer Zweiteilung in schwerere Delikte und Übertretungen.

Letztere aber ist genau so „willkürlich", wie angeblich die Dreiteilung. Denn beide beruhen auf demselben Einteilungsmaßstab, auf der Höhe der für ein bestimmtes Delikt gesetzlich angedrohten Strafe. In Wahrheit ist dieser Maßstab keineswegs willkürlich, sondern er folgt aus der Aufgabe des Gesetzgebers, aus der angemessenen sozialen Bewertung der Delikte nach ihrer Strafwürdigkeit. Diese Bewertung tritt damit zugleich den Gerichten wie den Untertanen vor Augen, an die sich die Strafgesetze richten[5]. Es gibt auch keinen anderen Maßstab, der den gleichen Zweck erfüllen könnte[6]. Die Preisgabe der Unterscheidung von Verbrechen und Vergehen aber wäre für Deutschland, wo sie seit lange eingebürgert ist, kein Fortschritt, sondern ein Rückschritt in der Individualisierung[7]. Es ist daher zu begrüßen, daß die Entwürfe die Dreiteilung beibehalten haben.

§ 26. Verletzung, Gefährdung. Polizeidelikt. Verwaltungsdelikt.

I. Seit BINDING[8] unterscheidet man Verletzungs-, Gefährdungs- und sog. Ungehorsamsdelikte.

---

[1] So ist z. B. einfacher Diebstahl (§ 242) Vergehen, schwerer (§ 243) Verbrechen, Notdiebstahl (§ 248a) Vergehen, Mundraub (§ 370[5]) Übertretung.

Der obige Text entspricht der herrschenden Ansicht (die üblichen Fassungen aber sind minder scharf); vgl. näher Strafr. II, 96/97.

[2] So insbes. RG. E. 42, 397; näher Strafr. II, 97/98.

[3] So BINDING, Handb. I, 515; FRANK, § 1 I 3; M. E. MAYER, S. 18; FINGER, S. 126.

[4] Vgl. darüber, auch kritisch, näher Strafr. II, 98/99.

[5] Vgl. oben S. 4.

[6] Denn es gibt keine allgemeinen Begriffsmerkmale, die etwa allen schweren oder allen geringfügigen Delikten gemeinsam wären; vgl. unten S. 88.

[7] Vgl. näher Strafr. II, 99. Was wir brauchen, ist möglichst zweckmäßige Abgrenzung und Behandlung der Übertretungen als Bagatellstrafrecht; vgl. das Folgende (§ 26), siehe auch unten § 94.

[8] Normen, 1. Aufl., 1872, S. 187ff.; 2. Aufl. I, 1890, 364ff.; Handb. I, 1885, 167ff. Zur Kritik der Normentheorie vgl. oben S. 4.

Das (vollendete) Verletzungsdelikt erfordert begrifflich schädigenden Eingriff in das rechtlich geschützte Interesse[1]. So die große Mehrzahl der schwereren Delikte, aber auch manche Übertretungen[2].

Um die Verletzung zu verhüten, straft der Gesetzgeber unter Umständen bereits die Gefährdung des betr. Rechtsguts, d. h. die Herbeiführung eines Zustandes (Gefahr), der für verständiges Urteil zur Zeit der Tat den Eintritt der Verletzung wahrscheinlich macht. Dabei sind konkrete und abstrakte Gefährdungsdelikte zu unterscheiden.

Das konkrete Gefährdungsdelikt verlangt zur Vollendung den Eintritt der Gefahr im Einzelfalle[3].

Beim abstrakten (generellen) Gefährdungsdelikt handelt es sich um Tatbestände, die nicht notwendig im Einzelfalle, wohl aber als Massenerscheinung Gefahr bedeuten und deshalb nicht geduldet werden können[4]. Man spricht hier auch — mit BINDING — von sog. Ungehorsamsdelikten. Hierher gehören ein großer Teil der Übertretungen, aber auch schwerere Delikte[5].

Der Wert der vorstehenden Einteilung liegt in scharfer Erfassung der Bedürfnisse des Rechtsgüterschutzes nach Art und Umfang[6]. Auch wichtige Fragen des allgemeinen Teils führen auf den Begriff der Gefährdung zurück[7].

II. Seit FEUERBACH durchzieht unsere Wissenschaft ein vergeblicher Streit um Abgrenzung des sog. „Polizeidelikts" (polizeiliches Un-

---

[1] Z. B. Tötung, Körperverletzung, Sachbeschädigung usw.

[2] Beispiele: StrGB. §§ 368 [11], 370 [1, 4, 5, 6].

[3] Beispiele: Zweikampf (§§ 201ff.), Überschwemmung (§§ 312—314, hier Gemeingefahr); dazu über Gefährdungsvorsatz unten § 40, I, 1.

Unter Umständen geht der Gesetzgeber kasuistisch vor, indem er die Gefahr nicht zum Tatbestandsmerkmal macht, sondern die nach seiner Ansicht regelmäßig gefährlichen Fälle aufzählt. Beispiel dafür ist die Brandstiftung (§§ 306—309); vgl. näher Strafr. II, 100/101; unten § 91, I.

[4] Beispiele: Zu rasches Fahren auf Verkehrswegen, falsches Ausweichen; unerlaubte Herstellung gefährlicher Stoffe usw.

Teilweise wird diese Gruppe auch als polizeiliches Unrecht (im Gegensatz zum sog. peinlichen oder kriminellen) bezeichnet. So A. MERKEL, v. LISZT; vgl. näher Strafr. II, 101/102. Dazu oben Nr. II.

[5] Beispiele: StrGB. §§ 116, 127, 128, 145, 241, 286, 324.

[6] Das ist wichtig für die Einsicht in das Wesen, die sachgemäße Gestaltung und Auslegung der Deliktstatbestände. Dabei ist die Verletzung desselben Rechtsguts ceteris paribus sehr viel strafwürdiger als die konkrete Gefährdung, und diese wiederum als die abstrakte. Beispiel: Tötung (§§ 211ff.), Zweikampf (§§ 201ff.), rasches Fahren (§ 360 [2]); näher Strafr. II, 102/103.

[7] So adäquate Verursachung und Strafbarkeit des Versuchs; vgl. unten §§ 29, VI; 45, IV.

Auf dem Begriff der Gefahr für unbestimmte Personen bzw. Sachen (Gemeingefahr) beruht die große Gruppe der sog. gemeingefährlichen Delikte (StrGB. §§ 306ff.); vgl. unten §§ 91—93.

recht, Polizeiübertretung) vom sonstigen sog. kriminellen Unrecht[1]. Die Unfruchtbarkeit dieses Streites beruht auf unrichtiger Problemstellung. Das Wort „Polizeidelikt" hat keinen feststehenden Inhalt[2], sondern gestattet sehr verschiedene Verwertung[3]. Die entscheidende Vorfrage lautet daher: Welche Fälle will man kennzeichnen und zu welchen Zwecken? Nur bei Klarheit hierüber hat die ganze Erörterung evtl. sachlichen Wert. Ihre Ergebnisse sind aber dann naturgemäß ganz verschieden, je nach dem Sinn, in dem man das Wort gebraucht.

Feuerbach und das Bayer. StrGB. von 1813 wollten die geringfügigen Delikte (als sog. Polizeiübertretungen) begrifflich abgrenzen. Das aber ist unmöglich. Denn die Strafwürdigkeit und damit die Höhe der Strafdrohung wird durch die verschiedensten sachlichen Momente bestimmt. Es ist ferner lediglich Zweckmäßigkeitsfrage, wo man hier die Grenzen gegenüber dem schwereren Unrecht setzt[4]. Mit Recht hat daher die folgende Gesetzgebung, insbes. das Preußische und ihm folgend unser Reichsrecht, diesen Versuch aufgegeben und die Übertretungen vom schwereren Unrecht lediglich nach der Höhe der angedrohten Strafe unterschieden[5]. Ebenso die Entwürfe.

III. Neuerdings hat Goldschmidt den Versuch unternommen, die Lehre vom Polizeidelikt auf veränderte wissenschaftliche Grundlagen zu stellen, unter Annahme eines sog. Verwaltungsdelikts, dem ein besonderes Verwaltungsstrafrecht entsprechen soll[6].

Nach meiner Ansicht ist diese Theorie in der Grundlage unzutreffend, im Anwendungsgebiet unklar, in den Ergebnissen fehlgreifend[7].

---

[1] Vgl. näher Strafr. II, 103/05.

[2] Es besagt sprachlich lediglich, daß hier Delikte vorliegen, die mit der Polizei oder mit denen die Polizei irgend etwas zu tun hat.

[3] Alle Übertretungen; oder innerhalb dieser eine engere Gruppe (nach den Tatbeständen? oder nach der Zuständigkeit des Gesetzgebers?); oder: Zulässigkeit polizeilicher Strafverfügung oder: abstrakte Gefährdungsdelikte (vgl. oben S. 87, Anm. 4); oder: Delikte gegen die sog. gute Ordnung. Vgl. näher Bd. II, 104/05.

[4] Genau ebenso wie bei der Grenzziehung zwischen Verbrechen und Vergehen.

[5] Vgl. dazu auch RG. E. 49, 118.

[6] Grundlegend Goldschmidt, D. Verwaltungsstrafrecht, Berlin 1902. Dann wiederholte Arbeiten, zuletzt Strafr.-Ztg. I, 1914, 222; Jur. Wochenschr. 1917, 183ff.; vgl. näher Strafr. II, 106.

Die Literatur hat sich mit dieser Theorie eingehend, teils zustimmend, überwiegend aber ablehnend beschäftigt (auch von staatsrechtlicher Seite); vgl. näher Strafr. II, 118/19.

[7] Ich habe mich bemüht, die Lehre Goldschmidts zunächst objektiv genau darzustellen und daran eine eingehende Kritik geknüpft; vgl. Strafr. II, 107 bis 118. Im jetzigen Texte beschränke ich mich auf ganz kurze kritische Zusammenfassung.

Unklar ist schon der Begriff des „Verwaltungsdelikts[1], mißglückt ferner der Versuch, es durch seine Rechtsfolgen zu kennzeichnen[2]. Entscheidend soll nach GOLDSCHMIDT schließlich der Ungehorsam sein, die Unbotmäßigkeit gegenüber den Anordnungen der Verwaltung, die ein subjektives Strafrecht der Verwaltung (gegenüber dem Justizstrafrecht) sanktionieren. Ungehorsam aber ist das Wesen alles Unrechts und ein subjektives Strafrecht der Verwaltung gibt es so wenig wie ein solches der Justiz, sondern nur ein subjektives Strafrecht des Staates. Der ganze Begriff beruht daher auf unklarer Konstruktion. Deshalb bleibt auch sein Umfang unklar[3]. Unerfreulich und rückschrittlich sind schließlich die Ergebnisse GOLDSCHMIDTS[4].

IV. Weder der Begriff des Polizeistrafrechts noch der des Verwaltungsstrafrechts kann uns vorwärts helfen[5]. Es gibt insbes. keine begriffliche Abgrenzung der geringeren Delikte vom schwereren Unrecht (oben S. 88). Übertretungen sind die geringfügigen Delikte. Als solche, also als Bagatellstrafrecht, bedürfen sie der zweckmäßigen kriminalpolitischen Abgrenzung und Behandlung.

Kapitel III.

Die Handlung.

§ 27. Das Subjekt des Verbrechens.

I. Subjekt des Verbrechens ist allein der Mensch, und zwar heute grundsätzlich nur der einzelne Mensch, nicht die Körperschaft.

II. Tierstrafen und Tierprozesse finden sich bei den verschiedensten Völkern als Ausläufer der Privatrache, Erfolghaftung und Talion, in Deutschland noch im gemeinen Recht[6].

---

[1] Das Wort „Verwaltungsdelikt" ist ebenso vieldeutig wie der Name „Polizeidelikt" (oben S. 88, Anm. 3). Bei GOLDSCHMIDT treten bald verschiedene Einteilungen nach der Zuständigkeit, bald solche nach dem Schutz polizeilicher Interessen auf; vgl. näher Strafr. II, 112/13.

[2] Denn dieses sind die bekannten geringeren Strafen (Freiheits- und Geldstrafe). Daran ändert sich auch nichts, wenn man diese Strafen anders nennt (dazu oben S. 76, Nr. 3). So neuerdings das Preuß. Polizeiverwaltungsgesetz v. 1. Juni 31 („Zwangshaft", „Zwangsgeld").

[3] Post-, Finanz- und „Polizeistrafrecht", das „im großen und ganzen" mit den Übertretungen gleichgestellt wird. Vgl. näher Strafr. II, 115.

[4] Insbes. angeblich: allgemeine Präsumtion der Schuld, Unbeachtlichkeit des Unterschiedes von Vorsatz und Fahrlässigkeit, Unanwendbarkeit der Grundsätze über Teilnahme und Konkurrenz. Dazu die Forderung, das Gesamtgebiet den Verwaltungsgerichten zu überweisen; vgl. Strafr. II, 116/17.

[5] Das Preuß. Pol.Verw.Ges. insbes. (oben Anm. 2) hat schwere Unzuträglichkeiten und Streitfragen geschaffen. Vgl. insbes. STIENEN, Jur. Ztg. 36, 1299 ff.; SCHNITZKER, dort S. 1357 ff. Das Kammergericht (22. März 32) hat obige Vorschriften für ungültig erklärt (eingehendes Urteil, GOLTD. Arch., 76, 91 ff), der Staatsgerichtshof (22. Juni 32) für gültig. Dagegen zutreffend SCHNITZKER, Jur. Ztg. 37, 990; vgl. auch SCHORN, Leipz. Zeitschr. 26, 865 ff.

[6] Bis ins 17. Jahrhundert. Näher Strafr. II, 120/21.

III. Körperschaftsstrafen, dem römischen Rechte fremd, treten, entsprechend deutsch-rechtlicher Auffassung, seit den Italienern in gewissem Umfang auf. Schon CARPZOW lehnt sie ab[1], grundsätzlich dann die Gesetzgebung und Wissenschaft seit Ende des 18. Jahrhunderts. Strafrechtlich verantwortlich sind also die einzelnen Schuldigen und nur diese. Societas delinquere non potest[2].

Ausnahmen bedürfen besonderer gesetzlicher Bestimmung[3]. Sie fanden sich schon früher vereinzelt im Steuerrecht[4]; heute ist grundlegend die Reichsabgabenordnung (1919/1931 § 393)[5].

Neuerdings wurde von einigen Seiten die Strafbarkeit von Körperschaften grundsätzlich befürwortet[6]. Dieser Gedanke ist abzulehnen[7]. Denn solche Bestrafung trifft im Ergebnis wahllos Schuldige wie Unschuldige[8] und widerspricht damit heutiger Kulturauffassung.

§ 28. Handlung und Erfolg.

I. Als menschliches Verhalten ist das Verbrechen zunächst eine Erscheinung der Sinnenwelt, ein Naturereignis. Als rechtlich erhebliches Verhalten zeigt diese Erscheinung bestimmte rechtlich wesentliche Eigenschaften bzw. Wirkungen. Unter diesem doppelten Gesichtspunkt ist daher das Verbrechen nach Handlung und Erfolg zu würdigen[9].

II. Die Handlung: Das menschliche Verhalten (Handlung i. w. S.) erscheint äußerlich als Tätigkeit (Körperbewegung) oder als Unterlassung. Im engeren Sinne bedeutet Handlung das Tun im Gegensatz zum Unterlassen (H. i. e. S.). Im weitesten Sinne umfaßt es

[1] Ausgenommen beim crimen maiestatis.

[2] Vgl. auch RG.E. 16, 123. Ebenso die Entwürfe. Näher zum Vorstehenden Strafr. II, 121/23.

[3] Im Zweifel sind sie nicht anzunehmen; vgl. E. 26, 301.

[4] Vgl. E. 47, 91; sonst meines Wissens nicht. Streitig ist die Zulässigkeit von Landesrecht. Dafür betr. badisches Steuergesetz E. 26, 301; vgl. Strafr. II, 124.

[5] Zulässigkeit der Verurteilung zu Geldstrafen in Fällen, in denen ein Verschulden einer natürlichen Person nicht festgestellt zu werden braucht (über Haftung für Geldstrafen und Kosten der Organe und Vertreter, § 416). Vgl. zu § 357 (jetzt 393) näher E. 61, 92ff.; zu § 381 (jetzt 416) RG., Leipz. Z. 17, 610. Dazu Strafr. II, 123/24.

[6] So insbes. v. LISZT, Lehrb. § 28 I 2; ebenso v. LISZT-SCHMIDT; näher Strafr. II, 124/26.

[7] Ebenso die ganz überwiegende Ansicht der Wissenschaft; vgl. a. a. O.

[8] Darauf verweist schon CARPZOW, anschließend an BARTOLUS.

[9] Die Betrachtung des Verbrechens als natürlichen Ereignisses hat insbes. v. LISZT, seine rechtliche Bewertung (als Normwidrigkeit, Ungehorsam) insbes. BINDING in den Vordergrund seines Systems gestellt. Beide Betrachtungsweisen aber schließen sich nicht aus, sondern ergänzen und durchdringen sich gegenseitig; vgl. Strafr. II, 126/27.

das gesamte Verhalten einschließlich seiner rechtlich erheblichen Wirkungen[1] (H. i. wtst. S.). Dieser juristische Sprachgebrauch entspricht der Übung des täglichen Lebens. Der Sinn des Wortes „Handlung“ ergibt sich also aus dem Zusammenhang im Einzelfalle[2].

III. Nähere wissenschaftliche Untersuchung des Handlungsbegriffs findet sich erst in neuester Zeit[3]. Hervorzuheben ist:

1. Gedanken, die sich nicht in entsprechendes äußeres Verhalten umsetzen, sind straffrei.

2. Das Strafrecht, wie das Recht überhaupt, wendet sich an den menschlichen Willen[4]. Zur strafrechtlich erheblichen „Handlung“ gehört daher Handlungsfreiheit, d. h. Möglichkeit der Willensbetätigung (Willkür)[5] im Augenblick des Tuns oder Unterlassens. Sie fehlt in Fällen inneren physiologischen Zwanges (insbes. Reflexreize)[6] und äußerer absoluter Gewalt (vis absoluta)[7]. Hier liegt, wie man zu sagen pflegt, keine „Handlung“ im Rechtssinne vor.

3. Zu eng ist es dagegen, wenn ein Teil der Literatur die Handlung als Willensbetätigung kennzeichnet[8]. Entscheidend für den Handlungsbegriff ist die Möglichkeit der Willensbetätigung (vgl. oben), nicht diese selbst. Letztere fehlt bei den Unterlassungsdelikten[9]; bei der Fahrlässigkeit ferner braucht das strafbare, unvorsichtige Tun nicht notwendig gewollt zu sein[10]. Möglich bleibt es, in allen Fällen von einem strafbaren „Willensverhalten“ zu sprechen[11].

IV. Auch der Begriff des Erfolges tritt im Leben wie im Recht im engeren und weiteren Sinne auf[12].

---

[1] Z. B. die Tötung einschließlich des Todeserfolges.

[2] Das StrGB. selbst versteht unter „Handlung“ regelmäßig auch die Unterlassung. Im übrigen gebraucht es im allgemeinen Teil das Wort teils einschließlich des Erfolges, teils im Gegensatz zu diesem. Vgl. für ersteres §§ 1, 3, 4, 5, 7, 20, 47—54, 61, 63, 79; für letzteres §§ 2, 43, 46, 58, 59, 67, 73, 74.

[3] Vgl. insbes. RADBRUCH, Der Handlungsbegriff, 1903, S. 76ff. Erst BERNER, Lehrb., 1857, S. 108, wies dem Handlungsbegriff seine heutige Stellung im System des Strafrechts an. Über neuere Literatur vgl. Strafr. II, 128.

[4] Denn anders läßt sich auf menschliches Handeln nicht einwirken; vgl. näher Strafr. II, 129.

[5] Nicht zu verwechseln mit der „Willensfreiheit“; vgl. unten § 37, IV.

[6] Beispiel: Sachbeschädigung bzw. Körperverletzung im epileptischen Krampfanfall.

[7] StrGB. § 52 spricht dies entbehrlicherweise noch besonders aus. Verfehlt ist die dortige Verbindung mit dem Notstand, vgl. näher Strafr. II, 129.

[8] So z. B. v. LISZT; v. LISZT-SCHMIDT.

[9] Strafbar ist hier gerade die Unterlassung der vom Recht geforderten Willensbetätigung.

[10] Beispiel: Abdrücken des Gewehrs durch ungeschickte Bewegung.

[11] Sofern man darunter die Unterlassung einer rechtlich gebotenen Willensbetätigung und die Unvorsichtigkeit als ungenügende Anspannung der Willensenergie mit begreift. Dazu auch unten S. 147, Nr. 3.

[12] Dazu näher Strafr. II, 130—133.

1. Im engeren Sinne bedeutet Erfolg die durch die Handlung (Tun oder Unterlassen) herbeigeführten, jeweils interessierenden Veränderungen der Außenwelt; strafrechtlich also die zu einem konkreten Deliktsbestand gehörigen derartigen Veränderungen[1].

Im weiteren Sinne ist Erfolg der durch die Handlung erzeugte Zustand mit allen seinen im Einzelfalle interessierten Eigenschaften, mögen dies Veränderungen der Außenwelt sein oder nicht; strafrechtlich daher die Verwirklichung eines konkreten Deliktstatbestandes[2].

2. Ein Erfolg im weiteren Sinne gehört zu jedem Verbrechen. Denn wenn nicht sämtliche Deliktsmerkmale verwirklicht sind, liegt keine strafbare Handlung vor.

Ein Erfolg im engeren Sinne (Veränderung der Außenwelt durch die Handlung) ist meist, aber nicht immer erforderlich. Er fehlt bei den sog. reinen Handlungs- (oder schlichten Tätigkeits-) und bei den reinen Unterlassungs- (Omissiv-) Delikten[3]. Bei jenen ist ein Tun, bei diesen ein Unterlassen als solches unter Strafe gestellt, weil der Gesetzgeber darin bereits eine Verletzung oder Gefährdung von Rechtsgütern erblickt[4].

3. Wie im Leben so hat auch im Strafrecht jeder dieser beiden Erfolgsbegriffe seine volle, selbständige Berechtigung, mit jedem arbeiten wir zu bestimmten praktischen Zwecken[5].

---

[1] Erfolg i. e. S. Also z. B. der Eintritt des Todes, der Vermögensbeschädigung. Hierher gehören auch Einwirkungen auf das Seelenleben Dritter (z. B. Erregung von Ärgernis), also alle sinnlich wahrnehmbaren (nicht nur sichtbare) Veränderungen (so mit Recht insbes. v. Liszt). Denn das Innenleben Anderer ist für den Täter Außenwelt.

[2] Z. B. Beschädigung fremder Sache (StrGB. § 303), Beischlaf unter Verwandten (§ 173) usw.

[3] Unglücklich werden diese Fälle öfters gemeinsam als sog. „Formaldelikte" bezeichnet (so z. B. Allfeld, Frank, Lobe). Es handelt sich aber selbstverständlich auch hier um materielle Angriffe auf rechtlich geschützte Interessen.

[4] Beispiele reiner Handlungsdelikte: Als Verletzungsdelikte Hausfriedensbruch, unberechtigtes Jagen; konkrete Gefährdung: Zweikampf; abstrakte Gefährdung: unvorsichtiges Fahren, Hundehetzen (§ 366 [2, 4, 6]) usw.

Reine Unterlassungsdelikte sind z. B. Auflauf (§ 116, nicht Entfernen); § 123, zweiter Teil (Verweilen); ferner zahlreiche Übertretungen, z. B. § 360 [10], 361 [7] usw.

Unrichtig ist es danach, wenn v. Liszt den Erfolgsbegriff im engeren Sinne faßt und dennoch behauptet, daß zu jedem Verbrechen ein Erfolg gehöre. Richtig die überwiegende Ansicht, auch RG. E. 3, 318; 45, 213.

[5] Auf den Erfolg im engeren Sinne (Veränderung der Außenwelt) kommt es insbes. an beim Kausalzusammenhang (vgl. unten § 29), entsprechend bei den Kommissivdelikten durch Unterlassung (unten § 30); ferner bei den Distanzverbrechen (unten § 31), beim Rücktritt vom Versuch gemäß StrGB. § 46 Nr. 2.

Der Erfolg im weiteren Sinne ist Grundlage jeder Verurteilung, sowohl bei Feststellung des objektiven Deliktstatbestandes wie hinsichtlich dessen schuldhafter (vorsätzlicher bzw. fahrlässiger) Herbeiführung; entsprechend beim Versuch.

V. Handlung (Tun oder Unterlassen) und Erfolg (Verwirklichung eines Deliktstatbestandes) sind im Verbrechensbegriff rechtlich gleich notwendig[1] und sachlich gleich wesentlich[2]. Diese grundsätzliche Gleichwertigkeit hat entscheidende praktische Bedeutung für das Gesamtgebiet der Gesetzesauslegung und Anwendung[3].

§ 29. Kausalzusammenhang.

I. Bei allen Erfolgsdelikten ist Verurteilung nur möglich, wenn der Täter den Erfolg (Veränderung der Außenwelt) durch sein Tun[4] verursachte, wenn also zwischen Handlung und Erfolg Kausalzusammenhang bestand. Ebenso bei reinen Handlungsdelikten, sobald es sich um Verantwortlichkeit Dritter handelt, die die Tat hervorriefen[5] oder förderten[6]. Die Frage, wann liegt Kausalzusammenhang vor, wann nicht, ist daher für das Strafrecht von geradezu grundlegender Bedeutung[7].

II. Grundsätzliche wissenschaftliche Behandlung ist hier erst eine Errungenschaft neuester Zeit. Noch unser Strafgesetzbuch schweigt, die Motive überweisen „die Lösung bestehender Zweifel“ „der Entscheidung des besonderen Falles“[8].

Das Ausland besitzt überwiegend noch heute keine durchgearbeitete Kausalitätslehre. Wo solche besteht[9], arbeitet sie auf gleichem Boden wie die deutsche, die insgesamt als führend erscheint.

III. Seit 1860 entwickelte v. Buri seine grundlegende Bedingungstheorie[10]. 1871 unternahm v. Bar den noch unvollkommenen Versuch der Ausscheidung ausnahmsweiser Bedingungsverhältnisse[11]. 1872 stellte Binding den Gedanken der Trennung von Ursache und Be-

---

[1] Denn bei Fehlen eines der beiden Merkmale fehlt ein Verbrechen.

[2] Denn das Strafrecht bezweckt, wie alles Recht, Rechtsgüterschutz (deshalb die entscheidende Bedeutung des Erfolges), und zwar gegen menschliche Angriffe (deshalb die entscheidende Bedeutung der Handlung).

[3] Beispiele: Für Zeit und Ort der Tat (unten S. 103/04), Versuch (unten §§ 45/46), Konkurrenz (unten § 52 ff.); ferner insbes. für die Bewertung des objektiven Tatbestandes im Verhältnis zur Schuld.

[4] Über die Kausalität der Unterlassung vgl. unten S. 100/01.

[5] Anstifter, mittelbarer Täter. [6] Gehilfe.

[7] Verneinung führt zur Freisprechung; Bejahung ist erste Voraussetzung jeder Verurteilung (weiter erforderlich sind dann Rechtswidrigkeit und Schuld; darüber die folgenden Kapitel).

[8] Vgl. näher zur geschichtlichen Entwicklung Strafr. II, 134/36.

[9] So in Österreich, der Schweiz, Holland, den nordischen Ländern; vgl. näher Strafr. II, 136/37.

[10] Gleichwertigkeit aller Bedingungen (daher öfters als Äquivalenztheorie bezeichnet). Die Theorie ist selbständig, nicht, wie häufig angenommen wird, der Philosophie des Engländers Mill entlehnt. Größere Monographien insbes. v. Buri, Kausalität, 1873; desgl. 1885 (Beilage z. Ger.S. Bd. 37); letzte Arbeit: Ger.S. 56, 1899, 418ff.; vgl. näher Strafr. II, 136.

[11] Vgl. v. Bar, Lehre v. Kausalzusammenhang, 1871; näher Strafr. II, 136.

dingungen auf[1]. Damit waren die zu lösenden Hauptfragen gekennzeichnet[2].

IV. In unserer Literatur wird öfters, anschließend an KANT, die Kausalität als allgemeingültige Form unseres Erkennens bezeichnet, der Begriff des Wirkens aber als angeblich „metaphysisch" abgelehnt[3]. Die entscheidende Frage aber lautet: Wann bringen wir jene Form unseres Erkennens zur Anwendung? Antwort darauf kann nur die Erfahrung geben. Und diese lehrt uns mit absoluter Sicherheit die Tatsache der realen Wirksamkeit eigener wie fremder Handlungen. Auf dieser Erfahrungstatsache beruht das gesamte menschliche Leben wie die gesamte Rechtsordnung. Keine juristische Kausalitätslehre vermag daher in Wahrheit den grundlegenden Begriff des Wirkens bzw. Mitwirkens zu entbehren, den uns schon die Sprache in dem Verhältnis von Ursache und Wirkung vor Augen stellt[4].

Die strafrechtlich entscheidende Kausalitätsfrage lautet daher: Wann ist die Verknüpfung zwischen der Handlung als Ursache und dem Erfolg als Wirkung derart, daß darauf eine strafrechtliche Verantwortlichkeit gegründet werden kann[5].

V. Die weitestgehende, logisch mögliche Antwort lautet: Es genügt, daß die Handlung irgendwie mitwirksam, irgendeine der Bedingungen des konkreten Erfolges war. Das ist der Standpunkt v. BURIS (reine Bedingungstheorie). Ihm folgten die Strafsenate des RG.[6] wie ein Teil der Literatur[7].

Nach der Bedingungstheorie genügt es, daß die Handlung des Täters irgendeine der Bedingungen des Erfolges war[8]. Gleichgültig ist daher das Hinzutreten sonstiger äußerer Umstände[9] oder menschlicher Hand-

---

[1] BINDING, Normen I, 39ff. (2. Aufl. 1890, I, 112ff.).

[2] Als eingehende kritische Darstellung aller damaligen Ansichten vgl. THYRÉN, Abhandlungen I, 1895; TRAEGER, Kausalbegriff, 1904; v. BAR, G. u. S., II, 1907, 161ff.

[3] So z. B. v. LISZT, v. LISZT-SCHMIDT.

[4] Vgl. näher Strafr. II, 137.

[5] Falls auch die übrigen Voraussetzungen des Verbrechens, insbes. Rechtswidrigkeit und Schuld, gegeben sind.

Müßig ist die öfters auftretende Erklärung, „im philosophischen Sinne" sei Ursache nur die Gesamtheit der Bedingungen des Erfolges. Denn diese Gesamtheit setzt der Mensch nie, er greift vielmehr stets in bereits vorhandene Bedingungsverhältnisse ein.

[6] Dessen Mitglied v. BURI war. Vgl. schon RG. E. 1, 373; neuerdings insbes. E. 44, 244 (Vereinigte Senate); 54, 349; 56, 348; 63, 213. Dagegen vertreten die Zivilsenate die einschränkende Theorie der adäquaten Verursachung; vgl. unten S. 96 Anm. 5.

[7] So insbes. v. LISZT, v. LISZT-SCHMIDT, FINGER, BELING, Graf DOHNA, M. E. MAYER, VAN CALKER, P. MERKEL, GERLAND; vgl. näher Strafr. II, 138.

[8] Vgl. zum folgenden näher Strafr. II, 139/40.

[9] Z. B. die besondere körperliche oder geistige Beschaffenheit des Verletzten; vgl. RG. E. 5, 29; 27, 93.

lungen[1]; ebenso die Möglichkeit der Abwendung durch rechtzeitige Hilfe[2]. Es genügt ferner, daß die Handlung den Eintritt des Erfolges nur beschleunigte[3] oder für seinen konkreten Umfang[4] bzw. für die Art der Herbeiführung[5] mitwirksam war. Die Bedingung braucht danach keine entscheidende (condicio sine qua non) zu sein; es genügt, daß sie im konkreten Verlauf irgendwie mitwirksam, also befördernd war[6]. Gleichgültig ist es daher auch, ob bei Unterbleiben der Handlung des Täters voraussichtlich andere Kräfte den Erfolg herbeigeführt hätten[7]. Ebenso gleichgültig, ob die Mitwirkung des Täters eine körperliche oder psychische war[8].

Dagegen fehlt der Kausalzusammenhang, wenn nach der Handlung des Täters tatsächlich andere Kräfte (Naturereignisse[9] oder menschliche Handlungen[10]) derart selbständig eingegriffen haben, daß die Handlung des Täters überhaupt nicht mitwirksam wurde[11].

Steht zwischen der Handlung und dem Erfolg die vorsätzliche, auf denselben Erfolg gerichtete Tätigkeit eines Zurechnungsfähigen, so unterbricht diese nach einer mehrfach vertretenen Ansicht den Kausalzusammenhang[12]. Das ist unrichtig; denn über den Kausalzusammenhang entscheidet lediglich die objektive Mitwirkung der Beteiligten, während die Schuld dafür gänzlich gleich-

[1] Z. B. hinzutretende Unvorsichtigkeit des Verletzten (E. 1, 373; 5, 202; 6, 249; 9, 148) oder Dritter (E. 7, 333; 10, 8; 16, 277; 23, 175; 34, 91).

[2] E. 4, 243; 22, 171; 27, 80. [3] R. 10, 268; E. 22, 325.

[4] E. 17, 316; 63, 214 (Nr. 2). [5] E. 2, 160; 26, 345, 351, 353.

[6] Auch das RG. arbeitet in den zit. Urteilen nur mit dem Begriff der Mitwirksamkeit, erklärt in R. 10, 268, E. 22, 325 das Vorliegen einer cond. s. q. n. für gleichgültig; richtig insoweit auch E. 63, 213.

[7] Denn in concreto ist dies eben nicht geschehen, sondern die Handlung des Täters war mitwirksam. Unrichtig insoweit E. 15, 151, ferner neuerdings E. 63, 213/14; vgl. näher Strafr. II, 140.

Falsch ist danach eine Praxis, über die mir von medizinischer Seite betr. Freisprechung von Kurpfuschern geklagt wird. Es ist ganz gleichgültig, wie der Fall ohne Mitwirkung des Kurpfuschers verlaufen wäre; entscheidend lediglich, ob seine Tätigkeit in concreto mitwirksam für den üblen Ausgang bzw. dessen Beschleunigung war. Richtig Mittermaier, Jur. Ztg. 21, 53.

[8] Auch vom Standpunkt der Willensfreiheit. Denn es ist ganz gleichgültig, ob der Ausführende sich psychisch beeinflussen lassen mußte, entscheidend lediglich, daß er in concreto so beeinflußt ist.

Ob dabei der Beeinflussende seinerseits als Täter oder Teilnehmer haftet, darüber entscheidet nicht die Kausalitäts-, sondern die Teilnahmelehre; vgl. dazu Strafr. II, 140/41.

[9] Vgl. E. 4, 381.

[10] Beispiel: lebensgefährliche Verletzung; dann — unabhängig davon — Tötung durch einen Dritten. Der Erste haftet nicht für vollendete Tötung oder aus § 226 StrGB.

[11] Vgl. dazu Strafr. II, 141.

[12] Vgl. z. B. v. Liszt (anders v. Liszt-Schmidt). Beispiel: A läßt ein geladenes Gewehr stehen, mit dem B den X vorsätzlich erschießt.

gültig ist[1]. Jene Auffassung findet denn auch in neuerer Zeit steigende Ablehnung, insbes. beim RG.[2].

VI. Nach der Bedingungstheorie tritt Haftung auch für unberechenbare Zufallsfolgen ein, falls in concreto die Handlung mitwirksam (Bedingung) war. Unberechenbaren Zufall aber kann auch der Verständige und Vorsichtige nicht vermeiden. Weder Vergeltung ist hier zu rechtfertigen noch Prävention möglich. Bestrafung in solchen Fällen ist daher unverständig. Deshalb bedarf die reine Bedingungstheorie in dieser Richtung der Einschränkung.

1. Das ist der Inhalt und Zweck der neueren Theorie der sog. adäquaten Verursachung[3]. Sie ist heute im Strafrecht weitverbreitet, im Privatrecht die herrschende[4].

Die Theorie der adäquaten Verursachung läßt die Logik der reinen Bedingungstheorie — Erfordernis der Mitwirksamkeit in concreto — durchaus bestehen, gibt ihr aber auf Grund der Erfahrung die logisch ebenso einwandfreie Einschränkung. Die Erfahrung, die sich auf Massenbeobachtung stützt, lehrt: Bei bestimmt gegebener Sachlage treten bestimmte Folgen — hier der strafrechtlich erhebliche Erfolg — sicher, wahrscheinlich, möglicherweise, seltener aber noch berechenbar, endlich unberechenbar selten ein. Das letztere Gebiet ist aus der strafrechtlichen Verantwortlichkeit auszuscheiden.

2. v. Buri glaubte, diese notwendige Einschränkung durch die Schuldlehre gewinnen zu können[5]. Es ist aber wissenschaftlich unklar, zunächst einen grundsätzlich zu weiten Kausalitätsbegriff aufzustellen, um diesen dann erst auf einem Umweg unschädlich zu machen. Es gibt ferner Gruppen von Fällen, in denen dies Verfahren auch praktisch

---

[1] Die Entscheidung solcher Fälle (Beispiel oben S. 95, Anm. 12) ergibt sich vielmehr aus der Teilnahmelehre. Unser Recht straft nur vorsätzliche Teilnahme. Fahrlässige Teilnahme an vorsätzlicher Haupttat ist deshalb — trotz vorhandenen Kausalzusammenhangs — straflos; vgl. näher unten § 47 ff.

Sehr unglücklich ist es, wenn Frank (§ 1 III 2a) in obigen Fällen von einem gesetzlichen „Regreßverbot" (?) hinsichtlich des Kausalzusammenhangs spricht. Ein solches Verbot besteht nirgends, wäre auch ebenso überflüssig wie verfehlt (bloße Fiktion).

[2] E. 58, 131; 58, 366; 61, 318; vgl. näher Strafr. II 141/42.

[3] Vorläufer v. Bar, vgl. oben S. 93 Anm. 11; Schöpfer dann J. v. Kries (Professor der Physiologie in Freiburg i. B.): Prinzipien der Wahrscheinlichkeitsrechnung, 1886; Z. 9, 1889, 528—533. Vgl. näher Strafr. II, 143.

[4] Vgl. näher Strafr. II, 144. Dafür auch die Zivilsenate des RG.; vgl. insbes. RG. (Zivilsachen) E. 42, 291; 50, 219; 69, 57; 78, 270 (ständige Rechtsprechung).

[5] Weil regelmäßig in solchen Fällen Vorsatz bzw. Fahrlässigkeit fehlen. So auch RG. E. 56, 348/49. (Bei der großen Mehrzahl der vom RG. in Strafsachen entschiedenen Fälle lag zugleich adäquate Verursachung vor; üble Ausnahme ist das Urteil E. 54, 349.) Dazu näher Strafr. II, 144/45.

versagt[1]. So insbes. bei den sog. durch den Erfolg qualifizierten Delikten[2], ferner bei unberechenbarer Abweichung des Kausalverlaufs zwischen Handlung und Erfolg[3].

Dazu kommt weiter[4]: Die Theorie der adäquaten Verursachung bietet zugleich die notwendige Grundlage für die Erklärung und Feststellung des im Strafrecht hochwichtigen Gefahrbegriffs[5] wie der Kausalität der Unterlassung[6]. Sie allein ermöglicht es ferner, im Straf- und Privatrecht auf einheitlicher, zutreffender Grundlage zu arbeiten[7]. Insgesamt bietet so diese Theorie die erforderliche einheitliche Gesamtauffassung mit gerechten Ergebnissen[8]. Die reine

[1] Vgl. näher Strafr. II, 145/46.

[2] Hier ist ein Grunddelikt, z. B. Körperverletzung, wesentlich schwerer strafbar, wenn es bestimmte schwerere Folgen verursachte (ohne Rücksicht auf Schuld); vgl. z. B. StrGB. § 224, 226; dazu unten S. 148.

In diesen Fällen scheiden auch die Vertreter der Bedingungstheorie regelmäßig eine Haftung für unberechenbaren Zufall aus. Das ist in Wahrheit Anerkennung des Erfordernisses adäquater Verursachung, aber mit willkürlicher Beschränkung.

[3] Beispiel: Lebensgefährliche Verletzung; dann Tod durch Eisenbahnunfall beim Transport. Das ist bei Vorsatz nur Tötungsversuch, bei Fahrlässigkeit nur Körperverletzung; nicht vollendete Tötung. In dieser Gruppe von Fällen verlangt auch das RG. im Ergebnis adäquate Verursachung. Vgl. E. 6, 146; 15, 345; 28, 273; 29, 219; 34, 91; 56, 350 (verfehlt E. 54, 349, vgl. oben S. 96, Anm. 5). Dazu unten S. 138, Anm. 8. Zur Kritik Strafr. II, 146.

Ebenso sind die seltenen Fälle zu beurteilen, in denen der Täter auf unberechenbaren Zufall hoffte, und dieser wirklich eintrat. Beispiel: Totbeten; infolgedessen Herzschlag. Das ist keine vollendete Tötung. So auch das RG. (vgl. näher beim untauglichen Versuch, unten S. 157, Anm. 5). Das RG. verneint hier den Vorsatz; er ist aber zweifellos vorhanden.

[4] Näher zum Folgenden Strafr. II, 146/47.

[5] Indem sei dessen objektiv feststellbaren Inhalt klargelegt (während v. Buri hier irrtümlich nur eine subjektive Ungewißheit des Täters annahm); vgl. dazu unten S. 157/59.

Auf dem Gefahrbegriff beruht die große Gruppe der Gefährdungsdelikte (oben S. 87), ferner die Strafbarkeit des Versuchs (unten §§ 45/46).

[6] Maßgebend dafür ist, ob der Täter durch aktives Eingreifen den Erfolg voraussichtlich, also unter Ausscheidung unberechenbarer (nicht adäquater) Bedingungsverhältnisse hätte hindern können; vgl. unten S. 101, Anm. 3.

[7] Während es sinnlos ist, bei der Strafe eine grundsätzlich weitergehende Verantwortlichkeit anzunehmen als beim Schadensersatz; verständlich wäre das umgekehrte Verfahren.

[8] Während die Vertreter der reinen Bedingungstheorie dieser Anforderung nicht zu entsprechen vermögen; vgl. näher Strafr. II, 147 (betr. v. Liszt und Frank).

Neuerdings will Honig (Festgabe für Frank, II, 1930, 174ff.) die adäquate Kausalität („objektive Zweckhaftigkeit") als selbständiges Erfordernis (Werturteil „über die Bedeutung des Kausalzusammenhangs für die Rechtsordnung") aus dem Kausalitätsbegriff ausscheiden und als „objektive Zurechnung" kennzeichnen. Mir scheint es die Aufgabe juristischer Betrachtung, das Gebiet der rechtlich erheblichen Kausalität einheitlich zu kennzeichnen; vgl. oben S. 94, 96.

Bedingungstheorie bleibt dabei als Ausgangspunkt erhalten; aber sie erfährt die erforderliche Einschränkung.

3. Zur praktischen Durchführung der Theorie der adäquaten Verursachung ist hervorzuheben:

a) Es handelt sich hier um ein Möglichkeitsurteil, bei dem der tatsächlich eingetretene mit dem für verständiges Urteil zu erwartenden Kausalverlauf verglichen wird. Zur Feststellung des letzteren hat sich der Richter in die Lage zur Zeit der Tat zu versetzen[1]. Entscheidend ist dabei die Frage: Was wußte der Täter damals und welche Tatsachen waren außerdem für verständiges Urteil erkennbar[2]?

b) Von diesem Standpunkt aus ist zu entscheiden, ob der eingetretene Verlauf noch erfahrungsgemäß oder unberechenbarer Zufall war. Letzteres ist der Fall, wenn der tatsächliche Verlauf für verständiges Urteil zur Zeit der Tat entweder völlig unvorhersehbar oder doch derart unwahrscheinlich war, daß er für menschliches Verhalten im sozialen Leben als gleichgültig erscheint[3]. Dagegen liegt bei Zusammenhängen, die noch verständiger Erfahrung entsprechen, auch wenn sie relativ seltener sind, adäquate Verursachung vor[4].

4. Die adäquate Theorie bietet die Gewähr gerechter Entscheidungen[5]. Sie enthält auch keineswegs, wie manche Gegner meinen, eine Vermischung von Verursachung und Schuld, sondern bewegt sich durchaus im Rahmen einer objektiven und zutreffenden Kausalitätslehre[6].

[1] Sog. nachträgliche Prognose (so zuerst v. LISZT, beim Gefahrbegriff). Nachträglich; denn die Tat liegt in der Vergangenheit. Prognose; denn das Möglichkeitsurteil ist unter Zurückversetzung in die Lage zur Zeit der Tat zu fällen, also unter Ausschaltung aller erst durch den späteren Verlauf aufgedeckter Umstände. So auch die innerhalb der adäquaten Theorie herrschende Auffassung (anders RÜMELIN); vgl. näher Strafr. II, 148.

[2] Beispiel: Leichter Schlag auf den Kopf, Tod infolge Schädeldefekts. Kannte der Täter den Defekt, so ist die Verursachung adäquat, andernfalls unberechenbarer Zufall. In diesem Sinne auch die herrschende Ansicht; vgl. näher a. a. O. (Überall im Leben, wo wir die voraussichtlichen Wirkungen menschlichen Verhaltens beurteilen wollen, arbeiten wir mit obigem doppeltem Maßstab: Erfahrungswissen und besonderes Wissen des Täters.)

[3] Wesentlich in diesem Sinne auch die sonstige Literatur; vgl. näher a. a. O. Beispiel: Körperverletzung; Tod beim Transport zum Krankenhaus durch Autounfall oder durch Herzschlag in der Narkose. Der Täter haftet nicht für den Eintritt des Todes (also weder vollendete vorsätzliche noch fahrlässige Tötung noch StrGB. § 226).

[4] Beispiel: Tod durch Vernachlässigung der Wunde oder ungeschickte Behandlung.

[5] Zweifel in Grenzfällen, die hier wie anderwärts möglich sind, ändern nichts an dieser Tatsache. Ist das Vorliegen des betr. Begriffs nicht mehr sicher feststellbar, so greift im Strafrecht die Entscheidung pro reo ein; vgl. Strafr. II, 149.

[6] Fehlt adäquate Verursachung, so ist freizusprechen, eine Schuldfrage entsteht überhaupt nicht. Bei Bejahung bleibt die Schuld selbständig zu

VII. Ein anderes Ziel verfolgt eine fernere Gruppe von Theorien[1]. Sie bemüht sich, innerhalb der strafrechtlich wesentlichen Kausalität weiterhin den Täter vom Teilnehmer nach kausalen Gesichtspunkten zu unterscheiden. Der Täter soll die besonders kausale Ursache setzen[2], der Teilnehmer sonstige Bedingungen. Diese Ansichten haben sich als unhaltbar erwiesen und demgemäß keinen Anklang gefunden[3]. Die Täterschaft im Gegensatz zur Teilnahme bestimmt sich nicht kausal, sondern objektiv nach dem Verhältnis der Tat zum konkreten Deliktstatbestand, subjektiv evtl. nach der Schuld des Täters[4].

VIII. Im Jahre 1870 war des Kausalitätsproblem für den Gesetzgeber noch nicht lösbar[5]. Heute ist die Frage spruchreif in dem Sinne: Anerkennung der Bedingungstheorie, aber unter Ausscheidung unberechenbaren Zufalls, also im Sinne adäquater Verursachung. Leider schweigen unsere Entwürfe hierüber. Dringend zu wünschen wäre eine Entscheidung des Reichsgerichts in diesem Sinne, zugleich zur Beseitigung des gegenwärtig klaffenden Widerspruchs zwischen Straf- und Zivilsenaten[6].

§ 30. Die Unterlassung.

I. Unterlassen bedeutet sprachlich nicht Nichtstun, sondern etwas Bestimmtes nicht tun; das nämlich, was im gegebenen Falle möglich und zu erwarten war[7]. So auch im Strafrecht.

prüfen. Daß dann in concreto Zurechnungsfähigkeit oder Vorsatz fehlen können, ist klar. Dasselbe gilt für die Fahrlässigkeit. Sie fehlt objektiv, wenn das Verhalten den Regeln des Verkehrs entsprach (der häufig gewisse Gefährdungen, z. B. bei gefährlichen Betrieben, gestattet); subjektiv, wenn der Täter nach seinen geistigen Fähigkeiten den adäquaten Erfolg nicht voraussehen bzw. vermeiden konnte; vgl. unten S. 143/44.

[1] Vorläufer BINDING, Hauptvertreter BIRKMEYER; ferner insbes. KOHLER; vgl. näher zur Darstellung und Kritik Strafr. II, 150/52.

[2] Nach BINDING die ausschlaggebende, nach BIRKMEYER die objektiv wirksamste Bedingung; vgl. näher a. a. O.

[3] Möglich ist es nur, im Sinne des täglichen Lebens zu sagen, der Täter setzt die „Ursache", d. h. die uns besonders interessierende Bedingung; über den kausalen Wert aber ist damit nichts ausgesagt; vgl. näher Strafr. II, 151.

[4] Vgl. unten S. 152, Anm. 7. [5] Vgl. oben S. 93.

[6] Vgl. oben S. 97, Anm. 7; näher zum Vorstehenden Strafr. II, 152/53. Sehr merkwürdig neuestens BELING, Gerichtssaal 101, 1ff., 1931. Die ganze Kausalitätslehre ist danach zu beseitigen, aus der Fassung der einzelnen Deliktstatbestände soll die Verantwortlichkeit abgeleitet werden. Kritik: Unsere wissenschaftliche, für die Praxis grundlegende Einsicht würde damit um über 70 Jahre, sachlich auf den Stand des gemeinen Rechts zurückgeworfen. Eine böse Entgleisung der Lehre von der „Tatbestandsmäßigkeit"; vgl. oben S. 84, Anm. 3. Siehe auch z. B. den Wortlaut der Tatbestände §§ 222, 230 („Verursachen").

[7] So scharf bereits v. LISZT, Lehrb., 2. Aufl., 1884, S. 116. Vgl. näher Strafr. II, 153/54.

Die Unterlassungsdelikte zerfallen in sog. reine oder echte (Omissivdelikte) und in Begehungsdelikte (Kommissivdelikte durch Unterlassung, unechte Unterlassungsdelikte)[1].

Beim Omissivdelikt ist die Unterlassung als solche unter Strafe gestellt[2]. Beim Kommissivdelikt verwirklicht der Täter einen strafrechtlich erheblichen Erfolg (z. B. der Tötung) nicht durch Tun, sondern durch Unterlassen[3].

Grundsätzliche Einsicht in das Wesen der Unterlassungsdelikte brachte erst das 19. Jahrhundert[4]. Das Strafgesetzbuch beschränkt sich auf die Bemerkung der Motive, daß das Wort „Handlung" (StrGB. § 1) „die Unterlassung mit umfaßt". Die weitere Entwicklung blieb Aufgabe der Wissenschaft und Praxis[5].

II. Die Omissivdelikte bieten der Beurteilung im allgemeinen keine Schwierigkeit. Denn die Strafbarkeit ist hier unmittelbar im Gesetz ausgesprochen. Praktisch handelt es sich dabei meist um Übertretungen, seltener um schwerere Delikte[6]. Besonderes Interesse beanspruchen die Vorschriften über Verhütung von Verbrechen (StrGB. § 139) und über Nothilfe (§ 360 Nr. 10)[7].

III. Bei den Kommissivdelikten handelt es sich um die Klärung grundsätzlicher Fragen: Zunächst um die Einsicht, daß jedes Erfolgsdelikt[8] wie durch Handlung so auch durch Unterlassung begangen werden kann[9]. Weiter um die entscheidenden Fragen nach der Kausalität und nach der Rechtswidrigkeit und damit der Strafbarkeit der Unterlassung.

IV. Die Kausalität der Unterlassung suchte man zunächst[10] — sehr begreiflich, aber naturgemäß ebenso vergeblich — analog der Handlung — als Bewirken des Erfolges zu erklären. Im Gegensatz zur Hand-

[1] Diese übliche Bezeichnung „echte" und „unechte" Unterlassungsdelikte ist recht sinnlos.

[2] Das Gesetz lautet hier: Wer das und das unterläßt, wird so und so bestraft.

[3] Z. B. die Mutter läßt ihr neugeborenes Kind verhungern.

[4] Früher erörterte man nur einzelne Fälle; näher zur Geschichte Strafr. II, 154/56.

[5] Also des Gewohnheitsrechts; vgl. oben S. 72.

[6] Beispiele: StrGB. §§ 116, 123 Teil 2, 139, 320 [1], 329.

[7] Vgl. unten §§ 83, I; 61, I; näher Strafr. II, 157.

[8] Erfolg im engeren Sinne, also Veränderung der Außenwelt, vgl. oben S. 92 (reine Tätigkeitsdelikte können nur durch Tun begangen werden, wie reine Unterlassungsdelikte nur durch Unterlassen).

[9] Diese Einsicht drang erst um 1800 durch; heute ist sie allgemein. Vgl. näher Strafr. II, 154/55.

Im Ausland ist die Lehre von den Unterlassungsdelikten noch vielfach vernachlässigt, so insbes. im romanischen und englischen Rechtsgebiet. In Österreich, der Deutschen Schweiz und Holland entspricht die Auffassung der unsrigen; vgl. näher Strafr. II, 156.

[10] So zuletzt noch LANDSBERG, Commissivdelikte, 1890; näher über diese Theorien Strafr. II, 158/59.

lung aber liefert die Unterlassung gerade keinen Kraftbeitrag zum Erfolge, bewirkt also nichts[1]. Ihre kausale Bedeutung besteht vielmehr im Nicht-Hindern des Erfolges, den der Täter hätte hindern können und sollen[2].

Der Kausalitätsbegriff, wie wir ihn im Leben und im Recht verwerten, umfaßt also als gemeinsamer Oberbegriff das Bewirken bei der Handlung wie das Nicht-Hindern bei der Unterlassung. Deshalb gelten auch für die Unterlassungsdelikte die allgemeinen Grundsätze über Kausalzusammenhang[3].

V. Strafbar ist die kausale Unterlassung nur, wenn im Einzelfalle eine besondere Rechtspflicht für den Unterlassenden bestand, den Eintritt des Erfolges durch Handeln zu hindern[4].

1. Solche Rechtspflicht kann unmittelbar auf Gesetz[5] bzw. auf verbindlicher staatlicher Anordnung im Einzelfalle[6] (auch gerichtliches Urteil)[7] beruhen.

2. Die Rechtspflicht kann ferner im Einzelfalle freiwillig übernommen sein, sowohl durch Rechtsgeschäft (insbes. Vertrag[8]), wie durch Geschäftsführung ohne Auftrag[9].

3. Darüber hinaus wird, wie allgemein anerkannt, die Rechtspflicht zum Handeln auch durch vorangegangene eigene Tätigkeit be-

---

[1] Bewirkt wird der Erfolg durch die neben der Unterlassung tätigen Kräfte.

[2] So zuerst scharf wohl v. Liszt, Lehrb., 6. Aufl. 1894, S. 108; heute herrschende Ansicht. Näher Strafr. II, 159/60.

[3] Die Unterlassung muß also insbes. adäquate Bedingung des Erfolges gewesen sein. Vgl. oben S. 97, Anm. 6; näher Strafr. II, 160.

[4] Das ist heute anerkannt, insbes. auch vom RG. Vgl. schon E. 10, 101, dann wiederholt, z. B. E. 45, 213; 46, 337 („ständige Rechtsprechung"); näher zum Vorstehenden Strafr. II, 161.

[5] Auch auf Gewohnheitsrecht. Darauf beruhte z. B. bis 1900 im Gemeinrechtsgebiet die jetzt durch das BGB. (§§ 1601, 1610$_2$, 1627) geregelte Unterhalts- und Fürsorgepflicht der Eltern.

Das StrGB. selbst stellt an einigen Stellen gesetzliche Pflichten auf; vgl. §§ 121, 221, 316^2, 345, 347, 354/55, 357. Im übrigen ist das gesamte öffentliche und Privatrecht maßgebend, abschließende Aufzählung daher unmöglich.

Hier einige Beispiele: RG. E. 51, 12 (Ausfuhrverbot; trotzdem Fortsetzung); E. 53, 292 (Amtspflicht zur Beaufsichtigung); E. 36, 79; 39, 397 (Fürsorgepflicht), vgl. auch E. 40, 165; Gegenbeispiel E. 46, 25. Bedenklich E. 22, 332; 48, 197 (Kuppelei des Ehemanns), noch bedenklicher RG. Goltd. Arch. 53, 164 (Kuppelei des Hausherrn); dagegen E. 56, 169 (keine Rechtspflicht des Verlobten zur Hinderung der Abtreibung). Näher, auch zur Kritik, Strafr. II, 161/62.

[6] Beispiel: Der Gefängnisbeamte führt den rechtmäßigen Befehl zur Entlassung eines Untersuchungsgefangenen nicht aus.

[7] RG. R. 10, 74 (Verurteilung zur Herausgabe des Kindes).

[8] RG. R. VI, 643 (angestellter Wächter); E. 10, 101; 17, 260 (Fürsorgepflicht).

[9] Beispiel: Aufnahme eines Kindes, eines Kranken, eines Tieres zur Pflege; vgl. unten § 35, III; dazu Strafr. II, 162/63.

gründet, die das nachfolgende Unterlassen als pflichtwidrig erscheinen läßt[1].

Hierher gehören zwei schärfer bestimmbare Gruppen von Fällen[2].

a) Die Ausübung jeder Tätigkeit[3], die die rechtlich geschützten Interessen Dritter berührt, begründet die Rechtspflicht zur Anwendung der nach den Regeln des Verkehrs[4] erforderlichen Vorsichtsmaßregeln[5].

b) Wer im Einzelfalle, wenn auch schuldlos, durch aktives Handeln die Gefahr eines konkreten Erfolges erzeugt hat, ist verpflichtet, hindernd einzugreifen, wenn er dazu imstande ist[6].

4. Hiermit sind die Fälle der Rechtspflicht zum Handeln im Sinne des Kommissivdelikts durch Unterlassung erschöpft.

Keine solche Rechtspflicht besteht insbes.[7] für dritte Unbeteiligte, mag auch das Unterlassen unmoralisch sein[8]. Ebensowenig begründen Verstöße wider die guten Sitten (BGB. § 826) eine solche Pflicht[9].

Wer ein Omissivdelikt (oben S. 100) begeht, ist deshalb strafbar, aber nicht darüber hinaus wegen Kommissivdelikts durch Unterlassung[10]. Deshalb begründet insbes. die Übertretung von Polizeiverordnungen, die ein bestimmtes Tun fordern, keine Strafbarkeit für den durch die Unterlassung etwa verursachten Erfolg[11].

---

[1] Vgl. näher Strafr. II, 163. So insbes. das RG. R. 6, 643; 10, 74; E. 38, 123; 45, 213; 46, 337; 51, 12; 58, 245.

[2] Näher zum Folgenden Strafr. II, 163/65.

[3] Gleichgültig, ob sie mit Recht oder Unrecht erfolgte. Der unberechtigte Inhaber einer Wohnung z. B. hat die Treppe ebenso zu beleuchten wie der rechtmäßige. Vgl. E. 6, 64; 58, 132.

[4] Also z. B. des Bergwerks- bzw. Baubetriebes; der Jagdausübung usw. Vgl. auch E. 48, 319; 58, 132/33 (Haftung des Unternehmers).

[5] Dieser Satz erscheint heute im Ergebnis als anerkannt. Vgl. insbes. RG. E. 3, 208 (Dreschen mit Maschine); E. 6, 41 (Trichinenuntersuchung); E. 6, 249 (Tierhalter); E. 6, 64; 15, 58 (Inhaber einer Grube); E. 14, 362 (Treppenbeleuchtung).

[6] Überwiegende Ansicht, insbes. auch RG. Vgl. E. 18, 96; E. 24, 339 (Freiheitsberaubung); E. 17, 260; E. 46, 337 („ständige Rechtsprechung").

[7] Zum Folgenden näher Strafr. II, 166.

[8] Beispiel: Ein zufällig des Weges kommender Erwachsener läßt ein Kind ertrinken, das er ohne Gefahr retten konnte. Vgl. auch RG. E. 56, 169; 58, 245.

[9] Herrschende Ansicht; näher Strafr. II, 166; unten S. 112, Anm. 8.

Etwaige erhöhte Beamtenpflichten haben nur disziplinäre, nicht kriminelle Bedeutung; vgl. betr. Dienstinstruktion E. 15, 345.

[10] Es sei denn, daß nach den vorausgehenden Grundsätzen unter Nr. 1 bis 3 eine besondere Rechtspflicht zum Hindern des Erfolges im Einzelfalle bestand.

Herrschende Ansicht, insbes. RG. E. 3, 208; 14, 362; vgl. näher Strafr. II, 157, 166. Dazu unten S. 145 Nr. 2.

[11] Vgl. auch E. 3, 208; 6, 41. (Sonst träte auch das völlig unhaltbare Ergebnis ein, daß dieselbe Unterlassung an der einen Stelle zur Verurteilung wegen Kommissivdelikts, anderwärts aber zur Freisprechung führte.)

5. Unter Umständen bedarf der Umfang der Rechtspflicht zum Handeln näherer Prüfung[1]. Er wird begrenzt durch kollidierende berechtigte Interessen[2]. Bei Dauerdelikten, z. B. Freiheitsberaubung, besteht die Pflicht, solange der rechtswidrige Zustand andauert. Geschäftsführung ohne Auftrag darf nicht unzeitig eingestellt werden[3]. Bei Verträgen können Treu und Glauben eine gewisse Fortdauer der Pflicht über die Vertragsdauer fordern[4]. Mehrere Verpflichtete sind sämtlich verantwortlich, wenn durch ihre Unterlassung der Erfolg eintritt[5].

Über Zeit und Ort der Unterlassung vgl. unten § 31.

VI. Für die Zukunft bedarf es der gesetzlichen Anerkennung der Grundsätze über Kommissivdelikte durch Unterlassung unter gleichzeitiger sachgemäßer Ausdehnung der heute zu eng begrenzten Nothilfepflicht des § 360[10] StrGB. So auch im wesentlichen unsere Entwürfe seit 1913[6].

§ 31. Zeit und Ort der Tat.

I. Bisweilen fallen beim Verbrechen Handlung[7] und Erfolg[8] zeitlich-räumlich derart auseinander, daß die Beurteilung nach dem einen oder anderen Gesichtspunkt rechtlich verschiedene Ergebnisse liefert (sog. Distanzverbrechen). Dann erhebt sich die Frage: Wann und wo ist das Verbrechen begangen[9]?

Die Frage wurde seit den Italienern mit wechselnden Ergebnissen erörtert[10]. Unser Reichsstrafgesetzbuch hat sie nicht entschieden, sondern der Wissenschaft und Praxis, also dem Gewohnheitsrecht, überlassen[11].

II. Grundsätzlich ist festzustellen: Als Erscheinung der Sinnenwelt[12] spielt sich das Verbrechen überall da und dort ab, wo irgendein wesentlicher Bestandteil in die Erscheinung tritt. Ferner: Im Verbrechensbegriff sind Handlung und Erfolg gleich notwendig und

---

[1] Darüber näher Strafr. II, 166/68.

[2] Vgl. E. 18, 96 (keine Pflicht zu „ganz außerordentlichen“ Leistungen); E. 36, 79 (bei Pflicht ärztlicher Versorgung auch ethische Rücksichten mitbestimmend).

[3] BGB. § 677.

[4] E. 17, 260 (Verurteilung bei Tötung durch Vernachlässigung des Kindes nach Ablauf der Vertragsdauer).

[5] Vgl. näher Strafr. II, 167.

[6] Näher Strafr. II, 168/69.

[7] Tun bzw. Unterlassen.

[8] Im engeren Sinne, also rechtlich erhebliche Wirkungen (oben S. 92).

[9] Vgl. dazu insbes.: KITZINGER, Ort u. Zeit usw. 1902; V.D.Allg.T. I, 1908, S. 137ff.; v. BAR, G. u. S. I, 135ff.; dann meine nähere Darstellung Z. 37, 1916, 1ff. und jetzt Strafr. II, 169ff. (dort weitere Literatur).

[10] Vgl. oben S. 19 Anm. 8; näher Strafr. II, 170/71.

[11] Vgl. näher die Motive, Strafr. II, 171.

[12] Vgl. oben S. 90.

gleichwertig[1]. Angesichts dieser Sachlage kann die Frage nur lauten[2]: Liegen im Einzelfalle etwa dennoch besondere juristische Gründe vor, nur die Tätigkeit oder nur den Erfolg für maßgebend zu erklären[3]?

III. Für die Zeit der Begehung gilt folgendes:

Strafbarkeit der Handlung (StrGB. § 2) und Schuld des Täters (Zurechnungsfähigkeit, Vorsatz, Fahrlässigkeit) müssen zur Zeit des Tuns oder Unterlassens vorliegen; der Zeitpunkt des Erfolges kommt also hier nicht in Betracht[4]. Gleiches gilt für Einwilligung des Verletzten, soweit diese die Rechtswidrigkeit ausschließt[5]. Anders ist bei Fristberechnung für Antragsdelikte (StrGB. § 61)[6] und Verjährung (StrGB. § 67 Abs. 4)[7] zu entscheiden. Zeitliche Vorschriften in einzelnen Deliktstatbeständen sind nach dem Sinne der betr. Bestimmung auszulegen[8].

IV. Ort der Tat: 1. Die wichtigste Frage lautet hier: Wann ist eine Handlung im Inland bzw. im Ausland begangen[9]?

Grundsätzlich richtig (vgl. oben No. II) und praktisch allein befriedigend ist die Antwort: Liegt ein entscheidender Teil des Verbrechens — Handlung oder Erfolg — im Inland[10], so ist das Verbrechen auch im Inland begangen, also als Inlandsdelikt strafbar (StrGB. § 3); sog. Einheitstheorie[11]. So auch in feststehender Rechtsprechung das Reichsgericht[12] wie ein erheblicher Teil der Literatur[13].

---

[1] Vgl. oben S. 93. [2] Vgl. näher Strafr. II, 170/71.

[3] Daraus folgt zugleich, daß die Antwort für verschiedene Probleme möglicherweise verschieden lauten kann.

[4] Anerkannt; vgl. im Einzelnen Strafr. II, 173. [5] Unten S. 122, Anm. 15.

[6] Drei Monate von Kenntnis der „Handlung", d. h. hier der strafbaren Handlung einschließlich des Erfolges; unten S. 150; näher Strafr. II, 174, 389.

[7] Maßgebend ist hier nach richtiger Ansicht (insbes. Reichsgericht) auch die erste entscheidende Wirkung (z. B. die tödliche Verletzung, nicht der Tod). Ein Teil der Literatur erklärt allein die Tätigkeit für maßgebend; vgl. unten S. 182; näher Strafr. II, 174, 560/61.

[8] Beispiel: StrGB. § 307 [1]: „Zeit der Tat" bezeichnet hier die strafbare Handlung vom Anfang der Ausführung bis zum Ausbruch des Brandes; vgl. näher Strafr. II, 174.

[9] Inlandsdelikte sind stets strafbar (StrGB. § 3), Auslandsdelikte nur in den Fällen der StrGB. § 4; vgl. oben S. 80.

[10] Beispiele: Schuß über die Grenze; Zusendung eines beleidigenden Briefes oder einer Sprengbombe vom Ausland ins Inland oder umgekehrt.

[11] Ich habe dieses naheliegende Schlagwort zuerst Z. 37, 1ff., gebraucht, und es ist heute üblich geworden; vgl. zur näheren Begründung dort und Strafr. II, 175/76.

Auch im Ausland ist die Einheitstheorie herrschend; vgl. Bd. II, 172.

[12] Eingehende Darstellung dieser Rechtsprechung Strafr. II, 178/80; vgl. schon E. 1, 274, dann z. B. E. 48, 134 („feststehende Rechtsprechung"). Über die grundsätzliche Gleichwertigkeit von Handlung und Erfolg E. 1, 276; 10, 420; 15, 232; 19, 147; 25, 424; 39, 258.

[13] Insbes.: Binding, v. Lilienthal, v. Kries, v. Liszt-Schmidt, Olshausen, Lobe, M. E. Mayer; näher Strafr. II, 175.

Im Gegensatz dazu führt einseitige Berücksichtigung nur der Tätigkeit (Tätigkeitstheorie)[1] dahin, im Auslande tätigen Verbrechern die Schadensstiftung im Inland freizugeben. Entsprechend erlaubt einseitige Berücksichtigung nur des Erfolges (Erfolgstheorie)[2] inländischen Verbrechern die Schadensstiftung im Ausland. Beide Ansichten sind grundsätzlich einseitig und kriminalpolitisch verfehlt.

2. Aus der Einheitstheorie folgt[3]: Das Delikt ist im Inland begangen, wenn sich eines seiner Tatbestandsmerkmale hier verwirklichte[4], also entweder die Ausführungshandlung[5] im Inland lag[6] oder rechtlich erhebliche Zwischenwirkungen[7] bzw. der Enderfolg[8] im Inland eintraten. Gleichgültig ist Strafbarkeit im Ausland; denn es handelt sich hier um Inlandsdelikte (StrGB. § 3)[9].

Unterlassungsdelikte sind dort begangen, wo der Täter handeln sollte[10], ferner natürlich an jedem Orte tatbestandsmäßiger Erfolge.

---

[1] Leider noch in einem Teil der Literatur vertreten: So insbes. KITZINGER a.a.O., A. MERKEL, v. LISZT (seit Lehrb. 12./13. Aufl.), ALLFELD, FINGER, FRANK, BELING; näher Strafr. II, 175.

[2] Früher bedeutsam (dafür insbes. v. LISZT, Lehrb. bis 11. Aufl.); heute verlassen.

[3] Vgl. näher Strafr. II, 176—180.

[4] Dazu RG. E. 1, 276; 3, 316; 10, 423; 16, 188; 39, 258; 48, 138 („ständige Rechtsprechung").

[5] D. h. die Tatbestandshandlung des einzelnen Delikts, z. B. die Tötungshandlung, das Wegnehmen beim Diebstahl usw.; vgl. unten § 45, IV/V. Dazu RG. E. 9, 10; 13, 337; 23, 155; 30, 98; 39, 258; 41, 36; 47, 402; 48, 60, 138.

Aus der Kausalitätslehre (oben S. 94 ff., entscheidend das Setzen adäquater Bedingung) folgt dabei: Der persönlichen Begehung der Ausführungshandlung steht hier wie sonst deren Verursachung durch Benutzung von Naturkräften oder dritten Personen gleich. Mittelbare Täterschaft und Teilnahme (unten §§ 47/49) sind daher begangen sowohl am Ort der Tätigkeit des mittelbaren Täters bzw. Teilnehmers als am Ort der Tätigkeit des Ausführenden als am Ort der weiteren tatbestandsmäßigen Wirkungen. Vgl. RG. E. 9, 10; E. 11, 20; 13, 337; 19, 147; 20, 169; 25, 424.

[6] Ganz oder teilweise; Beispiel: Tötung durch Schläge. Beginn in Deutschland, Fortsetzung jenseits der Grenze, dort Eintritt des Todes. Das ist Inlandsdelikt. Vgl. auch RG. E.10, 420; 13, 337; 23, 155; 39, 258.

[7] Beispiel: Eintritt der tödlichen Verletzung. Dagegen scheiden rechtlich unerhebliche Zwischenwirkungen aus. Beispiel: Es ist Auslandsdelikt, wenn ein aus Paris nach Petersburg gerichteter Brief Deutschland durchläuft. Vgl. auch RG. E. 11, 20; 11, 245.

[8] Auszuscheiden ist hier ein solcher Enderfolg, dessen Eintreten im Inland als zufällig erscheint, weil dies von der Schuld des Täters nicht umfaßt zu sein braucht. So ist bei der Tötung nur der Ort der tödlichen Verletzung, nicht der des eingetretenen Todes maßgebend (sog. „Theorie der Zwischenwirkung").

Zum Erfolg vgl. RG. E. 1, 274; 3, 316; 11, 20, 245; 15, 232; 16, 188; 19, 147; 20, 146, 169. Betr. Ausscheidung zufälliger Inlandswirkungen E. 1, 274; 3, 316; 11, 20; 19, 147; 25, 424 (anders E. 16, 188); siehe auch die vorige Anm.

[9] Vgl. schon RG. E. 1, 274; dann E. 41, 36; 48, 60; 49, 426; 50, 220, 425; 57, 145.

[10] Nicht auch da, wo er sich zur Zeit der Untätigkeit aufhielt. Eine Mutter z. B., die verreist und ihr Kind verhungern läßt, hat dies dort getan, wo sich das Kind befand. Überwiegende Ansicht; näher Strafr. II, 177.

Der Versuch dort, wo der Erfolg nach dem Vorsatz des Täters eintreten sollte[1]. Juristisch einheitliche Handlungen überall dort, wo sich ein Teil des einheitlichen Tatbestandes verwirklichte[2].

3. Die vorstehenden Grundsätze gelten auch für das Landesstrafrecht im Verhältnis der deutschen Staaten zueinander[3] wie für den Gerichtsstand der begangenen Tat im Strafprozeß (StrPO. § 7[4]).

4. In unseren Entwürfen ist die Einheitstheorie zur gesetzlichen Anerkennung gebracht und damit zugleich dem Streit der Meinungen entzogen[5].

Kapitel IV.

Die Rechtswidrigkeit.

§ 32. Allgemeine Grundlagen.

I. Tiefere Einsicht in Wesen und Bedeutung der Rechtswidrigkeit als Begriffsmerkmal des Verbrechens[6] ist erst eine Errungenschaft neuester Zeit.

Das römisch-italienische wie das ältere und das gemeine deutsche Strafrecht beschränken sich auf Erörterung einzelner Fälle[7]. Noch unser geltendes RStrGB. von 1870 behandelt unter dem Titel „Gründe, welche die Strafbarkeit ausschließen" (§§ 51ff.) einzelne Fälle mangelnder Rechtswidrigkeit[8], Schuld[9], ferner Strafantrag und Verjährung neben- und durcheinander.

---

[1] Im Ergebnis anerkannt; vgl. näher a. a. O.

[2] Herrschende Ansicht; vgl. a. a. O.

[3] Vgl. RG. E. 1, 274, R 6, 183 (Spielen in auswärtigen Lotterien); näher Strafr. II, 178.

[4] Herrschende Ansicht; vgl. auch RG. E. 1, 274; 15, 232; 23, 155 („gemeine Meinung"). Es handelt sich hier einfach um Durchführung der Grundsätze des materiellen Rechts. Damit wird zugleich die Strafbarkeit im Inland gewährleistet.

[5] Grundlegend der Entw. d. Strafrechtskommission von 1913, dem die späteren folgen; näher Strafr. II, 180/81.

[6] Vgl. oben S. 6; 84.

[7] Wie Tötungsrecht, Notwehr, einzelne Notstandsfälle, Amtsbefugnisse usw. Dabei erscheinen mangelnde Rechtswidrigkeit, mangelnde Schuld und mangelnde Strafbarkeit neben- und durcheinander.

Seit Böhmer (oben S. 83, Anm. 10) wird die Rechtswidrigkeit als Begriffsmerkmal erkannt. Ihren Inhalt findet die Aufklärung (damals ein großer Fortschritt, sachlich aber zu eng) in der Schadenszufügung bzw. der Verletzung subjektiver Rechte; vgl. oben S. 38; näher Strafr. I, 10ff., 29; II, 86/87, 100ff. Über die Landesrechte v. 1794 bis 1870, Strafr. II, 183.

[8] Notwehr, Notstand, StrGB. §§ 52—54.

[9] Zurechnungsfähigkeit, Vorsatz, Fahrlässigkeit, jugendliches Alter.

Um 1870 setzt der entscheidende Fortschritt der Wissenschaft ein[1]. Heute haben wir es mit einer reichen Literatur auf diesem Gebiet zu tun[2].

II. Das Wesen des Rechts besteht in der bindenden Begrenzung der menschlichen Machtgebiete[3]. Daraus folgt: Objektiv rechtswidrig, Unrecht oder Rechtsverletzung sind solche Handlungen, die einen verbotenen Eingriff in das rechtlich geschützte Machtgebiet anderer bzw. der Gesamtheit darstellen; anders ausgedrückt: einen Eingriff in rechtlich geschützte Interessen (Rechtsgüter)[4]. Dieser Erfolg kennzeichnet also das sachliche Wesen des Unrechts[5]. Formell erscheint es als Verstoß gegen die Gebote bzw. Verbote der Rechtsordnung.

III. Wird eine Handlung mit Strafe bedroht[6], so wird sie damit zugleich grundsätzlich als objektiv rechtswidrig (Unrecht, und zwar Verbrechen) erklärt[7].

Dieser Grundsatz aber erleidet Ausnahmen: Eine bei Strafe verbotene, also grundsätzlich rechtswidrige Handlung kann aus besonderen Gründen im Einzelfalle (z. B. Notwehr) rechtlich erlaubt oder gar rechtlich geboten sein (z. B. Amtshandlung). Dann fehlt die objektive Rechtswidrigkeit, ein Verbrechen ist trotz der allgemeinen Strafdrohung nicht vorhanden[8].

---

[1] 1867 vertritt AD. MERKEL (Krim. Abh. I, 41ff., gegen HEGEL) grundlegend die Einheitlichkeit allen Unrechts, leider unter Beschränkung des Unrechtsbegriffs auf schuldhaftes Handeln; vgl. oben S. 6. Ihm folgt, vom Standpunkt seiner Normentheorie aus, 1872 BINDING (Normen; oben S. 4, 5). Klare und zutreffende Bestimmung des objektiven Unrechtsbegriffs brachte dann 1881 v. LISZT (Lehrb., 1. Aufl.); vgl. oben S. 6. Näher zum Vorstehenden Strafr. II, 183/84.

[2] Vgl. näher Strafr. II, 184. Das Ausland steht im allgemeinen hinter Deutschland zurück; vgl. näher Strafr. II, 201. Dazu GRAUMANN: D. Rechtswidrigkeit im ausländischen Recht (Göttinger Diss.) 1930 (Strafr.-Abhandlg. Breslau, Schletter).

[3] Anders ausgedrückt: Der menschlichen Handlungsfreiheit; vgl. oben S. 1.

[4] Vgl. näher oben S. 3, 6, 84. Eingehend Strafr. II, 184/85 und dort zit. Bd. I.

[5] Alles Recht als bindende Abgrenzung der Machtgebiete geht notwendig vom Erfolge aus; erst auf höherer Kulturstufe tritt einschränkend als weiteres subjektives Merkmal des Verbrechens das Erfordernis der Schuld hinzu; anders die Moral. Vgl. oben S. 1, Anm. 3; S. 9/10 usw.

[6] Darüber entscheiden die Bedürfnisse des Rechtsgüterschutzes; vgl. oben S. 6, 83.

[7] Gleichgültig, ob sie früher bereits verboten war oder nicht. Denn die Strafe ist (anders evtl. der Schadensersatz) ausschließlich Unrechtsfolge, und zwar die schwerste Unrechtsfolge, die es gibt; vgl. oben S. 5 Anm. 4, S. 6; Strafr. II, 185.

[8] Im Ergebnis heute herrschende Auffassung. Über und wieder abweichende Ansichten vgl. eingehend Strafr. II, 185—190. Hervorgehoben sei:

a) Gegen HEGEL usw. vgl. oben S. 6.

b) Gegen BINDINGS Normentheorie oben S. 4/5.

c) Unzutreffend ist die Auffassung, daß nur schuldhaftes Unrecht rechtswidrig sei (so insbes. A. MERKEL, BINDING, oben Anm. 1; KOHLRAUSCH, Graf

IV. Über die Frage, ob eine sonst strafbare Handlung im Einzelfalle objektiv rechtmäßig ist, entscheidet das gesamte öffentliche und Privatrecht[1] einschließlich des Gewohnheitsrechts[2]; im StrGB. selbst sind nur einige Fälle gesetzlich geregelt[3].

Sachlich handelt es sich insgesamt um zwei große Gruppen von Fällen[4]: 1. Wahrnehmung berechtigter Interessen innerhalb der zulässigen Schranken; 2. Einwilligung des Verletzten. Welche Interessen aber berechtigt sind, innerhalb welcher Schranken sie verfolgt werden dürfen, wann und wieweit Einwilligung zulässig ist, darüber entscheidet im einzelnen das geltende Recht und dessen Auslegung.

V. Für alle Fälle aber, mögen sie bisher beachtet sein oder nicht, lassen sich folgende Grundsätze bzw. Folgerungen aufstellen[5]:

Dohna). Vgl. dagegen geschichtlich oben S. 9/10 usw. Sachlich ferner insbes.: Zurechnungsfähigkeit, Vorsatz und Fahrlässigkeit beziehen sich ebenso auf erlaubtes wie auf verbotenes Handeln, einen Schuldvorwurf aber begründen sie nur im letzteren Falle. Zunächst also muß die objektive Rechtswidrigkeit feststehen, ehe die Frage der Schuld überhaupt aufgeworfen werden kann; dazu eingehend Strafr. II, 186/88; unten S. 126, Anm. 3.

d) Soweit das Recht regelnd eingreift (also insbes. bei strafrechtlichen Geboten bzw. Verboten), gibt es kein Mittelgebiet rechtlich gleichgültiger Handlungen; sondern die Handlung ist rechtswidrig, soweit sie nicht ausnahmsweise rechtlich erlaubt wird; vgl. näher Strafr. II, 189/90.

e) Seit A. Merkel werden die Unrechtsausschließungsgründe (z. B. Notwehr usw.) öfters als sog. negative Tatbestandsmerkmale bezeichnet. Der Ausdruck hat keinen selbständigen sachlichen Wert. Besser, weil deutsch und sachlich treffend, ist: Rechtfertigungsgründe oder, negativ gefaßt, Unrechtsausschließungsgründe; vgl. Strafr. II, 189.

[1] Heute anerkannt. Auch RG. E. 16, 153; 59, 406/07; 63, 218; eingehend E. 61, 247; vgl. näher Strafr. II, 190/93.

Daraus folgt zugleich: Abschließende Aufzählung aller Fälle ist unmöglich; denn niemand vermag das gewaltige Gesamtgebiet unserer Rechtsordnung derart restlos zu überschauen. Aufgabe der folgenden Paragraphen ist Vorführung der in Wissenschaft und Praxis als wichtig hervorgetretenen Fälle.

[2] Beispiele: Einwilligung des Verletzten, ärztliche Tätigkeit; vgl. näher die folgenden Paragraphen.

[3] StrGB. §§ 53 (Notwehr); 52/54 (Notstand); 186, 193 (Wahrheitsbeweis und Wahrnehmung berechtigter Interessen bei Beleidigung).

[4] Mehrfache andere Versuche zur Aufstellung allgemein verbindlicher Wertmaßstäbe sind mißlungen. So: 1. Prinzip des überwiegenden Interesses (Interessenkollision); vgl. insbes. A. Merkel, Lehrb. 157. 2. Maßstab der Gesellschaftsschädlichen (Antisozialen); so insbes. v. Liszt, v. Liszt-Schmidt. 3. Maßgebend, daß die Handlung richtiges Mittel zu richtigem Zweck war; so, anschließend an Stammler, insbes. Graf Dohna. Solche Maßstäbe geben Anregungen für die Auslegung des bestehenden Rechts. Aber sie decken nicht das gesamte Gebiet und treffen auch nicht allgemein zu; vgl. eingehend Strafr. II, 191/93. Dazu unten S. 119.

[5] Das geschah in solcher Art zuerst in meinem Strafr. II, 193—200.

1. Über Rechtmäßigkeit bzw. Rechtswidrigkeit entscheidet auf dem ihm reichsrechtlich überlassenen Gebiet auch das Landesrecht[1].

2. Der Richter hat die Rechtsfrage — rechtmäßig oder nicht — im Einzelfalle zu entscheiden. Bleibt dagegen die tatsächliche Sachlage zweifelhaft[2], so ist freizusprechen[3].

3. Maßgebend ist grundsätzlich die Sachlage, wie sie sich für objektives Urteil hinterdrein darstellt, nicht etwa unter Versetzung in die Lage des Täters zur Zeit der Tat[4].

Anders, soweit das Recht verständiges Ermessen im Einzelfalle für maßgebend erklärt. Insoweit ist rechtmäßig die nach Lage der Verhältnisse zur Zeit der Tat pflichtmäßige Handlung[5].

4. Grundsätzlich gleichgültig sind die Motive und Zwecke des Täters[6]. Anders nur, wenn das Recht (ausnahmsweise) ein Verhalten nur bei bestimmter Willensrichtung für rechtmäßig erklärt[7].

Gleichgültig ist ferner, soweit das Gesetz nichts anderes bestimmt[8], ob der Täter die den Eingriff gestattende Sachlage selbst verursachte. Anders nur, wenn dies vorsätzlich geschah, um dergestalt fremde Interessen zu verletzen[9].

---

[1] Beispiel: Schulzucht. Ob im Einzelnen Landesrecht zulässig, ist Auslegungsfrage des Reichsrechts; vgl. oben S. 73ff.

[2] Z. B. der gegenwärtige Angriff bei Notwehr; vgl. RG. R 7, 665 (dagegen ist im Zivilprozeß der Beklagte beweispflichtig; vgl. E. 33, 352).

[3] Denn niemand kann verurteilt werden, weil er vielleicht ein Verbrechen beging, vielleicht auch nicht; vgl. Strafr. II, 193/94.

[4] Also Urteil ex post (auf Grund der Ergebnisse der Hauptverhandlung), nicht ex ante. So bereits v. Liszt. Regelmäßig wird die Frage — zu eng — nur für die Notwehr erörtert. Dort richtig insbes. Allfeld, Frank; RG. R 1, 23; E. 54, 37; 54, 196 (verfehlt hier die Anwendung); dagegen insbes. Binding; vgl. näher Strafr. II, 194.

Nimmt der Täter irrtümlich eine sein Verhalten rechtfertigende Sachlage (z. B. gegenwärtigen Angriff bei Notwehr) an, so fehlt der Vorsatz, Fahrlässigkeit ist Tatfrage; die Tat bleibt objektiv rechtswidrig. Sog. Putativ-Notwehr, Putativ-Notstand, putative Einwilligung usw. Vgl. z. B. RG. E. 60, 262; 63, 219ff. Siehe dazu unten S. 114 Anm., 119 Anm.; näher Strafr. II, 194/95.

[5] So bei der Amtshandlung; vgl. RG. E. 27, 198 (vorläufige Festnahme); E. 50, 407 (militärisches Ermessen); E. 61, 298 (Gerichtsvollzieher). Weiter z. B. bei der Geschäftsführung ohne Auftrag (unten S. 123), bei der ärztlichen Tätigkeit (unten S. 124); näher Strafr. II, 195.

[6] Eine rechtmäßige Handlung bleibt dies, auch wenn sie aus antisozialer Gesinnung hervorging. Herrschende Ansicht (vielfach nur bei der Notwehr erörtert); vgl. auch RG. R 4, 804; E. 60, 262; näher Strafr. II, 196.

[7] Beispiel: Geschäftsführung ohne Auftrag, unten S. 123; dagegen nicht bei der Notwehr, vgl. unten S. 113, Anm. 4; dazu Strafr. II, a. a. O.

[8] StrGB. § 54 fordert beim Notstand (verfehlterweise) mangelndes Verschulden; dazu Strafr. II, a. a. O.; unten S. 116, Nr. 5.

[9] Denn dann handelt es sich in Wahrheit um besonders hinterlistigen Angriff unter dem Deckmantel der Abwehr. Zutreffend RG. I, 9. Nov. 1908 (Ztschr. f. Rechtspflege in Bayern V, 131/32); in der Literatur besteht Streit; vgl. näher Strafr. II, 196/97.

5. Grundsätzlich rechtswidrig bleibt die Verletzung unbeteiligter Dritter[1], soweit sie sich nicht aus besonderen, selbständigen Gründen im Einzelfalle rechtfertigt. So, falls dem Dritten gegenüber straffreier Notstand vorliegt[2] oder das Recht Eingriffe gegenüber der Gesamtheit gestattet[3].

6. Gegen eine objektiv rechtmäßige Handlung ist Notwehr unzulässig[4], strafbare Teilnahme daran unmöglich[5].

7. Kommissivdelikte durch Unterlassung sind nur bei besonderer Rechtspflicht zum Handeln rechtswidrig[6].

8. Nicht selten sind im Einzelfalle mehrere Rechtfertigungsgründe gegeben[7]. Dann hat Freisprechung aus jedem dieser mehreren, selbständig nebeneinanderstehenden Gesichtspunkte zu erfolgen[8].

VI. In den einzelnen Deliktstatbeständen wird die Rechtswidrigkeit als Verbrechensmerkmal regelmäßig nicht besonders erwähnt[9]; eine Minderzahl von Tatbeständen aber enthält das Wort „rechtswidrig". Hier ist prozessual stets ausdrückliche Feststellung der Rechtswidrigkeit im Einzelfalle erforderlich[10].

Materiell-rechtlich liegen diese Fälle verschieden[11]: Vielfach ist das Wort „rechtswidrig" entbehrlich[12] oder ungenau[13]. Notwendig

---

[1] Auch diese Frage wird regelmäßig nur bei der Notwehr erörtert; dort zutreffend die herrschende Ansicht. Vgl. auch RG. E. 58, 27. Dagegen eine Minderheit (insbes. VAN CALKER, FRANK); vgl. näher Strafr. II, 197/98.

[2] Innerhalb der Schranken des Gesetzes bzw. des Verhältnismäßigen; vgl. unten S. 115 ff.

[3] So das militärische Waffenrecht bei Aufruhr usw.

[4] Denn es fehlt ein „rechtswidriger Angriff" (StrGB. § 53). Möglich aber bleibt — was regelmäßig nicht beachtet wird — beiderseits straffreie Notstandshandlung; vgl. Strafr. II, 198, unten S. 119, Nr. 1.

[5] Denn es fehlt ein Verbrechen; vgl. RG. E. 31, 395.

[6] Vgl. oben S. 101/02.

[7] Z. B. Notwehr, Waffenrecht, vorläufige Festnahme, Selbsthilfe.

[8] Denn jeder für sich rechtfertigt die Freisprechung, auch wenn der andere sich als unzutreffend erwiese. In der Literatur wird hier teilweise (unklar und verfehlt) ein Subsidiaritätsverhältnis angenommen; vgl. z. B. LOBE, Leipz. Komm. § 53, Nr. 1. Dazu Strafr. II, 198/99.

[9] Weil sie grundsätzlich aus der Strafdrohung folgt; vgl. oben S. 107, Anm. 7.

[10] Sonst nur im Zweifelsfalle.

[11] Für den Gesetzgeber ist hier offenbar lediglich das Sprachgefühl maßgebend gewesen. Kritische Betrachtung führt zu den obigen Ergebnissen; vgl. näher Strafr. II, 199/201.

[12] Völlig überflüssig z. B. in StrGB. § 339, 353a. Entbehrliche Mahnung an den Richter zur besonderen Beachtung in StrGB. §§ 239, 240, 303 (daher hier von den Entwürfen seit 1913 gestrichen); vgl. Strafr. II, 199, Anm. 5.

[13] Beispiele: Bedeutung in StrGB. § 123: Wider den Willen des Berechtigten; in § 113 (rechtmäßige Amtsausübung) gleich pflichtmäßig; vgl. oben S. 109, Anm. 5.

ist es dort, wo zum Wesen des betr. Delikts der bewußte Verstoß gegen die Rechtsordnung gehört[1].

VII. Unsere Entwürfe seit 1913[2] haben die heute gewonnene, grundlegende Einsicht, daß über die objektive Rechtswidrigkeit das gesamte öffentliche und bürgerliche Recht entscheidet, zur ausdrücklichen Anerkennung gebracht.

§ 33. Notwehr.

I. Die Notwehr entwickelt sich geschichtlich durch rechtliche Begrenzung des früher unbeschränkten Rechts zur Tötung des Angreifers bei handhafter Tat. Sie findet nähere Behandlung seit den Italienern wie in Deutschland seit dem 13. Jahrhundert[3]. So konnte die Carolina (Art. 139ff.) eine eingehende gesetzliche Regelung geben; ihre Grundlagen sind deutsch[4]. Nach weiterer Arbeit im gemeinen Recht[5] erfolgte um 1800 der entscheidende Fortschritt: Die Einstellung der Notwehr in den allgemeinen Teil zum Schutz aller berechtigten Interessen[6].

Nach RStrGB. § 53 ist Notwehr „diejenige Verteidigung, welche erforderlich ist, um einen gegenwärtigen rechtswidrigen Angriff von sich oder einem Dritten abzuwenden"[7].

II. Voraussetzung der Notwehr ist also ein solcher Angriff, ihr Inhalt die erforderliche Verteidigung.

1. Angriff ist Eingriff in irgendwelche rechtlich geschützten Interessen[8], nicht etwa nur, wie in früheren Zeiten, Angriff auf Leib und Leben. Seinem Grade nach ist der Angriff auf Verletzung oder verbotene Gefährdung von Rechtsgütern gerichtet. Bloßes Nichtstun[9] ist kein Angriff; wohl aber stellt das Kommissivdelikt durch

---

[1] Beispiele: Diebstahl, Betrug, Erpressung, Wildern; hier gehört zum Vorsatz das Bewußtsein der Rechtswidrigkeit; vgl. dazu unten S. 140, Nr. 4; im Einzelnen den besonderen Teil.

[2] Strafrechtskommission; Anträge v. Tischendorff, v. Hippel, Frank; vgl. näher Strafr. II, 200/201.

[3] Näher Strafr. II, 202, und dort zit. Bd. I; oben S. 19 Anm. 8; 27.

[4] Vgl. oben S. 32, Anm. 2.

[5] Ausdehnung des Schutzes auf Keuschheit, Ehre, Vermögen; schärfere begriffliche Darstellung; vgl. Strafr. II, 203.

[6] Bahnbrechend das Preuß. Landrecht 1794; vgl. näher a. a. O.

[7] Wörtlich ebenso jetzt BGB. § 227. Damit ist StrGB. § 53 nicht etwa beseitigt, sondern das BGB. stellt nur dessen zivilrechtliche Folgen sicher; vgl. Strafr. II, 35.

[8] Notwehr ist also z. B. zulässig zum Schutz von Freiheit, Ehre, Hausfrieden, Sittlichkeit, Familien- und Vermögensrechten (einschließlich Besitz) usw. Vgl. dazu RG. E. 21, 168 und Jur. Ztg. 32, 286 (Beleidigung); E. 48, 246 (Verlöbnis); E. 3, 322 (Pfändung); E. 35, 407; 46, 348; 55, 167 (Jagdrecht); E. 60, 278 (Besitz); Jur. Ztg. 32, 675 (Ruhestörung). Über Zurückhaltung eines Briefes zwecks Abwehr unlauteren Wettbewerbs meine Arbeit: Jur. Wochenschr. 56, 1927, S. 3008; näher Strafr. II, 203/04.

[9] Z. B. Nicht-Erfüllung von Verbindlichkeiten.

Unterlassung[1] einen solchen dar. Gleichgültig ist der Ort des Angriffs[2].

Fraglich wurde, ob Notwehr auch bei Angriffen auf öffentliche Interessen bzw. auf den Staat und seine Verfassung zulässig ist. Das RG. hat solche Staatsnotwehr neuerdings ausdrücklich anerkannt[3].

2. Rechtswidrig ist jeder Angriff, der nicht ausnahmsweise besonders erlaubt oder geboten ist[4]. Gleichgültig sind daher Strafbarkeit[5] und Schuld[6] des Angreifers. Aus demselben Grunde ist Notwehr auch gegenüber Tieren zulässig[7]. Dagegen begründen bloße Verstöße wider die guten Sitten kein Notwehrrecht[8].

3. Gegenwärtig ist der unmittelbar bevorstehende oder noch fortdauernde[9], nicht der zukünftige oder schon beendete Angriff.

Der Bedrohte braucht also selbstverständlich nicht den Eintritt der Verletzung abzuwarten, aber auch nicht den Beginn der Ausführungs-

---

[1] Vgl. oben S. 100ff. Beispiel: Sitzenlassen eines Gefangenen über die Strafzeit; bricht dieser aus oder zwingt den Beamten zur Freilassung, so handelt er in Notwehr. — In der Literatur wird dies teilweise verkannt, auch in RG. E. 19, 298, nicht klar erfaßt; vgl. näher Strafr. II, 204.

[2] Denn der Angegriffene muß sich dort wehren, wo der Angriff erfolgt; vgl. RG. E. 21, 170 (Angriff in der Kirche).

[3] Eingehend E. 63, 215ff. Dies entspricht zwar nicht den Vorstellungen des Gesetzgebers v. 1870, wohl aber den Bedürfnissen der Gegenwart. Strafr. II, 204/06: Notwehr ist zulässig gemäß dem ausdrücklichen oder zu vermutenden Willen des Staates (als Geschäftsführung ohne Auftrag). Dazu Hartung (Jurist. Rundschau, 15. März 1931, S. 61ff.): Soweit der Staat selbst nicht in der Lage ist, sich entsprechend zu verteidigen. Vgl. auch Oetker, GerS. 97, 411ff.; Festgabe f. Frank, I, 359ff. Staatsnotstand unten S. 118 Anm. 2.

[4] Vgl. oben S. 107, 108 Anm. (d). Die Rechtswidrigkeit ist also vom Standpunkt des Angegriffenen, nicht des Angreifers, zu beurteilen; rechtswidrig ist der Angriff, den der Betroffene sich nicht gefallen zu lassen braucht; vgl. näher Strafr. II, 207.

[5] Der Angriff braucht überhaupt nicht strafbar, sondern nur rechtswidrig zu sein. Beispiel: fahrlässige Freiheitsberaubung oder Sachbeschädigung.

[6] Deshalb ist Notwehr auch gegen Unzurechnungsfähige, Strafunmündige und schuldlos Irrende zulässig; herrschende Ansicht, vgl. auch RG. E. 24, 44 (Geisteskranker); näher Strafr. II, 207.

Wo Eingriffe innerhalb pflichtmäßigen Ermessens rechtmäßig sind (vgl. oben S. 109, Nr. 3), ist rechtswidrig die Überschreitung dieser Grenzen; vgl. RG. E. 22, 300; 25, 152; Leipz. Z. 16, 133. Dazu Strafr. II, a. a. O. — Über Handeln auf Befehl unten S. 125.

[7] Dagegen ein Teil der Literatur und RG. E. 34, 295; 36, 230, die Notstand gemäß BGB. § 228 annehmen. Die Ergebnisse sind durchaus unbefriedigende, so insbes.: Gegen Menschen ist hiernach jede erforderliche Abwehr zulässig, gegen Tiere nur die verhältnismäßige; gegenüber Menschen ist Notwehrexzeß (StrGB. § 53 Abs. 3) straflos, gegenüber Tieren strafbar. Vgl. näher Strafr. II, 208.

[8] Vgl. auch oben S. 102, Anm. 9; näher Strafr. II, 208.

[9] Vgl. RG. E. 62, 221.

handlung des Angreifers. Er darf sich vielmehr so rechtzeitig wehren, daß er den Angriff jedenfalls noch sicher abwehren kann[1].

Der Angriff (und damit das Notwehrrecht) dauert fort, bis der Angriff endgültig durchgeführt oder endgültig aufgegeben ist[2], also auch, solange noch Fortsetzung oder Wiederholung zu befürchten ist[3].

III. Die Verteidigung: 1. Verteidigung ist Vorgehen gegen den Angreifer[4]; Verletzung Dritter kann evtl. als Notstandshandlung straflos sein; vgl. oben S. 110 Nr. 5.

2. Zulässig ist die „erforderliche" Verteidigung. Unzulässig ist daher Notwehr, wenn keine Verteidigung erforderlich war, d. h. wenn der Täter ohne jede Preisgabe eigener Interessen dem Angriff ausweichen konnte[5].

„Erforderlich" ist die in concreto zur Abwehr des Angriffs ausreichende Verteidigung. Unter mehreren verfügbaren Mitteln darf der Bedrohte daher kein unnötig schweres wählen. Andererseits darf er den Angriff unter allen Umständen zurückweisen, nötigenfalls also auch mit den schwersten Mitteln (wie Tötung des Angreifers), gleichgültig ob damit die Grenzen des Verhältnismäßigen überschritten werden oder nicht[6].

---

[1] Vgl. dazu RG. E. 53, 133 (Wilderer). Bleibt dies zweifelhaft, so ist freizusprechen; vgl. oben S. 109, Anm. 3. — Gegenüber erst in der Zukunft drohenden Gefahren gibt es keine Notwehr, sondern evtl. nur die Vorbereitung künftiger Abwehr; vgl. dazu über Selbstschüsse unten S. 114, Anm.

[2] Deshalb ist insbes. Notwehr in unmittelbarer Verfolgung zulässig gegenüber dem mit der Beute fliehenden Dieb oder Wilderer; vgl. RG. E. 55, 82 (Obstdiebstahl); näher Strafr. II, 209.

[3] Für verständiges Urteil; bei Zweifel Freisprechung, vgl. oben S. 109, Anm. 3; bei Irrtum des Täters Putativnotwehr, oben S. 109, Anm. 4.

Vgl. dazu RG. E. 21, 169 (Gefahr weiterer Beleidigungen). Deshalb ist z. B. regelmäßig Notwehr die Verfolgung des mit der Schußwaffe fliehenden Wilderers; vgl. auch E. 53, 132 (Wilderer); E. 61, 217 (Einbrecher). Dazu näher Strafr. II, 209/10, und eingehend mein Aufsatz in Jurist. Wochenschr. 53, 1924, S. 1931.

[4] Das RG. (E. 56, 285; 60, 262) und ein Teil der Literatur verlangt, daß der Bedrohte zwecks Verteidigung vorging, m. E. mit Unrecht. Maßgebend ist die objektive Sachlage; vgl. oben S. 109; näher Strafr. II, 210.

[5] Insbes. also, ohne sich dem Vorwurf der Feigheit auszusetzen.

Solche Fälle sind nicht die Regel, sondern die Ausnahme; wichtig namentlich bei Angriffen Unzurechnungsfähiger, Strafunmündiger, fahrlässig oder schuldlos Handelnder.

In obigem Sinne auch die feststehende Rechtsprechung des RG.: Vgl. E. 16, 69; R 9, 471; Goltd. Arch. 46, S. 31; 48, S. 304; E. 32, 392/93; E. 48, 304; 54, 200. Die überwiegende Ansicht in der Literatur will stets Notwehr zulassen; dagegen näher Strafr. II, 210/11.

Über selbst verursachte bzw. verschuldete Angriffe vgl. oben S. 109, Nr. 4.

[6] Vgl. dazu eingehend RG. E. 55, 82 (85,) Obstdiebstahl, zur Abwehr Schußverletzung (bei Flucht). Ferner: E. 35, 407; 55, 167 (Wilderer); E. 46, 348 (Kaninchenfänger); E. 53, 132 (Wilderer, Schuß bei Flucht), E. 61, 217 (bei

IV. Notwehr darf nach ausdrücklicher Vorschrift des Gesetzes nicht nur der Bedrohte, sondern ganz ebenso zu dessen Gunsten jeder unbeteiligte Dritte üben (sog. Nothilfe)[1].

V. Die objektive Rechtmäßigkeit der Notwehrhandlung ist allgemein anerkannt. Über die wichtigen praktischen Folgen vgl. oben S. 109/10.

VI. „Überschreitung der Notwehr" (Notwehrexzeß) ist „nicht strafbar, wenn der Täter in Bestürzung, Furcht oder Schrecken über die Grenzen der Verteidigung hinausgegangen ist"[2]. Der Exzeß ist dann sog. persönlicher Strafausschließungsgrund[3].

VII. Das Recht des Auslands steht hinter unserer klaren, praktisch bewährten Notwehrbestimmung überwiegend zurück[4]. Unsere Entwürfe haben sie grundsätzlich beibehalten[5].

Verfolgung eines Einbrechers). Betr. Drohung mit Schreckschüssen E. 3, 225; 12, 197; 32, 391 (auch 57, 79).

Scharf zu betonen ist: Der Bedrohte braucht sich nicht mit Mitteln zu begnügen, die in concreto unsicher oder gar zweischneidig sind. Das trifft insbes. häufig bei Drohungen oder Schreckschüssen zu (lehrreich hier E. 54, 197; im übrigen vom RG. falsch entschieden, vgl. unten Anm. 1). Dem mit Waffe versehenen Gegner (Einbrecher, Wilderer) gegenüber wird gewöhnlich der sofortige ernsthafte Waffengebrauch das erforderliche Mittel der Abwehr sein; vgl. v. Hippel, Jur. Wochenschr. 53, S. 1932.

Eingehend zum Vorstehenden Strafr. II, 211/12. Bleibt es für verständiges Urteil ex post zweifelhaft, ob die gewählte Verteidigung „erforderlich" war, so ist freizusprechen; vgl. oben S. 109 Nr. 2. Bei Irrtum des Täters über die Sachlage Putativnotwehr, oben S. 109, Anm. 4.

Das Legen von Selbstschüssen, Fußangeln usw. ist Notwehr, soweit im Einzelfalle der Angreifer verletzt wird und mildere Mittel nicht zur Verfügung standen; vgl. näher Strafr. II, 212/13.

[1] StrGB. § 53 Abs. 2: Abwehr des Angriffs „von sich oder einem Dritten". Nothilfe ist also stets statthaft, daher auch ohne oder gegen den Willen des Angegriffenen (falls dieser nicht sein Recht wirksam preisgab).

Vgl. dazu auch RG. E. 55, 167; 60, 277/78. Vollständig übersehen wird dies in RG. E. 54, 197 (der Waldarbeiter leistete hier Nothilfe gegenüber dem rechtswidrigen Angriff der Wilderer; das RG. stellt die gesamte Rechts- und Sachlage geradezu auf den Kopf). Vgl. näher Strafr. II, 213, und eingehend in Jur. Wochenschr. 53, S. 1933.

[2] Andere Gemütsbewegungen (z. B. gerechter Zorn) genügen nach geltendem Recht nicht.

[3] Die Tat bleibt also rechtswidrig, insoweit ist daher Notwehr zulässig, Teilnahme evtl. strafbar. Überwiegende Ansicht. Schuldausschluß nehmen neuerdings Lobe, v. Liszt-Schmidt an; dagegen Strafr. II, 214; unten S. 129, III.

[4] Vgl. näher Strafr. II, 214.

[5] Gänzlich verfehlte Ausnahme der Entw. v. 1925, der nur Verteidigung „in einer den Umständen angemessenen Weise" gestatten wollte; dazu eingehend Strafr. II, 214/15.

§ 34. Notstand. Pflichtenkollision.

I. Notstand ist ein Zustand gegenwärtiger Gefahr für berechtigte Interessen, der sich nur abwenden läßt durch Verletzung berechtigter Interessen eines Anderen[1].

Diese allgemeine Begriffsbestimmung ist erst eine Errungenschaft neuester Zeit[2]. Damit erklären sich manche noch bestehende Meinungsverschiedenheiten wie auch die lückenhafte Regelung im geltenden Recht.

II. Das StrGB. regelt in § 52 den Fall der Drohung[3], in § 54 den sonstigen Notstand[4]. Beide Male wird vorausgesetzt gegenwärtige, anders nicht abwendbare Gefahr für Leib oder Leben des Täters oder eines Angehörigen[5]; im Falle des § 54 ferner, daß der Notstand „unverschuldet" war. Unter diesen Voraussetzungen ist „eine strafbare Handlung nicht vorhanden".

III. Zur näheren Auslegung ist hervorzuheben:

1. Die Drohung (StrGB. § 52), wörtliche oder tätliche, muß für den Bedrohten als ernsthaft erscheinen[6]. Jede nicht durch Drohung, sondern durch anderweite Ereignisse[7] erzeugte Notlage fällt unter § 54 StrGB.

---

[1] Solche Gefahrlage kann ebenso durch rechtswidrigen Angriff (Tätlich keit bzw. Drohung) wie durch irgendwelche sonstigen ungünstigen Ereignisse entstehen. Beispiel für ersteres: Der überfallene Kassenbote übt nicht Notwehr gegenüber dem Angreifer, sondern gibt das Geld heraus; für letzteres: Verletzung eines Anderen zur Rettung des eigenen Lebens bei Unglücksfall usw.

[2] Das römisch-kanonisch-italienische wie das deutsche Recht bis nach 1800 erwähnen nur einzelne Fälle von Notstand. Allgemeine Fassung erstrebte Feuerbach. Vgl. über diese geschichtliche Entwicklung bis 1870 eingehend Strafr. II, 216—219.

[3] Daneben nennt das Gesetz „unwiderstehliche Gewalt". Dies erklärt sich geschichtlich, ist sachlich überflüssig und hat mit dem Notstand nichts zu tun. Es fehlt hier der Begriff der Handlung, deshalb kein Verbrechen; vgl. oben S. 91, Anm. 7.

[4] Sachlich liegen beide Fälle gleich; denn die Zwangslage ist für den Täter genau dieselbe, mag sie so oder so entstanden sein.

[5] Vgl. dazu die gesetzliche Begriffsbestimmung des Angehörigen in StrGB. § 52 Abs. 2.

[6] Gleichgültig, ob der Drohende sie wirklich ausführen wollte. Ebenso, ob er schuldhaft handelte (also wie bei der Notwehr, oben S. 112); deshalb begründen auch Tierangriffe Notstand nach § 52 (wie bei der Notwehr — oben S. 112, Anm. 7 — teilweise bestritten; vgl. z. B. Frank, Lobe).

Gleichgültig ist ferner, ob der Drohende etwas Bestimmtes verlangt (Beispiel: Drohung mit Schlägen aus bloßer Wut); ebenso, ob der Bedrohte dem Verlangen folgt (er kann sich auch auf andere Weise retten). Anders Frank; vgl. näher Strafr. II, 222.

[7] Nicht nur zufällige oder Naturereignisse. Treffend RG. E. 60, 318 (Gefahr wiederkehrender Wutausbrüche) und dort zit. I 3, Apr. 1922; ferner E. 41, 214 (schlechte Behandlung in Fürsorgeerziehung); näher Strafr. II, 220.

2. Die Zusammenstellung „Gefahr für Leib oder Leben" ergibt, daß die Leibesgefahr eine wesentliche sein muß[1].

3. Gegenwärtig ist die unmittelbar drohende oder noch fortdauernde Gefahr[2]. Kann der Täter ihr ausweichen, so ist Notstandshandlung unzulässig[3].

4. Die Notstandshandlung[4] besteht im Eingriff in irgendwelche rechtlich geschützte Interessen Dritter[5] bzw. der Gesamtheit[6] innerhalb der Schranken des zur Abwehr der Gefahr Erforderlichen[7]. Straflosen Exzeß kennt das Gesetz, im Gegensatz zur Notwehr[8], nicht. Unzulässig ist Notstandshandlung, wenn der Täter rechtlich verpflichtet ist, die Gefahr zu ertragen[9].

5. Im Gegensatz zu § 52 StrGB. gewährt § 54 nur bei unverschuldetem Notstand Straffreiheit. Verschuldet ist der Notstand nach herrschender Ansicht aber nur, wenn die Entstehung der Gefahrlage und die Notwendigkeit des Eingriffs in fremde Interessen voraussehbar war[10].

---

[1] Z. B. Bedrohung mit Schlägen oder Mißhandlungen, vgl. RG. E. 29, 77; 43, 342; ferner E. 41, 214 (Verwahrlosung eines Kindes in Fürsorgeerziehung); näher Strafr. II, 220.

[2] Wie bei der Notwehr; vgl. näher oben S. 112/13.

Die Notstandshandlung ist daher während der ganzen Dauer der Gefahrlage zulässig; vgl. RG. E. 59, 70 (Einsturzgefahr); E. 41, 241 (Fürsorgeerziehung); E. 60, 318ff. (wiederkehrende Wutausbrüche).

Wichtiger Fall: Abtreibung ist angesichts außergewöhnlich schwerer Leibes- bzw. Lebensgefahr für die Mutter zulässig. Vgl. RG. E. 36, 338; ferner in Leipz. Z. 8, 1133, 1765; 9, 370; 10, 403 (verfehlt hier die teilweise Beschränkung auf die letzten Monate der Schwangerschaft; vgl. näher Strafr. II, 221). Ferner E. 61, 243 (257/58): Ärztliche Schwangerschaftsunterbrechung angesichts Selbstmordgefahr.

[3] Denn dann ist die Gefahr „anders abwendbar"; vgl. §§ 52/54 StrGB., näher Strafr. II, 221. Dazu betr. Notwehr oben S. 113, Anm. 5.

[4] Vgl. näher Strafr. II, 221/22.

[5] Beispiele: RG. E. 29, 77 (Zwang zu Erpressungen); Leipz. Z. 12, 775 (zu Diebstählen); E. 59, 70 (Brandstiftung); E. 60, 318ff. (Tötung).

[6] Vgl. RG. E. 38, 127 (drohende Fürsorgeerziehung; Verheimlichung des Kindes vor Beamten); E. 41, 214 (Entfernung des Kindes); E. 43, 342ff. (unterlassene Verbrechensanzeige).

[7] Wie bei der Notwehr, oben S. 113. Vgl. E. 61, 249 (Eingriff in das Leben bei Leibesnotstand). Unrichtig und unzweckmäßig ist es, wenn Frank und Lobe Notstand für unzulässig erklären, falls Notwehr möglich war. Das Gesetz weiß nichts davon. Vgl. näher Strafr. II, 222. Dazu oben S. 110 Nr. 8.

[8] Oben S. 114.

[9] So z. B. die normalen Gefahren der Schwangerschaft und Geburt, vgl. RG., oben Anm. 2; ferner z. B. die Gefahren einer Strafverfolgung und Verhaftung wegen begangenen Delikts, vgl. RG. E. 54, 338; näher Strafr. II, 222.

[10] So ausdrücklich RG. E. 36, 334 (anders im Ergebnis E. 54, 338). Ich billige diese Auslegung, weil sie das kriminalpolitisch verfehlte Erfordernis der „Unverschuldeten" einschränkt. Wer in Not ist, für den handelt es sich darum, wie er herauskommt, nicht wie er hineinkam.

Leistet ein Angehöriger Nothilfe, so kommt es nicht auf sein Verschulden, sondern allein auf das des Gefährdeten an (streitig); vgl. Strafr. II, 223.

6. Über weitere praktische Folgerungen vgl. oben S. 109/10[1].

7. Nothilfe Dritter ist ausdrücklich gestattet nur bei Angehörigen[2], sonst sachgemäß nach den Grundsätzen nichtkodifizierten Notstands zu beurteilen[3].

IV. Die §§ 52/54 StrGB. enthalten keine abschließende Regelung des Notstands. Vielmehr finden sich als rechtmäßig anerkannte Notstandsfälle auch sonst im Reichs- und Landesrecht[4].

Allgemeine Bedeutung haben hier die §§ 228, 904 BGB. Sie gestatten Schutz aller rechtlich anerkannten Interessen bei drohender Gefahr durch Eingriff in fremde Sachen innerhalb der Schranken des Verhältnismäßigen[5]. Solche Notstandshandlung ist objektiv rechtmäßig. Stets ist hier Nothilfe Dritter zulässig.

V. Gesetzliche Regelung fehlt hiernach[6] für das Gesamtgebiet der Fälle, in denen der Täter zum Schutz anderer Güter als Leib und Leben in andere Interessen als Sachgüter eingreift[7].

Hier nimmt ein Teil der Literatur mit argumentum a contrario Strafbarkeit an; ein höchst unerfreuliches Ergebnis. Geschichtlich, dogmatisch wie kriminalpolitisch ist allein die Analogie am Platze, mit dem Ergebnis: Straffrei ist auch nichtkodifizierter Notstand

---

[1] Betr. Putativnotstand insbes. auch RG. unten S. 119, Anm. am Schluß; dazu oben S. 119, Anm. 4.

[2] Vgl. oben S. 115, Anm. 5.

[3] Vgl. unten S. 118. So im Ergebnis auch RG. E. 61, 241 (Schwangerschaftsunterbrechung durch den Arzt). Die herrschende Ansicht verneint Nothilfe bei Nicht-Angehörigen; vgl. näher Strafr. II, 224.

[4] Vgl.: Handelsgesetzbuch 1897, § 700ff. (Seewurf); Postgesetz 1871, § 17; Strandungsordnung 1874, § 9; Gesetz v. 14. März 1884, § 2 2 (unterseeische Telegraphenkabel); EinfGes. BGB. Art. 46 III (kirchliche Nottrauung); Seemannsordg. 1902, § 87 2; Luftverkehrsgesetz 1922, § 12 1 (Notlandung).

Landesrechtlich z. B. Preuß. Feld- u. Forstpolizeigesetz 1878, jetzt 1926, § 8 2 (Betreten fremden Gebiets). Näher Strafr. II, 225.

[5] Vgl. eingehend Strafr. II, 224/25. Der Maßstab ist dabei verschieden: In gefahrdrohende Sachen (§ 228 BGB.) darf der in Not Befindliche eingreifen, soweit er damit keinen unverhältnismäßig großen Schaden stiftet. In andere (neutrale) Sachen (BGB. § 904) ist Eingriff nur zulässig, wenn der dem Gefährdeten „drohende Schaden" gegenüber dem von ihm angerichteten „unverhältnismäßig groß" war. Also beide Male Verhältnismäßigkeit, aber in umgekehrtem Sinn.

Beispiele: § 228 BGB.: Vernichtung infizierter fremder Sache; Abhauen gefahrdrohenden Baumes. Streitfall: angreifendes Tier (m. E. Notwehr, vgl. oben S. 112, Anm. 7). § 904: Löschung von Brand unter Beschädigung des Zaunes des Nachbarn; Eintreten fremder Tür bei Freiheitsberaubung.

[6] Abgesehen von den Ausnahmen oben Anm. 4.

[7] Beispiele: Störung des Gottesdienstes bei Brandgefahr oder Beleidigung (vgl. RG, E. 5, 258; 21, 170); Offenbarung von Geheimnissen oder Wegnahme eines Beweismittels zum Schutz gegen Beleidigung oder Strafverfolgung; Herbeirufen der Feuerwehr unter Hausfriedensbruch; m. E. auch Abtreibung des in Notzucht erzeugten Kindes; vgl. näher Strafr. II, 226.

innerhalb der Schranken des Verhältnismäßigen[1]. So auch ein erheblicher Teil der Literatur, wie neuerdings ausdrücklich das Reichsgericht, das hier von „übergesetzlichem" Notstand spricht[2].

Dabei verlangt das RG. wie teilweise die Literatur, daß der Täter überwiegende Interessen wahrnahm. Solche Entscheidung behandelt den Fall wie ein Rechenexempel ohne Rücksicht auf die Not des Täters. Berücksichtigt man beide Umstände — Interessenlage und Not — so scheint mir richtig als Ergebnis: Straffrei ist die Nottat, wenn der Täter keinen (im Verhältnis dem ihm drohenden) unverhältnismäßig großen Schaden anrichtete[3].

Gleichgültig ist es, ob die Notlage verschuldet war[4].

Nothilfe Dritter ist zunächst zweifellos zulässig, soweit dieser Dritte (z. B. als Vormund, Anwalt) zur Wahrnehmung der gefährdeten Interessen rechtlich verpflichtet war[5]. Im übrigen ist Nothilfe Dritter sachgemäß nach den Grundsätzen der Geschäftsführung ohne Auftrag zu beurteilen[6], also zulässig, wenn sie im Interesse und gemäß dem wirklichen oder mutmaßlichen Willen des Gefährdeten erfolgt. Diese Sätze gelten auch in den Fällen der §§ 52/54 StrGB.[7].

VI. Die nach vorstehenden Grundsätzen straffreie Notstandshandlung ist objektiv rechtmäßig, nicht nur Schuldausschließungsgrund[8].

---

[1] Vgl. dazu eingehend Strafr. II, 226/28. Ich habe diese Auffassung seit langen Jahren vertreten, so auch in der Strafrechtskommission (1911/13); vgl. ferner Z. 42, 1921, S. 419; Jur. Wochenschr. 56, 1927, 3038ff.

[2] RG. E. 61, 243ff. (Schwangerschaftsunterbrechung durch den Arzt bei schwerer Nervenstörung mit Selbstmordgefahr); vgl. auch E. 62, 46; 62, 137. Im Ergebnis bereits früher: E. 5, 258; 21, 170; 23, 116; näher Strafr. II, 228. Die Anerkennung von Staatsnotstand lassen dahingestellt E. 63, 223; E. 64, 101. Kritik: Es gilt hier dasselbe wie bei der Notwehr; vgl. oben S. 112, Anm. 3. Dazu neuerdings Stock, Staatsnotstand, GerS. 101, 1932, S. 148ff.

[3] Also entsprechend BGB. § 228. So auch der Vorentwurf 1909 (§ 67). Wesentlich dasselbe Ergebnis nach Entw. 1913 (§ 28), 1919 (§ 22). Verfehlt Entw. 1925, der auf das dem einzelnen Täter in concreto „Zumutbare" abstellt; so leider auch v. Liszt-Schmidt. Kritik: Maßgebend kann allein die objektive Sachlage sein; in solcher Lage darf jeder die Nottat verüben, in anderer niemand; vgl. eingehend Strafr. II, 229/30.

[4] Die verfehlte Sondervorschrift des § 54 StrGB. ist nicht analog auszudehnen; vgl. oben S. 116, Anm. 10. Ausnahme oben S. 109, Anm. 9.

[5] Vgl. für den Anwalt mein Gutachten, Jur. Wochenschr. 56, 1927, S. 3038.

[6] So auch ausdrücklich RG. E. 61, 243 (256) für den Fall des Arztes.

[7] Die Beschränkung auf Angehörige in §§ 52, 54 ist für heutige Auffassung veraltet und verfehlt, daher weder als argumentum a contrario noch für andere Fälle als Analogie zu verwerten. Das BGB. (§§ 228, 904, oben S. 117) und die Strafgesetzentwürfe haben diese Schranke beseitigt. Möglich wäre hiernach, Nothilfe Dritter per analogiam stets zu gestatten. Vorzuziehen aber ist obige Entscheidung im Text, weil bei der Geschäftsführung ohne Auftrag die Hilfe für Dritte der leitende Grundgedanke ist; vgl. dazu Strafr. II, 230/31.

[8] Streitig; zur Kritik eingehend Strafr. II, 231—234. Hier nur kurz folgendes: Unhaltbar ist die Annahme eines bloß persönlichen Strafausschließungs-

Die letztere Auffassung glaubt, rechtmäßig könne nur die Wahrnehmung überwiegender Interessen sein und zerreißt das Notstandsgebiet (sog. „Differenzierungstheorie") in Fälle der Rechtmäßigkeit (BGB. §§ 228, 904) und angeblichen bloßen Schuldausschlusses (StrGB. §§ 52, 54). Rechtmäßig aber handelt nicht, wer überwiegende Interessen wahrnimmt, sondern wer berechtigte Interessen innerhalb der von der Rechtsordnung als angemessen anerkannten Schranken wahrnimmt[1]. Daraus folgt die allein befriedigende einheitliche Gesamtauffassung des Notstandsgebiets als rechtmäßiger Handlung.

So allein ergeben sich auch praktisch befriedigende Folgerungen:

1. Notwehr gegen Notstand ist unzulässig; bei Kollision berechtigter Interessen aber liegt begrifflich beiderseits Notstand vor. Abwehr der Notstandshandlung ist daher insoweit und nur insoweit zulässig, als die Grundsätze über Notstand dies gestatten[2].

2. Teilnahme an der Notstandshandlung ist straflos. Das ist auch anerkannt[3]. Bei Annahme bloßen Schuldausschlusses aber wäre der Anstifter der Nottat als mittelbarer Täter strafbar, ein unerträgliches Ergebnis[4].

---

grundes. Denn die Nottat ist für jedermann straffrei bei gegebener objektiver Sachlage. Dagegen auch die durchaus herrschende Ansicht wie das RG. E. 57, 268; 61, 249.

Für Schuldausschluß insbes. Graf Dohna, Frank, v. Liszt-Schmidt usw.; für Ausschluß der Rechtswidrigkeit insbes. v. Liszt, Allfeld usw.

Nicht einheitlich das RG.: Bei nichtkodifiziertem Notstand setzt E. 23, 116, stillschweigend objektive Rechtmäßigkeit voraus; ebenso ausdrücklich E. 61, 243ff. (249ff.) bei überwiegendem Interesse. — Bei § 54 StrGB. ließen frühere Urteile (so E. 57, 268/69) die Frage dahingestellt, ebenso neuestens E. 63, 223; dazwischen nahm E. 61, 249 „Entschuldigungsgrund" an. — Den Putativnotstand behandelt das RG. wie die Putativnotwehr, also vom Standpunkt der Rechtmäßigkeit der Notstandshandlung aus; vgl. z. B. E. 57, 268/69 („ständige Rechtsprechung"); E. 59, 72; 60, 322; siehe auch E. 61, 258.

[1] Vgl. oben S. 108. — Nicht um überwiegende Interessen handelt es sich z. B. in BGB. § 228, bei Selbsthilfe, bei Notwehr, also in den nächstverwandten Fällen. Umgekehrt liegt bei StrGB. §§ 52/54 in breitem Umfang Wahrnehmung überwiegender Interessen vor.

[2] Beispiel: E. 23, 116: Der im Notstand befindliche Gastwirt darf nicht die Arbeiter zur Rettung seiner Biergläser erschießen (so auch mit Recht das RG.). Denn er überschreitet damit die Grenzen des Verhältnismäßigen. Gegenbeispiel: Zwei Schiffbrüchige auf einer Planke, die nur einen tragen kann; jeder handelt im Notstand, wenn er den anderen herunterstößt.

Die Annahme bloßen Schuldausschlusses führt dagegen zur Zulassung von Notwehr gegen Notstand. Der eine also darf im Notstand eingreifen, der andere ihn auf alle Fälle mittels Notwehr, nötigenfalls durch Tötung, zurückschlagen. Das heißt nicht, Interessenkonflikte verständig schlichten, sondern Menschen aufeinanderhetzen; vgl. näher Strafr. II, 235.

[3] Vgl. auch RG. E. 57, 268; 60, 88; 61, 250.

[4] Vgl. Strafr. II, 236.

3. Bei irrtümlicher Annahme einer Notstandslage greifen die Grundsätze über Putativnotstand durch[1].

4. Über weitere Folgerungen aus der objektiven Rechtmäßigkeit vgl. oben S. 109/110.

VII. Wenn heute der Zustand der Notstandslehre öfters als „verworren" bezeichnet wird, so erklärt sich dies durch mehrere Irrtümer: Durch Beschränkung auf die kodifizierten Fälle, einseitige Betonung des überwiegenden Interesses sowie Annahme bloßen Schuldausschlusses. Beseitigt man diese Irrtümer, wie es im Vorausgehenden geschah, so ist der Notstandsbegriff und seine Folgen einleuchtend und klar.

VIII. **Pflichtenkollision.** Es ist dies ein Fall gesetzlich nicht geregelten, aber als rechtmäßig anerkannten Notstands[2]: Der Täter erfüllt hier die eine und verletzt damit notwendig die andere Pflicht[3]; oder er schützt unter Verletzung einer Pflicht kollidierende berechtigte Interessen[4]. Das ist rechtmäßig innerhalb der Schranken pflichtmäßigen Ermessens[5].

IX. Das Notstandsrecht des Auslands ist zum Teil noch rückständig. Teilweise aber kommen hier gerade in neuerer Zeit die in der vorausgehenden Darstellung vertretenen Auffassungen zum Durchbruch[6].

Das gleiche gilt von unseren Entwürfen. Nach wesentlichen Fortschritten des Vorentwurfs von 1909 brachte der Entwurf der Strafrechtskommission von 1913 (§ 28) als entscheidenden Fortschritt die Anerkennung des allgemeinen Notstandsprinzips sowie die Erklärung der Notstandshandlung als „nicht rechtwidrig" bei „pflichtmäßiger Berücksichtigung der sich gegenüberstehenden Interessen"[7]. Die Ent-

---

[1] Vorsatz ausgeschlossen, Fahrlässigkeit Tatfrage; vgl. oben S. 109, Anm. 4; so auch das RG., vgl. oben S. 119, Anm. am Schluß.

[2] Damit zugleich ein Beweis für die Richtigkeit der im vorausgehenden vertretenen grundsätzlichen Auffassung; vgl. näher Strafr. II, 237/38.

[3] Vgl. dazu RG. E. 20, 191/92 (Eisenbahntransportgefährdung); E. 36, 78 (verspätetes Verbringen eines Kindes ins Krankenhaus aus ethischen Rücksichten); E. 38, 62 (Str.GB. § 300, Arzt); entsprechend betr. Anwalt meine Arbeit, Jur. Wochenschr. 56, 1927, 3039; E. 59, 406/07 (militärische Nachtfahrt ohne Beleuchtung); E. 60, 295 (Amtsverschwiegenheit bei gerichtlicher Abstimmung).

[4] Beispiel: Lebensrettung durch sonst strafbare Mitteilung anvertrauten Geheimnisses (StrGB. § 300). Vgl. auch E. 61, 254 („Grundsatz der Güter- und Pflichtenabwägung").

[5] Vgl. oben S. 109. — Regelmäßig anerkannt zum Schutz des überwiegenden Interesses, vgl. z. B. RG. E. 61, 254. Aber auch hier kann die Notlage (vgl. oben S. 118) weitergehende Verletzungen als pflichtmäßig rechtfertigen; vgl. z. B. oben RG. E. 36, 78; ferner z. B. (regelmäßig auftretendes Beispiel): Einklagung des Honorars gegenüber StrGB. § 300. Hier handelt es sich offenbar um das nähere Interesse, nicht um das überwiegende.

[6] Vgl. eingehend Strafr. II, 238/39.

[7] Dazu Regelung von Exzeß und Nothilfe wie bei der Notwehr. Verfehlt war noch die Beschränkung auf unverschuldeten Notstand; sie wurde 1925 beseitigt.

würfe von 1925 bis 1927 enthalten zum Teil wieder bedauerliche Verschlechterungen[1].

§ 35. Selbsthilfe. Einwilligung. Geschäftsführung. Ärztliche Tätigkeit.

Diese Fälle objektiver Rechtmäßigkeit berühren sich mit dem Privatrecht.

I. Zivilrechtlich erlaubte **Selbsthilfe** (BGB. §§ 229—231)[2]: Voraussetzung ist ein zivilrechtlicher Anspruch[3] und Gefahr im Verzuge[4]. Zulässig sind dann Eingriffe in Sachen[5], Festnahme des Fluchtverdächtigen[6], Beseitigung von Widerstand[7], stets nur innerhalb der Schranken des Erforderlichen[8]. Über Nothilfe Dritter gilt das oben S. 118 Gesagte[9].

Besitzschutz durch Gewalt gestattet BGB. § 859 gegenüber verbotener Eigenmacht (§ 858); Landesrechtliche Pfändung ist innerhalb der Schranken des Einf.Ges. BGB. Art. 89 erlaubt[10].

Über Zusammentreffen mit Notwehr usw. vgl. oben S. 110 Nr. 8.

II. **Einwilligung** des Verletzten[11].

1. Manche Delikte fordern begrifflich ein Handeln wider oder ohne Willen des Betroffenen. Hier fehlt bei Einwilligung bereits ein Tatbestandsmerkmal[12]. Vereinzelt ferner gibt das Gesetz ausdrückliche Bestimmung[13].

2. Im übrigen ist Sinn und Zweck des Rechtsgüterschutzes maßgebend: Wo das Privatinteresse im Vordergrund steht, schließt

---

[1] Vgl. näher Strafr. II, 240/41; siehe auch oben S. 118, Anm. 3. Die Reichstagsvorlage von 1927 zerreißt den Begriff in Fälle der Rechtmäßigkeit (überwiegendes Interesse) und bloß persönlichen Strafausschlusses; vgl. dagegen oben S. 119/20.

[2] Näher Strafr. II, 241/42; möglich ist auch vertragsmäßig eingeräumte Selbsthilfe; vgl. E. 7, 63.

[3] BGB. § 229 am Schluß, § 194[1]. Beispiel: Der Jagdberechtigte nimmt dem Wilderer den Hasen weg. — Gegenbeispiel: Wegnahme der Flinte, vgl. RG. E. 35, 403 (hier ev. Notwehr, Festnahme, Amtsbefugnis).

[4] Vgl. näher BGB. § 229.

[5] Beispiel oben Anm. 3; unzulässig ist Wegnahme unpfändbarer Sachen, vgl. RG. E. 33, 248; näher Strafr. II, 242.

[6] Z. B. des Zechprellers.

[7] Beispiel: E. 36, 131 (Aufreißen unerlaubter Wegsperrung); gewaltsame Zurückhaltung der Sachen des ausrückenden Mieters (BGB. § 561).

[8] Wie bei der Notwehr; vgl. oben S. 113. Betr. Irrtum über die Sachlage (putativer Selbsthilfe) vgl. oben S. 109, Anm. 4; so auch RG. E. 7, 63; 16, 150; 25, 150; (über zivilrechtliche Schadensersatzpflicht vgl. BGB. § 231).

[9] Im Zivilrecht besteht hier Streit (weil das Gesetz schweigt). — Unzulässig ist Selbsthilfe gegenüber rechtmäßigen, d. h. pflichtmäßigen (oben S. 109) obrigkeitlichen Handlungen; vgl. RG. E. 22, 300; 25, 150; 58, 41; näher Strafr. II, 242.

[10] Beispiel: Preuß. Feld- und Forstpolizeigesetz v. 1926 (GesS. 83ff.) §§ 73 ff. (unbefugt weidendes Vieh).

[11] Dazu eingehend (auch Literatur) Strafr. II, 243—249.

[12] So insbes. bei den Mitteln: Gewalt, Drohung, List (z. B. StrGB. § 240).

[13] Vgl. z. B. StrGB. §§ 216, 237.

Einwilligung die Rechtswidrigkeit aus; wo Interessen Dritter[1] bzw. öffentliche Interessen entscheidend mitsprechen, ist Einwilligung unerheblich[2].

3. In zahlreichen und wichtigen Fällen ist hiernach Einwilligung grundsätzlich unwirksam. So insbes. bei Delikten gegen Staat und Gesamtheit, bei Tötung[3], falscher Anschuldigung[4], Meineid[5], Ehebruch[6], Bigamie usw.[7].

4. Umgekehrt ist Einwilligung wegen maßgebenden Privatinteresses grundsätzlich wirksam insbes. bei Vermögensdelikten, bei Beleidigung[8], Freiheitsberaubung[9] usw. Unwirksam ist sie aber auch hier, wenn sie im Einzelfalle wider das Gesetz[10] oder die guten Sitten[11] verstößt.

Dies gilt m. E. auch für den sehr umstrittenen Fall der Körperverletzung[12].

5. Die Einwilligung muß ernstlich[13] und mit vollem Verständnis der Sachlage[14] erteilt sein; sie muß ferner bereits im Augenblick der Tat[15] vorliegen.

---

[1] Z. B. eines Miteigentümers.

[2] Dieser Standpunkt ist heute grundsätzlich anerkannt. Vgl. z. B. RG. E. 2, 242; 14, 202. [3] Beweis: StrGB. § 216.

[4] Weil zugleich Delikt gegen die Rechtspflege. Überwiegende Ansicht, auch E. 59, 35; dagegen FRANK; vgl. näher Strafr. II, 244.

[5] Aus demselben Grunde (vgl. vorige Anm.).

[6] Grund: Öffentliches Interesse an der Integrität der Ehe als Grundlage der Staatsordnung. So auch RG. E. 14, 202; 25, 119; GOLTD. Arch. 54, 305; näher Strafr. II, a. a. O.

[7] Aus demselben Grunde.

[8] Auch tätlicher, einschließlich unzüchtiger Berührung; vgl. RG. E. 29, 398; 41, 393; 55, 188; 60, 35.

[9] Herrschende Ansicht; näher Strafr. II, 245.

[10] Beispiel: A will für B die Freiheitsstrafe absitzen, der Beamte weiß dies und sperrt A ein; StrGB. § 346.

[11] Darauf verwies mit Recht insbes. ZITELMANN, Ausschluß d. Widerrechtlichkeit, 1906, S. 69ff. Beispiel: Die Einwilligung des Bewucherten ist sittenwidrig (BGB. § 138 2), der Wucher bleibt daher strafbar.

[12] Vgl. dazu eingehend Strafr. II, 245/47.

Das RG. hat die Bedeutung der Einwilligung hier zunächst grundsätzlich verneint (E. 2, 442; 24, 369; 28, 200), dann bei der ärztlichen Tätigkeit anerkannt (E. 25, 375; 38, 35; 61, 242 (256); zweifelnd E. 55, 188.

Gerade in den wichtigsten und häufigsten Fällen ist die Wirksamkeit der Einwilligung bei Körperverletzung zweifellos (ärztlicher Eingriff, Sport, auch z. B. Haarschneiden, Zopfabschneiden, Tätowieren, Ohrläppchen durchstechen usw.). Anders bei Verstoß wider Gesetz oder gute Sitten im Einzelfalle.

[13] Ausdrücklich oder unzweideutig stillschweigend.

[14] Das ist, insbes. auch bei Jugendlichen, Tatfrage (zivilrechtliche Grundsätze sind nicht maßgebend). Herrschende Ansicht, auch RG. E. 29, 398; 41, 393; 51, 63; 60, 50.

[15] Tun oder Unterlassen. Gleichgültig ist nachträgliche Genehmigung; vgl. RG. E. 25, 375 (383); 61, 394.

Über putative Einwilligung (irrtümliche Annahme) oben S. 109, Anm. 4.

Grundsätzlich verschieden von der Einwilligung liegt der Fall der Selbstverletzung[1].

III. **Geschäftsführung ohne Auftrag**[2]:

1. Der Täter greift ohne Einwilligung, aber im Interesse und gemäß dem mutmaßlichen Willen des Betroffenen in dessen Rechtsgüter in einer sonst strafbaren Weise ein.

In solchen Fällen handelt es sich sachlich nicht um Angriff, sondern um Hilfe[3]. Grundsätzliche Klärung brachte hier 1906 ZITELMANN[4] dahin, daß das BGB. (§§ 677ff.) die Geschäftsführung ohne Auftrag nicht nur duldet, sondern billigt und damit für objektiv rechtmäßig erklärt[5]. Die Straflosigkeit, bisher unsicheres Gewohnheitsrecht, wurde so auf festen gesetzlichen Boden gestellt[6]. Handeln gegen den Willen des Geschäftsherrn ist im Falle des BGB. § 679 zulässig[7].

Bei Unkenntnis vorhandener Einwilligung liegt untauglicher Versuch vor; vgl. RG., Leipz. Z. 18, 472.

[1] Abzulehnen ist die Forderung gleicher Behandlung dieser Fälle (v. LISZT, v. LISZT-SCHMIDT). Beispiel: Selbstmord gegenüber StrGB. § 216; näher Strafr. II, 248/49.

[2] Vgl. hierzu eingehend meinen Aufsatz in „Reichsgerichtspraxis" (Festschrift für das RG.) Bd. V, S. 1—12, 1929; dann Strafr. II, 249—257. Neuerdings LOBE in Festgabe für FRANK, 1930, Bd. I, 59/60; HARTUNG, oben S. 112, Anm. 3.

[3] Beispiele: Ärztliche Eingriffe (vgl. unten S. 124); Rettung aus Gefahr unter Verletzung, Hausfriedensbruch, Sachbeschädigung; Tötung verunglückten fremden Tieres; Besitzergreifung kranken oder toten Wildes im Interesse des Jagdberechtigten; Geheimnisverletzung (StrGB. §§ 299, 300) im Interesse des Briefempfängers bzw. des Anvertrauenden; weitere Beispiele Strafr. II, 249 bis 250.

[4] Vgl. oben S. 122, Anm. 11. — Schon vorher verwies W. ROSENBERG betr. ärztliche Tätigkeit auf die negotiorum gestio des BGB.; vgl. Ger. S. 62, 1903, 73ff.

[5] Heute im Zivilrecht durchaus herrschende Ansicht; häufig dabei der zuerst von KOHLER gebrauchte Ausdruck „Menschenhilfe"; vgl. Strafr. II, 251.

[6] In der strafrechtlichen Literatur besteht noch teilweise Streit; vgl. näher Strafr. II, 251/54.

Das Reichsgericht stützte schon 1894 (E. 25, 375ff.) das Recht zu einem ärztlichen Eingriff auf die „präsumtive Zustimmung" des Patienten. Dazu neuerdings E. 61, 243 (256): „Die Gleichstellung des mutmaßlichen mit dem wirklichen Willen der Schwangeren entspricht dem in § 677 BGB. zum Ausdruck kommenden Rechtsgedanken"; näher Strafr. II, 255.

Wiederholte Urteile der Oberlandesgerichte rechtfertigten die Züchtigung ungezogener Kinder nach BGB. § 679. So zuerst Braunschweig (1903), neuerdings Königsberg (1927), inzwischen Frankfurt, Hamburg, Kiel, Rostock, Colmar. Dagegen Stuttgart (1922); näher Straf. II, 255.

[7] D. h.: wenn sonst eine Pflicht des Geschäftsherrn, deren Erfüllung im öffentlichen Interesse liegt oder eine gesetzliche Unterhaltspflicht nicht rechtzeitig erfüllt werden würde. Beispiel: Notwendigkeit sofortiger ärztlicher Hilfe, die der Vater verweigert (dazu E. 36, 78). Vgl. ferner betr. Züchtigung von Kindern die vorige Anm. Näher Strafr. II, 255/56.

Geschäftsführung ohne Auftrag ist grundsätzlich nur rechtmäßig, wenn Einwilligung nicht eingeholt werden konnte, also insoweit subsidiär[1].

2. Die Geschäftsführung des BGB. deckt unmittelbar Eingriffe in Interessen des Geschäftsherrn. Darüber hinaus darf der Geschäftsführer an Stelle des Geschäftsherrn in Interessen Dritter eingreifen, sofern der Geschäftsherr selbst hierzu berechtigt war[2].

IV. **Ärztliche Tätigkeit**[3]:

1. Medizinisch falscher Eingriff (Kunstfehler[4]) ist rechtswidrig, also evtl. fahrlässige Körperverletzung bzw. Tötung.

2. Medizinisch sachgemäßer Eingriff[5], begrifflich ebenfalls Körperverletzung[6], ist objektiv rechtmäßig[7] bei hinzutretender Einwilligung des Patienten[8] oder, wenn solche nicht eingeholt werden konnte[9], bei Geschäftsführung ohne Auftrag[10]; anderenfalls rechtswidrig und strafbar.

§ 36. Sonstige Fälle rechtmäßigen Handelns.

Als wichtig hebe ich hervor[11]:

I. **Amts- und Berufsrechte** (bzw. Pflichten[12]). Soweit hier Er-

[1] Beispiel: Ärztliche Tätigkeit, vgl. unten. Anders, wenn keinerlei rechtliches Interesse besteht, vorherige Einwilligung zu fordern. Beispiel: evtl. Öffnnug von Briefen unter Hausgenossen; ferner BGB. § 679.

[2] Beispiel: Nothilfe in gesetzlich nicht geregelten Notstandsfällen, vgl. oben S. 118. Ich habe hier, Strafr. II, 257, analoge Anwendung des BGB. angenommen. Aus allgemeiner Erwägung im Ergebnis ebenso Lobe, oben S. 123, Anm. 2; mit anderer Begründung Alsberg, Jur. Wochenschr. 59, S. 2512, 1930.

Vgl. dazu auch unten S. 208, Anm. 2 (Hausfriedensbruch); § 63, III (Beleidigung).

[3] Vgl. darüber näher Strafr. II, 257—260.

[4] Gleichgültig, ob durch Arzt oder Laien (Kurpfuscher). Im Zweifel ist freizusprechen, vgl. oben S. 109, Anm. 3.

[5] Wieder gleichgültig, ob durch Arzt oder Laien.

[6] Der Zweck der Heilung ändert nichts an der Tatsache, daß Mittel zum Zweck die Verletzung ist. Ebenso das RG. E. 25, 375; 38, 35 (in E. 61, 243ff. handelt es sich um Abtreibung). In der Literatur streitig; näher Strafr. II, 258.

[7] Auch bei etwaigen ungünstigen Folgen im Einzelfalle; vgl. oben S. 109, Anm. 5.

[8] Bzw. seines zur Fürsorge berufenen Vertreters.

[9] Beispiele: Einlieferung eines Bewußtlosen; unerwartete Notwendigkeit der Ausdehnung einer in Narkose mit Einwilligung begonnenen Operation.

[10] Oben S. 123, Anm. 3. Darunter fällt auch Euthanasie zur Ersparung schweren Todeskampfes (im Ergebnis überwiegende Ansicht). Dazu und über weitere Einzelfragen (insbes. auch Experimente) Strafr. II, 259/60. Über Schwangerschaftsunterbrechung bei Notstand vgl. oben S. 118, Anm. 2.

[11] Über die Unmöglichkeit abschließender Aufzählung vgl. oben S. 108, Anm. 1.

[12] Amtsrechte sind insbes. der staatliche Erfüllungszwang (Zwangsvollstreckung, Verwaltungszwang), die Zwangsmittel des Strafprozesses (Verhaftung, Beschlagnahme, Durchsuchung), die Strafvollstreckung, das Waffenrecht. Rechtswidrig ist der Streik von Beamten; vgl. RG. E. 56, 412, 419. Berufsrecht ist das Recht des Kapitäns nach Seemannsordnung v. 2. Juni 1902, § 91. Vgl. näher Strafr. II, 260/61.

messensfreiheit in Betracht kommt, entscheidet über die Rechtmäßigkeit pflichtmäßiges Ermessen zur Zeit der Tat[1].

II. Staatlich gebilligte **Berufstätigkeit** innerhalb der rechtlich[2] anerkannten Schranken. Hierher gehört außer dem Fall des Arztes (vgl. oben) insbes. der sehr wichtige[3] des Verteidigers im Strafprozeß[4].

III. Handeln auf **Befehl**:

1. Rechtmäßig ist der pflichtmäßige Befehl des Vorgesetzten und seine pflichtmäßige Durchführung[5].

2. Bei rechtswidrigem Befehl und Ausführung in Kenntnis der Rechtswidrigkeit ist der Untergebene als Täter, der Vorgesetzte als Anstifter strafbar[6].

3. Rechtmäßig handelt der Untergebene bei gutgläubiger Durchführung rechtswidrigen Befehls[7] sowie in dem Ausnahmefall einer sog. blinden Gehorsamspflicht[8]. Der Vorgesetzte ist hier bei Vorsatz als mittelbarer Täter strafbar.

IV. **Züchtigungsrecht**[9]: Ein solches besteht reichsrechtlich als elterliches Züchtigungsrecht[10] sowie gegenüber dem Lehrling[11]. Landesrecht bzw. Gewohnheitsrecht sind für die Schulzucht maßgebend[12].

V. **Berichtserstattung**: Rechtmäßig sind wahrheitsgemäße Berichte[13] über öffentliche Verhandlungen der Volksvertretung[14]; entsprechend solche über Gerichtsverhandlungen[15].

---

[1] Vgl. oben S. 109, Anm. 5. [2] Gesetzlich oder gewohnheitsrechtlich.

[3] Aber regelmäßig übersehene.

[4] Vgl. dazu RG. E. 17, 315; 37, 321. Näher Strafr. II, 262.

[5] Auch wenn sich hinterher ergibt, daß die sachlichen Voraussetzungen, z. B. der Verhaftung, fehlten. — Deshalb in diesem Falle keine Notwehr; vgl. RG. E. 22, 300; 25, 152. Wohl aber gegen pflichtwidriges Verhalten, vgl. RG. 1922, Leipz. Z. 16, S. 133.

[6] Vgl. RG. E. 6, 440; 54, 337; 56, 418 (Streik); näher Strafr. II, 263.

[7] Vgl. RG. E. 6, 440; 58, 195; betr. Vollstreckungsbeamte E. 55, 161; 58, 195. Notwehr wäre hier gegen den Vorgesetzten, nicht gegen den Untergebenen zulässig. Näher Strafr. II, a. a. O.

[8] Einziger Fall unseres geltenden Rechts: MilitärStrGB. § 47: Befehl in Dienstsachen bei Übertretungen. Dazu RG. E. 6, 440; 58, 110; näher Strafr. II, a. a. O.

[9] Vgl. darüber näher Strafr. II, 263/65.

[10] BGB. § 1631; vgl. auch §§ 1665, 1707, 1757, 1800; betr. Übertragung vgl. RG. E. 61, 191ff.; Züchtigung fremder Kinder vgl. oben S. 123, Anm. 6.

[11] Gewerbeordnung § 127a.

[12] Dazu RG. E. 42, 347 (Fürsorgezöglinge); E. 45, 1 (Fortbildungsschulen); E. 42, 221; 43, 279 (Volks- und höhere Schulen); E. 43, 280 (Verordnung); E. 61, 191 (Ausschluß durch Sächsisches Gesetz).

Über Voraussetzungen und Umfang näher Strafr. II, 265; neuerdings E. 65, 263.

[13] Auch verkürzte, aber nicht entstellte (vgl. RG. E. 18, 207; 28, 49); ebensowenig eigene Stellungnahme; näher Strafr. II, 266.

[14] Früher StrGB. § 12, Verf. Art. 22²; jetzt Verf. Art. 30.

[15] Gegen diese Analogie RG. E. 62, 145 (vgl. auch E. 46, 356), aber im Ergebnis wesentlich ebenso; vgl. näher Strafr. II, 266/67. — Wahrheitsgemäßer Preßbericht

VI. **Vorläufige Festnahme**: Hierzu ist bei „frischer Tat“ jedermann gemäß StrPO. § 127 Abs. 1 befugt[1].

VII. Über Rechtmäßigkeit bei Beleidigung vgl. unten § 63, III. Erwähnt seien schließlich: rechtmäßige Disziplinargewalt; völkerrechtlich zulässige Eingriffe; befugte Offenbarung von Privatgeheimnissen[2].

Kapitel V.

Die Schuld.

§ 37. Allgemeine Grundlagen.

I. Schuld ist der subjektive Tatbestand des Verbrechens im Gegensatz zum objektiven. Genauer: Schuld sind die seelischen (psychischen) Beziehungen des Täters zu seiner Tat, die uns berechtigen, ihm aus dieser Tat einen Vorwurf zu machen und die deshalb unser Recht zur strafrechtlichen Verantwortlichkeit fordert[3].

II. Die alte privatrechtliche Periode des Strafrechts kennt noch keinen Schuldbegriff. Noch im späteren deutschen Mittelalter herrscht die Erfolghaftung vor[4]. Den entscheidenden Fortschritt bringt, anschließend an das spätere römische Recht (dolus, culpa), die Carolina[5]. An weiterer Klärung der Grundlagen hat die Folgezeit bis zur Gegenwart gearbeitet, auch im Ausland.

III. Heute ist festzustellen: Grundlage der Schuld ist die Zurechnungsfähigkeit[6]; ihre Arten, Formen oder Stufen sind Vor-

---

über eine öffentliche Versammlung fällt nach E. 65, 359 evtl. unter § 186 StrGB.; vgl. dazu betr. StrGB. § 193 unten § 63, III.

Über strafbare Gerichtsberichte vgl. unten § 67, XI; § 83, IV.

[1] Bei Fluchtverdacht oder wenn die Persönlichkeit nicht sofort festgestellt werden kann. Vgl. dazu RG. E. 8, 289; 12, 195; 34, 444; 57, 79; 65, 392. Näher Strafr. II, 268.

[2] Vgl. näher Strafr. II, 269. Über Fälle erlaubten Bettels unten § 96, III; über Vivisektion und Schächten unten § 97, IV.

[3] Vgl. oben S. 84. Dazu eingehend Strafr. II, 270—288.

Wenn wir im Strafprozeß den Angeklagten „schuldig“ sprechen, so gebrauchen wir das Wort im weiteren Sinne. Es umfaßt dann den gesamten, objektiven wie subjektiven Deliktstatbestand. — Bei der Strafzumessung handelt es sich ferner auch um größere oder geringere Schwere der Schuld. Hier beim Verbrechensbegriff dagegen nur um deren Vorhandensein (Strafbarkeit) oder Fehlen (Freisprechung). Logische Voraussetzung der „Schuld“ ist stets, daß der Täter eine objektiv rechtswidrige und strafbare Handlung beging. Denn in der seelischen Beziehnung auf etwas Verbotenes, hier Strafbares, liegt das Wesen der Schuld vgl. oben S. 108 Anm.

[4] Vgl. oben S. 9/10 (allgemein); S. 12, 15 (römisch); 21 (germanisch); 22 (fränkisch); 26 (Mittelalter). Dazu Strafr. II, 272/73.

[5] Vgl. oben S. 32; näher Strafr. II, 272/73, 300/301.

[6] Nicht Schuldvoraussetzung, sondern erstes grundlegendes Element der Schuld selbst; denn bei ihrem Fehlen entfällt der Schuldvorwurf.

satz und Fahrlässigkeit. Will man diese Merkmale zusammenfassen, so läßt sich sagen: Schuld ist ungenügende Berücksichtigung (Nichtachtung oder Nichtbeachtung) der Anforderungen des Rechts als Ursache einer bei richtiger Verwertung der geistigen Fähigkeiten des Täters vermeidbaren Rechtsverletzung[1].

IV. Willensfreiheit: Der Streit um Willensfreiheit und -unfreiheit berührt, richtig verstanden, unsere strafrechtlichen Grundbegriffe nicht, führt vielmehr lediglich zu verschiedener wissenschaftlicher Erklärung der gleichen Lebenserscheinungen[2]. Insbesondere ist gerade für den Determinismus ein Schuldvorwurf, d. h. der Vorwurf schlechten oder unbesonnenen Verhaltens, nur möglich bei vorsätzlichen oder fahrlässigen Taten zurechnungsfähiger Menschen.

V. Strafe ohne Schuld (sog. Formaldelikt) kommt heute nur noch vereinzelt[3] im Zoll- und Steuerstrafrecht vor[4] und ist auch dort verwerflich[5]. Berechtigt sind bei vorsichtiger Verwertung evtl. widerlegbare Schuldvermutungen (praesumtiones iuris) in Fällen, in denen regelmäßige Schuld vorliegt, der Nachweis aber oft schwierig ist, während der Täter, wenn einmal die Schuld fehlt, dies gewöhnlich darzutun vermag[6].

Verschieden vom schuldlosen Unrecht ist die sog. Erfolghaftung des heutigen Rechts. Hier handelt es sich um ein schuldhaftes (meist vorsätzliches) Grunddelikt, das bei Eintritt typischer schwerer Folgen höher bestraft wird[7].

§ 38. Zurechnungsfähigkeit. Jugendliche.

I. Älteren Zeiten der Erfolghaftung fehlt der Begriff[8]. Dann finden insbes. Geisteskrankheit und Jugend Berücksichtigung[9]. Seit dem

[1] Über die heutige eingehende Literatur zum Schuldbegriff vgl. näher, auch kritisch, Strafr. II, 273—279. Über das Erfordernis, die Eigenschaft der Tat als Unrecht begreifen zu können (sog. „normative“ Schuldauffassung) unten beim Vorsatz, S. 139ff. (näher Strafr. II, 279/80).

[2] Und zwar gerade der Determinismus zu befriedigender Erklärung; dazu eingehend Strafr. II, 281—287, und meine dort zit. früheren Arbeiten.

[3] Nicht bei den Übertretungen; vgl. RG. E. 38, 104; unten § 94.

[4] Vgl. näher Strafr. II, 287/88. Durchgreifenden Fortschritt brachte hier die Reichsabgabenordnung v. 1919/31 § 395 (Straffreiheit bei unverschuldetem Rechtsirrtum).

[5] Denn Strafe ohne Schuld ist ungerecht und schädigt damit den Staat, auch wenn sie ihm Geld einbringt. Anders steht es mit widerlegbaren Schuldvermutungen; vgl. das Folgende. Über Teilnahme unten S. 129 Nr. 3.

[6] Beispiele: StrGB. § 186 (erweislich wahr); § 259 („oder den Umständen nach annehmen muß“); Preßgesetz 1874, § 20 Abs. 2 (Haftung des verantwortlichen Redakteurs). Dazu unten Teil III (Besonderer Teil).

[7] Beispiele: StrGB. §§ 224, 226; vgl. dazu unten S. 148, V.

[8] Vgl. oben S. 9/10 (allgemeingeschichtlich); 12 (altrömisch); 21 (germanisch).

[9] Vgl. oben S. 15, Anm. 3 (römische Kaiserzeit); 26, Anm. 1 (Mittelalter); 32, Anm. 3 (Carolina); dazu Strafr. II, 289.

Preuß. Landrecht und Feuerbach bemüht man sich um allgemeine Fassung. Aber erst der Gegenwart ist diese befriedigend gelungen[1].

II. Heute können wir feststellen: Die Zurechnungsfähigkeit[2] erfordert Bewußtsein, geistige Gesundheit und Verstandesreife[3]. Sie fehlt dementsprechend, wenn Mängel in einer dieser drei Richtungen entscheidend für die Vornahme der Handlung waren[4]. Das ist der Fall, wenn der Täter infolge solchen Mangels entweder unfähig war, das Unrecht seiner Tat einzusehen[5] oder seinen Willen dieser Einsicht gemäß zu bestimmen[6]. Die Entscheidung hierüber hat der Richter[7].

---

[1] Dazu eingehend Strafr. II, 289—300, und meine dort zit. früheren Arbeiten.

[2] Über ihre Eigenschaft als Grundlage der Schuld vgl. oben S. 126, III. — Systematisch betrachtet ist Zurechnungsfähigkeit strafrechtliche Handlungsfähigkeit.

[3] Das StrGB. § 51 führt diese biologischen Grundlagen der Zurechnungsfähigkeit in negativer Fassung vor. Dazu ist zu bemerken:

a) Das Wort „Bewußtlosigkeit" (StrGB. § 51) umfaßt auch schwere Bewußtseinsstörungen (anerkannt; vgl. auch RG. E. 5, 338, Trunkenheit).

b) Der Ausdruck „krankhafte Störung der Geistestätigkeit" (§ 51) umfaßt auch vorübergehende Störungen; dazu RG. E. 7, 427; 63, 46.

c) Verstandesreife, vom StrGB. nur bei Jugendlichen (früher §§ 56, 57) und Taubstummen (§ 58) besonders erwähnt, ist allgemeines Erfordernis der Zurechnungsfähigkeit (herrschende Ansicht, auch RG.; vgl. E. 23, 351). Sie bedeutet das zur Einsicht in die rechtliche Bedeutung der Tat erforderliche Maß von Kenntnissen und Urteilsfähigkeit, also eine intellektuelle, nicht eine sittliche Fähigkeit; vgl. auch E. 15, 97; 33, 108; 47, 385. — Über sittliche Reife bei Jugendlichen unten S. 130. Dem Erwachsenen machen wir mangelnde sittliche Reife mit Recht gerade zum Vorwurf. Näher zum Vorstehenden Strafr. II, 290/92.

[4] Denn dann ist ein Schuldvorwurf unmöglich. Bei bloß befördernder Bedeutung besteht verminderte Zurechnungsfähigkeit, vgl. unten S. 129. Im Zweifel ist mangels Feststellbarkeit der Zurechnungsfähigkeit freizusprechen; vgl. auch E. 21, 131; 63, 46.

[5] D. h. die schädlichen bzw. gefährlichen Folgen zu erkennen (vgl. auch E. 47, 385) und darauf das Urteil zu gründen, daß die Tat sicher oder möglicherweise rechtlich verboten ist; vgl. Strafr. II, 294.

[6] Das kann z. B. vorkommen bei Angetrunkenheit (vgl. RG. E. 63, 46), Hypnose, Epilepsie, bei sexuell perversen Geisteskranken usw.

Vorstehende nähere Erfassung des psychologisch entscheidenden Grades des Defekts verdanken wir erst den Österreichischen Entwürfen (1912, § 3 usw.); ebenso jetzt unsere Deutschen Entwürfe; näher Strafr. II, 293/94.

Nur eine ungefähre Kennzeichnung der Zurechnungsfähigkeit ist es, wenn unser Str.GB. § 51 den Ausschluß der freien Willensbestimmung im Sinne des täglichen Lebens (nicht etwa des Indeterminismus) für maßgebend erklärt. Gleiches gilt von der Fassung: normale Bestimmtbarkeit durch Motive (v. Liszt); vgl. näher Strafr. II, 292/93. Geradezu falsch, auch praktisch unbrauchbar, ist die stellenweise vertretene Auffassung der Zurechnungsfähigkeit als Straffähigkeit; die Schuld bezieht sich auf die Tat, nicht auf deren Folgen; vgl. näher Strafr. II, 294/95.

[7] Der Sachverständige hat ihn durch Klärung des Defekts und seiner Bedeutung für die Tat zu unterstützen.

III. Neuerdings wird von einigen Seiten angenommen, daß die Zurechnungsfähigkeit auch in anderen Fällen entfallen könne[1]. Das ist mit aller Bestimmtheit abzulehnen. Weder das geltende Recht[2] noch die Entwürfe kennen unbenannte Fälle von Unzurechnungsfähigkeit. Es fehlt dafür auch jedes sachliche Bedürfnis; lediglich Unklarheit und Rechtsunsicherheit wird dadurch geschaffen.

IV. Aus dem Begriff der Zurechnungsfähigkeit folgt:

1. Zeitlich: Zurechnungsfähigkeit muß vorliegen im Augenblick der Tat (Tun oder Unterlassen); ob sie dann zur Zeit des Erfolgseintritts noch bestand, ist gleichgültig[3].

2. Sachlich: Zurechnungsfähigkeit muß vorliegen hinsichtlich der konkreten Tat, kann daher bei gleicher geistiger Beschaffenheit hinsichtlich eines Delikts vorhanden sein, hinsichtlich eines anderen fehlen[4].

3. Bei mangelnder Zurechnungsfähigkeit fehlt die Schuld[5]. Daraus folgt nach heute allgemein herrschender Auffassung die Straflosigkeit der Teilnahme (Anstiftung, Beihilfe). An Stelle der Anstiftung tritt dann mittelbare Täterschaft, die Beihilfe bleibt straflos[6].

V. Verminderte Zurechnungsfähigkeit liegt vor, wenn Bewußtseinsstörung, krankhafte Störung oder mangelnde Verstandesreife zwar nicht entscheidend, wohl aber wesentlich mitwirksam für die Tat waren. Dann bleibt der Schuldvorwurf und damit die Zurechnungsfähigkeit bestehen; aber die Schuld ist dem Grade nach geringer als beim Normalen[7].

---

[1] Vgl. insbes. Gerland, S. 79, 82; v. Liszt-Schmidt, 25. Aufl., S. 226, 230/31, 234; anders früher v. Liszt, 21./22. Aufl., 1919, §§ 37/38.

[2] Vgl. die Motive (Reichstagsvorlage, S. 56); dazu auch RG. E. 15, 97; näher Strafr. II, 295.

[3] Daher Strafbarkeit bei den im gemeinen Recht streitigen sog. actiones liberae in causa (d. h. Handlungen, die im Entschluß — nicht in der Ausführung — frei sind). Heute anerkannt; vgl. auch RG. E. 22, 415; näher Strafr. II, 296.

Beispiel: Der Weichensteller weiß, daß er zu bestimmter Zeit die Weiche zu stellen hat. Um dies nicht zu tun, betrinkt er sich sinnlos und bringt so den Zug zur Entgleisung (entsprechend bei Fahrlässigkeit).

[4] Beispiel: Taschendiebstahl gegenüber Fundunterschlagung. Vgl. auch RG. E. 5, 338 (Störung des Gottesdienstes). So auch, wenn dieselbe Tat mehrere Gesetze verletzte (Ideal- bzw. Gesetzeskonkurrenz); vgl. RG. E. 11, 387 (unzüchtige Handlungen und Nötigung); E. 47, 385. Näher Strafr. II, 296/97.

[5] Vgl. oben S. 126; auch RG. E. 29, 130; 50, 199; 56, 211.

[6] Dieser ganze Standpunkt ist wissenschaftlich wie praktisch gleich verfehlt. Dagegen auch unsere Entwürfe seit 1913, wie das Jugendgerichtsgesetz, unten S. 130. Haltbar ist allein die Entscheidung, daß Schuldausschluß nur für den wirkt, bei dem er vorliegt; dazu unten S. 162 ff.; näher Strafr. II, 297/98.

[7] In dieser Gestalt ist der Begriff heute anerkannt. Das StrGB. erwähnt ihn nicht; daher heute nur Strafzumessungsgrund. Über die eingehende kriminalpolitische Erörterung dieses Gebiets oben S. 65/66; näher Strafr. I, 561/62; II, 298/99.

VI. Jugendliches Alter: Maßgebend ist heute das Jugendgerichtsgesetz vom 7. Juni 1923 (RGBl. I S. 135ff.)[1]: Kinder unter 14 Jahren sind nicht strafbar (§ 2). Bestrafung Jugendlicher (14—18 Jahre) erfordert geistige und sittliche Reife[2]; dann tritt Strafmilderung ein (§ 9)[3]. Teilnahme[4] an Taten von Kindern und Jugendlichen ist selbständig strafbar[5].

§ 39. Vorsatz. I. Entwicklung und Begriff.

I. Nach älteren Zeiten der Erfolghaftung entwickelt sich im Strafrecht regelmäßig der Unterschied zwischen absichtlicher (gewollter, vorsätzlicher) Tat, die volle Strafe erfährt, und unabsichtlicher (Ungefährwerk), deren Behandlung zunächst unbeholfen und unsicher bleibt, bis sich später innerhalb dieses Gebiets Fahrlässigkeit und schuldloses Handeln (Zufall) sondern[6].

II. Die Erklärung dieser allgemeingeschichtlichen Entwicklung liegt für den Vorsatz darin: Überall im menschlichen Zusammenleben

[1] Nach der früheren Fassung des StrGB. (§ 55) waren Kinder unter 12 Jahren straffrei (evtl. Erziehungsmaßregeln nach Landesrecht). Jugendliche (12 bis 18 Jahre) waren bei Mangel der zur Erkenntnis der Strafbarkeit erforderlichen „Einsicht“ freizusprechen (evtl. unter Anordnung der Verbringung in Erziehungsanstalt); sonst milder strafbar (§§ 56/57).

Über die große kriminalpolitische Reformbewegung auf diesem Gebiet (auch Jugendwohlfahrtsgesetz v. 1922) vgl. oben S. 65; eingehend Strafr. I, 559/61; II, 299/300.

[2] Vgl. näher das Gesetz § 3 (anders bei Erwachsenen, vgl. oben S. 128, Anm. c). Auch bei Vorliegen dieser Erfordernisse hat das Gericht von Strafe abzusehen, falls Erziehungsmaßregeln ausreichen (§ 6). Es kann ferner Erziehung neben der Strafe wie bei Freisprechung anordnen (§§ 5, 7, 8).

[3] Unzulässig sind danach: Todesstrafe, lebenslange Freiheitsstrafe, Zuchthaus, Aberkennung der bürgerlichen Ehrenrechte, Überweisung an die Landespolizeibehörde (Arbeitshaus, StrGB. § 362), Polizeiaufsicht. An die Stelle von Todesstrafe bzw. lebenslanger Freiheitsstrafe tritt Gefängnis (bzw. Festungshaft) von 1 bis 10 Jahre, an die Stelle zeitiger Zuchthausstrafe Gefängnis. Im übrigen ist die Strafe zwischen dem gesetzlichen Mindestbetrage der angedrohten Strafart und der Hälfte des Höchstbetrages der angedrohten Strafe zu bestimmen. — Diese Regelung schließt wesentlich an den früheren Rechtszustand an.

Über bedingte Strafaussetzung (sog. bedingte Verurteilung) vgl. näher das Gesetz §§ 10—15; dazu unten § 100, VII. Der Strafvollzug soll die Erziehung fördern (§ 16).

[4] Ebenso Begünstigung und Hehlerei.

[5] Der Schuldausschluß wirkt also hier nur persönlich für das Kind bzw. den Jugendlichen, in dessen Person er vorliegt. Diese Regelung ist auch grundsätzlich allein richtig und praktisch brauchbar; vgl. oben S. 129, Anm. 6.

Verfehlt ist es, wenn das RG., anschließend an frühere mißglückte Rechtsprechung, hier bloß einen persönlichen Strafausschließungsgrund annimmt. Vgl. E. 57, 208. — Neuerdings läßt RG. E. 61, 265 die Frage (unter Hinweis auf die überwiegend gegenteilige Auffassung des Schrifttums) dahingestellt. Eingehend hierüber Strafr. II, 297/98.

[6] Dazu über die Bedeutung der Carolina oben S. 32. Eingehend über die geschichtliche Entwicklung Strafr. II, 300—304; Ausland 304/05.

rechnen wir dem Menschen zu Verdienst und Schuld das an, was er gewollt hat und weil er es gewollt hat. Überall handelt es sich dabei um die Frage, ob diejenigen Folgen der Tat gewollt waren, die uns jeweils als löbliche oder vorwerfbare interessieren. So auch im Recht, hier im Strafrecht.

Auf dem Boden solcher Willenstheorie[1] steht mit der gesamten geschichtlichen Entwicklung auch unser geltendes Recht[2]. Ebenso das Reichsgericht[3] wie die herrschende Ansicht der Literatur[4] und die Entwürfe[5]; ebenfalls das Ausland[6].

III. Aus obiger Einsicht folgt: Vorsatz ist der auf Verwirklichung des Deliktstatbestandes gerichtete Wille; anders ausgedrückt: das Wissen und Wollen sämtlicher Deliktsmerkmale[7]; abgekürzt: das Wollen des Erfolges[8].

---

[1] Ich selbst habe der näheren Feststellung des Vorsatzbegriffs als der gewollten Verwirklichung des Deliktstatbestandes eingehende wissenschaftliche Arbeit gewidmet und fasse im folgenden ganz kurz zusammen. Vgl. dazu zuerst v. Hippel, Grenze v. Vorsatz u. Fahrlässigkeit, 1903; dann V.D.Allg. T. III, 1908 (rechtsvergleichend); später wiederholte Arbeiten, zitiert Strafr. II, 306; dazu Strafr. II, 306—326: ferner unten S. 139, Anm. 1.

[2] Daß unser geltendes StrGB. als Vorsatz den verbrecherischen Willen betrachtet, ist schon nach dieser Entwicklung zweifellos, überdies in den Motiven ausdrücklich ausgesprochen; vgl. näher Strafr. II, 307. Ebenso jetzt das Bürgerliche Gesetzbuch einschließlich Reichsgericht und herrschender Lehre; vgl. Strafr. II, 308.

Im Gesetz selbst fehlt leider (vgl. näher Strafr. II, 303/04) eine Begriffsbestimmung des Vorsatzes; nur die Preußische Bestimmung über sog. Tatirrtum fand in § 59 Abs. 1 StrGB. Aufnahme. Danach schließt Unkenntnis von „Tatumständen, welche zum gesetzlichen Tatbestande gehören oder die Strafbarkeit erhöhen", den Vorsatz aus (Abs. 2 betrifft die Fahrlässigkeit). „Tatirrtum" ist also nicht etwa Irrtum über Tatsachen, sondern über gesetzliche Tatbestandsmerkmale (auch rechtliche, z. B. die Eigenschaft der Sache als fremder). Bei Unkenntnis eines Tatbestandsmerkmals fehlt also der Vorsatz, und zwar deshalb, weil Nicht-Vorgestelltes niemals gewollt sein kann. Beispiel: Der Täter hat den Menschen, auf den er schoß, für ein Stück Wild gehalten (keine vorsätzliche Tötung). Oder er hat die straferhöhende Eigenschaft des Getöteten als Aszendenten nicht erkannt (kein Aszendententotschlag; vgl. StrGB. § 215). Dazu unten S. 137, II.

[3] In zahlreichen Entscheidungen; Beispiele im folgenden.

[4] Näher Strafr. II, 306. [5] Vgl. dort 324/26.

[6] Vgl. dort 304/05.

[7] So wiederholt das RG.; vgl. z. B. E. 44, 325; 51, 311. Die obige erste Fassung ist schärfer, die zweite vielleicht anschaulicher. Beide gehen davon aus, daß gewollt nur sein kann, was sich der Täter — mindestens als möglich — vorstellte, und betonen, daß der Wille auf die Verwirklichung des gesamten Deliktstatbestandes gerichtet sein muß. Das „Wollen der Deliktsmerkmale" (zweite Fassung) ist eine leichtverständliche Abkürzung hierfür; vgl. näher Strafr. II, 306/07.

[8] D. h. selbstverständlich: Des Erfolges im weiteren Sinne, also der Verwirklichung des gesamten Deliktstatbestandes; vgl. oben S. 92.

Das Vorsatzproblem lautet demnach[1]: Wann ist der vorgestellte Erfolg gewollt, also der Wille auf die Verwirklichung des Deliktstatbestandes gerichtet und wann nicht?[2]

IV. Der Willensentschluß entsteht[3] auf Grund der Vorstellung eines durch eigenes Verhalten (Tun oder Unterlassen) erreichbaren künftigen Zustandes[4], der dem Täter im Vergleich zum gegenwärtigen als der relativ bessere erscheint[5]. Seltener nur zeigt dies Zukunftsbild rein erfreuliche Seiten; meist mischt sich darin[6] Erfreuliches, Gleichgültiges und Unerfreuliches. Zum Wollen und zur Tat kann es dann nur kommen, wenn das künftige Gesamtergebnis mit seinem Licht und Schatten als dem gegenwärtigen Gesamtzustand Vorzuziehendes erscheint. Dann wird die Vorstellung jenes Gesamtergebnisses zum Ziel des Strebens, führt zum Willensentschluß und zur Tat. Und damit ist das Gesamtergebnis gewollt mit seinen guten wie üblen Seiten, weil die ersteren die letzteren überwogen[7].

Daraus folgt[8].

1. Gewollt sind zunächst die als wünschenswert erstrebten Folgen der Tat, ohne Rücksicht auf den Grad der Wahrscheinlichkeit ihres Eintritts[9] (Willensbegriff im engsten Sinne[10]).

2. Mit den erstrebten mitgewollt sind diejenigen — dem Täter an sich gleichgültigen oder unangenehmen — Folgen, die Teile des gewollten Gesamtergebnisses bilden, dessen Erreichung dem Täter lieber war als der Verzicht auf seine Tat (Willensbegriff im weiteren Sinne).

---

[1] Die psychologische Literatur bietet hier wenig von Bedeutung; vgl. Strafr. II, 308. Die folgende Klarstellung beruht auf meiner eigenen Arbeit (vgl. oben S. 131, Anm. 1), auf die ich zur näheren Begründung verweise.

[2] Die hohe praktische Bedeutung der Frage gerade für das Strafrecht liegt darin, daß die Fahrlässigkeit grundsätzlich milder und überwiegend nicht strafbar ist; vgl. unten S. 146.

[3] Vgl. näher Strafr. II, 308/09.

[4] Bei den reinen Unterlassungsdelikten — Omissivdelikten, oben S. 100 — handelt es sich um Aufrechterhaltung des bestehenden Zustandes; vgl. näher Strafr. a. a. O.

[5] Bei dieser Einschätzung spielen Verstand und Gefühl in mannigfacher Verbindung die maßgebende Rolle.

[6] Wie im Bilde der Gegenwart.

[7] Denn was als einheitlicher Vorstellungskomplex den Entschluß hervorruft, ist damit notwendig auch als solcher Gegenstand des Willens, also gewollt und damit vorsätzlich herbeigeführt. Beispiel: Der Käufer will nicht nur die Ware, sondern auch die Geldausgabe dafür.

[8] Vgl. näher Strafr. II, 309/313.

[9] Beispiel: Rettungsversuche aus Gefahr, Mord aus Rache, beides bei geringer Erfolgsaussicht.

[10] An diesen Fall denkt zunächst jeder, weil nur die Vorstellung erwünschter Folgen den Willensentschluß hervorzurufen vermag.

V. Unter diesen Willensbegriff im weiteren Sinne fallen zunächst stets die mit den erstrebten als notwendig verbunden vorgestellten Folgen der Tat[1].

Hierher gehören: 1. die als notwendig vorgestellten Mittel zum Zweck[2]; 2. als notwendig verbunden vorgestellte Nebenfolgen[3] und 3. ebensolche weitere Folgen der Tat[4].

Die vorstehenden Fälle — erstrebte und damit als notwendig verbunden vorgestellte Folgen — bilden gemeinsam das Gebiet des sog. direkten Vorsatzes (dolus directus). Daß hier Vorsatz vorliegt, ist zweifellos.

VI. Als weitere Gruppe reiht sich der sog. eventuelle Vorsatz (dolus eventualis) an[5].

Es handelt sich hier um das Gebiet der bloß möglichen bzw. wahrscheinlichen, dem Täter an sich gleichgültigen oder unangenehmen Folgen der Tat. Dann ist Vorsatz gegeben, wenn dem Täter der Eintritt des erstrebten zusammen mit dem als möglich vorgestellten rechtswidrigen Erfolg lieber war als der Verzicht auf

---

[1] Hier weiß der Täter: Wenn ich mein Ziel erreiche (was durchaus unsicher sein kann), so tritt notwendig zugleich die Folge X ein. Dann ist X mitgewollt als notwendiger Bestandteil des vorgestellten und erstrebten Gesamtergebnisses; vgl. näher Strafr. II, 310. — In solchem Sinne auch mehrfach die Literatur wie das RG.: vgl. E. 31, 217; siehe auch E. 24, 55; 25, 427; 27, 241; näher Strafr. II, 311.

Es entspricht dies auch durchaus der Auffassung des täglichen Lebens: Beispiel: Bergbesteigung, erwünscht die Aussicht; als notwendig mitgewollt: unbequemer An- und Rückmarsch, mangelhaftes Nachtquartier.

[2] Dies ist der im Strafrecht praktisch häufigste Fall des Vorsatzes. Beispiel: Raubmord; Vermögensdelikt zwecks Befriedigung wirtschaftlicher Bedürfnisse usw.

[3] Beispiel: Umstürzen eines Motorrades mit 2 Fahrern aus Rache gegenüber dem ersten. Das Umstürzen des zweiten (Körperverletzung) ist mitgewollt.

[4] Beispiel: Schuß auf Pappscheibe. Als notwendig mitgewollt die weitere Folge der Sachbeschädigung des fremden Gegenstandes, auf dem der Täter sie befestigte.

[5] Vgl. zur Begründung eingehend Strafr. II, 311—316. — Auch der dolus eventualis ist in Deutschland anerkannt; in breitem Umfang auch im Ausland (vgl. Strafr. II, 305, und neuerdings Z. 51, 154).

Das Reichsgericht (zahlreiche Urteile, vgl. näher Strafr. II, 312) kennzeichnet den dolus eventualis durch Erläuterungen, wie Einverständnis, einwilligen, billigen, im voraus genehmigen; Wille, die Folgen evtl. auf sich zu nehmen; Rechnen mit der Möglichkeit usw. Im Gegensatz dazu die Fahrlässigkeit: den Erfolg Vermeiden-Wollen; an den Nicht-Eintritt glauben; auf einen vorteilhaften Ausgang rechnen; innerlich ablehnen; auch mit der Fassung: wenn ihn die Gewißheit des Erfolges von der Tat abgehalten hätte. Durchaus entsprechend die Literatur wie der 24. Deutsche Juristentag (Posen, 1898). Meine obige Fassung ist eine schärfere begriffliche. Bestritten wurde der dolus eventualis in Deutschland nur vereinzelt, so insbes. von v. Bar und Liepmann; vgl. näher Strafr. II, 318.

seine Tat[1]. Dagegen Fahrlässigkeit[2], wenn die Hoffnung, das leichtfertige Vertrauen auf das Ausbleiben des rechtswidrigen Erfolges entscheidend für die Vornahme der Handlung war[3].

VII. Zur Erläuterung des dolus eventualis ist hervorzuheben[4]:

1. Niemals genügt hierfür die Feststellung, daß der Täter sich den Erfolg hätte vorstellen müssen[5] oder daß er ihn sich als möglich vorgestellt hat[6].

2. Stets ist dolus eventualis gegeben bei als möglich vorgestellten, dem Täter gleichgültigen Folgen der Tat[7].

3. Trat der mit dolus eventualis gewollte Erfolg nicht ein, so liegt, wie sonst beim Vorsatz, Versuch vor[8].

4. Gewöhnlich liefert der Strafprozeß Klarheit darüber, aus welchen Gründen bzw. zu welchen Zwecken der Täter handelte. Dann ist regelmäßig auch eine gesicherte Abschätzung der Interessenlage in dem Sinne: dolus eventualis oder bewußte Fahrlässigkeit möglich. Bleiben Zweifel, so ist Vorsatz als nicht feststellbar abzulehnen.

Zur Nachprüfung der Interessenlage ist auch eine hypothetische Fragestellung wertvoll[9]: Wie hätte der Täter (ceteris paribus) gehandelt,

---

[1] Beispiele: Schuß auf den Beamten, um sich jedenfalls von der Verfolgung zu befreien (vorsätzliche Tötung); Beschwören möglicherweise unrichtiger Tatsache, um auf jeden Fall den Angeklagten zu retten (Meineid; vgl. auch RG. E. 61, 159); Eisenbahntransportgefährdung, zugleich als vorsätzliche Tötung (Attentat in Leiferde, 1926); E. 4, 38 (dolus eventualis bei Bigamie); E. 10, 337 (betr. § 176 [3]); E. 26, 314 (Desertion, § 141, Rettung des Sohnes vor Selbstmord, einerlei wie); E. 18, 309 (§ 271; Falschbeurkundung möglicherweise unrichtigen Geburtsjahres); E. 12, 64; 59, 3/4 (Explosion; Sprengstoffgesetz); E. 10, 234 (§ 292; Handeln unbekümmert um die Jagdbarkeit); E. 26, 242 (Körperverletzung); weitere Fälle Strafr. II, 212.

[2] Sog. bewußte Fahrlässigkeit (luxuria); vgl. unten S. 143.

[3] Beispiele: Bewußt unvorsichtiges Fahren, wobei der Genosse oder ein Dritter tödlich verunglückt; Rauchen im Bette (fahrlässige Brandstiftung); lebensgefährliche Operation mit Todeserfolg wegen Kunstfehlers.

[4] Vgl. näher Strafr. II, 314/16.

[5] Denn was nicht mindestens als möglich vorgestellt ist, kann überhaupt nicht gewollt sein.

[6] Denn dann fragt es sich gerade erst (vgl. oben), ob dolus eventualis oder bewußte Fahrlässigkeit vorliegt.

[7] Denn die Hoffnung auf deren Ausbleiben kann niemals entscheidend für die Vornahme der Handlung sein. Vgl. auch RG. E. 10, 337 (StrGB. § 176 [3]: Das Alter unter 14 Jahren dem Täter gleichgültig). Entsprechend E. 20, 235 (StrGB. § 348); E. 25, 222 (StrGB. § 259). So auch überwiegend die Literatur.

[8] So auch die herrschende Ansicht und RG.; vgl. insbes. E. 19, 90 usw.; neuerdings E. 56, 169; 61, 159. Ungenau ist danach die öfters auftretende Fassung, daß der Täter beim dolus eventualis den Erfolg wolle „für den Fall seines Eintritts"; vgl. näher Strafr. II, 314/15.

[9] Sie wurde rein empirisch zunächst von FRANK (1890) aufgestellt. Ich wies nach, daß FRANKS Formel (von mir gebrauchter Ausdruck, heute üblich) auf der Willenstheorie beruht und psychologisch richtig ist. Sie wird heute in der Literatur (hier einzelne Gegner) wie vom RG. verwertet. Vgl. E. 22, 65 (Vereinigte

wenn er sich den Eintritt der betr. Folge als sicher vorgestellt hätte? Ebenso: dann dolus eventualis[1]; anders: dann bewußte Fahrlässigkeit[2].

VIII. Hiermit ist das Vorsatzgebiet festgestellt und begrenzt. Die Richtigkeit dieser Begrenzung ergibt sich weiter aus folgender Erwägung[3]: Der Unterschied verschiedener Schuldarten kann nur darin liegen, daß sie einen verschiedenen seelischen Vorwurf gegenüber dem Täter begründen. In allen Gruppen des Vorsatzgebiets lautet dieser Vorwurf: Die Herbeiführung des rechtswidrigen Erfolges war dem Täter lieber als der Verzicht auf seine Tat, der Egoismus[4] also hat ihn dazu verführt, seine Ziele über die Verletzung der Rechtsordnung zu stellen. Bei der Fahrlässigkeit dagegen ist der Vorwurf ein völlig anderer: der Leichtsinn des Täters hat ihn zur Tat verführt. Denn dieser erst war es, der das entscheidende Übergewicht der zur Tat treibenden Motive herstellte.

IX. Abweichend wird von einer Minderzahl angesehener Autoren der Vorsatz als Voraussicht des Erfolges gekennzeichnet (sog. Vorstellungstheorie). Dazu ist grundsätzlich zu sagen[5]: Vorstellen ist überhaupt keine Schuld. Ebensowenig ist Handeln trotz Vorstellung Vorsatz; sondern nur, wenn die betr. Folge im Einzelfalle gewollt bzw. mitgewollt war. Sonst liegt bewußte Fahrlässigkeit vor[6].

Im praktischen Ergebnis kommen die Hauptvertreter der Vorstellungstheorie, v. Liszt und Frank, durchaus auf die Begrenzung des Vorsatzes, insbes. des dolus eventualis. im Sinne der herrschenden Willenstheorie hinaus. Andere bemühen sich vergeblich, nach dem Grade der Wahrscheinlichkeit der Voraussicht zu unterscheiden[7]. Es

Strafsenate) und E. 33, 4 (das eingehendste Urteil betr. dolus eventualis); näher Strafr. II, 316/17.

[1] Denn dann war die Hoffnung auf das Ausbleiben dieser Folge nicht entscheidend für Vornahme der Tat. Beispiel: Der Täter verkauft einen möglicherweise unechten Gegenstand zum vollen Preise als echt (vorsätzliche Vermögensbeschädigung, Betrug).

[2] Beispiel: Der Schütze auf der Treibjagd schießt in gefährliche Nähe des Nachbarn; fahrlässige Körperverletzung (bei sicherer Vorstellung des Erfolges hätte er nicht geschossen).

[3] Vgl. näher Strafr. II, 317/18.

[4] D. h. hier: Die übertriebene Wertschätzung der eigenen Interessen gegenüber denen der Rechtsordnung, auch wenn erstere altruistischer Art waren.

[5] Nähere Darstellung und Kritik Strafr. II, 319/22, und eingehend meine oben S. 131 Anm. 1 zit. früheren Arbeiten.

[6] Vgl. die vorausgehende Darstellung.

[7] Vgl. zur Kritik Strafr. II, 220. So neuerdings noch Sauer, Z. 51, 164ff. Eine Kombination erstrebt Engisch, Untersuchungen über Vorsatz und Fahrlässigkeit, 1930 (vgl. insbes. S. 129, 234). Über sonstige abweichende Ansichten Strafr. II, 322/23.

kann aber Unwahrscheinliches gewollt[1] und Wahrscheinliches nicht gewollt sein[2]; auch ist der Grad der Möglichkeitsvorstellung vielfach nicht sicher feststellbar[3].

§ 40. Vorsatz. II. Weitere Ausführung.

I. Besondere Fälle des Vorsatzgebiets: 1. Gefährdungsvorsatz: Der Ausdruck ist gebräuchlich, aber schief. Es handelt sich hier um keinen besonderen Vorsatzbegriff, sondern einfach darum, daß manche Deliktstatbestände nicht vorsätzliche Verletzung, sondern nur Gefährdung von Rechtsgütern fordern[4]. Richtig ist also die Bezeichnung: vorsätzliche Gefährdung. Wann sie vorliegt, bestimmt sich daher nach den allgemeinen Grundsätzen über Vorsatz[5].

Möglich ist es, daß die Gefährdung zugleich das gewollte Mittel zur Verletzung war[6]. Dann liegt Idealkonkurrenz der betr. Delikte (z. B. Aussetzung und Tötung) vor[7].

2. Absicht[8]: Das Wort kommt in verschiedenem Sinne vor: a) gleichbedeutend mit Vorsatz[9]; b) gelegentlich als dolus directus[10]; c) technisch zur Kennzeichnung des erstrebten Ziels des Täters, also der als wünschenswert erstrebten Folgen einschließlich der Mittel zum Zweck[11].

---

[1] Beispiele oben S. 132, Anm. 9.

[2] Beispiel: Höchst lebensgefährliche Operation trotz verweigerter Einwilligung; Erfolg: Tod. Der Tod ist zweifellos nicht vorsätzlich herbeigeführt.

[3] So möglicherweise in Fällen der Beispiele oben S. 134, Anm. 1; 135 Anm. 2, 3.

[4] Beispiele: Körperverletzung „mittels einer das Leben gefährdenden Behandlung“ (StrGB. § 223a); § 221: Aussetzung Hilfloser, d. h. vorsätzliche Verbringung in eine das Leben gefährdende Lage; vgl. dazu über Verletzungs- und Gefährdungsdelikte oben S. 87.

Sachlich umfaßt ein Deliktstatbestand vorsätzlicher Gefährdung (z. B. vorsätzlicher Lebensgefährdung) sämtliche Fälle vorsätzlicher sowie die große Mehrzahl (nicht alle) Fälle bewußt fahrlässiger Verletzung, und zwar letztere ohne Rücksicht auf den Eintritt des Erfolges; vgl. näher, auch kritisch, Strafr. II, 328/29.

[5] Insbes. genügt auch hier dolus eventualis; vgl. auch RG. E. 43, 383 (am Schluß; betr. StrGB. § 297); näher Strafr. II, 326/27.

[6] Der Vorsatz der Verletzung schließt also, falls er vorliegt, den der Gefährdung ein, nicht etwa aus (wie öfters behauptet wird). Beide Vorsätze können auch als direkte (nicht nur als eventuelle) zusammentreffen. Unrichtig insoweit RG. E. 25, 321; E. 62, 8 (betr. §§ 217, 221); vgl. näher Strafr. II, 328.

[7] So auch insbes. Frank; näher a. a. O., auch gegen Gesetzeskonkurrenz. Dazu unten S. 191, Anm. 2. [8] Näher Strafr. II, 329/30.

[9] So vielfach im früheren Recht. Heute z. B. in StrGB. § 43, 46[1]; § 266 (vgl. RG. E. 53, 194).

[10] Also im Gegensatz zum dolus eventualis. So nach RG. E. 27, 241; 59, 315; in StrGB. § 288; E. 39, 138 betr. Konkurs-Ordg. § 241.

[11] Absichtsdelikte im technischen Sinne. So insbes. Diebstahl, Betrug usw., bei denen die Absicht auf einen jenseits des objektiven Deliktstat-

3. Wissentlichkeit: Das Wort erscheint a) gleichbedeutend mit Vorsatz[1]; b) technisch als dolus directus im Gegensatz zum dolus eventualis[2].

4. Überlegung[3] bedeutet die im Augenblick der Ausführung vorhandene, klare, verstandesmäßige Abwägung der für und wider die Tat sprechenden Gründe.

5. Böswillig, boshaft kennzeichnen den Zweck der Schädigung bzw. Kränkung, in der der Täter Befriedigung findet[4].

II. Objektiv bezieht sich der Vorsatz, wie dargelegt und anerkannt, auf die Verwirklichung des gesamten Deliktstatbestandes. Daraus folgt: Unkenntnis irgendeines Deliktsmerkmals schließt den Vorsatz aus[5]. Umgekehrt: Ist das Wissen und Wollen sämtlicher Deliktsmerkmale vorhanden, so ist der Vorsatz vorhanden, ganz gleichgültig, ob der Täter sich über irgendwelche sonstigen Eigenschaften des Erfolges irrte[6]. Danach erledigen sich insbes. folgende Fälle:

1. error in objecto (Spezialfall: error in persona): Der Täter trifft das Objekt, das er treffen wollte, irrt aber über Eigenschaften desselben. Betrifft hier der Irrtum Eigenschaften, die Tatbestandsmerkmale des betr. Delikts sind, so ist Vorsatz ausgeschlossen[7]; andernfalls ist er gegeben[8].

2. Aberratio ictus: der Täter verfehlt das Objekt, das er in erster Linie treffen wollte und trifft statt dessen ein anderes[9]. Dann liegt versuchtes vorsätzliches Delikt hinsichtlich des verfehlten

---

bestandes gelegenen, zukünftigen Erfolg gerichtet ist (Zuneigung, Bereicherung usw.); vgl. dazu RG. E. 50, 55; auch E. 49, 140; 55, 261. Gleiche Bedeutung hat die Fassung „um ... zu" (z. B. StrGB. §§ 131, 229, 257). — In diesem technischen Sinne verwerten jetzt unsere Entwürfe das Wort „Absicht"; vgl. näher Strafr. II, a. a. O.

[1] Beispiele: StrGB. §§ 48 Abs. 2, 49; §§ 127, 153/54, 257; näher Strafr. II, 330.

[2] So insbes. in der Wendung „wider besseres Wissen", StrGB. §§ 164, 187, 189, 278 (dazu E. 32, 302); aber auch sonst, z. B. in § 131; näher a. a. O. In diesem Sinne jetzt auch die Entwürfe.

[3] Erfordernis beim Mord (StrGB. § 211); dazu RG. E. 48, 174; 55, 208; 62, 196; näher Strafr. II, 330.

[4] Beispiele StrGB. §§ 103a, 134, 135, 223a Abs. 2, 360[13]; dazu E. 48, 174; E. 58, 336; näher a a. O.

[5] StGB. § 59 Abs. 1; vgl. näher oben S. 131, Anm. 2.

[6] Eine Irrtumslehre also hat hier lediglich Zweifelsfälle durch Anwendung des Vorsatzbegriffs zu entscheiden; sonst irrt sie selbst; vgl. näher Strafr. II, 331/32.

[7] Beispiel: Der Täter hielt den Menschen, auf den er schoß, für ein Stück Wild (keine vorsätzliche Tötung); er hielt die fremde Sache für herrenlos (kein Diebstahl).

[8] Beispiel: Der Täter erschießt den A, den er für B hielt; vorsätzliche Tötung (denn beide sind Menschen). Oder: er will einen echten Schmuck stehlen, dieser aber ist unecht; vollendeter Diebstahl (fremde Sache).

[9] Beispiel: Der gegen A gerichtete Schuß trifft den B.

Objekts vor; ob hinsichtlich des getroffenen (in Idealkonkurrenz) Vorsatz, Fahrlässigkeit oder strafloser Zufall vorliegt, ist Tatfrage[1].

III. Häufig verwertet der Gesetzgeber im Tatbestand Rechtsbegriffe[2]. Hier sind zwei Fälle zu unterscheiden: a) die Strafwürdigkeit der Tat beruht auf richtiger Beurteilung jenes Begriffs. Dann ist der Rechtsbegriff Tatbestandsmerkmal wie jedes andere, Irrtum darüber schließt den Vorsatz aus[3]. b) Der Rechtsbegriff dient lediglich als Abkürzung, um eine Reihe von tatsächlichen bzw. rechtlichen Merkmalen zusammenzufassen, deren Verwirklichung unter Strafe gestellt werden soll (sog. Komplexbegriffe)[4]. Dann ist für den Vorsatz die Vorstellung dieser den Begriff konstituierenden Merkmale, nicht die des Rechtsbegriffs selbst maßgebend[5].

IV. Es kommt vor, daß der gewollte Erfolg eintrat, aber auf einem von der Vorstellung des Täters abweichenden Wege. Dann bleibt der Schuldvorwurf: du hast den Erfolg als Ergebnis deiner Handlung gewollt und damit der Vorsatz bestehen[6]. Bei unberechenbarer Abweichung des Kausalverlaufs aber fehlt die adäquate Verursachung[7] und deshalb die strafrechtliche Verantwortlichkeit[8].

---

[1] Vorstehenden Standpunkt betr. error und aberratio vertritt auch das RG. (E. 19, 179; 58, 28) wie überwiegend die Literatur; vgl. näher Strafr. II, 334.

Den Fällen des error entsprechend liegen diejenigen, in denen der Vorsatz während der Tat wechselt. Beispiel: Der Einbrecher will Geld stehlen, nimmt dann Silberzeug; vgl. dazu (teilweise abweichend) RG. E. 14, 312ff.; näher Strafr. II, 335. Dort auch über die seltenen Fälle des sog. dolus alternativus.

[2] Z. B. Beamter, Pfändung, Beschlagnahme, fremde Sache, öffentliche Urkunde usw.; vgl. näher Strafr. II, 331/33.

[3] Beispiel: Wer die Eigenschaft der Sache als fremder nicht kennt, ist kein Dieb; wer die Eigenschaft der Vortat als strafbarer nicht kennt, kein Hehler, kein Begünstiger; vgl. RG. E. 13, 8.

[4] Ich habe diesen Ausdruck wohl zuerst gebraucht und er ist heute üblich geworden.

[5] Beispiele: Urkunde (vgl. RG. E. 39, 370; 40, 203); Unzucht; Beamter (vgl. E. 53, 131; 57, 366); vgl. im Einzelnen den Besonderen Teil.

Verfehlt ist es, wenn das RG. hier Strafrechtsirrtum für gleichgültig, außerstrafrechtlichen für erheblich erklärt. Einmal ist diese Unterscheidung überhaupt grundsätzlich abzulehnen (vgl. unten S. 140). Sodann aber handelt es sich in unserem Falle nicht um Irrtum über das Verbotensein der Tat (Rechtsirrtum), sondern über Tatbestandsmerkmale. Solcher aber schließt, soweit er vorliegt, unter allen Umständen den Vorsatz aus. Gegen das RG. auch die Wissenschaft wie die Entwürfe; vgl. näher Strafr. II, 332/33.

[6] Vgl. näher Strafr. II, 336/37.

[7] Beispiel: Schuß mit Tötungsvorsatz: Eintritt des Todes infolge Vernachlässigung der Wunde oder durch Unglücksfall im Krankenhaus. Im ersten Falle adäquate Verursachung, im zweiten nicht.

[8] Das RG. stimmt hiermit insoweit überein, als es im entsprechenden Falle der Fahrlässigkeit wiederholt für maßgebend erklärte, ob der Kausalverlauf innerhalb der Grenzen der gewöhnlichen Erfahrung lag oder in irgendeinem Punkte

§ 41. Vorsatz. III. Das Bewußtsein der Rechtswidrigkeit.

I. Zum Vorsatz gehört, wie wir sahen, die gewollte Verwirklichung des Deliktstatbestandes. Streitig ist, ob und wieweit er darüber hinaus eine seelische Beziehung zum Verbotensein der Tat, zu ihrer Eigenschaft als Unrecht fordert (Bewußtsein der Rechtswidrigkeit evtl. Pflichtwidrigkeit bzw. die Möglichkeit solchen Bewußtseins); sog. normative Auffassung im Gegensatz zur lediglich psychologischen[1].

Die Gesamtentwicklung des Strafrechts führt von der bloßen Erfolghaftung über die psychologische[2] zur normativen Auffassung[3]. Ihr gehört die Zukunft, falls sie nicht übertrieben wird und uns kulturelle Rückschläge erspart bleiben.

II. Vorweg ist klarzustellen:

1. Gesetzliche Regelung fehlt[4].

2. Es kommt an auf das Kennen bzw. Kennenmüssen des Verbotenseins; gleichgültig ist Kenntnis der Strafbarkeit.

3. Nimmt der Täter irrtümlich eine Sachlage (z. B. gegenwärtigen Angriff) an, bei der seine Handlung rechtmäßig (z. B. Notwehr) wäre, so fehlt der Vorsatz — Fahrlässigkeit ist Tatfrage[5].

---

ein ganz ausnahmsweiser war. Vgl. E. 6, 146; 15, 345; 28, 273; 29, 219; 34, 91 (dazu unten S. 145 Nr. 3). Vgl. oben S. 97, Anm. 3.

In der Literatur wird hier ein Sonderfall, der sog. dolus generalis erörtert. Er liegt vor, wenn der Täter den Erfolg (z. B. des Todes) bereits als gegeben ansah und ihn in Wahrheit erst durch weitere Handlungen (z. B. Verbrennen der Leiche) herbeiführte. M. E. liegt (bei adäquater Verursachung, wie z. B. in diesem Falle) vollendetes vorsätzliches Delikt vor. Überwiegend wird nur versuchtes vorsätzliches Delikt angenommen, evtl. in Konkurrenz mit vollendetem fahrlässigen.

[1] Dazu eingehend Strafr. II, 337—355 und meine dort zit. früheren Arbeiten. Als Zusammenfassung: D. Bewußtsein d. Rechtswidrigkeit, 1924 (Vortrag in der JKV., Hamburg, auch gesondert erschienen), und neuerdings: Vorsatz u. Bewußtsein d. Rechtswidrigkeit, Z. 51, 153—164, 1931 (Gutachten f. d. intern. Gefängniskongreß in Prag; hier internationale Darstellung). Vgl. auch oben S. 131, Anm. 1.

[2] Dieser liegt, bewußt oder unbewußt, der Gedanke zugrunde, daß der Täter die Anforderungen des Rechts stets kennt oder mindestens kennen muß. Das kann für einfachere Rechtszustände durchaus zutreffend und brauchbar sein.

[3] In unseren heutigen komplizierten Verhältnissen kommen wieder und wieder Fälle vor, in denen der Täter angesichts schwierigerer Sach- bzw. Rechtslage das Verbotensein seines Tuns nicht erkannte, oft sogar nicht erkennen konnte. Allein das Reichsgericht erließ bis 1922 ungefähr 250 Urteile über Rechtsirrtum; auf Grund Bundesratsverordnung v. 1917 (vgl. unten S. 142, Anm. 4) erfolgten wegen schuldlosen Rechtsirrtums über Kriegsnotgesetze in 8 Monaten 1765 Einstellungen; vgl. näher Strafr. II, 338.

[4] StrGB. § 59 bezieht sich lediglich auf die Unkenntnis von Tatbestandsmerkmalen des einzelnen Deliktstatbestandes; vgl. oben S. 131, Anm. 2, 137, Anm. 5; näher Strafr. II, 338/39.

[5] Sog. Putativnotwehr, Putativnotstand usw.; vgl. oben S. 109, Anm. 4. usw.; näher Strafr. II, 339.

4. In einer kleinen Minderzahl von Deliktstatbeständen wird das Wort „rechtswidrig“ ausdrücklich erwähnt[1]. Hier verlangt die überwiegende Meinung zum Vorsatz das Bewußtsein der Rechtswidrigkeit[2].

III. Nach Erledigung dieser Einzelfragen bleibt das grundsätzliche und allgemeine Problem zu entscheiden:

1. In der Literatur fordert eine große Gruppe zum Vorsatz grundsätzlich das Bewußtsein der Rechtswidrigkeit[3] bzw. der Pflichtwidrigkeit[4]. Eine zweite Gruppe begnügt sich mit der Möglichkeit solchen Bewußtseins[5]. Eine dritte, heute nur noch weniger vertretene Ansicht hält den Rechtsirrtum für unerheblich[6].

2. Das Reichsgericht erklärt Irrtum über das Strafgesetz für gleichgültig, während außerstrafrechtlicher Rechtsirrtum den Vorsatz ausschließe[7].

Dem liegt der richtige Gedanke zugrunde, daß es auf das Kennenmüssen des Gesetzes ankommt. Verfehlt aber ist die Annahme: das Strafgesetz muß man kennen, andere Gesetze nicht. Denn der Täter kann über das Strafgesetz in entschuldbarster, über andere Gesetze in leichtfertigster Weise irren[8]. Maßgebend kann daher nur fahrlässige Unkenntnis des Verbots im Einzelfalle sein.

In der Durchführung ferner ist der Standpunkt des RG. unsicher und willkürlich, weil das RG. häufig auch außerstrafrechtlichen Irrtum für Strafrechtsirrtum erklärt mit der Begründung, das Strafgesetz nehme auf das andere Gesetz Bezug[9]. Wann dies aber nach RG. geschieht und wann nicht, das ist unberechenbar[10].

---

[1] Beispiele: StrGB. §§ 239, 303 usw.

[2] So ein Teil der Literatur und des RG., z. B. E. 20, 393; 26, 265; 37, 142; 51, 12/13. Vgl. näher Strafr. II, 340. M. E. ist dies nur für einen Teil dieser Fälle zutreffend; vgl. oben S. 110/111.

[3] So insbes. BINDING und seine Anhänger; näher Strafr. II, 341.

[4] So insbes. LIEPMANN, FINGER, Graf DOHNA, v. LISZT-SCHMIDT usw.; näher Strafr. II, 341.

[5] So insbes. A. MERKEL, M. E. MAYER, FRANK; vgl. näher a. a. O.

[6] Also rein psychologische Auffassung; so insbes. v. LISZT (noch 21./22. Aufl. 1919, S. 172/73); näher Strafr. II, 342.

[7] Massenhafte Urteile (vgl. oben S. 139, Anm. 3), aber niemals ernstlich begründet; dagegen die gesamte Wissenschaft. Vgl. näher Strafr. II, 343/46.

[8] Da hierfür weder die systematische Stellung der Vorschrift noch die Straffolge maßgebend ist.

[9] Kritik: Dann gäbe es überhaupt nur Strafrechtsirrtum. Denn entweder regelt das Strafgesetz eine Rechtsfrage selbst oder es nimmt auf andere Gesetze Bezug.

[10] Vgl. näher Strafr. II, 343/46 und dort zit. frühere Arbeiten. Ganz verfehlt ist es, daß das RG. auch bei Unkenntnis einzelner Deliktsmerkmale Vorsatz annimmt, wenn jene Unkenntnis auf „Strafrechtsirrtum“ beruht. Kritik: Unkenntnis von Tatbestandsmerkmalen schließt stets den Vorsatz aus (StrGB. § 59 1); vgl. oben S. 131, Anm. 2, 137, Anm. 5.

IV. Maßgebend für den Schuldvorwurf kann nur die Lage des Einzelfalles sein. Es ist danach zu unterscheiden vorsätzlich rechtswidriges, fahrlässig rechtswidriges und schuldlos (zufällig) rechtswidriges Handeln[1]. Vorsätzlich rechtswidriges Handeln fordert die volle Strafe des Gesetzes; schuldlos rechtswidriges Handeln ist straflos[2]. Fahrlässig rechtswidriges Handeln fordert Bestrafung[3], aber Strafmilderung. Diese Fälle sind daher zum Vorsatzgebiet zu rechnen[4] und bei der Strafzumessung mildernd zu berücksichtigen. Zum Vorsatz gehört danach die gewollte und zugleich mindestens fahrlässig rechtswidrige Verwirklichung des Deliktstatbestandes[5].

Dieser mein Standpunkt bedeutet klare juristische Ausprägung des Gedankens, daß es auf die Möglichkeit des Bewußtseins der Rechts-

---

[1] Vgl. über diesen meinen Standpunkt eingehend Strafr. II, 342, 346—350, und dort zit. frühere Arbeiten; dazu oben S. 131 Anm. 1, 139 Anm. 1.

Hervorzuheben ist: Die Schuld bezieht sich auf die Eigenschaft der Tat als rechtswidriger (rechtlich verbotener), nicht als pflichtwidriger (unsittlich, antisozial usw.). Denn wir strafen nicht pflichtwidriges, sondern rechtswidriges Verhalten. Wer aber schuldhaft-pflichtwidrig handelt, hat meist (nicht immer) auch das Bewußtsein der Rechtswidrigkeit oder sollte und könnte es haben. Insoweit bildet solches Verhalten häufig ein wertvolles Indiz für schuldhafte Rechtswidrigkeit.

[2] So auch die heute durchaus herrschende Ansicht in der Literatur; vgl. Strafr. II, 350. Das Bürgerliche Recht verneint Schadensersatzpflicht bei schuldlosem Rechtsirrtum; um so weniger ist Bestrafung haltbar; vgl. Strafr. II, 349.

[3] Denn der Untertan ist verpflichtet, sich nach Möglichkeit um das Gesetz zu kümmern. Ein Staat, der auf diese grundsätzlich berechtigte und notwendige Forderung verzichten wollte, würde die Geltung seiner eigenen Rechtsordnung untergraben. Dies um so mehr, als der Nachweis des Vorsatzes hier in massenhaften Fällen nicht zu führen wäre. Betr. RG. unten S. 144 Anm. 9.

Weder im früheren deutschen noch im ausländischen Recht ist denn auch das Erfordernis des Bewußtseins der Rechtswidrigkeit für den Vorsatz durchgeführt; vgl. näher Strafr. II, 349; Z. 51, 157ff. Auch die Entstehungsgeschichte unseres StrGB. spricht dagegen; vgl. Strafr. II, 348.

[4] Die Fahrlässigkeit ist nur bei einer Minderzahl von Delikten strafbar.

[5] Beispiel: Vorsätzliche Tötung bei fahrlässiger Annahme der Rechtmäßigkeit (z. B. Notwehr, Waffenrecht).

Unzutreffend ist die Behauptung, daß solch kombinierte Schuldform widerspruchsvoll, daher hier Fahrlässigkeit anzunehmen sei. Kritik: Diese kombinierte Schuldform ist keine juristische Erfindung, sondern eine Tatsache des Lebens. Sie vereinigt in sich Vorsatz (hinsichtl. der Tat) und Fahrlässigkeit (hinsichtl. der Rechtswidrigkeit). Da sie aber kriminalpolitisch Bestrafung verlangt, muß sie zum Vorsatz gerechnet werden. Das entspricht auch der natürlichen Lebensauffassung: Wenn der Lehrer vorsätzlich einen Schüler schlägt unter fahrlässiger Annahme eines nicht bestehenden Züchtigungsrechts, so wird das niemand für eine fahrlässige Körperverletzung halten.

Unserem geltenden Recht ist übrigens auch sonst eine aus Vorsatz und Fahrlässigkeit zusammengesetzte Haftung nicht fremd; vgl. z. B. RG. E. 48, 323 (Übertretungen); näher Strafr. II, 342, 349/50.

widrigkeit ankommt[1]. Auf das Merkmal der Fahrlässigkeit verwies dabei schon vor mir van Hamel in Holland[2]. Inzwischen hat meine Auffassung in der Literatur starke Zustimmung gefunden[3]. In gleicher Richtung bewegt sich unsere neueste Rechtsentwicklung[4].

§ 42. Fahrlässigkeit.

I. Die Entwicklung des Begriffs der Fahrlässigkeit (culpa) verdanken wir dem römischen Recht und den Italienern[5]. Anschließend daran regelt die Carolina zutreffend die fahrlässige Tötung[6]. Allgemein bestimmen dann das Preußische Landrecht und die Landesrechte des 19. Jahrhunderts den Begriff, leider mit Ausnahme von Preußen (1851)[7]. Deshalb gelangte nur die dürftige Erwähnung in § 59 Abs. 2 StrGB. in unser geltendes Recht[8].

II. Als zweite Schuldart steht die Fahrlässigkeit zwischen Vorsatz und schuldlosem Handeln (Zufall). Die Klarstellung beider Grenzen ergibt daher den Inhalt und damit den Begriff der Fahrlässigkeit[9].

III. Im Gegensatz zum Vorsatz[10] ist die Fahrlässigkeit nichtgewollte Verwirklichung des Deliktstatbestandes. Solche liegt vor[11]:

---

[1] Vgl. oben S. 140, Anm. 5.

[2] Vgl. Strafr. II, 350.

[3] Vgl. näher Strafr. II, 350, Anm. 5.

[4] Entwurf 1913, verbessert 1919 (hier volle Annahme der von mir vertretenen Dreiteilung); entsprechend die Reichstagsvorlage 1927. (Der Entw. 1925 forderte, über das Ziel schießend, zum Vorsatz die Erkenntnis des Unerlaubten der Tat.)

Ferner: Die Bundesratsverordnung v. 18. Jan. 1917 (betr. Kriegsverordnungsrecht) erklärte unverschuldeten Rechtsirrtum ausdrücklich für straffrei (vgl. oben S. 139, Anm. 3); ebenso die Reichsabgabenordnung v. 1919 (§ 358, jetzt 1931, § 395) auf dem Gebiet des Steuerrechts.

Näher hierzu und über das Recht des Auslands Strafr. II, 351—355; ferner Z. 51, 157—160.

[5] Vgl. oben S. 15, Anm. 7; 19, Anm. 8. In Deutschland erste kasuistische Ansätze in fränkischer Zeit, die sich im späteren Mittelalter mehren. Vgl. oben S. 22, Anm. 11; 26, Anm. 10; näher Strafr. II, 355 und dort zit. Bd. I.

[6] Art. 146, oben S. 32, Anm. 4; näher Strafr. II, 355/56.

[7] Näher, auch über die Wissenschaft bis 1870 und über die grundsätzliche Anerkennung im ausländischen Recht, Strafr. II, 356/57.

[8] Nach § 59 Abs. 1 schließt Unkenntnis von Tatbestandsmerkmalen (Erfolg oder sonstige) den Vorsatz aus (vgl. oben S. 140, Anm. 2). Anschließend sagt Abs. 2: „Bei der Bestrafung fahrlässig begangener Handlungen gilt diese Bestimmung nur insoweit, als die Unkenntnis selbst nicht durch Fahrlässigkeit verschuldet ist.“ Also nur schuldlose Unkenntnis von Deliktsmerkmalen schließt die Fahrlässigkeit aus; vgl. den Text unten Nr. IV.

[9] Vgl. näher Strafr. II, 357/58.

[10] Als der gewollten Verwirklichung des Deliktstatbestandes; vgl. oben S. 131 ff.

[11] Vgl. näher Strafr. II, 359/60.

1. Wenn irgendein Tatbestandsmerkmal, gleichgültig ob der Erfolg oder ein anderes, nicht einmal als möglich vorgestellt war[1]; sog. unbewußte Fahrlässigkeit (negligentia)[2].

2. Wenn zwar sämtliche Deliktsmerkmale als möglich bzw. wahrscheinlich vorgestellt wurden, aber die Hoffnung auf das Ausbleiben des Erfolges[3] entscheidend für die Vornahme der Handlung war[4]; sog. bewußte Fahrlässigkeit (luxuria)[5].

IV. Im Gegensatz zum Zufall bedeutet die Fahrlässigkeit den Vorwurf pflichtwidrigen Verhaltens[6]. Und zwar pflichtwidrigen Verstoßes gegen die Anforderungen des Rechts, also rechtspflichtwidrigen Verhaltens[7]. Dieser Vorwurf lautet hier: du hättest den Eintritt des nicht gewollten aber verursachten Erfolges vermeiden sollen. Wesen der Fahrlässigkeit ist danach die pflichtwidrig unvorsichtige Verwirklichung des Deliktstatbestandes[8]. Sie bestimmt sich nach doppeltem Maßstab:

1. Objektiv kommt es darauf an, ob der Täter „die im Verkehr erforderliche Sorgfalt" (so treffend BGB. § 276) beobachtet hat; also im Einzelfalle die nach den Regeln des betr. Verkehrsgebiets erforderliche Sorgfalt[9].

---

[1] Denn Nicht-Vorgestelltes ist niemals gewollt, vgl. oben S. 134, Anm. 5.

[2] Dies ist der praktisch weitaus häufigste Fall. Beispiel: Verletzung eines Menschen, den der Täter nicht sah (Unkenntnis des Erfolges); Verletzung eines für ein Stück Wild gehaltenen Menschen (Unkenntnis des Deliktsmerkmals „Mensch").

[3] Im weiteren Sinne, also Verwirklichung des Deliktstatbestandes; so auch im folgenden.

[4] Beispiel: Bewußt unvorsichtiges Schießen oder Fahren, das den Freund verletzt.

[5] Dies ist das Grenzgebiet der Fahrlässigkeit gegenüber dem dolus eventualis; vgl. oben S. 134/35. — Die Einteilung der Fahrlässigkeit in bewußte und unbewußte ist heute anerkannt; vgl. auch RG. E. 56, 349; 61, 320.

[6] Das wird regelmäßig betont; vgl. auch RG. E. 20, 191; 36, 78; 36, 334ff.; 57, 173. Näher zum Folgenden Strafr. II, 360—364.

[7] Vgl. auch RG. E. 57, 173; dazu oben S. 141, Anm. 1.

[8] So bereits meine früheren Arbeiten. Ebenso heute meist die Literatur, scharf insbes. Frank, § 59, VIII.

Ungenau ist die häufige Bezeichnung als pflichtwidrige Unaufmerksamkeit; denn Unvorsichtigkeit kann auch bei größter Aufmerksamkeit vorliegen. Direkt unrichtig ist die Kennzeichnung als Voraussehbarkeit (zutreffend RG., E. 30, 50; 57, 173). Fehlt diese, so fehlt allerdings die Fahrlässigkeit; liegt sie aber vor, so ist damit Unvorsichtigkeit, also Fahrlässigkeit, noch keineswegs gegeben; denn auch bei vorsichtigem Verhalten lassen sich voraussehbare Gefahren keineswegs immer vermeiden. Beispiel: Durchgehen eines unruhigen Pferdes (E. 30, 25); sonstige verkehrsmäßige Gefahren; vgl. unten Anm. 9.

[9] Z. B. des Eisenbahn- oder Baubetriebes, des Straßenverkehrs, des Jagdbetriebes, der ärztlichen Tätigkeit usw. Durch solche Anwendung im Einzelfalle wird der obige, scheinbar sehr allgemeine Maßstab klar und scharf. Vgl. dazu auch RG. E. 39, 3ff.; 59, 342.

Dabei ist zu beachten: Zahlreiche Betriebe und Tätigkeiten enthalten auch bei vorsichtiger Ausübung eine gewisse, oft erhebliche Gefahr. Solche ver-

Es gibt dabei Gefahrlagen, in denen der Verkehr höchstmögliche Sorgfalt fordert[1]. Regelmäßig und grundsätzlich aber ist nur ein billiges, mittleres Maß zu fordern[2]. Gerade im Strafrecht ist hier vor Überspannung zu warnen[3].

2. Ist die im Verkehr erforderliche Sorgfalt beobachtet, so ist freizusprechen. Anderenfalls kommt es im Strafrecht[4] weiter einschränkend auf einen subjektiven Maßstab an: Ob der Täter auch nach seinen persönlichen Fähigkeiten den Erfolg vermeiden konnte[5]. Denn sonst ist diesem Täter gegenüber kein Schuldvorwurf möglich[6]. Auch hier hat billige Abwägung des in der betr. Lage zu Fordernden zu walten[7]. Andererseits kann die Fahrlässigkeit gerade darin bestehen, daß jemand ohne die erforderlichen Kenntnisse und Fähigkeiten eingreift[8].

3. Fälle fahrlässigen Rechtsirrtums bei vorsätzlicher Herbeiführung des Erfolges gehören zum Vorsatzgebiet (vgl. oben S. 141); schuldloser Rechtsirrtum[9] schließt Vorsatz wie Fahrlässigkeit aus (vgl. oben S. 141, Anm. 2).

V. Zusammenfassend ist danach festzustellen: Fahrlässigkeit

---

kehrsmäßige Gefahr begründet niemals Fahrlässigkeit; vgl. auch RG. E. 57, 173. Näher zum Vorstehenden Strafr. II, 361/62.

[1] Beispiele: Führung eines Schiffes bei Sturm, lebensgefährliche Operation.

[2] Dessen Nichtachtung man einem verständigen Menschen (verständiger Bauleiter, Arzt, Jäger, Autolenker usw.) noch zweifellos als verkehrswidrige Unvorsichtigkeit in Hinblick auf den Erfolg vorwerfen kann. — So auch vielfach die Literatur wie das RG., z. B. E. 29, 219; 30, 25; 35, 131; 36, 334; 58, 30; vgl. näher Strafr. II, 362.

[3] So mit Recht auch RG. E. 58, 30. Vorsicht ist hier um so nötiger, als für den Zivilrichter die Versuchung naheliegt, zugunsten des Geschädigten zu entscheiden. Sehr richtig schrieb v. Bar, G. u. S. II, 476: Nur zu leicht läßt sich „hinterher unschwer deduzieren, wieviel man hätte voraussehen können und müssen". Im Zweifel ist freizusprechen, weil Fahrlässigkeit nicht feststellbar.

[4] Im Privatrecht arbeitet die herrschende Lehre lediglich mit dem objektiven Maßstab. Für Berücksichtigung auch des subjektiven insbes. Siber und Fr. Leonhard; dagegen Oertmann, Leipz. Z. 18, 1924, S. 241ff.

[5] Beispiele: Körperliche Mängel; Fehlen der in der betr. Lage, in die der Täter geriet, nötigen Kenntnisse.

[6] Vgl. näher Strafr. II, 363/64. Herrschende Ansicht, so auch RG., z. B. E. 20, 191 usw.; neuerdings E. 56, 349ff.; 58, 30; 60, 351.

[7] Beispiele: Berücksichtigung von Erregung (E. 58, 30); kollidierende sittliche (E. 36, 81) oder Berufspflichten (E. 20, 191); sonstige Zwangslage (E. 30, 25), keine beliebige Anspannung des Gedächtnisses (E. 57, 234, Falscheid).

[8] Vgl. RG. E. 59, 356; ebenso z. B. Frank, Allfeld. Beispiel: Der Kurpfuscher. Gegensatz: ein bei Unglücksfall unrichtig Helfender.

[9] Wichtig hier RG., 1916, Leipz. Z. 10, S. 1082: Keine allgemeine Pflicht des Staatsbürgers zur Nachforschung in Gesetzblättern und Tageszeitungen; wohl aber Pflicht, sich um die in den eigenen Beruf einschlagenden Rechtssätze möglichst erschöpfend zu kümmern; dazu Strafr. II, 364.

ist die nicht gewollte Verwirklichung des Deliktstatbestandes infolge pflichtwidriger Unvorsichtigkeit[1].

VI. Wie alle Schuld, so bezieht sich auch die Fahrlässigkeit kausal auf die Verwirklichung des konkreten Deliktstatbestandes. Daraus folgt:

1. Der Begriff der Fahrlässigkeit bleibt stets derselbe, mag sich das betr. Delikt als Verletzung oder als (konkrete bzw. abstrakte) Gefährdung darstellen[2].

2. Ist die Handlung als solche verboten[3], so ist der Täter deshalb strafbar[4]. Eine völlig selbständige Frage aber bleibt die Haftung für den verursachten Erfolg (z. B. der Tötung); sie bestimmt sich allein durch Anwendung der allgemeinen Grundsätze über Fahrlässigkeit auf den vorliegenden Fall[5].

3. Es genügt Übersicht über den Kausalverlauf in seinen Hauptzügen, wenn der eingetretene Erfolg (z. B. der Tod dieses Menschen) als Folge der Handlung voraussehbar und vermeidbar war. Ist aber der Kausalverlauf in irgendeinem Punkte ein ganz außergewöhnlicher, unberechenbarer, so fehlt die adäquate Verursachung und deshalb die Strafbarkeit[6].

VII. Strafbarkeit der Fahrlässigkeit. 1. Die Einteilung in bewußte und unbewußte bestimmt das Gebiet der Fahrlässigkeit, nicht aber deren Strafwürdigkeit[7]. Maßgebend hierfür ist vielmehr der Grad der Unvorsichtigkeit im Einzelfalle[8].

---

[1] Oder ausführlicher gemäß Entw. 1913 § 19: „Fahrlässig handelt, wer die Sorgfalt außer acht läßt, zu der er nach den Umständen und nach seinen persönlichen Verhältnissen verpflichtet und imstande ist und infolgedessen entweder nicht voraussieht, daß sich der Tatbestand der strafbaren Handlung verwirklichen könne oder, obwohl er dies für möglich hält, darauf vertraut, daß es nicht geschehen werde"; über die Entwürfe im übrigen vgl. Strafr. II, 367.

[2] Vorsätzliche Lebensgefährdung z. B. bedeutet noch nicht, daß fahrlässige Tötung vorliegt; vgl. RG. E. 57, 172; näher Strafr. II, 365. Dazu oben S. 87, ferner S. 136.

[3] Durch Gesetz (z. B. StrGB. § 360[10], Nothilfe), Verordnung, Dienstinstruktion.

[4] Beispiele: Rasches Fahren, mangelnde Beleuchtung, unterlassene Straßenreinigung usw.

[5] So auch wiederholt das RG.; vgl. E. 3, 208; 6, 41; 14, 362; 15, 345; 20, 190; 59, 341; 61, 320; in gleichem Sinne Frank, Lobe, Olshausen; näher Strafr. II, 365/66. Dazu oben S. 102 bei Anm. 10, 11.

[6] So auch im Ergebnis wiederholt das RG., das hier die Fahrlässigkeit verneint; vgl. oben S. 138, Anm. 8; neuerdings scharf E. 56, 350; 61, 320/21; verfehlt das Urteil E. 54, 349 (Kritik: nur fahrlässige Körperverletzung, nicht Tötung); vgl. näher Strafr. II, 366/67.

[7] Blindes Drauflosbandeln kann strafwürdiger sein als falsche Überlegung; vgl. näher Strafr. II, 367/68.

[8] Einteilung in leichte und schwere Fahrlässigkeit (culpa levis, lata) ist unserem Strafrecht fremd. Über berufliche Fahrlässigkeit vgl. StrGB. §§ 222[2], 230[2].

2. Strafbar ist die Fahrlässigkeit bei Verbrechen und Vergehen grundsätzlich nur bei ausdrücklicher gesetzlicher Erwähnung[1]; ausnahmsweise auch dann, wenn sich dies aus Zweck und Zusammenhang der betr. Vorschrift unzweideutig ergibt[2].

3. Des gleiche gilt grundsätzlich bei Übertretungen. Nur sind hier die Fälle aus Zweck und Zusammenhang (also ohne ausdrückliche Erwähnung) zu folgernder Strafbarkeit sehr viel häufiger[3].

Leider ist dieser Standpunkt, insbes. für sog. Polizei- bzw. Verwaltungsdelikte, bestritten[4]. Dann wird grundsätzliche Strafbarkeit der Fahrlässigkeit vorbehaltlich Gegenbeweises behauptet. Praktisch bedeutet das: der Gesetzgeber (insbes. das Verordnungsrecht) kann ins Blaue hinein Strafgesetze über Übertretungen machen, ohne sich die Schuldfrage überhaupt zu überlegen. Dann ist stets auch die Fahrlässigkeit strafbar, mag dies noch so überflüssig und verfehlt sein. Leider haben unsere Entwürfe diese kriminalpolitische Verkehrtheit mitgemacht[5]. Grundsätzlich richtig heute das Reichsgericht[6].

4. Abzulehnen ist der da und dort auftretende Gedanke, die Fahrlässigkeit allgemein oder auch bei Ausbleiben des Erfolges zu strafen[7]. Die Bestrafung ist vielmehr, wie bisher, auf das Maß des unbedingt Erforderlichen zu beschränken[8].

---

[1] Es ist dies eine Minderzahl von Delikten; die Strafdrohung ist hier mit Recht weit milder als beim Vorsatz. Vgl. StrGB. §§ 222, 230; 309, 316, 318, 326, 329; 163; 121[2], 347[2]; 345[2].

[2] Einziger anerkannter Fall im StrGB. selbst ist § 330; vgl. auch RG. E. 25, 91; 29, 73; streitig sind die §§ 259, 139, 154; vgl. näher Strafr. II, 368 und unten den Besonderen Teil. Häufiger sind solche Fälle mangelhafter Redaktion in Nebengesetzen.

[3] Weil bei den geringen Übertretungsstrafen kein Bedürfnis nach besonderen Strafrahmen für Fahrlässigkeit betsand. Vielfach aber handelt es sich auch hier nur um vorsätzliche Delikte (vgl. z. B. §§ 360[11, 13]; 361[3, 4] [erster Teil]; 363/64/65; 366[3, 6]; 370[4, 5, 6]. Auch sonst ist im Zweifel nur der Vorsatz strafbar; vgl. näher Strafr. II, 368/69.

[4] Dagegen insbes. v. LISZT-SCHMIDT, OLSHAUSEN, GOLDSCHMIDT, FRANK; näher Strafr. II, 369/70. Über und gegen den Begriff des Polizei- bzw. Verwaltungsdelikts siehe dazu oben S. 87/89.

[5] Vgl. näher Strafr. II, 370.

[6] Früher nahm das RG. bei „präventiv-polizeilichen" Vorschriften Strafbarkeit der Fahrlässigkeit an; vgl. z. B. E. 38, 104/05; 48, 317. In E. 48, 323 rückt das RG. hiervon ab und erklärt die Lage des Einzelfalles für maßgebend. Noch weiter in dieser Richtung geht zutreffend E. 49, 118; vgl. näher Strafr. II, 370.

[7] Dann gehörte wohl jeder Mensch, und zwar öfters, vor den Strafrichter.

[8] Denn fahrlässige Täter sind keine Verbrecher im gewöhnlichen Sinne; in breitem Umfang handelt es sich hier auch nur um gelegentliche Entgleisungen sonst vorsichtiger und ehrenwerter Menschen. Deshalb ist auch die Forderung verfehlt, die Strafe nach oben an die des Vorsatzes anschließen oder gar übergreifen zu lassen; vgl. näher Strafr. II, 370/71.

VIII. Neuerdings wurde mehrfach die Frage erörtert, ob und warum die Fahrlässigkeit eine Schuldform sei[1].

1. Zur Frage des „Ob" lautet die Antwort: Unvorsichtige Herbeiführung eines verbotenen Erfolges ist nach allgemein-feststehender, zweifelloser Auffassung des gesamten sozialen und Rechtslebens, nicht etwa als strafrechtliche Erfindung, eine Pflichtwidrigkeit und damit eine Schuld.

2. Vom Vorsatz ist diese Schuldart verschieden[2]; über den gemeinsamen Oberbegriff der Schuld vgl. oben S. 127/28.

3. Die herrschende Ansicht erblickt in der Fahrlässigkeit eine Willensschuld (nicht Verstandesschuld). Das ist richtig, wenn man festhält: Fehlerhaftes Willensverhalten ist auch die Unterlassung richtiger (rechtlich gebotener) Willensentschlüsse sowie die Unvorsichtigkeit als ungenügende Anspannung der Willensenergie[3].

Kapitel VI.

Strafbarkeit.

§ 43. Das materielle Recht.

I. Die vorausgehende Darstellung über Handlung, Rechtswidrigkeit und Schuld hat das Wesen des Verbrechens als Unrecht klargestellt. Damit dies Unrecht zum Verbrechen werde, bedarf es weiter der staatlichen Strafdrohung[4]. Für sie sind, wie wir sahen, nicht begriffliche Erwägungen, sondern die Bedürfnisse des Rechtsgüterschutzes entscheidend[5].

II. Fehlt objektiv die Strafbarkeit[6], während der Täter die Tat für strafbar hielt, so spricht man von sog. **Putativdelikt.** Selbstverständlich liegt dann kein Verbrechen, sondern strafloses Handeln vor[7].

---

[1] Näher dazu Strafr. II, 371—376.

[2] Verfehlt daher Versuche analoger Erklärung; vgl. näher oben.

[3] Vgl. dazu oben S. 91 Anm. 11; näher Strafr. II, 372/73. Bestreitet man Obiges, so würde die Fahrlässigkeit selbstverständlich nicht aufhören, eine Schuldart zu sein, sondern sie wäre eine auf mangelhafter Verwertung von Verstand und Gefühl beruhende Schuldform. Über einige anderweite Ansichten vgl. Strafr. II, 374/76.

[4] In ihr kommt sachlich das öffentliche Interesse an Vergeltung und Verhütung solcher Taten durch das eigenartige Mittel der Strafe zum Ausdruck.

[5] Vgl. oben S. 6, 83; näher Strafr. II, 377.

[6] Weil entweder die Handlung überhaupt nicht mit Strafe bedroht oder im vorliegenden Falle ausnahmsweise (z. B. wegen Notwehr) erlaubt, also objektiv rechtmäßig ist.

[7] Das Wort „Putativdelikt" ist also weiter nichts als ein Name für Fälle gesetzlich straflosen, aber vom Täter für strafbar gehaltenen Handelns. Auf den Kopf gestellt wird diese einfache Sachlage, wenn in der Literatur da und dort

III. Der regelmäßige Aufbau unserer Strafgesetze lautet: Wer das und das tut, wird so und so bestraft. Dann ist objektiv Kausalzusammenhang, subjektiv Schuld hinsichtlich dieses Tatbestandes erforderlich.

In einer Minderzahl von Fällen aber finden wir Abweichungen von diesem Bilde: Objektiv gehören hierher die sog. Bedingungen der Strafbarkeit und die durch den Erfolg qualifizierten Delikte; subjektiv die sog. Sonderdelikte und die persönlichen Strafbefreiungsgründe.

IV. Die sog. **objektiven Bedingungen der Strafbarkeit.** Hier lautet das Gesetz: Wer das tut, wird so bestraft, falls ein weiteres Ereignis hinzutritt. Dann steht letzteres außerhalb des vom Täter zu vertretenden Tatbestandes, es ist also insbes. weder Kausalzusammenhang noch Schuld hinsichtlich dieser objektiven Bedingung erforderlich[1].

V. Die **durch den Erfolg qualifizierten Delikte** (Erfolghaftung): Hier handelt es sich um ein schuldhaftes (meist vorsätzliches) Grunddelikt, das schwerer bestraft wird, wenn dadurch bestimmte schwerere Folgen (insbes. Tod oder schwere Körperverletzung) adäquat verursacht wurden[2].

VI. Das **Sonderverbrechen:** Hier richtet sich die Strafdrohung nicht, wie regelmäßig, gegen jeden („wer" usw.), sondern nur gegen bestimmte Personen (Beamte, Militärpersonen usw.)[3]. Dann können nur diese Personen das Delikt ausführen, also physische Täter sein; dagegen ist nicht nur Teilnahme, sondern auch mittelbare Täterschaft Dritter möglich[4].

---

die unhaltbare Behauptung auftritt: Irgendein Verhalten (z. B. untauglicher Versuch) sei angeblich „Putativdelikt", deshalb nicht strafbar; vgl. näher Strafr. II, 377/78; unten S. 160, Anm. 8.

[1] Die sachlichen Gründe solcher Regelung können verschieden sein. So z. B. staats- bzw. völkerrechtlich (vgl. StrGB. § 4 [3], 102, 103), andererseits Streben nach Beweiserleichterung (Beispiel: StrGB. § 139); näher Strafr. II, 379/80.

Entsprechendes gilt für objektive Bedingungen höherer Strafbarkeit; Beispiel § 87, zweiter Teil, unten § 76, II.

[2] Beispiele: StrGB. §§ 224, 226, 229[2], 239[2, 3], 251 usw. (fahrlässiges Grunddelikt in §§ 309, 314, 316, 326). — Schuld hinsichtl. jener schwereren Folgen ist nicht erforderlich (herrschende Ansicht, auch RG., vgl. E. 5, 29, 202; 28, 275); wohl aber Beschränkung auf adäquate Verursachung (typische Folgen der Tat). So hier auch die herrschende Lehre vgl. oben S. 97, Anm. 2.

Für die Zukunft fordert eine verbreitete Ansicht mindestens Fahrlässigkeit hinsichtl. der schwereren Folgen; so auch unsere Entwürfe. Ich halte dies Streben für verfehlt. Vgl. näher zum Vorstehenden Strafr. II, 380/82. — Über Versuch vgl. unten S. 155, Nr. 3.

[3] Scharf zu unterscheiden hiervon sind die Fälle, in denen persönliche Verhältnisse nicht strafbegründend, sondern nur erschwerend bzw. mildernd wirken (StrGB. § 50); vgl. unten S. 168/69.

[4] Vgl. dazu unten S. 161, ferner S. 168. Dazu Strafr. II, 382.

VII. **Persönliche Strafbefreiungsgründe.** Es handelt sich hier um rechtswidrige, schuldhafte und grundsätzlich strafbare Handlungen, bei denen das Gesetz — aus verschiedenen Gründen — bestimmte Personen für straffrei erklärt[1]. Je nachdem diese Gründe bereits zur Zeit der Tat vorliegen oder erst hinterdrein eintreten, unterscheidet man persönliche Strafausschließungs-[2] und Strafaufhebungsgründe[3].

§ 44. Der Strafantrag.

I. Eine Minderzahl von Delikten ist nur bei Strafantrag des Verletzten verfolgbar[4]. Dies Erfordernis rechtfertigt sich meist durch die Geringfügigkeit des betr. Delikts[5], bisweilen aber auch durch das berechtigte Interesse des Verletzten an Geheimhaltung[6] bzw. durch das Streben, nicht ohne Not in Familienangelegenheiten einzugreifen[7].

Systematisch ist der Strafantrag nicht Voraussetzung der Strafbarkeit, sondern der Strafverfolgung (vgl. StrGB. § 61), also Prozeßvoraussetzung[8]. Fehlt er, so hat Einstellung des Verfahrens ohne Sachentscheidung zu erfolgen[9].

II. Im einzelnen ist hervorzuheben: 1. Antragsberechtigt ist grundsätzlich der „Verletzte"[10]. Über Minderjährige bzw. Ge-

[1] Während andere Beteiligte strafbar bleiben. Diese Gründe sind lediglich objektiv festzustellen (die Schuld des Täters bezieht sich nicht darauf; vgl. auch RG. E. 61, 270). Näher Strafr. II, 382/84; unten S. 169 bei Anm. 3.

[2] Beispiele: Exterritorialität; Notwehrexzeß (StrGB. § 53^{3}); weiter §§ 173^{4}; 247^{2}, 248a, 264a, 289; § 257^{2}; näher Strafr. II a. a. O.

[3] Hierher gehören Rücktritt vom Versuch (StrGB. § 46) und sog. tätige (durch die Tat bewiesene) Reue, Verjährung und Begnadigung; vgl. dazu unten S. 155; § 45, XI; §§ 56/57.

[4] Das Gesetz erwähnt dies ausdrücklich beim einzelnen Delikt; vgl. z. B. §§ 232, 303.

Die neuere Entwicklung der Antragsdelikte stammt erst aus dem 19. Jahrhundert; ebenso überwiegend das Ausland; vgl. näher Strafr. II, 384/85.

[5] Musterbeispiele sind hier die Beleidigung und die (leichte bzw. fahrlässige) Körperverletzung (StrGB. §§ 189, 194—196, 232). Dazu weitere Fälle (z. B. §§ 123^{3}, 303 usw), auch in Nebengesetzen; näher Strafr. II, 385.

[6] Hierher gehören die §§ 179, 182, 236/37, 300.

[7] Vgl. §§ 170, 172; 247, 263; 292 (sog. relative Antragsdelikte).

Völkerrechtliche Rücksichten kommen in §§ 102—104 in Betracht; vgl. auch § 5^{3} StrGB.

[8] Durchaus herrschende Ansicht, auch RG. E. 12, 34; 43, 61; 55, 23; näher Strafr. II, 385/86.

[9] Vgl. StrPO. § 260^{2}, auch StrGB. § 64^{2}.

Überspitzte, sachlich verfehlte Dogmatik aber ist es, den Strafantrag statt im StrGB. im Prozeßgesetz zu regeln. So die Entwürfe seit 1925; näher Strafr. II, 386.

[10] Also z. B. bei Diebstahl sowohl der Eigentümer wie der Gewahrsamsinhaber (vgl. auch RG. E. 4, 346; streitig, vgl. unten § 68); bei Betrug der Geschädigte (nicht der Getäuschte); beim Hausfriedensbruch der Wohnungsberechtigte (E. 11, 54) usw.

schäftsunfähige vgl. StrGB. § 65[1]. Mehrere Antragsberechtigte sind selbständig (vgl. StrGB. § 62), Verurteilung oder Freisprechung aber erledigt den ganzen Fall. Das Antragsrecht ist höchstpersönlich, erlischt also mit dem Tode[2]; ein gestellter Antrag aber bleibt wirksam[3].

2. Die Antragsfrist beträgt 3 Monate seit Kenntnis von Tat und Täter (vgl. StrGB. § 61). „Kenntnis" bedeutet nicht subjektives Meinen, ebensowenig lückenloses Wissen, sondern Kenntnis konkreter Tatsachen, die einen gegründeten Strafantrag ermöglichen[4]. Kenntnis „von der Handlung" (StrGB. § 61) bezeichnet die strafbare Handlung einschließlich des Erfolges[5]. Persönlich genügt Kenntnis eines Beteiligten; dann läuft die Frist[6].

3. Der Antrag umfaßt grundsätzlich alle Beteiligten einschließlich des Begünstigers, auch wenn er nur gegen einzelne gestellt wird (vgl. StrGB. § 63)[7].

4. Bei Idealkonkurrenz mehrerer Delikte (unten § 53) scheidet mangels Strafantrags das Antragsdelikt aus, das Urteil aber erledigt die ganze Tat[8].

5. Zurücknahme des Antrags ist nur in den gesetzlich vorgesehenen Fällen zulässig[9] und bewirkt Einstellung des Verfahrens gegen alle Beteiligten (vgl. StrGB. § 64)[10].

---

[1] Antragsberechtigt ist hier der gesetzliche Vertreter; ferner auch selbständig der Minderjährige über 18 Jahre. — Bei juristischen Personen ist antragsberechtigt der Vorstand; vgl. RG. E. 58, 203.

Zulässig ist Stellvertretung, vgl. RG. E. 61, 45, 357 (auch Generalvollmacht, vgl. E. 58, 203); ferner Geschäftsführung ohne Auftrag bei selbständiger Vertretung eines Wirkungskreises (z. B. als Gutsverwalter). Vgl. näher hierzu und über weitere Einzelfragen Strafr. II, 387/88. Erweiterungen des Antragsrechts gibt StrGB. §§ 182, 189[3], 195/96, 232[3].

[2] Vgl. auch E. 11, 54; dazu E. 35, 133; 38, 37.

[3] Näher Strafr. II, 388. Der Lauf der Verjährungsfrist wird durch den Mangel des Strafantrags nicht gehemmt; vgl. StrGB. § 69[2].

[4] Vgl. dazu RG. E. 45, 129; 61, 302; betr. fortgesetztes Delikt E. 40, 320; näher Strafr. II, 389.

[5] Vgl. RG. E. 6, 47; 45, 128; betr. Teilnehmer E. 25, 107; 40, 331; näher a. a. O.

[6] Vgl. RG. E. 9, 390ff. (Vereinigte Strafsenate).

[7] Über das Sachgemäße dieser Regelung vgl. Strafr. II, 389/90; auch RG. E. 62, 86/87.

[8] Vgl. eingehend E. 62, 83ff.; bei Gesetzeskonkurrenz kommt lediglich ein Gesetz in Frage, das andere scheidet völlig aus, vgl. E. 19, 252; näher Strafr. II, 390.

[9] Bis zur Verkündigung — (d. h. Beginn der Verkündigung, vgl. E. 57, 268) — eines auf Strafe lautenden Urteils, also bei Freisprechung noch in höherer Instanz. Beispiele: StrGB. §§ 123, 194, 248a usw.

[10] Zurücknahme der Privatklage im Strafprozeß bedeutet noch nicht Rücknahme des darin gelegenen Strafantrages; daher bleibt evtl. Verfolgung von Amts wegen möglich; vgl. RG. E. 8, 207; 19, 284.

6. Zu unterscheiden vom Strafantrag ist die vereinzelt vorkommende „Ermächtigung" zur Strafverfolgung[1].

7. Über die Form der Antragstellung vgl. StrPrO. § 158.

Kapitel VII.

Der Versuch.

§ 45. Versuch, Vollendung, Vorbereitung.

I. Strafbarkeit des Versuchs ist bereits das Zeichen eines fortgeschrittenen Rechts. Die Italiener bringen die erste zusammenfassende Behandlung; ihnen folgt wesentlich die Carolina (Art. 178). Im Preußischen Landrecht tritt bereits der Begriff der Ausführungshandlung auf. Bald darauf bestimmt das französische Recht den Versuch als „commencement d'exécution". Daran knüpft, entsprechend dem Preußischen StrGB. von 1851, unser Reichsrecht (StrGB. § 43) an, ganz überwiegend auch das Recht des Auslands[2].

II. Versuch ist Anfang der Ausführung des gewollten, aber nicht vollendeten Verbrechens[3].

Subjektiv gehört danach zum Versuch Vorsatz wie zum vollendeten Delikt; es genügt also grundsätzlich dolus eventualis[4]. Objektiv bedarf der Versuch der Abgrenzung gegenüber der Vollendung und der bloßen Vorbereitung, die grundsätzlich straflos ist.

III. Versuch und Vollendung: Vollendet ist ein Delikt nicht bereits bei Eintritt des äußeren Erfolges (Veränderung der Außenwelt), sondern nur bei Verwirklichung des gesamten Deliktstatbestandes mit allen seinen Tatbestandsmerkmalen[5]. Versucht daher entsprechend, wenn dieser Erfolg im weiteren Sinne[6] nicht eintrat, also irgendein zur Vollendung gehöriges Tatbestandsmerkmal — gleichgültig, ob der äußere Erfolg oder ein anderes — fehlte, während der Vorsatz des Täters auf die Verwirklichung des gesamten Deliktstatbestandes

---

[1] Vgl. StrGB. § 197 (früher auch §§ 99, 101). Die Ermächtigung ist ebenfalls Prozeßvoraussetzung, aber an Antragsform und Frist nicht gebunden und nicht zurücknehmbar. Vgl. RG. E. 18, 382; 33, 66.

[2] Vgl. näher über vorstehende Entwicklung oben S. 10 (allgemeingeschichtlich); 16 (römisch); 19, Anm. 8 (Italiener); 21 (germanisch); 22/23 (fränkisch); 27 (Mittelalter); 32, Anm. 5 (Carolina). Dazu Strafr. II, 392/94.

[3] So auch zutreffend, nur in ausführlicherer Fassung, StrGB. § 43 (das Wort „beabsichtigt" bezeichnet dort lediglich den Vorsatz; vgl. oben S. 136, Anm. 9); näher dazu, auch über die Literatur zur Versuchslehre, Strafr. II, 394/95.

[4] Anerkannt, auch in ständiger Rechtsprechung des RG.; vgl. oben S. 134, Nr. 3.

[5] Beispiel: Wegnahme beweglicher Sache ist kein Delikt; Diebstahl aber die Wegnahme fremder beweglicher Sache.

[6] Vgl. oben S. 92.

gerichtet war[1]. So auch in feststehender Rechtsprechung das Reichsgericht[2] wie die überwiegende Ansicht in der Literatur[3].

IV. Versuch und Vorbereitung: Der Versuch beginnt mit der Ausführungshandlung („Anfang der Ausführung", vgl. StrGB. § 43). Ausführungshandlung ist die Tatbestandshandlung des einzelnen Delikts, also dasjenige Verhalten, das logisch bereits unter den Deliktstatbestand fällt, weil es dem dort allgemein unter Strafe gestellten Verhalten entspricht[4]. Im Gegensatz dazu sind Vorbereitungshandlungen solche, die, der Tatbestandshandlung zeitlich vorausgehend, deren Vornahme ermöglichen oder erleichtern sollen, selbst aber noch nicht unter den Deliktstatbestand subsumierbar sind[5]. So auch heute die herrschende Lehre[6] wie ständig das Reichsgericht[7].

V. Zur weiteren Klärung des Begriffs der Ausführungshandlung ist hervorzuheben:

1. Tatfrage ist die Feststellung der Handlung und des Plans des Täters. Je nach dem damit verfolgten Zweck kann dieselbe Handlung Vorbereitung oder Ausführung, also Versuch, sein[8].

2. Rechtsfrage ist es, welche Handlung begrifflich Tatbestandshandlung ist. Regelmäßig kennzeichnet das Gesetz dies durch ein

---

[1] Diebstahlsversuch daher z. B., wenn die vermeintlich fremde Sache in Wahrheit eine herrenlose oder eigene war.

[2] Zu weitgehend straft das RG. jeden untauglichen Versuch; richtig aber ist, daß auch dieser unter den Versuchsbegriff fällt; vgl. unten S. 160. Grundsätzlich hat sich das RG. wiederholt im obigen Sinne ausgesprochen; vgl. z. B. E. 60, 8; ferner — gegen die Lehre vom sog. Mangel am Tatbestand — E. 42, 92; 47, 190; näher Strafr. II, 396/97.

[3] Neuerdings wird hier öfters (insbes. BINDING, BELING, FRANK, Graf DOHNA) eine Lehre vom sog. Mangel am Tatbestand vertreten, die den obigen Versuchsbegriff einschränken will; vgl. dagegen unten S. 159; dazu Strafr. II, 397.

[4] So z. B. jede Art von Tötungshandlung bei der Tötung; das Wegnehmen beim Diebstahl; das Täuschen beim Betrug; das Drohen bei Nötigung und Erpressung usw.

[5] So insbes. die Beschaffung der Mittel zur Tat, das Auskundschaften, Verabreden, das Aufsuchen des Tatorts usw.

[6] Vgl. näher Strafr. II, 398.

[7] Vgl. schon RG. E. 3, 136; ferner z. B. E. 53, 217, 336; 59, 386. Es entspricht dies auch durchaus der Auffassung des täglichen Lebens.

Unzutreffend ist die Anschauung (so insbes. BIRKMEYER, BINDING, OETKER, BELING), daß Ausführung und Vorbereitung nach kausal verschiedenem Werte als Ursache und Bedingung zu unterscheiden seien. Es handelt sich vielmehr um das Verhältnis zum Deliktstatbestand. Die Ausführungshandlung hat oft einen relativ höheren kausalen Wert, aber weder ist dies stets feststellbar noch notwendig. Beispiel RG. E. 61, 160: Versuchte Unterschlagung durch Ableugnen des Besitzes. Vgl. dazu auch oben S. 99; näher Strafr. II, 399/400 (auch über einige andere Ansichten).

[8] Vorbereitung z. B. evtl. ein Schreckschuß, Versuch ein solcher, der den anderen treffen sollte.

Tätigkeitswort[1]. Wo ferner das Gesetz bestimmte Mittel fordert oder mehrere Tätigkeiten hintereinander verlangt, ist Anfang der Ausführung, also Versuch, bereits die Anwendung jenes Mittels[2] bzw. der Beginn der ersten tatbestandsmäßigen Tätigkeit[3]. Mangels solcher gesetzlicher Regelung ist maßgebend die Erwägung: Welches ist begrifflich diejenige Tätigkeit, die bei erfolgreicher Durchführung das betr. Delikt zur Vollendung bringt[4].

3. Rechts- und Tatfrage ist die Beurteilung einheitlich gedachter und wirkender Gesamtvorgänge. Anfang der Ausführung sind hier schon solche Handlungen, die vermöge ihrer unmittelbaren Verbindung mit der Tatbestandshandlung für natürliche Auffassung als deren Bestandteile erscheinen[5].

4. Stellt der Täter seinem Opfer eine Falle, damit dieses hineinlaufe, so ist Ausführungshandlung bereits das Stellen der Falle[6], nicht etwa erst das Hineinlaufen des Verletzten. Anders, wenn der Täter einen getäuschten Dritten zur Tat bestimmt. Dann ist erst dessen Handlung die Ausführungshandlung (mittelbare Täterschaft)[7].

VI. Je nachdem, ob die Ausführungshandlung erfolglos durchgeführt[8] oder nur begonnen[9] war, unterscheidet man beendigten Versuch (fehlgeschlagenes Verbrechen) oder nicht beendigten (unvollendetes Verbrechen)[10].

VII. Der Begriff der Ausführungshandlung ist grundlegend zugleich für die Teilnahme- und die Konkurrenzlehre[11]; wichtig

---

[1] Beispiele: töten, verletzen, wegnehmen, täuschen, drohen usw.; vgl. näher Strafr. II, 401.

[2] Beispiel: Einbrechen, Einsteigen bei § 243 Nr. 2 usw.; vgl. RG. E. 43, 332.

[3] Beispiel: Beginn des Fälschens bei der Urkundenfälschung (StrGB. § 267, „zweiaktiger Tatbestand", vgl. E. 56, 206).

[4] Beispiel: StrGB. §§ 312/13; „Herbeiführen" einer Überschwemmung bedeutet (analog der Brandstiftung) das Überschwemmen selbst.

[5] So, anschließend an Frank, in ständiger Rechtsprechung das Reichsgericht. Vgl. z. B. E. 54, 35 (Einbruchsdiebstahl; Einseifen der Fensterscheibe); E. 54, 254 (Einschleichen in die Bodenkammer zwecks Stehlens); E. 59, 57 (Tötungsversuch; Betäubung durch Morphium zwecks anschließender Öffnung der Pulsader); weitere Fälle vgl. Strafr. II, 402.

Zu warnen ist aber vor zeitlicher und sachlicher Ausdehnung dieses Begriffs; denn solche führt zu unzulässiger Bestrafung der Vorbereitung.

Dasselbe Problem kehrt bei der Konkurrenzlehre wieder und ist dort ebenso zu entscheiden; vgl. unten S. 173.

[6] Also z. B. das Hinstellen des Gifttranks, das Stellen des Selbstschusses; vgl. näher Strafr. II, 402/03. Ausführungshandlungen können strafrechtlich nur solche sein, die sich gegen den Verletzten richten, nicht Handlungen dieses letzteren.

[7] Vgl. unten S. 167, Nr. 6. [8] Beispiel: Vorbeischießen.

[9] Beispiel: Einbrechen, aber noch keine Wegnahme; Beginn der Wegnahme, aber keine Durchführung.

[10] Der Unterschied ist wichtig für die Frage straffreien Rücktritts; vgl. unten S. 155. [11] Vgl. unten S. 163ff., 173.

ferner bei der Schuldlehre[1] und für die Bestimmung von Zeit und Ort der Tat[2].

VIII. Gemeinsam haben Vorbereitung, Versuch und Vollendung den auf den Erfolg[3] gerichteten Vorsatz. Der Unterschied liegt auf objektivem Gebiet: Bei der Vollendung die Verwirklichung des konkreten Deliktstatbestandes; beim Versuch die objektive Gefahr dieser Verwirklichung; bei der Vorbereitung relativ entferntere Gefahrgrade, die sich von der Ausführungshandlung begrifflich sondern lassen[4].

IX. Damit erklärt und rechtfertigt sich zugleich die Behandlung der Strafbarkeit: 1. Der Versuch ist nur bei schwereren Delikten strafbar: Bei Verbrechen stets, bei Vergehen nur bei ausdrücklicher Erwähnung, bei Übertretungen nie (vgl. StrGB. § 43). Ferner: deutschrechtlicher Auffassung entsprechend ist der Versuch „milder zu bestrafen" als die Vollendung (vgl. § 44 Abs. 1)[5]. Einzelvorschriften hierüber gibt StrGB. § 44 Abs. 2/3[6].

2. Die relativ geringere Gefährlichkeit der Vorbereitungshandlungen rechtfertigt deren grundsätzliche Straflosigkeit; ebenso aber erklärt sie Ausnahmen von dieser Regel in besonderen Fällen[7]. Ist Vorbereitung strafbar, so ist es unzulässig, darüber hinaus noch einem strafbaren Versuch der Vorbereitung zu konstruieren[8].

---

[1] Zurechnungsfähigkeit, Vorsatz und Fahrlässigkeit müssen grundsätzlich zur Zeit der Ausführung vorliegen; vgl. oben S. 129, Anm. 3.

[2] Oben S. 104, 105.

[3] Im weiteren Sinne, also Verwirklichung des Deliktstatbestandes (oben S. 92, Anm. 5).

[4] Hierzu eingehend Strafr. II, 403/05. Ich hebe hervor: Der Versuch bedeutet die objektive Gefahr der Verwirklichung des konkreten Deliktstatbestandes. Schief sind die Bezeichnungen als Gefährdung der Rechtsordnung bzw. des Rechtsguts. Denn eine kraft Gesetzes strafbare Handlung verletzt die Rechtsordnung und gefährdet sie nicht nur; Gefährdung des Rechtsguts aber ist das Wesen des vollendeten Gefährdungsdelikts (vgl. oben S. 87). Über den Begriff der objektiven Gefahr vgl. unten S. 157/59.

[5] Und zwar selbstverständlich wesentlich milder; denn sonst wäre diese Vorschrift zwecklos. Beweis auch § 43 Abs. 2/3; vgl. die folgende Anm. Näher Strafr. II, 405/06. Dazu geschichtlich oben S. 19, Anm. 8, 32, Anm. 5.

[6] § 43 Abs. 2/3: Statt Todes- oder lebenslanger Freiheitsstrafe tritt solche von 3—15 Jahren. Im übrigen kann auf $^1/_4$ des Mindestbetrages der für die Vollendung angedrohten Freiheits- bzw. Geldstrafe herabgegangen werden; vgl. näher das Gesetz. Nebenstrafen bleiben zulässig gemäß StrGB. § 45.

[7] Hier kommen insbes. in Betracht: a) Typische und zugleich gefährliche Handlungen (Beispiele: StrGB. §§ 151, 201); b) Schutz besonders wichtiger Rechtsgüter (Beispiele §§ 83—86; 49a; c) besonders gefährliche Angriffsmittel (Beispiel: Sprengstoffgesetz, 1884, §§ 6—9); vgl. weiter Strafr. II, 406/07.

[8] Anerkannt; vgl. insbes. RG. E. 58, 392. Anders, wenn die betr. Handlung als selbständiges Delikt gestaltet ist (Auslegungsfrage; Beispiele StrGB. §§ 229, 265); vgl. näher Strafr. II, 407.

X. Einzelne Fälle: 1. Mehrfach straft das Gesetz das „Unternehmen“ gewisser Delikte[1]. Der Ausdruck umfaßt Versuch und Vollendung, nicht aber Vorbereitungshandlungen[2].

2. Unmöglich ist Versuch eines Fahrlässigkeitsdelikts[3]. Möglich dagegen bei reinen Tätigkeits- und bei Unterlassungsdelikten[4].

3. Bei den durch den Erfolg qualifizierten Delikten (oben S. 148) ist Versuch in zwei Fällen möglich: a) Wenn der Vorsatz des Täters, der das Grunddelikt vollendete, darüber hinaus auf den schwereren Erfolg (z. B. der schweren Körperverletzung) gerichtet war[5]. b) Wenn durch das nur versuchte Grunddelikt der schwerere Erfolg verursacht wurde[6].

XI. Rücktritt vom Versuch: 1. Freiwilliger Rücktritt vom Versuch ist Strafaufhebungsgrund[7] (StrGB. § 46); und zwar sowohl beim nicht beendeten[8] wie beim beendeten Versuch[9]. Freiwilligkeit fehlt, wenn äußere Hinderungsgründe den Entschluß bestimmten[10].

2. Straflos bleibt bei Rücktritt nur der Versuch „als solcher“ (StrGB. § 46), nicht ein etwa darin bereits gelegenes vollendetes

---

[1] Vgl. StrGB. §§ 81/82, 105, 114, 122, 159, 357, 360^5.

[2] Herrschende Ansicht, eingehend begründet in RG. E. 42, 266ff. Auch hier ist es unzulässig, einen Versuch des Unternehmens zu konstruieren; vgl. näher Strafr. II, 407/08.

[3] Denn dieses fordert Vollendung und der Versuch Vorsatz; näher Strafr. II, 408.

[4] Vgl. näher Strafr. II, 408/09.

a) Tätigkeitsdelikte (Begriff oben S. 92). Beispiele: Der Eigentümer wirft den Eindringling schon bei der Haustür hinaus (nicht beendeter Versuch). Ferner: Schießen an bewohnten Orten (§ 367^8); die Patrone versagt (beendeter Versuch).

b) Unterlassung: Kommissivdelikte: Noch rechtzeitiges Geben der zwecks Tötung unterlassenen Ernährung des Kindes (nicht beendeter Versuch); Inswasserfallenlassen des Kindes, das Dritte retten (beendeter Versuch). Bei reinen Unterlassungsdelikten (Omissivdelikten) scheint mir Versuch als nicht beendeter, nicht aber als beendeter möglich; streitig, näher Strafr. II, 409.

[5] So das RG. E. 61, 179 (betr. § 239^2); vgl. näher Strafr. II, 409.

[6] Überwiegende Ansicht. Beispiel: Der Angegriffene weicht dem Schlage aus (nur versuchte Körperverletzung), stürzt aber dabei die Treppe hinunter und bricht das Genick (StrGB. § 226); näher Strafr. II, 410.

[7] Vgl. oben S. 149. Der Grund ist ein kriminalpolitischer: Besser, der Täter entgeht der Strafe, als daß es zur Vollendung kommt; vgl. näher Strafr. II, 410/11.

[8] Vgl. oben S. 153. StrGB. § 46 Nr. 1; hier genügt regelmäßig einfaches Aufhören bei der bereits begonnenen Ausführungshandlung, z. B. bei der Wegnahme.

[9] StrGB. § 46 Nr. 2. Hier bedarf es aktiv hindernden Eingreifens (sog. tätige Reue); z. B. Löschen der bereits brennenden Zündmasse.

[10] Vgl. dazu RG. E. 57, 278. Nicht erforderlich ist, daß der innere Beweggrund löblich war; Beispiel E. 55, 66 (dem Dieb waren die Sachen nicht wertvoll genug); vgl. näher Strafr. II, 412.

Delikt[1]. Straflos wird ferner nur der Zurücktretende, nicht andere Beteiligte[2].

3. Sind Versuchs- oder Vorbereitungshandlungen unter selbständige Strafe gestellt, so befreit späterer Rücktritt nur von der Strafe des vollendeten Delikts[3]. Beim untauglichen Versuch ist Rücktritt möglich, solange die Handlung als objektiv geeignet zur Herbeiführung des Erfolges erscheint[4].

XII. Die Entwürfe entsprechen in den Grundlagen (Begriffsbestimmung, Strafbarkeit, mildere Bestrafung) dem geltenden Recht[5].

§ 46. Der untaugliche Versuch.

I. In der großen Mehrzahl aller Versuchsfälle ist die Handlung an sich durchaus geeignet zur Herbeiführung des Erfolges[6]. Sie scheitert aber, weil sie nicht beendet oder ungeschickt durchgeführt[7] oder ihre Wirksamkeit verhindert wurde[8].

Im Gegensatz dazu kommen wieder und wieder Fälle vor, in denen der Erfolg deshalb ausblieb, weil die Handlung als solche zu seiner Herbeiführung ungeeignet war (untauglicher Versuch)[9].

Seit Feuerbach bemüht man sich um die Behandlung des untauglichen Versuchs mit wechselnden Begründungen und Ergebnissen[10]. Unser Reichsrecht verzichtete daher auf Regelung[11]. Heute treten aus der Fülle der Meinungen vier Gruppen als bedeutsam hervor.

II. Die erste Ansicht lautet: Straflos ist der absolut, strafbar der relativ untaugliche Versuch (ältere, objektive Theorie)[12].

Hierzu ist hervorzuheben[13]: Ist schon das Mittel als solches oder das Objekt als solches untauglich, so liegt absolut untauglicher Ver-

---

[1] Beispiel: Einbruchsdiebstahl; strafbar bleiben vollendeter Hausfriedensbruch und Sachbeschädigung.

[2] Vgl. oben S. 149, Anm. 1; näher E. 56, 209; eingehend Strafr. II, 412/13.

[3] Vgl. RG. E. 10, 324 (betr. § 159 StrGB.); näher Strafr. II, 413.

[4] Vgl. Strafr. II, 413/14.

[5] Vgl. näher Strafr. II, 414.

[6] Im weiteren Sinne, also Verwirklichung des Deliktstatbestandes; vgl. oben S. 92, Anm. 5.

[7] Beispiel: Vorbeischießen.

[8] Durch Naturvorgänge oder menschliches Handeln. Beispiel: Löschen der Zündmasse durch Regen oder Menschen.

[9] Beispiele: Tötungsversuch mit vermeintlich geladenem, in Wahrheit ungeladenem Gewehr (untaugliches Mittel); Abtreibungsversuch bei fehlender Schwangerschaft (untaugliches Objekt).

[10] Vgl. näher Strafr. II, 415/16; früher Kasuistik.

[11] So ausdrücklich die Motive zum StrGB. (Reichstagsvorlage S. 53); näher Strafr. II, 416.

[12] Früher, insbes. in Preußen, herrschend, heute mehr zurückgetreten; teilweise auch im Ausland vertreten; näher Strafr. II, 417.

[13] Es besteht hierüber Unklarheit; vgl. Strafr. II, 418.

such vor[1]. Relativ untauglicher dagegen, wenn dieses Mittel gegenüber diesem Objekt untauglich war[2].

Diese Theorie betrachtet mit Recht als entscheidend für die Strafbarkeit die objektive Gefährlichkeit des Versuchs[3]. Indem sie solche beim relativ untauglichen Versuch bejaht, beim absolut untauglichen verneint, arbeitet sie mit dem Begriff genereller Gefahr auf Grund nachträglicher Betrachtung des Falles[4]. Für den damaligen Stand der Wissenschaft war dies die gegebene Lösung.

III. Das Reichsgericht (subjektive Theorie). Das RG. erklärt allein den verbrecherischen Willen für maßgebend, straft daher jeden untauglichen Versuch. Das ist klar und einfach, aber praktisch zu weitgehend[5] und im sachlichen Widerspruch zum geltenden Recht[6].

Die entscheidende Begründung des RG. beruht auf unrichtiger Anwendung der Kausalitätslehre v. Buris: Auf der Behauptung, daß aus dem Nichteintritt des Erfolges (weil dieser kausal notwendig) die Unmöglichkeit eines objektiven Gefahrbegriffs folge, deshalb die subjektive Unterscheidung (nach dem Vorsatz) die allein mögliche sei[7].

Demgegenüber ist festzustellen: Der Begriff der generellen Gefahr (ältere objektive Theorie, vgl. oben) wird durch diesen Fehlschluß des RG. in keiner Weise berührt. Völlig verkannt wird ferner der Begriff konkreter objektiver Gefahr. Wann solche vorliegt, das beurteilt sich nicht hinterdrein, wenn wir klug und weise sind, son-

---

[1] Beispiele oben S. 156, Anm. 9.

[2] Die Untauglichkeit liegt hier also in der Relation beider. Beispiele: Versuchte Sprengung oder Vergiftung mit zu geringer Dosis. Oder: Schuß auf zu weite Entfernung.

[3] Vgl. oben S. 154; näher Strafr. II, 417.

[4] Ohne Rücksicht auf die Lage der Verhältnisse zur Zeit der Tat im Einzelfalle fragt es sich hier, ob Handlungen solcher, nachträglich festgestellter Art allgemein gefährlich sind oder nicht; vgl. näher Strafr. II, 418/19.

[5] Übertreibende Gesinnungsstrafe. Deshalb sah sich das RG. veranlaßt, wenigstens den abergläubischen Versuch auszunehmen. Vgl. E. 33, 321 (zur Kritik Strafr. II, 424). Die Entwürfe geben allgemein dem Richter die Möglichkeit freier Strafmilderung, auch des Absehens von Strafe. Kritik: Damit wird das vom Gesetzgeber zu lösende Problem auf den Richter abgeschoben, mit der Möglichkeit beliebig verschiedener Praxis; vgl. näher Strafr. II, 437/38.

[6] Die logische Konsequenz wäre: Strafbarkeit des Versuchs bei allen Delikten, und zwar gleich der Vollendung; ferner Strafbarkeit der Vorbereitung (denn auch hier ist der Vorsatz vorhanden). Unser geltendes Recht läßt sich also nur vom objektiven Standpunkt rechtfertigen; vgl. oben S. 154; näher Strafr. II, 420/41.

[7] Vgl. bereits RG. E. 1, 439 (Vereinigte Strafsenate) und insbes. E. 8, 202/03. Eingehende kritische Darstellung (auch neuere Urteile) Strafr. II, 420—424. Danach wären z. B. unsere gesamten aus dem Felde heimgekehrten Kriegsteilnehmer in keiner objektiven Gefahr gewesen. Denn der Kausalverlauf ist notwendig, in Gefahr waren hiernach nur die Gefallenen.

Die Wissenschaft steht dem RG. fast ausnahmslos ablehnend gegenüber.

dern zur Zeit der Gefahrlage, die man schafft oder ertragen muß[1].

IV. Das ist die Bedeutung der Gefährlichkeitstheorie[2]:

Vertreten wurde sie vor allem durch v. LISZT[3], weiter ausgeführt in meinem Strafr. II, S. 425ff.

Diese Theorie will den Grundgedanken klar fassen, der die gesamte Versuchslehre des 19. Jahrhunderts durchzieht: daß der Grund der Strafbarkeit des Versuchs in seiner objektiven Gefährlichkeit liegt. Sie stellt dabei ab auf die Gefährlichkeit im vorliegenden Einzelfalle, auf die es allein für die Bewertung dieser Tat ankommen kann.

Strafbar ist danach der objektiv-konkret gefährliche, straflos der ungefährliche Versuch. Ausführlicher: Der Versuch ist strafbar, wenn für verständiges Urteil nach Lage der Verhältnisse zur Zeit der Tat die Verwirklichung des Deliktstatbestandes möglich, straflos, wenn dies ausgeschlossen war[4].

---

[1] Mit diesem konkreten objektiven Gefahrbegriff arbeitet unser gesamtes Leben (Beispiel: gefährliche Seefahrt usw.), unsere gesamte Rechtsordnung (Beispiel: BGB. §§ 228—231) einschließlich des Strafrechts (Beispiele: konkrete Gefährdungsdelikte; Notstand bei gegenwärtiger Gefahr usw.); auch das Reichsgericht selbst (Beispiele: E. 10, 1 betr. § 223a, lebensgefährdende Behandlung; ferner E. 4, 397; 6, 393; 14, 137; 25, 314; 30, 180), nur nicht beim Versuch. Vgl. näher zur Kritik Strafr. II, 422/24.

Hier ein Beispiel: A stürzt den B vorsätzlich die Treppe hinab, dieser erleidet nur geringe Hautabschürfungen. Das ist nach RG. (E. 10,1; sehr richtig!) Körperverletzung mittels in concreto lebensgefährdender Behandlung; wenn aber Tötungsvorsatz vorlag, wäre es nach RG. plötzlich als Versuch objektiv ungefährlich; denn der Kausalverlauf ist notwendig!

Im Interesse der Vollständigkeit sei ein weiterer Grund des RG. E. 42, 94 erwähnt: „Wie der tatsächliche Irrtum nach § 59 die Schuld ausschließt, so findet er auch umgekehrt zuungunsten des Täters Beachtung, wenn er zur Annahme eines in Wirklichkeit nicht vorhandenen Tatbestandserfordernisses führt.“ Kritik: Also liegt auch beim untauglichen Versuch Vorsatz vor — was niemand bestreitet! Gänzlich zweifellos aber sagt § 59 nichts über die Strafbarkeit des Versuchs. Gegen diesen „Umkehrschluß“ des RG. denn auch einmütig die Literatur.

[2] Diesen naheliegenden Ausdruck habe ich gewählt. Näher Strafr. II, 425/27.

[3] Leider ist v. LISZT-SCHMIDT jetzt zur Lehre vom sog. „Mangel am Tatbestand“ übergegangen; vgl. unten S. 159/60.

[4] Vgl. Strafr. II, 431. Zur Erläuterung folgendes:

a) Maßgebend ist Beurteilung vorher, nicht hinterdrein (sog. „nachträgliche Prognose“, v. LISZT; über die Bedeutung dieses oft mißverstandenen Wortes, vgl. oben S. 98, Anm. 1).

b) Maßgebend ist: Was war damals dem Täter bekannt und ferner damals für verständiges objektives Urteil (Richter, evtl. mit Sachverständigen) erkennbar? vgl. oben S. 98, Anm. 2.

c) Erschien danach der Eintritt des Erfolges praktisch möglich, so war der Versuch gefährlich; erschien er danach als ausgeschlossen, so war der Versuch ungefährlich (vgl. oben S. 98 Nr. b). Im ersten Falle hätte ein verständiger

Dieser Standpunkt scheidet die objektiv gleichgültigen Fälle von der Bestrafung aus und trifft die strafwürdigen. Damit entspricht er wissenschaftlichem wie praktischem Bedürfnis[1]. Der subjektiven Theorie des RG. gibt er die erforderliche Einschränkung. Der älteren objektiven Theorie gegenüber ist er selbständig und wird der Lage des Einzelfalles gerecht[2].

Grundsätzliche Rechtfertigung findet dieser Standpunkt endlich darin, daß es sich hier um Anwendung der Theorie der adäquaten Verursachung auf das Gebiet des Versuchs handelt[3].

V. Einen anderen Weg geht neuerdings die Lehre vom sog. Mangel am Tatbestand[4]. Auch sie erstrebt praktisch Einschränkung der subjektiven Theorie des RG., aber auf rein dogmatisch-logischem, im Ausgangspunkt wie in den Ergebnissen unbefriedigendem Wege.

1. Zum Versuch soll hiernach das Vorhandensein sämtlicher gesetzlicher Deliktsmerkmale gehören; nur der äußere Erfolg ist nicht eingetreten. Fehlen andere Deliktsmerkmale[5], so ist das nicht Versuch, sondern strafloser „Mangel am Tatbestand".

2. Kritik: Sämtliche Deliktsmerkmale sind für den Verbrechensbegriff, objektiv wie subjektiv, gleich notwendig und inhaltlich gleich wesentlich[6]. Es fehlt danach jede Berechtigung, den einheitlichen und nur so überhaupt zu begreifenden Deliktstatbestand gerade in der Versuchslehre in zwei angeblich völlig verschiedenwertige Teile zu zerreißen[7].

Zuschauer dem Täter zugerufen: Laß das! im zweiten: Du Dummkopf! Im Zweifel ist freizusprechen, weil Gefahr nicht feststellbar. Näher zum Vorstehenden Strafr. II, 427/28.

[1] Unbefriedigend ist dies natürlich für jeden, dem allein der Vorsatz wichtig, die objektive Bedeutung der Tat aber gleichgültig ist. Das soll es aber auch sein.

[2] Beispiele: a) Relativ untauglicher aber ungefährlicher, deshalb strafloser Versuch: zweifellos ungenügende Dosis von Gift oder Sprengstoffen. — b) Absolut untauglicher, aber gefährlicher, daher strafbarer Versuch: Schuß mit möglicherweise geladener Waffe, die sich hinterher als ungeladen ergibt; Abtreibung bei ernstlichen Anzeichen von Schwangerschaft, die sich hinterher als nicht vorhanden erweist usw.; näher Strafr. II, 429.

[3] Die adäquate Verursachung fordert: Keine strafrechtliche Haftung für unberechenbaren Zufall, wenn der Erfolg eintrat (vgl. oben S. 96ff.); daher erst recht hier nicht, wo er ausblieb. Für v. Liszt kam dieser Gesichtspunkt nicht in Betracht, weil er die reine Bedingungstheorie (v. Buri, RG.) vertrat; vgl. näher hierzu Strafr. II, 430.

[4] So zunächst Binding; dann insbes. Oetker, Beling, Frank, Graf Dohna, M. E. Mayer, v. Liszt-Schmidt, Olshausen, Lobe usw.; vgl. näher über Anhänger und Gegner Strafr. II, 431.

[5] Z. B. die Eigenschaft der Sache als fremder, die Schwangerschaft, das Gift.

[6] Vgl. oben S. 93, 151/52. Beispiele: Vorsätzliche Wegnahme, Zueignung, Beschädigung, Tötung sind ein juristisches Nichts. Verbrechen dagegen (Schuld vorausgesetzt) die Wegnahme usw. fremder Sache, die Tötung eines Menschen.

[7] Vgl. näher hierüber Strafr. II, 432.

Die einfache und natürliche Sachlage ist vielmehr diese: Um die Vollendung zu verhüten, greift der Gesetzgeber zeitlich voraus und straft bereits den Versuch. Sachlich ändert sich damit naturgemäß nichts in Begriff und Wesen der Verbrechensverwirklichung. Auch der untaugliche Versuch ist deshalb Versuch und nicht ein davon begrifflich verschiedener Mangel am Tatbestand[1].

3. Das logisch allein mögliche Ergebnis der Lehre vom „Mangel am Tatbestand" kann nur sein: Straflosigkeit bei untauglichem Objekt[2]; dagegen grundsätzlich Strafbarkeit bei untauglichem Mittel[3]; anders nur, wenn dieses Mittel Tatbestandsmerkmal ist[4]. Das wäre immerhin klar; aber es ist eine bloße Begriffslösung ohne sachliche, kriminalpolitische Berechtigung[5].

Vollends unbefriedigend, weil logisch widerspruchsvoll und praktisch haltlos, wird diese Theorie dadurch, daß ihre Anhänger mehrfach andere und verschiedenartige Ergebnisse vertreten[6].

VI. Putativdelikt, Sonderdelikt: 1. Der grundlegende sachliche Unterschied zwischen untauglichem Versuch und sog. Putativdelikt[7] ist dieser: Wäre alles so gewesen und verlaufen, wie es sich der Täter zur Zeit der Tat dachte, so läge beim untauglichen Versuch das vollendete Delikt vor, beim Putativdelikt dagegen eine nicht mit Strafe bedrohte Handlung[8].

---

[1] So auch unsere natürliche Lebensauffassung. Niemand wird zweifeln, von einem mißglückten Abtreibungsversuch zu reden, wenn sich hinterher mangelnde Schwangerschaft herausstellte, von einem Vergiftungsversuch bei untauglichen Mitteln usw. Vgl. näher hierzu Strafr. II, 433/34; dort auch über andere, offensichtlich fehlgreifende Begründungsversuche jener Theorie.

[2] Denn hier fehlt ein Tatbestandsmerkmal: Beispiele: Keine Schwangerschaft, keine fremde Sache, kein Mensch.

[3] Denn das Gesetz fordert regelmäßig kein bestimmtes Mittel.

[4] Beispiel: „Gift" bei der Vergiftung; dann also Straflosigkeit.

[5] Es ist sachlich nicht einzusehen, warum Abtreibung mit untauglichem Mittel strafbar, Vergiftung straflos sein soll. Ebensowenig, warum bei gleicher Unmöglichkeit des Erfolges Abtreibung mit untauglichem Mittel strafbar, am untauglichen Objekt straflos sein soll; dazu Strafr. II, 434.

[6] So kommt BELING im Ergebnis zur Strafbarkeit relativ, Straflosigkeit absolut untauglichen Versuchs (Mittel und Objekt); das ist im Ergebnis ältere objektive Theorie (oben S. 156), aber unzutreffend abgeleitet. — Nach FRANK soll bei absolut untauglichem Objekt, wo wirklich stets „Mangel am Tatbestand" vorliegt, dennoch Strafbarkeit eintreten, wenn sich das Objekt (der Mensch, die Sache) an einem anderen Orte befand (Kritik: Eine objektive Bedingung der Strafbarkeit, die mit Tat und Schuld nichts zu tun hat). Andere, z. B. Graf DOHNA, legen beim untauglichen Mittel das Gewicht auf konkrete Gefährlichkeit (Kritik: Das ist insoweit Gefährlichkeitstheorie); vgl. näher Strafr. II, 435/36.

[7] Vgl. oben S. 147.

[8] So auch das RG. E. 42, 92; 47, 190. Wenig glücklich ist es daher, Fälle straflosen untauglichen Versuchs „Putativdelikt" zu nennen. Und geradezu falsch die Behauptung: Irgendein Fall sei „Putativdelikt", deshalb kein Versuch; vgl. oben S. 147, Anm. 7; dazu Strafr. II, 436.

2. Beim Sonderdelikt (z. B. echtem Amtsdelikt) kann physischer Täter nur eine bestimmte Person sein. Versuch Dritter ist hier aber in mittelbarer Täterschaft möglich[1].

Kapitel VIII.

Täterschaft und Teilnahme.

§ 47. Allgemeine Grundlagen.

I. Es handelt sich bei der Teilnahmlehre um die Mitwirkung Mehrerer am Verbrechen. Die geschichtliche Entwicklung auf diesem Gebiet ist langsam und mühsam gewesen[2]. Heute aber erscheint die Sachlage trotz noch bestehenden Streites zur Klärung reif infolge der Fortschritte unserer Wissenschaft in den allgemeinen Lehren vom Verbrechen, insbes. betr. Kausalzusammenhang, Rechtswidrigkeit und Schuld.

II. Wenn heute das Gesetz überhaupt nichts bestimmte, so hätten wir festzustellen: Der einzelne Täter wird bestraft, weil er den Erfolg[3] (adäquat) verursachte, und zwar objektiv rechtswidrig und subjektiv schuldhaft. Genau ebenso selbstverständlich mehrere Mitwirkende[4].

III. Es ist aber sehr einleuchtend, daß das Gesetz nicht einfach schweigt, sondern mit den drei üblichen Grundbegriffen des täglichen Lebens — Täter (bzw. Mittäter), Anstifter und Gehilfe — arbeitet (StrGB. §§ 47—49). Die Wissenschaft hat daher zunächst diese Begriffe klarzustellen, weiter aber zu prüfen, welche anderen, gesetzlich nicht geregelten Fälle der Mitwirkung Mehrerer am Verbrechen es gibt und diese nach den obigen allgemeinen Grundsätzen über Kausalzusammenhang und Schuld zu entscheiden[5].

IV. Allgemein kommt dabei in Betracht: Die Teilnahme ist nichts anderes als Mitverursachung des Erfolges[6]. Zur Strafbarkeit er-

[1] Dazu oben S. 148, unten S. 168, Anm. 6. — Nichts besonderes bieten diejenigen Fälle, in denen das Subjekt zugleich das Objekt des Delikts ist, z. B. Abtreibungsversuch durch die Frau selbst. Es gelten hier die allgemeinen Grundsätze über untauglichen Versuch; vgl. auch RG. E. 8, 199; näher zum Vorstehenden Strafr. II, 437.

[2] Vgl. dazu oben S. 16 (römisch); 19, Anm. 8 (Italiener); 23 (fränkisch); 27 (Mittelalter); 32 (Carolina); eingehend Strafr. II, 441—448. Erste wissenschaftliche Behandlung bringen auch hier die Italiener. Umfassende Regelung im Preuß. Landrecht (1794), scharfe wissenschaftliche Erörterung seit FEUERBACH. Das Recht des Auslands steht teils hinter dem unsrigen zurück, teils zeigt es ähnliche Bilder; vgl. Strafr. II, 452.

[3] Im weiteren Sinne, also Verwirklichung des Deliktstatbestandes; oben S. 92.

[4] Die Höhe der Strafe wäre dann Sache der Strafzumessung im Einzelfalle.

[5] Zum Vorstehenden näher Strafr. II, 439/41 (dort auch die Literatur).

[6] Dieser Grundgedanke beherrscht auch die geschichtliche Entwicklung und kommt in den Motiven des StrGB. zum Ausdruck; vgl. Strafr. II, 448/49.

forderlich ist also, daß es auf Grund der Mitwirkung des Teilnehmers zu einer Haupttat (Ausführungshandlung) des Täters kam. Denn sonst ist das Delikt in der Vorbereitung steckengeblieben, die hier natürlich ebenso straflos ist, wie beim Alleintäter.

Leider wurde diese einfache Wahrheit fortgesetzt verkannt[1]. So kam man zwecks Begründung der Strafbarkeit der Teilnahme auf einen völlig verkehrten Weg. Man forderte statt der Begehung der Haupttat weiter deren Strafbarkeit, aus der die Teilnahme angeblich ihre Strafbarkeit „entlehne" (sog. „akzessorische Natur" der Teilnahme). Dieser Mißgedanke[2] beherrscht heute allgemein Theorie und Praxis und ist vielfach geradezu zu einem Ersatzmittel juristischen Denkens ausgeartet.

Ich muß hiernach — wider bessere Überzeugung — davon ausgehen, daß unser geltendes Recht zur Bestrafung der Teilnahme (Anstiftung und Beihilfe) eine strafbare Haupttat verlangt[3]. Denn da dies heute gemeine Meinung ist, läßt sich der tatsächlich bestehende Rechtszustand nicht anders darstellen. Alle weitergehenden, angeblichen Folgerungen aus der sog. „akzessorischen Natur" dagegen, soweit sie sich nicht aus anderen Gründen rechtfertigen, lehne ich selbstverständlich ab. Denn sie beruhen überhaupt nicht mehr auf dem Gesetz, sondern lediglich auf einem haltlosen Schlagwort[4].

§ 48. Mittäterschaft, Anstiftung, Beihilfe.

I. Die gesetzlich geregelten, zugleich praktisch häufigsten und insoweit wichtigsten Fälle der Mitwirkung Mehrerer am Verbrechen sind Mittäterschaft, Anstiftung und Beihilfe (StrGB. §§ 47—49.) Alle drei fordern nach allgemein herrschender Ansicht vorsätzliches, auf die Vollendung des Delikts gerichtetes Zusammenwirken[5] und die Begehung einer strafbaren Haupttat[6] des zurechnungsfähigen Täters, mindestens auf der Stufe des Versuchs, also als Anfang der Ausführung.

---

[1] Schon unter dem Preußischen Recht; vgl. Strafr. II, 448.

[2] Es ist ein geradezu kulturwidriger und wissenschaftlich hilfloser Zustand, einen Menschen nicht für eigene, sondern für fremde Tat und Schuld zu strafen. Von „Unterbrechung des Kausalzusammenhangs" ferner ist hier gar keine Rede (vgl. oben S. 95/96), und mit der Frage der Willensfreiheit hat das ganze Problem schlechterdings nichts zu tun; vgl. näher Strafr. II, 450/51.

[3] Darüber, daß solche Auslegung des Wortlauts der §§ 48/49 StrGB. keineswegs nötig war, vgl. Strafr. II, 448.

[4] Die Entwürfe seit 1913 haben die „akzessorische Natur" mit Recht beseitigt; vgl. Strafr. II, 480. Auch das Jugendgerichtsges., oben S. 130.

[5] Vgl. dazu scharf z. B. RG. E. 33, 196.

[6] Darüber, daß ich persönlich hier das Erfordernis der Strafbarkeit für grundsätzlich verfehlt halte, vgl. das Vorausgehende. Andererseits über die Notwendigkeit einer Haupttat (Ausführungshandlung) oben den Text.

II. Die Trennung von Mittäterschaft und Beihilfe (StrGB. §§ 47, 49) soll die minder strafwürdigen Fälle unter geringere Strafdrohung stellen. Über die Abgrenzung besteht leider Streit.

1. Wissenschaftlich herrschend und zugleich praktisch klar und befriedigend ist die objektive Theorie: Mittäter ist danach, wer Ausführungshandlungen[1], Gehilfe, wer andere Handlungen, also entweder Vorbereitungshandlungen oder bloß unterstützende Handlungen zur Zeit der Ausführung[2] vornimmt.

2. Im Gegensatz hierzu vertritt das Reichsgericht und ein kleiner Teil der Literatur eine subjektive Theorie, die sich bemüht, Mittäterschaft und Beihilfe nach dem verbrecherischen Willen zu scheiden[3].

Für den Täter soll danach der animus auctoris, für den Gehilfen der animus socii entscheidend sein[4], jener soll die Tat als eigene wollen, dieser sie als fremde unterstützen wollen[5]. In Wahrheit sind das bloße Schlagworte, keine Begriffsbestimmungen[6]. Hieran krankt die ganze subjektive Teilnahmetheorie. Sie entscheidet in breitem Umfang rein gefühlsmäßig. Wen man für voll strafwürdig hält, bei dem behauptet man dann den „animus auctoris" und umgekehrt[7]. Im Gesamtergebnis bedeutet die subjektive Theorie eine weitgehende Ausdehnung der Mittäterschaft auf Kosten der Beihilfe, wofür ein kriminalpolitisches Bedürfnis durchaus fehlt[8].

[1] Hierfür spricht entscheidend das Gesetz selbst, StrGB. § 47: „Wenn mehrere eine strafbare Handlung gemeinschaftlich ausführen" (§ 49, betr. Beihilfe bietet leider sachlich nichts, sondern eine bloße Tautologie: Gehilfe ist danach, wer Hilfe leistet); vgl. näher Strafr. II, 453/54.

Der Begriff der Ausführungshandlung, maßgebend auch für die Versuchslehre, ist dort bereits klar bestimmt; vgl. oben S. 152/53.

[2] Beispiele: Wachestehen beim Diebstahl; Ratschläge während der Ausführung.

[3] Geschichtlich war hier wohl zunächst der Einfluß BERNERS (1847) maßgebend. Sachlich stützt sich diese Ansicht auf eine Bemerkung der Motive zum StrGB. und auf eine verfehlte Anwendung der Kausalitätslehre v. BURIS; vgl. näher Strafr. II, 455/56.

[4] Das RG. spricht meist deutsch vom Tätervorsatz und Gehilfenvorsatz.

[5] Kritik: Jeder vorsätzlich Mitwirkende will den Erfolg als Ergebnis seiner eigenen Mitwirkung und ist nur deshalb strafrechtlich verantwortlich.

[6] Vgl. näher dazu Strafr. II, 456/57. Obige Worte würden sich genau ebenso für die objektive Theorie verwerten lassen.

[7] Meist begnügt sich das RG. mit obigen Schlagworten. Stellenweise treten hervor: a) Selbständigkeit des Willens (Gegensatz: Unterordnung); vgl. E. 3, 181; 63, 217; b) Handeln im eigenen Interesse; z. B. E. 3, 276; 28, 167/68; c) Verabredung (dann regelmäßig Mittäterschaft); z. B. E. 2, 160; 54, 153; 56, 329/30; d) auch Vordereitungshandlungen begründen bei animus auctoris Mittäterschaft; andererseits können Ausführungshandlungen bloße Beihilfe sein; vgl. z. B. R. 8, 190; E. 3, 181; 59, 81. Eingehend zum Vorstehenden Strafr. II, 457—460.

[8] Vgl. näher Strafr. II, 460. Dem natürlichen Rechtsempfinden widerstreiten solche Urteile; vgl. z. B. RG. 1926, Leipz. Z. 20, 637: Mittäterschaft

III. Anstiftung (StrGB. § 48): Dieser Begriff ist klar. Anstiftung ist vorsätzliche Bestimmung zu vorsätzlicher Begehung strafbarer Haupttat (Ausführungshandlung)[1], gleichgültig mit welchen Mitteln[2].

IV. Gemeinsames für Anstiftung und Beihilfe: 1. Erfolglose Anstiftung und Beihilfe sind straflos[3].

2. Ist die Haupttat keine vorsätzliche strafbare (z. B. Ausführung durch getäuschte bzw. unzurechnungsfähige Person) so sind Anstiftung bzw. Beihilfe als solche straflos[4].

3. Fahrlässige Anstiftung und Beihilfe zu vorsätzlicher Tat sind straflos[5].

4. Der Vorsatz des Teilnehmers kann hinsichtlich Einzelheiten der Tat mehr oder weniger bestimmt sein[6]. Geht aber der ausführende Täter über den Vorsatz des Teilnehmers hinaus (sog. excessus mandati), so ist der Teilnehmer insoweit straffrei[7].

5. Anstiftung und Beihilfe zum bloßen Versuch[8], d. h. wenn

---

bei Mord (!) für den, der lediglich gemäß Verabredung den Täter an den Tatort brachte (weitere Fälle vgl. Strafr. II, 460).

Weiter hat diese verfehlte Theorie das RG. sogar dazu verführt, den Begriff der Mittäterschaft auf Kosten der klaren Begriffe der Anstiftung bzw. der mittelbaren Täterschaft auszudehnen und damit eine grobe Konfusion in die sonstige Teilnahmelehre zu tragen. Beispiele: E. 53, 138; 58, 279. Zur Kritik Strafr. II, 460.

Auch den Entwürfen ist keine begrifflich brauchbare Fassung der subjektiven Theorie gelungen (der Entw. 1925 vertrat mit Recht die objektive); vgl. näher Strafr. II, 479/80.

[1] Vgl. dazu oben S. 162, Anm. 6.

[2] Die ungeschickte Aufzählung bestimmter Mittel in § 48 StrGB. ist eine lediglich beispielsweise. Beweis: „oder mit anderen Mitteln"; vgl. Strafr. II, 461.

[3] Denn erforderlich ist Ausführungshandlung des Täters, mindestens als Versuch; vgl. oben S. 161, 162. Anerkannt; vgl. z. B. RG. E. 11, 61ff.

Erfolglos sind Anstiftung und Beihilfe auch dann, wenn sie in concreto nicht mitwirksam (keine Bedingung) für die Tat wurden. So die Anstiftung des bereits fest Entschlossenen (omimodo facturus); betr. Beihilfe vgl. E. 58, 113; näher Strafr. II, 462.

[4] Betr. Beihilfe vgl. z. B. RG. E. 10, 8; 40, 24; 52, 198; 57, 15. Dazu unten S. 167, II. Statt Anstiftung liegt mittelbare Täterschaft vor; vgl. unten S. 166/67; näher Strafr. II, 462; über Jugendgerichtsgesetz oben S. 130.

[5] Denn das Gesetz stellt absichtlich (so auch die Motive) nur den Vorsatz unter Strafe. In der Literatur im Ergebnis anerkannt. Ebenso früher das RG. (E. 32, 354; 39, 216); dann bedenklich E. 58, 366 und jetzt unzutreffend E. 61, 318 sowie neuestens E. 64, 316ff. und E. 64, 370; vgl. näher Strafr. II, 462/63 und dazu meine Kritik Jurist. Wochenschr. 60, S. 941, 1931 (das RG. straft hier jetzt wegen fahrlässiger Täterschaft).

[6] Vgl. z. B. RG. E. 4, 95; 11, 87; 34, 328; 50, 221.

[7] Vgl. RG. E. 11, 118; 23, 307; 44, 323. Näher, auch betr. Literatur, Strafr. II, 463/64.

[8] Nicht zu verwechseln mit erfolgloser (bloß versuchter) Anstiftung und Beihilfe; vgl. oben Nr. 1.

der Teilnehmer die Vollendung der Tat nicht will, sind straflos[1].

Dies gilt daher auch in dem Spezialfall des sog. Lockspitzels (agent provocateur)[2]; dagegen besteht hier Strafbarkeit nach allgemeinen Grundsätzen bei Anstiftung zum vollendeten Delikt[3].

6. Mehrfache Beteiligung an derselben Tat ist nur ein Verbrechen, weil nur Verursachung eines Erfolges[4]. Die schwerere Teilnahmeform konsumiert dabei die leichtere[5].

Führt eine Teilnahmehandlung zu mehreren Delikten, so liegt beim Täter Realkonkurrenz, beim Teilnehmer Idealkonkurrenz (StrGB. § 73) vor[6].

Teilnahme an der Teilnahme (z. B. Anstiftung zur Anstiftung) ist, weil Mitverursachung des Erfolges, wie jede andere Teilnahme strafbar[7].

7. Selbstverständlich kann Teilnahme auch durch Unterlassung begangen werden, wenn im Einzelfalle Rechtspflicht zur Hinderung des Erfolges bestand[8].

V. Strafbarkeit:

Anstiftung ist bei allen Delikten strafbar; Beihilfe nur bei Verbrechen und Vergehen (nicht bei Übertretungen), und zwar nach dem milderen Strafrahmen des Versuchs (vgl. StrGB. § 49; dazu oben S. 154). Innerhalb dieser Schranken bestimmt sich die Strafzumessung nach Lage des Einzelfalles[9].

VI. Entbehrlich ist der in der neueren Wissenschaft aufgestellte Begriff der sog. notwendigen Teilnahme[10].

[1] Herrschende Ansicht, auch RG.; näher Strafr. II, 464. Beispiel: Die Angeklagte hat der Schwangeren untaugliche Abtreibungsmittel mitgegeben (z. B. um sie loszuwerden oder die Abtreibung zu hindern); vgl. RG. E. 15, 315; ferner 5. Jan. 1915, Leipz. Z. 9, S. 693 („ständige Rechtsprechung").

[2] Überwiegende Ansicht, aber streitig; eingehend Strafr. II, 464/65.

[3] Vgl. auch RG., 20. Jan. 1912, Z. 33, 693/95.

[4] Im Ergebnis anerkannt; vgl. auch RG., z. B. E. 11, 37; 47, 372; 48, 206. Zur Begründung näher Strafr. II, 465/66.

[5] Selbstverständlich aber kann die Mehrheit der Akte zu erhöhter Strafzumessung führen. So auch RG. E. 47, 372; vgl. näher oben.

[6] Weil Verursachung mehrerer Gesetzesverletzungen durch dieselbe Handlung; unzutreffend hier das RG. (z. B. E. 4, 95; 11, 37; dann 1914, Leipz. Z. 8, S. 569 „feststehende Rechtsprechung"), wegen der abgeblich „akzessorischen Natur"; siehe dagegen oben S. 162; näher Strafr. II, 466.

[7] So auch das RG.; vgl. E. 23, 306/07; näher Strafr. II, 466.

Über Teilnahme bei sog. Distanzverbrechen vgl. oben S. 105, Anm. 5; näher Strafr. II, 466/67. Über Rücktritt des Teilnehmers oben S. 156, Anm. 2.

[8] Vgl. auch RG. E. 11, 153; näher Strafr. II, 467.

[9] Kann daher auch evtl. für den Teilnehmer strenger sein als für den Täter; vgl. RG. E. 2, 383 (betr. Beihilfe). Kam das Delikt nur bis zum Versuch, so ist dessen Strafrahmen maßgebend. Bei Beihilfe zum Versuch tritt doppelte Herabsetzung des Strafrahmens ein. Vgl. RG. oben; dazu Strafr. II, 467/68.

[10] Früher Schütze, dann insbes. Freudenthal. Es handelt sich hier um solche Delikte, die notwendig die Mitwirkung Mehrerer fordern (z. B. Zwei-

§ 49. Andere Fälle strafbarer Mitwirkung.

Gesetzlich nicht geregelt, daher nach den allgemeinen Grundsätzen über Kausalzusammenhang und Schuld zu entscheiden[1], sind folgende Fälle:

I. Mittelbare Täterschaft:

Grundsätzlich strafbar ist Jeder, der vorsätzlich die Ausführungshandlung verursacht, mag dies persönlich (physischer Täter) oder durch Bestimmung eines Dritten geschehen (intellektueller Täter). Die Anstiftung umfaßt nach heutiger Lehre, wie dargelegt, nur einen Teil dieser letzteren Fälle (vorsätzliche strafbare Haupttat). Daraus folgt: Jeder nicht unter den Begriff der Anstiftung gehörige Fall der intellektuellen Täterschaft ist als sog. mittelbare Täterschaft strafbar. Anders ausgedrückt: Mittelbare Täterschaft ist intellektuelle Täterschaft minus Anstiftung. Sie liegt danach insbes. vor bei vorsätzlicher rechtswidriger Bestimmung eines nicht rechtswidrig oder nicht vorsätzlich handelnden oder nicht zurechnungsfähigen Täters, die zur Begehung der Ausführungshandlung durch diesen führte[2].

Im einzelnen ist hervorzuheben:

1. Relativ seltener, aber durchaus möglich sind die Fälle, in denen der Bestimmende rechtswidrig, der Ausführende rechtmäßig handelt[3].

2. Mittelbare Täterschaft ist ferner die vorsätzliche Bestimmung unzurechnungsfähiger[4] oder getäuschter Personen (der häufigste Fall)[5].

---

kampf, Landfriedensbruch usw.). Kritik: Auch hier gelten die allgemeinen Grundsätze, soweit nicht Einzelvorschriften Abweichendes ergeben; vgl. näher Strafr. II, 468.

Über die Regelung der Teilnahme in den Entwürfen vgl. näher Strafr. II, 479/81.

[1] Vgl. oben S. 161; näher Strafr. II, 468/69.

[2] Grundsätzlich zutreffend hier das RG. (vgl. schon E. 1, 146; 1, 150; 4, 261) wie ein Teil der Literatur. Unzureichend ist die Auffassung des „Handelns durch ein willensunfreies Werkzeug" (vgl. unten Anm. 5); völlig verfehlt die Annahme „fingierter" Täterschaft; vgl. näher Strafr. II, 468/71.

[3] Hierher gehören: a) Absichtliche Herbeiführung einer Gefahrlage (Notwehr usw.), damit der Gefährdete einen Dritten verletzt; vgl. oben S. 109 bei Anm. 9. Richtig im Ergebnis (nicht in der Begründung) auch RG. E. 31, 395; 63, 315; b) Rechtswidriger Befehl bei gutgläubiger Ausführung; vgl. oben S. 125; RG. E. 4, 261. c) Vorsätzliche Irreführung eines Beamten, der darauf pflichtmäßig eingreift; vgl. oben S. 124/25; RG. E. 16, 195; 40, 9; Spezialfall: Depeschenfälschung, RG. E. 8, 92 (Begründung damals noch mangelhaft). Vgl. näher zum Vorstehenden Strafr. II, 471/72.

[4] Vgl. bereits RG. E. 1, 146; 11, 56; 21, 14; 31, 395; jetzt E. 63, 315. — Dagegen bei Kindern bzw. Jugendlichen heute Teilnahme gemäß Jugendgerichtsgesetz; vgl. oben S. 130.

[5] Hier kann der Ausführende (das vermeintlich „willensunfreie Werkzeug") straflos sein. Ebensowohl möglich ist Strafbarkeit wegen Fahrlässig-

3. Mittelbare Täterschaft liegt weiter vor, wenn der betr. Deliktstatbestand ausnahmsweise für die Täterschaft einen besonders gearteten Vorsatz fordert, der beim Bestimmenden vorhanden war, beim Ausführenden fehlte. Dann ist ersterer mittelbarer Täter, letzterer vorsätzlicher Gehilfe (sog. doloses Werkzeug[1]).

4. In verfehlter Weise erweitert sich evtl. das Gebiet der letzteren Fälle, wenn man Ausführungshandlungen, die angeblich nur mit Gehilfenvorsatz vorgenommen wurden, nicht für Täterschaft, sondern für Beihilfe erklärt[2].

5. Gleichgültig ist es, ob der mittelbare Täter in der Lage war, die Ausführungshandlung persönlich vorzunehmen. Denn er ist strafbar wegen deren Verursachung[3].

6. Kommt es zu keiner Ausführungshandlung des sog. Werkzeugs, so ist der mittelbare Täter straflos, weil das Delikt in der Vorbereitung steckenblieb[4].

7. Irrt der Bestimmende über den Vorsatz des Ausführenden, so entscheidet das RG. den Fall auf Grund dieser irrtümlichen Annahme[5]. Ich halte Entscheidung auf Grund der objektiven Sachlage für richtig[6]. Jedenfalls aber muß entweder Anstiftung oder mittelbare Täterschaft bejaht werden[7].

II. Vorsätzliche Beihilfe bei nicht strafbarer Haupttat[8]. Hier wird heute allgemein Straflosigkeit angenommen[9], ein wissenschaft-

---

keit (vgl. auch RG. E. 1, 146); so z. B. vorsätzliche Tötung beim mittelbaren Täter, fahrlässige beim Ausführenden. Ferner aber ist auch Strafbarkeit der Ausführenden wegen eines geringeren, vorsätzlichen Delikts möglich. Beispiel: Mittelbare Täterschaft vorsätzlicher Tötung; beim Ausführenden vorsätzliche Körperverletzung. So auch bei Absichtsdelikten; Beispiel RG. E. 3, 96: Anstiftung zur einfachen Urkundenfälschung (§ 267), darüber hinaus mittelbare Täterschaft der schweren (§ 268); dazu Strafr. II, 268.

[1] Beispiel: RG. E. 28, 109: Falschbeurkundung des Beamten durch seinen Privatsekretär (StrGB. § 348); vgl. auch R 6, 416; E. 14, 28; näher Strafr. II, 474.

[2] Subjektive Teilnahmetheorie, vgl. oben S. 163, Anm. 8. So das RG., z. B. E. 31, 82; 41, 64/65; 1920, Leipz. Z. 14, S. 303; näher Strafr. II, 474.

[3] So auch überwiegend die Literatur (verfehlt hier das RG. E. 52, 128; 63, 315). Beispiel: Schwerer Diebstahl, wenn der Erwachsene ein Kind durch eine Öffnung einsteigen läßt, die für ihn selbst zu klein war. Notzucht, wenn eine Frau einen Geisteskranken zur Tat bestimmt. Straflosigkeit wäre hier auch praktisch sinnlos; näher Strafr. II, 475. — Vgl. ferner unten S. 168, Anm. 6.

[4] Vgl. oben S. 162. Verfehlt ist es daher, wenn hier ein Teil der Literatur Versuch annimmt; vgl. oben S. 153, näher Strafr. II, 475/76.

[5] Vgl. E. 52, 197/98; 57, 274.

[6] So auch z. B. v. Liszt, v. Liszt-Schmidt, Allfeld.

[7] Denn sonst entstände zwischen beiden ein strafloses Mittelgebiet; vgl. näher Strafr. II, 476.

[8] Z. B. bei Unzurechnungsfähigkeit des Täters.

[9] Vgl. RG., oben S. 164, Anm. 4 (konstante Rechtsprechung).

lich ebenso unbeholfener wie praktisch verfehlter Standpunkt, den man endlich aufgeben sollte[1].

III. Sog. Nebentäterschaft: Es handelt sich hier um die Fälle vorsätzlichen oder fahrlässigen Nebeneinanderwirkens zum Erfolge (im Gegensatz zum vorsätzlichen Zusammenwirken[2]). Die Strafbarkeit bestimmt sich dann für jeden Beteiligten nach den allgemeinen Grundsätzen über Kausalzusammenhang und Schuld (oben S. 161). Objektiv kann dabei die Mitwirkung gleichzeitig oder nacheinander erfolgen[3]; subjektiv kann bei Allen Vorsatz bzw. Fahrlässigkeit vorliegen, ebenso bei dem einen Vorsatz, beim anderen Fahrlässigkeit[4].

§ 50. Einfluß persönlicher Verhältnisse.

I. Strafbegründende persönliche Eigenschaften oder Verhältnisse, d. h. solche, durch die eine sonst straflose Handlung erst zur strafbaren wird, sind begriffsnotwendige Deliktsmerkmale wie jedes andere[5]. Daraus folgt: Sind jene Eigenschaften usw. beim Ausführenden vorhanden, so sind sie allen Beteiligten zuzurechnen, soweit deren Vorsatz reicht[6].

Dies gilt insbes. auch bei den sog. Sonderdelikten, bei denen berufliche oder amtliche Stellung strafbegründend wirkt[7]. Denn es handelt sich hier keineswegs um Befreiung Dritter von der Gehorsamspflicht, sondern darum, daß nur bestimmte Personen physische Täter sein können[8].

---

[1] Vgl. oben S. 162; näher Strafr. II, S. 476/77; richtig das Jugendgerichtsgesetz (oben S. 130) und die Entwürfe.

[2] Also zur Teilnahme im Sinne des Gesetzes; vgl. oben S. 162.

[3] So auch RG. E. 55, 78 (Nebentäterschaft bei Mord, gleichzeitig oder nacheinander).

[4] Ausnahme: Fahrlässige Teilnahme (Anstiftung, Beihilfe) zu vorsätzlichem Handeln ist nach positivem Recht straflos; vgl. oben S. 164, Nr. 3.

Beispiele für vorsätzliche Nebentäterschaft: oben Anm. 3; ferner E. 23, 196 (kein beiderseits gewolltes Zusammenwirken); E. 40, 24 (der eine Täter geisteskrank).

Häufiger ist fahrlässige Nebentäterschaft. Vgl. z. B. E. 7, 333 (Nachlässigkeit zweier Wärterinnen); E. 10, 8 (fahrlässige Brandstiftung); ferner E. 34, 91; 57, 149; näher zum Vorstehenden Strafr. II, 478/79.

[5] Beispiel: Inzest, StrGB. § 173 (der einfache außereheliche Beischlaf ist straflos).

[6] Anstifter, Gehilfe, mittelbarer Täter; vgl. näher Strafr. II, 481/82. Anerkannt ist dies für Anstiftung und Beihilfe. Zu Unrecht überwiegend bestritten für die mittelbare Täterschaft (so auch E. 63, 315); richtig die Entwürfe seit 1913. Dazu oben S. 167, Nr. 5; näher Strafr. II, 483/84.

[7] Z. B. StrGB. § 300 (Rechtsanwälte, Ärzte usw.); eigentliche Amtsdelikte (strafbegründende, nicht straferschwerende); militärische Delikte (streitig, dafür mit Recht das RG., z. B. E. 27, 157; 38, 417; 50, 141).

[8] Vgl. oben S. 148, 161; näher Strafr. II, 482.

II. Eine völlig andere Rolle im Aufbau der Tatbestände spielen straferhöhende bzw. strafmindernde persönliche Eigenschaften oder Verhältnisse[1]. Sie bezwecken strengere bzw. mildere Bestrafung dessen und nur dessen, bei dem sie in eigener Person vorliegen; andere Beteiligte sind nach den gewöhnlichen Grundsätzen strafbar. So ausdrücklich StrGB. § 50[2].

Gleiches gilt für persönliche Strafausschließungs- und Strafaufhebungsgründe[3].

III. Straflosigkeit der Teilnahme in bestimmten Fällen:

1. Die durch ein Strafgesetz geschützte Person kann nicht wegen Teilnahme an der Zuwiderhandlung dagegen bestraft werden[4].

2. Wer als Täter einen Tatbestand straflos verwirklichen darf, kann nicht wegen Teilnahme bestraft werden[5].

3. Einzelne andere Fälle sind gemäß Sinn und Zweck des betr. Gesetzes zu entscheiden[6].

§ 51. Verwandte Begriffe.

I. Auffordern, Verleiten, Anreizen: Diese Ausdrücke fordern, wie die Anstiftung, vorsätzliche Bestimmung, aber nicht notwendig eine strafbare Haupttat[7]. Die Aufforderung muß offenkundig[8] erfolgen, während Anreizen und Verleiten gerade auch das verdeckte, versteckte Bestimmen umfassen[9].

---

[1] Beispiele: Einerseits Aszendententotschlag (§ 215), andererseits Kindestötung (§ 217).

[2] Vgl. näher Strafr. II, 484/85 (ebenso die Entwürfe). Hierher gehören auch Rückfall sowie straferhöhende (nicht strafbegründende) Gewerbs- und Gewohnheitsmäßigkeit (vgl. RG. E. 4, 184; 23, 378; 25, 266, Vereinigte Strafsenate; 54, 274); ebenso jugendliches Alter. Streitig ist der Fall der Überlegung beim Mord; vgl. näher unten S. 189.

[3] Vgl. oben S. 149. Anerkannt, näher Strafr. II, 485.

[4] So z. B. nicht der Bewucherte wegen Teilnahme am Wucher. Anerkannt; vgl. auch RG. E. 18, 281 (betr. § 235 StrGB.; weiter werden dort erwähnt §§ 174 Nr. 1—3, 181 Nr. 2, 301, Wucher); näher Strafr. II, 486.

[5] Beispiel: Gefangenenbefreiung (StrGB. §§ 120/121); ebenso überwiegend die Literatur; dagegen leider das RG.: So betr. Gefangenenbefreiung z. B. E. 61, 31; Kuppelei: E. 23, 69; 25, 369; Selbstbegünstigung z. B. E. 50, 365; 60, 349. Grund: angeblich „akzessorische Natur"; Kritik oben S. 162; näher Strafr. II, 486.

[6] Beispiel: Der Nicht-Beamte kann nicht wegen Teilnahme nach StrGB. § 331 bestraft werden (Beweis: StrGB. § 333; RG. E. 42, 382). Verfehlt E. 25, 38, wonach bei sog. Formaldelikten (die keine Schuld fordern) strafbare Teilnahme unmöglich sein soll; vgl. dazu oben S. 127; näher Strafr. II, 487.

[7] Teils ist die Haupttat nicht strafbar (z. B. StrGB. §§ 144, 160, 170, 176[3], 179), teils braucht es nicht dazu (auch nicht zum Versuch) gekommen zu sein; vgl. z. B. §§ 49a, 85, 110—112, 130, 159.

[8] D. h. zu einem erkennbar bezeichneten Verhalten.

[9] Synonym ist das „Verführen"; vgl. § 182. Vgl. über vorstehende Begriffe RG. E. 47, 413; 50, 146; 53, 351; Verleiten E. 52, 184. Näher Strafr. II, 487.

II. StrGB. § 49a (sog. Duchesne-Paragraph)[1]: Bestraft werden hier allgemein die Aufforderung bzw. das Erbieten zu einem Verbrechen[2] (bzw. zur Teilnahme daran) und deren Annahme[3]. „Lediglich mündliches"[4] Auffordern bzw. Erbieten ist nur strafbar bei Inaussichtstellung von „Vorteilen irgendwelcher Art"[5]. Die ganze Vorschrift ist subsidiär[6].

III. Komplott und Bande: Komplott ist die Verabredung mit einem anderen zur Begehung eines oder mehrerer bestimmter Verbrechen; Bande die Verbindung mit einem anderen zur fortgesetzten Begehung, wenn auch im einzelnen noch nicht bestimmter Verbrechen. Beide Begriffe, früher bedeutsam, kommen heute nur vereinzelt vor[7], beanspruchen aber für die Zukunft erhöhte Bedeutung bei Bekämpfung des gefährlichen Verbrechertums[8].

IV. Begünstigung (StrGB. § 257): Im Gegensatz zur Teilnahme als dem Setzen von Bedingungen zum Erfolg ist die Begünstigung, Förderung des Verbrechers nach begangener Tat. Vgl. dazu näher unten § 83, III.

Kapitel IX.

Einheit und Mehrheit der Verbrechen.

§ 52. Allgemeine Grundlagen.

I. Die sog. Verbrechenskonkurrenz (concursus delictorum) umfaßt — geschichtlich wie dogmatisch — das Problem: Wie ist zu verfahren, wenn der Verbrecher durch sein Verhalten mehrere Strafgesetze oder mehrfach dasselbe Strafgesetz übertritt? Da solche Fälle geradezu massenhaft sind, ist jede Rechtsordnung genötigt, sich mit ihnen abzufinden. Je nach den Auffassungen über das materielle

[1] Geschaffen 1876 aus Anlaß des von dem Belgier Duchesne geplanten Attantats gegen Bismarck; vgl. näher Strafr. II, 488.

[2] Nicht Vergehen oder Übertretung.

[3] Beides muß ernstlich sein (vgl. RG. E. 57, 171; 57, 243); Vollendung mit der Kenntnisnahme (E. 26, 81; 47, 230); Versuch straflos; Teilnahme möglich.

[4] Gegensatz: schriftliches. Herrschende Ansicht; RG. z. B. E. 26, 422; 58, 92.

[5] Nicht ausreichend dafür ist der durch das Verbrechen selbst erzielte Gewinn; vgl. E. 56, 362; 61, 269. Nicht erforderlich bedeutender (E. 58, 92) oder Vermögensvorteil (E. 9, 166; Beischlaf).

[6] Strafbarkeit nur, „soweit nicht das Gesetz eine andere Strafe androht". Vgl. näher zu § 49a, auch betr. Entwürfe, Strafr. II, 488/89.

[7] Im StrGB. selbst: Komplott: § 83; Bande: §§ 243^6, 250^2. Näher, auch betr. Nebengesetze, Strafr. II, 489/90.

[8] So auch die Entwürfe; vgl. näher a. a. O.

Recht, das Strafensystem und das Prozeßrecht sehen wir dabei geschichtlich verschiedene Bilder[1].

II. Grundsätzlich ist festzustellen: 1. Einheitliche Behandlung sämtlicher Fälle ist nur möglich, wenn man allein auf den Erfolg, also auf die Mehrheit der Gesetzesverletzungen, sieht[2]. Dann gelangt man geschichtlich zunächst zur einfachen Addition der verwirkten Einzelstrafen[3], ein überwundener Standpunkt[4]. Später zur Milderung dieses Ergebnisses, entweder durch Bildung einer gemilderten sog. Gesamtstrafe auf Grund der verwirkten Einzelstrafen oder durch Anwendung nur des schwersten Gesetzes und Entscheidung auf dieser Grundlage mittels Strafzumessung (sog. Absorptionsprinzip).

2. Alle diese Methoden haben, allgemein angewandt, denselben entscheidenden Mangel der gleichen Behandlung grundsätzlich verschiedener Fälle. Vom Standpunkt eines Schuldstrafrechts kommt es nicht allein auf den Erfolg an, sondern ebensosehr auf die schuldhafte Tat[5]. Dann aber scheiden sich scharf zwei Fälle: Mehrfache Gesetzesverletzung durch eine Tat[6] (sog. Idealkonkurrenz) oder mehrere selbständige Handlungen (sog. Realkonkurrenz)[7]. Der letztere Fall ist der schwerere und deshalb strafwürdigere[8]. Die Gleichstellung beider übersieht den grundlegenden Gegensatz: Bei der Idealkonkurrenz sind mehrere Gesetzesverletzungen in einem einheitlichen Akt begangen, bei der Realkonkurrenz sind sie lediglich in einem einheitlichen Verfahren abzuurteilen.

3. Mit dieser Einsicht erst wird die Konkurrenzlehre den wirklichen Lebenserscheinungen gerecht und findet zugleich ihre richtige systematische Stellung in den allgemeinen Lehren vom Verbrechen in dem

[1] Über diesen lehrreichen geschichtlichen Entwicklungsgang wie über die Literatur und das Recht des Auslands vgl. eingehend Strafr. II, 492—499; siehe auch oben S. 16 (römisch); 27, Anm. 9 (Mittelalter); 32 (Carolina).

[2] Denn dies allein ist das stets gleichbleibende Merkmal.

[3] Quot delicta tot poenae; Kumulationsprinzip.

[4] Sachlich unbeholfen, oft undurchführbar; praktisch unerträgliche Härte; vgl. näher Strafr. II, 499.

[5] Vgl. dazu grundsätzlich oben S. 93.

[6] Beispiel: Ein Schuß tötet den A und verletzt den B.

[7] Beispiel: A tötet oder verletzt zunächst den B; später begeht er ein solches oder ein anderes Delikt gegen X.

[8] Subjektiv wegen der wiederholten Auflehnung gegen das Gesetz; objektiv wegen der Möglichkeit sehr viel schwererer Folgen bei einer Mehrzahl von Fällen.

Gleichstellung beider Fälle bringt weiter folgende Fehler: a) Der Strafrahmen wird für Idealkonkurrenz unnötig hoch oder für Realkonkurrenz zu niedrig. b) Der Richter bleibt ohne Anweisung für die Strafzumessung; je nach verschiedener Auffassung entsteht verschiedene Praxis. c) Es bleibt unklar, wie weit die Rechtskraft des Urteils reicht. Vgl. näher Strafr. II, 500/01.

einfachen und klaren Sinne: Ein Verbrechen ist einmal zu strafen, mehrere mehrmals[1].

So auch unsere neuere geschichtliche Entwicklung wie unser geltendes Recht mit der grundlegenden Unterscheidung von Ideal- und Realkonkurrenz (StrGB. §§ 73/74).

III. Maßgebend ist danach die Frage: Wann liegt, ausgehend von Handlung und Erfolg, ein Verbrechen vor und wann mehrere?

Die Antwort lautet: Natürliche Handlungseinheit liegt vor bei Einheit der Handlung[2] (Idealkonkurrenz, StrGB. § 73), ferner aber auch bei Einheit des Erfolges[3]. Im Gegensatz dazu ist natürliche Handlungsmehrheit, die zu mehrfacher Bestrafung führt, gegeben bei mehreren selbständigen Handlungen, die verschiedene oder mehrfach dasselbe Strafgesetz verletzen (Realkonkurrenz, StrGB. § 74ff.).

Das logische Ergebnis ist dann: Bei Idealkonkurrenz nur einmalige Bestrafung, naturgemäß nach dem Strafrahmen des schwersten Gesetzes, unter angemessener Berücksichtigung[4] der übrigen Gesetzesverletzungen bei der Strafzumessung[5]. Bei Realkonkurrenz mehrfache Bestrafung: daher Ausmessung der verwirkten Einzelstrafen: auf dieser Grundlage evtl. Bildung einer ermäßigten Gesamtstrafe. So auch unser geltendes Recht, StrGB. §§ 73/74[6].

Für die Rechtskraft folgt daraus: Bei Idealkonkurrenz ist rechtskräftig entschieden über die einheitliche Tat, auch wenn anwendbare Gesetze übersehen wurden; bei Realkonkurrenz stets nur über die abgeurteilte selbständige Handlung.

IV. In der Literatur besteht Streit darüber[7], ob bei Idealkonkurrenz Verbrechenseinheit oder -mehrheit vorliege. Das ist eine sachliche bzw. sprachliche Unklarheit. Nennt man Verbrechensmehrheit die Mehrheit der Erfolge (Gesetzesverletzungen), also das allen Konkurrenzfällen Gemeinsame, so ist natürlich auch bei Idealkonkurrenz Verbrechensmehrheit gegeben. Bezeichnet man als Verbrechen die schuldhafte Tat im Gegensatz zur Handlungsmehrheit, so ist Idealkonkurrenz ebenso zweifellos Verbrechenseinheit[8]. Dem

[1] Vgl. näher Strafr. II, 501.

[2] Beispiel oben S. 171, Anm. 6; dazu unten Nr. IV; näher Strafr. II, 502.

[3] Beispiel: Tötung eines Menschen durch mehrere Schüsse; Sachbeschädigung durch mehrere Schläge; dazu unten S. 177.

[4] Solche ist deshalb ganz regelmäßig möglich, weil es sich bei der Idealkonkurrenz stets nur um wenige verletzte Gesetze handelt (gewöhnlich zwei, selten mehr als drei).

[5] Verfehlterweise wird letzteres teilweise bestritten; der Verbrecher könnte sich danach das geringere Delikt als Gratis-Zugabe leisten. Zur Kritik Strafr. II, 503.

[6] Vgl. näher Strafr. II, 503/04. [7] Dazu eingehend Strafr. II, 504/06.

[8] Um dies möglichst scharf zu kennzeichnen, wird hier in der Literatur stellenweise von bloßer Gesetzeskonkurrenz gesprochen (so insbes. v. Liszt). Das ist unzweckmäßig, weil wir diesen Ausdruck für eine engere Gruppe von Fällen brauchen; vgl. unten S. 174/75.

entspricht die grundsätzliche Behandlung im geltenden Recht (StrGB. § 73; vgl. unten).

V. Neuerdings wird teilweise Beseitigung des Unterschiedes von Ideal- und Realkonkurrenz gewünscht und die Entwürfe seit 1925 sind dem gefolgt. Es ist dies dogmatisch wie kriminalpolitisch ein Rückschritt gegenüber unserem geltenden Recht[1].

§ 53. Ideal- und Gesetzeskonkurrenz.

I. **Idealkonkurrenz** liegt vor, „wenn eine und dieselbe Handlung mehrere Strafgesetze verletzt“ (StrGB. § 73). 1. Man hat behauptet, daß solche natürliche Einheit nicht feststellbar sei[2]. Mit Unrecht: Für die Strafbarkeit ist entscheidend, ob und welcher Ausschnitt eines menschlichen Verhaltens sich als Ausführungshandlung[3] eines bestimmten Delikts darstellt. Alles, was unter diesen Begriff der Ausführungshandlung fällt und nur dies betrachten wir daher hier als Einheit.

2. Daraus folgt: Idealkonkurrenz liegt vor, wenn im Einzelfalle die Ausführungshandlung für mehrere Delikte identisch ist. Und zwar genügt bereits teilweise Identität[4].

Darüber hinausgehend sind auch hier, wie oben (S. 153) beim Versuch, im natürlichen Sinne einheitliche Gesamtvorgänge als einheitliche Ausführungshandlung zu bewerten[5].

Die eingehende Rechtsprechung des Reichsgerichts entspricht ebenfalls dieser Auffassung. Ganz überwiegend arbeitet das RG. im

---

[1] Vgl. meine eingehende Kritik Strafr. II, 507—510. In der Strafrechtskommission (Entw. 1913) wurde jener Vorschlag nach eingehender Beratung einmütig abgelehnt.

[2] So insbes. FINGER, KANTOROWICZ. Vgl. näher zur Kritik Strafr. II, 511/12.

[3] Zur Begriffsbestimmung vgl. oben S. 152/53.

[4] Im Ergebnis allgemein anerkannt. Es wäre auch widersinnig, hier von mehreren „selbständigen Handlungen“ zu sprechen, man müßte dafür den identischen Teil hinwegfingieren; vgl. näher Strafr. II, 513.

Beispiel: Idealkonkurrenz zwischen Urkundenfälschung (§ 267) und Betrug (§ 263), wenn der Schuldner auf Grund gefälschter Quittung und weiterer Vorspiegelungen Befreiung von der Schuld erlangt. Identischer Teil der Ausführung hier: Das Gebrauchmachen von der Quittung zwecks Täuschung. Getrennte Teile: Das Fälschen einerseits, die weiteren Vorspiegelungen andererseits.

[5] Beispiele: Es ist ebenso Idealkonkurrenz, wenn X sagt: A und B sind alle beide Esel, als wenn er sagt: A ist ein Esel und B ist auch einer. Weiter z. B.: Unmittelbar zusammenhängende Aufforderung zum Ungehorsam gegen Gesetze (§ 110) und zu strafbaren Handlungen (§ 111).

Nähere Prüfung dieser Fälle (vgl. Strafr. II, 519) führte mich zu dem Ergebnis: Zu fordern ist objektiv unmittelbarer zeitlicher und sachlicher Zusammenhang; subjektiv einheitlicher oder auseinander erwachsender Entschluß und einheitlicher Zweck bzw. einheitliche Unvorsichtigkeit bei der Fahrlässigkeit. Zu warnen ist auch hier (wie oben S. 153 beim Versuch) vor jeder Überspannung des Begriffs; sonst kommt man dogmatisch wie kriminalpolitisch ins Unsichere.

Ergebnis scharf mit dem Erfordernis voller oder teilweiser Identität der Ausführungshandlung; in einer Minderzahl von Urteilen greift es auf einheitliche Gesamtvorgänge über[1].

3. Man unterscheidet die Idealkonkurrenz in ungleichartige (StrGB. § 73) und gleichartige, je nachdem, ob dieselbe Handlung verschiedene oder mehrfach dasselbe Gesetz verletzte[2]. In beiden Fällen gelten dieselben Grundsätze[3].

4. Bestrafung: Es erfolgt einmalige Bestrafung auf Grund des Gesetzes, welches die schwerste Strafe bzw. Strafart androht. Die sonstigen Gesetzesverletzungen sind bei der Strafzumessung zu berücksichtigen (vgl. oben S. 172).

Für den Vergleich der Strafdrohungen ist zunächst das Höchstmaß der angedrohten Strafe maßgebend; bei gleichem Höchstmaß das höhere Mindestmaß. Sind beide gleich, so kommen evtl. Nebenstrafen in Betracht. Besteht auch hierin Gleichheit, so ist dieser gleiche Strafrahmen anzuwenden[4].

Wird danach bei der Strafzumessung sachgemäß verfahren, so muß das höchste Mindestmaß, das eines der verletzten Gesetze androht, jedenfalls überschritten werden[5].

II. **Gesetzeskonkurrenz**: Die sog. Gesetzeskonkurrenz ist aus der Idealkonkurrenz auszuscheiden. Auch hier verletzt der Täter durch „eine und dieselbe Handlung mehrere Strafgesetze" (StrGB. § 73), aber der sachliche Inhalt dieser Gesetze im Verhältnis zueinander, ihr Zusammenhang und Zweck ergibt, daß das eine Gesetz das andere ausschließt.

Diese Fälle lassen sich unter die allgemeinen juristischen Gesichtspunkte der Spezialität und Subsidiarität bringen.

1. Spezialität: Sie liegt zunächst vor, wenn schon der abstrakte Vergleich der Gesetze ergibt, daß das eine in jeder Richtung begriff-

---

[1] Vgl. meine Vorführung und Kritik dieser Rechtsprechung Strafr. II, 515 bis 519. Hier einige Beispiele:

a) Identität: Bei Hausfriedensbruch regelmäßig Realkonkurrenz gegenüber weiteren Delikten; vgl. z. B. E. 7, 60; 32, 137; 47, 25; 54, 289 (Kritik: Zutreffend, weil der Hausfriedensbruch regelmäßig Vorbereitungshandlung ist). Dagegen Idealkonkurrenz z. B. E. 44, 28 (Urkundenfälschung und Betrug); E. 49, 272 (Wildern und Waffentragen); E. 60, 129 (Brandstiftung und Versicherungsbetrug); Konkurrenz von drei Delikten: E. 56, 329; 62, 242ff.

b) Gesamtvorgänge: z. B. E. 11, 355 (Nahrungsmittelfälschung und Betrug); E. 30, 398 (Glücksspiel und Steuerhinterziehung); E. 10, 53 (Beleidigung).

[2] Beispiel: Ein Schimpfwort beleidigt, ein Schuß tötet mehrere.

[3] Vgl. näher Strafr. II, 520.

[4] Einzelheiten zum Vorstehenden Strafr. II, 520/22; Entwürfe S. 523.

[5] Keinesfalls darf die Strafe unter dies Mindestmaß herabgehen. So auch RG. E. 3, 390; anders dann leider E. 16, 301; 18, 174; 53, 49 (Kritik: Bloße Wortauslegung).

lich enger ist[1]. Ferner aber auch, wenn der eine Tatbestand regelmäßig und normalerweise den anderen mit umfaßt[2]. Endlich, wenn zwar die verletzten Gesetze teilweise verschiedene Merkmale aufweisen, die konkrete Tat aber von dem einen in jeder Richtung spezieller erfaßt wird[3].

2. Subsidiarität: Das subsidiäre Gesetz will hier nur aushilfsweise zur Geltung kommen, falls nicht das andere (primäre) durchgreift. Dies kann ausdrücklich bestimmt sein[4] oder sich aus Zweck und Zusammenhang ergeben[5].

3. Entbehrlich ist der weiter häufig genannte Fall der sog. Konsumtion; ein Wort ohne klaren Inhalt, das zum Teil andere Fälle als diejenigen der Gesetzeskonkurrenz kennzeichnet[6], zum Teil Fälle der Spezialität bzw. Subsidiarität[7].

Überflüssig gegenüber letzteren Begriffen und unklar ist auch der stellenweise auftretende Begriff Alternativität[8].

4. Rechtsfolgen der Gesetzeskonkurrenz: Das ausgeschlossene Gesetz scheidet völlig aus, insbes. auch für Strafzumessung und Rückfallsbegründung. Die Bestrafung erfolgt allein auf Grund des anzuwendenden Gesetzes, gerade auch dann, wenn dies das mildere ist[9].

§ 54. Realkonkurrenz und Einheit des Erfolges.

I. Realkonkurrenz: 1. Im Gegensatz zur Idealkonkurrenz liegt Realkonkurrenz bei „mehreren selbständigen" Handlungen vor (StrGB. § 74).

[1] Beispiel: Grunddelikt Diebstahl; qualifizierte Fälle schwerer Diebstahl, Raub; privilegierte: Notdiebstahl, Mundraub. — Vereinigt ein Tatbestand die Merkmale anderer, so ist er gegenüber diesen mehreren lex specialis. Beispiel: Raub gegenüber Diebstahl und Nötigung; dazu Strafr. II, 523/24.

[2] So auch das RG., z. B. E. 40, 430: Gesetzeskonkurrenz zwischen Diebstahl mittels Einsteigens und Hausfriedensbruch, obwohl letzterer nicht begriffsnotwendig ist; vgl. ferner E. 51, 257; 56, 335; 60, 122. — Wollte man hier Spezialität bestreiten, so wäre Subsidiarität anzunehmen. Über weitere Rechtsprechung des RG. vgl. Strafr. II, 524.

[3] Denn dann findet sich in diesem ihre volle Bewertung. Beispiel: Der Raub fordert nicht notwendig Gewalt (auch Drohungen); liegt aber Gewalt vor, so ist Gesetzeskonkurrenz mit der in dieser enthaltenen Körperverletzung gegeben; vgl. auch E. 6, 244.

[4] Beispiele: StrGB. § 49a (oben S. 170), 207, 353a.

[5] So auch E. 24, 201; verneint in E. 25, 321 (Aussetzung gegenüber Kindestötung); näher Strafr. II, 525. Im einzelnen vgl. Bes. Teil.

[6] So insbes. mehrfache Teilnahme an derselben Tat (Kritik: Das ist Einheit des Erfolges, nicht der Handlung); vgl. oben S. 165, unten S. 177.

[7] Beispiele: RG. E. 24, 201; 48, 182; E. 53, 257 (Landfriedensbruch gegenüber grobem Unfug; Kritik: Spezialität); vgl. näher, auch betr. Literatur, Strafr. II, 525/26.

[8] Aufgestellt von Binding; zur Kritik Strafr. II, 526/27.

[9] Beispiel: StrGB. § 370^5 (Mundraub) gegenüber §§ 242/43; vgl. Strafr. II, 527.

„Mehrere" sind räumlich-zeitlich getrennte Ausführungshandlungen[1], deren jede begrifflich unter einen Deliktstatbestand fällt[2]. „Selbständig" sind mehrere Handlungen, falls nicht Einheit des Erfolges oder sog. juristische Handlungseinheit vorliegt (darüber unten S. 177ff.).

2. „Mehrere selbständige" Handlungen sind grundsätzlich auch als solche zu strafen, also zunächst die verwirkten[3] Einzelstrafen für jedes Delikt auszumessen und urteilsmäßig festzustellen[4]. Auf dieser Grundlage ist dann bei Freiheitsstrafen[5] eine ermäßigte sog. Gesamtstrafe[6] gemäß StrGB. §§ 74—77 zu bilden, die in Erhöhung der verwirkten schwersten Einzelstrafe (sog. Einsatzstrafe) besteht. Die Gesamtstrafe darf den Betrag der verwirkten Einzelstrafen nicht erreichen und 15 Jahre Zuchthaus oder Festungshaft bzw. 10 Jahre Gefängnis nicht übersteigen. Innerhalb dieser Schranken ist freie richterliche Strafzumessung maßgebend[7].

Ist rechtskräftig auf Freiheitsstrafe erkannt und erfolgt später Verurteilung wegen einer vor dem ersten Urteil liegenden

---

[1] Vgl. oben S. 173.

[2] Ausnahme: Einheitliche Gesamtvorgänge, oben S. 173. Bestreitet man dies, so läge hier Realkonkurrenz vor; vgl. Strafr. II, 528.

[3] Nicht etwa die angedrohten.

[4] Andernfalls Revisionsgrund; vgl. E. 25, 298 (Vereinigte Strafsenate); E. 52, 146.

[5] Leider nicht bei Geldstrafe; hier vielmehr einfache Kumulation (StrGB. § 78 Abs. 1). Ein fiskalischer Standpunkt; vgl. Strafr. II, 531.

[6] Vgl. oben S. 171/72.

[7] Im einzelnen ist hervorzuheben:

a) Das Gesetz (StrGB. § 74[1]) spricht von zeitigen Freiheitsstrafen. Daraus folgert das RG. (E. 54, 290), daß bei Todes- bzw. lebenslanger Freiheitsstrafe einfache Kumulation (also mehrfache Verurteilung dazu) eintritt. Kritik: Eine wertlose, für das Volk unverständliche dogmatische Unbeholfenheit; vgl. Strafr. II, 529.

b) Keine Gesamtstrafe, sondern Kumulation erfolgt bei Haftstrafen (Gesamtbetrag aber höchstens 3 Monate); vgl. StrGB. § 77; dazu Strafr. II, 531.

c) Auf Festungshaft ist neben Gefängnis (nicht neben Zuchthaus) gesondert zu erkennen; vgl. näher StrGB. § 75 (Grund: Erhaltung der custodia honesta; näher Strafr. II, 530/31).

d) Bei ungleichartigen Freiheitsstrafen bildet die schwerste Strafart die Einsatzstrafe; StrGB. § 74 Abs. 2. Dann erfolgt zunächst Umrechnung der anderen milderen Strafe gemäß StrGB. § 21; vgl. E. 55, 97. Hier kann daher evtl. auch Zuchthausstrafe nach Tagen vorkommen (sonst nur volle Monate, StrGB. § 19[2]); vgl. Strafr. II, 530.

e) Über subsidiäre (d. h. an Stelle von Geldstrafe tretende Freiheitsstrafe) vgl. StrGB. § 78 Abs. 2 (Kumulation; Gesamtdauer aber nicht über 2 Jahre, bei Haft nicht über 3 Monate).

f) Alle Nebenstrafen und Nebenfolgen (z. B. Buße), die für eines der betr. Delikte angedroht sind, sind selbstverständlich auch bei Realkonkurrenz zulässig (vgl. dazu StrGB. § 76); Strafr. II, 530.

Tat, so ist die Gesamtstrafe noch nachträglich zu bilden (StrGB. § 79)[1].

II. **Einheit des Erfolges**: Im Gegensatz zur Realkonkurrenz liegt Verbrechenseinheit wegen Einheit des Erfolges vor, wenn durch mehrere Ausführungshandlungen ein einheitlicher Deliktstatbestand verwirklicht wurde[2]. Denn die Strafdrohung ist hier an den tatbestandsmäßigen Gesamterfolg geknüpft[3]. Erfordernis der Einheit ist dabei subjektiv einheitliche Schuld, also auf den Gesamterfolg[4] gerichteter Vorsatz[5] oder Fahrlässigkeit in Ansehung des Gesamterfolges[6]. Bei den gegen die Person gerichteten Delikten ist zur Einheit Identität der angegriffenen Person erforderlich[7].

§ 55. Juristische Handlungseinheit.

Auch diese Fälle sind aus der Realkonkurrenz auszuscheiden. Es handelt sich hier um mehrere, im natürlichen Sinne selbständige Handlungen, die wir aus juristischen Gründen zur Einheit zusammenfassen (deshalb sog. juristische Handlungseinheit). Hierher gehören:

I. **Das fortgesetzte Verbrechen.** 1. Die Zusammenfassung mehrerer, im natürlichen Sinne selbständiger Handlungen erfolgt hier unter dem Gesichtspunkt der Gleichartigkeit[8]. Diese Zusammenfassung ist notwendig, weil häufig zahlreiche bzw. massenhafte solcher

---

[1] Ausnahme danach, wenn die frühere Strafe bereits verbüßt, verjährt oder erlassen war. Denn dann ist kein einheitlicher Vollzug mehr möglich; vgl. näher: RG. E. 53, 145; 59, 168; Strafr. II, 530.

[2] Vgl. oben S. 172, Anm. 3; näher Strafr. II, 531/33.

[3] Z. B. der Tötung, Mißhandlung, Beschädigung usw. Manche Delikte fordern geradezu eine Mehrzahl von Ausführungshandlungen (z. B. Einbruchsdiebstahl, Raub, Urkundenfälschung, Notzucht) oder setzen sie mindestens als regelmäßig voraus (z. B. Zweikampf, unzüchtige Handlungen, §§ 174, 176[1]). — Man spricht dann von sog. gesetzlicher Handlungseinheit.

Einheit des Erfolges liegt ferner vor bei Dauerdelikten (z. B. Freiheitsberaubung) sowie bei mehrfacher Teilnahme an derselben Tat; vgl. oben S. 165 Nr. 6.

[4] Z. B. der Tötung dieses Menschen.

[5] So im Ergebnis auch RG. E. 50, 198 (Kritik: Hier Einheit des Erfolges, nicht der Handlung; näher Strafr. II, 532/33).

[6] Beispiel: Wiederholtes fahrlässiges Eingeben von Gift, das insgesamt den Tod verursacht.

[7] Höchstpersönliche Rechtsgüter (die nur in der Person ihres Trägers angegriffen werden können), z. B. Leib und Leben, Ehre, Freiheit.

Anders z. B. beim Diebstahl: hier Einheit des Erfolges bei Wegnahme aus einheitlichem Gewahrsam.

[8] Der Begriff des fortgesetzten Delikts tritt zunächst bei den Italienern, in Deutschland anscheinend seit der zweiten Hälfte des 18. Jahrhunderts auf, ist heute vielerörtert und auch dem Ausland geläufig; vgl. näher Strafr. II, 533/35.

Einzelfälle vorkommen[1], deren Erledigung nach den Grundsätzen der Realkonkurrenz[2] praktisch einfach unerträglich, wenn nicht unmöglich wäre[3], während einheitliche Behandlung durchaus befriedigende Ergebnisse liefert[4].

2. Der Begriff der Gleichartigkeit ist, wie der der Ähnlichkeit, relativ. Zur näheren Bestimmung ist hervorzuheben[5]:

Objektiv[6] ist erforderlich: Erfüllung des gleichen Deliktstatbestandes, genauer Grundtatbestandes[7]. Dazu bei Delikten gegen die Person deren Identität[8]. Ferner ein gewisser zeitlicher Zusammenhang[9] und wesentliche Gleichartigkeit der Begehung[10].

Subjektiv ist Gleichartigkeit der Schuld zu fordern[11]. Sie liegt vor, wenn angesichts objektiv gleichartiger Sachlage der Täter vorsätzlich oder fahrlässig den gleichen Entschluß faßt.

Abzulehnen ist mit der herrschenden Ansicht in der Literatur gegen das RG. das weitergehende Erfordernis eines einheitlichen, im voraus gefaßten Vorsatzes[12]. Nicht ob der Täter sein Tun

---

[1] Beispiele: Fortgesetzter Ehebruch; Kindermißhandlung; fortgesetzte, gleichartige Täuschungen (Betrug, Nahrungsmittelfälschung); fortgesetzter Diebstahl an Gas, Wasser; jahrelange Tätigkeit in einer Spielhölle (vgl. E. 49, 353) usw.

[2] Also mittels Einzelfeststellung. [3] Vgl. näher Strafr. II, 535/36.

[4] Durch eine Anzahl Stichproben werden Anfang, Fortsetzung und Schluß festgelegt und dann verurteilt wegen eines fortgesetzten Delikts, wobei die Mehrheit der Fälle bei der Strafzumessung angemessen zu berücksichtigen ist.

[5] Vgl. dazu eingehend Strafr. II, 536—540.

[6] Von der objektiven Sachlage ist auszugehen; denn einheitlicher Vorsatz kann sich ebensowohl in verschiedenartigen Delikten betätigen; vgl. Strafr. II, 541.

[7] Einschließlich Unterarten, schwererer und leichterer Fälle. Beispiele: RG. E. 43, 220 (Diebstahl; Körperverletzung), E. 57, 81 (§§ 223, 223a); Versuch und Vollendung (E. 43, 220; 58, 19). — Gegensatz: formell selbständige Delikte, z. B. Raub gegenüber Diebstahl; näher Strafr. II, 537.

[8] Vgl. z. B. RG. E. 53, 274; 57, 163 (Beleidigung); 59, 98 (Abtreibung). Ausnahme: bei zusammengehörigen Gruppen (Soldaten-, Schülermißhandlungen); so mehrfach die Literatur (v. LISZT usw.), vgl. näher Strafr. II, 537, 539, 541.

[9] Vgl. E. 55, 134; 58, 19. — Maßgebend kann nur verständige Lebensauffassung sein; z. B. für fortgesetzte Mißhandlung geringere Zwischenräume als bei Steuerhinterziehung; vgl. näher a. a. O.

[10] Unsicher hier das RG.; dafür z. B. E. 44, 228; 49, 207/08; 58, 229; dagegen E. 55, 134.

Wichtig ist hier insbes. die Ausnutzung desselben dauernden Verhältnisses bzw. Benutzung der gleichen Gelegenheit. So mehrfach die Literatur, insbes. FRANK; vgl. näher a. a. O.

[11] Insoweit allgemein anerkannt; vgl. Strafr. II, 542.

[12] Das RG. fordert hier sogar, viel zu eng, nicht nur im voraus gefaßten Vorsatz, sondern einheitlichen Gesamtvorsatz, der von vornherein sämtliche Einzelhandlungen und deren Gesamterfolg umfaßte; vgl. RG. E. 44, 392; 45, 70; 55, 134; 58, 19; 59, 53 (näher Strafr. II, 538). Das ist durchaus verfehlt; denn solche Fälle kommen überhaupt nur ausnahmsweise vor. Der ganze Begriff wird damit annähernd wertlos. Die unteren Gerichte, die damit nichts anfangen können, kommen in eine höchst unerfreuliche Lage; vgl. näher Strafr. II, 542/43.

zur Einheit zusammenfaßte, sondern ob die Rechtsordnung dazu Grund hat, ist entscheidend. Dies Bedürfnis aber besteht bereits bei Gleichartigkeit des Vorsatzes[1], und ebenso bei Fahrlässigkeitsdelikten[2].

3. Die entscheidende Rechtsfolge des fortgesetzten Delikts ist: Es wird rechtskräftig entschieden über alle gleichartigen Fälle, die vor dem Urteil lagen, über die das Gericht daher entscheiden konnte, auch wenn sie im einzelnen nicht festgestellt wurden oder unbekannt blieben[3].

II. **Das Kollektivdelikt.** Unter diesem Namen faßt man üblicherweise die Fälle des gewerbs-, geschäfts- und gewohnheitsmäßigen Verbrechens zusammen[4].

Gewerbs- und Geschäftsmäßigkeit fordern auf öftere Wiederholung gerichteten Vorsatz; Gewerbsmäßigkeit darüber hinaus die Absicht, sich dadurch eine Einnahmequelle zu verschaffen. Für die Gewohnheitsmäßigkeit ist kennzeichnend ein durch wiederholte Begehung erzeugter Hang zu dem betr. Delikt[5].

Nicht erforderlich ist, daß im Einzelfalle eine Mehrheit von Handlungen zur Aburteilung steht[6]; jedoch bildet dies praktisch die Regel[7]. Häufig stellt sich das Kollektivdelikt dann begrifflich zugleich

---

[1] Insbes. wenn sich der Täter — so meist — über die Fortsetzung keine klaren Vorstellungen machte; aber auch, wenn er jedesmal Reue fühlte und dann der gleichen Versuchung erlag. Sobald man sich hier eine größere bzw. große Anzahl von Fällen vorstellt, wird die Einzelfeststellung (Realkonkurrenz) zum unerträglichen Übelstand.

[2] Z. B. Kindermißhandlung, Nahrungsmittelfälschung, Steuerhinterziehung. Das RG. sucht sich hier in ganz mißglückter Weise mit dem Begriff des Dauerdelikts zu helfen (vgl. E. 59, 53; 59, 287). Dort aber handelt es sich um einen fortdauernden rechtswidrigen Zustand (z. B. Freiheitsberaubung), hier um eine Mehrheit zeitlich-räumlich getrennter Handlungen; vgl. näher Strafr. II, 539, 543.

[3] So auch RG. E. 47, 397 (ständige Rechtsprechung); 51, 254; 59, 168. Über weitere Einzelheiten (auch Rechtsprechung des RG.) vgl. Strafr. II, 544/45; dort auch betr. Entwürfe (die seit 1925 leider schweigen).

[4] Vgl. dazu näher Strafr. II, 545/47. — Geschäftsmäßigkeit kommt im StrGB. nur einmal (StrGB. § 144, strafbegründend) vor. Zum Begriff vgl. insbes. RG. E. 61, 51ff.

Gewerbsmäßigkeit: Strafbegründend StrGB. § 285 (vgl. E. 59, 140), 302e, 361[6]; erhöhend §§ 260, 294, 302d. Begriff: E. 25, 266 (Vereinigte Strafsenate); 33, 237; 58, 20; 61, 149.

Gewohnheitsmäßigkeit: Strafbegründend §§ 150, 180, 181a, 284[2], 302e; erhöhend 260, 302d. Begriff: E. 25, 266; 59, 143.

[5] Über diese Begriffsbestimmungen besteht im wesentlichen Einigkeit.

[6] Geschäfts- und Gewerbsmäßigkeit (z. B. gewerbsmäßiges Wildern, § 294) können schon im ersten Falle nachweisbar sein; alle drei Begriffe können ferner aus früheren erledigten Fällen folgen; vgl. auch RG., z. B. E. 41, 110; 58, 20.

[7] Deshalb die übliche Behandlung in der Konkurrenz-, nicht in der Schuldlehre.

als fortgesetztes Delikt dar[1]. Über den Umfang der Rechtskraft beim Kollektivdelikt gilt das zum fortgesetzten Delikt Gesagte[2].

III. **Straflose Vor- und Nachtat.** Hier fassen wir mehrere Handlungen zur juristischen Einheit deshalb zusammen, weil sie sich gegen dasselbe Rechtsgut richten und der Täter mit der zweiten Handlung lediglich die Absicht verwirklicht, die schon für die erste vom Gesetz begrifflich gefordert[3] oder als regelmäßig gegeben vorausgesetzt wird[4]. Je nachdem dann die erste oder die zweite Handlung rechtlich ausscheidet, spricht man von strafloser Vor- oder Nachtat[5].

Straflose Vortat sind selbständig strafbare Vorbereitungs- bzw. Versuchshandlungen gegenüber dem vollendeten Delikt[6]. Straflose Nachtat ist das sog. Verwertungsdelikt gegenüber dem vorausgehenden Aneignungsdelikt[7].

Kapitel X.

Verzicht auf Strafe.

§ 56. Verjährung.

I. Verjährung bedeutet den kraft Gesetzes eintretenden Verzicht des Staates auf Bestrafung wegen Zeitablaufs. Sie erscheint als Verjährung der Verfolgung der Tat wie der Vollstreckung bereits rechtskräftig erkannter Strafe[8].

---

[1] Dann erfolgt Verurteilung wegen des fortgesetzten Kollektivdelikts (z. B. StrGB. § 294, nicht 292).

[2] Vgl. oben S. 179; dazu RG. E. 41, 110; 47, 400. Über weitere Einzelheiten auch betr. RG., vgl. Strafr. II, 547.

[3] Beispiele: Straflose Vortat: Herausforderung und Annahme (StrGB. § 201), dann Zweikampf (§ 205). Nachtat: Der Dieb behält die gestohlene Sache (keine Unterschlagung).

[4] Beispiel: Nachtat: Der Wilderer verwertet das Wild (keine Unterschlagung).

[5] Eingehende Darstellung dieses Gebiets lieferte 1927 Honig, Straflose Vor- und Nachtat; vgl. näher Strafr. II, 549/50. Meine obige Fassung ist selbständig.

[6] Vgl. z. B. oben Anm. 3. — Siehe auch RG. E. 59, 376. Gegenbeispiel: Realkonkurrenz zwischen Versicherungsbetrug (§ 265) und folgendem Betrug (263), weil § 265 nicht nur Vorbereitungshandlung ist; so auch im Ergebnis E. 48, 191; streitig, vgl. Strafr. II, 548.

[7] Beispiele oben Anm. 3, 4; vgl. auch RG., z. B. E. 49, 18; 51, 183; 60, 372; 62, 62; näher Strafr. II, 549.

Ob es noch andere Fälle strafloser Vor- bzw. Nachtat gibt, bezweifle ich. Sie bedürften jedenfalls besonderen Nachweises. Öfters werden hier fälschlich Fälle genannt, bei denen Einheit der Handlung (Ideal-, Gesetzeskonkurrenz) oder Einheit des Erfolges vorliegt; näher Strafr. II, 548.

[8] Die Vollstreckungsverjährung hat die relativ geringere Bedeutung, weil meist, wenn Aburteilung möglich, auch die Vollstreckung gelingt.

II. Älteren Kulturperioden ist die Verjährung fremd[1]. Erst Diocletian (284—305) führte für öffentliche Kriminalklagen die Frist von 20 Jahren, erst Theodosius II. (408—450) die 30jährige Frist für private Deliktsklagen ein. Daran knüpfen die Italiener, an sie das gemeine Recht an[2]. Während die Aufklärung die Verjährung bekämpft, findet sie in Frankreich, jetzt auch als Vollstreckungsverjährung, volle Entwicklung. Das Deutsche Recht des 19. Jahrhunderts zeigt noch überwiegend Einschränkungen[3].

III. Unser Reichsrecht (StrGB. §§ 66—72) hat beide Arten der Verjährung — der Verfolgung wie der Vollstreckung — als gleichberechtigt nebeneinander gestellt, bei beiden lediglich den Zeitablauf für maßgebend erklärt und alle Einschränkungen beseitigt[4].

IV. Über die Rechtfertigung der Verjährung wird seit der Aufklärungszeit gestritten[5]. Dazu ist hervorzuheben:

1. Die Verjährung der Strafverfolgung ist schon aus prozessualen Gründen zwingend notwendig[6]. Denn es ist eine für die Justiz praktisch unlösbare Aufgabe, alle Delikte des letzten Menschenalters zu verfolgen. Der Staat hat daher nur die Wahl, ob er diese Verfolgung — mangels Regelung — dem Zufall im Einzelfall preisgeben oder sie an feste Grundsätze binden will. Für einen Rechtsstaat, der gleiches Recht für alle fordert, ist allein der letztere Weg gangbar[7]. Diese Gründe treffen in abgeschwächtem Maße auch für die Vollstreckungsverjährung zu[8].

2. Darüber hinaus findet die Verjährung ihre materielle Berechtigung in der das Strafbedürfnis tilgenden Macht der Zeit. Danach erscheint eine im Verhältnis zur Bedeutung der Tat weitgehend verspätete Bestrafung als nicht notwendig, vielmehr als eine, vom Standpunkt des öffentlichen Interesses aus betrachtet, mindestens zweischneidige, überwiegend nachteilige Maßnahme[9]. Dieser Gesichtspunkt rechtfertigt beide Arten der Verjährung, ferner die Abstufung der Fristen nach der Schwere der Delikte und längere Fristen für die Vollstreckungsverjährung.

[1] Im römischen Recht wie im deutschen Mittelalter nur gewisse Ansätze, vgl. oben S. 16, 27; im kanonischen Recht nicht; die Carolina schweigt. Näher Strafr. II, 551/52.

[2] Eingehend Carpzow, vgl. näher Strafr. II, 552/53.

[3] Näher Strafr. II, 553/54.

[4] Ebenso ganz überwiegend das Ausland; vgl. Strafr. II, 555.

[5] Vgl. näher a. a. O. [6] Dazu Strafr. II, 556.

[7] Unterstützend tritt hier der Gesichtspunkt der Beweisvergänglichkeit hinzu.

[8] Die Forderung lebenslanger Vollstreckung aller rechtskräftigen Urteile würde auch hier den Behörden kaum erfüllbare Aufgaben zumuten.

[9] Dazu meine nähere Begründung Strafr. II, 557/58.

V. Die Verjährung ist hiernach dogmatisch ein gemischtes Institut: Materiell Strafaufhebungsgrund[1], prozessual Prozeßhindernis (negative Prozeßvoraussetzung) mit der Wirkung, daß das Gericht ohne Sachurteil auf Einstellung des Verfahrens zu erkennen hat[2].

VI. Die Fristen stuft unser Recht für die Verfolgungsverjährung ab von 20 Jahren[3] bei schwersten Verbrechen bis zu 3 Monaten bei Übertretungen (vgl. näher StrGB. § 67); für die Vollstreckungsverjährung entsprechend höher, von 30 Jahren bis zu 2 Jahren (vgl. näher StrGB. § 70)[4].

VII. Die Verfolgungsverjährung insbesondere: 1. Über ihren Beginn besteht Streit. Der bloße Wortlaut des Gesetzes (§ 67 letzter Abs.)[5] spricht für den Augenblick der Tätigkeit[6]. Entstehungsgeschichte und sachliche Überlegung aber führen dazu, erst die entscheidende (z. B. tödliche) Verletzung des Objekts für maßgebend zu erklären und nur die weiteren Folgen (z. B. Eintritt des Todes) auszuscheiden[7].

2. Die Verjährung „ruht während der Zeit, in der auf Grund gesetzlicher Vorschrift die Strafverfolgung nicht begonnen oder nicht fortgesetzt werden kann" (StrGB. 69 Satz 1)[8]. Nachher läuft also die begonnene Verjährung weiter.

3. Unterbrochen wird die Verjährung durch „jede Handlung des Richters" gegen den Täter wegen dieser Tat; „nach der Unterbrechung beginnt eine neue Verjährung" (vgl. StrGB. § 68).

---

[1] Vgl. oben S. 149. Daher nur persönliche Wirkung; vgl. auch E. 41, 17; 59, 184; näher Strafr. II, 562.

[2] Überwiegende Auffassung, auch RG., vgl. E. 32, 251; insbes. 41, 167/68, dazu 41, 153ff.; 46, 274; 59 199. — Für Freisprechung (also materiell-rechtlich) insbes. v. Liszt, Allfeld; zur Kritik näher Strafr. II, 558/59.

Teilweise wird die Verjährung als überwiegend materiell- oder prozeßrechtlich bezeichnet. Kritik: Es kommt auf die einzelne zu entscheidene Frage an; vgl. näher oben.

[3] Die römisch-gemeinrechtliche Frist; vgl. oben S. 181.

[4] Vgl. dazu Strafr. II, 559. Andere Fristen stellenweise in Nebengesetzen; wichtig Preßgesetz, 1874, § 22 (6 Monate).

[5] „Die Verjährung beginnt mit dem Tage, an welchem die Handlung begangen ist, ohne Rücksicht auf den Zeitpunkt des eingetretenen Erfolges."

[6] So insbes. Frank, v. Liszt, v. Liszt-Schmidt, Allfeld usw.

[7] So auch, mit einem Teil der Literatur (insbes. Binding), ständig das Reichsgericht: Vgl. z. B. E. 5, 283; 21, 228; 42, 171; 62, 419. Eingehend darüber und über die Streitfrage Strafr. II 559/61; weitere Einzelfragen dort S. 561/63.

[8] Geschaffen durch Gesetz v. 26. März 1893. Der folgende, zweite Satz ist jetzt lediglich ein Spezialfall des obigen ersten, also überflüssig.

Beispiel für Ruhen: Immunität des Abgeordneten vgl. E. 23 185 (damals anders); siehe ferner E. 32, 250 (Auslieferung). Gegenbeispiele: E. 52, 56 (Einberufung zum Kriegsdienst); 52, 36 (Geisteskrankheit, Abwesenheit). Vgl. weiter: E. 58, 264; 59, 200.

Kein Ruhen bei Antragsdelikten mangels Strafantrags; vgl. StrGB. § 69 Abs. 2; oben S. 150, Anm. 3. Näher zum Vorstehenden Strafr. II 563/64.

Mit dieser Vorschrift schließt unser Recht weit über das berechtigte Bedürfnis hinaus[1]. Geradezu zum Unfug aber artet dies Verfahren aus, wenn die Praxis, nur um die Verjährung zu vereiteln, lediglich formale, für den Prozeß wertlose Unterbrechungshandlungen vornimmt. Solche Akte sind wider Sinn und Zweck des Gesetzes[2], deshalb rechtlich unerheblich[3].

VIII. Die Vollstreckungsverjährung beginnt mit der Rechtskraft des Urteils (StrGB. § 70, letzter Absatz)[4]. Zur Unterbrechung ist hier die Vollstreckungsbehörde zuständig (StrGB. § 72)[5].

IX. Das Landesrecht kann auf seinem Gebiet kürzere Verjährungsfristen anordnen, aber weder die Verjährung des Reichsrechts einschränken noch die Fristen verlängern[6].

X. Die Entwürfe haben die gesunden Grundlagen unseres Rechts (Verjährung in beiderlei Gestalt mit entsprechenden Fristen) beibehalten, mehrfach aber wesentliche Verbesserungen gebracht[7].

§ 57. Begnadigung.

I. Begnadigung im engeren Sinne ist Milderung oder Erlaß rechtskräftig erkannter Strafe durch das zuständige Staatsorgan. Zu unterscheiden davon ist die staatliche Niederschlagung noch nicht eingeleiteten oder noch schwebenden Verfahrens (sog. Abolition). Auch sie bewirkt im Ergebnis gnadenweise Straffreiheit, aber ohne ordnungsmäßige gerichtliche Nachprüfung der Tat. Beide, Begnadigung wie Niederschlagung, können auch als allgemeine Maßregeln für irgendwelche Gruppen von Fällen auftreten (sog. Amnestien)[8].

II. Geschichtlich hängen Begnadigung und Niederschlagung eng mit den jeweiligen staatlichen Verhältnissen und Kulturanschauungen

---

[1] Es entstehen so völlig unverhältnismäßige Fristen die evtl. die ganze Verjährung vereiteln. Vgl. näher zur Kritik Strafr. II 564/65. Dagegen auch mit Recht unsere Entwürfe seit 1913; vgl. unten.

[2] So auch einmütig der 24. Deutsche Juristentag (1898) wie wiederholte Ministerialerlasse der Länder. Ob mit bleibendem Erfolg?

[3] Das RG. hat dies Verfahren, soviel ich sehe, nicht ausdrücklich gebilligt, ist ihm aber auch leider nicht entgegengetreten. Vgl. E. 30, 302; 41, 356; 56, 381; 62, 425; 63, 321. Näher zum Vorstehenden Strafr. II, 566.

[4] Vgl. dazu über Geldstrafe als Nebenstrafe StrGB. § 71. Sonstige Nebenstrafen und Nebenfolgen verjähren grundsätzlich mit der Hauptstrafe; anders betr. Ehrenrechte und Polizeiaufsicht StrGB. §§ 36, 38.

[5] Also regelmäßig die Staatsanwaltschaft (vgl. näher StrPO. § 451). Damit wird die Möglichkeit willkürlicher Unterbrechung noch erleichtert. Das ganze Institut der Unterbrechung ist hier ebenso verfehlt wie oben. — Über Ruhen der Verjährung während bedingter Strafaussetzung vgl. Jugendgerichtsgesetz. 1923, § 12[3].

[6] Vgl. näher Strafr. II, 567/68. Dazu oben S. 76 Anm. 3.

[7] Beispiel oben Anm. 1; näher Strafr. II, 569/70.

[8] Vgl. hierzu, auch betr. Literatur, Strafr. II, 570.

zusammen[1]. In Deutschland nahmen seit dem 16. Jahrhundert die Landesherren das ausschließliche Begnadigungsrecht für sich in Anspruch[2].

III. Im Deutschen Reiche bis zur Revolution hatte der Kaiser das Begnadigungsrecht in Reichssachen[3]. Ein Abolitionsrecht war ihm nicht eingeräumt. Im übrigen waren die Landesherren bzw. die Senate der freien Städte Träger des Gnadenrechts[4].

IV. Heute bestimmt die Verfassung (1919, Art. 49): „Der Reichspräsident übt für das Reich das Begnadigungsrecht aus. Reichsamnestien bedürfen eines Reichsgesetzes."

Nach staatsrechtlich überwiegender Ansicht[5], die ich teile, wird damit lediglich gesagt, wer begnadigen kann, aber nicht, wann. Insoweit also knüpft die Verfassung stillschweigend an den bisherigen Rechtszustand an. Daraus folgt:

1. Das Gnadenrecht des Reichs beschränkt sich, wie früher, auf Reichssachen erster Instanz[6]. Ein Abolitionsrecht hat der Reichspräsident so wenig wie früher der Kaiser. Allgemeine Amnestien in Reichssachen bedürfen Reichsgesetzes.

2. Im übrigen steht das Gnadenrecht, wie früher, allein den Ländern zu. Das Reich kann daher hier auch keine Amnestien erlassen[7], es sei denn im Wege verfassungsändernden Reichsgesetzes.

---

[1] Dazu oben S. 16 (römisch); 26 (Mittelalter); näher Strafr. II, 571/72.

[2] Oben S. 26, Anm. 6. Seit dem 17./18. Jahrhundert ferner das Bestätigungsrecht mindestens der schwereren Strafurteile. Noch Friedrich der Große erhält dies zum Schutz der Untertanen gegen Willkür entschieden aufrecht. Im 19. Jahrhundert verschwindet es; vgl. näher Strafr. II, 572/73.

[3] Reichsgerichtssachen erster Instanz; Elsaß-Lothringen, Reichsmarine, Kolonien, Konsulargerichte; näher Strafr. II, 573.

[4] Das Abolitionsrecht war teilweise beseitigt (so Bayern 1818, wohl auch Baden) bzw. eingeschränkt (z. B. Preußen, Verf. Art. 49[3]). Im übrigen wurde es in Ausnahmefällen ausgeübt; vgl. näher Strafr. II, 573/74; dazu auch RG. E. 33, 204; ferner Strafr. Z. 4, 1916, S. 168.

[5] Vgl. dazu eingehend, mit Literatur und amtlichen Vorgängen: Ernst v. Hippel, Arch. f. öffentl. Recht, N. F., 15, 1929, S. 342ff. Strafrechtlich ebenso v. Liszt-Schmidt; dagegen im Reichstag Kahl und Radbruch; näher Strafr. II, 575.

[6] Reichsgerichtssachen (einschließlich der den Oberlandesgerichten delegierten); Staatsgerichtshof; evtl. Militärgerichte (Verf. Art. 106); Konsulargerichte; Strafverfügungen von Reichsbehörden; näher Strafr. II, 575.

[7] Diese Frage ist streitig geworden. Das Reich erließ wiederholt solche Amnestien (dagegen die Länder). Neuerdings scheint man aber obige Schranke zu beachten (vgl. Ges. 17. Aug. 1925, RGBl. I, 313; 14. Juli 28, RGBl. I, 195). — Das Reichsgericht hat grundsätzlich ebenfalls den früheren Rechtszustand für maßgebend erklärt (vgl. E. 55, 217), trotzdem obige Amnestien zugelassen, ohne, soviel ich sehe, das Erfordernis verfassungsändernden Gesetzes scharf zu prüfen. Vgl. wiederholte Urteile seit E. 52, 271; dann E. 58, 265, 415, 432; 60, 118; eingehend Strafr. II, 577. Obiges gilt auch gegenüber Gesetzen über sog. Straffreiheit bzw. Strafmilderung (denn in Wahrheit ist das lediglich Begnadigung bzw. Amnestie); unzutreffend hier Anschütz; vgl. näher Strafr. II, 578.

3. Ausführungsbestimmungen der Ministerien zu Gnadenerlassen, die deren Inhalt auslegen, sind evtl. als Dienstanweisungen für die Staatsanwaltschaft wesentlich, für die Gerichte aber unverbindlich[1].

V. Staatsrechtlich ist das Gnadenrecht ein Recht des Staates. Und zwar ein auf der Herrschaft über Land und Leute beruhendes Hoheitsrecht[2], ebenso wie das Recht zu strafen, Steuern zu erheben und zu erlassen usw.[3].

Soweit der Gnadenakt Mitwirkung der Volksvertretung fordert, erscheint er formell als Gesetz, sonst als Rechtsverordnung[4]. Sachlich hat er stets die gleiche Bedeutung des staatlichen Verzichts auf Strafe.

Soweit der Gnadenakt durch das oberste Staatsorgan (Kaiser, Landesherr, Präsident) erfolgt, bedarf er als Regierungsakt der Gegenzeichnung des verantwortlichen Ministers[5].

Ob der Träger des Gnadenrechts für dessen Ausübung rechtlich, insbes. strafrechtlich verantwortlich ist, bestimmt sich nach dessen staatsrechtlicher Stellung[6].

VI. Strafrechtlich ist hervorzuheben: Begnadigung und Abolition sind materiell persönliche Strafaufhebungsgründe[7]. Prozessual ist die Begnadigung zugleich Vollstreckungshindernis, die Niederschlagung Prozeßhindernis (negative Prozeßvoraussetzung)[8].

Erfolgt Begnadigung bzw. Niederschlagung unter bestimmten Bedingungen, so ruht das Verfahren während schwebender Bedingung[9]. Unberührt durch den Gnadenakt bleiben sonstige Unrechtsfolgen der Tat[10].

---

[1] Dazu eingehend mein Gutachten, Z. 40, 433ff., 1919. Ebenso jetzt grundsätzlich RG. E. 54, 54.

[2] Vgl. auch RG. E. 28, 422.

[3] Unzutreffend danach die Bezeichnung als außerordentlicher Verwaltungsakt (außergewöhnliche Machtfülle); so, entsprechend LABAND, das RG. E. 58, 265; näher Strafr. II, 579.

[4] Weil Regelung der Rechtsverhältnisse der Untertanen; vgl. Strafr. II, a. a. O.

[5] Näher Strafr. II, 579/80.

[6] So treffend das RG. E. 58, 265: Der Monarch war nicht verantwortlich. Beamte sind es wohl, auch Minister. Daher evtl. Strafbarkeit wegen Bestechung (StrGB. § 322); vgl. näher Strafr. II, 580.

[7] Vgl. oben S. 149. Dazu RG. E. 53, 39; 54, 54; 55, 231; 56, 106; 59, 66; näher Strafr. II a. a. O.

[8] Also gemischtes Institut (wie bei der Verjährung, oben S. 182); daher evtl. Einstellung des Verfahrens. So auch ständig das RG.; vgl. z. B. E. 50, 386; 53, 39; 54, 82; 55, 231; 59, 56; näher Strafr. II, 581.

[9] Dazu eingehend mein Gutachten Z. 40, 446ff.

[10] Z. B. Einziehung in selbständigem Verfahren, vgl. z. B. E. 50, 386 usw.; auch der Bußanspruch.

Über weitere Einzelheiten Strafr. II, 581/82.

VII. Kriminalpolitisch ist die Begnadigung im engeren Sinne, also der Erlaß bzw. die Milderung rechtskräftig erkannter Strafe, der notwendige Schlußstein gerechten Strafrechts, das „Sicherheitsventil des Rechts"[1] zur Ausgleichung ungerechter Härten im Einzelfalle, die sich auch bei bester Gesetzgebung und Rechtspflege nicht völlig vermeiden lassen[2].

Eine weitergehende Verwertung ist strafrechtlich unbegründet und nur durch zweifellos überwiegende allgemeinstaatliche Interessen zu rechtfertigen[3].

Im Gegensatz zur Begnadigung ist Niederschlagung im Einzelfalle in einem Rechtsstaat schlechthin verwerflich. Denn sie und ihre Gründe entziehen sich der Nachprüfung und Kritik. Begründet können evtl. allgemeine Niederschlagungen (Amnestien) wegen überwiegender staatlicher Interessen sein[4].

Abzulehnen ist Ausübung des Gnadenrechts, die über diese Schranken hinausgeht. Sie ist strafrechtlich verwerflich, untergräbt die Achtung vor dem Gesetz und schädigt damit den Staat wie die Untertanen[5].

[1] Ein vielzitiertes Wort von JHERING (Zweck im Recht, I, S. 428).

[2] Darüber näher Strafr. II, 582.

[3] Hier handelt es sich insbes. um Amnestien. So z. B. gegenüber Kriegsteilnehmern, zur Wiederherstellung des Friedens nach Staatsumwälzungen usw.

[4] So z. B. Ausdehnung der Begnadigungsamnestie auf noch nicht abgeurteilte Delikte, also Niederschlagung, in den oben erwähnten Fällen.

[5] Deutschland nach der Revolution ist hier mit Amnestien mehrfach zu weit gegangen. Abzulehnen ist auch eine grundsätzliche Begnadigung contra legem; so die Nicht-Vollstreckung von Todesurteilen; vgl. dazu Strafr. II, 538; unten § 99 (Todesstrafe).

Dritter Teil.

Die einzelnen Verbrechen (Strafrecht, Besonderer Teil).

Die Betrachtung des Besonderen Teils bietet einen eigenartigen Reiz: Das Strafrecht führt uns hier die Fülle menschlicher Lebensbeziehungen auf den allerverschiedensten Gebieten vor Augen. Kaum ein wesentliches menschliches Lebensinteresse, das hier nicht rechtliche Bewertung und Regelung fände.

Dogmatisch und kriminalpolitisch setzt sich im Besonderen Teil die Arbeit des Allgemeinen Teils im einzelnen fort. Dort die für alle Delikte maßgebenden Grundlagen. Hier der Schutz der einzelnen Rechtsgüter, ausgeprägt in bestimmten gesetzlichen Tatbeständen und deren Rechtsfolgen. Hinter den Tatbeständen dabei der Leitsatz: keine Strafe ohne Gesetz (oben S. 71). Um so mehr bedürfen die einzelnen Deliktsbegriffe scharfer dogmatischer Klarstellung, wobei im Zweifel auch hier über dem Wortlaut der Sinn des Gerechten und Zweckmäßigen zu suchen ist. Die Rechtsfolge der Strafe als der schwersten Unrechtsfolge führt uns dabei die hohe Verantwortung auf diesem Gebiet ständig vor Augen. Der Strafrichter arbeitet mit Menschenschicksalen, in breitem Umfang die höchsten Lebensinteressen der Gesamtheit wie des Einzelnen schützend, zugleich dauernd in höchste Interessen des Bestraften, insbes. in Freiheit und Ehre, eingreifend. Sicherung der Rechtsordnung unter gerechter Wertung der Lage des Einzelfalles ist seine Aufgabe.

Systematisch gliedert sich der Aufbau des Besonderen Teils zwanglos in drei große Abschnitte: Schutz des Einzelnen, des Staates und der Gesamtheit. Dabei handelt es sich um eine Einteilung nach dem überwiegenden Gesichtspunkt (a potiori). Denn letzten Endes berührt jede rechtliche Regelung alle drei Gebiete. In Grenzfällen ist es daher Zweckmäßigkeitsfrage, einen Deliktstatbestand so einzuordnen, daß sein Sinn und Zusammenhang möglichst klar hervortritt.

In der Reihenfolge stelle ich die Verbrechen gegen den Einzelnen voran, weil es sich hier um den unmittelbaren Schutz des Menschen handelt, deshalb diese Tatbestände zur Einführung am geeignetsten und vielfach auch in langer Entwicklung am besten durchgearbeitet sind.

Erstes Buch.

Die Verbrechen gegen den Einzelnen.

Kapitel I.

Verbrechen gegen Leib und Leben.

§ 58. Tötung, Abtreibung, Aussetzung.

I. In der Behandlung der **Tötung** spiegelt sich mit besonderer Deutlichkeit die Kulturentwicklung des Strafrechts. Im Zeitalter des Privatstrafrechts ist typische Rechtsfolge der Tötung die Blutrache, falls nicht im Einzelfalle die verletzte Sippe sich mit Sühnezahlung begnügt. Mit dem Erstarken der Staatsgewalt wird die Tötung zum schwersten, mit öffentlicher Strafe bedrohten Verbrechen[1].

Im mittelalterlich-deutschen Recht ist schwerster Fall, Mord, die heimliche Tötung im Gegensatz zur offenen (Totschlag)[2]. Seit Mitte des 14. Jahrhunderts erscheint als Mord im Gegensatz zum Totschlag mehrfach die Tötung mit Vorbedacht, mit Überlegung[3]. Diese Einteilung findet reichsrechtliche Anerkennung in der Carolina[4] (1532) und beherrscht auch unser geltendes Recht.

II. Keine strafbare Handlung ist seit der Aufklärungszeit der **Selbstmord**[5]; deshalb[6] ist auch Teilnahme daran (Anstiftung und Beihilfe) straflos[7]. Über sog. amerikanisches Duell vgl. unten S. 201 Anm.

[1] Vgl. dazu allgemeingeschichtlich oben S. 9/10. Im römischen Recht schon von altersher (wohl seit Numa) die Todesstrafe; vgl. oben S. 13, näher Strafr. I, 60/61. Dagegen germanisch die privatrechtliche Auffassung (oben S. 21); dann im späteren Mittelalter regelmäßig die Todesstrafe (oben S. 25; näher Strafr. I, 132ff.).

[2] Vgl. näher Strafr. I, 115² (fränkisch); 152 (Sachsenspiegel; bei Mord die Strafe des Rades, bei Totschlag Enthaupten).

[3] Vgl. näher Strafr. I, 142/43, 189. Dazu jetzt ferner His, Geschichte d. Strafrechts, 1928, S. 125.

[4] Art. 137 (dazu oben S. 31, Anm. 4). Betr. Auslegung und Anschluß an Deutsches Recht (worüber Streit) vgl. eingehend Strafr. I, 188/89, 205; in gleichem Sinne jetzt His, oben Anm. 3.

[5] Die Carolina (Art. 134) straft nicht, sondern gestattet nur eine etwa verwirkte Vermögenseinziehung; vgl. Strafr. I, 187. Im gemeinen Recht Strafbarkeit. Verscharren des Leichnams durch den Nachrichter, Bestrafung des Versuchs extra ordinem, vgl. Strafr. I, 234. So noch in Preußen Friedrich Wilhelm I. 1731, vgl. Strafr. I, 256; Abschaffung der Bestrafung erfolgte durch Friedrich den Großen 1747/51, Strafr. I, 273 (siehe aber noch Preuß. Landrecht II, 20, §§ 804/05).

[6] Vgl. Strafr. II, 142³, 248/49. Nicht etwa wegen angeblicher Unterbrechung des Kausalzusammenhangs; dieser ist vorhanden, vgl. oben S. 95.

[7] Herrschende Ansicht; dagegen insbes. Binding, Kohler.

Strafbare mittelbare Täterschaft liegt bei Zwang sowie bei Bestimmung eines über die Todesfolge Getäuschten oder Unzurechnungsfähigen vor; vgl.

III. Gegenstand der Tötung ist der lebende Mensch[1]. Als solchen schützt das Strafrecht bereits das Kind „in der Geburt“[2], d. h. nach herrschender Ansicht vom Beginn der zur Ausstoßung führenden Wehen ab[3].

IV. Zur vollendeten Tötung gehört objektiv Kausalzusammenhang[4], subjektiv Schuld, also Vorsatz (StrGB. §§ 211—217) oder Fahrlässigkeit (StrGB. § 222). Über Ausschluß der Rechtswidrigkeit (Notwehr usw.) vgl. oben §§ 33 ff.

V. Schwerster, mit Todesstrafe[5] bedrohter Fall vorsätzlicher Tötung ist der **Mord**, d. h. die mit Überlegung ausgeführte Tötung (StrGB. § 211). Über diesen Begriff vgl. oben S. 137[6]. Bei Mittäterschaft[7] kann der eine wegen Mordes, der andere nur wegen Totschlags verantwortlich sein; bei mittelbarer Täterschaft ist die Überlegung des mittelbaren Täters entscheidend. Streit besteht über die Behandlung von Anstiftung und Beihilfe[8]. Über das Strafmaß bei Versuch und Beihilfe vgl. StrGB. §§ 44 Abs. 2, 49 Abs. 2.

oben S. 166. Dies würde ich auch dann annehmen, wenn der Verletzte vorsätzlich durch falsche Vorspiegelungen (z. B. des Willens, gemeinsam zu sterben oder schwerer Krankheit oder eines Unglücksfalls) in den Tod getrieben ist. Denn auch dann hat ihm die Möglichkeit eines überlegten Willensentschlusses gefehlt; vgl. dazu die Analogie der Einwilligung, oben S. 122, Anm. 14.

[1] Gleichgültig ist Lebensfähigkeit; daher ist auch die Tötung der Mißgeburt strafbar, nicht aber die Vernichtung der sog. Mole (krankhaft entartetes Ei).

[2] Vgl. StrGB. § 217 (während das BGB. § 1 die Folge der zivilrechtlichen Rechtsfähigkeit erst „mit der Vollendung der Geburt“ eintreten läßt).

[3] So insbes. das RG. E. 9, 131; 26, 178; 62, 202; ebenso die Kommentare; v. Liszt-Schmidt usw. — v. Liszt forderte Eintritt der Lungenatmung; stellenweise wurde Austritt eines Körperteils verlangt.

[4] Vgl. oben § 29; betr. Unterlassung oben § 30.

[5] Diese obligatorische Androhung der Todesstrafe für jeden Mord geht zu weit; vgl. näher unten § 99 (Todesstrafe). Bei mildernden Umständen (aber nicht kritiklos) ist durch Begnadigung abzuhelfen.

[6] Die Ausführungshandlung muß sich also als Durchführung eines überlegten Willensentschlusses darstellen. Gegenbeispiel: Überlegter Mordplan, aus irgendwelchen Gründen nicht verwirklicht; dann Tötung in augenblicklicher Erregung. Vgl. auch RG. E. 42, 261/62.

[7] Ebenso bei vorsätzlicher Nebentäterschaft, oben S. 168.

[8] Betrachtet man die Überlegung lediglich als besonders gearteten Vorsatz, so kommt es für jeden einzelnen Mitwirkenden allein auf dessen eigene Überlegung an (ebenso bei Anwendung des § 50 StrGB.; so z. B. v. Liszt, S. 292).

Erblickt man dagegen im Morde ein formell selbständiges Delikt (was zutreffen dürfte), so verlangt er einen mit Überlegung ausführenden Täter. Zur Teilnahme am Morde (Anstiftung, Beihilfe) gehört dann die vorsätzliche Verursachung dieses subjektiven und objektiven Tatbestandes, also der auf Ausführung einer überlegten Tötung durch den Täter gerichtete Willensentschluß des Teilnehmers; andernfalls haftet der Teilnehmer nur wegen Totschlags. So im Ergebnis RG. E. 56, 26; v. Liszt-Schmidt, Ebermayer, § 211, Nr. 8. Dagegen will Frank, § 211 II den Teilnehmer nur bei eigener Überlegung wegen Mordes strafen. Über abweichende Ansichten vgl. die Kommentare.

VI. **Totschlag** (StrGB. § 212) ist die vorsätzliche, nicht überlegte Tötung. Die Strafe ist Zuchthaus bis zu 5 Jahren, bei mildernden Umständen Gefängnis nicht unter 6 Monaten[1].

Erschwerte (qualifizierte) Fälle[2] des Totschlags sind:

1. Totschlag „bei Unternehmung einer strafbaren Handlung" zwecks Beseitigung eines Hindernisses oder zwecks Verhütung der Ergreifung auf frischer Tat (StrGB. § 214)[3].

2. „Der Totschlag an einem Verwandten aufsteigender Linie" (Aszendententotschlag) (StrGB. § 215)[4].

VII. **Milder** bestrafte (privilegierte) Fälle vorsätzlicher Tötung, mag diese mit Überlegung erfolgt sein oder nicht, sind folgende:

1. Die Tötung auf „ausdrückliches und ernsthaftes Verlangen des Getöteten" (StrGB. § 216)[5].

Die mildere Behandlung dieses Falles stammt aus der Aufklärungszeit[6]. Kriminalpolitisch nimmt er eine Mittelstellung zwischen der gewöhnlichen Tötung und dem straflosen Selbstmord ein[7]. Dieser Sachlage entspricht es, wenn die herrschende Auffassung den § 216 StrGB. als selbständiges Delikt betrachtet[8]. Daraus folgt dann: Mildernde

[1] StrGB. § 213. Die besondere Erwähnung des Totschlags auf Provokation in § 213 (schwere Reizung zu alsbaldiger Tat, vgl. näher das Gesetz) ist praktisch entbehrlich, da jeder Verständige dann „mildernde Umstände" annehmen wird. Die Fassung erklärt sich geschichtlich: Die Regierungsvorlage (§ 208) enthielt nur diesen Fall, erst in der Reichstagskommission wurden allgemein mildernde Umstände zugelassen (Aktenstück 1870, Nr. 85, S. 362). Dadurch sind zugleich die Strafdrohungen der §§ 216, 217 StrGB. im Vergleich zu § 213 zu streng geworden.

[2] Strafe: Zuchthaus nicht unter 10 Jahren oder lebenslanges Zuchthaus.

[3] „Unternehmung" umfaßt Versuch und Vollendung (vgl. oben S. 155, X), nicht auch Vorbereitungshandlungen (so auch Ebermayer; streitig, vgl. die Kommentare). RG. E. 42, 266 (277) ließ die Frage dahingestellt. Wer allgemein als „Unternehmen" auch Vorbereitungshandlungen ansieht, tut das naturgemäß in gleichem Umfang auch hier. Zu einer Ausdehnung des Begriffs an dieser Stelle sehe ich, auch angesichts der Höhe der Strafe des § 214, keinen ausreichenden Grund.

„Frische Tat" liegt auch noch während der Verfolgung und Festnahme vor; vgl. RG. E 60, 265 (und dort zit. frühere).

[4] Zum Vorsatz gehört die Kenntnis der Eigenschaft als Aszendent vgl. oben S. 131, Anm. 2. Die erhöhte Strafe trifft nur den Deszendenten (als Täter bzw. Teilnehmer), nicht dritte Beteiligte; StrGB. § 50, oben S. 169.

[5] Strafe: Gefängnis nicht unter drei Jahren. Vielfach wird hier — ungenau — von Tötung des Einwilligenden gesprochen. Der Begriff des Verlangens aber ist der engere. Er erfordert den ernsten Wunsch des Getöteten, durch den der Täter „zur Tötung bestimmt worden" ist (StrGB. § 216).

[6] Wie die Straflosigkeit des Selbstmords; vgl. oben Nr. II; dazu hier Preuß. Landr. II, 20, § 834.

[7] Beispiele heute insbes.: Gewollter gemeinsamer Tod von Liebespaaren, Verzweiflungstaten in Ehe und Familie, bei denen schließlich der Ausführende am Leben bleibt.

[8] So, eingehend insbes. RG., E. 28, 200 (Vereinigte Strafsenate).

Umstände nach § 213 sind nicht anwendbar[1], der Versuch ist straflos[2]; Teilnahme (Anstiftung und Beihilfe) ist ebenfalls nach § 216 strafbar.

Nimmt der Täter irrtümlich ernsthaftes Verlangen des Getöteten an, so bleibt § 216 anwendbar[3]. Nahm dagegen der Täter irrtümlich gewöhnliche Tötung an, während in Wahrheit ernsthaftes Verlangen vorlag, so ist er durch letzteres nicht „zur Tötung bestimmt"; deshalb entfällt hier der Tatbestand des § 216 StrGB.[4].

2. Die Kindestötung[5] (StrGB. § 217): Mildere Strafe ist hier angedroht für die „Mutter, welche ihr uneheliches Kind in oder gleich nach der Geburt vorsätzlich tötet"[6].

Grund der Strafmilderung ist die seelische, oft auch wirtschaftliche Notlage der unehelich Gebärenden in Verbindung mit dem Erregungszustand der Geburt. Demgemäß bedeutet „gleich nach der Geburt" die Tötung noch in diesem Erregungszustand[7]. Über „in der Geburt" vgl. oben Nr. III. „Unehelich" ist das nicht vom Ehemann erzeugte

---

[1] Das ist deshalb unbefriedigend, weil das Mindestmaß der Strafe in § 216 verfehlterweise höher ist, als in § 213; zur Erklärung vgl. oben S. 190, Anm. 1. Insbes. Frank bestreitet daher die Selbständigkeit des § 216 und wendet § 213 an.

[2] Weil § 216 danach Vergehen ist (StrGB. § 43[2]). Das RG. E. 28, 200 (oben S. 190, Anm. 8) nahm hier aber strafbare Körperverletzung an, weil jede Tötung begrifflich die Körperverletzung als notwendiges Mittel zum Zweck einschließe. Neuerdings dagegen vertritt RG. III, E. 61, 375 allgemein die Auffassung, daß der Tötungsvorsatz denjenigen der Körperverletzung ausschließe, da letzterer nur vorliege, wenn der Täter nicht töten wollte. — Kritik: Körperverletzung ist das notwendige Mittel jeder Tötung. Der Vorsatz der Körperverletzung als Mittel zum Zweck liegt daher notwendig bei jeder vorsätzlichen Tötung vor; der Tötungsvorsatz ist dabei der speziellere (durch Körperverletzung zu töten); vgl. auch oben S. 136. Bei unserem Deliktstatbestand aber widerspricht Bestrafung des nicht strafbaren Versuchs auf dem Umweg über die Körperverletzung m. E. dem Sinn und Zweck des Gesetzes. Für Straflosigkeit auch überwiegend die Literatur; vgl. Olshausen § 216 Nr. 5, und dort Zitierte.

[3] Denn der Vorsatz richtet sich hier nur auf das geringere Delikt. Zwischen beiden aber wollte das Gesetz selbstverständlich keine straffreie Lücke schaffen. So auch im Ergebnis die Literatur; ebenso, eigenartig v. Liszt-Schmidt, § 42 VII.

[4] So mit Recht v. Liszt-Schmidt a. a. O.

[5] Im Sprachgebrauch ungenau oft als Kindsmord bezeichnet, aber sowohl Mord wie Totschlag umfassend.

Dem römischen Recht ist das Delikt unbekannt (Tötungsrecht des pater familias), im deutschen Mittelalter erscheint es als erschwerter Tötungsfall; vgl. auch die Carolina, Art. 131 (näher Strafr. I, 186, gemeines Strafrecht S. 234). Milderung fordert die Aufklärungszeit; 1740 ersetzt Friedrich der Große die Strafe des Säckens durch die Schwertstrafe (Strafr. I, 273). Das 19. Jahrhundert bringt den heutigen Standpunkt.

[6] Zuchthaus nicht unter 3 Jahren, bei mildernden Umständen Gefängnis nicht unter 2 Jahren. (Die mildernden Umstände des § 213 können schon nach dieser Fassung nicht in Betracht kommen; auch ist § 217 selbständiges Delikt. So auch RG. E. 59, 9, wie die herrschende Ansicht.)

[7] Durchaus herrschende Ansicht.

Kind[1]. Die Strafmilderung kommt nur der Mutter[2] zustatten, dritte Täter oder Teilnehmer sind nach §§ 211/12 strafbar[3].

Bei irrtümlicher Annahme der Unehelichkeit bleibt § 217 anwendbar[4]. Ebenso bei irrtümlicher Annahme der Ehelichkeit[5].

VIII. Die **fahrlässige Tötung** (StrGB. § 222)[6]. In ganz besonders deutlicher Weise kennzeichnet das Gesetz hier die beiden entscheidenden Merkmale des Begriffs durch die Fassung: „Wer durch Fahrlässigkeit den Tod eines Menschen verursacht"; (dazu oben Nr. IV). Die Strafe ist Gefängnis bis zu 3 Jahren. Über Nebentäterschaft (fahrlässiges Zusammenwirken Mehrerer) oben S. 168[7].

Erschwerter Fall[8] ist es (§ 222 Abs. 2), „wenn der Täter zu der Aufmerksamkeit, welche er aus den Augen setzte, vermöge seines Amtes, Berufes oder Gewerbes besonders verpflichtet war"[9].

IX. Tötungsdelikt[10] ist auch die **Abtreibung**[11] (StrGB. § 218).

---

[1] Bei nichtigen Ehen gilt BGB. § 1699 (Annahme der Ehelichkeit); im übrigen vgl. näher die Kommentare. Gleichgültig sind zivilrechtliche bloße Beweisvermutungen (BGB. § 1591).

[2] Selbstverständlich auch als Teilnehmerin; vgl. RG. E. 2, 155.

[3] Vgl. StrGB. § 50, oben S. 169; auch RG. R. 3, 96. Über Tötung durch Unterlassung oben S. 101/02; dazu RG. E. 62, 200.

[4] Vgl. oben S. 191 bei Anm. 3; anders hier v. Liszt-Schmidt a. a. O.

[5] Denn das Gesetz fordert hier (im Gegensatz zu § 216, oben S. 191 bei Anm. 4) nicht, daß die Täterin durch die Annahme der Unehelichkeit zur Tat bestimmt wurde. Es liegt also der objektive Tatbestand des § 217 vor, während der Vorsatz darüber hinaus auf das schwerere Delikt ging. Bestrafung hat danach für das minus einzutreten. So auch im Ergebnis die durchaus herrschende Ansicht.

Logisch möglich ist, weitergehend, die Annahme untauglichen Versuchs des schwereren Delikts (so Ebermayer, Leipz. Komm. Nr. 5). Dabei wird aber nicht berücksichtigt, daß § 217, wenn er anwendbar ist (was auch Ebermayer annimmt), die gewöhnliche Tötung ausschließt.

[6] Über die geschichtliche Entwicklung des Begriffs der Fahrlässigkeit und seine Einführung gerade bei der Tötung durch die Carolina (Art. 146) vgl. oben S. 31, Anm. 7, 32.

[7] Straflos ist dagegen fahrlässige Teilnahme an vorsätzlicher Tat; für Strafbarkeit leider neuerdings das RG., vgl. näher oben S. 164, Anm. 5.

[8] Strafe: Gefängnis bis 5 Jahre.

[9] Das RG. rechnet hierher nicht nur die Haupttätigkeit, sondern auch die damit zusammenhängenden Hilfs- und Nebenverrichtungen; Beispiel neuerdings E. 64, 430 (Autofahren des Arztes), ferner E. 65, 95, 125. Es verlangt ferner nicht, daß die Handlung selbst Berufshandlung oder bei Ausübung des Berufs vorgenommen war; vielmehr genüge „eine Tätigkeit, für die der Täter durch seinen Beruf eine bessere Einsicht und Sachkunde als andere erlangt hat". Vgl. E. 54, 234 (unvorsichtiger Schuß eines Forsthüters). Dazu eingehend betr. RG. Oberstaatsanwalt Weber, Leipz. Z. 24, 765ff. 1930.

[10] Heute ist dies zweifellos auf Grund der Neufassung des § 218 durch Gesetz v. 18. 5. 1926 (wodurch zugleich die früheren §§ 219/20 in Wegfall kamen). Diese Fassung schließt an Entw. 1913 § 283 an; vgl. dann Entw. 1919 § 286, 1925 § 228.

[11] Geschichte: Im römischen Recht als unsittlich betrachtet, erst seit Severus (um 200 n. Chr.) strafbar; vgl. Mommsen, S. 636. Dem deutschen

Aber ihr Objekt ist nicht der lebende Mensch, sondern die lebende Leibesfrucht; über die Abgrenzung beider Fälle vgl. oben Nr. III.

Das Delikt besteht in der vorsätzlichen[1] Tötung der Frucht „im Mutterleibe oder durch Abtreibung" (d. h. künstliche Frühgeburt). Strafbar[2] ist die Mutter (Abs. 1) wie der Dritte (Abs. 2), beide selbstverständlich auch bei Teilnahme. Den Fall, daß die Mutter „die Tötung durch einen anderen zuläßt", stellt das Gesetz ausdrücklich der Täterschaft gleich. Der Versuch ist strafbar[3].

Erschwerte Strafe[4] trifft den Dritten, der die Tat ohne Einwilligung der Schwangeren oder gewerbsmäßig[5] begeht oder der Schwangeren gewerbsmäßig ein Mittel oder Werkzeug dafür verschafft.

Rechtmäßig ist ärztlicher Eingriff zur Rettung der Mutter aus schwerer Leibes- oder Lebensgefahr[6]; nicht aber Eingriff aus sog. sozialer Indikation[7].

X. **Aussetzung** (StrGB. § 221)[8]. Die Aussetzung reiht sich als Lebensgefährdung an die Tötung an[9]. Objekt ist „eine wegen jugendlichen Alters, Gebrechlichkeit oder Krankheit[10] hilflose Person", d. h. eine solche, die sich nicht selbst zu schützen vermag[11]. Die Handlung

Recht erschien die Tötung durch Abtreibungsmittel als eine Art der Zauberei; vgl. His, Geschichte, 1828, S. 109. An italienisch-kanonisches Recht schließt die Carolina (Art. 133) an; vgl. näher Strafr. I, 186. Noch 1779 scheiterte die Abschaffung der Todesstrafe in Baden an der lex divina (oben S. 34, Anm. 4; Strafr. I, 232); noch das Preußische Landrecht, 1794, II, 20, § 719 droht die Strafe des Mordes an (milder bei Mißgeburt).

1 Fahrlässigkeit ist nur als Körperverletzung der Mutter strafbar.

2 Mit Gefängnis; vgl. § 218 Abs. 1/2 (früher Zuchthaus, bei mildernden Umständen Gefängnis nicht unter 6 Monaten).

3 Gerade bei der Abtreibung ist untauglicher Versuch häufiger; vgl. dazu oben § 46; näher Strafr. II 419ff.

4 Zuchthaus; bei mildernden Umständen Gefängnis nicht unter 3 Monaten.

5 Über diesen Begriff oben S. 179.

6 So insbes. auch das RG.; vgl. näher oben S. 118, bei Anm. 2; 119 Anm. Erforderlich ist dabei Einwilligung der Mutter bzw. Geschäftsführung ohne Auftrag, vgl. oben S. 123, Anm. 6.

7 Vgl. RG. E. 61, 243 (248); Frank § 218 Nr. V; Ebermayer Nr. 4; Olshausen Nr. 7.

8 Geschichte: Die Aussetzung als selbständiger Deliktstatbestand ist anscheinend dem römischen, kanonischen und früheren deutschen Recht nicht bekannt. Vgl. Mommsen, 619; Hinschius, V, 183; His, Geschichte, 123. Die Carolina (Art. 132) behandelt die Kindesaussetzung (durch die Mutter); vgl. näher Strafr. I, 186. So auch noch das Preuß. Landrecht 20 II, §§ 969ff. Ausdehnung auf „Kranke oder Gebrechliche" in Bayern StrGB. 1813, §§ 174ff.; vgl. dann Preußen 1851, § 183.

9 Strafe: Gefängnis nicht unter 3, für leibliche Eltern (§ 221 Abs. 2) nicht unter 6 Monaten.

10 Auch vorübergehende schwere Störungen, wie schwerer Rausch (RG. E. 5, 393), Narkose, Hypnose, Geburtsakt (E. 54, 273).

11 Der Begriff entspricht dem folgenden der hilflosen Lage.

besteht im vorsätzlichen Verursachen einer „hilflosen Lage“[1], d. h. eines Zustandes, in dem die Person „falls nicht ein rettender Zufall eintritt, an Leben und Gesundheit gefährdet ist“[2].

Erhöhte Strafe[3] tritt ein bei Verursachung schwerer Körperverletzung (StrGB. § 224) durch die Aussetzung; weitere Straferhöhung bei Verursachung des Todes[4]. Es sind dies durch den Erfolg qualifizierte Deliktsfälle[5].

Gegenüber schuldhafter Tötung steht die Aussetzung evtl. in Idealkonkurrenz[6].

XI. Ein der Aussetzung verwandter Sonderfall ist die **Autoflucht** des Kraftfahrzeugsgesetzes vom 3. Mai 1909 § 22 Abs. 2[7]. Liegt begrifflich zugleich Aussetzung vor, so besteht Idealkonkurrenz[8].

§ 59. Körperverletzung, Raufhandel, Vergiftung.

I. **Körperverletzung**: Im römischen Recht fällt die Körperverletzung unter den Sammelbegriff der iniuria[9]. Das deutsche Recht zeigt von altersher reiche, selbständige Entwicklung[10]. Die Carolina

[1] Entweder „Aussetzen“, d. h. räumliches Verbringen in hilflose Lage (vgl. auch RG. E. 31, 167; 54, 274) oder räumliches Verlassen in einer Lage, die dadurch hilflos wird.

Das Verlassen ist nur strafbar, wenn die gefährdete Person „unter seiner“ (des Täters) „Obhut steht oder wenn er für die Unterbringung, Fortschaffung oder Aufnahme derselben zu sorgen hat“. Für diese Rechtspflicht zum Handeln sind die Grundsätze über Unterlassungsdelikte maßgebend; vgl. oben S. 101/02 (so auch v. Liszt; v. Liszt-Schmidt); im einzelnen vgl. die Kommentare.

[2] Vgl. E. 31, 167. Es ist also Lebensgefahr erforderlich. (Herrschende Ansicht, entsprechend auch der systematischen Stellung des § 221 bei der Tötung; vgl. Frank, Ebermayer.) Die Erwähnung der Gesundheitsgefahr in obigem Urteil ist daher überflüssig; regelmäßig fällt übrigens beides zusammen.

[3] Zuchthaus bis 10 Jahre (§ 221, Abs. 3).

[4] Zuchthaus nicht unter 3 Jahre (§ 221 Abs. 3).

[5] Also insoweit adäquate Verursachung, aber nicht Schuld erforderlich; vgl. oben S. 148.

[6] Vgl. näher oben S. 136. So hier auch bereits die Motive (Reichstagsvorlage 1870, S. 71). Praktisch wichtig ist diese Frage insbes. angesichts der Höhe der Strafdrohung in § 221 Abs. 3.

[7] „Verläßt der Führer des Kraftfahrzeugs eine bei dem Unfalle verletzte Person vorsätzlich in hilfloser Lage“; Gefängnis bis 6 Monate, bei mildernden Umständen Geldstrafe bis 300 M.

[8] So auch Stenglein, Nebengesetze I, 1928. S. 567; Frank § 221 III, 2. Anzuwenden ist also § 221 StrGB., nicht § 22². Das ist auch kriminalpolitisch allein haltbar; anderenfalls schüfe § 22² ein Privileg der Aussetzung durch Kraftfahrer.

[9] Als delictum privatum; in der Kaiserzeit Bestrafung schwerer Fälle extra ordinem; oben S. 13, Anm. 3; 14, Anm. 8; näher Strafr. I, 195 (dort die Zitate Anm. 4).

[10] So bereits — mit mannigfachen Verletzungen und deren Bußsätzen — die Volksrechte; vgl. Strafr. I, 115¹. Später in schwereren Fällen öffentliche Strafe; näher Strafr. I, 132, 135, 136³. Im Sachsenspiegel für Wunden oder Lähmen

schweigt[1]; das gemeine Recht straft unter dem Gesichtspunkt der Realinjurie[2]. Das 19. Jahrhundert bringt den heutigen Rechtszustand.

II. **Begriff:** Körperverletzung ist jeder wesentliche Eingriff in die körperliche Unversehrtheit (Körperintegrität)[3]. Er erscheint (vgl. StrGB. § 223) entweder als körperliche Mißhandlung[4], d. h. als äußerer Eingriff, oder als Gesundheitsbeschädigung, d. h. als Störung innerer körperlicher Funktionen. Oft treffen beide Fälle zusammen[5]. Häufig, aber nicht notwendig[6], kennzeichnet sich die Erheblichkeit in Schmerzerregung.

III. Über Kausalität, Unterlassung, Schuld, Rechtswidrigkeit, Strafbarkeit des Versuchs, gelten die allgemeinen Grundsätze; streitig ist gerade bei der Körperverletzung die Bedeutung der **Einwilligung** des Verletzten[7].

IV. **Arten** der Körperverletzung sind: 1. Die leichte (d. h. nicht qualifizierte) vorsätzliche Körperverletzung (StrGB. § 223)[8].

Handverlust, in leichteren Fällen Buße und Wette; vgl. Strafr. I, 152. Siehe auch His, Geschichte, 1928, 125ff.

[1] Vgl. näher Strafr. I, 195; dazu oben S. 30, Anm. 5.

[2] Vgl. Strafr. I, 234. So noch bei „bloßen Schlägen oder geringen Verletzungen" das Preuß. Landrecht II, 20, § 796; bei „schweren Beschädigungen" Festungs- oder Zuchthausstrafe (§ 797ff.).

[3] Ob ein Eingriff wesentlich (nicht unerheblich) ist, bestimmt sich nach verständiger Lebensauffassung. Vgl. auch unten S. 227, Anm. 3.

[4] Z. B. Schläge, Stöße usw.

[5] Über die Bestimmung der Begriffe „Mißhandlung" und „Gesundheitsbeschädigung" bestehen zahlreiche Meinungsverschiedenheiten. Dazu ist kritisch zu bemerken: Beide Begriffe zusammen müssen das Gesamtgebiet wesentlicher Eingriffe in die Körperintegrität decken und dürfen nicht etwa straffreie Lücken zwischen sich lassen; letzterenfalls ist die betr. Begriffsbestimmung selbst lückenhaft und unbrauchbar. Decken andererseits beide Begriffe gemeinsam das Gesamtgebiet, so ist es gleichgültig, ob man sie enger oder weiter faßt.

Die obige Bestimmung des Textes entspricht m. E. der natürlichen Lebensauffassung. So wesentlich auch v. Liszt. (Abzulehnen aber ist es, wenn v. Liszt auch die bloße Erregung unangenehmer seelischer Gefühle — so z. B. von Furcht, Schrecken, Störung durch Katzenmusik — als Körperverletzung betrachtet.) Zutreffend RG. E. 32, 114; Ebermayer, Leipz. Komm. (§ 223 Nr. 4 am Schluß.)

Über Zulässigkeit alternativer Feststellung oben S. 73; dafür hier auch Olshausen § 223, Nr. 7, Ebermayer, Nr. 6.

[6] Beispiele: Zopfabschneiden; Verletzung Bewußtloser.

[7] Dazu oben S. 122, bei Anm. 12; über ärztlichen Eingriff oben S. 124; über Züchtigungsrecht S. 125.

Über das Verhältnis zur Tötung vgl. oben S. 191, Anm. 2. — Ist die Tat zugleich vorsätzlicher Angriff auf die Ehre, so liegt Idealkonkurrenz mit Beleidigung vor; vgl. unten S. 213, Anm. 6 (zu § 185).

[8] Strafe: Gefängnis bis 3 Jahre oder Geldstrafe (§ 223 Abs. 1). Bei Begehung gegen Verwandte aufsteigender Linie (§ 223 Abs. 2; dazu oben S. 190, Anm. 4) Gefängnis nicht unter 1 Monat; bei mildernden Umständen (§ 228) die Strafe des Abs. 1.

2. Die gefährliche vorsätzliche Körperverletzung (StrGB. § 223a Abs. 1)[1], gekennzeichnet durch die Art der Ausführung: a) „mittels einer Waffe, insbes. eines Messers oder eines anderen gefährlichen Werkzeuges"[2]; b) „mittels eines hinterlistigen Überfalls[3]"; c) „von mehreren gemeinschaftlich"[4]; d) „mittels einer das Leben gefährdenden Behandlung"[5].

3. Neugeschaffener Sonderfall (§ 223a Abs. 2)[6] ist die vorsätzliche Körperverletzung jugendlicher (unter 18 Jahre) oder „wehrloser" Personen[7], für die der Täter zu sorgen hat[8], „mittels grausamer oder boshafter Behandlung"[9].

4. Vorsätzliche schwere Körperverletzung (StrGB. § 224)[10]. Sie liegt vor, wenn durch die Tat bestimmte, im Gesetz aufgezählte schwere Folgen verursacht wurden[11], und zwar: Wenn der Verletzte „ein wichtiges Glied des Körpers[12], das Sehvermögen[13] auf einem

---

[1] Eingefügt durch die Novelle v. 26. 2. 1876. Strafe: Gefängnis nicht unter 2 Monate; bei mildernden Umständen (§ 228) wie § 223 Abs. 1, vgl. oben.

[2] Der Begriff der „Waffe" umfaßt hier jedes „gefährliche Werkzeug", d. h. jeden durch menschliche Kraft in Bewegung gesetzten Gegenstand, der bei der gewählten Art des Gebrauchs geeignet ist, erhebliche Verletzungen zuzufügen (gleichgültig, ob solche eintraten). Also z. B. ein Stuhlbein; Stechen (nicht Schlagen) mit einer Stricknadel; Fußtritte mit dem Stiefel usw.; nicht dagegen Hetzen eines Hundes (RG. E. 8, 315). Die herrschende Ansicht fordert ferner Einwirkung auf mechanischem, nicht chemischem Wege; m. E. eine unbefriedigende Künstelei. So verneinte RG. R 4, 298 § 223a bei Begießen mit Vitriol, während RG. Goldt. Arch. 62, 321 § 223a bejahte bei Begießen mit siedendem Kaffee.

[3] D. h. eines planmäßigen, unerwarteten und verdeckten Angriffs (der dadurch die Verteidigung erschwert); z. B. auflauern, anschleichen usw. Vgl. RG. E. 65, 65.

[4] D. h. in vorsätzlicher Mittäterschaft (herrschende Ansicht).

[5] Vgl. dazu oben S. 158, Anm. 1.

[6] Eingefügt durch die Novelle v. 19. Juni 1912. Strafe wie im Abs. 1; vgl. oben Anm. 1.

[7] „Wehrlos" ist (entsprechend „hilflos" oben S. 194), wer sich nicht selbst gegen die Mißhandlung zu schützen vermag.

[8] Vgl. näher das Gesetz: Person, „die der Fürsorge oder Obhut des Täters untersteht oder seinem Hausstand angehört oder die der Fürsorgepflichtige der Gewalt des Täters überlassen hat"; im einzelnen die Kommentare.

[9] „Grausam" ist ein objekt roher, subjektiv gefühlloser Eingriff (vgl. auch RG. E. 52, 160; langzeitige Einsperrung eines Geisteskranken in einem dunkeln, stinkenden, unheizbaren Raum).

Über „boshaft" vgl. oben S. 137, Nr. 5; dazu E. 58, 336.

[10] Strafe: Zuchthaus bis 5 Jahre oder Gefängnis nicht unter 1 Jahr, bei mildernden Umständen (§ 228) nicht unter 1 Monat.

[11] Also durch den Erfolg qualifiziertes Delikt (erforderlich daher insoweit adäquate Verursachung, nicht Schuld); vgl. oben S. 148.

[12] Die Wichtigkeit des Gliedes bestimmt sich nach seiner allgemeinen Bedeutung für den Gesamtorganismus, nicht nach den besonderen Verhältnissen des Verletzten (z. B. Klavierspieler usw.). Vgl. auch RG. E. 62, 161 (hier verneint für den vierten Finger der rechten Hand, bejaht für den Daumen).

[13] D. h. die Fähigkeit, Gegenstände zu erkennen (nicht Lichtschein); vgl. auch E. 63, 423.

oder beiden Augen, das Gehör[1], die Sprache oder die Zeugungsfähigkeit verliert, oder in erheblicher Weise dauernd entstellt wird, oder in Siechtum, Lähmung oder Geisteskrankheit verfällt"[2].

Über § 224 hinaus liegt qualifizierte schwere Körperverletzung (StrGB. § 225)[3] vor, wenn „eine der vorbezeichneten Folgen beabsichtigt[4] und eingetreten" ist.

5. Vorsätzliche Körperverletzung mit tödlichem Erfolg (StrGB. § 226). Der Tatbestand entspricht § 224[5].

6. Fahrlässige Körperverletzung (StrGB. § 230). Es gelten hier entsprechend die Grundsätze der fahrlässigen Tötung[6].

7. Über Körperverletzung im Amte (StrGB. § 340) vgl. unten § 82, VII.

8. Neuerdings droht die Verordnung des Reichspräsidenten vom 9. August 1932 (gegen politischen Terror, RGBl. I, 404) mehrfach verschärfte Strafen für Körperverletzung an; vgl. dazu bereits Verordg. v. 14. Juni 1932 (RGBl. I, 297ff., IV, § 12).

V. **Strafantrag, Erwiderung, Buße.** 1. Antragsdelikte, also nur auf Antrag des Verletzten verfolgbar[7], sind nach § 232 die leichte vorsätzliche (§ 223) und die fahrlässige Körperverletzung (§ 230); beide mit Ausnahme der Fälle von Berufsfahrlässigkeit[8]. Letzterenfalls und ebenso in den Fällen der §§ 223a bis 226 tritt Verfolgung von Amts wegen ein[9].

---

[1] Auf beiden Ohren.

[2] Erforderlich ist hier schwere, voraussichtlich langdauernde Schädigung des Gesamtorganismus.

[3] Strafe: Zuchthaus von 2—10 Jahren (keine mildernden Umstände, vgl. § 228).

[4] D. h. bezweckt, also Absicht im technischen Sinne, vgl. oben S. 136, Nr. 2c. So auch v. Liszt, Frank. Dagegen wird mehrfach jeder dolus directus für ausreichend erklärt; so im Ergebnis E. 24, 369, Ebermayer, Olshausen. Für die engere Auslegung spricht unter anderem die Höhe der Strafe. Bei Nicht-Eintritt des Erfolges Strafbarkeit wegen Versuchs; E. 9, 67; oben S. 155 Nr. 3.

[5] Vgl. oben S. 196, Anm. 11; Strafe: Zuchthaus oder Gefängnis, beides nicht unter 3 Jahren; bei mildernden Umständen Gefängnis nicht unter 3 Monaten.

[6] Der Tatbestand des § 230 ist wörtlich wie § 222 aufgebaut: „wer durch Fahrlässigkeit ... verursacht"; vgl. dazu oben S. 192. Strafe: Geldstrafe oder Gefängnis bis zu 2 Jahren. Erschwerter Fall (Abs. 2) Berufsfahrlässigkeit, wie bei der Tötung, vgl. oben S. 192. Hier ist Straferhöhung bis 3 Jahre Gefängnis zulässig.

[7] Gegenüber Angehörigen (StrGB. § 52 Abs. 2) ist Zurücknahme zulässig; vgl. § 232 Abs. 2.

[8] Begriff vgl. oben S. 192, Anm. 9. — Über Antragsrecht des Ehemanns, des Amtsvorgesetzten und bei wechselseitigen Verletzungen vgl. § 232 Abs. 3 (wie bei der Beleidigung, unten S. 219, Anm. 3, 4).

[9] Dabei ist in den Fällen der §§ 223, 223a Abs. 1 (nicht Abs. 2), 230 (mit Ausnahme von Berufsfahrlässigkeit) Privatklage des Verletzten zulässig; die Staatsanwaltschaft greift insoweit nur bei öffentlichem Interesse im Einzelfall ein; vgl. StrPO. §§ 374 Nr. 3, 376. (Über sonstiges Absehen von Klage in leichten Fällen StrPO. § 153 Abs. 2.)

2. Erwiderung (Retorsion): Werden „leichte Körperverletzungen“[1] mit solchen bzw. mit Beleidigungen „auf der Stelle“[2] erwidert, so kann der Richter die Strafe für einen oder beide Teile nach Art und Maß mildern oder von Strafe absehen (StrGB. § 233). Ausgeschlossen ist dies, wenn der eine Teil objektiv rechtmäßig, also insbes. in Notwehr, handelte[3].

3. „In allen Fällen der Körperverletzung“ (vgl. StrGB. § 231) kann der Verletzte[4] neben der Strafe eine Buße[5] fordern. Die Buße ist Ersatz für den eingetretenen Schaden einschließlich Schmerzensgeldes für nicht-vermögensrechtliche Schädigung[6].

VI. **Raufhandel** (StrGB. § 227): Raufhandel ist ein tätlicher Streit („Schlägerei“ oder „Angriff“) Mehrerer[7] mit Verursachung einer schweren Körperverletzung (§ 224) oder des Todes. Oft ist in solchen Fällen der einzelne Täter nicht feststellbar, oft auch der schwere Erfolg durch mehrere Verletzungen verursacht[8]. Demgegenüber gibt unser Recht zwei Vorschriften:

1. Bestraft wird bereits[9], wer sich am Raufhandel (Schlägerei bzw. Angriff) „beteiligt“ hat[10] („falls er nicht ohne sein Verschulden

---

[1] D. h. hier die Fälle des § 223 und des § 230, falls dabei kein schwerer Erfolg (§ 224) eintrat. Herrschende Ansicht, vgl. auch RG. E. 39, 288.

[2] D. h. in der durch den Angriff unmittelbar erzeugten Gemütserregung.

[3] Denn dann liegen keine beiderseits strafbaren Handlungen vor; so auch RG., Leipz. Z. 17, 404; EBERMAYER, OLSHAUSEN. — Vgl. dazu auch betr. Beleidigung unten S. 219, VI.

[4] Als Privatkläger bzw. Nebenkläger im Strafprozeß, vgl. StrPO. § 403.

[5] 3—10000 Reichsmark (Verordg. v. 6. II. 1924); früher bis 6000 M.

[6] Beispiel RG. E. 15, 352 (Verlust der Zeugungsfähigkeit); vgl. jetzt auch BGB. § 847.

Demgemäß schließt die erkannte Buße einen weiteren Entschädigungsanspruch aus (StrGB. § 231²); mehrere Verurteilte haften als Gesamtschuldner (231³). — Vgl. betr. Buße näher unten § 105, V.

[7] D. h. mehr als 2 Personen; vgl. auch RG., GOLTD. Arch. 59, 332. — RG. E. 59, 264 nimmt „Angriff‘ bereits bei Verfolgung zwecks Körperverletzung an.

[8] Das mußte insbes. in früheren Zeiten unentwickelter Kausalitäts- und Schuldlehre zu kasuistischen Vorschriften führen. So, mit verschiedenen Ergebnissen, die Italiener (rixa) wie das ältere deutsche Recht; dann die Carolina (Art. 148); vgl. näher Strafr. I, 191. Siehe auch noch das Preuß. Landrecht II, 20 § 844. Dann wie heute Preußen, StrGB. 1851, § 195.

[9] Strafe: Gefängnis bis 3 Jahre.

[10] Grund dieser Bestrafung ist natürlich nicht die Vermutung, daß gerade dieser Beteiligte die entscheidenden Verletzungen beging (sog. Präsumtionstheorie, heute überwunden); denn solche Vermutung wäre ebenso praktisch unhaltbar wie kulturwidrig (bloße Verdachtstrafe). Grund ist vielmehr die Gefahr für Leib und Leben, die schon die Entstehung eines Raufhandels und damit die Beteiligung an diesem bedeutet (sog. Gefährdungstheorie. Herrschende Ansicht, auch RG. E. 33, 32; 59, 112. Verfehlt ist die öfters auftretende Bezeichnung als „Polizeidelikt“, vgl. oben S. 88). Analoge Fälle sind die §§ 115¹, 125¹; dazu v. HIPPEL, V. D., Bes. Teil, II, 1906, S. 25; unten §§ 79, III; 87, I.

Aus obigem Grunde bleibt Beteiligung am Raufhandel auch dann strafbar, hineingezogen worden ist")[1]. Beteiligung bedeutet persönliche Anwesenheit und körperliche oder geistige Mitwirkung dafür, daß Körperverletzungen erfolgen[2].

2. Ist der schwere Erfolg durch das Zusammentreffen mehrerer (vorsätzlicher)[3] Verletzungen verursacht, so trifft jeden, dem eine dieser Verletzungen zur Last fällt, Zuchthaus bis zu 5 Jahren (§ 227 Abs. 2)[4].

3. Gegenüber den allgemeinen Bestimmungen über Tötung und Körperverletzung steht § 227 in Idealkonkurrenz[5].

4. Als Ergänzung zu § 227 StrGB. erscheint § 367 Nr. 10 (unten S. 203, Anm. 6).

VII. **Vergiftung** (StrGB. § 229)[6]. 1. Der objektive Tatbestand verlangt das Beibringen[7] von „Gift[8] oder anderen Stoffen, welche die Gesundheit zu zerstören geeignet sind". Maßgebend ist dabei nicht die Eignung im allgemeinen, sondern im Einzelfalle[9]. Die „Gesundheit zu zerstören geeignet" sind Stoffe, die geeignet sind zum Tode zu

---

wenn eine vom Täter begangene Verletzung in Notwehr erfolgte. Vgl. E. 59, 266 Ebenso, wenn der Beteiligte selbst die schwere Verletzung erhielt; E. 32, 37.

[1] Über „Verschulden" vgl. E. 65, 163, 340.

[2] Vgl. E. 5, 170. Also z. B. anfeuern, raten. Gegenbeispiel: Eingreifen zur Verhütung des Streites, zur Fortschaffung Verletzter.

[3] Herrschende Ansicht, auch E. 59, 111; mit Recht verweist FRANK, Nr. V, darauf, daß erst § 230 die Fahrlässigkeit behandle.

[4] Bei mildernden Umständen Gefängnis nicht unter 1 Monat (§ 228).

Diese Vorschrift des § 227 Abs. 2 war noch 1870 bei dem damaligen Stande der Kausalitätslehre (vgl. oben S. 93) durchaus verständig. Heute ist sie überflüssig und rückständig, daher auch von den Entwürfen gestrichen. Denn wenn solche Betätigung nachweisbar ist, so ist allein logisch und gerecht die Bestrafung eines Jeden nach Maßgabe seiner Kausalität und Schuld gemäß den allgemeinen Grundsätzen über das Zusammenwirken Mehrerer (Teilnahme, mittelbare Täterschaft, Nebentäterschaft).

[5] Vgl. näher RG. E. 32, 33; 59, 108 (herrschende Ansicht).

[6] Geschichte: Die Vergiftung erscheint im römischen Recht zur Zeit SULLAS (lex Cornelia de sicariis et veneficis; Mordstrafe); vgl. näher MOMMSEN, 635ff. — Im deutschen Recht wird sie mit der Zauberei zusammengestellt (Todesstrafe, häufig Verbrennen; so auch Sachsenspiegel 2, 13, § 7) — In der Carolina (Art. 130) weltliche Auffassung (Tötung oder Beschädigung durch Gift; Todesstrafe, für Männer das Rad). Vgl. näher Strafr. I, 185/86; HIS, Geschichte, 1928, 109ff. In der Folgezeit wird die Vergiftung meist als Fall des Mordes aufgefaßt; so auch Preuß. Landr. §§ 856ff. Selbständige Stellung (wie heute) dann im Preuß. StrGB. 1851, § 197. In den Entwürfen ist das Delikt als entbehrlich gestrichen.

[7] D. h. Einführen in den Organismus, so daß der Stoff seiner Beschaffenheit gemäß wirken kann. Gegenbeispiel: Der Angegriffene spuckt das Gift aus; das ist Versuch.

[8] Darunter pflegt man Stoffe zu verstehen, die schon in kleinen Dosen und auf chemischem Wege obige Wirkung haben. Sachlich ist es gleichgültig, ob man den Begriff enger oder weiter faßt. Denn es genügen auch „andere" Stoffe; vgl. dazu oben S. 195, Anm. 5.

[9] So bereits die Motive (Reichstagsvorlage S. 73); heute anerkannt. Vgl. auch RG. E. 10. 178. Beispiel: Eingeben von Zucker an einen Zuckerkranken. — Mangels Eignung in concreto liegt untauglicher Versuch vor. Vgl. E. 24, 382 (6 bis 7 Phosphorköpfe von Streichhölzern).

führen oder doch die Gesundheit dauernd zu vernichten[1]. Mit dem „Beibringen“ ist das Delikt vollendet[2].

2. Subjektiv fordert das Delikt Vorsatz und darüber hinaus die Absicht der Gesundheitsschädigung[3]. Bei Tötungsvorsatz liegt Idealkonkurrenz vor[4].

3. Die Vergiftung ist selbständiges Verbrechen[5], Versuch also strafbar[6]. Straferhöhung tritt ein (vgl. § 229 Abs. 2) bei Verursachung schwerer Körperverletzung (§ 226)[7] bzw. des Todes[8].

4. Über Rauschgifte vgl. das Reichsgesetz vom 30. Dezember 1920 (RGBl. 1921, S. 2); hier Strafbestimmungen in § 8[9].

§ 60. Zweikampf.

I. **Zweikampf**[10] ist der verabredete, den hergebrachten oder vereinbarten Regeln entsprechende Kampf mit gleichwertigen Duellwaffen zwischen zwei Personen[11].

---

[1] Also insbes. Lähmung, Siechtum oder Geisteskrankheit hervorzurufen (vgl. StrGB. § 224). Zutreffend fordert E. 10, 178 „zum mindesten eine gesundheitszerstörende Eigenschaft“.

[2] Eingeben von Gegengift ist daher kein Rücktritt vom Versuch.

[3] „Um dessen Gesundheit zu beschädigen“; dazu oben S. 136, Anm. 11. Siehe auch E. 10, 178 (181); 53, 210.

[4] Vgl. oben S. 136 bei Anm. 6, 7. Das ist auch kriminalpolitisch allein verständig; sonst wäre evtl. milder strafbar, wer durch Gift töten als wer nur vergiften wollte.

[5] Strafe: Zuchthaus bis 10 Jahre.

[6] Herrschende Ansicht; so auch E. 59, 1. [7] Zuchthaus nicht unter 5 Jahre.

[8] Zuchthaus nicht unter 10 Jahre oder lebenslang. § 229 Abs. 2 enthält also durch den Erfolg qualifizierte Delikte; vgl. dazu oben S. 148, V.

[9] Eingehender Kommentar Stenglein, Nebengesetze, 5. Aufl., 1928, I, 916ff.

[10] Geschichte: Über die geschichtliche Entwicklung der Duellsitte besteht Streit. v. Below betrachtet sie als undeutsch, in den romanischen Ländern entstanden, erst im 16. Jahrhundert nach Deutschland verpflanzt (wiederholte Arbeiten); dagegen Nachweis germanischen Ursprungs bei H. Geffken, Fehde u. Duell, 1899; Fehr, D. Zweikampf 1908.

Eine Bestrafung bestand anscheinend im deutschen Recht nicht; His, Geschichte, 1928, erwähnt den Zweikampf nicht. Noch im späteren Mittelalter besteht der gerichtliche Zweikampf als Beweismittel (Gottesurteil) im Prozeß. Vgl. oben S. 21, Anm. 9 (germanisch); 23, Anm. 7 (fränkisch); 27, Anm. 11. (Mittelalter); näher Strafr. I, 107, 154. Die Carolina (Art. 129) straft unrechtmäßige Fehde; näher Strafr. I, 185); den Zweikampf erwähnt sie nicht.

Im 17. Jahrhundert entwickelt sich der Zweikampf, insbes. unter französischem Einfluß, zum groben Mißstand; die Gesetzgebung des 17. und 18. Jahrhunderts bekämpft ihn vergeblich mit schwersten Strafen (Reichsgutachten 1668, anschließend Duellmandate der Länder; vgl. Strafr. I, 220, 234); so noch das Preuß. Landrecht II, 20, §§ 667—673. Das 19. Jahrhundert bringt die heutige Auffassung, die im Zweikampf eine unrechtmäßige Gefährdung von Leib und Leben aber keine unehrenhafte Handlung erblickt (deshalb Festungsstrafe); lehrreich dazu die Motive zum Preußischen Entwurf v. 1833, S. 101ff. (bereits bei v. Liszt zitiert).

[11] Der „Kampf“ erfordert Einsetzung persönlicher Kraft und Geschicklichkeit zur Überwindung des Gegners, mindestens auf Seite eines Beteiligten; vgl. näher

Strafbar ist nach StrGB. §§ 201ff. nur der Zweikampf mit „tödlichen", d. h. zur Zufügung tödlicher Verletzungen bestimmten und bei bestimmungsgemäßem Gebrauch geeigneten Waffen[1]. Straflos ist daher die studentische Schlägermensur, weil Zweikampf mit nicht tödlichen Waffen[2]. Landesrechtlich ist Disziplinarstrafe[3], aber nicht öffentliche Strafe zulässig[4].

II. Als **Vorbereitungshandlungen**[5] straft das Gesetz bereits die Herausforderung zum Zweikampf und deren Annahme (StrGB. § 201) sowie das Kartelltragen (§ 203)[6]. Erschwerter Fall ist die Herausforderung mit Tötungsabsicht (§ 202)[7].

Die Strafe dieser Vorbereitungshandlungen „fällt weg, wenn die Parteien den Zweikampf vor dessen Beginn freiwillig aufgegeben haben" (§ 204)[8]; ebenso für Herausforderung und Annahme, wenn es zum

---

RG. E. 52, 64 (Gegensatz: bloßer Scheinkampf, E. 21, 146). Kein Zweikampf ist daher das sog. amerikanische Duell (Losen ums Leben; Anstiftung zum Selbstmord, vgl. oben S. 188).

Die Waffen müssen solche im technischen Sinne (bestimmt zur Zufügung von Verletzungen; anders in StrGB. § 223a, oben S. 196) und als Duellwaffen üblich sein, vgl. E. 7, 29. Also z. B. nicht Dolche, Speere, Streitäxte.

[1] Wollte man von diesem Erfordernis absehen (so das RG.), so wäre die Erwähnung des Merkmals „tödlich" im Gesetz sinnlos. Denn jede „Waffe" kann tödlich wirken; und keine ist dazu bestimmt oder geeignet, ohne Rücksicht auf die Art ihrer Verwendung.

[2] Dagegen für Strafbarkeit als Zweikampf in 2 Urteilen der Vereinigten Strafsenate das RG. E. 8,.87; E. 60, 257ff. Gegen das RG. ganz überwiegend die Literatur, vgl. z. B. Graf Dohna, Jur. Ztg. 31, 1926, 1365ff. Näheres Eingehen ist hier nicht möglich. Das RG. glaubt insbes., daß anderenfalls Bestrafung wegen Körperverletzung eintreten müßte. Wenn aber bereits der Zweikampf mit tödlichen Waffen ganz durchgreifend anders und milder behandelt wird, als die Körperverletzung, so können deren Grundsätze bei Zweikampf mit nichttödlichen Waffen erst recht nicht Platz greifen.

Zur Vermeidung von Mißverständnissen sei dabei bemerkt: Vorstehende juristische Entscheidung bedeutet keine Billigung der Schlägermensur meinerseits. Ich betrachte sie als ein in die Gegenwart nicht mehr passendes Überbleibsel früherer Zeit. Es gibt heute insbes. genug anderen und besseren, das Studium weniger störenden Sport. Für ernsten Kampf aber ist gerade die Schlägermensur (im Gegensatz zum Fechten mit Säbel, Florett und Bajonett) wertlos.

[3] Vgl. oben S. 7.

[4] Denn der Zweikampf ist reichsrechtlich geregelte Materie (vgl. oben § 20, dazu Strafr. II, 51). Ebenso im Ergebnis (von seinem Standpunkt) das RG. E. 1, 443; 8, 87; 60, 257.

[5] Vgl. oben S. 152, 154.

[6] Strafe (in beiden Fällen): Festungshaft bis 6 Monate.

[7] Vgl. näher das Gesetz; Strafe: Festung von 2 Monaten bis zu 2 Jahren. — „Absicht" ist m. E. im technischen Sinne zu verstehen (vgl. oben S. 136, Nr. 2c). Ich sehe keinen genügenden Grund zur Ausdehnung auf dolus directus (so Olshausen, Ebermayer) oder gar auf Vorsatz schlechthin (so v. Liszt).

[8] Also Strafaufhebungsgrund, vgl. oben S. 149. Nach RG. E. 35, 260 genügt hier der freiwillige Rücktritt nur einer Partei zur Straflosigkeit Aller (teilweise streitig).

Zweikampf selbst kam[1]; für Kartellträger ferner, wenn sie „ernstlich bemüht gewesen sind, den Zweikampf zu verhindern" (§ 209)[2].

III. Der **Zweikampf selbst** wird mit Festungshaft von 3 Monaten bis zu 5 Jahren bestraft (§ 205).

Erschwerte Fälle sind 1. Tötung des Gegners „im Zweikampf" (§ 206)[3]. 2. Zweikampf ohne Sekundanten (§ 208)[4].

Straflos bleiben Sekundanten, Zeugen, Ärzte und Wundärzte (§ 209)[5].

Begrifflich kein Zweikampf, sondern Tötung bzw. Körperverletzung liegt bei vorsätzlicher Übertretung der Kampfesregeln vor (§ 207)[6].

IV. **Absichtliche Anreizung** zum Zweikampf[7] wird, falls der Zweikampf stattfindet, nicht mit Festungshaft, sondern mit Gefängnis (nicht unter 3 Monaten) bestraft (§ 210). Es handelt sich hier um die Fälle leichtfertigen Aufhetzens[8] oder verwerflicher moralischer Nötigung zum Kampf[9], also um Ausartungen gegenüber anständiger Duellsitte[10].

V. **Nebenstrafe**: Die Bewegung gegen den Zweikampf hat zur Einstellung eines neuen § 210a StrGB. durch Gesetz vom 30. April 1926 geführt. Danach kann neben Strafe wegen Zweikampfs[11] auf Verlust der bekleideten öffentlichen Ämter bzw. bei Soldaten auf Lösung des Dienstverhältnisses erkannt werden. In besonders schweren Fällen muß hierauf erkannt werden.

---

[1] Grund: Straflose Vortat; vgl. oben S. 180, Anm. 3. Kartellträger bleiben nach § 203 strafbar. Überwiegende Ansicht, auch E. 11, 279. Dagegen v. Liszt.

[2] Strafaufhebungsgrund des vorher erfolgten Kartelltragens.

[3] D. h. infolge der Zweikampfswunde als solcher, nicht infolge deren schlechter Behandlung; vgl. E. 64, 143. Strafe: Festung nicht unter 2 Jahren; wenn der Zweikampf den Tod herbeiführen „sollte", Festung nicht unter 3 Jahren.

[4] Zulässig ist dann Erhöhung der „verwirkten" Strafe bis um die Hälfte (nicht über 15 Jahre). Kritik: Eine unzweckmäßige Berechnungsmethode.

[5] Persönlicher Strafausschließungsgrund, vgl. oben S. 149. Grund: Den Zweikampf wenigstens unter Schutzmaßregeln zu stellen.

Für sonstige Mitwirkende (evtl. auch Mitglieder von Ehrengerichten) gelten die allgemeinen Grundsätze über Teilnahme.

[6] Deshalb hier grundsätzlich Bestrafung wegen Tötung bzw. Körperverletzung; vgl. § 207. Ausnahme danach aber, falls die wegen Zweikampfs „verwirkte" Strafe die „härtere" ist.

Fahrlässige Übertretung der Kampfesregeln fällt hiernach unter den Begriff des Zweikampfs.

[7] „Insonderheit durch Bezeigung oder Androhung von Verachtung."

[8] Beispiel: E. 18, 239 (leichtfertige Überbringung frevelhafter Beleidigung).

[9] Vgl. oben Anm. 7.

[10] Deshalb mit Recht die Ablehnung der custodia honesta. Deshalb zugleich die Notwendigkeit der Auslegung des Begriffs im obigen Sinne. Ähnlich die Literatur. Über „Anreizen" im allgemeinen vgl. oben S. 169.

[11] §§ 201—203, 205—208, 210.

§ 61. Vorbeugende Vorschriften zum Schutz von Leib und Leben.

Als hierher gehörige Fälle hebe ich kurz hervor[1]:

I. **Unterlassung von Nothilfe** bei Unglücksfällen oder gemeiner Gefahr ist Übertretung gemäß StrGB. § 360[10].[2]

II. Der Verhütung der **Übertragung von Geschlechtskrankheiten** dient das Reichsgesetz vom 18. Februar 1927 (RGBl. I, 61ff.), insbes. §§ 5, 6, 14, 15[3].

III. **Waffenverbote und Verwandtes**: Das StrGB. selbst enthält die Übertretungen der §§ 360 Nr. 2[4], 366 Nr. 7[5], 367 Nr. 8, 9, 10[6].

Weit darüber hinaus greifen die Gesetze „über Schußwaffen und Munition"[7] vom 12. April 1928 (RGBl. I, S. 143), „gegen Waffenmißbrauch" vom 28. März 1931 (RGBl. I, S. 77[8]) und die Verordnung des Reichspräsidenten gegen „politische Ausschreitungen", jetzt vom 14. Juni 1932 (RGBl. I, 297) § 5[9].

IV. **Gefährdungen durch Tiere** (StrGB. §§ 366 Nr. 5, 6[10]; 367 Nr. 11[11]).

---

[1] Vgl. dazu über konkrete und abstrakte Gefährdung oben S. 87.

[2] „Wer bei Unglücksfällen oder gemeiner Gefahr oder Not von der Polizeibehörde oder deren Stellvertreter zur Hilfe aufgefordert, keine Folge leistet, obgleich er der Aufforderung ohne erhebliche eigene Gefahr genügen konnte." Die Vorschrift greift auch dann durch, wenn kein Unglücksfall eintrat. Die etwaige Haftung für eingetretene Tötung bzw. Körperverletzung bestimmt sich nicht nach § 360[10], sondern nach allgemeinen Grundsätzen; vgl. oben S. 100, 102/03.

[3] Beischlafsvollziehung (§ 5) bzw. Eingehung einer Ehe (§ 6) trotz Geschlechtskrankheit. Stillen von Kindern durch Geschlechtskranke bzw. Stillen und Pflege geschlechtskranker Kinder (§§ 14/15).

[4] Verbotenes Ansammeln von Waffen bzw. Schießbedarf.

[5] Steinewerfen usw.; wichtig insbes., weil Versuch der Körperverletzung nach StrGB. §§ 223, 223a straflos ist. — Dazu auch unten Anm. 10.

[6] § 367[8]: Legen von Selbstschüssen usw., Schießen, Feuerwerke an bewohnten Orten (vgl. auch § 368[7]). 367[9]: Feilhalten oder Tragen verborgener Waffen 367[10]: Gebrauch (auch durch bloßes Drohen oder Schrecken) gefährlichen Werkzeugs bei Schlägerei oder Angriff. Sachlich Ergänzung zu StrGB. § 227 (Raufhandel); vgl. auch oben Anm. 5.

[7] Das Gesetz regelt die Herstellung von Schußwaffen und Munition (§§ 2—4), den Handel damit (§§ 5—9), Erwerb, Führen, Einfuhr und Besitz (§§ 10—24). Daran anschließend Strafbestimmungen (§§ 25—27), weiter Schluß- und Übergangsvorschriften (§§ 28—34). Vgl. eingehend Stenglein, Nebengesetze, 5. Aufl., 1931, II, 484ff. (das Gesetz hebt die Verordg. v. 1919 auf; vgl. a. a. O. II, 515).

[8] §§ 1, 2 betreffen verbotenes Führen von Hieb- bzw. Stoßwaffen; § 3 bewaffnetes Erscheinen zu politischen Zwecken an öffentlichen Orten.

[9] § 13: „Wer eine Schußwaffe unbefugt führt und eine Gewalttätigkeit mit ihr gegen einen anderen begeht oder ihm androht." Strafe: Gefängnis nicht unter 6 Monate, daneben evtl. Geldstrafe. (So bereits die frühere, jetzt aufgehobene Verordg. v. 28. März 1931.) — Vgl. ferner die Verordg. v. 8. Dez. 1931, RGBl. I, S. 742, weitere Maßnahmen gegen Waffenmißbrauch, mit Strafvorschriften.

[10] § 366 Nr. 5: Gefährliches Stehenlassen oder Führen. — § 366 Nr. 6: „Wer Hunde auf Menschen hetzt" (dazu oben Anm. 5).

[11] § 367 Nr. 11: Unerlaubtes oder unvorsichtiges Halten gefährlicher Tiere.

V. Unerlaubtes Umgehen **mit gefährlichen Stoffen**: StrGB. § 367 Nr. 3 (Gift, Arzneien), Nr. 4 (Explosivstoffe), Nr. 5, 5a (Blankettgesetze)[1], Nr. 6 (Aufbewahren entzündlicher Gegenstände). — Über Sprengstoffgesetz von 1884 vgl. unten § 91, V.

VI. Gefährdungen des **Straßenverkehrs** (StrGB. § 366 Nr. 2, 3, 4, 8, 9, 10[2]); dazu das Gesetz „über den Verkehr mit Kraftfahrzeugen" vom 3. Mai 1909 (RGBl. S. 437ff.)[3].

VII. Gefährdung durch **Bauwerke** (StrGB. § 367 Nr. 12, 13, 14[4]). — Über StrGB. § 330 unten § 93, IV.

Hingewiesen sei schließlich auf § 368 Nr. 3 bis 8[5].

VIII. Als wichtige Ergänzung des Strafschutzes von Leib und Leben erscheinen ferner heute einige Vorschriften des **Republikschutzgesetzes**; vgl. unten § 77, II.

Kapitel II.

Sonstige Verbrechen gegen persönliche Rechtsgüter.

§ 62. Verbrechen gegen die Freiheit.

Persönliche Freiheit ist die Möglichkeit, sein Verhalten (Tun oder Unterlassen) unabhängig von fremdem menschlichen Einfluß zu bestimmen. Im Interesse der Gesamtheit unterliegt diese menschliche Handlungsfreiheit den mannigfachsten Beschränkungen. Andererseits wird sie gegen bestimmte unberechtigte Eingriffe strafrechtlich geschützt. Das ist das Wesen der Freiheitsdelikte[6].

[1] Nr. 5: Übertretung der Verordnungen betr. Gifte, Arzneien, explodierende Stoffe. Nr. 5a betr. Postsendungen.

[2] § 366 Nr. 2—4: Fälle unvorsichtigen Fahrens bzw. Reitens. — Nr. 8: Gefährliches Aufstellen, Ausgießen usw. von Sachen. — Nr. 9: Aufstellen usw. verkehrshindernder Gegenstände. — Nr. 10: Blankettgesetz: Übertretung von Polizeiverordnungen.

[3] Vgl. eingehend: STENGLEIN, Nebengesetze, 5. Aufl., Bd. I, 1928, S. 537ff.; Strafbestimmungen §§ 21ff. (§ 21, Übertretungen, Blankettgesetz; § 22, Autoflucht, dazu oben S. 194; § 23 Fahren mit nicht zugelassenen Wagen; § 24 Fahren ohne Erlaubnis; § 25 falsche Kennzeichen).

[4] § 367, Nr. 12: unverdeckte Brunnen, Keller usw.; Nr. 13: einsturzdrohende Gebäude; Nr. 14: Bauen ohne die erforderlichen Sicherungsmaßregeln.

[5] Hier handelt es sich in erster Linie um Schutz von Sachen gegen Feuersgefahren; vgl. näher unten § 91, I, 5.

[6] In der Literatur wird hier vielfach näher zwischen Freiheit der Willensbetätigung und der Willensentschließung unterschieden, wie mir scheint, entbehrlicherweise. Abzulehnen ist es, wenn dabei v. LISZT (ebenso v. LISZT-SCHMIDT) als Freiheit im Sinne des Strafrechts die „Freiheit der Willensbetätigung (nicht der Willensentschließung)" erklärt. Denn freie Willensbetätigung ist nur auf Grund freier Willensentschließung überhaupt möglich. Und unmittelbar gegen die Freiheit der Willensentschließung richtet sich der Tatbestand der Nötigung durch Drohung (§ 240, vgl. unten). Zutreffend hierüber RG. E. 48, 346 (eingehendes Urteil).

Diese zerfallen in zwei Gruppen: Teils werden Eingriffe in die Freiheit im Interesse des Schutzes anderer Rechtsgüter verboten (Freiheitsdelikte im weiteren Sinne)[1], teils wird die Freiheit als solche geschützt. Die letztere Gruppe der eigentlichen Freiheitsdelikte im engeren Sinne ist hier darzustellen[2]. Sie umfaßt folgende Fälle:

I. **Nötigung** (StrGB. § 240)[3]. Die Nötigung als allgemeines Freiheitsdelikt besteht in der „widerrechtlichen" Erzwingung irgendeiner bestimmten „Handlung oder Unterlassung"[4], durch die Mittel der „Gewalt"[5] oder der „Bedrohung mit einem Verbrechen oder Vergehen"[6]. „Widerrechtlich" ist solche Nötigung stets, falls nicht aus besonderem Grunde die Anwendung dieses Mittels zur Erreichung dieses Verhaltens des Genötigten objektiv rechtmäßig war[7].

Vollendet ist die Nötigung erst mit der Vornahme der betr. Handlung oder Unterlassung durch den Genötigten[8]; versucht mit der Anwendung des Nötigungsmittels (Gewalt bzw. Drohung)[9].

Der Vorsatz umfaßt die gewollte Verwirklichung des Deliktstatbestandes[10]; dazu gehört hier nach herrschender Ansicht auch das Bewußtsein der Rechtswidrigkeit[11].

---

[1] Beispiele: Raub (StrGB. § 249; hier Endzweck der Schutz des Eigentums); §§ 113/114 (Schutz der Amtsausübung) usw.

[2] Immerhin ist diese Einteilung nicht überall eine absolute, sondern teilweise eine solche nach dem überwiegenden Gesichtspunkt; vgl. z. B. unten S. 206, Anm. 5; zum Fall der Entführung unten S. 211.

[3] Der Begriff der Nötigung als eigenartigen Freiheitsdelikts hat sich erst seit dem Preuß. Landrecht II, 20, § 1077 entwickelt.

[4] Wenn das Gesetz daneben noch die „Duldung" erwähnt, so ist das anschaulich aber überflüssig. Denn menschliches Verhalten ist nur als Tun oder Unterlassen möglich. „Dulden" bedeutet das Unterlassen von Widerstand.

[5] „Gewalt" bedeutet Anwendung körperlicher Kraft zur Beseitigung eines erwarteten oder vorhandenen Widerstandes. Keine Gewalt, sondern List ist daher Betäubung (anders die Entwürfe); vgl. RG. E. 56, 87. Es genügt Gewalt gegen Sachen, wenn sich diese mittelbar gegen die Person richtet; vgl. E. 61, 156 (Ausräumen des Zimmers, um den Mieter zum Verlassen zu nötigen). Andererseits fällt selbstverständlich nicht nur vis compulsiva, sondern erst recht der schwerere Fall der vis absoluta unter den Begriff; vgl. auch E. 4, 428; E. 55, 240 (betr. Erpressung).

[6] Die Drohung muß für den Bedrohten als ernsthaft erscheinen, gleichgültig, ob der Täter sie ausführen wollte oder nicht; vgl. oben S. 115.

Über abweichende Bestimmung der Nötigungsmittel in anderen Tatbeständen des StrGB. vgl. E. 58, 77.

[7] Beispiele: Notwehr, Festnahme usw. — Zum gleichen Ergebnis gelangt das RG., wenn es (bei erlaubtem Zweck) die Widerrechtlichkeit des Mittels für entscheidend erklärt; vgl. E. 54, 156; 60, 3.

[8] Strafe: Gefängnis bis zu einem Jahre oder Geldstrafe.

[9] Der Versuch ist strafbar; § 240 Abs. 2.

[10] Bei Drohung muß der Täter diejenigen Tatsachen kennen, welche die Eigenschaft der Drohung als „Verbrechen oder Vergehen" begründen, nicht aber diese Rechtsbegriffe (sog. Komplexbegriff; vgl. oben S. 138). So auch E. 55, 266.

[11] Weil „widerrechtlich" im Tatbestand steht. Vgl. oben S. 140, Nr. 4; dazu E. 55, 266. Zur Kritik oben S. 110, Anm. 12.

Gegenüber den folgenden Freiheitsdelikten der §§ 234—239 ist der Tatbestand der Nötigung subsidiär[1].

Die frühere Sondervorschrift der Reichsgewerbeordnung § 153 betr. Nötigung bei Verabredungen im Lohnkampf (Arbeitseinstellung, Arbeiterentlassung) ist beseitigt durch Reichsgesetz vom 22. Mai 1918 (RGBl. S. 423) und Verfassung Art. 159[2]. Es gelten heute also auch für diese Fälle die allgemeinen strafrechtlichen Grundsätze, insbes. StrGB. § 240.

II. **Bedrohung** (StrGB. § 241)[3]. Strafbar ist hiernach, „wer einen anderen mit der Begehung eines Verbrechens bedroht[4]. Das Wesen der Bedrohung als Freiheitsdelikt liegt in der Gefährdung der Handlungsfreiheit[5].

III. **Hausfriedensbruch** (StrGB. § 123)[6]. 1. Der Hausfriedensbruch, die Verletzung des Hausrechts oder Hausfriedens, ist ein eigenartiger Fall rechtswidriger Besitzstörung: körperlicher Eingriff[7] in die

---

[1] Also Gesetzeskonkurrenz, vgl. oben S. 175, Nr. 2. Im Ergebnis überwiegende Ansicht. Dagegen schließt umgekehrt die Nötigung als lex specialis den § 241 aus; vgl. E. 54, 288.

Gegenüber § 123 evtl. Realkonkurrenz; vgl. E. 54, 288; dazu oben S. 174, Anm. 1a.

[2] Art. 159: „Die Vereinigungsfreiheit zur Wahrung und Förderung der Arbeits- und Wirtschaftsbedingungen ist für jedermann und für alle Berufe gewährleistet." Diese „Vereinigungsfreiheit" aber bedeutet nicht etwa beliebige Streikfreiheit oder Aussperrungsfreiheit. „Handlungen, die durch Rechtssatz oder rechtsgeschäftliche Vereinbarung verboten, mithin widerrechtlich sind, werden nicht dadurch erlaubt, daß sie als Kampfmittel zur Wahrung oder Förderung von Arbeits- und Wirtschaftsbedingungen vorgenommen werden"; vgl. Anschütz, Verfassung, 12. Aufl., 1930 zu Art. 159 Nr. 5. Vgl. auch RG. E. 21, 120; 56, 412ff., 419ff. (scharf und treffend insbes. gegen ein Streikrecht von Beamten).

[3] Die Bedrohung erscheint erst seit dem 19. Jahrhundert als selbständiges Delikt; vgl. über die Landesrechte näher v. Hippel, V. D., Bes. Teil II, 1906, S. 29/30.

[4] Also nicht mit Vergehen oder Übertretung. Strafe: Gefängnis bis zu 6 Monaten oder Geldstrafe.

[5] v. Liszt betrachtet als Angriffsobjekt den persönlichen Rechtsfrieden. Beide Auffassungen sind m. E. kein Gegensatz, sondern ergänzen sich. Daß unser geltendes Recht von der Auffassung als Freiheitsdelikt ausgeht, folgt aus der systematischen Stellung des § 241 und entspricht auch dem nahen sachlichen Verhältnis zur Nötigung; vgl. oben Anm. 1. — Zum Tatbestand vgl. oben S. 205, Anm. 6, 10.

Gegenüber § 126 StrGB. (Landzwang) evtl. Idealkonkurrenz; dazu näher v. Hippel, V. D., Bes. Teil II, 32 (herrschende Ansicht); siehe auch unten § 87, II.

[6] Geschichte: Für das römische Recht kommen hier evtl. die Sammelbegriffe der vis und iniuria in Betracht (vgl. Strafr. I, 64; näher Mommsen, S. 662[3], 793); für das ältere deutsche Recht der Begriff der Heimsuche (ursprünglich bewaffnetes Bandenvergehen, vgl. näher His, Strafr. 1928, S. 178ff.). Die Carolina schweigt (vgl. Strafr. I, 195). Im Preuß. Landrecht II, 20, § 525 bis 533, selbständige Behandlung als Verletzung des „Hausrechts".

[7] Reines Handlungs- bzw. (beim Verweilen) reines Unterlassungsdelikt; vgl. oben S. 92.

Verfügungs- und Bewegungsfreiheit des Berechtigten innerhalb seiner Räume durch unbefugtes Eindringen oder Verweilen[1].

2. Die geschützten Räume sind: Die „Wohnung"[2], die „Geschäftsräume"[3], das „befriedete Besitztum"[4]; endlich „abgeschlossene Räume, welche zum öffentlichen Dienste[5] oder Verkehre[6] bestimmt sind".

3. Inhaber des Hausrechts, daher berechtigt zu seiner Wahrung und verletzt durch den Eingriff, ist derjenige, dem die Verfügung über

---

[1] Als Eingriff in die Handlungsfreiheit (vgl. oben S. 204) fällt der Hausfriedensbruch demnach unter den Begriff der Freiheitsdelikte. So auch bereits das Preuß. StrGB. 1851 (§ 214) wie neuerdings die Entwürfe mit der überwiegenden Ansicht. Teils nichtssagend, teils unrichtig ist die heutige Stellung des § 123 unter den Delikten „wider die öffentliche (?) Ordnung". Für Auffassung als eigenartiges, mit der Freiheit verwandtes Rechtsgut v. LISZT, FRANK. Vgl. ferner z. B. HEIMBERGER, Strafr., 1931: Hausrecht, das Recht, anderen den Aufenthalt zu gestatten oder zu verbieten; angegriffen der persönliche Friede.

[2] D. h. zum Aufenthalt von Menschen bestimmte, nach außen abgeschlossene Räume, innerhalb deren ein „Wohnen", also insbes. ein beliebiges Verbleiben und Sich-Bewegen möglich ist. So z. B. auch Sommervillen, abgeschlossene Häuschen in Schrebergärten, Jagdhütten; ferner Wohnungswagen und bewohnte Schiffe; vgl. RG. E. 13, 312. Dagegen nicht offene Schutzhütten, Schäferkarren (streitig) usw.

Teilweise bestehen hier Meinungsverschiedenheiten. So verlangte z. B. v. LISZT zur Nachtruhe dienende (v. LISZT-SCHMIDT, abschwächend, dafür bestimmte; FRANK dafür verwertbare) Räume. Wer sich aber ein Zimmer lediglich zum Tagesaufenthalt einrichtet oder mietet (z. B. in einer Großstadt), bedarf des gleichen Schutzes gegen Hausfriedensbruch wie der, der es als Nachtquartier nimmt. Vgl. auch E. 12, 133: Wohnung der „Inbegriff derjenigen Räumlichkeiten, welche einer Einzelperson oder einer zusammengehörenden Mehrheit von Personen, einer Familie, zum ständigen Aufenthalt dienen oder zur Benutzung freistehen". Als wichtiges Indiz betrachtet die Benutzung zur Nachtruhe E. 13, 312; betr. Gefangenenanstalt vgl. E. 28, 192. Vgl. auch EBERMAYER, Leipz. Komm. (zu kurzem Aufenthalt gemietetes Hotelzimmer).

[3] D. h. „durch einen maßgebenden Willen wesentlich, hauptsächlich und auch für eine gewisse zeitliche Dauer" zum gewerblichen, wissenschaftlichen usw. Betriebe bestimmte und entsprechend verwendete Räume; vgl. E. 32, 371 (daher nicht Straßenbahnwagen); nicht notwendig unbewegliche Räume, vgl. näher E. 13, 315.

[4] „Befriedetes Besitztum" ist nur unbewegliches (vgl. eingehend E. 13, 312); und zwar muß dieses entweder eingefriedigt (Zäune, Gräben usw.) sein (vgl. E. 36, 395, Friedhof; ausgenommen die bloßen Übertretungsfälle des § 368 Nr. 9 StrGB.; vgl. E. 13, 315) oder es muß in unmittelbarem, nach außen erkennbar abgegrenztem Zusammenhang mit der Wohnung bzw. den Geschäftsräumen stehen, wie z. B. Hausgärten, Hofplätze. Vgl. E. 20, 155 (durch gepflasterte Rinne vom Wege abgegrenzter Zechenplatz als Teil der Geschäftsräume des Bergwerks).

[5] So auch Wahlräume (E. 46, 405), Sitzungssäle der Volksvertretungen (E. 47, 277).

[6] Eingefügt durch Novelle v. 19. 6. 1912. Beispiele: Wartesäle; Wagen zur zur öffentlichen Personenbeförderung im Eisenbahn- oder Straßenverkehr.

den betr. Raum zusteht[1]. Möglich ist Stellvertretung, auch Geschäftsführung ohne Auftrag[2].

4. Strafbar ist[3], wer „widerrechtlich eindringt"[4] oder „wenn er ohne Befugnis darin verweilt, auf die Aufforderung des Berechtigten sich nicht entfernt"[5]. Zum Vorsatz gehört das Bewußtsein der Zuwiderhandlung gegen den erklärten oder anzunehmenden Willen der Berechtigten[6].

5. Erschwerter Fall (StrGB. § 123 Abs. 2)[7] ist die Begehung „von einer mit Waffen versehenen Person[8] oder von mehreren gemeinschaftlich"[9].

6. Der Hausfriedensbruch des § 123 ist Antragsdelikt, Zurücknahme des Antrags zulässig (§ 123 Abs. 3).

Gegenüber strafbaren Handlungen, die während des Hausfriedensbruchs begangen werden, besteht regelmäßig Realkonkurrenz[10].

7. Schwerster, an den Landfriedensbruch des § 125 grenzender Fall (nicht Antragsdelikt) ist der Tatbestand des § 124 StrGB.[11] „Wenn sich eine Menschenmenge öffentlich zusammenrottet und

---

[1] Evtl. kommen dabei mehrere Berechtigte in Frage, so z. B. bei gemeinsamen Treppen und Fluren; vgl. im übrigen eingehend die Kommentare. Nach E. 57, 139 genügt ungestörter unmittelbarer Besitz.

[2] Vgl. dazu oben S. 124, Nr. 2. So hier ausdrücklich auch v. Liszt, v. Liszt-Schmidt; im Ergebnis ferner Frank, Ebermayer (als Vertreter müsse jeder gelten, der nach dem vermutlichen Willen des Inhabers berufen ist, das Hausrecht im Einzelfalle auszuüben). Vgl. auch E. 12, 132 (Familienangehörige und Dienstboten als „natürliche Stellvertreter" des Hausherrn).

[3] Strafe: Geldstrafe oder Gefängnis bis zu 3 Monaten.

[4] „Widerrechtliches Eindringen" bedeutet: Betreten gegen den Willen des Berechtigten (so jetzt die Entwürfe seit 1913). Es genügt, daß ein solcher Wille nach Lage des Falles anzunehmen ist. Beispiele: verschlossener Raum; Betreten zwecks Begehung strafbarer Handlungen usw.

[5] Hat der Täter im Einzelfalle ein Recht zum Betreten bzw. Verweilen auch gegen den Willen des Berechtigten, so ist die Handlung insoweit objektiv rechtmäßig, also kein Delikt. Beispiele: Durchsuchung, Zwangsvollstreckung, BGB. § 904, usw.

[6] Darüber hinaus fordert die herrschende Ansicht schlechthin das Bewußtsein der Rechtswidrigkeit; vgl. dazu oben S. 110, Anm. 13; 140, Nr. 4.

[7] Strafe: Geldstrafe oder Gefängnis bis 1 Jahr.

[8] Nach RG. genügt dafür der bewußte Besitz irgendeines gefährlichen Werkzeugs ohne Rücksicht auf Gebrauchsabsicht und Kenntnis des Angegriffenen; auch berechtigtes Waffentragen; vgl. E. 8, 45; 54, 195. Einschränkend teilweise die Literatur. Dazu unten S. 242, Anm. 2.

[9] Vgl. oben S. 196, Anm. 4.

[10] Vgl. oben S. 171, Anm. 1 a; 206, Anm. 1.

[11] Wir haben es hier geschichtlich noch mit dem Rest der deutschrechtlichen Heimsuche zu tun (oben S. 206, Anm. 6); diesen Fall allein enthielt das Preuß. StrGB. 1851, § 214. Hier handelt es sich zugleich um Angriff auf die „öffentliche Ordnung" (vgl. oben S. 207, Anm. 1). Die Entwürfe haben den Tatbestand als gegenüber §§ 123, 125 entbehrlich gestrichen.

in der Absicht[1], Gewalttätigkeiten gegen Personen oder Sachen mit vereinten Kräften zu begehen[2], in die Wohnung usw. widerrechtlich eindringt". Strafbar ist dann[3] „jeder, welcher an diesen Handlungen teilnimmt"[4]. Gegenüber § 125 StrGB. besteht Idealkonkurrenz[5].

8. Über das Amtsdelikt des § 342 vgl. unten § 82, VIII, 3.

IV. **Freiheitsberaubung** (StrGB. § 239)[6]. 1. Freiheitsberaubung ist Verhinderung der freien Bewegung im Raume (Außenwelt)[7] durch Einsperrung[8] oder beliebige sonstige Mittel[9]. Solche Verhinderung liegt bereits vor, wenn die Bewegungsfreiheit nur unter Anwendung außergewöhnlicher Mittel erreichbar war[10]. Gleichgültig ist, ob die Freiheitsberaubung dem Verletzten zum Bewußtsein kam[11]; ebenso deren Dauer[12].

2. Zur Schuld gehört, daß der Täter „vorsätzlich und rechtswidrig" handelte, nach herrschender Ansicht daher das Bewußtsein der Rechtswidrigkeit[13]. Gegenüber § 240 besteht Gesetzeskonkurrenz[14].

---

[1] Im technischen Sinne, also als Zweck; vgl. oben S. 136, Nr. 2 c.

[2] Vgl. über diese Merkmale unten beim Landfriedensbruch, § 87, I.

[3] Strafe: Gefängnis von 1 Monat bis 2 Jahre.

[4] D. h. an der obigen Zusammenrottung in Kenntnis ihres Zwecks und am Hausfriedensbruch; vgl. E. 37, 28; 51, 422. Für das „Teilnehmen" genügt nach E. 55, 36 auch bloße Unterstützung des Hausfriedensbruchs. Dagegen Frank (Beihilfe), v. Liszt-Schmidt.

[5] Vgl. E. 37, 28; 55, 41 (falls nicht im Einzelfalle Realkonkurrenz vorliegt); dazu v. Hippel, V. D., Bes. Teil II, 1906, S. 11.

[6] Geschichte: Für das römische Recht kommt hier der Sammelbegriff des crimen vis in Betracht (vgl. Strafr. I, 64[9]; Mommsen, 664); das deutsche Recht straft Fesselung und Einsperrung, später insbes. unrechtmäßige Gefangennahme (His, Geschichte, S. 138/39). Die Carolina schweigt. Wesentlich der heutige Standpunkt im Preuß. Landrecht II, 20, § 1077.

[7] Es wird (so RG. E. 61, 241) „dem anderen, sei es auch nur vorübergehend, unmöglich gemacht, seinen Aufenthalt nach eigenem Belieben zu bestimmen oder zu verändern".

Strafe (§ 239 Abs. 1): Gefängnis oder Geldstrafe.

[8] D. h. Festhaltung in einem Raume, dessen Abschließung von der Außenwelt (allein oder in Verbindung mit anderen Mitteln, z. B. Bewachung) den Austritt hindert; vgl. auch E. 59, 294 (zweifellos „Einsperrung").

[9] „Oder auf andere Weise" (§ 239); z. B. Fesselung, Hypnose, Betäubung (E. 61, 241); Wegnahme der Kleider Badender (E. 6, 232); Festnahme unter Vorspiegelung der Eigenschaft als Beamter (E. 2, 292) oder sonst unrechtmäßige (E. 61, 241); Verhinderung des Aussteigens durch rasches Fahren (E. 25, 148).

[10] Beispiele: Eintreten der verschlossenen Tür; Sprung aus dem Fenster (vgl. E. 8, 210; 41, 82); Sprengung der Fesseln; vgl. ferner z. B. E. 2, 292; 6, 232, oben Anm. 9.

[11] Vgl. E. 7, 259; E. 61, 241 dagegen schließt Einwilligung die Rechtswidrigkeit aus; vgl. oben S. 122, Anm. 9. Hinweis auch in E. 61, 242.

[12] Vgl. E. 7, 259. Bei längerer Dauer sog. Dauerdelikt; vgl. E. 25, 149; oben S. 179, Anm. 2.

[13] Vgl. E. 41, 83; 59, 297. Zur Kritik oben S. 110, Anm. 3; 140, Nr. 4.

[14] Vgl. E. 25, 148; dazu oben S. 206 bei Anm. 1.

3. Schwerere Strafe tritt nach § 239 Abs. 2/3 bei Verursachung bestimmter schwerer Folgen ein[1].

4. Über das Amtsdelikt des § 341 vgl. unten § 82, VIII, 2.

V. **Menschenraub**[2]. 1. Allgemeiner Fall (StrGB. § 234). Menschenraub („wer sich eines Menschen bemächtigt") ist die Begründung körperlicher Gewalt über einen andern, die dessen Freiheit zugunsten der Herrschaft des Täters aufhebt. Strafbar[3] ist der Menschenraub als solcher nur bei Anwendung bestimmter Mittel (List, Drohung, Gewalt) und Begehung zu bestimmtem Zweck[4]: (Aussetzung in hilfloser Lage[5] oder Verbringung in Sklaverei, Leibeigenschaft oder in auswärtige Kriegs-[6] oder Schiffsdienste.

Als Ergänzung erscheint das Gesetz betr. Bestrafung des Sklavenraubes und Sklavenhandels vom 28. Juli 1895 (RGBl. S. 425).

2. Sog. Kinderraub (StrGB. § 235): Gegenstand ist „eine minderjährige Person". Die Handlung besteht darin, daß der Täter diese „durch List, Drohung oder Gewalt ihren Eltern, ihrem Vormund oder ihrem Pfleger[7] entzieht", d. h. durch Entfernung des Minderjährigen[8] das bestehende Gewaltverhältnis für längere Zeit beseitigt[9]. Straferschwerung enthält Abs. 3 des Gesetzes[10]. Ergänzende Vorschriften

---

[1] Durch den Erfolg qualifizierte Delikte; erforderlich also insoweit adäquate Verursachung, nicht Schuld; vgl. oben S. 148, V.

Die Fälle sind: Abs. 2: Dauer über eine Woche oder schwere Körperverletzung (§ 224); Zuchthaus bis 10 Jahre, bei mildernden Umständen Gefängnis nicht unter 1 Monat. — Abs. 3: Eintritt des Todes; Zuchthaus nicht unter 3 Jahren, bei mildernden Umständen Gefängnis nicht unter 3 Monaten.

[2] Geschichtlich handelt es sich in älterer Zeit insbes. um die Verbringung in Sklaverei (Knechtschaft). So beim römischen plagium (vgl. Strafr. I, 64[8]; näher Mommsen, 780ff.) wie in fränkischer Zeit (dabei teilweise in den Volksrechten die Auffassung als Diebstahl; vgl. His, Geschichte, 138/39). Die Carolina schweigt. Neuerdings nimmt Radbruch (Festschrift f. Pappenheim, 1931, S. 40) an, daß der Menschenraub nach der Carolina unter den Begriff des Raubes fiel. Eingehende Behandlung im Preuß. Landrecht II, 20, §§ 1087—1094.

[3] Strafe: Zuchthaus.

[4] Absicht im technischen Sinne („um ... zu"); vgl. oben S. 136, Nr. 2, c.

[5] Vgl. oben S. 194. [6] Beispiel: Fremdenlegion.

[7] Fassung auf Grund BGB., EinfGes. Art. 34 Nr. VII.

[8] Evtl. auch durch Verheimlichung, aber nur bei besonderer Rechtspflicht zum Handeln (Unterlassungsdelikt); vgl. E. 37, 162 (bejaht); E. 46, 25 (verneint).

[9] Begründung eigener Herrschaft ist nach herrschender Ansicht, insbes. RG. (E. 18, 273; 24, 133) nicht erforderlich; dagegen v. Liszt. — Einwilligung des Minderjährigen ist gleichgültig; Bestrafung desselben wegen Teilnahme ausgeschlossen, vgl. oben S. 169, Anm. 4. — Gegenüber §§ 236/37 besteht evtl. Idealkonkurrenz; vgl. E. 18, 286.

Strafe: Gefängnis, bei mildernden Umständen Geldstrafe zulässig.

[10] Handeln „in der Absicht" (vgl. oben Anm. 4), „die Person zum Betteln oder zu unzüchtigen oder gewinnsüchtigen Zwecken oder Beschäftigungen zu gebrauchen". Strafe: Zuchthaus bis 10 Jahre.

bietet das Jugendwohlfahrtsgesetz vom 9. Juli 1922 § 76 (RGBl. I, S. 633)[1].

VI. **Entführung** (StrGB. §§ 236—238)[2]. 1. Die Entführung einer Frauensperson ist als solche nur strafbar, wenn sie erfolgt, „um“[3] die Entführte zur Unzucht oder zur Ehe zu bringen. Nach diesem entscheidenden Zweck erscheint die Tat im ersten Falle als Sittlichkeitsdelikt, im zweiten als Delikt gegen das persönliche Familienrecht[4], insgesamt also als Freiheitsdelikt im weiteren Sinne (oben S. 205). Zusammenfassende Behandlung an dieser Stelle aber entspricht dem Bedürfnis nach einheitlicher Darstellung wie der systematischen Stellung im Gesetz.

2. „Entführen“ bedeutet Verbringen an einen anderen Ort, wo die Entführte dem bisherigen Schutz entzogen und vom Willen des Täters abhängig ist[5]. „Unzucht“ bedeutet den außerehelichen Beischlaf[6]. Die Tat kann auch im Interesse eines Dritten erfolgen[7].

Die Entführung ist Antragsdelikt[8]. „Hat der Entführer die Ent-

---

[1] Entziehung gegenüber der Fürsorgeerziehung, Verleitung und Beihilfe zur Selbstentziehung. EinfGes. Art. 4 beseitigt gleichzeitig die bisherigen Vorschriften der landesrechtlichen Fürsorgegesetze (Zusammenstellung dieser vgl. RG. E. 50, 21). Näher hierzu v. LISZT-SCHMIDT, S. 533; STENGLEIN, 5. Aufl. 1928, I, 1019.

[2] Geschichte: Im römischen Recht fällt der Frauenraub unter den Begriff der vis, die Entführung (wider Willen des Gewalthabers) erscheint als iniuria; seit Konstantin wird sie selbständiges Kapitalverbrechen (vgl. Strafr. I, 64, 67; MOMMSEN, 664[7], 701/02). Im deutschen Recht ist der Frauenraub schweres, mit der Notzucht nächstverwandtes (vielfach unter denselben Begriff fallendes) Verbrechen; milder strafbar ist die Entführung (mit Einwilligung der Entführten); vgl. Strafr. I, 116, 132; eingehend HIS, Geschichte, S. 144ff. Die Carolina (Art. 118) bestraft den, der eine Ehefrau oder unbescholtene Jungfrau wider des Ehemanns oder ehelichen Vaters Willen „entpfüret“, auf Klage des Mannes bzw. Vaters nach Rat der Rechtsverständigen; anschließend daran (Art. 119) die Notzucht „einem rauber gleich mit dem schwerte“. Das Preuß. Landrecht II, 20, §§ 1095—1104, behandelt die Entführung bereits wesentlich im heutigen Sinne eingehend als Freiheitsdelikt.

[3] Also Absicht, vgl. oben S. 210, Anm. 4. [4] So bereits v. LISZT.

[5] Herrschende Ansicht, insbes. RG. E. 16, 391; 29, 404 (eingehend); nicht notwendig andere Ortschaft; andererseits nicht genügend Zurückhaltung in der bisherigen Wohnung; vgl. ferner E. 39, 214; 43, 285. Der Entführer muß „der betreibende und bestimmende Teil sein“, E. 39, 214 (Gegensatz: selbständige Handlung der Frau).

[6] Auch wenn solcher schon früher stattgefunden hatte; vgl. E. 16, 391. — Die Kommentare rechnen hierher auch sonstige unzüchtige Handlungen; dagegen v. LISZT, v. LISZT-SCHMIDT, wegen der Zusammenstellung mit der Ehe. Geschichtlich kommt hinzu, daß das Preuß. StrGB. (erst seit Entw. 1850) das Wort „Beischlaf“ „aus Schicklichkeitsgründen“ (!) durch „Unzucht“ ersetzte; vgl. GOLTD., Mat. II, 287, 445.

[7] Daher auch durch eine Frau.

[8] Vgl. §§ 236/37 Abs. 2. Über den Grund oben S. 149, Anm. 6. Die Antragsfrist läuft erst von der Beendigung des Dauerdelikts; E. 43, 285.

führte geheiratet, so findet die Verfolgung nur statt[1], nachdem die Ehe für nichtig erklärt worden ist" (§ 238).

3. Strafbar ist die Entführung in zwei Fällen: a) § 236: Entführung wider den Willen der Entführten. Erforderlich ist hier Begehung durch List, Drohung oder Gewalt. Die Strafe ist verschieden nach dem Zweck[2].

b) § 237: Einführung einer unverehelichten Minderjährigen „mit ihrem Willen", jedoch „ohne Einwilligung" des Gewalthabers[3].

§ 63. Verbrechen gegen die Ehre (Beleidigung).

I. **Beleidigung**[4] ist Angriff auf die Ehre, d. h. auf die soziale Geltung eines andern. Genauer: Angriff auf diejenigen persönlichen Eigenschaften, auf denen die Achtung des Menschen im Kreise seiner Mitmenschen beruht.

Diese Eigenschaften sind teils allgemein menschlicher, teils beruflicher Natur; je nachdem läßt sich von allgemein menschlicher oder von Berufsehre sprechen[5]. Als Beleidigung erscheint dabei stets nur ein Angriff, der im sozialen Leben als erheblich betrachtet wird[6].

Die Beleidigung kann in zwei Formen erfolgen: Entweder als Ausdruck persönlicher Mißachtung (beleidigendes Urteil) oder als

---

[1] Also Prozeßvoraussetzung; herrschende Ansicht, vgl. auch E. 41, 155 (dagegen v. Liszt, v. Liszt-Schmidt: Bedingung der Strafbarkeit). Dazu oben S. 148/49.

[2] Zwecks Unzucht: Zuchthaus; zwecks Ehe: Gefängnis.

[3] Eltern, Vormund, Pfleger. Strafe in beiden Fällen (zwecks Unzucht bzw. Ehe) Gefängnis. — Die Entführte selbst ist straflos; vgl. oben S. 169, III, 1, Nr. 1.

[4] Geschichte: Im römischen Recht fällt die Beleidigung unter den Sammelbegriff der iniuria (zunächst Realinjurie, später auch weitere Fälle, insbes. sog. iniuria atrox; vgl. Strafr. I, 195[4], eingehend Mommsen, 704ff.). Im deutschen Recht wird die Beleidigung ausgiebig behandelt (vgl. Strafr. I, 195[5]; näher His, Geschichte, S. 132ff.). Die Carolina schweigt (sie behandelt nur die „peinlich" zu strafenden Delikte); vgl. Strafr. I, 195. Gegen Schmähschriften schreiten die Reichspolizeiordnungen ein (Strafr. I, 215). Breiteste Behandlung dann im Preuß. Landrecht II, 20, §§ 538—666 („von Beleidigungen der Ehre").

[5] Beleidigungen der allgemeinen Menschenehre sind insbes.: Beschimpfungen und Verhöhnungen; Absprechen moralischer Eigenschaften; Vorwurf pflichtwidrigen bzw. rechtswidrigen Verhaltens; möglicherweise Vorwurf körperlicher oder geistiger Gebrechen (z. B. Geschlechtskrankheit, Dummheit usw.).

Beleidigungen der Berufsehre: Vorwurf pflichtwidrigen Verhaltens im Beruf; Absprechen von Eigenschaften, auf denen insbes. die Achtung im Beruf beruht (Beispiele: Feigheit beim Offizier; Parteilichkeit beim Richter; Kritiklosigkeit und Unwissenheit beim Forscher; Unehrlichkeit beim Kaufmann).

Beide Gruppen gehen vielfach ineinander über.

[6] Vgl. auch die Fassung in §§ 186/87 unten S. 213, Anm. 5. Keine Beleidigung sind danach insbes. bloße Unhöflichkeiten (z. B. unterlassener Gruß), harmlose Witze; bloßes Absprechen von Verdiensten (z. B.: kein hervorragender Staatsmann). Ebensowenig fallen Akte der Feindschaft ohne persönliche Ehrenkränkung unter den Begriff.

Behauptung ehrenrühriger Tatsachen, wenn auch ohne eigenes Urteil[1]. Sehr häufig treffen beide Fälle zusammen.

Ihrem Erfolge nach erscheint die Beleidigung dem Beleidigten gegenüber als Kränkung des Ehrgefühls, Dritten gegenüber als Angriff auf den guten Ruf des Betroffenen. Und zwar in beiden Fällen nicht notwendig als Verletzungs-, sondern ebensowohl als Gefährdungsdelikt[2]. Denn vollendet ist die Beleidigung bereits mit der, dem Vorsatz des Täters entsprechenden Kenntnisnahme von der beleidigenden Kundgebung durch den Beleidigten bzw. den Dritten[3].

II. Das Gesetz straft in § 185 **„die Beleidigung“**; in §§ 186/87 die Behauptung oder Verbreitung[4] ehrenrühriger Tatsachen[5] „in Beziehung auf einen anderen“, und zwar betrifft § 186 nicht erweislich wahre Tatsachen (üble Nachrede)[6], § 187 die Behauptung unwahrer Tatsachen wider besseres Wissen (Verleumdung)[7].

[1] Tatsachen sind als objektiv vorhanden hingestellte, daher dem Beweise zugängliche Vorgänge bzw. Zustände der Vergangenheit oder Gegenwart; auch innere, wie Absichten, Ziele, Beweggründe (wenn sie zu äußeren Vorgängen in Beziehung gesetzt werden, so daß sie in das Gebiet der wahrnehmbaren Außenwelt getreten sind); vgl. E. 55, 131; 41, 193; 9, 179. Sonst handelt es sich um Urteile; vgl. auch unten S. 301 Anm. 4.

[2] Beispiele: Der Beleidigte fühlt sich durch diesen Angriff von dieser Seite gänzlich unberührt. — Der Dritte erkennt sofort die Unwahrheit. Vgl. auch E. 29, 398; 60, 34; der Beleidigte braucht sich der ihm widerfahrenen Beleidigung als solcher nicht bewußt geworden zu sein.

[3] Nicht erforderlich ist eine über den Vorsatz hinausgehende Beleidigungsabsicht des Täters (oben S. 136, 2 c). Es genügt also auch dolus eventualis.

Fehlt aber Vorsatz des Täters hinsichtl. der Kenntnisnahme durch die betr. Person, so liegt evtl. versuchte bzw. vollendete fahrlässige Beleidigung vor; beide sind straflos. Dagegen lassen das RG. (vgl. insbes. E. 48, 62) und die überwiegende Ansicht es genügen, wenn die Beleidigung zur Kenntnis irgend jemandes kam. Kritik: Damit wird dem Täter ein nicht gewollter Erfolg zum Vorsatz zugerechnet. Im Sinne des Textes insbes. v. Liszt, Binding.

Andererseits genügt zum Vorsatz, daß der Täter die ehrenkränkende Bedeutung seiner Kundgebung kennt und billigt, auch wenn er für sich selbst mit seinen Worten einen anderen Sinn verbindet (vgl. E. 65, 21: „Judenbastard“, „lächerlicher Bonze“).

[4] Zur „Verbreitung“ genügt Mitteilung auch nur an eine Person; E. 30, 224 (anders bei Verbreitung von Schriften; unten Anm. 6, Nr. b).

[5] So die Entwürfe. Das StrGB. sagt ausführlicher: Tatsachen, „welche denselben (den Beleidigten) verächtlich zu machen oder in der öffentlichen Meinung herabzuwürdigen geeignet“ sind.

[6] Die Strafe ist in §§ 185/86 dieselbe: Geldstrafe, Haft oder Gefängnis bis 1 Jahr.

Erschwerte Fälle sind a) bei § 185: tätliche Beleidigung (z. B. unzüchtige Berührung), b) bei § 186: öffentliche Begehung oder „durch Verbreitung von Schriften, Abbildungen oder Darstellungen“. Strafe: Geldstrafe oder Gefängnis bis 2 Jahre.

[7] Die Verleumdung fordert dolus directus; vgl. oben S. 137, Anm. 2. Sie ist die Tat des gemeinen Ehrabschneiders. Strafe: Gefängnis bis 2 Jahre, im erschwerten Falle, oben Anm. 6, Nr. b, Gefängnis nicht unter 1 Monat;

Hiernach ergibt sich m. E. als einfache und klare Abgrenzung: Unter § 185 fällt das beleidigende Urteil (Ausdruck eigener Mißachtung), unter §§ 186/87 die Behauptung bzw. Verbreitung ehrenrühriger Tatsachen[1]. Bei Zusammentreffen beider Fälle in einer einheitlichen Kundgebung liegt Idealkonkurrenz vor[2].

III. **Objektiv rechtmäßig,** deshalb straffrei, sind grundsätzlich: wahrheitsgemäße beleidigende Kundgebungen sowie solche zur Wahrnehmung berechtigter Interessen[3].

1. Wahrheitsgemäße Kundgebungen[4]: Nach dem Gesetz ist die üble Nachrede (§ 186) nur strafbar, „wenn nicht diese Tatsache erweislich wahr ist". Gleiches muß für das beleidigende Urteil (§ 185) gelten, soweit es sich auf konkrete Tatsachen stützt[5].

Die Wahrheit ist von Amts wegen objektiv festzustellen. Bleibt sie aber zweifelhaft (nicht erweislich), so hat nicht, wie bei sonstigen Rechtfertigungsgründen, Freisprechung einzutreten[6], sondern Verurteilung. Es handelt sich hier also um eine ausnahmsweise Verschiebung der Beweislast im Prozeß zu ungunsten des Angeklagten[7].

bei mildernden Umständen kann Ermäßigung bis auf 1 Tag Gefängnis oder Geldstrafe eintreten.

[1] Dagegen rechnet die herrschende Ansicht (auch das RG., z. B. E. 50, 321; kurz 64, 12) die Behauptung ehrenrühriger Tatsachen gegenüber dem Beleidigten selbst unter § 185, weil sie nicht „in Beziehung auf einen anderen" erfolgt sei. Mir scheint dies sprachlich wie sachlich unzutreffend. Lob und Tadel, die man einem anderen ins Gesicht sagt, erfolgen ebenso „in Beziehung" auf diesen „anderen", wie bei Mitteilung an einen Dritten.

Sachlich bedeutet obige Ansicht eine Auseinanderreißung des inhaltlich Gleichartigen. Praktisch vertretbar ist sie überhaupt nur, wenn man auch bei § 185 den Wahrheitsbeweis zuläßt (vgl. unten Anm. 5.). Auch dann aber ist nicht einzusehen, warum ein Verleumder der wohlverdienten schwereren Strafe des § 187 deshalb entgehen soll, weil er die Frechheit hatte, die Verleumdung dem Beleidigten ins Gesicht zu schleudern.

[2] So auch RG., z. B. E. 55, 138; neuerdings näher E. 65, 358.

[3] Auch Einwilligung des Verletzten schließt die Rechtswidrigkeit aus; vgl. oben S. 122, Anm. 8, und dort zit. RG. — Über Notwehr usw. gelten die allgemeinen Grundsätze; dazu unten S. 216, Anm. 3.

[4] Ein gesundes soziales Leben ist nur auf Grundlage wahrheitsgemäßer Bewertung möglich. Ohne Zulassung des Wahrheitsbeweises wäre der Ehrenmann schwer geschädigt, der Lump bevorzugt. Auch gerechte Strafzumessung ist nur so möglich.

Dringend zu warnen aber ist vor uferlosen Beweisaufnahmen darüber, was dem Beleidigten „zuzutrauen" ist oder nicht. Es handelt sich lediglich um die erweisliche Wahrheit der konkreten Kundgebung. So auch scharf E. 62, 95. Vgl. näher Strafr. II, 267 und meine dort zit. Ausführungen.

[5] Herrschende Ansicht, insbes. auch RG., z. B. E. 31, 281; E. 64, 10. Anderenfalls würden praktisch ganz unerträgliche Ergebnisse eintreten; vgl. die vorige Anmerkung. [6] Vgl. oben S. 109, Nr. 2.

[7] Vgl. oben S. 127, Anm. 6. Sachlich liegt darin die erziehliche Mahnung zur Vorsicht bei Aufstellung beleidigender Behauptungen.

Erbracht ist der Wahrheitsbeweis, wenn die Behauptung in den wesent-

Einzelvorschriften dazu geben die §§ 190/91[1].

2. Wahrnehmung berechtigter Interessen: Objektiv rechtmäßig sind auch nicht erweislich wahre und unrichtige beleidigende Behauptungen, wenn sie „zur Wahrnehmung berechtigter Interessen“ erfolgen (StrGB. § 193)[2].

„Berechtigte“ Interessen sind solche, die unseren rechtlichen und sittlichen Anschauungen entsprechen[3].

---

lichen Punkten richtig ist; vgl. E. 55, 133 (dazu betr. Gesamtbehauptungen E. 64, 284).

Daß die „Erweislichkeit“ objektiv festzustellen ist und sich nicht etwa der Vorsatz darauf bezieht, ist durchaus herrschende Ansicht; vgl. auch RG. E. 25, 355; 40, 101. Die Erklärungen dafür lauten verschieden. So nimmt z. B. v. Liszt hier eine Bedingung der Strafbarkeit an. Wesentlich im Sinne des obigen Textes z. B. Frank, § 186 III.

[1] Nach § 190 ist bei Vorwurf strafbarer Handlungen der Wahrheitsbeweis erbracht durch rechtskräftige Verurteilung der Beleidigten; ausgeschlossen bei rechtskräftiger Freisprechung. — Bei schwebendem Strafverfahren ist der Beleidigungsprozeß bis zur Erledigung jenes Verfahrens auszusetzen (vgl. § 191).

[2] Die sachliche Berechtigung dieses Satzes liegt darin: Im sozialen Leben sind wir sehr häufig genötigt oder mindestens mit allem Grunde veranlaßt, zur Wahrnehmung berechtigter Interessen abfällige Äußerungen über Andere zu tun, die inhaltlich unter den Begriff der Beleidigung fallen. Auch der anständige und vorsichtige Mensch aber kann dies nur unter gewissenhafter Würdigung der ihm erkennbaren Sachlage zur Zeit der Tat, also, wie der Beamte, der Arzt usw., nur auf Grund pflichtmäßigen Ermessens (vgl. oben S. 109, Nr. 3). Deshalb müssen solche Handlungen hier wie dort als rechtlich erlaubt (objektiv rechtmäßig) erklärt werden, wenn nicht das soziale Leben selbst Schaden leiden soll.

Unzutreffend nahm hier RG. E. 64, 23 nur einen Schuldausschließungsgrund an; richtig E. 64, 134 (und dort zitierte): „ein auch die Widerrechtlichkeit ausschließender Rechtfertigungsgrund“ persönlicher Art.

Das Gesetz erwähnt in § 193 eine ganze Reihe von Einzelfällen, die sämtlich, sofern sie in concreto überhaupt sachlich Beleidigungen enthalten, unter den Begriff der Wahrnehmung berechtigter Interessen fallen (vgl. dazu auch oben S. 108, IV Nr. 1): „Tadelnde Urteile über wissenschaftliche, künstlerische oder gewerbliche Leistungen, ingleichen Äußerungen, welche zur Ausführung oder Verteidigung von Rechten oder zur Wahrnehmung berechtigter Interessen gemacht werden sowie Vorhaltungen und Rügen der Vorgesetzten gegen ihre Untergebenen, dienstliche Anzeigen oder Urteile von seiten eines Beamten und ähnliche Fälle.“ Beispiel für letzteres: gutgläubige Strafanzeige; Zeugenaussage (E. 41, 254); Materialsammlung zwecks Verteidigung (E. 59, 172).

[3] Vgl. auch RG. E. 42, 443 (nicht berechtigt: „Widerspruch mit dem, was Recht und gute Sitte erheischen“); E. 58, 39 (was „den Anforderungen von Recht und Sittlichkeit zuwider“ ist). Vgl. auch Frank, § 193 III. Ein Ziel, dessen Verfolgung nicht im Widerspruch mit Recht oder Sitte steht.

Berechtigte Interessen sind danach zunächst selbstverständlich alle von der Rechtsordnung anerkannten, also rechtlich geschützten Interessen, einschließlich sachlicher Bestrebungen nach begründeter Verbesserung dieses Schutzes. In gleicher Weise aber auch die Interessen von Religion, Moral und Sitte wie des sonstigen wirtschaftlichen und sozialen Zusammenlebens (z. B. wissenschaftliche, künstlerische Interessen).

Gleichgültig ist es, ob es sich dabei um private[1] oder um öffentliche Interessen handelt[2].

Andererseits gewährt § 193 keinen Freibrief für überflüssige Beleidigungen. Die Kundgebung darf daher weder bewußt unwahr[3] noch leichtfertig[4] (also fahrlässig unrichtig) sein. Und sie darf ihrem sachlichen Inhalt nach das zur Wahrnehmung des berechtigten Interesses erforderliche Maß nicht überschreiten[5]. Subjektiv

---

[1] Auch um Interessen Dritter (z. B. Ehre eines anderen). Das ist sittlich zu billigende Menschenhilfe, juristisch Geschäftsführung ohne Auftrag, vgl. oben S. 124, Nr. 2; näher Strafr. II, 257, 267/68. Dafür auch insbes. FRANK, § 193 III 2b. Dagegen fordert RG. „nahe angehende" Interessen; vgl. die folgende Anm. Das bedeutet Bestrafung gerade des verdienstlichen Altruismus.

[2] So auch ein Teil der Literatur (insbes. FRANK, a. a. O.) wie (auf meinen Antrag) d. IKV., Bonner Tagung, 1926, S. 218. Dagegen fordert das RG., daß die Interessen den Täter „nahe angehen". So z. B. Gemeindeinteressen (E. 25, 263; 59, 172; 63, 202; 64, 13); ferner z. B. bejaht beim Rechtsanwalt (E. 47, 117), beim Auskunftsbüro (E. 37, 104; 38, 131).

In schärfster Fassung erklärt dazu neuerdings E. 62, 93, „daß allgemeine Interessen, die jeden Staatsbürger oder doch größere, durch Religion, Politik od. dgl. allgemeine Gesichtspunkte verbundene Gruppen von Staatsbürgern berühren, als solche in der Regel" nicht unter § 193 fallen (Ausnahme insbes. Strafanzeigen; Kritik: eine Selbstverständlichkeit). „Dies gilt auch von dem Interesse nationalgesinnter Staatsbürger an der Führung einer nationalen Politik und von dem Interesse aller gutgesinnten Staatsbürger an der Wahrung der Sauberkeit des öffentlichen Lebens" (sic!). Auch nicht „jeder in der Politik tätige Staatsbürger" habe dies Recht. Sonst wäre die Ehre der im öffentlichen Leben stehenden Persönlichkeiten „jederzeit den schwersten unbeweisbaren Angriffen eines jeden beliebigen Staatsbürgers ausgesetzt" (?), und dadurch würde „anständigen Leuten die Lust genommen, im öffentlichen Leben tätig zu sein".

Kritik: a) § 193 gestattet (vgl. das Folgende) nicht beliebige Angriffe, sondern nur gewissenhaftes (nicht fahrlässiges) Vorbringen, das sachlich zur Wahrung des berechtigten Interesses erforderlich ist und nach Form bzw. Umständen diese Grenzen nicht überschreitet. Solche Kritik aber muß der im öffentlichen Leben Stehende ertragen. Dazu unten S. 217, Anm. 2.

b) Gerade der tüchtige und anständige Staatsbürger soll für öffentliche Interessen eintreten. Darauf allein kann ein gesundes öffentliches Leben im konstitutionellen Staate beruhen, erst recht in der Demokratie. Die Presse hat dabei dasselbe Recht wie jeder Einzelne. Der Standpunkt des RG. gefährdet gerade die anständige Kritik, während die unanständige Beleidigungsstrafen mit in den Kauf nimmt. Vgl. bereits Strafr. II, 267/68.

[3] So auch grundsätzlich das RG., aber mit dem Vorbehalt von Ausnahmen, insbes. zwecks Rechtsverteidigung; vgl. E. 42, 411; E. 58, 39. Kritik: In solchen Fällen handelt es sich um die allgemeinen Grundsätze über Notwehr bzw. Notstand; vgl. oben S. 214, Anm. 3.

[4] So erfreulicherweise jetzt auch scharf RG. E. 63, 202 (204); vgl. auch E. 64, 14 („nach pflichtgemäßer Prüfung"); zur Kritik näher Strafr. II, 267/68.

[5] Das RG. E. 64, 13 erklärt dazu: „daß hierbei der Gesichtspunkt des Notstands (im weitesten Sinne) — der ‚Interessenkollision' — zugrunde gelegt wurde, entspricht der neuen Rechtsprechung des RG. (E. 62, 92ff.; E. 63, 202)". Dabei

muß sie erfolgen „zur" Wahrnehmung jenes Interesses, also in dieser Absicht[1].

3. Strafbar nach § 185 bleibt der Täter auch bei inhaltlich rechtmäßigen Kundgebungen der vorstehenden Nummern 1 und 2, „wenn das Vorhandensein einer Beleidigung aus der Form der Behauptung oder Verbreitung oder aus den Umständen, unter welchen sie geschah, hervorgeht" (StrGB. §§ 192, 193). Nicht die Kundgebung als solche also ist dann strafbar, wohl aber die unnötig beleidigende Überschreitung des Erforderlichen nach Form oder Umständen[2].

IV. **Gegenstand** der Beleidigung kann jeder Mensch sein, auch Kinder und Geisteskranke[3], soweit hier eine Kränkung des Ehrgefühls oder Schädigung des guten Rufes möglich ist[4]. Durchaus möglich ist auch Beleidigung Verstorbener[5], aber nur im schwersten Falle, der Ver-

verweist E. 62, 93 ausdrücklich auf FRANK und auf E. 61, 93. (Prinzip des überwiegenden Interesses.)

Ich halte letzteres für nicht annehmbar, weil sachlich zu eng (Beispiel: Ehre steht gegen Ehre); vgl. dazu näher oben S. 118. — Mir scheint befriedigend und klar der Gesichtspunkt des erforderlichen Maßes (vgl. Notwehr, oben S. 113), mit dem im Ergebnis auch das RG. mehrfach arbeitet. Beispiele: E. 42, 443: zur Verteidigung nicht erforderliche Beleidigung; E. 63, 203: unnötiges Veröffentlichen statt Beschwerde. — Im Zweifel ist freizusprechen; vgl. oben S. 169, Nr. 2.

[1] Vgl. E. 61, 400 (nicht erforderlich ist, daß dies der einzige Zweck war).

[2] In diesem Sinne bereits die Motive zum StrGB. zu § 187 (jetzt 192); dagegen sprechen die Motive bei § 188 (jetzt 193) von der „Absicht zu beleidigen". Diese Absicht erklärt leider auch das RG. für maßgebend; vgl. z. B. E. 40, 317; 41, 254 (256); 45, 138; 59, 416.

Das völlig unbefriedigende Ergebnis ist dann: die §§ 192/93 lassen auch solche Kundgebungen straflos, die nach Form oder Umständen unnötig beleidigend sind, sofern nur der Täter nicht mit Beleidigungsabsicht, also zum Zweck der Beleidigung, handelte. An solchen unnötigen Beleidigungen aber besteht keinerlei „berechtigtes" Interesse, sie verstoßen gegen Sittlichkeit und gute Sitte (oben S. 215, Anm. 3). Sie sind geeignet, „anständigen Leuten die Lust" zu nehmen, „im öffentlichen Leben tätig zu sein" (oben S. 216, Anm. 2), und schädigen ebenso das Privatleben.

Dazu kommt, daß Beleidigungsabsicht für die Strafbarkeit der Beleidigung grundsätzlich gleichgültig ist (oben S. 213, Anm. 3); und daß das Gesetz vom „Vorhandensein" einer Beleidigung, nicht von Absicht spricht. Gegen das RG. auch insbes. FRANK, § 192 I. Im Sinne des obigen Textes beschloß einstimmig auch die IKV. (oben S. 216, Anm. 2).

Beispiele für Strafbarkeit: Form: Schimpfwörter; vgl. auch E. 60, 335 („scheren Sie sich weg"). Umstände: Dienstliche Rüge in Gesellschaft; unnötiges Hinauszerren von Privatangelegenheiten in die Öffentlichkeit.

[3] Vgl. E. 27, 366 (Unzüchtigkeiten); so auch E. 29, 398 (oben S. 213, Anm. 2); herrschende Ansicht.

[4] Im übrigen kann hier evtl. eine Beleidigung von Angehörigen bzw. Fürsorgepersonen in Frage kommen.

[5] Das wird überwiegend bestritten und hier Schutz der Familienehre bzw. des Pietätsgefühls angenommen. Kritik: Das Ehrgefühl des Verstorbenen kann nicht mehr angegriffen werden, wohl aber sein guter Ruf (vgl. oben S. 213). Denn dieser besteht fort, solange die Erinnerung an den Toten währt.

leumdung, strafbar (StrGB. § 189)[1]. Möglich ist ferner Beleidigung einer Personenmehrheit unter einer Gesamtbezeichnung[2]. Ebenso Beleidigung von rechtlich gebilligten Personenverbänden[3], mögen sie juristische Personen sein oder nicht[4].

V. **Kreditgefährdung**: Als „verleumderische Beleidigung" straft § 187 StrGB. auch die Kreditgefährdung durch Behauptung oder Verbreitung unwahrer Tatsachen wider besseres Wissen. Das ist verfehlt. Die Kreditgefährdung kann zugleich vorsätzlicher Angriff auf die Ehre sein. Dann fällt sie bereits unter den gewöhnlichen Begriff der Verleumdung[5]. Sie braucht aber keinen Angriff auf die Ehre zu enthalten[6].

---

[1] Strafe: Gefängnis bis 6 Monate; bei mildernden Umständen Geldstrafe zulässig.

[2] So zunächst selbstverständlich, wenn damit erkennbar bestimmte Einzelne oder alle gemeint sind (Beispiel: E. 45, 138: Bezeichnung der zur Unterdrückung von Unruhen herangezogenen Polizeibeamten als „Knüppelgardisten"). Aber auch bei allgemeinen, die Ehre der Gesamtheit angreifenden Kundgebungen (vielfach bestritten). Es besteht kein ausreichender Grund, hier unnötige Beleidigungen (im Gegensatz zu wahren und durch § 193 gedeckten Äußerungen) straffrei zu lassen. Es fördert dies vielmehr eine Verrohrung und Vergiftung des öffentlichen Lebens. Vgl. dazu im Ergebnis RG. R. 1, 292: der preußische Richterstand; E. 31, 185: die Deutschen in den polnischen Grenzbezirken; E. 33, 46: die Großgrundbesitzer einer bestimmten Provinz; Leipz. Z. 9, 60: die deutschen Offiziere; Goltd. Arch. 48, 121: die Geistlichen christlicher Religion.

Dagegen seiner Zeit (1881) in R. 3, 606 verneint betr. „die Juden". Mir scheint dies Urteil unzutreffend und durch die neuere Rechtsprechung überholt. Beleidigende antisemitische Hetze verdient ebensowenig Schutz wie die neuerdings auftretende antichristliche. Jetzt aber leider wieder im obigen Sinne RG. Nov. 1930, Goltd. Arch. 75, 295.

[3] Aus dem StrGB. selbst ergibt sich indirekt der Strafschutz für Behörden, gesetzgebende Versammlungen und politische Körperschaften (vgl. §§ 196/97 betr. Antragsrecht). Unzutreffend ist es, aus dieser prozessualen Vorschrift mit argumentum a contrario auf Straflosigkeit in sonstigen Fällen zu schließen. Jeder brauchbare Verband hält auf seine Ehre, die von der der Mitglieder verschieden ist. Es ist lebensfremde Dogmatik, jener den Strafschutz zu versagen und damit zugleich überflüssige und sozial schädliche Beleidigungen für straffrei zu erklären. So aber leider die überwiegende Ansicht. Wesentlich im Sinne des Textes insbes. Frank, vor § 185 II.

[4] Denn die Verleihung jener Eigenschaft hat mit der durch das Leben bestimmten Ehre des Verbandes nichts zu tun, sondern sie erfolgt aus zivilrechtlichen bzw. staats- und verwaltungsrechtlichen Gründen (die Literatur schränkt hier meist ein).

Ausdrücklich anerkannt ist das Recht auf Privatklage, damit die Beleidigungsfähigkeit, in StrPO. § 414 (alte Fassung; damals kam nur Beleidigung in Betracht, heute ebenso § 374), „wenn Korporationen, Gesellschaften oder andere Personenvereine, welche als solche in bürgerlichen Rechtsstreitigkeiten klagen können, die Verletzten (!) sind".

[5] Beispiel: Wahrheitswidrige Angabe von Tatsachen, wonach X wegen liederlicher Geschäftsführung vor dem Bankrott stehe.

[6] Beispiel: Unwahre Behauptung, daß X das Unglück eines Schiffsuntergangs gehabt habe und deshalb in Zahlungsnot sei.

Dann ist sie reines Vermögensdelikt und gehört nicht an diese Stelle[1].

VI. Bei **Erwiderung einer Beleidigung** „auf der Stelle“[2] kann der Richter einen oder beide Beleidiger „für straffrei erklären“ (StrGB. § 199, sog. Retorsion bzw. Kompensation). Es handelt sich hier um einen eigenartigen Fall staatlichen Verzichts auf Strafe angesichts privater Genugtuung. Vgl. dazu auch StrGB. § 233, oben S. 198, Nr. 2.

VII. Die Beleidigung ist **Antragsdelikt**, Zurücknahme des Antrags zulässig (StrGB. § 194)[3]. Selbständig antragsberechtigt ist der Ehemann (§ 195) und der amtliche Vorgesetzte (§ 196)[4]. Bei Beleidigung Verstorbener sind antragsberechtigt die Eltern, Kinder und der Ehegatte (§ 189). Nicht Antrags-, sondern sog. Ermächtigungsdelikt[5] ist die Beleidigung gesetzgebender Versammlungen und politischer Körperschaften (§ 197).

VIII. Eigenartige **Rechtsfolgen** der Beleidigung sind[6]: 1. Anspruch auf Buße bei übler Nachrede und Verleumdung (§§ 186/87) im Falle nachteiliger Folgen für Vermögen, Erwerb oder Fortkommen (StrGB. § 188). Vgl. dazu oben S. 198 Nr. 3.

2. „Dem Beleidigten ist auf Kosten des Schuldigen eine Ausfertigung des Urteils zu erteilen“ (§ 200 Abs. 3).

3. Dem öffentlich oder durch Verbreitung von Schriften, Darstellungen oder Abbildungen Beleidigten ist „die Befugnis zuzusprechen, die Verurteilung auf Kosten des Schuldigen öffentlich bekanntzumachen“ (§ 200 Abs. 1)[7].

Bei Beleidigung in einer Zeitung oder Zeitschrift insbes. ist auf Antrag der verfügende Teil des Urteils öffentlich bekanntzumachen und zwar möglichst in gleicher Weise (§ 200 Abs. 2)[8].

[1] Die Entwürfe haben die Vorschrift daher gestrichen, unter Hinweis auf § 15 d. Ges. über unlauteren Wettbewerb v. 1909 (vgl. Denkschrift 1919, S. 291); vgl. dazu auch BGB. § 824.

[2] D. h. in der Erregung bei Kenntnisnahme, auch wenn letztere erst später (z. B. durch Mitteilung eines Dritten) erfolgt; vgl. dazu auch E. 38, 339 (nicht notwendig „Zug um Zug“).

[3] Vgl. dazu über Strafantrag oben S. 149ff. Bei wechselseitigen Beleidigungen muß der Beklagte den Antrag spätestens vor Schluß der Verhandlung erster Instanz stellen, darf dies aber auch nach Ablauf der dreimonatlichen Frist (§ 198). Es soll hier also das innerlich Zusammengehörige einheitlich erledigt werden. „Wechselseitig“ sind danach gegenseitige und in Kausalzusammenhang stehende Beleidigungen (letzteres streitig; dafür insbes. Frank, und dort Zitierte, dagegen seiner Zeit RG. E. 2, 87, v. Liszt usw.).

[4] „Wenn die Beleidigung gegen eine Behörde, einen Beamten, einen Religionsdiener oder ein Mitglied der bewaffneten Macht, während sie in der Ausübung ihres Berufs begriffen sind, oder in Beziehung auf ihren Beruf begangen ist.“

[5] Vgl. dazu oben S. 151, Nr. 6.

[6] Vgl. dazu auch unten § 103, VI; § 105, V.

[7] Art und Frist ist im Urteil zu bestimmen (§ 200[1]).

[8] In derselben Zeitung bzw. Zeitschrift, in demselben Teile, mit derselben Schrift.

§ 64. Verletzung fremder Geheimnisse.

Das Strafgesetzbuch enthält zwei Fälle:

I. Verletzung des **Briefgeheimnisses** (StrGB. § 299)[1]: Gegenstand ist ein „verschlossener Brief oder eine andere verschlossene Urkunde, die nicht zu seiner (des Täters) Kenntnisnahme bestimmt ist". Urkunde bezeichnet hier jedes Schriftstück. „Verschlossen" sind nicht etwa bereits unter Verschluß aufbewahrte, sondern lediglich solche Schriftstücke, an denen selbst ein Verschluß, also eine das Öffnen hindernde Vorrichtung, angebracht ist. Die Ausführungshandlung besteht im unbefugten Eröffnen, d. h. in der Beseitigung des Verschlusses[2] ohne besondere Befugnis[3]. Zum Vorsatz gehört das Bewußtsein solcher Eröffnung[4]. Die Tat ist Antragsdelikt[5].

II. Verletzung **anvertrauter Privatgeheimnisse**[6] (StrGB. § 300): 1. Strafbar[7] sind nach § 300 nur bestimmte Personen: „Rechtsanwälte[8], Notare, Verteidiger in Strafsachen[9], Ärzte[10], Hebammen, Apotheker sowie die Gehilfen[11] dieser Personen".

2. Die strafbare Handlung besteht in der unbefugten Offenbarung beruflich anvertrauter Privatgeheimnisse. „Privatgeheimnisse" sind Tatsachen, die nicht offenkundig sind und deren Geheimhaltung im Interesse der Privatperson liegt, die sie betreffen[12]. „Anvertraut"

---

[1] Vgl. dazu Preuß. Landrecht II, 20, § 1370; Preuß. StrGB. 1851, § 280. — Strafe nach § 299: Geldstrafe oder Gefängnis bis 3 Monate.

[2] Also Entfernung oder Umgehung derart, daß Kenntnisnahme vom Inhalt möglich ist; nicbt aber z. B. Durchleuchten, das den Verschluß nicht aufhebt.

[3] In dieser Richtung gelten die allgemeinen Grundsätze über rechtmäßiges Handeln. Wichtig hier auch die Geschäftführung ohne Auftrag; vgl. oben S. 123, Anm. 3.

[4] Wenn die herrschende Ansicht hier das Bewußtsein des Unbefugten fordert, so ist das nur im obigen Sinne zutreffend; vgl. auch oben S. 110, VI.

[5] Antragsberechtigt ist der, dem die Befugnis zum Eröffnen zusteht; regelmäßig also der Eigentümer, evtl. der Absender; bei Postsendungen nach erfolgter Bestellung der Adressat.

[6] Die Vorschrift schließt an Preuß. Landrecht § 505 und Preuß. StrGB. § 155 an. Im Landrecht erscheint sie unter den „Verbrechen der Diener des Staates", im Preuß. StrGB. als Beleidigung („Verletzungen der Ehre").

[7] Strafe: Geldstrafe oder Gefängnis bis 3 Monate (wie in § 299).

[8] Also nicht sonstige Prozeßagenten. Das weitere Wort des Gesetzes: „Advokaten", ist heute bedeutungslos.

[9] Vgl. StrPO. § 138.

[10] D. h. staatlich approbierte Ärzte, einschließlich der Zahnärzte (herrschende Ansicht); also nicht Kurpfuscher. „Wundärzte", die das Gesetz daneben erwähnt, gibt es heute nicht mehr.

Auch die Hebammen und Apotheker müssen staatlich approbierte sein.

[11] Nach herrschender Ansicht nur berufsmäßige Gehilfen.

[12] Vgl. dazu RG. E. 13, 60; 26, 6; 38, 62 (65) betr. Fälle ärztlicher Behandlung. Zu weitgehend m. E. z. B. Frank, der hierher auch Staats- und Amtsgeheimnisse rechnet, soweit nur eine Privatperson an ihrer Bewahrung Interesse hat; zu eng v. Liszt usw. (Tatsachen des Privatlebens).

sind alle Geheimnisse, die dem Täter in Ausübung seines Berufs bekannt geworden sind[1]. „Offenbaren" bedeutet jede Mitteilung des Geheimnisses an einen Dritten, dem es noch nicht sicher bekannt ist[2]. „Unbefugt" ist auch hier jede Offenbarung, zu der keine besondere Befugnis besteht[3]. Zum Vorsatz gehört das Bewußtsein solcher Offenbarung[4]. Die Tat ist Antragsdelikt[5].

III. **Einzelvorschriften** über unbefugte Offenbarung von Privatgeheimnissen enthalten die Gesetze über unlauteren Wettbewerb (1909, §§ 17, 18, 20) und über Geschlechtskrankheiten (1927, § 10); ferner auch die Versicherungs-[6] und die Steuergesetze[7].

Amtsverbrechen sind die §§ 353a, 354/55 StrGB.; vgl. unten § 82, VI.

§ 65. Verletzungen des Urheber- und Erfinderrechts.

I. Die **Entwicklung unserer Gesetzgebung**, auf diesem Gebiet bereits 1870 einsetzend, zeigt das unten wiedergegebene Bild[8].

---

[1] Also insbes. auch durch Untersuchung, nicht notwendig durch Mitteilung; vgl. RG., vorige Anm.

[2] Vgl. RG., oben Anm.

[3] In dieser Hinsicht gelten die allgemeinen Grundsätze über Rechtmäßigkeit. Im Einzelnen sei bemerkt: Einwilligung des Betroffenen schließt selbstverständlich die Rechtswidrigkeit aus; vgl. auch E. 38, 62 (66). — Wer als Zeuge vor Gericht das Zeugnis verweigern darf, ist dennoch zur Aussage berechtigt; vgl. E. 19, 364; 48, 269; 57, 63 (Arzt). Entsprechendes hat m. E. betr. Anzeige begangener Verbrechen zu gelten. — Wichtig ist der Fall der Pflichtenkollision; vgl. E. 38, 62 (Mitteilung syphilitischer Erkrankung an eine sonst der Ansteckung ausgesetzte Person); dazu näher oben S. 120. — In Betracht kommen weiter gesetzliche Anzeigepflichten: So StrGB. § 139 (dazu Sprengstoffgesetz 1884, § 13; Spionagegesetz 1914, § 9); Ges. betr. gemeingefährliche Krankheiten 1900, §§ 1ff., betr. Geschlechtskrankheiten 1927, § 9. —

Keine Befugnis zur Offenbarung gewährt die Verfolgung wissenschaftlicher Zwecke (hier ist auch Bekanntgabe der Person sachlich überflüssig). Wer sich aber als gewöhnlicher Patient (Gegensatz: Privatpatient) in eine Universitätsklinik aufnehmen läßt, unterwirft sich damit der Vorstellung zu Lehrzwecken.

[4] Vgl. E. 38, 62 (64/65); Bewußtsein unbefugter Offenbarung; zur Kritik vgl. oben S. 220, Anm. 4.

[5] Verletzt, daher antragsberechtigt, ist sowohl der Anvertrauende als derjenige, dessen Geheimnis in Frage steht. So auch insbes. FRANK; teilweise bestritten; so nach E. 13, 63/65 nur der Anvertrauende.

[6] Reichsversicherungsordnung 1911, §§ 142—145; Angestelltenversicherungsgesetz 1911, §§ 350—353.

[7] Vgl. insbes. Reichsabgabenordnung v. 1919, § 376; jetzt 1931, § 412.

[8] 1. Urheberrecht:

a) Gesetz üb. d. Urheberrecht an Schriftwerken usw. 11. Juni 1870 (RGBl. 339ff.); heute als „Gesetz üb. d. Urheberrecht an Werken d. Literatur und Tonkunst v. 19. Juni 1901 (RGBl. 227); Änderungen 22. Mai 1910 (RGBl. 793).

b) Ges. üb. d. Urheberrecht an Werken der bildenden Künste, 9. Jan. 1876

II. Sachlich handelt es sich hier um den **Schutz geistiger Arbeit** auf den Gebieten der Literatur und Kunst wie des Gewerbes gegen unbefugte Ausnutzung durch Dritte. Der vielfach übliche Ausdruck „geistiges Eigentum"[1] kennzeichnet also nicht eine Herrschaft über körperliche Sachen, sondern die beliebige und gegenüber jedem Dritten wirksame Herrschaft über geistige Schöpfungen. Es handelt sich dabei keineswegs nur um wirtschaftliche Werte[2], sondern, insbes. auf dem Gebiete der Literatur und Kunst, in breitem Umfang um den Schutz geistiger Interessen als solcher. Insgesamt bietet erst dieser Rechtsschutz die Möglichkeit einer befriedigenden Entfaltung geistigen Schaffens[3].

III. Ein näheres Eingehen auf die **Deliktstatbestände** unserer Gesetze ist hier nicht möglich[4]. Beim Urheberrecht (Literatur und Kunst) wird Schutz gewährt gegen unbefugte Vervielfältigung, gewerbsmäßige Verbreitung, Aufführung bzw. Vorführung, Mitteilung des wesentlichen Inhalts, unterlassene Quellenangabe (Plagiat); beim Erfinderrecht entsprechend gegen unbefugte Nachbildung und Verwertung sowie gegen unbefugte Vorspiegelung von Patentschutz.

(RGBl. 4ff.); heute, ausgedehnt auf Photographie, Fassung v. 9. Jan. 1907 (RGBl. 7ff.); Ergänzung 22. Mai 1910 (RGBl. 797).

c) Ges. üb. d. Verlagsrecht, 19. Juni 1901 (RGBl. 217); Zusätze 22. Mai 1910 (RGBl. 796).

2. Erfinderrecht:

a) Ges. üb. Markenschutz, 30. Nov. 1874 (RGBl. 135); heute ersetzt durch Ges. z. Schutz d. Warenbezeichnungen v. 12. Mai 1894 (RGBl. 441); Fassung v. 7. Dez. 1923 (RGBl. II, 445).

b) Ges. üb. d. Urheberrecht an Mustern und Modellen, 11. Jan. 1876 (RGBl. 11ff.); betr. Gebühren RGBl. 1922, II, 774.

c) Patentgesetz, 25. Mai 1877 (RGBl. 501ff.); dann v. 7. Apr. 1891 (RGBl. 79ff.); Fassung jetzt v. 7. Dez. 1923 (RGBl. II, 437ff.). Dazu Ges. betr. Patentanwälte v. 21. Mai 1900 (RGBl. 233).

d) Ges. betr. d. Schutz v. Gebrauchsmustern, 1. Juni 1891 (RGBl. 290ff.); Fassung v. 7. Dez. 1923 (RGBl. II, 444).

[1] Er ist oft beanstandet, aber volkstümlich und in dem oben verwerteten Sinne auch juristisch zutreffend.

[2] Vgl. dazu betr. Eigentum unten S. 236/37.

[3] Zur Geschichte: Um 1450 (Gutenberg) entsteht die Buchdruckerkunst; vgl. dazu auch Strafr. I,162, 215. Seitdem beginnen Druckprivilegien (z. B. kaiserliches Druckprivileg an Ivo Schöffer, Mainz, 1533, für die Carolina; vgl. Strafr. I, 174, 212). Erst allmählich, insbes. im 18. Jahrhundert, dringt die Strafbarkeit des Nachdrucks durch. Das Preuß. Landrecht behandelt ihn in dem Titel „von Eigennutz und Betrug" (§§ 1294ff.) zwischen Wucher und Glücksspiel. Erst das 19. Jahrhundert, insbes. das Reichsrecht, schuf die heutige Auffassung, auch auf den übrigen hierher gehörigen Gebieten.

[4] Vgl. darüber die ausführliche Darstellung von Ebermayer in Stenglein, Nebengesetze, 5. Aufl., I, 1928, S. 1ff.

§ 66. Verbrechen gegen das persönliche Familienrecht.

Es handelt sich hier um die Delikte gegen Personenstand und Ehe.

I. **Personenstand** (StrGB. § 169)[1]. 1. Strafbar ist[2], „wer den Personenstand eines anderen vorsätzlich verändert oder unterdrückt". Personenstand ist die durch die Familienangehörigkeit bedingte Rechtsstellung einer Person[3]. Er ist verändert, wenn an die Stelle des richtigen ein unrichtiger Personenstand vorgetäuscht wird[4]; unterdrückt, wenn der vorhandene Personenstand der Kenntnisnahme entzogen wird[5]. Zur Vollendung gehört die Herbeiführung eines „tatsächlichen Zustands, vermöge dessen verhindert oder wenigstens erschwert wird, daß das wirklich vorhandene familienrechtliche Verhältnis einer Person zur praktischen Geltung kommt"[6]. Der Versuch ist strafbar (§ 169 Abs. 2), Einwilligung des Betroffenen gleichgültig[7]. Zum Vorsatz gehört das Bewußtsein der Täuschung über das wahre familienrechtliche Verhältnis[8].

Nicht strafbar ist Veränderung bzw. Unterdrückung des eigenen Personenstandes[9].

2. Sonderfall, Kindesunterschiebung (StrGB. § 169): „Wer ein Kind unterschiebt oder vorsätzlich verwechselt". „Kind" ist hier, wer wegen jugendlichen Alters noch nicht selbst über seine Familien-

---

[1] Geschichte: Das römische Recht straft die Kindesunterschiebung und die Beilegung falscher Familienbeziehung zwecks Bereicherung als falsum; vgl. näher Mommsen, 676, 860[1]. Dem deutschen Recht ist das Delikt anscheinend unbekannt, auch die Carolina schweigt. Im Preuß. Landrecht erscheint die Kindesunterschiebung (§§ 1435—1439) unter dem Titel „von Eigennutz u. Betrug". Im Preuß. StrGB. 1851 § 138 dann der heutige Standpunkt.

[2] Strafe: Gefängnis bis 3 Jahre, bei gewinnsüchtiger Absicht Zuchthaus bis 10 Jahre.

[3] Vgl. E. 41, 302: „Das familienrechtliche Verhältnis einer einzelnen Person zu anderen Personen" (auch die außereheliche Vaterschaft; dazu die dort zit. früheren Urteile).

[4] Beispiel: Herbeiführung der Eintragung eines unehelichen Kindes ins Standesregister als ehelich.

[5] Beispiel: Ein Kind wird als angeblich gefunden und unbekannter Herkunft ausgegeben.

In weiterem Sinne deckt das Wort „unterdrücken" beide obigen Fälle; so gebraucht es z. B. RG. E. 41, 302ff.

[6] So E. 41, 304 (länger dauernde Täuschung des Vormundschaftsgerichts). Vgl. auch E. 36, 137 (Erfolgreiche Vorspiegelung ehelicher Geburt des Kindes gegenüber dem Ehemann). E. 56, 134 (Dauerndes erfolgreiches Ausgeben der Konkubine als Ehefrau). Gegensatz: Unrichtige Angaben in Einzelfällen.

[7] Denn es handelt sich hier zugleich entscheidend um den Schutz Dritter bzw. öffentlicher Interessen. Vgl. auch E. 41, 304 (308), Interessen der Allgemeinheit.

[8] Vgl. auch (ausführlicher) E. 41, 304.

[9] Beispiel: Ein Schwindler tritt erfolgreich als Graf X auf; hier evtl. StrGB. § 360 Nr. 8.

zugehörigkeit Bescheid weiß[1]. „Unterschieben" bedeutet: zu Unrecht als von einer bestimmten Frau geboren hinstellen[2]; „Verwechseln": mit einem anderen Kinde vertauschen.

3. Über strafbare Verletzung von Anzeigepflichten vgl. Personenstandsgesetz von 1875 § 68.

II. Ehe: 1. Ehebetrug (StrGB. § 170)[3]. Hier kommt die Ehe zustande auf Grund arglistiger Täuschung[4] seitens des einen Teils über einen gesetzlichen Nichtigkeits- oder Anfechtungsgrund[5]. Bedingung der Strafbarkeit ist die Auflösung der Ehe aus jenem Grunde[6]. Die Tat ist Antragsdelikt[7].

Über strafbares Verhalten von Standesbeamten und Geistlichen beim Eheabschluß vgl. Personenstandsgesetz von 1875 §§ 67, 69; StrGB. § 338 (unten § 82, IV, 2).

2. Ehebruch (StrGB. § 172)[8]. Ehebruch ist der außereheliche Beischlaf einer verheirateten Person[9]. Strafbar[10] sind beide Beteiligte[11]

---

[1] Daher die Pläne des Täters nicht vereiteln kann.

[2] Z. B. statt eines totgeborenen Kindes.

[3] Strafe: Gefängnis nicht unter 3 Monaten.

[4] Zur „arglistigen" Täuschung gehört nach überwiegender Ansicht das Bewußtsein, dem anderen Teile etwas in seinem Sinne Übles anzutun; so insbes. Frank, Ebermayer, Olshausen; dagegen v. Liszt (Vorspiegelung, Unterdrückung oder Entstellung von Tatsachen).

[5] BGB. §§ 1323ff. Das StrGB. spricht ausführlicher von Verschweigen eines gesetzlichen Ehehindernisses oder einer solchen Täuschung, die den Getäuschten berechtigt, die Gültigkeit der Ehe anzufechten.

[6] Vgl. Strafr. II, 380, Anm. 1. Die herrschende Ansicht, auch RG., z. B. E. 22, 135, nimmt Prozeßvoraussetzung an. Dagegen insbes. v. Liszt (Bedingung der Strafbarkeit, vgl. dazu oben S. 148, IV).

[7] Grund: oben S. 149, Anm. 7. § 65 Abs. 2 StrGB. (Antragsrecht des gesetzlichen Vertreters) ist auch hier anwendbar; herrschende Ansicht.

[8] Geschichte: In älterer Zeit untersteht die Frau der Strafgewalt des Mannes, der Mann ist straflos. Vgl. Strafr. I, 67[10] (römisch), 102[5] (germanisch, Tacitus), dazu His, Geschichte, 1928, S. 148/50. Seit Augustus (l. Julia de adulteriis, 18 v. Chr.) trifft die Ehefrau und ihren Buhlen öffentliche Strafe, vgl. Strafr. I, 64[10], näher Mommsen, 688ff. — Im deutschen Recht finden wir Buße, Recht zur Tötung des auf frischer Tat betroffenen Ehebrechers (Strafr. I, 116); später in steigendem Maß öffentliche Strafe (Strafr. I, 132; näher His, Geschichte). In diesem Sinne, zugleich allmählich im Sinne der Gleichstellung von Mann und Frau, wirkt insbes. die kirchliche Auffassung der Ehe als Sakrament. Die Carolina Art 120, verweist auf Bestrafung nach heimischem und kaiserlichem Recht; vgl. Strafr. I, 183. Noch das Preußische Landrecht II, 20, §§ 1061—1065 zeigt teilweise strengere Behandlung der Frau.

[9] Das Gesetz setzt den Begriff als bekannt voraus. Gleichgültig ist Anfechtbarkeit der Ehe. Bei Nichtigkeit verneint die überwiegende Ansicht die Strafbarkeit. RG. R 8, 277, erklärt (m. E. mit Recht) für geschützt jede Ehe, zu deren Beseitigung es eines gerichtlichen Erkenntnisses bedarf; vgl. zum letzteren jetzt BGB. § 1329; dazu auch unten S. 225, Anm. 3.

[10] Strafe: Gefängnis bis 6 Monate.

[11] „Der schuldige Ehegatte sowie dessen Mitschuldiger."

aber nur, wenn wegen dieser Tat die Ehe geschieden ist[1]. Die Verfolgung tritt nur auf Antrag ein.

3. Doppelehe (Bigamie, StrGB. § 171)[2]. Doppelehe ist die Eingehung einer neuen Ehe durch eine verheiratete Person[3]. Strafbar sind auch hier beide Beteiligte[4]. Zum Vorsatz gehört die Kenntnis vom Bestehen der früheren Ehe[5]; es genügt dolus eventualis[6].

„Die Verjährung der Strafverfolgung beginnt mit dem Tage, an welchem eine der beiden Ehen aufgelöst, oder für nichtig erklärt worden ist“ (§ 171 Abs. 3).

4. Über Entführung vgl. oben S. 211; über Eingehung einer Ehe durch Geschlechtskranke Gesetz vom 18. Februar 1927 § 6[7].

§ 67. Verbrechen gegen die Sittlichkeit.

Sittlichkeitsdelikte sind die strafbaren Verstöße gegen die Sittlichkeit auf dem Gebiet des Geschlechtslebens. Unter diesen Begriff gehören in weiterem Sinne auch die Entführung und die Verbrechen gegen die Ehe; vgl. oben. Die eigentlichen Sittlichkeitsdelikte[8] zerfallen in folgende Gruppen:

---

[1] Betr. Bedingung der Strafbarkeit oder Prozeßvoraussetzung vgl. oben S. 224, Anm. 6. Ausgeschlossen ist Scheidung bei Einwilligung, Teilnahme oder Verzeihung des anderen Ehegatten; vgl. BGB. §§ 1565², 1570.

Der Ehebruch ist gegenüber der darin liegenden Beleidigung des anderen Teils lex specialis; vgl. E. 65, 338.

[2] Geschichte: Im römischen Recht ist die Bigamie erst seit Diocletian strafbar (nach Ermessen); vgl. Mommsen, 701. Im germanischen Recht erlaubt, von der Kirche verboten, aber noch in fränkischer Zeit straflos, wird die Bigamie seit dem 13. Jahrhundert zum schweren weltlichen Verbrechen (meist Todesstrafe, Enthauptung, vielfach Ertränken); vgl. Strafr. I, 132, 133⁶, 134³, 183¹⁰; His, a. a. O. S. 150/51. Die Carolina, Art. 121, stellt die Bigamie dem Ehebruch gleich (näher Strafr. I, 183). Im Preuß. Landrecht §§ 1066/68 Freiheitsstrafe.

[3] „Bevor seine Ehe aufgelöst oder für nichtig erklärt worden ist.“ Fassung nach EinfGes. BGB. Art. 34 V; dazu BGB. § 1309.

[4] Strafe: Zuchthaus bis 5 Jahre, bei mildernden Umständen Gefängnis nicht unter 6 Monate.

[5] Im Sinne der obigen Anm. 3.

[6] Vgl. auch RG. E. 4, 38.

[7] Strafbar ist danach das Verschweigen der Krankheit; vgl. näher § 6.

[8] Sie treten uns in verschiedener Ausprägung im römischen wie im deutschen Recht entgegen (vgl. näher römisch: Strafr. I, 64¹⁰; Mommsen, 682ff.; deutsch: Strafr. I, 116, 132 Nr. 2, 133⁶, 134³,⁴, 153; dazu His, Geschichte, 140ff.; eingehendere Darstellung auch bei v. Liszt). Die Carolina enthält: Widernatürliche Unzucht (Art. 116), Blutschande (117), Notzucht (119), Kuppelei (122/23); dazu treten die Reichspolizeiordnungen (Konkubinat, Kuppelei); vgl. näher Strafr. I, 183, 218. — Im gemeinen Strafrecht führt ungesunder religiöser Fanatismus zu ausgedehntester Behandlung; vgl. Strafr. I, 232, 234. Dagegen richtet sich der Kampf der Aufklärungszeit mit rein weltlicher Auffassung (vgl. oben S. 38, Anm. 7). Letztere zeigt sich im Preuß. Landrecht II, 20, §§ 992—1072 (Kuppelei, Hurerei, Verführung, Blutschande, Notzucht, Sodomiterey).

I. **Strafbarer außerehelicher Beischlaf**[1]: Der einfache außereheliche Beischlaf (stuprum) ist straflos; strafbar dagegen sind folgende Fälle:

1. Die **Verführung**, d. h. die Herbeiführung des Beischlafs durch Verleitung einer Frauensperson zur Einwilligung, mittels Vorspiegelung der Ehelichkeit des Beischlafs (StrGB. § 179)[2].

Ferner als Verführung eines unbescholtenen Mädchens unter 16 Jahren (StrGB. § 182). „Unbescholten" ist ein Mädchen, dem keine geschlechtlichen Ausschweifungen nachzuweisen sind[3].

2. Die sog. **Schändung**, d. h. der Mißbrauch einer willenslosen[4], bewußtlosen oder geisteskranken Frauensperson zum Beischlaf (StrGB. § 176 Nr. 2).

3. Die **Notzucht** (StrGB. § 177), d. h. die Herbeiführung des außerehelichen Beischlafs mittels Versetzung[5] einer Frauensperson in einen willenlosen oder bewußtlosen Zustand oder mittels Gewalt oder Drohung mit gegenwärtiger Gefahr für Leib oder Leben[6].

4. Die **Blutschande** (Incest, StrGB. § 173), d. h. der Beischlaf zwischen Verwandten oder Verschwägerten auf- und absteigender Linie oder zwischen Geschwistern[7]. Dritte Personen sind als Teilnehmer bzw. mittelbare Täter strafbar[8].

5. Landesrechtlich findet sich stellenweise die Bestrafung des Konkubinats (dauernde häusliche Gemeinschaft, wilde Ehe). Der R.G. hat diese Vorschriften als fortbestehend anerkannt[9].

---

[1] D. h. die natürliche Vereinigung der Geschlechtsteile (emissio bzw. immissio seminis ist nicht erforderlich).

[2] Vgl. (ausführlicher) das Gesetz. Strafe: Zuchthaus bis 5 Jahre, bei mildernden Umständen Gefängnis nicht unter 6 Monate; Antragsdelikt.

[3] Also auch, wenn die Jungfräulichkeit aus anderen Gründen, z. B. durch strafbare Handlungen Dritter, verloren war; vgl. näher RG. R 4, 468; E. 37, 94. — Strafe: Gefängnis bis 1 Jahr. Antragsdelikt; antragsberechtigt sind die Eltern (Vater oder Mutter) bzw. der Vormund.

[4] D. h. widerstandsunfähigen (streitig), also z. B. gefesselten, hypnotisierten. Strafe: Zuchthaus bis 10 Jahre, bei mildernden Umständen Gefängnis nicht unter 6 Monate. — Bei Verursachung des Todes durch die Handlung (vgl. dazu oben S. 148, Nr. V) Zuchthaus nicht unter 10 Jahre oder lebenslang; StrGB. § 178.

[5] Hierin liegt der Unterschied von der vorausgehenden Nummer 2 des Textes.

[6] Gegenüber der darin liegenden Beleidigung ist die Notzucht lex specialis; vgl. E. 65, 337.

Strafe: Zuchthaus, bei mildernden Umständen Gefängnis nicht unter 1 Jahr. Bei Todeserfolg StrGB. § 178; vgl. oben Anm. 4.

[7] Strafe: a) Verwandte: Aszendenten Zuchthaus bis 5 Jahre; Deszendenten: Gefängnis bis zu 2 Jahre. b) Verschwägerte und Geschwister: Gefängnis bis 2 Jahre. Als Nebenstrafe Ehrverlust zulässig. c) Straflos sind Deszendenten unter 18 Jahren (persönlicher Strafausschließungsgrund, oben S. 149, Anm. 2).

[8] Vgl. oben S. 168, Anm. 5, 6.

[9] Unter dem Gesichtspunkt der Erregung von Ärgernis; vgl. E. 33, 273 (badisches Recht); dazu Strafr. II, 51²; oben S. 75, Anm. 2 (streitig).

6. Über Strafbarkeit des Beischlafs Geschlechtskranker vgl. Reichsgesetz vom 18. Febr. 1927 § 5.

II. **Widernatürliche Unzucht** (Sodomie, StrGB. § 175). Strafbar ist hier die Vornahme beischlafsähnlicher Handlungen[1] zwischen Personen männlichen Geschlechts oder von Menschen mit Tieren[2].

III. **Vornahme unzüchtiger Handlungen.** „Unzüchtig“ sind solche Handlungen, die objektiv den Anstand in geschlechtlicher Hinsicht gröblich verletzen[3] und subjektiv auf Erregung oder Befriedigung des Geschlechtstriebes gerichtet sind[4].

Strafbar sind unzüchtige Handlungen in folgenden Fällen:

1. Gemäß StrGB. § 174, wenn der Täter unzüchtige Handlungen „mit“[5] bestimmten Personen vornimmt, die zu ihm in einem vom Gesetz ausdrücklich bezeichneten Abhängigkeitsverhältnis stehen[6].

2. Im Falle der Nötigung einer Frauensperson zur Duldung unzüchtiger Handlungen mittels Gewalt oder Drohung mit gegenwärtiger Gefahr für Leib oder Leben (StrGB. § 176 Nr. 1[7]).

---

[1] Vgl. RG., z. B. E. 20, 225; 48, 234 (nicht unter den Begriff fällt daher wechselseitige Onanie).

[2] Strafe: Gefängnis, evtl. Ehrverlust.

[3] Das Wort „gröblich“ soll die zweifellos erhebliche Verletzung kennzeichnen, nicht aber eine noch weitergehende Einschränkung darstellen. (Diese Aufgabe der Abgrenzung ist hier grundsätzlich die gleiche wie bei der Körperverletzung und Beleidigung, vgl. oben S. 195, 212.) Wenn RG. E. 32, 418 (zu § 184; anders frühere Urteile) das Wort „gröblich“ ablehnt (angesichts bedenklicher Verwertung der Vorinstanz), so ist das kein Gegensatz zu obiger Auffassung (mehrfach spricht das RG. von „Schamlosigkeit“). Wesentlich im obigen Sinne insbes. auch Frank, v. Liszt-Schmidt.

[4] Herrschende Ansicht; vgl. RG. E. 57, 239: „Absicht, die eigene oder fremde Geschlechtslust zu erregen oder zu befriedigen (Beweggrund der Geilheit)“. Siehe ferner E. 58, 277; 63, 13 und dort zit. frühere.

[5] D. h. nicht nur in Gegenwart solcher Personen, sondern mit oder an ihrem Körper; vgl. E. 49, 178.

[6] Vgl. § 174 Nr. 1: Vormünder mit ihren Pflegebefohlenen; Adoptiv- und Pflegeeltern mit ihren Kindern; Geistliche, Lehrer, Erzieher mit ihren minderjährigen Schülern oder Zöglingen. — Nr. 2: Beamte mit Personen, gegen welche sie eine Untersuchung zu führen haben oder welche ihrer Obhut anvertraut sind. — Nr. 3: Beamte, Ärzte oder andere Medizinalpersonen, welche in Gefängnissen oder in öffentlichen, zur Pflege von Kranken, Armen oder anderen Hilflosen bestimmten Anstalten beschäftigt sind mit den in jene Anstalten aufgenommenen Personen.

Strafe: Zuchthaus bis zu 5 Jahren, bei mildernden Umständen Gefängnis nicht unter 6 Monaten.

Die durch das Gesetz geschützten Personen können nicht wegen Teilnahme bestraft werden; vgl. oben S. 169, Nr. III, 1.

[7] Gegenüber der darin liegenden Beleidigung ist § 176[1] lex specialis; vgl. E. 65, 338.

3. Unzüchtige Handlungen „mit[1] Personen unter 14 Jahren"[2]. Strafbar ist sowohl die Vornahme wie die Verleitung zur Verübung oder Duldung (StrGB. § 176 Nr. 3)[3].

4. Strafbar ist, „wer durch eine unzüchtige Handlung öffentlich ein Ärgernis gibt" (StrGB. § 183)[4]. Das Wort „Handlung" umfaßt hier auch Äußerungen[5]. Zum Begriff „unzüchtig" genügt nach herrschender Ansicht hier (anders oben S. 227), „daß der Täter sich der geschlechtlichen Beziehung der begangenen Schamlosigkeit bewußt" war[6]. „Öffentlich" ist die Handlung begangen, wenn sie für einen größeren individuell nicht bestimmten Personenkreis wahrnehmbar war[7]. Das „Ärgernis", also der sittliche Anstoß in geschlechtlicher Hinsicht, muß „gegeben", d. h. bei einem Anwesenden tatsächlich eingetreten sein[8].

IV. **Gewerbsmäßige Unzucht** (Prostitution): 1. Strafbar[9] war früher gemäß StrGB. § 361 Nr. 6 eine „Weibsperson, welche gewerbsmäßig Unzucht treibt" a) wenn sie nicht polizeilicher Aufsicht unterstellt war, b) wenn sie den polizeilichen Vorschriften zuwiderhandelte.

---

[1] Vgl. oben S. 227, Anm. 5.

[2] Bei Unsicherheit über das Alter des Kindes gelten die Grundsätze des dolus eventualis.

[3] Über die Strafe und den Fall der Todesfolge vgl. oben S. 226, Anm. 4 (zu § 176 Nr. 2).

[4] Strafe: Gefängnis bis 2 Jahre (daneben evtl. Ehrverlust) oder Geldstrafe.

[5] Herrschende Ansicht, vgl. auch RG. E. 4, 130 (eingehendes Urteil); R 6, 164. Dagegen z. B. Frank. Anders oben in §§ 174, 176, weil dort nur Handlungen an bestimmten Personen in Frage kommen.

[6] „Dagegen ist nicht erforderlich, daß der Täter in geiler Absicht handelt"; so RG. E. 53, 139 („feststehende Rechtsprechung"). So z. B. auch Frank, weil es sich in § 183 um die Wirkung der Handlung nach außen handle. Dagegen v. Liszt, v. Liszt-Schmidt. Dazu auch unten S. 232, Anm. 1.

[7] Maßgebend ist also „die Möglichkeit der Wahrnehmung durch unbestimmt viele Personen", auch wenn nur ein Einzelner, z. B. der Angegriffene, die Handlung tatsächlich wahrnahm; vgl. E. 53, 139. — Dazu v. Hippel, V. D., Bes. Teil. II, 1906, S. 74, 244 (betr. §§ 131 usw.).

[8] Durchaus herrschende Ansicht, auch RG., schon E. 2, 196.

Sonst würde es genügen, daß die Handlung geeignet war, Ärgernis zu erregen; das ist aber eine unzüchtige Handlung stets, das ganze Merkmal wäre dann überflüssig; vgl. auch v. Hippel (vorige Anm. S. 244, betr. Tierquälerei, StrGB. § 360[13]).

[9] Strafe: Haft mit Arbeitszwang (§ 362 Abs. 1). Daneben die Möglichkeit der Überweisung an die Landespolizeibehörde (§ 362 Abs. 2/3); dann zulässig Unterbringung ins Arbeitshaus (bis 2 Jahre) oder (seit Gesetz v. 25. Juni 1900, sog. lex Heinze) in Besserungs- oder Erziehungsanstalt oder Asyl; Arbeitshaus seitdem unzulässig gegen Personen unter 18 Jahren. Dazu eingehend v. Hippel, D. strafrechtl. Bekämpfung von Bettel, Landstreicherei u. Arbeitsscheu, 1895, insbes. S. 265ff.; betr. Arbeitshaus ferner insbes. V. D., Bes. Teil Bd. II, 1906, S. 177ff., und neuerdings Strafr. I, 564/65.

Das Arbeitshaus ist für Sittlichkeitsdelikte nicht geeignet, kommt auch heute hier nur noch wenig zur Anwendung; vgl. unten § 96, VI, VII.

2. Heute ist statt dessen strafbar[1]: a) Nach § 361 Nr. 6: „Wer[2] öffentlich in einer Sitte oder Anstand verletzenden oder andere belästigenden Weise zur Unzucht[3] auffordert oder sich dazu anbietet.“

b) Nach § 361 Nr. 6a: „Wer gewohnheitsmäßig zum Zwecke des Erwerbes... der Unzucht nachgeht.“ Dies aber ist nicht allgemein, sondern nur in den besonderen vom Gesetz aufgezählten Fällen strafbar[4]. Das Gesetz läßt also jetzt die Prostitution als solche straflos und bemüht sich, deren für die Gesamtheit bzw. die Jugend besonders gefährlichen Auswüchse zu bekämpfen.

V. **Kuppelei** (StrGB. §§ 180/81). 1. Kuppler ist (§ 180), wer „durch seine Vermittlung oder durch Gewährung oder Verschaffung von Gelegenheit“ der Unzucht Vorschub leistet[5], also wer mit obigen Mitteln die Unzucht Dritter[6] ermöglicht oder fördert[7].

Ausdrücklich entscheidet dabei heute[8] das Gesetz zwei früher streitige Fälle: a) „Als Kuppelei gilt insbes. die Unterhaltung eines Bordells

---

[1] Änderung durch Gesetz betr. Geschlechtskrankheiten v. 18. Febr. 1927. Strafe wie früher, vgl. oben.

[2] Also — mit Recht — auch die männliche Prostitution; vgl. auch EBERMAYER, Leipz. Komm. § 361 Nr. VI, 1.

[3] Nicht nur außerehelicher Beischlaf, sondern alle unzüchtigen Handlungen im Verkehr mehrerer Personen miteinander in dem oben S. 227, Nr. III, gekennzeichneten Sinn; so das RG. E. 37, 303 (eingehendes Urteil); 41, 61; herrschende Ansicht.

[4] In der Nähe von Kirchen oder von Schulen oder anderen zum Besuche durch Kinder oder Jugendliche bestimmten Örtlichkeiten oder in einer Wohnung, in der Personen zwischen 3—18 Jahren wohnen, oder in einer Gemeinde unter 15000 Einwohnern bei entsprechender Anordnung der obersten Landesbehörde (zum Schutze der Jugend oder des öffentlichen Anstandes). Kritik: Ein insbes. im letzten Teil schlecht gearbeitetes Gelegenheitsgesetz. Als ob Jugend und Anstand nicht überall grundsätzlich gleichen Schutzes bedürften!

[5] „Vermittlung“ ist die auf das Zusammenbringen der betr. Personen zwecks Unzucht gerichtete Tätigkeit; vgl. RG. E. 15, 361; 20, 201; 29, 108.

„Verschaffung von Gelegenheit“ bedeutet die Schaffung der äußeren Voraussetzungen für die Ausübung der Unzucht; vgl. E. 15, 361. So insbes. einer Örtlichkeit für diesen Zweck (vgl. z. B. E. 40, 165), aber auch z. B. des Geldes (E. 51, 46).

Zum Begriff der Unzucht oben Anm. 3; dazu E. 37, 304 („feststehende Rechtsprechung“); E. 48, 196 (widernatürliche Unzucht einer Frau).

„Vorschub leistet“ bedeutet: objektiv günstigere Bedingungen dafür schafft (auch wenn es nicht zur Unzucht kam); so schon E. 2, 164, 259; E. 30, 25 (Zuführen eines zur Unzucht geneigten Mädchens), E. 44, 176.

[6] Abzulehnen ist es, wenn RG. E. 23, 69; 25, 369 evtl. strafbare Teilnahme derjenigen Person annimmt, deren Unzucht befördert werden soll; vgl. oben S. 169 bei Anm. 5. Gegen das RG. die herrschende Ansicht.

[7] Bedenklich hier RG. betr. Rechtspflicht des Ehemanns zur Hinderung der Unzucht der Frau usw.; vgl. näher oben S. 101, Anm. 5.

[8] Seit Ges. betr. Geschlechtskrankheiten v. 18. Febr. 1927, § 16; dazu § 17: Verbot der Kasernierung (d. h. der Beschränkung auf bestimmte Straßen oder Häuserblocks).

oder eines bordellartigen Betriebes" (§ 180 Abs. 2)[1]. b) Keine Kuppelei[2] ist andererseits das „Gewähren" von „Wohnung"[3] an Personen über 18 Jahre, es sei denn, daß damit „ein Ausbeuten"[4] oder „ein Anwerben oder Anhalten zur Unzucht" verbunden ist (§ 180 Abs. 3).

2. Strafbar ist die Kuppelei nur: a) Wenn sie „gewohnheitsmäßig oder aus Eigennutz" erfolgt (StrGB. § 180)[5].

b) Auch ohne diese Voraussetzungen in den beiden qualifizierten Fällen:

§ 181 Nr. 1[6]: Anwendung „hinterlistiger Kunstgriffe"[7].

§ 181 Nr. 2[8]: Verkuppelung bestimmter Personen: Der Ehefrau, der Kinder, Pflegebefohlener durch Vormünder, von Zöglingen[9] durch Geistliche, Lehrer, Erzieher.

VI. **Zuhälterei** (StrGB. § 181a)[10]: Zuhälter ist der männliche Beschützer und zugleich regelmäßig der Ausbeuter der gewerbsmäßige Unzucht treibenden Dirne. Das Gesetz stellt beide Fälle als selbständig strafbar nebeneinander. Das Beschützen[11] ist nur strafbar, wenn es

---

[1] So früher bereits das RG. E. 1, 88; dagegen vielfach die Literatur wie die Praxis (polizeilich konzessionierte Bordelle). Ob das heutige Verbot im Ergebnis günstig wirken wird, bleibt abzuwarten. Bedenklich z. B. Mitteilungen für Nürnberg (LUPPE in Aschaffenburg, Monatsschr. 19, 349) und Hamburg (URBAN, daselbst S. 380).

Zu den Begriffen „Bordell' und „bordellartiger Betrieb" vgl. E. 62, 341ff.

[2] Früher betrachtete das RG. die Hergabe von Wohnung zu Unzuchtszwecken als Kuppelei; vgl. dazu und über die jetzige Gesetzesänderung E. 62, 341.

[3] D. h. dauernden Aufenthalts; strafbar dagegen die vorübergehende Überlassung von Räumen zur Unzucht („Absteigequartiere"); so mit Recht E. 62, 221.

[4] Vgl. E. 62, 345 (bewußter Mißbrauch zu Erwerbszwecken, z. B. übermäßig hoher Mietszins).

[5] Betr. „gewohnheitsmäßig" vgl. oben S. 179. — Über Eigennutz eingehend E. 41, 225 (maßgebend das auf den eigenen Nutzen gerichtete, unmoralische Streben; außergewöhnlich hoher Vorteil nicht erforderlich; „ständige Rechtsprechung"). Nicht notwendig Vermögensvorteil (vgl. E. 16, 56; Beischlaf).

Strafe der Kuppelei ist Gefängnis nicht unter 1 Monat; daneben Geldstrafe, Ehrverlust, Polizeiaufsicht zulässig. Bei mildernden Umständen kann die Gefängnisstrafe bis auf 1 Tag ermäßigt werden.

[6] Strafe hier: Zuchthaus bis 5 Jahre, dazu Ehrverlust; zugleich Geldstrafe und Polizeiaufsicht zulässig.

[7] D. h. unter Verdeckung der wahren Absicht. Vgl. E. 22, 311 (Betrunkenmachen); ferner z. B. Annehmen einer Angestellten zu angeblich anständigem Zweck.

[8] Strafe wie Anm. 6. Bei mildernden Umständen aber Gefängnis; daneben Geldstrafe zulässig.

[9] „Zu unterrichtende oder zu erziehende Personen."

[10] Geschaffen durch die sog. lex Heinze v. 25. Juni 1900.

[11] Wer „in bezug auf die Ausübung des unzüchtigen Gewerbes Schutz gewährt oder sonst förderlich ist".

„gewohnheitsmäßig" oder „aus Eigennutz" erfolgt[1]. Das „Ausbeuten"[2] nur, wenn der Zuhälter davon „ganz oder teilweise den Lebensunterhalt[3] bezieht"[4].

Erschwerte Strafe (§ 181a Abs. 2) tritt ein, wenn der Zuhälter der Ehemann ist oder die Frauensperson durch Gewalt oder Drohung zur Unzucht angehalten hat[5].

VII. **Frauenhandel**: Hier ist auf Grund des Auswanderungsgesetzes vom 9. Juni 1897 (RGBl. S. 463) § 48 strafbar[6]: „Wer eine Frauensperson zu dem Zwecke, sie der gewerbsmäßigen Unzucht zuzuführen, mittels arglistischer Verschweigung dieses Zweckes zur Auswanderung verleitet"[7]. Gleiche Strafe trifft den, der „mit Kenntnis des vom Täter in solcher Weise verfolgten Zweckes die Auswanderung der Frauensperson vorsätzlich befördert"[8].

VIII. Mitteilung **unzüchtiger Schriften, Abbildungen oder Darstellungen** (StrGB. § 184 Nr. 1, 2)[9]. Der Begriff des „Unzüchtigen" ist hier im Sinne des § 183 StrGB. (oben S. 228), also im weiteren Sinne,

---

[1] Vgl. über beide Begriffe oben S. 230, Anm. 5.

[2] Bedeutung wie oben S. 230, Anm. 4; so auch E. 62, 345.

[3] Vgl. E. 45, 264: „Eine mehr oder minder reichlich fließende Einnahme für die Zwecke seines Lebensunterhalts"; auch bei Verwertung im Erwerbsgeschäft und bei Hingabe als Darlehn.

[4] Strafe der Zuhälterei ist Gefängnis nicht unter 1 Monat.

[5] Gefängnis nicht unter 1 Jahr.

Als Nebenstrafen sind in allen Fällen zulässig (vgl. § 181a Abs. 3): Aberkennung der bürgerlichen Ehrenrechte, Polizeiaufsicht und Überweisung an die Landespolizeibehörde (§ 362); dazu unten § 96, VI.

Die letztere Maßnahme gestattet die Unterbringung ins Arbeitshaus bis zu 2 Jahren. Sie ist bei unserem Delikt ebenso überflüssig wie verfehlt. Überflüssig, weil Gefängnis bis 5 Jahre zulässig ist. Verfehlt, weil es sich in schwereren Fällen von Zuhälterei (die hier verständigerweise allein in Betracht kommen können) regelmäßig um moralisch ebenso heruntergekommene wie verbrecherisch gefährliche Menschen handelt, deren Einsperrung ins Arbeitshaus (regelmäßig Gemeinschaftshaft) nur geeignet ist, die Disziplin zu untergraben und die übrigen Insassen zu verschlechtern. Man hüte sich davor, von dieser Befugnis des § 181a Gebrauch zu machen und verwende statt dessen ausgiebige Gefängnisstrafen, die hier in schwereren Fällen nach Tat wie Schuld durchaus verdiente sind; vgl. dazu näher Strafr. I, 565, Anm. 1. Siehe auch unten S. 273, Anm. 4; § 96, VI.

[6] Dazu eingehend Stenglein, Nebengesetze, 5. Aufl., I, 1928, S. 421ff. (dort auch die internationalen Übereinkünfte auf diesem Gebiet).

[7] Strafe: Zuchthaus bis 5 Jahre und Ehrverlust; daneben Geldstrafe und Polizeiaufsicht zulässig.

[8] Hier bei mildernden Umständen Gefängnis nicht unter 3 Monate, daneben Geldstrafe zulässig.

Weiteren indirekten Schutz gewährt die Verordg. gegen Mißstände im Auswanderungswesen v. 14. Febr. 1924 (Stenglein, a. a. O. S. 437ff.), indem sie insbes. (§ 9) für Mädchen unter 18 Jahren regelmäßig die Genehmigung des Vormundschaftsgerichts zur Auswanderung fordert.

[9] Nr. 1 ist erweitert, Nr. 2 neu geschaffen durch das Gesetz v. 25. Juni 1900 (sog. lex Heinze).

zu fassen[1]. „Abbildungen“ sind auch Lichtbilder und Films[2], „Darstellungen“ auch Schallplatten[3].

Strafbar ist[4]: 1. Nach § 184 Nr. 1: Das Verbreiten[5] unzüchtiger Schriften usw., d. h. das Zugänglichmachen an einen größeren Personenkreis[6], sowie gewisse Vorbereitungshandlungen[7].

2. Nach § 184 Nr. 2: Wer unzüchtige Schriften usw. „einer Person unter 16 Jahren gegen Entgelt überläßt oder anbietet“[8].

Dieser Schutz Jugendlicher ist durch § 184a StrGB.[9] ausgedehnt auf solche Schriften usw., „welche, ohne unzüchtig zu sein, das

---

[1] Denn es handelt sich in § 184[1,2] nicht darum, den Verfasser der Schrift wegen geiler Absicht zu strafen, sondern Dritte zu schützen gegenüber der Wirkung von Schamlosigkeiten, die ein beliebiger Täter ihnen zugänglich macht. Deshalb muß es genügen, daß diese Verwertung des Inhalts der Schrift, wie dem Täter bewußt ist, den geschlechtlichen Anstand gröblich verletzt.

Gegensatz: Darstellungen geschlechtlicher Art zu ernsten wissenschaftlichen Zwecken (aber nicht unter dem Deckmantel sog. Wissenschaft). Die Kunst hat kein Privileg, dem Publikum Unzüchtigkeiten zu bieten; sie hat vor dieser Schranke Halt zu machen. Geschlechtliche Schamlosigkeit und wahre Kunst sind Gegensätze. Vgl. dazu auch unten S. 364 Anm. 5. Die Vermischung dieser Gegensätze ist eine unter zahlreichen Krankheitserscheinungen der Gegenwart. Das Strafrecht hat diese Krankheit nicht zu „begreifen“, sondern zu bekämpfen.

In der Literatur besteht hier teilweise Streit. Wesentlich im obigen objektiven Sinne des Unzüchtigen das RG. (im einzelnen nicht überall glücklich); insbes. E. 47, 223, 304, 408; 48, 220, 230; 61, 293, 379; vgl. auch Ebermayer, § 184 Nr. 3. Olshausen, § 184[2]; mehr subjektive Fassung z. B. bei Frank und insbes. bei v. Liszt, v. Liszt/Schmidt.

[2] Vgl. E. 47, 408; 48, 230; 55, 276.

[3] E. 47, 404.

[4] Strafe: Gefängnis bis 1 Jahr und Geldstrafe oder eine dieser Strafen neben Gefängnis evtl. Ehrverlust.

[5] Das Gesetz sagt in umständlicher Kasuistik: „Wer ... feilhält, verkauft, verteilt an Orten, welche dem Publikum zugänglich sind, ausstellt oder anschlägt oder sonst verbreitet“. Daß es sich hier überall um Verbreitungshandlungen handeln muß, ist herrschende Ansicht (sonst wäre auch § 184 Nr. 2 überflüssig); vgl. auch RG. E. 36, 330; 55, 276 (Verkaufen nur eine Unterart des Verbreitens; Verbreiten aber auch Verkauf an eine einzelne Person, wenn mit Weiterverbreitung gerechnet wird). Unbefriedigend aber RG. (mehrfach, vgl. E. 46, 390; 47, 223), wenn es zum Verbreiten einer Mitteilung von Hand zu Hand fordert und deshalb das Vorlesen und das Abspielen von Schallplatten ausscheidet (m. E. eine lebensfremde, auch durch den Wortlaut des Gesetzes nicht gerechtfertigte Dogmatik); dagegen auch Frank. Für das RG. z. B. v. Liszt, v. Liszt-Schmidt, Ebermayer.

[6] Die Möglichkeit der Kenntnisnahme genügt; vgl. E. 14, 397 (400); betr. größeren Personenkreis z. B. E. 36, 330.

[7] Wer zum Zwecke der Verbreitung herstellt, vorrätig hält, ankündigt oder anpreist.

[8] Auch das Anbieten muß gegen Entgelt erfolgen; vgl. z. B. E. 36, 330.

[9] Eingefügt durch die sog. lex Heinze v. 25. Juni 1900. Strafe: Gefängnis bis 6 Monate oder Geldstrafe.

Schamgefühl gröblich verletzen". Es handelt sich hier vor allem um Darbietungen, die an den Grenzen des Unzüchtigen liegen[1], weiter um grobe Unanständigkeiten nicht (oder nicht bewußt) geschlechtlicher Art[2].

3. Über die Grenzen des StrGB. hinaus geht neuerdings das Reichsgesetz vom 18. Dezember 1926 (RGBl. I, 505): „Schund- und Schmutzschriften"[3] sind in öffentliche Listen aufzunehmen und unterliegen dann weitgehenden Beschränkungen; über Strafbarkeit bei Zuwiderhandlungen vgl. § 6 d. Ges.[4].

IX. Anbieten von **Gegenständen zu geschlechtlichem Gebrauch:** 1. „Gegenstände, die zu unzüchtigem Gebrauche bestimmt sind" (§ 184, Nr. 3)[5]. Es handelt sich hier um Gegenstände, die ihrer Gattung nach zu unsittlichem, geschlechtlichem Gebrauch bestimmt sind[6].

Strafbar ist nur, wer solche Gegenstände „dem Publikum", d. h. einem nicht geschlossenen Personenkreis, anbietet[7]. Zum Vorsatz genügt das Bewußtsein von der obigen allgemeinen Eigenschaft der Gegenstände[8].

2. Hinzugetreten ist neuerdings StrGB. § 184 Nr. 3a[9]. Danach ist strafbar, wer „Mittel, Gegenstände oder Verfahren, die zur Verhütung von Geschlechtskrankheiten dienen"[10], dem Publikum anbietet[11], aber nur, wenn dies in einer „Sitte oder Anstand verletzenden Weise" geschieht. Es sollte durch letztere Schranke das öffentliche Anbieten solcher Schutzmittel im Interesse der Krankheitsverhütung grundsätzlich freigegeben werden[12].

---

[1] Noch nicht „gröbliche" Verletzungen des Schamgefühls (so die Entstehungsgeschichte; vgl. z. B. bei OLSHAUSEN). Dazu über „gröblich" oben S. 227, Anm. 3.

[2] Beispiel: Unanständige Darstellung sonstiger körperlicher Funktionen. Die Literatur zu § 184a ist minder scharf; Rechtsprechung des RG. fehlt, soviel ich sehe (vgl. die Register).

[3] Dazu eingehend: STENGLEIN, Nebengesetze, 5. Aufl., I, 1928, 499ff.

[4] Dazu RG. E. 65, 6.

[5] Geschaffen durch Gesetz v. 25. Juni 1900.

[6] Vgl. dazu E. 46, 6 (Mittel zur Empfängnisverhütung im außerehelichen Verkehr); E. 57, 176 (Gegensatz: Gegenstände der allgemeinen Gesundheits- und Körperpflege, auch wenn sie zu unzüchtigen Zwecken benutzt werden); E. 57, 309; dazu aber jetzt unten Anm. 12.

[7] Das Gesetz sagt kasuistisch: Wer „an Orten, die dem Publikum zugänglich sind, ausstellt oder dem Publikum ankündigt oder anpreist". Strafe nach § 184: vgl. oben S. 232, Anm. 4.

[8] Vgl. E. 46, 6; dazu oben S. 232, Anm. 1.

[9] Durch Ges. z. Bekämpfung d. Geschlechtskrankheiten v. 18. Febr. 1927, § 16 Nr. 2; über öffentliche Angebote zu Heilzwecken vgl. dort § 11.

[10] D. h. nach RG. E. 62, 400 „im allgemeinen im Gebrauch sind".

[11] „Öffentlich ankündigt, anpreist oder ... an einem dem Publikum zugänglichen Ort ausstellt".

[12] Soweit „Gegenstände" unter beide Vorschriften fallen (§ 184 Nr. 3 und 3a), nimmt jetzt RG. E. 65, 17 mit der herrschenden Ansicht (nach obigem

X. Ankündigungen zu **unzüchtigem Verkehr**: Strafbar ist nach StrGB. § 184 Nr. 4[1], „wer öffentliche Ankündigungen erläßt, welche bestimmt sind, unzüchtigen Verkehr[2] herbeizuführen". Dieser Zweck muß aus dem Inhalt der Ankündigung erkennbar sein[3].

XI. **Gerichtsberichte** (StrGB. § 184b)[4]. Bei Ausschluß der Öffentlichkeit von Gerichtsverhandlungen wegen Gefährdung der Sittlichkeit sind strafbar[5] „öffentliche Mitteilungen aus den Verhandlungen oder den diesen Verhandlungen zugrunde liegenden amtlichen Schriftstücken, welche geeignet sind, Ärgernis zu erregen[6]".

Die vorstehend gekennzeichneten Sittlichkeitsdelikte greifen zum Teil über den Schutz bestimmter Einzelpersonen hinaus und lassen sich insoweit als Delikte gegen die Gesamtheit bezeichnen. Einheitliche Zusammenfassung an dieser Stelle aber entspricht der Einheit des geschützten Rechtsguts[7].

Kapitel III.

Verbrechen gegen das Vermögen.

§ 68. Diebstahl und verwandte Begriffe.

Unser Recht kennt vier typische Eigentumsverbrechen: Diebstahl, Raub, Unterschlagung, Sachbeschädigung. Sie treten uns geschichtlich in verschiedener Ausprägung im römischen wie im deutschen Recht entgegen[8].

Zweck) an, daß § 184 Nr. 3a die Nr. 3 ausschließe (also Gesetzeskonkurrenz. Kritik: Korrektur schlechter Gesetzesfassung).

Danach ist heute — im Gegensatz zu früher — nicht mehr strafbar das Anbieten von Gegenständen, „die, was in den weitaus meisten Fällen zutrifft, zugleich der Verhinderung oder Erschwerung der Empfängnis dienen" (E. 65, 17).

[1] Geschaffen durch das Gesetz v. 25. Juni 1900.

[2] Zum Begriff oben S. 229, Anm. 3; vgl. auch E. 39, 313 (widernatürliche Unzucht).

[3] Vgl. E. 36, 388. Andererseits genügt eine derartige, dem Täter bewußte Ankündigung, auch wenn er andere Zwecke verfolgte; vgl. E. 39, 313.

[4] Die Vorschrift wurde geschaffen durch Ges. v. 5. Apr. 1888, Art. IV, als § 184 Abs. 2. Dann als § 184b eingestellt durch das Gesetz v. 25. Juni 1900.

[5] Strafe: Geldstrafe oder Gefängnis bis 6 Monate.

[6] Im Gegensatz zu StrGB. § 183 (oben S. 228) ist also hier Eintritt von Ärgernis in concreto nicht erforderlich, es genügt die (dem Täter bewußte) Eignung dafür; vgl. E. 24, 4. — Über Berichterstattung vgl. oben S. 125, näher Strafr. II, 266/67; dort auch Hinweis darauf, daß strengere Anwendung unserer Vorschrift zu wünschen wäre.

Über strafbare Gerichtsberichte im übrigen vgl. unten § 83 IV.

[7] Vgl. oben S. 187.

[8] Im römischen Recht war das furtum delictum privatum (oben S. 13, Anm. 3), nur einzelne Fälle (oben S. 13, 13, Anm. 5) crimen publicum; in der Kaiserzeit erfolgte zunehmend Bestrafung extra ordinem; oben S. 14, Anm. 8. (Näher hierzu Strafr. I, 56[5], 57[1, 5], 61, 64, 68[4], 191[7].) Die Begriffsbestimmung

Hier ist zunächst der Diebstahl (nebst verwandten Fällen) darzustellen. Der folgende Paragraph behandelt Raub, Unterschlagung, Sachbeschädigung.

I. **Der Begriff des Diebstahls**: „Wer eine fremde bewegliche Sache einem anderen in der Absicht wegnimmt, dieselbe sich rechtswidrig zuzueignen, wird wegen Diebstahls mit Gefängnis bestraft. Der Versuch ist strafbar" (StrGB. § 242)[1].

1. Der Dieb nimmt widerrechtlich eine fremde Sache in Besitz und zwar zu dem Zweck, an Stelle der rechtlich anerkannten Herrschaft des Eigentümers über die Sache (BGB. § 903) seinerseits widerrechtlich diese Herrschaft auszuüben. Der Sinn des Gesetzes besteht also im

---

der Digesten 47, 2 § 3 (PAULUS) lautet: Furtum est contrectatio rei fraudulosa lucri faciendi gratia vel ipsius rei vel etiam usus eius possessionisve. Dieser Begriff umfaßt außer dem Diebstahl auch die Unterschlagung (vgl. D. 47, 2 § 2: qui pepositum ... intercipiendi causa occultaverit), den Raub (kein Sonderdelikt: vgl. Strafr. I, 68[4]), ferner im letzten Teil die Gebrauchsanmaßung und die Besitzentziehung (unten S. 246).

Die Sachbeschädigung, begrifflich nicht schärfer festgelegt, fällt unter den Sammelbegriff der iniuria (oben S. 13, Anm. 3; 14, Anm. 8), dann als damnum iniuria datum unter die lex Aquila (spätestens 76 v. Chr.; vgl. Strafr. I, 575).

Im deutschen Recht ist Diebstahl die heimliche, Raub die offene (nicht notwendig gewaltsame) Wegnahme. Der Diebstahl ist schimpfliches Verbrechen, typische Strafe schwererer Fälle der Strang; dagegen beim Raub, als dem leichteren Delikt, die ehrlichste Todesstrafe, die Schwertstrafe. Im einzelnen nähere Unterscheidungen, insbes. handhafter und nicht handhafter, großer und kleiner Diebstahl (vgl. näher Strafr. I, 115, fränkisch; 132/33, Mittelalter; 152/53, Sachsenspiegel); Raub mit Gewalt, Straßenraub, Bandenraub (vgl. HIS, Strafr., 1928, 158/59). Die Unterschlagung als das diebliche Behalten fremder Sachen wird teils als Diebstahl teils milder behandelt (vgl. auch Str. I, 115, 152[11]). Die Sachbeschädigung tritt nur in einzelnen Fällen auf.

Die Carolina folgt hinsichtl. Raub (Art. 126) und Diebstahl (eingehend, Art. 157—175) dem deutschen Recht; vgl. oben S. 31, Anm. 4; näher Strafr. I, 184, 191/93, 195 (überwiegende Ansicht; eigenartig neuerdings RADBRUCH in Festschrift für PAPPENHEIM, 1931). Entsprechendes gilt für die Unterschlagung (Art. 170; vgl. Strafr. I, 193) wie auch für das Fehlen des Begriffs der Sachbeschädigung (Strafr. I, 195).

Seit dem 17./18. Jahrhundert drängt die Freiheitsstrafe allmählich die Todesstrafe zurück (vgl. oben S. 35/36); in Preußen wird letztere durch Friedrich d. Großen (1743/44) für nicht gewaltsame Eigentumsdelikte beseitigt (vgl. Strafr. I, 249, 273).

Das Preuß. Landrecht behandelt Diebstahl (§§ 1108ff.) und Raub (§§ 1187ff.) in eingehendster Breite und fordert für den Raub (§ 1187) „Gewalt an Menschen". Unterschlagung und Sachbeschädigung erscheinen nur in kasuistischen Anwendungen (vgl. die Abschnitte § 1256ff., 1488ff.; dazu GOLTD. Mat., II, 501ff.). — Das 19. Jahrhundert bringt den heutigen Rechtszustand; beim Diebstahl schwanken die Ansichten hinsichtlich des Erfordernisses der Gewinnsucht.

Näher zur geschichtlichen Entwicklung vgl. insbes. MOMMSEN, Röm. Strafrecht; HIS, Deutsches Strafrecht, 1928; v. LISZT, §§ 126ff.

[1] Zulässige Nebenstrafen: StrGB. § 248 (Aberkennung der bürgerlichen Ehrenrechte, Polizeiaufsicht).

Eigentumsschutz mittels Besitzschutzes[1]. Verletzt sind daher sowohl der Eigentümer wie der Besitzer[2].

2. Gegenstand des Delikts sind fremde, bewegliche Sachen:

a) Sachen, d. h. körperliche Gegenstände[3], also weder Energie[4] noch Rechte[5]; selbstverständlich auch Tiere; ferner auch abgetrennte Teile des menschlichen Körpers[6].

b) Bewegliche, d. h. nicht fest mit dem Erdboden verbundene Sachen. Daher auch solche, die der Täter erst zu beweglichen machte[7].

c) Fremde, d. h. im Eigentum (nicht nur im Besitz) eines Dritten stehende Sachen. Den Gegensatz bilden eigene[8] und herrenlose Sachen[9]. Wohl aber ist Diebstahl bei Miteigentum möglich[10].

d) Gleichgültig ist es, ob die Sache einen wirtschaftlichen Wert (insbes. Geldwert) hat[11]. Denn das Wesen des Eigentums besteht in

---

[1] Nicht etwa im Schutz des Besitzes als solchen. (Ein derartiger Tatbestand müßte lauten: „Wer einem anderen unbefugt den Besitz einer Sache entzieht.“)

[2] Praktisch wichtig in den Fällen des Antragsdelikts (§ 247, 248a usw). Überwiegende Ansicht insbes. RG. E. 10, 210; 54, 282. Dagegen z. B. v. Liszt, v. Liszt-Schmidt (nur der Gewahrsamsinhaber), v. Bar, Binding (nur der Eigentümer).

[3] Vgl. BGB. § 90. Auch flüssige oder gasförmige. Vgl. RG. E. 11, 117 (Gasdiebstahl); E. 14, 121; 47, 324 (Diebstahl von Leitungswasser). — Fahrt in fremdem Kraftwagen als Benzindiebstahl RG. 22. Dez. 1914, Leipz. Z. 9, 548/49. — E. 44, 335 (Ableitung von Heizdampf aus fremder Anlage).

[4] Deshalb fällt sog. Elektrizitätsdiebstahl nicht unter § 242 StrGB.; vgl. eingehend E. 32, 165; dazu unten S. 245, Anm. 5.

[5] Daher kein Diebstahl an Forderungen; wohl aber an Bezugsscheinen (Brotkarten usw.); vgl. RG. E. 52, 296; siehe auch E. 49, 406 (Postanweisung); E. 43, 17 (20), Sparkassenbücher; vgl. unten S. 239 Anm. 7.

[6] Beispiele: Abgeschnittener Zopf; Zähne mit Goldplomben.

Über Wegnahme von Leichen (bzw. Teilen) vgl. StrGB. § 168, 367 Nr. 1, unten § 88, IV. Die Zivilsenate des RG. betrachten die Leiche grundsätzlich nicht als Sache nach BGB. § 90; RG. E. 64, 313 (Strafsachen) läßt die Frage dahingestellt (vgl. näher dort; dazu ferner unten Anm. 9).

[7] Z. B. Bestandteile von Gebäuden; ferner von Grundstücken, soweit hier nicht Feld- bzw. Forstdiebstahl (unten S. 244) vorliegt oder das Sonderdelikt des § 370 Nr. 2 (unten S. 246, Anm. 2) gegeben ist.

[8] Hält der Täter irrtümlich eigene Sachen für fremde, so liegt untauglicher Versuch (absolut untaugliches Objekt) vor. — Hält er fremde Sachen für eigene, so fehlt der Vorsatz.

[9] Z. B. derelinquierte Sachen (Beispiel: RG. E. 48, 121: Speisereste aus einem Mülleimer). Ferner: Tiere in natürlicher Freiheit. Hier evtl. Jagd- bzw. Fischereidelikte, vgl. unten S. 251ff.

Die menschliche Leiche ist nach RG. E. 64, 313 (vorbehaltlich der Möglichkeit rechtsgeschäftlichen Erwerbs von Eigentum in besonderen Fällen) grundsätzlich keine „fremde“ Sache. Es besteht hier vielmehr gewohnheitsrechtlich ein familienrechtliches Fürsorgeverhältnis; vgl. näher das Urteil, dazu oben Anm. 6.

[10] Denn auch hier liegt Eingriff in fremdes Eigentum mittels Besitzentziehung vor. — Anerkannt; vgl. auch E. 43, 19.

[11] Anerkannt; vgl. z. B. E. 44, 290; 50, 254; 51, 98.

dem Recht, „mit der Sache nach Belieben zu verfahren und Andere von jeder Einwirkung auszuschließen" (BGB. § 903), greift also — mit Recht — weit über die Befugnis wirtschaftlicher Verwertung hinaus. Gerade Sachen ohne wirtschaftlichen Wert sind oft für den Eigentümer das unersetzlichste und wertvollste Eigentum[1].

3. Ausführungshandlung ist das Wegnehmen der Sache, d. h. die Beseitigung des bestehenden und die Begründung des eigenen Besitzes[2]. Die Ausführungshandlung (und damit der strafbare Versuch) beginnt also mit dem Eingriff in den bestehenden Besitz[3]; mit der Begründung des eigenen Besitzes ist die Wegnahme und damit der Diebstahl vollendet[4].

Der Begriff des Besitzes bestimmt sich grundsätzlich nach bürgerlichem Recht. Es handelt sich also um „die tatsächliche Gewalt über die Sache" (BGB. § 854, 856)[5], über deren Vorliegen und Wechsel im Einzelfalle verständige Verkehrsauffassung und juristische Auslegung entscheidet[6]. Der Dieb „entzieht dem Besitzer ohne dessen Willen den Besitz"[7] widerrechtlich und begeht damit „verbotene Eigenmacht" (BGB. § 858). Gleichgültig ist es, ob der entzogene Besitz

---

[1] Beispiel: Tagebücher, Briefe, Familienpapiere, literarische Notizen, Photographien, Andenken. Gerade auch in solchen Fällen kann die Tat des Diebes gemein und verwerflich sein.

[2] Wertlos ist es, wenn hier heute noch regelmäßig veraltete gemeinrechtliche Bezeichnungen — Kontrektations-, Ablations-, Illations-, Apprehensionstheorie — auftreten und im wesentlichen zugunsten der letzteren entschieden wird.

[3] Vgl. dazu oben S. 153, Anm. 5.

[4] Bloße Besitzentziehung ohne Begründung eigenen Besitzes ist daher kein Diebstahl. Beispiele: Freilassen von Tieren, Wegwerfen von Sachen (E. 35, 355). Zur Ergänzung dieser Lücke haben die Entwürfe seit 1913 (§ 373) ein neues Sonderdelikt geschaffen; vgl. Entw. 1927, § 337 („dauernde Entziehung von Sachen" in der Absicht, Nachteil zuzufügen).

[5] „Eine ihrer Natur nach vorübergehende Verhinderung in der Ausübung der Gewalt" ändert den Besitz nicht (BGB. § 856). Vgl. z. B. RG. E. 50, 183 (Diebstahl an frei herumlaufenden Katzen).

[6] So stehen z. B. zeitweilig verlegte Sachen noch im Besitz, verlorene nicht mehr. Der sog. Funddiebstahl ist daher nicht Diebstahl, sondern Unterschlagung.

Vgl. auch RG. E. 52, 76: „Ob der Bestohlene den Gewahrsam verloren und der Dieb ihn erlangt hat, ist eine nach den Umständen des Einzelfalles zu entscheidende Tatfrage" (Verstecken der Sache kann bereits Vollendung sein). Bemerkt der Bestohlene die Wegnahme, so liegt bei Verfolgung nur Versuch vor, solange das Besitzverhältnis noch in der Schwebe ist; vgl. auch Frank, § 242 VI, 1; Lobe, Leipz. Komm. 5b.

Über Kasuistik vgl. im übrigen die Kommentare.

[7] Bei Einwilligung in die Wegnahme liegt daher kein Diebstahl vor (wohl aber bei bloßer Einwilligung in das Ergreifen oder bei bloßem Geschehenlassen). — Bei Unkenntnis vorhandener Einwilligung untauglicher Versuch (vgl. RG., Leipz. Z. 18, 472).

rechtmäßig oder unrechtmäßig war[1]. — Möglich ist Diebstahl bei Mitbesitz[2].

Das Bürgerliche Gesetzbuch gibt zu dem vorstehenden, zugleich der natürlichen Lebensauffassung entsprechenden Besitzbegriff eine Anzahl ausdrücklicher, einschränkender bzw. erweiternder Abweichungen. Es sind dies künstliche dogmatische Sonderreglungen für eigenartige Zwecke zivilrechtlichen Schutzes (insbes. betr. Besitzklagen); sie kommen daher für das Strafrecht nicht in Betracht[3].

Scheinbar in vollem Gegensatz zu den vorstehenden Ausführungen lehrt die herrschende Ansicht: Angegriffen beim Diebstahl sei der Gewahrsam, der vom Besitz verschieden sei; Gewahrsam sei die tatsächliche Gewalt[4]. Kritik: Gewahrsam ist danach identisch mit Besitz, abgesehen von den obigen Sonderabweichungen des BGB.[5]. Soweit lediglich (so wohl meist) dies gemeint ist, ist das Wort „Gewahrsam" unbedenklich. So verwerte ich es, weil üblich, in der folgenden Darstellung. Unrichtig ist es, falls damit grundsätzliche Abweichung vom Besitzbegriff gemeint ist. Denn es handelt beim Diebstahl

---

[1] Diebstahl ist daher auch an Sachen möglich, die durch strafbare Handlungen erlangt wurden (z. B. an gestohlenen Sachen). Vgl. RG., Mai 1924, Leipz. Z. 18, 472; auch E. 54, 282.

[2] Entsprechend vgl. oben S. 236, Anm. 10. — Beispiel: Aufbewahrung in Stahlkammer unter Verschluß des Kunden und der Bank. Vgl. auch E. 45, 251 (Möglichkeit des Mitgewahrsams zwischen Mieter und Vermieter).

[3] Strafrechtlich gleichgültig sind daher a) der Begriff des sog. Besitzdieners (BGB. § 855); ob er Besitz bzw. Mitbesitz hat, bestimmt sich nach der tatsächlichen Lage des Einzelfalles. So bereits E. 29, 209; 30, 88 (vor dem BGB.); ebenso E. 52, 143.

b) Gleiches gilt für den Besitz des Erben (BGB. § 857). So auch RG. E. 34, 252; 47, 212; 58, 228.

c) Unerheblich ist ferner der Begriff des mittelbaren Besitzes (BGB. § 868). Der Pfandgläubiger oder Verwahrer z. B., der sich die Sache rechtswidrig zueignet, begeht Unterschlagung, nicht Diebstahl. So auch RG. E. 37, 199 (200ff.) mit näherer Ausführung dahin, daß, „wo im bürgerlichen Recht Besitz ohne Inhabung der Sache anerkannt ist, der bürgerlich-rechtliche Besitzbegriff mit dem strafgesetzlichen sich nicht deckt". Vgl. ferner E. 45, 250.

d) Strafrechtlich unerheblich ist es endlich, daß die Übergabe gewisser Warenpapiere (Lagerscheine, Ladescheine, Konnossements) nach Handelsrecht (HGB. §§ 424, 450, 647) Besitzschutz gewährt; vgl. RG., Goltd. Arch. 61, 126.

[4] Vgl. z. B. RG. E. 37, 199; 60, 272. Geschichtlich erklärt sich dies wohl vor allem durch die Verschiedenheit des Privatrechts vor 1900, der gegenüber einheitliche strafrechtliche Entscheidung erforderlich war. Vgl. z. B. RG. E. 29, 209; 30, 88. Die gleiche Erscheinung hinsichtl. des Begriffs der „beweglichen Sache" zeigt E. 32, 179.

[5] So auch z. B. scharf v. Liszt, 415; v. Liszt-Schmidt, 613/14. Dagegen erklärt z. B. Frank (§ 242 IV) den Gewahrsam für einen „spezifisch strafrechtlichen" Begriff, der sich vom Besitz „hauptsächlich" durch obige Abweichungen (Anm. 2) unterscheide: Kritik: Nur dadurch.

um den Schutz privatrechtlicher Interessen, nicht eines selbständigen Rechtsguts[1].

Streitig ist, ob der Besitz (Gewahrsam) einen Besitzwillen des bisherigen Inhabers der Sache fordert[2]. Die Frage kann wieder aus obigem Grunde für Privat- und Strafrecht nur einheitlich gemäß der Verkehrsauffassung entschieden werden. Danach braucht sich der Besitzwille[3] nicht notwendig auf die konkrete Sache zu erstrecken, es genügt, wenn er als genereller vorhanden war[4].

4. Subjektiv gehört zum Diebstahl Vorsatz; darüber hinaus aber als absolut entscheidendes, den Angriff auf das Eigentum kennzeichnendes Merkmal die Absicht, sich die Sache rechtswidrig zuzueignen[5].

„Absicht" bedeutet den erstrebten Zweck[6]; „rechtwidrige Zueignung" die widerrechtliche Ausübung des Eigentumsinhalts, also der beliebigen Herrschaft über die Sache (BGB. § 903)[7]. Gleichgültig ist es,

---

[1] Die grundsätzliche Annahme eines selbständigen strafrechtlichen Besitzbegriffs ist daher ebenso abwegig, wie die heute verlassene Annahme eines strafrechtlichen Eigentums.

Wenn das Gesetz bei der Unterschlagung (§ 246) „Besitz oder Gewahrsam" nebeneinanderstellt, so ist damit der juristische Besitz und die bloße Detention gemeint (vgl. Preuß. StrGB. § 225 und dazu GOLTD. Mat. II, 1852, S. 501, „rechtlicher Besitz oder Gewahrsam"). Beide fallen heute unter den Besitzbegriff.

[2] Oder ob die objektive Möglichkeit der Beherrschung genügt.

[3] Geschäftsfähigkeit ist dafür nicht erforderlich; auch Kinder und Geisteskranke können Besitz haben, soweit sie im natürlichen Sinne willensfähig sind. Vgl. RG. E. 2, 232 (Geisteskranker).

[4] Beispiele: Bibliothek, Gutsinventar, in die Wohnung gebrachte Sachen, usw. Das RG. verneint zwar das Erfordernis eines Herrschaftswillens, kommt aber tatsächlich auf das obige Erfordernis des Textes hinaus. Vgl. E. 50, 49 („Herrschaftswillen allgemeiner Art". Geld war ohne Wissen des Inhabers in dessen Geldschublade gelegt und von hier entwendet; RG. bejaht Diebstahl); vgl. ferner E. 54, 346; E. 56, 207. So im Ergebnis wesentlich auch die herrschende Ansicht; vgl. z. B. v. LISZT, FRANK.

[5] Deshalb fehlt objektiv Diebstahl, wenn die Zueignung mittels Besitzentziehung objektiv rechtmäßig war (Putativdelikt; vgl. Strafr. II, 188[5]).

Subjektiv gehört zum Vorsatz das Bewußtsein rechtswidriger Zueignung; vgl. oben S. 110/111, 140; dolus eventualis genügt dafür; vgl. auch E. 49, 140.

[6] Endzweck und Mittel für diesen; vgl. näher oben S. 136, Nr. 2, c.

[7] Vgl. oben S. 235, Nr. 1; 236, Nr. d. So auch die herrschende Ansicht (vgl. z. B. v. LISZT, v. LISZT-SCHMIDT). In neuerer Zeit wird mehrfach (so insbes. SAUER, FRANK) auf die Gewinnung der Sache ihrem wirtschaftlichen Werte nach Gewicht gelegt. Vertretbar ist dies überhaupt nur, wenn man darunter auch den Affektionswert wirtschaftlich wertloser Sachen versteht (oben S. 236, d). Dann aber scheint mir diese Formel selbst ohne Sachwert. So auch ihr Auftreten in den Urteilen RG. E. 50, 254; 51, 99; 55, 59; 57, 199, die vom Standpunkt der üblichen Fassung ebenso zu entscheiden wären.

Im einzelnen siehe die Kommentare. Sehr streitig ist z. B., ob zeitweilige Benutzung fremden Sparkassenbuchs zur Abhebung des Guthabens als Anzu welchen weiteren Zwecken der Täter diese Herrschaft verwenden will[1]. Die Absicht, „sich" die Sache zuzueignen, liegt deshalb auch vor, wenn der Täter im fremden Interesse handelte[2]. Nicht erforderlich ist Bereicherungsabsicht[3]; ebensowenig, daß der Täter die beabsichtigte Zueignung erreichte[4].

5. Die Entwürfe seit 1925 (§ 296) fordern für Diebstahl und Unterschlagung Bereicherungsabsicht. Damit wird der einheitliche Strafschutz des Eigentums preisgegeben[5], der Diebstahl wird zu einem Delikt nur gegen wirtschaftlich wertvolle Sachen, und auch hier nur bei Gewinnsucht. Als Ergänzung erscheint seit Entw. 1927 (§ 334) ein gleich strafbares Delikt der „unberechtigten Aneignung". Ich halte diese Zerreißung des einheitlichen Begriffs für überflüssig und unbefriedigend.

---

eignung des Buches erscheint. Dafür in feststehender Rechtsprechung das RG. E. 43, 17 (20); vgl. oben S. 236 Anm. 5.

Zivilrechtlich gesprochen ist rechtswidrige Zueignung die rechtswidrige Ausübung des Eigenbesitzes (BGB. § 872).

[1] Behalten, Verwerten, Weitergeben der Sache. Dagegen fällt unter den Begriff Zueignung nicht alsbaldige Vernichtung (anerkannt; vgl. auch E. 35, 355) oder nur vorübergehender Gebrauch (Gebrauchsanmaßung, vgl. unten S. 246).

[2] Die Entwürfe zum Preuß. StrGB. (bis 1847) sagten ausdrücklich: „sich oder einem Dritten rechtswidrig zuzueignen". Dieser Zusatz wurde als überflüssig gestrichen, weil niemand einem anderen die Sache zueignen könne, ohne sie vorher sich selbst zuzueignen (vgl. Goltd. Mat. II, 467). In gleichem Sinne die Motive zum StrGB. (Reichstagsvorlage, S. 74): Dieb auch, wer „lediglich im Interesse oder im Auftrag eines Dritten eine Sache entwendet und sie sofort dem letzteren übergibt oder aus Mitleid für einen Dritten eine Sache entwendet und den Erlös dem letzteren zuwendet". Unsere Entwürfe seit 1913 erklären entsprechend ausdrücklich die Absicht für maßgebend, die Sache sich oder einem Dritten zuzuwenden.

So auch RG. E. 47, 325. Leider verneint neuerdings das RG. Diebstahl (und Unterschlagung); vgl. E. 62, 15; E. 64, 406 („wenn der Täter über die fremde Sache nicht im eigenen Namen und nicht zu eigenem Nutzen, sondern namens und in Vertretung eines Dritten und zu dessen Nutzen verfügt"; denn hier fehle die Absicht, die Sache sich zuzueignen). Kritik: Eine unhaltbare Verbaldogmatik. Diebstahl (und Unterschlagung) im Interesse Dritter verletzen die geschützten Rechtsgüter (Eigentum und Besitz) genau ebenso, wie bei Begehung im eigenen Interesse. Solche Fälle straflos zu lassen (soweit nicht — bei vorsätzlichem Zusammenwirken — das Hilfsmittel des dolosen Werkzeugs in Betracht kommt; oben S. 164, Nr. 4), ist auch kriminalpolitisch sinnlos. Gegen RG. vgl. insbes. Wachenfeld, Z. 40, 324ff. und neuerdings aus Anlaß eines Urteils RG., 16. März 1931 (betr. Unterschlagung) Schaffstein, Jurist. Wochenschr. 60, 2131. Im Sinne des RG. z. B. v. Liszt, 418, v. Liszt-Schmidt, 619; Lobe, § 242, II, B.

[3] Vgl. oben S. 236, d. Beispiel: Um eine unverkäufliche Sache zu erhalten, nimmt der Täter diese weg und legt an ihre Stelle eine Banknote, die den Wert der Sache übersteigt.

[4] Vollendung des Diebstahls liegt bereits mit der Wegnahme vor (vgl. oben S. 237). Mit Recht; denn mit diesem Augenblick sind die geschützten Rechtsgüter (Eigentum und Besitz) verletzt.

[5] Vgl. oben S. 236/237.

II. **Erschwerte** (qualifizierte) **Fälle**: Es handelt sich hier um die §§ 243, 244/45, 252 StrGB., in denen das Gesetz Zuchthaus, nur bei mildernden Umständen Gefängnis androht.

1. **Schwerer Diebstahl** (StrGB. § 243)[1]: Hierher gehören: Der sog. Kirchendiebstahl (§ 243 Nr. 1)[2] — der Einbruchsdiebstahl (Nr. 2)[3] —, der Diebstahl mit falschen Schlüsseln (Nr. 3)[4] —, der

---

[1] Strafe: Zuchthaus bis 10 Jahre, bei mildernden Umständen Gefängnis nicht unter 3 Monate (Nebenstrafen § 248; vgl. oben S. 235, Anm. 1).

Der Vorzug der kasuistischen Regelung des § 243 besteht in der gesetzlichen Begrenzung der Zuchthausstrafe. Ihr Nachteil darin, daß Kasuistik ihrem Wesen nach im Einzelfalle nicht immer befriedigt. Die Entwürfe haben sich hier um Vereinfachung und Verbesserung bemüht.

[2] Diebstahl dem Gottesdienst gewidmeter Gegenstände aus einem zum Gottesdienst bestimmten Gebäude. Maßgebend ist hier die Heiligkeit des Objekts.

[3] „Aus einem Gebäude oder umschlossenen Raume mittels Einbruchs, Einsteigens oder Erbrechens von Behältnissen."

Die herrschende Ansicht fordert zum „Gebäude" und „umschlossenen Raum" (hier m. E. unnötig eng) feste Verbindung mit der Erde (wenn auch nur durch die eigene Schwere; daher nach RG., z. B. nicht: Schiffe, E. 8, 364; umschlossene Wagen, E. 53, 277); ferner eine das Eintreten von Menschen gestattende Größe (vgl. näher E. 50, 73). „Umschlossen" ist der allseitig durch Hindernisse gegen das Betreten durch Unbefugte geschützte (also insbes. der eingefriedigte) Raum; vgl. E. 50, 73; E. 56, 97 (Bezirk des Freihafens); daß er auch „verschlossen", ist nicht erforderlich (E. 32, 141). Gebäude ist der durch Wände und Dach begrenzte, zum Schutz von Menschen, Tieren oder Sachen dienende Raum (vgl. E. 49, 51).

Die Sache muß sich innerhalb des Gebäudes bzw. Raumes befinden (vgl. z. B. E. 54, 211; eingebautes Schaufenster, nicht aber an der Außenwand befestigter Schaukasten).

Einbruch erfordert Gewaltanwendung, nach RG. aber nicht notwendig Verletzung der Sachsubstanz (streitig; vgl. z. B. E. 54, 211; gewaltsames Aufbiegen des Verschlusses); ebensowenig Betreten des Raumes (vgl. E. 54, 211).

Einsteigen bedeutet Betreten des Gebäudes bzw. Raumes auf dafür nicht bestimmtem, regelmäßig schwierigerem Wege (z. B. durch das Fenster, vgl. E. 59, 171), umfaßt also natürlich auch das Einkriechen (E. 13, 257).

Das Erbrechen von Behältnissen (nach E. 54, 295 auch ein verschlossener Briefumschlag) muß innerhalb des Gebäudes bzw. Raumes erfolgt sein (vgl. E. 40, 94). Der Begriff des Erbrechens entspricht dem des Einbruchs; vgl. z. B. E. 51, 112.

Der Versuch des Delikts beginnt bereits mit dem Einbrechen bzw. Einsteigen; vgl. oben S. 153, Anm. 2.

Zur Kasuistik im einzelnen vgl. die Kommentare.

[4] Er wird „dadurch bewirkt, daß zur Eröffnung eines Gebäudes oder der Zugänge eines umschlossenen Raumes oder zur Eröffnung der im Innern befindlichen Türen oder Behältnisse falsche Schlüssel oder andere zur ordnungsmäßigen Eröffnung nicht bestimmte Werkzeuge angewendet werden".

„Falsch" ist der zur ordnungsmäßigen Eröffnung nicht oder nicht mehr bestimmte (z. B. verlorene) Schlüssel; vgl. näher E. 52, 84; betr. Mietswohnung E. 53, 101. Unter den Begriff der anderen Werkzeuge fallen nur solche, die zur Öffnung des Schloßmechanismus dienen (Dietriche usw.); vgl. E. 27, 285. — Diebstahl aus Automaten mittels Einwerfens anderer Gegenstände als Münzen

Gepäckdiebstahl (Nr. 4)[1] —, der bewaffnete Diebstahl (Nr. 5)[2]. — der Bandendiebstahl (Nr. 6)[3] — und der nächtliche Diebstahl (Nr. 7)[4]. Seit 1926 ferner werden gewisse Fälle von Metalldiebstahl gemäß StrGB. § 243 bestraft[5].

---

fällt nach herrschender Ansicht nicht unter § 243 Nr. 3; vgl. E. 34, 45 (kein „Eröffnen", kein „Schlüssel").

Im Zusammenhang mit § 243 Nr. 3 steht die vorbeugende Übertretungsvorschrift des § 369 Nr. 1 StrGB.: Danach ist strafbar das unbefugte Anfertigen von Schlüsseln, Nachschlüsseln, Dietrichen und das unbefugte Öffnen von Schlössern; vgl. näher den ausführlichen Gesetzestext.

[1] Wenn „auf einem öffentlichen Wege, einer Straße, einem öffentlichen Platze, einer Wasserstraße oder einer Eisenbahn oder einem Postgebäude oder dem dazugehörigen Hofraume oder auf einem Eisenbahnhofe eine zum Reisegepäck oder zu anderen Gegenständen der Beförderung gehörende Sache mittels Abschneidens oder Ablösens der Befestigungs- oder Verwahrungsmittel oder durch Anwendung falscher Schlüssel oder anderer zur ordnungsmäßigen Eröffnung nicht bestimmter Werkzeuge gestohlen wird".

„Gegenstände der Beförderung" sind alle zu diesem Zweck eingelieferten Gegenstände bis zur erfolgten Ablieferung; vgl. E. 56, 98 (auch E. 54, 194).

[2] Wenn „der Dieb oder einer der Teilnehmer am Diebstahl bei Begehung der Tat Waffen bei sich führt".

Nach herrschender Ansicht genügen als „Waffe" auch gefährliche Werkzeuge (vgl. E. 8, 47), und ist Absicht evtl. Gebrauchs nicht erforderlich (E. 29, 228), sondern nur Bewußtsein des Besitzes (E. 12, 69; 54, 196). Ob das Waffentragen berechtigt, sei gleichgültig (E. 54, 195, Soldat).

Bei solcher Weite der Auslegung begründet harmlosester Besitz z. B. eines Stockes, Messers, einer Dienstwaffe schweren Diebstahl. Mit Recht daher einschränkend vielfach die Literatur, teils Waffen im technischen Sinne fordernd (so z. B. v. LISZT), teils eventuelle Gebrauchsabsicht (z. B. FRANK).

M. E. sind alle Fälle auszuscheiden, bei denen in concreto keine ernsthafte Gefahr des Waffengebrauchs bestand, also der Waffenbesitz sich lediglich aus anderen Gründen erklärt, im Verhältnis zum Diebstahl ein rein zufälliger war. So insbes. das verkehrsübliche (Spazierstock, Taschenmesser) oder aus besonderen Gründen berechtigte Waffentragen (Soldat usw.), falls nicht im Einzelfalle Gebrauchsabsicht bestand. Denn der gesetzgeberische Grund der Strafschärfung besteht, wie allerseits anerkannt wird, in der erhöhten Gefahr.

[3] Wenn „zu dem Diebstahl mehrere zusammenwirken, welche sich zur fortgesetzten Begehung von Raub oder Diebstahl verbunden haben". Vgl. dazu zum Begriff der Bande oben S. 170; E. 52, 211; 56, 90.

[4] Hier wird der Diebstahl begangen „zur Nachtzeit in einem bewohnten Gebäude, in welches sich der Täter in diebischer Absicht eingeschlichen, oder in welchem er sich in gleicher Absicht verborgen hatte". Für unerheblich erklärt dabei das Gesetz ausdrücklich die Anwesenheit von Bewohnern zur Zeit der Tat. Dem bewohnten Gebäude stellt es gleich den dazugehörigen umschlossenen Raum (oben S. 241 Anm. 3) und die in diesem befindlichen Gebäude jeder Art sowie bewohnte Schiffe.

Nachtzeit bezeichnet nicht die (durchaus unsichere) Zeit der Nachtruhe (so einzelne, z. B. v. LISZT), sondern die Zeit der Dunkelheit zwischen Sonnenuntergang und -aufgang. Herrschende Ansicht; vgl. näher RG. E. 3, 209; R 5, 148; siehe auch StrGB. § 293 unten S. 253 und dazu RG. R. 7, 56.

[5] Vgl. Gesetz über den Verkehr mit edlen Metallen usw. v. 29. Juni 1926 (RGBl. I, 321), § 4; mit unedlen Metallen v. 23. Juli 1926 (RGBl. I, 415), § 17.

2. **Rückfall** (StrGB. §§ 244/45). Der Tatbestand (§ 244) ist gegeben[1] bei zweimaliger Vorbestrafung (im Inland) „als Dieb (vgl. §§ 242/43), Räuber (vgl. §§ 249/51) oder gleich einem Räuber (§§ 252, 255) oder als Hehler" (§§ 258/59), „auch wenn die früheren Strafen nur teilweise verbüßt oder ganz oder teilweise erlassen sind" (§ 245)[2]. Sind aber seit der letzten Bestrafung 10 Jahre verflossen[3], so entfällt die gesetzliche Rückfallsschärfung (sog. Rückfallsverjährung).

3. **Räuberischer Diebstahl** (StrGB. § 252). Der auf „frischer Tat betroffene" Dieb wendet die Mittel des Raubes an[4], „um sich im Besitze des gestohlenen Gutes zu erhalten"[5]. Er wird dann „gleich einem Räuber" bestraft[6].

III. **Milder bestrafte** (privilegierte) **Fälle.** 1. **Familien- und Hausdiebstahl** (StrGB. § 247): a) Antragsdelikt (§ 247 Abs. 1) ist Diebstahl (und Unterschlagung) an Sachen unbedeutenden Werts gegen Angehörige[7], Vormünder oder Erzieher; ferner seitens des Lehrlings und (bei häuslicher Gemeinschaft) des Gesindes gegenüber dem Lehr- bzw. Dienstherrn[8].

b) Straflos (§ 247 Abs. 2) ist Diebstahl (und Unterschlagung) von Aszendenten gegen Deszendenten sowie unter Ehegatten.

c) Für dritte Beteiligte gelten die gewöhnlichen Grundsätze (§ 247 Abs. 3)[9].

2. **Notdiebstahl** (StrGB. § 248a). Der Tatbestand — geschaffen durch die Novelle vom 19. Juni 1912 — stellt unter mildere Strafe[10] den Diebstahl („Entwenden")[11] sowie die Unterschlagung „geringwertiger

[1] Vgl. zum Rückfall oben S. 169, Anm. 2. Entschieden abzulehnen ist RG E. 54, 274, wonach wegen Rückfallsdiebstahls nur verurteilt werden kann, wer bei der Tat das Vorliegen der gesetzlichen Rückfallsvoraussetzungen kannte. Das ist eine Verkennung des Zwecks der Rückfallsschärfung (höhere Gefährlichkeit des Täters). Dagegen auch die Literatur, so v. Liszt-Schmidt, Frank, Lobe.

[2] Strafe (§ 244): Bei einfachem Diebstahl (§ 242) die Strafe des schweren Diebstahls (oben S. 241, Anm. 1); bei schwerem Diebstahl (§ 243) Zuchthaus nicht unter 2 Jahren, bei mildernden Umständen Gefängnis nicht unter 1 Jahr.

[3] Seit Verbüßung oder Erlaß der letzten Strafe bis zur Begehung des neuen Diebstahls (§ 245).

[4] Gewalt gegen eine Person oder Drohungen mit gegenwärtiger Gefahr für Leib oder Leben; vgl. näher unten S. 247/48.

[5] Der Diebstahl ist also bereits vollendet (anderenfalls läge nicht Diebstahl, sondern Raub vor); vgl. auch E. 60, 380 (straferhöhender Umstand des Diebstahls; daher § 244 evtl. anwendbar).

[6] D. h. gemäß §§ 249—251; vgl. E. 19, 147.

[7] Vgl. StrGB. § 52 Abs. 2.

[8] Der Antrag ist zurücknehmbar (vgl. oben S. 150).

[9] Dazu oben S. 149, Anm. 2, 7.

[10] Geldstrafe oder Gefängnis bis 3 Monate; Versuch daher straflos; E. 46, 265.

[11] D. h. stehlen. Anerkannt; vgl. z. B. auch E. 46, 265.

Gegenstände"[1] „aus Not"[2]. Die Tat ist Antragsdelikt[3]. Sie schließt als selbständiger Tatbestand die §§ 242—248 aus[4].

3. Der sog. **Mundraub** (StrGB. § 370 Nr. 5). Gegenstand der Übertretung[5] sind „Nahrungs- oder Genußmittel[6] oder andere Gegenstände des hauswirtschaftlichen Verbrauchs[7] in geringer Menge oder[8] von unbedeutendem Werte"[9]. Die Tat besteht im Entwenden (d. h. Diebstahl)[10] oder Unterschlagen[11] „zum alsbaldigen Verbrauch"[12]. Der Mundraub schließt als das mildere Spezialgesetz die §§ 242—248a aus[13]. Er ist Antragsdelikt[14].

4. **Forst- und Felddiebstahl.** Es handelt sich hier begrifflich um Diebstahl an bestimmtem Ort[15] und bestimmten Gegenständen[16], dessen Regelung ausdrücklich dem Landesrecht überlassen ist[17]. Letzteres schließt daher die Anwendung des Reichsrechts aus[18].

---

[1] Beliebiger Art (auch evtl. Geld); vgl. E. 46, 265 (danach gehört zum Vorsatz das Bewußtsein der Geringwertigkeit; streitig).

[2] D. h. unter dem Druck gegenwärtiger wirtschaftlicher Bedrängnis; vgl. E. 53, 243.

[3] Zurücknahme zulässig; bei Begehung gegen Deszendenten oder Ehegatten Straflosigkeit (Abs. 3).

[4] Wirkt daher auch nicht rückfallsbegründend (§ 244).

[5] Strafe: Geldstrafe bis 150 M. oder Haft; Versuch also straflos.

[6] Z. B. Zigarren.

[7] Dies erst seit Novelle v. 1912. Beispiel: Feuerungsmittel (E. 53, 205); Viehfutter (vgl. E. 47, 247); E. 58, 374 (Flicken).

[8] Nicht etwa: „und".

[9] Bei fortgesetzter Begehung hat Zusammenrechnung zu erfolgen; vgl. E. 50, 398 (herrschende Ansicht; dagegen v. Liszt; v. Liszt-Schmidt).

[10] Vgl. oben S. 243, Anm. 11.

[11] So ausdrücklich seit Novelle v. 1912 (gegen E. 24, 38).

[12] Auch nach erfolgter Zubereitung (vgl. E. 10, 311); und im Interesse Dritter (E. 53, 168).

[13] Vgl. bereits die Motive zum StrGB.; im übrigen oben Anm. 4.

[14] Auch hier gilt ferner das oben Anm. 3 Gesagte; vgl. § 370[5] Abs. 2 und 370 am Schluß.

[15] Wald, Feld, Garten.

[16] Noch nicht gewonnene Wald- und Bodenerzeugnisse, insbes. Holz, Feld- und Gartenfrüchte (regelmäßig nur von geringerem Wert).

[17] EinfGes. StrGB. § 2[2], oben S. 75, Anm. 1. Der Forst- und Feldfrevel wurde bereits im älteren deutschen Recht vom gewöhnlichen Diebstahl unterschieden; vgl. näher His, Strafr., 1928, S. 161.

Nicht eingreifen darf das Landesrecht in andere reichsrechtliche Vorschriften. Beispiele: E. 19, 49 (Aneignung von Fallwild fällt unter StrGB. § 292); vgl. auch E. 48, 182 (betr. StrGB. § 360[8]). Dazu Strafr. II, 50.

[18] Während umgekehrt mangels solcher Regelung das StrGB. (§ 242—248a, 370[5]) durchgreift; vgl. auch RG. E. 45, 202; Strafr. II, 50.

Für Preußen: a) Forstdiebstahl: Gesetz v. 15. Apr. 1878, geändert 14. Dez. 1920 (G. S. 1921, S. 103, betr. Strafensystem); weiter: 1. Juli 1923 (G. S. 291; Angleichung an die allgemeinen Lehren des Reichsrechts und an das Jugendgerichtsgesetz; 12. März 1924 (G. S. 127; insbes. Prozessuales). Der Begriff ist hinsichtlich der Gegenstände kasuistisch näher ausgeführt; Wertgrenze nicht

5. Unterlassen der Abhaltung von Kindern und Hausgenossen von Diebstählen usw. ist Übertretung gemäß StrGB. § 361 Nr. 9[1].

6. **Munitionsdiebstahl** (StrGB. § 291)[2]. Hier liegt begrifflich Diebstahl oder Unterschlagung vor, je nachdem im Einzelfalle noch Besitz bestand oder nicht. War das Eigentum aufgegeben (derelinquierte Sache), so ist die Tat nicht rechtswidrig[3].

IV. **Verwandte Delikte.** 1. **Elektrizitätsdiebstahl**: Der sog. Elektrizitätsdiebstahl unterscheidet sich vom Diebstahl begrifflich dadurch, daß sein Gegenstand nicht eine fremde Sache[4], sondern fremde elektrische Energie ist. Nachdem das Reichsgericht hier — mit Recht — die Anwendbarkeit des § 242 StrGB. verneinte[5], wurde die Handlung durch Gesetz vom 8. April 1900 (RGBl. S. 228), dem Bedürfnis entsprechend, unter besondere Strafe gestellt[6].

2. **Übertretungen**: Hierher gehören: Grundstücksverringerung

---

vorhanden. b) Feld- und Forstpolizeigesetz v. 1880, jetzt in Neufassung v. 21. Jan. 1926 (G. S. S. 83ff.); hier Wertgrenze 10 M. (§ 4).

Gesamtdarstellung für Deutschland in den Göttinger Dissertationen: LERCHE, Forstdiebstahl, 1922 (nicht gedruckt; kurze Darstellung in Z. 46, 1925, 179ff.); LEUSS, Felddiebstahl, 1924 (nicht gedruckt). — Nähere Angaben bei OLSHAUSEN, § 242 Nr. 36.

[1] § 361 Nr. 9: „Wer Kinder oder andere unter seiner Gewalt stehende Personen, welche seiner Aufsicht untergeben sind und zu seiner Hausgenossenschaft gehören, von der Begehung von Diebstählen sowie von der Begehung strafbarer Verletzungen der Zoll- oder Steuergesetze oder der Gesetze zum Schutz der Forsten, der Feldfrüchte, der Jagd oder der Fischerei abzuhalten unterläßt.“ Strafe: Haft; daneben evtl. gemäß jenen Gesetzen Haftbarkeit für Geldstrafen bzw. Geldleistungen des Täters.

Zur Schuld genügt Fahrlässigkeit. Liegt vorsätzliches Kommissivdelikt durch Unterlassung bzw. strafbare Teilnahme vor, so entfällt § 361[9] (Gesetzeskonkurrenz).

[2] „Wer die bei den Übungen der Artillerie verschossene Munition oder wer Bleikugeln aus den Kugelfängen der Schießstände der Truppen sich widerrechtlich zueignet.“ Strafe: Gefängnis bis 1 Jahr oder Geldstrafe.

[3] Vgl. oben S. 236, Anm. 9. Im übrigen bestehen manche Streitfragen; vgl. auch RG. E. 39, 26; 57, 337.

[4] Vgl. oben S. 236, Anm. 4.

[5] In dankenswert strenger Festhaltung des Grundsatzes nullum crimen sine lege; vgl. E. 32, 165 (eingehendes Urteil).

[6] Vgl. § 1: „Wer einer elektrischen Anlage oder Einrichtung fremde elektrische Arbeit mittels eines Leiters entzieht, der zur ordnungsmäßigen Entnahme von Arbeit aus der Anlage oder Einrichtung nicht bestimmt ist, wird, wenn er die Handlung in der Absicht begeht, die elektrische Arbeit sich rechtswidrig zuzueignen, mit Gefängnis und mit Geldstrafe (bis zu 1500 M.) oder mit einer dieser Strafen belegt.“ Daneben evtl. Ehrverlust. Der Versuch ist strafbar. Dazu auch RG. E. 45, 230.

§ 2 des Gesetzes enthält einen der Sachbeschädigung entsprechenden Tatbestand; vgl. unten S. 250.

(StrGB. § 370 Nr. 1)[1]; Wegnahme gewisser Bodenbestandteile (§ 370 Nr. 2)[2]; sog. Futterdiebstahl (§ 370 Nr. 6)[3].

3. **Gebrauchsanmaßung** (furtum usus, StrGB. § 290)[4]. Gebrauchsanmaßung ist rechtswidrige Wegnahme bzw. Benutzung fremder Sachen, nicht zwecks Zueignung, sondern zu vorübergehendem Gebrauch[5]. Nach heutigem Recht besteht hier Strafbarkeit nur in dem Ausnahmefall des § 290 StrGB.: Unbefugtes In-Gebrauchnehmen verpfändeter Gegenstände durch öffentliche Pfandleiher[6]. Die Entwürfe haben die Vorschrift gestrichen.

4. **Besitzentziehung** (furtum possessionis, StrGB. § 289)[7]. Das Wesen des Delikts besteht in der rechtswidrigen Entziehung des Besitzes einer beweglichen Sache „zugunsten des Eigentümers". Strafbar ist[8], wer zu diesem Zweck seine eigene oder eine fremde beweg-

[1] Strafbar ist, „wer (vorsätzlich) unbefugt ein fremdes Grundstück, einen öffentlichen oder Privatweg oder einen Grenzrain durch Abgraben oder Abpflügen verringert". — Begrifflich ist dies nicht Diebstahl (weil keine bewegliche Sache), wohl aber Sachbeschädigung und evtl. Grenzverrückung (vgl. unten S. 250, Nr. 3; § 85, VI).

[2] „Wer unbefugt ... wegnimmt." Hier liegt bei Absicht rechtswidriger Zueignung begrifflich Diebstahl (also milder strafbare Diebstahlsfälle), sonst Sachbeschädigung vor. Das Gesetz ist breit kasuistisch gefaßt; vgl. im einzelnen den Text (Erde, Steine, Rasen usw., nicht konzessionspflichtige Mineralien „oder ähnliche Gegenstände").

[3] „Wer Getreide oder andere zur Fütterung des Viehes bestimmte oder geeignete Gegenstände wider Willen des Eigentümers wegnimmt, um dessen Vieh damit zu füttern" (Antragsdelikt, Antrag zurücknehmbar). Die Tat unterscheidet sich begrifflich vom Diebstahl dadurch, daß sie sich nicht gegen den Eigentümer richtet, sondern (unbefugt) in dessen Interesse erfolgt (widerrechtliche negotiorum gestio, mangelnde Zueignungsabsicht).

[4] Geschichte: Römisches Recht oben S. 235, Anm. Im deutschen Recht wird die Gebrauchsanmaßung gewöhnlich als leichteres Vergehen behandelt. Hauptbeispiele: Ritt auf fremdem Pferde, Gebrauch fremder Schiffe oder Wagen; vgl. His, Strafrecht, 1928, S. 161. Im 19. Jahrhundert stellenweise allgemeine Bestrafung; vgl. Sachsen, StrGB. 1851, Art. 330.

[5] Solche Fälle können im einzelnen recht harmlos, aber doch auch wesentlich bedenklicher liegen. Beispiele: Tragen fremder Kleider, Benutzung fremder Bücher; Gebrauch fremder Beförderungsmittel usw. (über Benzindiebstahl bei Autofahrt vgl. oben S. 236, Anm. 3); vgl. auch RG., Leipz. Z. 18, 204 (Benutzung fremden Bootes, schon an Diebstahl grenzend).

[6] Strafe: Gefängnis bis 1 Jahr; daneben Geldstrafe zulässig.

Über Pfandleiher vgl. ferner StrGB. § 360[12] (Überschreitung des Zinsfußes).

[7] Geschichte: Römisches Recht oben S. 235, Anm.; das Preuß. Landrecht (§ 1110) betrachtete die Begehung durch den Eigentümer als Diebstahl; das Preuß. StrGB. 1851, § 271 als „Besitzentwendung" (vgl. Goltd. Mat. II, 616ff.). Das StrGB. stellte mit Recht die Begehung durch Dritte gleich (vgl. Motive, Reichstagsvorlage 1870, S. 81). Die Entwürfe bezeichnen das Delikt als „Rechtsvereitelung". Heute wird vielfach die ungeschickte und zu enge Bezeichnung „Pfandkehrung" gebraucht.

[8] Strafe: Gefängnis bis 3 Jahre oder Geldstrafe; evtl. Ehrverlust. — Begehung gegen Deszendenten oder Ehegatten ist wie beim Diebstahl straflos.

liche Sache dem Nutznießer, Pfandgläubiger[1] oder einem Gebrauchs- oder Zurückbehaltungsberechtigten[2] in rechtswidriger Absicht wegnimmt. Die Tat ist Antragsdelikt, der Versuch strafbar.

5. **Besitzstörung**: Hier ist als Übertretung gemäß StrGB. § 368 Nr. 9 strafbar das unbefugte Betreten näher bezeichneter Grundstücke[3]. Ferner gibt § 368 Nr. 1 eine vorbeugende Sondervorschrift zum Schutz der Weinberge[4].

§ 69. Raub, Unterschlagung, Sachbeschädigung.

An den Diebstahl reihen sich als Eigentumsverbrechen (oben S. 234/35), Raub, Unterschlagung und Sachbeschädigung an.

I. **Raub** (StrGB. §§ 249—251). 1. Der Raub[5], formell selbständiges Delikt[6], ist inhaltlich Spezialfall des Diebstahls: Wegnahme fremder beweglicher Sache in der Absicht rechtswidriger Zueignung „mit Gewalt gegen eine Person oder unter Anwendung von Drohungen mit gegenwärtiger Gefahr für Leib oder Leben". Dies Mittel der Wegnahme[7] kennzeichnet den Raub zugleich als Freiheitsdelikt im weiteren Sinne[8].

2. Zum Begriff der Gewalt vgl. oben S. 205, Anm. 5[9]. Sie muß sich

---

[1] Beispiel: Der Mieter „rückt" mit den eingebrachten Sachen (BGB. § 559); vgl. RG. E. 15, 434.

[2] Nach RG. auch vertragsmäßiges Zurückbehaltungsrecht; vgl. E. 35, 151; 37, 119 (eingehende Urteile betr. solches Recht des Vermieters an unpfändbaren Sachen); dagegen ganz überwiegend die Literatur (vgl. z. B. v. Liszt, Frank).

[3] „Wer unbefugt ... geht, fährt, reitet oder Vieh treibt."

Geschützt sind a) Gärten, Weinberge. b) Wiesen und bestellte Äcker vor beendeter Ernte. c) Eingefriedigte oder mit Warnungszeichen versehene Äcker, Wiesen, Weiden oder Schonungen. d) Durch Warnungszeichen geschlossene Privatwege.

[4] „Wer den polizeilichen Anordnungen über die Schließung der Weinberge zuwiderhandelt."

[5] Geschichte vgl. oben S. 235, Anm. Strafe des einfachen Raubes (§ 249): Zuchthaus, bei mildernden Umständen Gefängnis nicht unter 6 Monate. Über Polizeiaufsicht § 256.

[6] Als solches (gemeinsam mit der Erpressung) in einen besonderen Abschnitt des Gesetzes gestellt. Deshalb ist z. B. gewaltsamer Mundraub nicht etwa Sonderfall des Diebstahls gemäß StrGB. § 370[5], sondern Raub; vgl. auch E. 43, 176.

[7] Vgl. dazu über das Verhältnis zum räuberischen Diebstahl (§ 252) oben S. 243, Anm. 5.

[8] Vgl. oben S. 205, Anm. 1.

[9] Anwendung körperlicher Kraft (nicht Betäubung, vgl. E. 56, 87; anders naturgemäß bei gewaltsamer Beibringung des Mittels, E. 58, 99). Die Kraftaufwendung muß nach verständiger Verkehrsauffassung eine wesentliche (nicht unerhebliche) sein; das folgt aus dem Wesen des Raubes als Freiheitsdelikt. Es handelt sich hier um die gleiche Aufgabe sachgemäßer Abgrenzung des Erheblichen vom Unerheblichen wie bei Körperverletzung (oben S. 195, Anm. 3), Beleidigung (oben S. 212) und unzüchtigen Handlungen (oben S. 227, Anm. 3). Beispiel: Überraschendes Entreißen einer Sache ohne weitergehende Kraft-

hier unmittelbar gegen eine „Person“ richten[1]. Zum Begriff der „Drohung usw.“ vgl. näher oben S. 115. „Wegnehmen“[2] steht im Gegensatz zur erzwungenen Übergabe (Erpressung gemäß § 255)[3]. Der Versuch beginnt mit der Anwendung der Gewalt bzw. Drohung[4].

3. Schwerer Raub (StrGB. 250)[5], in der Hauptsache dem schweren Diebstahl entsprechend[6], sind folgende Fälle: bewaffneter Raub (§ 250 Nr. 1) — Bandenraub (Nr. 2) — Straßenraub (Nr. 3) — nächtlicher Raub (Nr. 4) — Raub im Rückfall (Nr. 5).

Schwerster Fall (StrGB. § 251)[7] ist der Raub mit Marterung[8] eines Menschen oder mit Verursachung schwerer Körperverletzung (§ 224) bzw. des Todes[9].

II. **Unterschlagung** (StrGB. § 246)[10]. 1. Unterschlagung begeht, „wer eine fremde bewegliche Sache, die er in Besitz oder Gewahrsam hat, sich rechtswidrig zueignet“[11]. Es handelt sich also bei der Unterschlagung um Angriff auf fremdes Eigentum durch den Besitzer[12]. Wie dieser den Besitz erlangte, ob insbes. rechtmäßig oder rechtswidrig, ist grundsätzlich gleichgültig[13].

2. Über den Begriff der Zueignung vgl. oben S. 239/40. Gegeben ist die rechtswidrige Zueignung, sobald der Besitzer den Entschluß

---

aufwendung ist Überrumpelung, List, nicht Gewalt; Gewalt aber, wenn der andere die Absicht merkt und deshalb die Sache seinerseits gewaltsam festhält; vgl. E. 46, 403 (erhebliche Kraftaufwendung); Lobe, § 249 Nr. 4a (teilweise streitig, vgl. näher Frank, § 249 II[1]).

[1] Nicht notwendig gegen den Beraubten selbst (Beispiel: gegen das Kind, damit die Mutter die Wegnahme der Sache duldet); streitig. — Gewalt gegen Sachen ist nur dann zugleich Gewalt gegen die Person, wenn sie sich — dem Vorsatz des Täters gemäß — auf den Körper überträgt und diesen in Mitleidenschaft zieht; vgl. E. 46, 403 (vorige Anm.) und dort zitierte. Sonst kann Gewalt gegen Sachen evtl. als „Drohung“ wirken (z. B. Zertrümmern von Sachen).

[2] Ohne Willen des bisherigen Inhabers; vgl. oben S. 237 bei Anm. 7. Tötet der Täter zwecks unmittelbarer Wegnahme und führt diese dann durch, so liegt Idealkonkurrenz zwischen Tötung und Raub vor (Raubmord); vgl. dazu E. 60, 165 (siehe Strafr. II, 517).

[3] Dazu unten S. 263. [4] Vgl. oben S. 153.

[5] Strafe: Zuchthaus nicht unter 5 Jahren, bei mildernden Umständen Gefängnis nicht unter 1 Jahr.

[6] Vgl. daher zur näheren Begriffsbestimmung oben S. 241/42.

[7] Strafe: Zuchthaus nicht unter 10 Jahren oder lebenslang.

[8] D. h. länger dauernde Zufügung erheblicher Leiden (synonym mit „quälen“); vgl. auch E. 49, 391.

[9] Durch den Erfolg qualifizierte Delikte; vgl. näher oben S. 148, V.

[10] Geschichtlich vgl. oben S. 235, Anm.

[11] Strafe: Gefängnis bis 3 Jahre, bei anvertrauten Sachen bis 5 Jahre; bei mildernden Umständen Geldstrafe zulässig. — Der Versuch ist strafbar.

[12] Vgl. dazu betr. „Besitz oder Gewahrsam“ oben S. 239 Anm. 1. Bei bloßem Mitbesitz liegt Diebstahl vor; vgl. oben S. 238, Anm. 2.

[13] Erfolgte aber der Besitzerwerb durch strafbare Handlung zwecks Zueignung (z. B. Diebstahl, Wildern), so ist die Unterschlagung straflose Nachtat; vgl. oben S. 180.

durchführt, die Sache rechtswidrig wie ein Eigentümer zu beherrschen[1]. Diese Sachlage muß, um feststellbar zu sein, selbstverständlich irgendwie äußerlich nachweisbar hervortreten[2]. Abzulehnen aber ist die übliche Annahme, daß dies notwendig durch eine zeitlich nach der Erlangung des Besitzes liegende Handlung geschehen müsse[3]. Wille und Tatsache eigentumsgleicher Beherrschung können sehr wohl schon im Augenblick der Besitznahme vorhanden und nachweisbar sein[4].

3. Sonderfälle der Unterschlagung. Hier kommen, wie bereits dargelegt[5], in Betracht: StrGB. § 247 (Haus- und Familienunterschlagung); § 248a (Notunterschlagung); § 370[5] (Mundraub); § 291 (Munitionsunterschlagung).

III. **Sachbeschädigung** (StrGB. §§ 303/05)[6]. 1. Begriff (§ 303): Gegenstand der Sachbeschädigung ist eine „fremde Sache"[7], und zwar hier — im Gegensatz zu den vorausgehenden Eigentumsdelikten — selbstverständlich auch unbewegliche Sachen. Strafbar ist[8], wer die Sache „vorsätzlich und rechtswidrig beschädigt oder zerstört".[9] Der Versuch ist strafbar.

„Beschädigen" fordert wesentlichen Eingriff in die Sachsubstanz[10],

---

[1] Sobald also Eigenbesitz (BGB. § 872) eingetreten ist; vgl. oben S. 240, Anm. Vgl. auch E. 65, 147: Vollendung, wenn die Handlung „zu der beabsichtigten Einverleibung in das eigene wirtschaftliche (Kritik: oben S. 239, Anm. 7) Vermögen geführt hat". Versuch, wenn die Ausführungshandlung (Aneignung von Geldscheinen aus einem Brief) zwar begonnen (Aufschneiden des Briefes), aber nicht durchgeführt wurde. Vorbereitung, wenn der Täter sich zunächst nur über den Inhalt unterrichten und dann erst überhaupt entschließen will.

[2] So auch z. B. RG. E. 65, 147.

[3] So E. 19, 38 (gegen die Vorinstanz, lediglich auf Grund des „Wortlauts" des § 246, obwohl damit das Ergebnis einer straffreien Lücke zwischen Diebstahl und Unterschlagung entsteht); ebenso noch E. 53, 302; FRANK, § 246 II, 3; v. LISZT-SCHMIDT usw.

Im Sinne obigen Textes z. B. BINDING, Lehrb. 1, 275; LOBE, § 246, 1; ferner die Entwürfe.

[4] So z. B. in Fällen der Fundunterschlagung (oben S. 237, Anm. 6). Beispiel: Der Täter nimmt die gefundene Sache an sich mit den Worten: das paßt mir gerade, das behalte ich.

[5] Oben S. 243ff. [6] Geschichte vgl. oben S. 235, Anm.

[7] Oben S. 236. Betr. Leichen E. 64, 313 (oben S. 236, Anm. 6, 9); deshalb unbefugte Sektion keine Sachbeschädigung; dazu unten S. 366.

[8] Strafe: Geldstrafe oder Gefängnis bis 2 Jahre.

[9] Antragsdelikt (bis Angehörigen Zurücknahme zulässig). Verletzt ist nach RG. auch der durch die Tat unmittelbar betroffene, persönlich an der Sache Berechtigte, vgl. z. B. E. 4, 326; 8, 402 (streitig).

[10] Entsprechend der Körperverletzung usw,; vgl. oben S. 227, Anm. 3.

Gleichgültig ist, wie beim Diebstahl, wirtschaftlicher Wert (oben S. 236; 239, Anm. 7). Ebenso Wertminderung. Beispiel: Ein bedeutender Künstler verändert widerrechtlich ein schlechtes Gemälde; das ist Sachbeschädigung trotz evtl. Werterhöhung. Vgl. auch E. 13, 28 (Vermögensbeschädigung nicht maßgebend). — Ebensowenig ist Beeinträchtigung der Brauchbarkeit erforderlich (so

„Zerstören“, in der Intensität darüber hinausgehend[1], bedeutet Vernichtung der Sache als solcher[2]. Eine im Verkehrssinne einheitliche Sache kommt als Ganzes in Betracht[3].

Die Rechtswidrigkeit des Eingriffs bestimmt sich nach Privatrecht bzw. öffentlichem Recht. Zum Vorsatz gehört nach herrschender Ansicht das Bewußtsein der Rechtswidrigkeit[4].

2. Erschwerte Fälle (nicht Antragsdelikte) sind: a) § 304: Die Sachbeschädigung an bestimmten Gegenständen der Verehrung[5] und des öffentlichen Interesses[6]. Die Sache braucht hier nicht notwendig eine fremde zu sein[7].

b) § 305: Gänzliche oder teilweise Zerstörung (nicht Beschädigung) fremder Bauwerke[8].

3. Milder bestrafte Fälle: Grundstücksverringerung (§ 370 Nr. 1)[9]; evtl. Wegnahme gewisser Bodenbestandteile (§ 370 Nr. 2)[10]; ferner evtl. landesrechtliche Vorschriften der Jagd-, Forst- und Feldpolizeigesetze (Einf.Ges. StrGB. § 2[2])[11].

4. Sonderdelikt: Elektrizitätsentwendung[12], nicht zwecks rechtswidriger Zueignung, sondern „in der Absicht, einem anderen rechtswidrig Schaden zuzufügen“[13].

als entscheidend v. Liszt, Frank). Beispiele: Ein beschädigtes Gewehr, Buch, Möbelstück usw. kann unverändert brauchbar sein.

Keine Sachbeschädigung (weil kein Eingriff in die Substanz) ist bloßes Abhandenbringen von Sachen (z. B. Wegwerfen; Fliegenlassen eines Vogels usw.) Ebensowenig lediglich vorübergehende Gebrauchsbehinderung durch Entfernung von Teilen; vgl. E. 13, 28/29; E. 39, 223. Wohl aber evtl. Besudeln von Sachen; vgl. E. 43, 204 (Anstreichen eines Mormordenkmals).

[1] Als Analogie denke man an Körperverletzung und Tötung.

[2] Z. B. Zertrümmern, Verbrennen.

Vgl. auch E. 39, 223 (§ 303 fordert gänzliche, nicht nur teilweise Zerstörung; anders § 305).

[3] Z. B. ein Stauwerk (E. 13, 29), eine Maschine (E. 39, 223).

[4] Zur Kritik oben S. 110, Anm. 6; S. 140, Nr. 4.

[5] „Gegenstände der Verehrung einer im Staate bestehenden Religionsgesellschaft oder Sachen, die dem Gottesdienste gewidmet sind, oder Grabmäler.“

[6] Öffentliche Denkmäler; in öffentlichen Sammlungen aufbewahrte oder öffentlich aufgestellte Gegenstände der Kunst, Wissenschaft, des Gewerbes; zum öffentlichen Nutzen oder zur Verschönerung öffentlicher Wege, Plätze, Anlagen dienende Gegenstände.

[7] Vgl. auch E. 8, 402. Strafe: Gefängnis bis 3 Jahre oder Geldstrafe; neben Gefängnis evtl. Ehrverlust.

[8] Gebäude, Schiff, Brücke, Damm, gebaute Straße, Eisenbahn „oder ein anderes Bauwerk“. Vgl. dazu E. 54, 205. Strafe: Gefängnis nicht unter 1 Monat. Betr. Eisenbahn unten § 92, I.

[9] Vgl. näher oben S. 246, Anm. 1. [10] Oben S. 246, Anm. 2.

[11] Oben S. 75; Tötung wildernder Hunde, Katzen vgl. unten S. 254, Anm. 3.

[12] Vgl. oben S. 245.

[13] § 2 des Gesetzes; Strafe wie bei Sachbeschädigung; oben S. 249, Anm. 8; Antragsdelikt.

§ 70. Jagd- und Fischereidelikte.

Auch hier handelt es sich, wie in den vorausgehenden Fällen (§§ 68, 69) um Sachdelikte; aber nicht gegen fremde, sondern gegen herrenlose Sachen[1], an denen ein ausschließliches Aneignungsrecht besteht.

I. **Jagdvergehen** (Wildern; StrGB. §§ 292/95) **und Verwandtes.** Strafbar ist, „wer an Orten, an denen zu jagen er nicht berechtigt ist, die Jagd ausübt" (§ 292)[2].

1. Begriff: Das Delikt besteht im vorsätzlichen Eingriff in das Jagdrecht, d. h. in das ausschließliche Recht auf Aneignung der herrenlosen jagdbaren Tiere eines bestimmten Gebiets[3].

Solche Kennzeichnung als Vermögensdelikt aber erschöpft die sachliche Bedeutung nicht. Man wird damit selbst leichten Fällen[4] nicht voll gerecht[5], noch viel weniger dem Treiben des wirklichen Wilderers im engern Sinne. Dieser ist zugleich ein gemeiner Schädling unserer Tierwelt[6], darüber hinaus aber eine schwere Gefahr für Leib und Leben des Jagdberechtigten wie des Forst- und Jagdschutzpersonals[7]. Unsere Praxis krankt hier vielfach an zu großer Milde infolge unzureichender Kenntnis der tatsächlichen Verhältnisse[8]. Scharfen Einschreitens be-

---

[1] Vgl. oben S. 236, Anm. 9.

[2] Strafe: Geldstrafe oder Gefängnis bis 3 Monate; bei Angehörigen (StrGB. § 52[2]) Antragsdelikt (Antrag zurücknehmbar).

[3] Geschichte: In einfacheren Kulturverhältnissen steht die Jagd jedermann frei. So noch im römischen Recht. In fränkischer Zeit wird die Jagd auf fremdem Grund und Boden mit Buße bedroht, die Jagd in Bannforsten mit Bannbuße. Peinlichen Strafen begegnen wir seit dem 12. Jahrhundert für einzelne Fälle, seit dem 14. für die verbotene Jagd an sich (dazu His, Strafr. 1928, 163). Im gemeinen Recht fällt das Wildern insbes. unter den Gesichtspunkt der Verletzung des landesherrlichen Jagdregals; die schweren Strafen werden in Preußen (1753) durch Friedrich d. Großen gemildert (vgl. Strafr. I, 225[6], 234, 273). Im Preuß. Landrecht II, § 1145 erscheint das Wildern als Fall des Diebstahls.

[4] Hierher gehören insbes. geringfügige Grenzunregelmäßigkeiten des Jagdberechtigten.

[5] Denn die Jagd ist heute zwar in ihrem Gesamtertrage volkswirtschaftlich wichtig, für den Berechtigten aber meist kein Erwerbszweig, sondern eine kostspielige Freude an Waidwerk, Hege und Pflege des Wildes.

[6] Er tötet — dem wildernden Hunde gleich — ohne Rücksicht auf Alter, Geschlecht und Schonvorschriften; und ebenso gemein quält er (Beispiel: Schlingenstellen).

[7] Beispiel: Von Herbst 1925 bis Herbst 1926 erfolgten in Deutschland 576 Zusammenstöße zwischen Forstleuten und Wilderern. Getötet wurden 24 Forst- und Jagdbeamte, verletzt 23 (Wilderer getötet 18, verletzt 24). Vgl. Deutsche Allg. Ztg. 11/12, 1928 (Bericht der „Abteilung für Wilddiebstatistik").

Zur näheren kriminalpolitischen Kennzeichnung vgl. z. B. Busdorf (Kriminalkommissar), Wilddieberei und Förstermorde; Anuschat (Kriminalkommissar), Goltd. Arch. 63, 219ff.

[8] Dringend erforderlich ist deshalb ausreichende Zuziehung von Sachverständigen. Sonst wird schon der Begriff der Jagdausübung im Einzelfalle nicht selten verkannt, erst recht ihre Bedeutung.

Die Entwürfe haben mit Recht die Strafen bedeutend verschärft (vgl.

darf es ferner heute gegen das jagdlich geradezu gemeingefährliche Verhalten jener Art von Autofahrern, die das Wild rücksichtslos überfahren, vielfach auch mitnehmen und weiter evtl. den Wagen zur Erleichterung des Wilderns mit der Waffe benutzen.

2. Gegenstand des Delikts sind herrenlose jagdbare Tiere[1]. Über die Jagdbarkeit entscheidet das Landesrecht einschließlich des Gewohnheitsrechts[2].

3. „Jagdausübung" ist jede auf Besitzergreifung oder Tötung jagdbarer Tiere gerichtete Handlung[3], ohne Rücksicht auf den weiter damit verfolgten Zweck[4].

---

insbes. 1927, §§ 361, 365). „Dem liegt der Gedanke zugrunde, daß die Wilderei nicht nur als Vermögensdelikt zu bewerten ist, sondern nicht selten den Anlaß zu schweren Verbrechen gegen Leib und Leben bildet" (vgl. Denkschrift, 1919, S. 343).

[1] Steht das Tier bereits im Eigentum, so liegt evtl. Diebstahl, Raub, Unterschlagung, Sachbeschädigung vor, kein Jagddelikt.

Herrenlos sind wilde Tiere in Freiheit (BGB. § 960). Nimmt der Wilderer das Wild in Besitz, so bleibt es herrenlos, bis es an den Jagdberechtigten oder einen gutgläubigen Dritten kommt; vgl. E. 23, 90. Nimmt ein Dritter es dem Wilderer weg, so ist das straflos, E. 63, 37 (bei Begehung innerhalb des Jagdreviers aber liegt § 292 vor).

Im Eigentum ist dagegen: a) Das vom Jagdberechtigten in Eigenbesitz genommene Wild; BGB. § 958; dazu gehört auch bereits Wild, das sich in der gestellten Falle fing; vgl. E. 32, 164.

b) Wild „in Tiergärten" (BGB. § 960); RG. E. 42, 75 (und früher) betrachtet als „Tiergarten" auch große eingehegte Jagdreviere (hier 2500 ha); in der Literatur streitig.

c) Gefangenes Wild. Erlangt es die Freiheit, so wird es herrenlos; anders, so lange es noch unverzüglich verfolgt wird (BGB. § 960²).

d) Gezähmtes Wild; legt es „die Gewohnheit ab, an den ihm bestimmten Ort zurückzukehren", so wird es herrenlos (BGB. § 960³).

Das Jagdrecht umfaßt auch totes Wild (Fallwild, erlegtes Wild), wie dessen mit dem Körper noch in Zusammenhang stehende Teile (z. B. Geweih); über abgeworfene Geweihe entscheidet das Landesrecht; vgl. E. 13, 84. Nicht mehr zum Wilde gehören künstlich abgetrennte und zugleich räumlich völlig entfernte Körperteile; E. 63, 37.

[2] Vgl. z. B. E. 32, 161; 41, 397. — Für Preußen heute die Jagdordnung 15. Juli 1907 (G. S. 207) mit Ergänzungen v. 21. Febr. 1922 (G. S. 50), 19. Okt. 1922 (G. S. 308), 12. Nov. 1929 (G. S. 532) und 15. Juli 1924 (G. S. 577) (in Hannover noch die veraltete Jagdordnung v. 1859). Nicht jagdbar ist in Preußen (verfehlterweise) das Kaninchen. Deshalb aber: Jagdordg. § 77² (Verbot von Schlingen); Feld- u. ForstPolGes. 21. Jan. 1926 § 29 (Strafe für unbefugten Fang); Tier- und Pflanzenschutzordg. 16. Dez. 1929, § 5 (Erfordernis schriftlicher Erlaubnis des Jagdberechtigten und des Grundeigentümers).

[3] Vgl. auch StrGB. § 293: „Dem Wilde nachstellen." Insbes. also die üblichen Jagdarten (Pirsche, Suche, Anstand, Treiben), gleichgültig ob der Täter zu Schuß kommt oder Wild sieht. Ferner z. B. Schlingen- und Fallenstellen, Greifen durch Hunde, Köder auslegen, Vergiften, Mitnehmen kranken oder toten Wildes usw. — Vgl. dazu auch E. 26, 216; 40, 8 (und dort zit.); E. 20, 4 (auch bei noch nicht schußfertigem Gewehr).

[4] Absicht zu behalten, verwerten ist also nicht erforderlich; Zweck der Abwendung von Wildschaden gleichgültig. Vgl. E. 14, 419; 22, 115.

Die Berechtigung zur Jagdausübung in dem betr. Revier bestimmt sich nach Landesrecht[1]. Einwilligung des Jagdberechtigten schließt, soweit sie reicht, den Tatbestand des Delikts aus[2]. Zum Vorsatz gehört das Bewußtsein unberechtigten Jagens[3].

4. Erschwerte Fälle: a) § 293: Jagen „nicht mit Schießgewehr oder Hunden, sondern mit Schlingen, Netzen, Fallen oder anderen Vorrichtungen oder während der gesetzlichen Schonzeit, in Wäldern, zur Nachtzeit[4] oder gemeinschaftlich von mehreren“[5].

b) § 294: Gewerbsmäßiges unberechtigtes Jagen[6].

5. Einziehung: In allen Fällen des Jagdvergehens schreibt § 295 StrGB. bindend und „ohne Unterschied, ob sie dem Verurteilten gehören oder nicht“, die Einziehung des Gewehrs, des Jagdgeräts[7] und der Hunde, die der Täter bei sich führte, wie der Schlingen, Netze, Fallen und anderen Vorrichtungen vor[8].

---

[1] Vgl. oben S. 252, Anm. 2. — Das früher teilweise landesrechtlich anerkannte Recht der sog. Jagdfolge (d. h. angeschossenes Wild jenseits der Grenze zu okkupieren) besteht heute meist nicht mehr (so insbes. nicht in Preußen); vgl. auch E. 18, 226. — Selbstverständlich möglich ist aber vertragsmäßige Einräumung.

Bei Schüssen über die Grenze ist bei unserem Delikt nach RG. der Standort des Wildes, nicht der des Jägers maßgebend; vgl. E. 25, 120; also hier abweichend von oben S. 104/06.

[2] Ist die Erlaubnis zeitlich oder sachlich (z. B. betr. Wildart, Pflicht zur Ablieferung) beschränkt, so liegt bei Überschreitung § 292 vor; vgl. E. 43, 439; 63, 36.

[3] Vgl. oben S. 111, Anm. 1; 140; auch E. 14, 420. Gegensatz: irrtümliche Annahme von Jagdberechtigung. Selbstverständlich genügt dolus eventualis; vgl. E. 10, 236. Irrtum über die Jagdbarkeit schließt den Vorsatz bereits gemäß StrGB. § 59 aus; und zwar grundsätzlich, nicht nur, weil es Zivilrechtsirrtum ist (so E. 10, 236); vgl. oben S. 140, Anm. 10.

[4] D. h. zur Zeit der Dunkelheit; vgl. oben S. 242, Anm. 4.

[5] Strafe: Geldstrafe oder Gefängnis bis 6 Monate. Kein Antragsdelikt; vgl. E. 4, 330.

[6] Zum Begriff vgl. oben S. 179; so auch E. 56, 327. Praktisch ist zu betonen, daß beim Wildern eines überhaupt Nicht-Jagdberechtigten die Gewerbsmäßigkeit die Regel bildet; dazu oben S. 251, Anm. 6. — Strafe: Gefängnis nicht unter 3 Monate; daneben evtl. Aberkennung der bürgerlichen Ehrenrechte und Polizeiaufsicht.

[7] Jagdgerät ist auch der Wagen bzw. das Auto, das zur Jagdausübung benutzt wurde (anders bei bloßer Beförderung).

[8] Solche obligatorische und unterschiedslose (ohne Rücksicht auf das Eigentum erfolgende) Einziehung geht unter Umständen zu weit. Beispiele: Leichte Grenzunregelmäßigkeiten; ferner z. B. (aus der Praxis): Ein untreuer Jagdaufseher wildert mit dem ihm überlassenen Gewehr und Hund seines Dienstherrn auf den Nachbarrevieren; die obligatorische Einziehung, die erfolgen mußte, ist sinnlos.

RG. E. 18, 43 schließt auf Grund von StrPO. § 111 die Einziehung wenigstens dann aus, wenn das Gewehr usw. dem Eigentümer durch eine strafbare Handlung entzogen wurde. Darüber hinausgehend nimmt die Literatur in steigendem Maße an, daß das unerlaubt gebrauchte Gewehr des durch das Wildern verletzten Jagdberechtigten nicht eingezogen werden dürfe. Mit Recht; denn letzterer

6. **Ergänzende Vorschriften**: a) Unbefugtes Betreten fremden Jagdgebietes in Jagdausrüstung ist Übertretung (StrGB. § 368[10])[1].

b) Ebenso das unbefugte Ausnehmen von Eiern oder Jungen von jagdbarem Federwild (StrGB. § 368[11])[2], ferner

c) das unterlassene Abhalten von Kindern und Hausgenossen von Jagd- und Fischereidelikten (StrGB. § 361 Nr. 9); vgl. oben S. 245 Anm. 1.

d) Weitgehenden Schutz von Vögeln gewährt heute das Vogelschutzgesetz von 1888, Fassung vom 30. Mai 1908 (RGBl. 314ff.).

e) Darüber hinaus ist das Landesrecht maßgebend auf dem Gebiet der „Jagdpolizeigesetze" (Einf.-Ges. StrGB. § 2[2], oben S. 75, Anm. 1). Hier finden sich insbes. Strafbestimmungen betr. Jagdscheine und Schonvorschriften[3].

II. **Fischereidelikte**[4]. 1. Der Deliktstatbestand besteht — entsprechend dem Jagddelikt — im Eingriff in das ausschließliche Recht auf Aneignung der herrenlosen, fischbaren Tiere eines bestimmten Wassergebiets. Es gelten daher insoweit die oben für das Jagddelikt entwickelten Grundsätze entsprechend[5].

---

ist hier die durch § 292ff. geschützte Person (vgl. die Analogie oben S. 169, III, 1). In obigem Sinne insbes. Frank, v. Liszt-Schmidt, Rosenberg zu § 295.

Die Entwürfe seit 1913 verzichten mit Recht auf Einziehung in besonders leichten Fällen und wenn die Benutzung ohne Schuld des Eigentümers geschah.

Vgl. zur Einziehung auch unten S. 354, Anm. 5; ferner unten § 105, II.

[1] „Ohne Genehmigung des Jagdberechtigten oder ohne sonstige Befugnis ... außerhalb des öffentlichen, zum gemeinen Gebrauche bestimmten Weges" ... wenn der Täter „nicht jagend, doch zur Jagd ausgerüstet betroffen wird". — Strafe: Geldstrafe bis 150 M. oder Haft bis 14 Tage.

„Befugt" sind z. B. Forstbeamte in Ausübung des Jagdschutzes; vgl. E. 16, 202. — Nicht zum Gemeingebrauch bestimmt sind die seitlichen Gräben öffentlicher Wege; E. 16, 203. — „Zur Jagd ausgerüstet": Entscheidend ist die Möglichkeit alsbaldigen Gebrauchs des Gewehrs usw; gleichgültig, ob es geladen ist; vgl. E. 9, 412. — Nicht erforderlich ist, daß der Täter auf frischer Tat betroffen wird, entscheidend allein das unbefugte Betreten fremden Reviers; vgl. E. 13, 58. — Zur Schuld genügt Fahrlässigkeit; E. 38, 104.

[2] Die Vorschrift schließt als lex specialis die §§ 292ff. aus; sie ist auch auf den Jagdberechtigten anwendbar; vgl. E. 40, 240. Das im Gesetz ferner erwähnte Ausnehmen bei „Singvögeln" fällt heute unter das Vogelschutzgesetz; vgl. oben.

[3] Vgl. Preuß. Jagdordnung v. 15. Juli 1907, §§ 72ff. Wichtige Ergänzung neuerdings die Tier- u. Pflanzenschutzverordg. v. 16. Dez. 1929 (Ges. S. 189). Hier z. B. Verbot des Schrotschusses auf Rehwild, Befugnis zum Töten wildernder Hunde und Katzen usw. (Strafen § 12). Vgl. ferner Verordg. über das Auslegen von Gift v. 16. Sept. 1931 (G. S. 210).

[4] Geschichte: Schon in fränkischer Zeit wird das unberechtigte Fischen der unberechtigten Jagd gleichgestellt; vgl. dann Sachsenspiegel 2, 28; Carolina, Art. 169. Dazu His, Strafr. 1928, S. 163; mein Strafr. I, 193.

[5] Nicht herrenlos sind „Fische in Teichen oder anderen geschlossenen Privatgewässern" (BGB. § 960); hier also evtl. Eigentumsdelikt (Diebstahl usw.). — Über die Fischbarkeit entscheidet das Landesrecht; vgl. E. 17, 161.

2. Das Gesetz straft das unberechtigte Fischen[1] grundsätzlich als Übertretung (StrGB. § 370⁴)[2], nur im erschwerten Falle des § 296 StrGB. als Vergehen[3].

Dazu tritt als Sonderdelikt das unbefugte Fischen von Ausländern in deutschen Küstengewässern (StrGB. § 296a)[4].

Aufrechterhalten ist auch hier das Landesrecht betr. „Fischereipolizeigesetze" (Einf.-Ges. StrGB. § 2²)[5].

§ 71. Betrug, Erpressung, Untreue.

Im Gegensatz zu den vorausgehenden Sachdelikten handelt es sich hier um Angriffe auf das Vermögen überhaupt: Beim Betrug erfolgt die Ausführung durch Täuschung, bei der Erpressung durch Gewalt bzw. Drohung, bei der Untreue durch Mißbrauch bestehender Verfügungsmacht.

I. **Betrug** (StrGB. §§ 263/65)[6]. 1. Begriff (StrGB. § 263): Betrug ist vorsätzliche Vermögensbeschädigung in Bereicherungsabsicht durch Täuschung[7]. Da eine Täuschung für sich allein keine Vermögensbeschädigung bedeutet, bedarf es hierfür einer Handlung

---

1 § 370 Nr. 4: „Wer unberechtigt fischt oder krebst;" letzteres ist lediglich Spezialfall; vgl. oben RG.

2 Strafe: Geldstrafe bis 150 M. oder Haft; Einziehung hier nicht zulässig, vgl. StrGB. § 40.

3 „Zur Nachtzeit" (vgl. oben S. 253, Anm. 4; auch wenn nur die Netze nachts liegenbleiben, vgl. E. 37, 117); „bei Fackellicht oder unter Anwendung schädlicher oder explodierender Stoffe". Strafe: Geldstrafe oder Gefängnis bis 6 Monate; evtl. Einziehung gemäß StrGB. § 40.

4 Strafe: Geldstrafe oder Gefängnis bis 6 Monate; ferner hier obligatorische, unterschiedslose Einziehung (also wie beim Jagddelikt, oben S. 253) der Fanggeräte und in dem Fahrzeug enthaltenen Fische.

5 Vgl. für Preußen Fischereigesetz v. 11. Mai 1916 (Ges. S. 55ff.); Strafvorschriften §§ 125—130 (insbes. betr. Erlaubnisschein und Schonvorschriften).

6 Geschichte: Der heutige, scharf begrenzte Betrugsbegriff ist erst eine Errungenschaft des 19. Jahrhunderts. Für das römische Recht kommt der unklare Sammelbegriff des stellionatus in Betracht; vgl. Strafr. I, 68⁴; Mommsen, 680 (Schufterei); im deutschen Recht verstreute Fälle (vgl. His, Strafr. 172). Die Carolina schweigt (Strafr. I, 195), die Reichspolizeiordnungen (1530, 1548/77) enthalten einige Fälle (auch das Wort „Betrug", aber noch nicht als technischen Begriff; vgl. Strafr. I, 217, 219). Das gemeine Recht bemüht sich um weitere Klärung (über poena extraordinaria und stellionatus, vgl. Strafr. I, 235, 238²). Als Fortschritt erscheint dann das Preuß. Landrecht: „Von Beschädigungen des Vermögens durch Eigennutz und Betrug": § 1256: „Jede vorsätzliche Veranlassung eines Irrtums, wodurch jemand in seinem Rechte gekränkt werden soll, ist ein strafbarer Betrug." Weitere Verbesserung erfolgte im Preuß. StrGB., 1851 § 241, und demnächst im RStrGB.

7 Strafe (§ 263): Gefängnis, daneben evtl. Geldstrafe und Verlust der bürgerl. Ehrenrechte. Bei mildernden Umständen Geldstrafe zulässig; Versuch strafbar; Begehung gegen Angehörige (§ 52²), Vormünder, Erzieher ist Antragsdelikt (Antrag zurücknehmbar). Verletzt, daher antragsberechtigt ist der Geschädigte.

des Getäuschten, durch die dieser irgendwie über eigenes oder fremdes Vermögen zum Nachteil des Berechtigten verfügt[1].

Danach ergibt sich folgender Tatbestand: Als Ausführungshandlung (mit der der strafbare Versuch beginnt) die Täuschungshandlung — dadurch verursacht der Irrtum des Getäuschten — durch ihn verursacht die Vermögensverfügung des Getäuschten — durch diese die Vermögensbeschädigung — damit Vollendung des Delikts. Subjektiv dazu Vorsatz und über diesen hinausgreifend die Absicht, d. h. der Zweck[2] rechtswidriger Bereicherung durch die Vermögensbeschädigung[3].

Näher ist hervorzuheben[4]:

2. Die Täuschungshandlung besteht in der „Vorspiegelung falscher oder Entstellung oder Unterdrückung wahrer Tatsachen"[5].

„Tatsache"[6] ist jeder als objektiv vorhanden hingestellte Zustand bzw. Vorgang der Vergangenheit oder Gegenwart, einschließlich innerer (psychischer) Vorgänge (Ansichten, Absichten, Fähigkeiten)[7].

Die Handlung besteht in der vorsätzlichen Behauptung nicht vorhandener[8], bzw. in der Verfälschung[9] vorhandener Tatsachen oder darin, daß der Täter wesentliche[10] Tatsachen der Kenntnis des zu Täuschenden vorsätzlich entzieht[11]. In allen Fällen ist dabei

[1] D. h. über dieses irgendwie disponiert, irgendeine wirtschaftlich nachteilige Handlung vornimmt. (Das Wort ist also im weiteren Sinne zu nehmen.)

[2] Vgl. dazu oben S. 136, Nr. 2, c.

[3] Also auch insoweit Kausalzusammenhang. So auch E. 27, 222. (Aber: „Daß Vorteil und Schaden dem Betrage oder der Substanz nach zusammenfallen, wird von § 263 StrGB. nicht gefordert.")

[4] Eingehend über die ausgedehnte Rechtsprechung vgl. die Kommentare. Wichtig sind insbes. die beiden ausführlichen Urteile der Vereinigten Strafsenate RG. E. 16, 1ff.; E. 44, 230ff.; vgl. näher die folgenden Anmerkungen.

[5] Wenn in der Literatur (so v. Liszt, S. 458) eine solche Täuschung als „arglistige" bezeichnet wird, so ist das entbehrlich und leicht irreführend. Es handelt sich einfach um bewußte Unwahrheit; so auch die herrschende Ansicht, vgl. z. B. bei Frank, § 263 II.

[6] Vgl. dazu grundsätzlich E. 56, 227 (230); Gegensatz: bloße Urteile, allgemeine Redewendungen, Anpreisungen, zukünftige Ereignisse; siehe auch oben S. 231, Anm. 1, unten S. 301, Anm. 4.

[7] Beispiele: Kenntnis der Echtheit bzw. Unechtheit einer Sache (z. B. Raritätenbetrug); Absicht zu zahlen (bei Zechprellerei usw.); Fähigkeit, die Zukunft vorauszusagen (Wahrsagerei), vgl. RG., Leipz. Z. 9, 1915, 1530; E. 44, 238 (Ausbeutungen des Aberglaubens).

[8] „Vorspiegelung falscher Tatsachen." Sie kann natürlich auch durch konkludente Handlungen erfolgen; z. B. künstliches Herausputzen der Ware (Pferdehandel usw.).

[9] „Entstellung", d. h. vorsätzlich unrichtige Darstellung in (für den hervorzurufenden Entschluß des Getäuschten) wesentlichen Punkten.

[10] D. h. wiederum: Wesentlich für den hervorzurufenden Entschluß des Getäuschten.

[11] „Unterdrückung wahrer Tatsachen." — Selbstverständlich können diese drei Möglichkeiten auch im gleichen Falle zusammentreffen.

Täuschung nicht nur durch aktives Handeln, sondern auch durch vorsätzliches Unterlassen möglich[1]. Strafbar ist dann die Unterlassung bei besonderer Rechtspflicht zum Handeln im Einzelfalle[2]. Diese kann (vgl. oben S. 101/02) auf Gesetz[3], auf Rechtsgeschäft[4] oder auf vorausgehendem eigenen Tun beruhen[5].

3. Durch die Täuschungshandlung muß in dem anderen Teil ein „Irrtum", also eine unrichtige Vorstellung über die für den Willensentschluß wesentlichen Tatsachen, „erregt" oder „unterhalten"[6] sein. Irrtümlich ist eine Vorstellung auch dann, wenn sie in einem ent-

---

[1] Das folgt aus allgemeinen Grundsätzen; vgl. oben S. 100, III.

Beispiel: „Vorspiegelung falscher Tatsachen": Der Verkäufer läßt trotz gesetzlicher Preisermäßigung um 10% (Dez. 1931) seine alten Preisnotierungen stehen und erregt damit die Vorstellung, daß dies bereits die herabgesetzten Preise seien.

Die „Unterdrückung wahrer Tatsachen" wird meist in Gestalt der Unterlassung (vorsätzliches Verschweigen) erfolgen (Gegenbeispiel, aktives Handeln: Der Betrüger redet dem anderen Teile eine vorhandene richtige Vorstellung aus).

[2] Auch dies folgt aus allgemeinen Grundsätzen, vgl. näher oben S. 101/02. Für eine Abweichung von diesen Grundsätzen im Falle des Betrugs fehlt jede dogmatische wie kriminalpolitische Berechtigung.

[3] Beispiel oben Anm. 1.

[4] Hier sind (beim Handeln wie beim Unterlassen) in Vertragsverhältnissen, und zwar auch beim Vertragsabschluß, die allgemeinen Grundsätze des BGB. über Treu und Glauben im Rechtsverkehr anzuwenden. Denn es handelt sich beim Betrug um den strafrechtlichen Schutz vermögensrechtlicher Interessen. Vgl. auch v. Liszt, 458.

Dazu Oertmann, Kommentar, 3. Aufl., 1927, zu BGB. § 123; Ergebnis: „Man kommt also dahin, die Grundsätze von Treu und Glauben mit Rücksicht auf die Verkehrsanschauung auch auf das Verhalten der Parteien beim Vertragsabschluß auszudehnen." — RG., Zivilsachen, E. 111, 234: „Eine solche Offenbarungspflicht liegt einem Vertragschließenden ... nur dann ob, wenn Treu und Glauben nach der Verkehrsauffassung das Reden fordern, der andere Teil nach den Grundsätzen eines reellen Geschäftsverkehrs eine Aufklärung erwarten dürfte" (vgl. E. 62, 149; 77, 314).

Dagegen leider das RG. in Strafsachen: Vgl. E. 41, 376: Verstoß gegen Treu und Glauben „nach feststehender Praxis des RG." keine „Unterdrückung im Sinne des StrGB. § 263, der Verletzung einer Rechtspflicht". Im einzelnen z. B. E. 37, 61 (Nicht-Erfüllung vertraglicher Mitteilungspflichten keine Unterdrückung); RG. Leipz. Z. 9, 1915, 449 (keine Rechtspflicht zur Angabe von Mängeln beim Kauf, trotz evtl. Arglist nach BGB.); siehe auch E. 31, 208; 46, 415. Bejaht wird Rechtspflicht in E. 65, 106 betr. Offenbarung der Verwendung von Mitteln für gemeinschaftlichen Geschäftsbetrieb. — In der Literatur sind diese Fragen umstritten; vgl. Frank, § 263 II, 3.

Mir scheint der Standpunkt des RG. auch kriminalpolitisch höchst unbefriedigend. Zu fordern bleibt nur ein zweifellos erheblicher Verstoß gegen Treu und Glauben. Es kann nicht die Aufgabe des Strafrechts sein, hier in zivilrechtlichen Zweifelsfällen einzugreifen (in dubio pro reo). Siehe auch betr. Erheblichkeit oben S. 249, Anm. 10.

[5] Beispiel: Der Täter hat versehentlich eine unrichtige Vorstellung erzeugt und nutzt diesen Irrtum nun vorsätzlich aus, statt ihn richtigzustellen.

[6] Also bestätigt oder (bei Unterlassungsdelikt) nicht-beseitigt.

scheidenden Punkte lückenhaft ist, dergestalt, daß dieses Teilwissen zu einem vermögensschädigenden Verhalten (Tun oder Unterlassen) führt, das bei vollständigem Wissen nicht erfolgt wäre[1].

4. „Ungeschriebenes Tatbestandsmerkmal" (vgl. oben S. 255/56) ist „eine Verfügung (also Vermögensdisposition) des Getäuschten". „Nur sie kann den ursächlichen Zusammenhang zwischen Irrtum und Vermögensschaden herbeiführen"[2]. Getäuschter und Beschädigter können dabei verschiedene Personen sein[3]. Möglich ist daher auch Betrug gegenüber Dritten durch Täuschung von Behörden, insbes. des Gerichts[4].

5. „Vermögen" bedeutet die Summe der wirtschaftlichen Aktiva und Passiva einer Person, als ein Ganzes gedacht[5], „die Summe der geldwerten Güter einer Person"[6]. Vermögensbeschädigung ist also jede Verringerung der Aktiva oder Vermehrung der Passiva weiter aber auch jede sonstige Minderung des Geldwerts des Gesamtvermögens[7].

---

[1] Insoweit ist es unrichtig, wenn regelmäßig behauptet wird, daß Nichtwissen kein Irrtum sei.

Beispiel: Bei Erschleichung freier Fahrt durch sog. blinde Passagiere nimmt RG. Betrug nur bei positiver Täuschung eines Beamten an; vgl. E. 42, 40; 59, 380. Ebenso vielfach die Literatur. Kritik: Der blinde Passagier „unterdrückt" stets rechtswidrig die rechtserhebliche Tatsache seiner Anwesenheit ohne Fahrkarte, und zwar gerade auch dann, wenn der Beamte nichts davon erfährt. Dieser wird dahin getäuscht, daß alle Anwesenden Fahrkarten haben und unterläßt deshalb die besondere Nachprüfung. So erlangt der Täter die geldwerte Leistung der Beförderung ohne Gegenleistung. Auch kriminalpolitisch scheint mir diese Entscheidung allein befriedigend.

[2] So E. 47, 152; E. 49, 19.

Kein Betrug, sondern Diebstahl ist Wegnahme mittels Täuschung. (Beispiel: „Beschlagnahme" von Sachen durch angebliche Kriminalbeamte, RG., Leipz. Z. 16, 1922, 265.)

[3] Anerkannt. Beispiel: Durch Täuschung der Angestellten wird der Geschäftsherr, durch Täuschung des Besitzers der Eigentümer geschädigt usw.

[4] Vgl. E. 40, 9 (bloße Parteibehauptungen genügen regelmäßig nicht, wohl aber Vorbringen falschen Beweismaterials, weil sich darauf die Entscheidung gründet); E. 42, 410 (hier beim Zahlungsbefehl bzw. Vollstreckungsbefehl verneint, soweit ihn der Richter ohne sachliche Nachprüfung erlassen muß); vgl. dazu aber auch E. 59, 104; E. 65, 33. Ferner E. 53, 261 (Erschleichung eines Erbscheins).

[5] In diesem Sinne E. 16, 1 (3).

[6] So E. 44, 230 (233), Vereinigte Strafsenate; weil der Betrug Bereicherungsvergehen; daher „Vermögensvorteil" und „Vermögensbeschädigung" rein wirtschaftlich zu nehmen. „Der eine wollte reicher werden, der andere muß ärmer geworden sein: beides nicht sowohl an Rechten als an geldwerten Gütern". Die Rechtslage ist also hier anders, als bei den früher behandelten Sachdelikten; vgl. oben S. 236, 239, Anm. 7; 249, Anm. 10; 252, Anm. 4.

[7] So z. B. evtl. Stundung, Verzicht auf Sicherungen (Bürgschaft, Pfandrecht) usw. Vgl. dazu E. 16, 1ff.: Hier Ablehnung der Ansicht, daß bereits eine durch Täuschung herbeigeführte vermögensrechtliche Verfügung als solche genüge; erforderlich sei vielmehr eine dadurch erfolgte „Verminderung des Gesamt-

6. Die „Absicht[1], sich oder einem Dritten einen rechtswidrigen Vermögensvorteil zu verschaffen", setzt voraus, daß der erstrebte Vermögensvorteil[2] objektiv rechtwidrig war[3].

Das Reichsgericht nimmt dies schon dann an, „wenn ein Rechtsanspruch auf die Erlangung des Vermögensvorteils nicht besteht"[4].

---

werts"; Vermögensbeschädigung sei danach „zu definieren" „als die dem Getäuschten nachteilige Differenz zwischen dem Geldwerte" vor und nach der erfolgreichen Täuschung. — E. 44, 230ff.: Maßgebend „ausschließlich" die „tatsächliche, d. h. wirtschaftliche Wirkung" der Täuschung „auf die Vermögensverhältnisse des Getäuschten".

Dabei betont E. 16, 1ff. mit Recht: Einseitige Aufwendungen (z. B. Schenkung, Verzicht) können ohne weiteres die Schädigung enthalten; bei beiderseitigen Leistungen kommt es auf das Verhältnis von Leistung und Gegenleistung an (vgl. dazu z. B. auch E. 27, 40/41; E. 65, 281). Maßgebend für die Beurteilung ist dabei die konkrete Sachlage, insbes. auch die Brauchbarkeit des betr. Objekts gerade für die getäuschte Person; jede unnütze bzw. zu hohe Ausgabe schädigt das Vermögen.

Vermögensgefährdung (z. B. Verlust von Beweismitteln, unsichere Zahlungsfähigkeit bei Krediterschleichung) genügt, wenn schon diese Gefährdung in concreto den Vermögenswert mindert. Vgl. auch z. B. E. 53, 261 (Erschleichung eines Erbscheins); E. 65, 106 (Verpfändung).

E. 44, 230ff. (Vereinigte Strafsenate) entwickelt (entgegen früheren Urteilen des RG. und Ansichten der Literatur) vor allem mit Recht den Standpunkt, daß Vermögensschädigung bei geldwerter Leistung ohne entsprechende Gegenleistung auch dann — und erst recht dann — vorliege, wenn der Getäuschte zivilrechtlich keinen Anspruch auf die Gegenleistung hatte (hier wegen Sittenwidrigkeit; Zahlung von 10 M. für ein wertloses Abtreibungsmittel). — Gleichgültig ist (so RG.) die Möglichkeit, das Verlorene im Rechtswege zurückzufordern bzw. Schadensersatz zu verlangen. Denn der Betrug ist mit Eintritt der Vermögensbeschädigung vollendet.

Entgangener Gewinn kommt nach RG. als Vermögensschaden in Betracht, soweit er mit Sicherheit oder Wahrscheinlichkeit (BGB. § 252) zu erwarten war; vgl. E. 16, 1 (5/6); 38, 109. Streitig. Die Literatur fordert teilweise Rechtsanspruch auf den Gewinn; vgl. z. B. v. LISZT-SCHMIDT.

Vgl. betr. Vermögensbeschädigung auch z. B. E. 49, 16; 49, 21; 52, 54; 65, 3; 65, 99.

[1] Zum Begriff der „Absicht" vgl. oben S. 136, Nr. 2, c. Hinsichtlich der Rechtswidrigkeit ist lediglich Vorsatz erforderlich; dolus eventualis genügt daher. So jetzt auch RG. E. 55, 261 (anders früher); vgl. dazu auch oben S. 239, Anm. 5. — Unrichtig ist es, wenn RG. in diesem Urteil (und früher) die Absicht dolus directus nennt. Zutreffend aber die sachliche Kennzeichnung (S. 260: „Ziel", „Triebfeder des Handelns"). — Richtig hinsichtlich dolus eventualis auch E. 64, 379ff. (betr. Erpressung).

[2] D. h. die Vermehrung des Geldwerts des Vermögens. Der Begriff entspricht also dem der Vermögensschädigung; oben S. 258, Anm. 6; 256, Anm. 3.

[3] Vgl. E. 64, 433 (kein Betrug, wenn der Täter einen ihm rechtlich zustehenden Anspruch verfolgt).

Hält der Täter solchen Vorteil irrtümlich für rechtswidrig, so liegt Putativdelikt vor; vgl. oben S. 239, Anm. 5.

[4] Ebenso bei der Erpressung, unten S. 262. Vgl. E. 44, 203 und dort zit. frühere („feststehende Rechtsprechung"); auch z. B. E. 51, 329; 54, 218. — So auch die Entwürfe 1913/19, während die Entw. 1925/27 von der Absicht sprechen, „sich oder einen anderen unrechtmäßig zu bereichern".

Die Literatur fordert vielfach, daß der erlangte Vorteil mit der Rechtsordnung im Widerspruch stehe[1].

Ich halte diese Forderung für grundsätzlich einleuchtend. Sie bietet aber praktisch kaum überwindliche Schwierigkeiten[2]. Der Standpunkt des RG. hat demgegenüber den gerade für das Strafrecht wesentlichen Vorzug der Einfachheit und Sicherheit. Die Gefahr, daß er praktisch zu weit führen könnte, entfällt, wie mit scheint[3], wenn man beim Begriffsmerkmal der Täuschung scharf festhält: a) Die Täuschung muß im Einzelfalle für den Willensentschluß des Getäuschten kausal gewesen und der Vorsatz des Täters auf diese Wirkung gerichtet gewesen sein. b) Auszuscheiden ist das breite Gebiet verkehrsüblicher Täuschungen[4], d. h. solcher, die nicht zweifellos wider Treu und Glauben im Rechtsverkehr verstoßen; vgl. dazu oben S. 257, Anm. 4 und unten bei der Erpressung S. 262.

II. **Besondere Fälle**: 1. **Rückfall** (StrGB. § 264). Der straferhöhende Tatbestand ist gegeben bei mindestens zweimaliger Vorbestrafung (im Inland) wegen Betrugs[5]. StrGB. § 245 findet auch hier Anwendung; vgl. oben S. 243.

2. **Notbetrug** (§ 264a)[6]: Mildere Strafe trifft den, „wer aus Not sich oder einem Dritten geringwertige Gegenstände zum Schaden eines anderen durch Täuschung (§ 263 Abs. 1) verschafft“[7].

---

[1] So z. B. v. LISZT, v. LISZT-SCHMIDT, FRANK usw.

[2] Viel zu unbestimmt ist hier z. B. die Fassung, daß die Rechtsordnung den Vermögensvorteil „nicht mißbilligt“ (v. LISZT, v. LISZT-SCHMIDT). — FRANK (zu § 253 IV; vgl. § 263 VII, 3) erklärt für maßgebend, ob Anspruch auf Schadensersatz oder Rückgewähr besteht oder Nichtigkeit bzw. Anfechtbarkeit des Rechtsgeschäfts vorliegt. Hier aber läßt uns, wie mir scheint, das BGB. im Stich: Vgl. § 123 BGB. (Anfechtbarkeit wegen „arglistiger Täuschung“). Dazu z. B. OERTMANN, Kommentar, Allg. Teil, 3. Aufl., 1927: „Die arglistige Täuschung des BGB. ist keinesfalls gleichwertig mit dem strafrechtlichen Begriff des Betruges.“ (Sie fordert weder die Absicht der Erlangung eines Vermögensvorteils noch den Erfolg der Vermögensbeschädigung.) Deshalb wurde das im Entw. I gebrauchte Wort „Betrug“ in II. Lesung absichtlich gestrichen.

[3] Auch v. LISZT-SCHMIDT (673, Anm. 17) erkennt an, daß der Standpunkt des RG. beim Betrug zu keinen unhaltbaren Ergebnissen führe (wohl aber bei der Erpressung; vgl. dazu unten S. 262).

[4] Insbes. kleinere Unrichtigkeiten und oft grobe Übertreibungen (z. B. bei Reklame). Vgl. auch E. 56, 231: „greifbarer Kern . . . im Gegensatz zu allgemeinen Redewendungen und Anpreisungen“. Immerhin ist diese Fassung zu unbestimmt. Es kommt darauf an, zweifellose Mißbräuche zu fassen, Gebräuche aber, mit denen der andere Teil nach billiger Weise zu rechnen hat, straffrei zu lassen.

[5] Strafe: Zuchthaus bis 10 Jahre, daneben Geldstrafe; bei mildernden Umständen Gefängnis nicht unter 3 Monate, daneben Geldstrafe zulässig.

[6] Geschaffen durch die Novelle v. 1912. Geldstrafe oder Gefängnis bis 3 Monate. Versuch ist strafbar, eine Unstimmigkeit gegenüber § 248a (Notdiebstahl), oben S. 243, Anm. 10. Das dort S. 244, Anm. 1—3 Ausgeführte gilt auch hier.

[7] In der Literatur ist streitig, ob „Gegenstände“ nur körperliche Sachen oder alle Vermögenswerte sind. Befriedigend ist allein (so z. B. auch FRANK)

3. **Versicherungsbetrug** (StrGB. § 265). Strafbar ist hiernach[1], „wer in betrügerischer Absicht[2] eine gegen Feuersgefahr versicherte Sache[3] in Brand setzt oder ein Schiff, welches als solches oder in seiner Ladung oder in seinem Frachtlohn versichert ist, sinken oder stranden macht."

Das Delikt entspricht dem eigenartigen Schutzbedürfnis des Versicherungsverkehrs. Es kann dabei zugleich der Tatbestand gemeingefährlicher Brandstiftung (§§ 306/08) bzw. Schiffsstrandung (§ 323) vorliegen, aber die Begriffsmerkmale decken sich nicht[4]. Dem Betrug gegenüber ist die Tat begrifflich Vorbereitungshandlung[5], die als solche straflos wäre[6], hier aber vom Gesetzgeber wegen ihrer besonderen Gefährlichkeit unter hohe Strafe gestellt ist.

III. **Erpressung.** 1. Begriff (§ 253)[7]: Erpressung ist Nötigung in Bereicherungsabsicht. Dieser entscheidende Endzweck stempelt die Erpressung zum Vermögensdelikt, während sie in Ansehung des angewandten Mittels Freiheitsdelikt ist[8].

---

die letztere Auslegung; denn nur sie entspricht dem einheitlichen Betrugsbegriff und würdigt diesem gegenüber einheitlich die Notlage (Beispiele: Erschleichen freien Nachtquartiers, freier Fahrt usw.). Leider hat sich neuerdings das RG. E. 63, 153 (insbes. auf Grund der Entstehungsgeschichte) für die engere Auffassung entschieden (Gegenstände: nur bewegliche körperliche Sachen).

[1] Strafe: Zuchthaus bis 10 Jahre, daneben Geldstrafe; bei mildernden Umständen Gefängnis nicht unter 6 Monate, daneben Geldstrafe zulässig.

[2] Also „in der Absicht, sich oder einem Dritten einen rechtswidrigen Vermögensvorteil zu verschaffen" (StrGB. § 263). Es ist danach weder erforderlich, daß der Täter im eigenen Interesse handelt (insbes. selbst der Versicherte ist), noch daß er persönlich später die Täuschungshandlung vornehmen will; vgl. E. 23, 355; 23, 426; 59, 220 (heute überwiegende Ansicht).

[3] Maßgebend ist allein ein formgültiger Vertrag, gleichgültig seine Anfechtbarkeit oder Nichtigkeit. Letztere bildet sogar die Regel (Überversicherung). So mit Recht E. 59, 248.

[4] Daher evtl. Idealkonkurrenz; vgl. auch E. 60, 129 („beide Tatbestände kreuzen einander").

[5] So auch E. 60, 129.

[6] Denn der Betrugsversuch beginnt erst mit der Täuschung. — Nimmt der Täter auch diese vor, so liegt Realkonkurrenz zwischen § 265 und 263 vor; so auch RG. E. 48, 191 und dort zit. frühere. Also nicht etwa straflose Vor- oder Nachtat; denn die Vorbereitung ist im Sonderfall des § 265 schwerer strafbar und die Vollendung ist nicht subsidiär gegenüber der Vorbereitung; vgl. dazu Strafr. II, 548[5]. Ebensowenig Idealkonkurrenz; denn es liegen zwei räumlich-zeitlich getrennte Handlungen vor, vgl. dazu oben S. 180 Anm. 6. In der Literatur teilweise Streit; vgl. z. B. bei Frank.

[7] Die Geschichte der Erpressung knüpft an den römischen Begriff der concussio an (Einschüchterung; Erzwingung von Leistungen durch Mißbrauch der Amtsgewalt, auch angemaßter); vgl. Strafr. I, 64; Mommsen, 716. Im deutschen Recht finden sich einzelne Fälle (vgl. His, Strafr. 160); die Carolina schweigt. Noch das Preuß. Landrecht spricht von „Concussionen" (vgl. §§ 1254/55; dazu 1536/37). Erst das 19. Jahrhundert entwickelte den heutigen einheitlichen Begriff.

[8] Also Freiheitsdelikt im weiteren Sinne; vgl. oben S. 205.

Strafe: Gefängnis nicht unter 1 Monat; daneben evtl. Ehrverlust (§ 256).

Ausführungshandlung (mit der der strafbare Versuch beginnt) ist die Anwendung von Gewalt oder Drohung. Erfolg (damit Vollendung des Delikts) ist die mit diesen Mitteln erzwungene Handlung, Duldung oder Unterlassung des Genötigten[1]. Darüber hinaus ist, wörtlich wie beim Betrug, Bereicherungsabsicht erforderlich[2].

2. Die Schwierigkeit bei Behandlung der Erpressung liegt, mehr noch als beim Betrug (oben S. 259/60)[3], in der Abgrenzung des Gebiets des rechtswidrigen Handelns.

Das RG. erklärt auch hier jeden erstrebten Vermögensvorteil für rechtswidrig, auf den kein Rechtsanspruch bestand[4]; ein erheblicher Teil der Literatur verlangt, wie beim Betrug, Widerspruch zur Rechtsordnung[5]. Diese grundsätzlich einleuchtende Forderung stößt praktisch auf die gleichen Schwierigkeiten wie beim Betrug[6]. Es scheint mir daher auch hier nötig, daß das Strafrecht sein Ziel selbständig durch scharfe Begrenzung des angewandten Mittels, der Drohung, erreicht.

Das Reichsgericht unterscheidet dabei grundsätzlich zwischen „Paktieren unter Wahrung der Vertragsfreiheit" und „Zwang durch Drohung" und erklärt im übrigen die Abgrenzung beider Fälle für Tatfrage[7]. Juristisch sind auch hier alle Fälle auszuscheiden, in denen das Inaussichtstellen dieses Übels für diesen Zweck als verkehrsüblich erscheint, also die Wahrnehmung im Verkehr als begründet anerkannter Interessen innerhalb der verkehrsüblichen Schranken[8].

---

[1] Vgl. über diese Merkmale der Nötigung näher oben S. 205. Im Unterschied von der Nötigung des § 240 StrGB. (Drohung mit Verbrechen oder Vergehen) genügt bei der Erpressung jede Drohung. — Im Gegensatz zum Betrug ist eingetretene Vermögensbeschädigung zur Vollendung der Erpressung nicht erforderlich.

[2] Vgl. dazu näher oben S. 256, 259.

[3] Weil „Drohung" rein begrifflich das Inaussichtstellen jedes wesentlichen Übels bedeutet. (Daß bei „Gewalt" grundsätzlich Widerrechtlichkeit vorliegt, sofern keine besondere Befugnis zu ihrer Anwendung bestand, ist einleuchtend.)

[4] Vgl. insbes. E. 21, 114; E 64, 379ff. (und dort zitierte).

[5] Hervorgehoben seien insbes. die Arbeiten von Frank und Engelhard, dort weitere Übersicht. Dazu neuestens Frank, Kommentar, § 253 (Ergebnis oben S. 260, Anm. 2); Engelhard in Festgabe für Frank, 1930, II, S. 391—417.

[6] Oben S. 260. — Vgl. BGB. § 123: Anfechtbarkeit, wenn der Handelnde „widerrechtlich durch Drohung bestimmt worden ist". Die Motive zum BGB. (I, S. 207) verweisen dazu auf StrGB. § 253, also ein circulus vitiosus (vgl. Engelhard a. a. O. S. 396). Über die heutige zivilrechtliche Lage, vgl. Oertmann, Kommentar, 3. Aufl., 1927: Es besteht Streit über die zur „Drohung" erforderliche Schwere des Übels. Weiter: Die Bestimmung durch Drohung „muß widerrechtlich sein. In welchem Sinne, ist zweifelhaft und bestritten" (!).

[7] Vgl. insbes. E. 21, 114 (1891) betr. Streik, aufrechterhalten in RG., 6. Okt. 1919, Leipz. Z. 14, 441; E. 64, 379ff. (und dort zitierte), betr. Ankündigung bloßstellender Veröffentlichungen (Chantage).

[8] Beispiele: Vergleichsangebot unter Vorführung der bei Ablehnung drohenden Nachteile; Kündigungen, Lohnforderungen, Mietssteigerungen usw.

So insbes. Frank (Androhung eines verkehrmäßigen Übels, d. h. eines solchen, mit dessen Zufügung der Bedrohte ohnehin nach den Regeln des normalen

Über Kausalität der Drohung und Vorsatz in dieser Richtung gilt das oben (S. 260 Nr. a) Gesagte[1].

Gleichgültig ist es, ob die Drohung, für sich allein betrachtet, rechtlich erlaubt war[2]. Möglich ist auch Erpressung durch Bedrohung einer Mittelsperson zwecks Einwirkung auf den Verfügenden[3].

3. **Erschwerte Fälle**: a) Schwere Erpressung[4] (§ 254) liegt vor bei Bedrohung „mit Mord[5], mit Brandstiftung[6] oder mit Verursachung einer Überschwemmung[7].

b) Räuberische Erpressung (§ 255) bei Anwendung der Mittel des Raubes[8]. Der Täter ist „gleich einem Räuber zu bestrafen“[9]. Soweit es sich dabei um Aneignung von Sachen handelt, ist erzwungene Übergabe räuberische Erpressung, Wegnahme dagegen Raub[10].

IV. **Untreue** (StrGB. § 266). 1. Begriff: Untreue ist vorsätzliche Vermögensbeschädigung durch Mißbrauch anvertrauter Verfügungsmacht[11].

Dieser Tatbestand steckt heute noch in den Kinderschuhen der Kasuistik[12]. In 3 Nummern zählt das Gesetz die möglichen Täter auf

---

Verkehrs rechnen muß). In solchem Sinne heute vielfach die Literatur (vgl. bei Frank, § 253 II, 2). Nach Engelhard (a. a. O.) ist Erpressung die Benutzung einer „nicht wirtschaftlichen Situation“ zur Bereicherung; nicht dagegen ist Erpresser, wer „aus einer wirtschaftlichen Situation Gewinn zu ziehen sucht“. Mir scheint auch im letzteren Falle erpresserische Ausbeutung möglich.

In E. 64, 379ff. verweist die Vorinstanz mit Recht darauf, daß der Angeklagte sich eines „unsittlichen, im anständigen Geschäftsverkehr mißbilligten Mittels“ bedient habe, und das RG. schließt sich dem Urteil an. Vgl. auch Entwurf 1913, § 265: „Drohung, die den Gewohnheiten des redlichen Verkehrs widerspricht.“ — Dazu auch unten S. 299 Anm. 8.

[1] Vgl. auch E. 64, 379ff.

[2] Denn sie ist hier als Mittel zum Zweck zu würdigen. Beispiel: Strafanzeige. Veröffentlichung. Vgl. E. 64, 379ff.; unzutreffend im Ergebnis m. E. E. 63, 424 (Drohung mit Unterlassung).

[3] Vgl. E. 63, 164.

[4] Strafe: Zuchthaus bis 5 Jahre; daneben evtl. Polizeiaufsicht (§ 256).

[5] StrGB. § 211. Beispiel: E. 55, 7: Bedrohung mit (rechtswidrigem) standrechtlichem Erschießen.

[6] StrGB. §§ 306/08, 311. [7] §§ 312/13.

[8] Gewalt gegen eine Person oder Drohungen mit gegenwärtiger Gefahr für Leib oder Leben; vgl. dazu oben S. 247/48.

[9] Danach sind auch die §§ 250/51 anwendbar; vgl. E. 55, 239.

[10] Überwiegende Ansicht. Vgl. auch E. 55, 239: Raub ist insoweit das speziellere Delikt, daher Gesetzeskonkurrenz; handelt es sich teils um Wegnahme, teils um Übergabe anderer Sachen, so liegt Idealkonkurrenz zwischen Raub und Erpressung vor. Vgl. auch oben S. 248 bei Anm. 3.

[11] Vgl. auch E. 65, 334: „Das Wesen der Untreue besteht in der mißbräuchlichen Ausnützung der Vertretungsmacht zum Nachteil des Vertretenen.“

[12] Geschichte: Ein Delikt der Untreue ist anscheinend dem älteren (römischen wie deutschen) Rechte fremd. (Bei Mommsen und His keine Erwähnung.) Ob Carolina, Art. 170 (betr. Unterschlagung) etwa auch solche Fälle deckte, sei dahingestellt. Die Reichspolizeiordnungen (1530/48/77) strafen die Untreue des

und kennzeichnet die einheitliche Tat mit teilweise verschiedenen Worten.

2. Die Täter: § 266 Nr. 1 und 3 schließen an das Preuß. StrGB. an; Nr. 2, der praktisch häufigste Fall[1], wurde neu hinzugefügt.

Nr. 1 zählt abschließend[2] Personen in gewisser öffentlicher Stellung auf, meist gesetzliche Vertreter[3]. Daneben stellt Nr. 3 alle „zur Betreibung ihres Gewerbes von der Obrigkeit verpflichteten Personen und erwähnt beispielsweise eine ganze Reihe solcher[4]. Nr. 2 dehnt den Strafschutz allgemein auf „Bevollmächtigte", also auf gewillkürte Vertreter, aus[5].

Dogmatisch haben wir es hier mit strafbegründenden persönlichen Eigenschaften zu tun; über die Bedeutung solcher vgl. oben S. 168.

3. Die Tat: Ausführungshandlung ist jede Verfügungshandlung über anvertrautes Vermögen[6], gleichgültig ob tatsächlicher oder rechtlicher Art[7]. Erfolg, damit Vollendung des Delikts[8], ist, wie

Vormunds; vgl. Strafr. I, 219. Im Preuß. Landrecht § 1329ff. erscheint die „Untreue" zunächst als Qualifikation beim Betrug, dann folgen Vorschriften betr. Vormünder usw. Die Bedeutung ist zweifelhaft (vgl. GOLTD. Mat. II, 559). Das 19. Jahrhundert schuf den heutigen Zustand.

Strafe der Untreue ist Gefängnis, daneben evtl. Ehrverlust.

[1] Die große Mehrzahl der Urteile des RG. betrifft § 266 Nr. 2.

[2] Vgl. RG. E. 44, 68; auch E. 27, 39.

[3] „Vormünder, Kuratoren, Güterpfleger, Sequester, Massenverwalter, Vollstrecker letztwilliger Verfügungen, Verwalter von Stiftungen."

[4] „Feldmesser, Versteigerer, Mäkler, Güterbestätiger, Schaffer, Wäger, Messer, Bracker, Schauer, Stauer." Fehlt obrigkeitliche Verpflichtung, so liegt auch in diesen Fällen § 266 nicht vor (Beweis: „und andere"). Vgl. E. 44, 68 (nicht verpflichteter Versteigerer straflos).

[5] Vgl. E. 44, 68. — Zum Begriff neuerdings E. 63, 407: Verschieden vom „Bevollmächtigten" als Vertreter im Willen ist der Bote. Im übrigen ist der Begriff in § 266 „strafrechtlicher Natur". Er liegt „ohne Rücksicht auf die zivilrechtliche Gestaltung" dann vor, „wenn dem Täter eine Vertrauens- oder Machtstellung eingeräumt wird, die es ihm ermöglicht, tatsächlich oder rechtlich über Vermögensstücke des Auftraggebers zu verfügen". In diesem Sinne auch bereits E. 61, 1; E. 61, 229 (der Gerichtsvollzieher „Bevollmächtigter" ohne Rücksicht auf zivilrechtliche Konstruktion); vgl. ferner E. 64, 86; E. 65, 401.

[6] Vgl. das Gesetz: § 266 Nr. 1: „absichtlich zum Nachteile der ihrer Aufsicht anvertrauten Personen oder Sachen handeln"; Nr. 2 „über Forderungen oder andere Vermögensstücke des Auftraggebers absichtlich zum Nachteile desselben verfügen"; Nr. 3 „bei den ihnen übertragenen Geschäften absichtlich denjenigen benachteiligen, dessen Geschäfte sie besorgen".

[7] Vgl. dazu oben E. 63, 407; ferner E. 62, 58: Genügend „jede Verfügung, die im inneren Zusammenhang mit der tatsächlich anvertrauten Machtstellung erfolgt und erst durch sie ermöglicht wird"; vgl. auch E. 46, 148ff. — E. 39, 336ff.: Verfügung. „Jede Handlung, durch welche in irgendeiner Weise eine Veränderung in dem Verhältnis des Auftraggebers zu dem betr. Vermögensstück herbeigeführt wird." — Die Literatur fordert vielfach enger rechtliche Vertretungsmacht und entsprechend rechtsgeschäftliches Handeln; vgl. insbes. BINDING, FRANK, v. LISZT-SCHMIDT.

[8] Der Versuch unseres Vergehens ist straflos.

beim Betrug, die Verursachung einer Vermögensbeschädigung der geschützten Person[1].

4. Im Gegensatz zum Betrug ist Bereicherungsabsicht nicht erforderlich, sondern nur „absichtliches" Verfügen zum Nachteil. „Absicht" ist dabei nicht im technischen Sinne zu verstehen, sondern bedeutet Vorsatz, also auch dolus eventualis[2].

Straferhöhung[3] ist zulässig, wenn der Täter handelte, „um sich oder einem anderen einen Vermögensvorteil zu verschaffen"[4].

5. Zu Diebstahl, Unterschlagung, Betrug steht die Untreue evtl. in Idealkonkurrenz[5].

6. Die Kasuistik des § 266 hat zu mehrfachen Sondertatbeständen der Untreue in Nebengesetzen geführt[6]. Die Entwürfe geben dem Delikt einheitliche Fassung.

§ 72. Sachhehlerei.

I. Das StrGB. (§§ 259/62) stellt die **Sachhehlerei** (Partirerei) mit der Begünstigung zusammen[7]. Beide Begriffe aber sind grundlegend verschieden.

---

[1] Vgl. E. 27, 39: Handeln „zum Nachteil" (§ 266) „liegt nur vor, wenn ein Nachteil als Folge der Handlung wirklich eingetreten ist". Beweis: Die Fassung von § 266 Nr. 3 (oben Anm.). „Nachteil" bedeutet dabei, wie beim Betrug, Vermögensbeschädigung (Verminderung oder Gefährdung). So ferner nachdrücklich E. 38, 266; E. 58, 391. Zur Erläuterung des Begriffs der Vermögensbeschädigung, vgl. näher oben beim Betrug S. 258.

[2] Vgl. E. 53, 194 (betr. Vorsatz bereits eingehend E. 1, 172); über „Absicht" oben S. 136; bei Auslegung im engeren, technischen Sinne würde § 266 überwiegend wertlos werden; dolus eventualis genügt auch nach herrschender Ansicht; dagegen fordert insbes. FRANK dolus directus.

Gleichgültig ist die Absicht späterer Rückerstattung, E. 62, 33; ebenso die Entstehung von Herausgabe- oder Ersatzansprüchen E. 62, 58.

[3] Geldstrafe neben der Gefängnisstrafe.

[4] Vgl. dazu näher oben S. 259. Im Gegensatz zum Betrug braucht der erstrebte Vorteil nicht notwendig rechtswidrig zu sein.

[5] E. 38, 367; Unterschlagung als straflose Nachtat E. 42, 421; oben S. 180.

[6] Beispiel: Börsengesetz v. 1908, § 95; vgl. E. 61, 341ff.

[7] Geschichte: Die Hehlerei, als Verbergen und Verwerten gestohlenen Gutes (celare), ist im römischen Recht (furtum conceptum, gefaßtes Diebesgut) schon in den 12 Tafeln als selbständiges Delikt strafbar; später vermutlich als Hilfeleistung beim Diebstahl; vgl. MOMMSEN, 747. (Beim „receptator" des römischen Rechts handelt es sich um Begünstigung; vgl. MOMMSEN, 775.) Das deutsche Recht stellt schon früh die Hehlerei bei Diebstahl diesem gleich („der Hehler ist so gut wie der Stehler"; vgl. HIS, Strafr., S. 29). Die Carolina (Art. 40) erwähnt das Teilnehmen an geraubtem oder gestohlenem Gut nur als Beweisvermutung. Im gemeinen Recht erscheint der Ankauf gestohlener Sachen, im übrigen die Hehlerei mit der Begünstigung zusammen (vgl. v. LISZT). Das Preuß. Landrecht (II, 20, § 83) straft bei der Teilnahme das wissentliche Teilnehmen an den Vorteilen des Verbrechens. Das Preuß. StrGB. 1851, §§ 237ff. enthält wesentlich bereits den heutigen Begriff (gemeinsam mit der Begünstigung um des eigenen Vorteils willen).

Der Begünstiger handelt zum Zwecke der Unterstützung des Täters irgendeines begangenen Verbrechens oder Vergehens[1]. Der Hehler macht sich ein Vordelikt strafbaren Erwerbs von Sachen selbst wirtschaftlich zunutze. Die Hehlerei ist also ein eigenartiges Vermögensdelikt. Ihre Bedeutung besteht in der Fortsetzung und Vertiefung der rechtswidrig geschaffenen Vermögenslage zum Vorteil des Hehlers[2].

II. Der **objektive** Tatbestand der Sachhehlerei erfordert, daß der Täter „Sachen“, die „mittels einer strafbaren Handlung erlangt sind“, „verheimlicht, ankauft, zum Pfande nimmt oder sonst an sich bringt oder zu deren Absatze bei anderen mitwirkt“ (§ 259).

1. Die Vortat. „Sachen“ sind körperliche Gegenstände[3]. Sie müssen erlangt sein unter „Verletzung der Vermögensrechte eines anderen“[4] mittels strafbarer Handlung. Das RG. fordert dafür, daß diese Handlung nicht nur objektiv strafbar, sondern auch schuldhaft war[5].

---

[1] Auch dann, wenn er zugleich „seines Vorteils wegen“ tätig wird (§ 257 zweiter Teil, § 258). Die Begünstigung ist daher Delikt gegen die Rechtspflege; vgl. dazu unten S. 326/27.

[2] Wodurch vielfach die Begehung des Vordeliktes überhaupt erst als lohnend erscheint und so herbeigeführt wird („Ohne Hehler kein Stehler“).

Zur obigen grundsätzlichen Bedeutung vgl. auch z. B. E. 54, 133; 56, 336. Sie rechtfertigt es, die Hehlerei hier hinter die praktisch wichtigsten Vordelikte einzureihen.

Strafe der einfachen Hehlerei (§ 259) ist Gefängnis; daneben evtl. Ehrverlust und Polizeiaufsicht (§ 262).

[3] Vgl. näher oben S. 236. Daß die Sache „fremd“ und „beweglich“ ist, ist begrifflich nicht erforderlich, praktisch aber „fast ausnahmslos“ der Fall; vgl. RG. E. 56, 212.

Gegenstand der Hehlerei ist nur die durch die Straftat erlangte Sache selbst, nicht ihr Erlös oder eine daraus durch Verarbeitung oder Umbildung hergestellte neue Sache; vgl. E. 57, 159 (dazu BGB. § 950); E. 58, 117 (auch nicht umgewechseltes Geld). Kritik: Zutreffend; denn die neu erworbene Sache trägt nach Zivilrecht nicht den Makel strafbarer Herkunft.

[4] Vgl. E. 54, 133 („ständige Rechtsprechung“). So insbes. bei Diebstahl (häufigster Fall), Raub, Unterschlagung (E. 58, 230), Jagddelikt (E. 63, 38), Betrug (E. 59, 128), Erpressung; aber auch z. B. möglich bei Urkundenfälschung (E. 52, 95), Landfriedensbruch (Plündern, E. 58, 207) usw. — Gegenbeispiele: Ankauf beschlagnahmter Butter keine Hehlerei, E. 52, 318 (weil kein Eingriff in Eigentum bzw. Gewahrsam, sondern in öffentliches Aufsichtsrecht), entsprechend E. 54, 133 betr. Schleichhandel; ebensowenig Hehlerei bei durch Bettel oder gewerbsmäßige Unzucht erlangten Sachen, E. 52, 95 (weil der Erwerber hier unanfechtbarer Eigentümer ist).

[5] Daher Hehlerei verneint bei Unzurechnungsfähigkeit des Vortäters (StrGB. § 51) E. 35, 73; 50, 199 (ebenso betr. § 52); vgl. auch E. 64, 21. Dagegen dort von RG. bejaht bei Straftaten von Kindern und Jugendlichen, weil hier angeblich nur ein persönlicher Strafausschließungsgrund vorliege. (Siehe dagegen oben S. 130, Anm. 5.)

Kritik: Allein befriedigend ist die Entscheidung, daß es auf die Schuld des Vortäters nicht ankommt. Dahin hätten das RG. auch seine eigenen Darlegungen führen dürfen. Vgl. E. 50, 199: „Nur das Vorliegen einer strafbaren

Die strafbare Vortat muß der Handlung des Hehlers zeitlich vorausgehen[1].

2. Die Tat des Hehlers: Hier kommt vor allem das „Ansichbringen" der Sache in Betracht. „Dieser Begriff erfordert den auf Grund eines Übertragungsakts des Vortäters oder einer Mittelsperson im Einverständnis beider Beteiligten vollzogenen Erwerb einer tatsächlichen Verfügungsgewalt über die Sache"[2]. Und zwar muß es sich um Erwerb zu „eigener" Verfügung handeln[3]. Die im Gesetz erwähnten Fälle des „Ankaufens" und „Zum-Pfande-Nehmens" sind lediglich Unterfälle des „Ansichbringens"[4]. — Das „Verheimlichen" der Sache braucht nicht erfolgreich gewesen zu sein[5].

Mitwirken zum „Absatz" bedeutet Mitwirkung bei der „wirtschaftlichen Verwertung (der Sache) durch den Vortäter, ihrer rechtsgeschäftlichen Übertragung gegen Entgelt"[6].

3. Zu betonen ist: Hehlerei kann nicht nur der erste Abnehmer der Sache begehen, sondern ebensowohl eine beliebige Reihe hintereinander handelnder Personen unter der doppelten Voraussetzung: a) objektiv, daß die Vermögenslage auch in der Hand des neuen Erwerbers rechts-

Handlung, nicht die Strafbarkeit des Täters wird vorausgesetzt" ... Es genügt, „daß durch irgendeine Straftat die Sache erlangt worden ist, gleichviel, durch welche und durch wen". Daher „kann auch nur das Wissen über die äußere Tat und ihre Strafwürdigkeit in Frage kommen".

Für das Erfordernis schuldhafter Vortat aber auch vielfach die Literatur: z. B. v. Liszt, v. Liszt-Schmidt. Bei Vortaten von Kindern und Jugendlichen ist die Strafbarkeit des Hehlers jetzt gesetzlich anerkannt durch Jugendgerichtsgesetz, 1923, § 4; vgl. oben S. 130.

[1] Vgl. E. 59, 128 (und dort zitierte); E. 57, 42.

[2] Vgl. E. 64, 326 (und dort zitierte). — Bloße Annahme stillschweigenden Einverständnisses genügt nicht; vgl. E. 57, 204.

[3] Vgl. E. 64, 21: Daher der Lehrling, der für den Geschäftsherrn einkauft, nicht Täter (evtl. Gehilfe des Geschäftsherrn); vgl. auch E. 57, 74 („zu eigener Verfügung", insbes. zu Eigenbesitz oder doch Pfandbesitz; deshalb in der Regel nicht ein Vertreter); siehe auch E. 45, 65; E. 51, 179 (Entleihen, kein Ansichbringen).

Daher auch Ablehnung von Hehlerei der Ehefrau, wenn der Mann den ehelichen Aufwand zu tragen hat und die Frau keine selbständige Verfügungsgewalt erhält; vgl. E. 53, 105; auch RG, 14. Mai 1914, Leipz. Z. 8, 1538.

Im bloßen Mitgenießen, Mitverzehren von Genuß-, Nahrungsmitteln, Medikamenten erblickt das RG. in feststehender Rechtsprechung kein Ansichbringen, weil dafür „ein äußeres Verhältnis" hinzukommen muß, das „eigene selbständige Verfügung ermöglicht"; vgl. E. 55, 281 (Morphiuminjektionen) und dort zitierte; E. 63, 38. Kritik: M. E. kann man keine Sache intensiver „an sich" bringen, als daß man sie „in sich" bringt. — Für das RG. aber z. B. v. Liszt, v. Liszt-Schmidt, Frank.

[4] Vgl. schon den Gesetzestext „oder sonst". Siehe auch z. B. E. 57, 74; 64, 21.

[5] Vgl. E. 56, 191.

[6] Vgl. E. 58, 155; auch, wenn die erstrebte wirtschaftliche Verwertung mißlang; E. 56, 191. — Wahlweise Feststellung (Verheimlichen oder Ansichbringen) ist zulässig; vgl. E. 56, 61; dazu oben S. 73; unten S. 268, Anm. 4.

widrig ist[1], b) subjektiv, daß der zur Hehlerei erforderliche Vorsatz vorliegt.

Dagegen können Täter und Teilnehmer des Vordelikts nicht wegen Hehlerei bestraft werden (straflose Nachtat)[2].

III. **Schuld** des Hehlers ist, dem objektiven Tatbestand entsprechend, in zwei Richtungen erforderlich (vgl. StrGB. § 259):

1. Hinsichtlich der Vortat ist notwendig, daß der Hehler „weiß" oder „den Umständen nach annehmen muß", daß die Sache mittels einer strafbaren Handlung erlangt ist. Das Wissen bedeutet hier Vorsatz, also auch dolus eventualis[3]. Das „Annehmenmüssen" erklärt nicht etwa Fahrlässigkeit für ausreichend, sondern enthält lediglich eine widerlegbare gesetzliche Beweisregel zuungunsten des Angeklagten[4].

2. Hinsichtlich der Tat des Hehlers selbst („Ansichbringen" usw.) ist Vorsatz erforderlich und darüber hinaus Handeln „seines

---

[1] Daher stets bei Diebstahl, weil hier die Sache auf alle Fälle im Eigentum des Bestohlenen bleibt (vgl. BGB. § 935); anders, wenn inzwischen gutgläubiger Eigentumserwerb erfolgte (BGB. § 932). So auch das RG., vgl. insbes. R 6, 452/53; E. 44, 250. Ebenso die Literatur.

Dieser Punkt ist praktisch sehr wichtig, weil das Weiterschieben durchaus zu den Hilfsmitteln gerade des gefährlichen Hehlertums gehört. Im Oktober 1931 berichteten die Zeitungen von einem Fall, in dem die Beute innerhalb 24 Stunden bereits durch 4 Hände gewandert war.

[2] Oben S. 180; Strafr. II, 549. Für die Täterschaft anerkannt; vgl. z. B. E. 60, 372. — Betr. Teilnahme will E. 51, 101 auf die Verhältnisse des Einzelfalles abstellen. Die Literatur bejaht hier vielfach die Möglichkeit von Hehlerei. Kritik: Wie der Täter so ist auch der Teilnehmer wegen Verursachung des betr. Erfolges strafbar, daher einheitliche Entscheidung richtig. So insbes. auch FRANK, v. LISZT; vgl. dazu betr. Teilnahme oben S. 161ff.

[3] So scharf und treffend auch RG. E. 55, 205. Dagegen nach E. 56, 91 „bestimmter Vorsatz". Vgl. auch unten Anm. Kritik: Damit würde gerade diejenige gefährliche Hehlerei straflos, bei der der Hehler es wohlweislich vermeidet, sich sichere Kenntnis von der Vortat zu verschaffen. Im Sinne des Textes (Vorsatz) auch z. B. v. LISZT, v. LISZT-SCHMIDT, FRANK. (Betr. „Wissen" vgl. oben S. 137, Nr. 3.)

Bei irrtümlicher Annahme strafbarer Vortat liegt Versuch am untauglichen Objekt vor; vgl. E. 64, 130.

[4] So die feststehende Rechtsprechung des RG. bereits seit E. 7, 85; dazu oben S. 127, Anm. 6.

Vgl. E. 55, 206/07 („Wer annehmen mußte, von dem wird kraft Gesetzes vermutet, daß er auch angenommen hat"). Wenn aber hier das RG. weiter ausführt, daß Feststellung des dolus eventualis auf diesem Wege nicht ausreiche, sondern eine dem Täter „aufgenötigte Überzeugung" erforderlich sei, so widerspricht das dem eigenen Ausgangspunkt des Urteils, daß dolus eventualis grundsätzlich genügt. Dann kann es auch bei Beweisvermutung nur hierauf ankommen. Hinsichtlich „Wissen" und „Annehmenmüssen" gestattet das Urteil wahlweise Feststellung; dagegen sei kumulative unmöglich; vgl. dazu oben S. 267, Anm. 6. Siehe ferner E. 64, 5.

Auch die Literatur nimmt überwiegend (widerlegbare) Beweisvermutung

Vorteils wegen", also insoweit Absicht im technischen Sinne[1]. „Vorteil"[2] bedeutet jede günstigere Gestaltung der persönlichen Verhältnisse[3], nicht notwendig Vermögensvorteil[4].

IV. Zwischen Sachhehlerei und Begünstigung ist evtl. **Idealkonkurrenz** möglich[5].

V. **Erschwerte Fälle**: 1. Gewerbs- oder gewohnheitsmäßige Hehlerei (StrGB. § 260). Vgl. zu diesen Begriffen oben S. 179[6].

2. Rückfall (§ 261): Der Begriff erfordert mindestens zweimalige Vorbestrafung wegen Hehlerei im Inland. § 245 findet entsprechende

---

an. Teilweise aber abweichende Ansichten: So z. B. v. LISZT, v. LISZT-SCHMIDT (Strafbarkeit eines bestimmten Falles von Fahrlässigkeit). Dagegen bereits mein Strafr. I, 368[5].

[1] Vgl. oben S. 136, Nr. 2, c. Dazu E. 58, 122 („Erstreben", „Triebfeder des Handelns"). Auch, wenn die Annahme des Täters irrtümlich war; gleichgültig ist ferner, ob der Vorteil erreicht wurde; vgl. E. 56, 98.

[2] Nicht notwendig außergewöhnlicher; es genügt auch Erlangung des üblichen Geschäftsverdienstes bei Weiterveräußerung; vgl. E. 58, 122.

[3] Auch die Literatur betont, daß jeder Vorteil genügt. Vgl. auch E. 50, 308: „Ein Vorteil liegt in jeder Aufbesserung der Verhältnisse."

[4] So auch das RG.; vgl. z. B. E. 45, 65; 58, 122 („reichsgerichtliche Rechtsprechung"). So erklärt das RG. z. B. (vgl. das Urteil) für genügend: kostenlosen Gewinn lediglich sinnlichen Genusses. Erlangung von Lebens- bzw. Futtermitteln bei Warenknappheit; ferner E. 51, 179: Erlangung eines Schmuckes; E. 54, 341: Abwendung drohender strafgerichtlicher Untersuchung.

Unklar und wenig glücklich ist das RG. in der positiven Feststellung des Vorteilsbegriffs: Vgl. z. B. schon E. 45, 65: Nicht jedes persönliche Interesse genüge (?); die weitere Feststellung sei Tatfrage (?). Neuerdings E. 58, 122: Nicht genügend (?) „jedes persönliche Interesse an dem Besitz der Sache und der damit verbundenen Möglichkeit ihres bestimmungsgemäßen Gebrauchs" (Kritik: Warum nicht? warum verdienen solche Fälle Schutz?), „sondern noch darüber hinaus eine sonstige, irgendwie (?) günstigere Gestaltung der äußeren Lebensverhältnisse". Insofern liege die Entscheidung „dann allerdings im wesentlichen auf tatsächlichem Gebiet" (dazu Zitat früherer Urteile). Kritik: Ein unklarer Verzicht auf Lösung der entscheidenden Rechtsfrage. Sieh edagegen E. 50, 308; oben Anm. 3.

[5] Liegen begrifflich beide Fälle vor, so ist identisch das Handeln „seines Vorteils wegen" (§ 257 Teil 2, 258, 259). Im übrigen ist § 257/58 spezieller hinsichtlich der entscheidenden Absicht der Begünstigung, § 259 hinsichtlich des Vordelikts und hinsichtlich der Eigenschaft als Sachdelikt. Beispiel: Der Täter verbirgt zugunsten des Diebes gestohlene Sachen, aber gegen Teilung der Beute. — Für Idealkonkurrenz auch RG. E. 47, 220 (und dort zitierte) wie überwiegend die Literatur.

[6] Siehe auch E. 58, 19; E. 59, 143.

Strafe: Zuchthaus bis 10 Jahre; Nebenstrafen (§ 262) oben S. 266, Anm. 2.

Die Gefährlichkeit gerade des gewerbs- und gewohnheitsmäßigen Hehlertums wird dadurch noch gesteigert, daß es vielfach international arbeitet. So wurde mir seinerzeit (1912/13) ein Fall bekannt, in dem für einen in Berlin Verhafteten wenige Tage später mittels Kabeltelegramms aus Südamerika hohe Kaution für Haftentlassung angeboten wurde. Das Geschäft lohnt die Unkosten.

Anwendung (vgl. oben S. 243). Die Strafschärfung ist je nach dem Vordelikt verschieden[1].

§ 73. Ausbeutung Minderjähriger, Wucher; Glücksspiel; Unlauterer Wettbewerb, Wirtschaftsstrafrecht.

Die folgenden Tatbestände richten sich gegen einzelne strafbare Auswüchse wirtschaftlicher Übervorteilung.

I. **Ausbeutung Minderjähriger** (StrGB. §§ 301, 302). Zweck des Gesetzes ist Schutz der Jugend gegen Verführung zu leichtsinnigem Schuldenmachen[2].

Strafbar ist (§ 301), wer sich „in gewinnsüchtiger Absicht[3] und unter Benutzung des Leichtsinns oder der Unerfahrenheit"[4] von einem Minderjährigen eine „eine Verpflichtung enthaltende Urkunde ausstellen[5] oder auch nur mündlich ein Zahlungsversprechen erteilen läßt"[6]. Erhöhte Strafe (§ 302) tritt ein[7] bei verstärkten Versprechensformen[8]. Der Minderjährige selbst, als die geschützte Person, ist straflos[9].

II. **Wucher** (StrGB. §§ 302a—e)[10]. 1. Wucher begeht, „wer unter

---

[1] Strafe: Wenn sich die Hehlerei auf schweren Diebstahl, Raub oder ein diesem gleich zu strafendes Verbrechen (§§ 252, 255) bezog: Zuchthaus nicht unter 2 Jahre, bei mildernden Umständen Gefängnis nicht unter 1 Jahr. — In anderen Fällen Zuchthaus bis 10 Jahre, bei mildernden Umständen Gefängnis nicht unter 3 Monate; Nebenstrafen (§ 262) vgl. vorige Anm.

[2] Vgl. auch RG. E. 31, 118 (im Anschluß an die Entstehungsgeschichte). — Strafe: Gefängnis bis 6 Monate oder Geldstrafe; Antragsdelikt (vgl. dazu StrGB. § 65).

[3] D. h. in Bereicherungsabsicht, wie bei Betrug und Erpressung; vgl. oben S. 259, 261/62. (Herrschende Ansicht; abweichend v. Liszt-Schmidt.)

[4] Sie liegt auch dann vor, wenn der Minderjährige aus diesen Gründen seinerseits das Angebot macht; vgl. E. 31, 118.

[5] Als Beispiele (vgl. „oder eine andere") nennt das Gesetz: „Schuldscheine, Wechsel, Empfangsbekenntnisse, Bürgschaftsinstrumente." Ob die Urkunde (entsprechend § 302) auf Zahlung von Geld oder Gewährung geldwerter Sachen gerichtet sein muß, ist streitig. Dagegen die überwiegende Ansicht, dafür v. Liszt, v. Liszt-Schmidt.

[6] Dieses liegt bereits in dem Eingehen einer Schuld, wenn darin das Versprechen der Zahlung (ausdrücklich oder stillschweigend) zum Ausdruck kommt; vgl. E. 31, 118.

[7] Gefängnis bis 1 Jahr oder Geldstrafe, daneben evtl. Ehrverlust; auch hier ist die Tat Antragsdelikt. Zum Tatbestand oben Anm. 5, zweiter Satz.

[8] „Unter Verpfändung der Ehre, auf Ehrenwort, eidlich oder unter ähnlichen Versicherungen oder Beteuerungen." Diese Strafe trifft auch den, der sich wissentlich eine solche Forderung abtreten läßt.

[9] Vgl. oben S. 169, III, 1.

[10] Geschichte: Im römischen Recht ist seit Augustus der Zins- und Kornwucher crimen ordinarium; vgl. Strafr. I, 64; Mommsen, 849ff. — Die Kirche verbietet jedes Zinsennehmen (und andere Fälle) bei Strafe; bis zum 13. Jahrhundert gehört der Wucher vor das geistliche Gericht. Seitdem setzt weltliche

Ausbeutung der Notlage[1], des Leichtsinns oder der Unerfahrenheit eines anderen sich oder einem Dritten" für eine Leistung unverhältnismäßige Vermögensvorteile „versprechen oder gewähren läßt"[2].

Unser Gesetz unterscheidet Kreditwucher (Geldwucher, §§ 302a bis d) und sog. Geschäftswucher (Sachwucher, § 302e).

2. Kreditwucher (Geldwucher, § 302a)[3] liegt vor, wenn der Wucher (oben Nr. 1) erfolgt „mit Bezug auf ein Darlehn oder auf die Stundung einer Geldforderung oder auf ein anderes zweiseitiges Rechtsgeschäft, welches denselben wirtschaftlichen Zwecken dienen soll"[4]. Dabei bildet den Ausgangspunkt der Berechnung „der übliche Zinsfuß" (§ 302a). Dieser muß unverhältnismäßig überschritten werden[5].

Erhöhte Strafe[6] tritt ein (§ 302b), wenn der Wucherer sich die

---

Bestrafung ein (vgl. His, Strafr. 174). Die Reichspolizeiordnungen (1530/1548/77) handeln kasuistisch, aber klar „von wucherlichen Contracten" (Geld- und Warenwucher; 5% Zinsen sind erlaubt); vgl. Strafr. I, 216/17. Das Preuß. Landrecht II, 20, §§ 1272ff. betrachtet als Wucher die Überschreitung des gesetzlichen Zinsfußes, straft aber nur den verdeckten Wucher. Das Preuß. StrGB. 1851 fügt (anschließend an Französisches Recht) den gewerbsmäßigen hinzu (vgl. Goltd. Mat. II, 602). Der Norddeutsche Bund stellt sich durch Gesetz v. 14. Nov. 1867, auf den Standpunkt der Wucherfreiheit. So auch zunächst das Reichsrecht. Bald erweist sich dies als unhaltbar. Durch Gesetz v. 24. Mai 1880 werden die §§ 302a bis 302d geschaffen; das Gesetz v. 19. Juni 1893 ergänzt die §§ 302a und d und fügt § 302e hinzu.

Über Preistreiberei vgl. unten S. 272, Anm. 10.

[1] D. h. dringende wirtschaftliche Notlage (auch bei vorübergehender Geldverlegenheit), vgl. E. 58, 329.

[2] D. h. solche, „welche den Wert der Leistung dergestalt überschreiten, daß nach den Umständen des Falles die Vermögensvorteile in auffälligem Mißverhältnisse zu der Leistung stehen". StrGB. § 302a, 302e; BGB. § 138 (das wucherliche Rechtsgeschäft ist nichtig).

Das „auffällige Mißverhältnis" ist „vom Standpunkt des Gläubigers aus" zu beurteilen. „Es ist also die Gesamtheit der vermögensrechtlichen Aufwendungen des Gläubigers mit den Vorteilen zu vergleichen, die ihm oder einem Dritten aus dem Wuchergeschäft zufließen"; E. 60, 219; so bereits E. 39, 129. In der Literatur teilweise streitig.

Der Bewucherte selbst ist stets straflos; vgl. oben S. 270, Anm. 9.

[3] Strafe: Gefängnis bis 6 Monate und zugleich Geldstrafe; daneben evtl. Ehrverlust.

[4] Vgl. dazu E. 39, 127 (und dort zitierte): Darunter fallen alle auf Befriedigung eines augenblicklichen Geldbedürfnisses des Empfängers gerichteten Rechtsgeschäfte, gleichgültig, welchen Zweck der Wucherer damit verfolgte, gleichgültig auch, ob der Empfänger seinen Zweck erreichte. Enger teilweise die Literatur.

[5] Vgl. E. 39, 129: Besteht der Vorteil des Gläubigers in einer Forderung, so ist auch deren Sicherheit von Erheblichkeit. (Gleichgültig ist, welche Vorteile der Empfänger erlangt.) Zur Berechnung des „üblichen Zinsfußes" ist bei Verkauf von Sachen deren Geldwert zugrunde zu legen.

[6] Gefängnis bis 1 Jahr; im übrigen wie oben Anm. 3.

Vermögenvorsteile „verschleiert“[1] oder „wechselmäßig“ oder in bestärkter Form[2] versprechen läßt.

Gleiche Strafe[3] trifft nach § 302c den, der die wucherliche Forderung „erwirbt[4] und entweder dieselbe weiterveräußert oder die wucherlichen Vermögensvorteile geltend macht“ (sog. Nachwucher).

Schwerster Fall (§ 302 d) ist der, daß der Täter „den Wucher (§§ 302 a bis 302 c) gewerbs- oder gewohnheitsmäßig betreibt“[5].

3. Geschäftswucher (Sachwucher, § 302e). Unser Recht straft hier nur bei gewerbs- oder gewohnheitsmäßiger Begehung[6]. Der Tatbestand im übrigen liegt vor, wenn der Wucher (oben Nr. 1) begangen wird „mit Bezug auf ein Rechtsgeschäft anderer als der im § 302a bezeichneten Art“[7].

Zwischen Wucher und Betrug besteht evtl. Idealkonkurrenz[8].

4. Die Kriegs- und anschließenden Notjahre haben zu einer Flut von Strafvorschriften[9] gegen Wucher und Preistreiberei[10] geführt.

---

[1] D. h. in unwahrer, den Wucher nach außen verhüllender Form (Täuschung des Schuldners ist nicht erforderlich); vgl. E. 18, 332.

[2] Wörtlich wie oben S. 270, Anm. 8.

[3] §§ 302a, b. [4] Auch von Todes wegen; E. 36, 374.

[5] Strafe: Gefängnis nicht unter 3 Monate und Geldstrafe. Dazu hier obligatorisch Ehrverlust. — Der gewerbs- bzw. gewohnheitsmäßige Wucherer ist objektiv ebenso gemeingefährlich wie subjektiv gemein. Strenge Strafzumessung ist daher hier geboten. Mit Recht lassen die Entwürfe Zuchthaus zu.

Über die Begriffe „gewerbs- und gewohnheitsmäßig“ oben S. 179.

[6] Strafe wie in § 302d; vgl. oben Anm. 5.

[7] Also nicht zur Befriedigung eines augenblicklichen Geldbedürfnisses. Beispiele: Wohnungswucher (Mietvertrag); vgl. E. 53, 265; 61, 236. — Dienst- und Gesellschaftsverträge E. 38, 365 (unverhältnismäßig hohes Gehalt und Tantieme).— Unverhältnismäßige Honorierung eines Rechtsberaters, E. 45, 198 (Rechtsgeschäfte „jeglicher Art“, die nicht unter § 302a fallen); Theater- und Konzertagenten; Vieh- und Landwucher usw.

[8] Vgl. E. 45, 200.

[9] Einsetzend mit dem Höchstpreisgesetz v. 4. Aug./17. Dez. 1914 (RGBl. 339. 516). — Einsetzung von Wuchergerichten durch Verordg. v. 27. Nov. 1919 (RGBl. 1909), die glücklicherweise durch Verordg. v. 20. März 1924 (RGBl. I, 371) beseitigt wurde.

[10] Beim Wucher handelt es sich um den Schutz des Einzelnen, bei Preistreiberei um den Schutz der Allgemeinheit gegen wucherische Übervorteilung; vgl. E. 60, 83. — Geschichtlich interessant ist der Kampf, den schon die Reichspolizeiordnungen (1530/48/77) gegen Preistreiberei führten; vgl. Strafr. I, 217.

Verhütung unreeller Preistreiberei bei „öffentlichen Versteigerungen“ bezweckt die Übertretungsvorschrift des § 367 Nr. 16 StrGB. (Zuwiderhandlung gegen die polizeilichen Anordnungen über Abhalten solcher Versteigerungen und Verabfolgen geistiger Getränke dabei). Dazu betr. Landesrecht oben S. 75, Anm. 6.

Sie wurden durch Gesetz vom 19. Juli 1926 (RGBl. I, 413) aufgehoben[1]. In Kraft blieb das Mieterschutzgesetz vom 17. Februar 1928 (RGBl. I, 25)[2].

III. **Glücksspiel** (StrGB. §§ 284—286)[3]: Unser Recht straft einerseits unerlaubte Veranstaltungen solcher Art, andererseits unerlaubtes Spielen[4]:

1. Unerlaubte Veranstaltungen: Hier ist strafbar, wer ohne behördliche Erlaubnis entweder:

a) „öffentlich ein Glücksspiel veranstaltet oder hält oder die Einrichtungen hierzu bereitstellt" (StrGB. § 284)[5] oder

b) „öffentliche Lotterien veranstaltet" (StrGB. § 286)[6].

2. Unerlaubtes Spiel. Strafbar ist hier:

---

[1] Vgl. dort in § 1 die früheren Verordnungen.

[2] Hier Mietwucher § 49a. Das Börsengesetz v. 8. Mai 1898 § 94 bestraft die Verleitung zu Börsenspekulationsgeschäften. — Dem Wucher verwandt ist das Delikt des § 360[12] StrGB. (Überschreitung des Zinsfußes usw. durch Pfandleiher oder Rückkaufshändler).

[3] Geschichte: Im römischen Recht ist das Glücksspiel gegen Einsatz (alea) verboten und wird in der Republik auch bestraft (für die Kaiserzeit fehlen sichere Nachweise); vgl. näher Mommsen, 860. — Im deutschen Recht finden sich seit dem 13. Jahrhundert Strafdrohungen gegen falsches Spiel (His, Strafr., 174). Carolina und Reichspolizeiordnungen schweigen. Die heutige Regelung führt auf das Preuß. Landrecht zurück. Hier einerseits (§ 248) Verbot „öffentlicher Lotterien" ohne Erlaubnis als „Beeinträchtigtes Recht des Staates", andererseits (§ 1298ff.) Bestrafung des „Hazardspiels" „aus Gewinnsucht".

[4] Die heutige Fassung beruht auf Gesetz v. 23. Dez. 1919 (RGBl. 2145). Aufgehoben ist dort die frühere Übertretung des § 360[14] StrGB. (unbefugtes Halten von Glücksspielen auf öffentlichen Wegen usw.).

[5] „Als öffentlich veranstaltet gelten auch Glücksspiele in Vereinen oder geschlossenen Gesellschaften, in denen Glücksspiele gewohnheitsmäßig veranstaltet werden" (§ 284 Abs. 2).

Strafe: Gefängnis bis zu 2 Jahre und Geldstrafe oder Geldstrafe allein. Dazu Einziehung (§ 284b) der „Spieleinrichtungen" sowie des „auf dem Spieltisch oder in der Bank befindlichen Geldes"; und zwar obligatorisch, „sofern sie dem Täter oder einem Teilnehmer gehören", sonst fakultativ.

Neben Gefängnis kann (§ 285a) auf Verlust der bürgerl. Ehrenrechte, auf Polizeiaufsicht und auf Überweisung an die Landespolizeibehörde (§ 362 Abs. 8/4, Arbeitshaus) erkannt werden. — Einen Ausländer kann die Landespolizeibehörde nach Vollstreckung der Freiheitsstrafe aus den Reichsgebiet verweisen. — Neben der Strafe kann öffentliche Bekanntmachung auf Kosten des Schuldigen angeordnet werden.

Vor der Überweisung an die Landespolizeibehörde (§ 362, vgl. oben) ist dringend zu warnen. Bei ausreichend hoher Freiheitsstrafe ist sie überflüssig, im übrigen nur geeignet, den Insassen der Arbeitshäuser das Glücksspiel beizubringen; vgl. dazu Strafr. I, 565 Anm. 1; auch meine Kritik Z. 42, 201; siehe auch oben S. 231, Anm. 5; unten S. 400 Anm. 2.

[6] „Den Lotterien sind öffentlich veranstaltete Ausspielungen beweglicher oder unbeweglicher Sachen gleichzuachten" (§ 286 Abs. 2); vgl. dazu E. 63, 322. Strafe: Gefängnis bis 2 Jahre oder Geldstrafe.

a) „Wer sich an einem öffentlichen Glücksspiel (§ 284) beteiligt" (§ 284a)[1].

b) „Wer aus dem Glücksspiel ein Gewerbe macht" (§ 285)[2].

3. Erläuternd ist hervorzuheben:

Glücksspiele, im Gegensatz zu Geschicklichkeitsspielen, sind solche, bei denen Gewinn und Verlust mindestens vorwiegend vom Zufall abhängt[3]. Im Gegensatz zur „Ausspielung" (§ 286²) muß beim „Glücksspiel" der Gewinn in Geld bestehen[4].

Die „Lotterie" erfordert einen Spielplan, der für den Vertragsgegner erkennbar auf Zufall abgestellt ist[5].

„Öffentlich" ist das Glücksspiel usw., wenn es für einen nicht geschlossenen Personenkreis zugänglich ist. Nach § 285 strafbar ist nur, wer selbst spielt[6]. Über Gewerbsmäßigkeit vgl. oben S. 179.

Erlaubt sind Rennwetten am Totalisator innerhalb der Schranken des Reichsgesetzes vom 8. April 1922 (RGBl. I, 393).

Landesrechtlich strafbar ist teilweise das Spielen in sog. auswärtigen Lotterien[7].

IV. **Unlauterer Wettbewerb.** Die Verschärfung des wirtschaftlichen Kampfes führte zum Reichsgesetz gegen den unlauteren Wettbewerb vom 27. Mai 1896 (RGBl. 145), heute in Fassung vom 7. Juni 1909 (RGBl. 499). Sein Zweck ist Schutz des anständigen Geschäftsverkehrs, damit zugleich Schutz des Publikums, gegen unreelle wirtschaftliche Konkurrenz[8]. Die strafrechtlichen Tatbestände des Gesetzes

---

[1] Strafe: Gefängnis bis 6 Monate und Geldstrafe oder Geldstrafe allein. Einziehung, Nebenstrafen und Nebenfolgen wie oben S. 273, Anm. 4.

[2] Strafe: Gefängnis und Geldstrafe, bei mildernden Umständen Gefängnis bis 1 Jahr und Geldstrafe oder Geldstrafe allein; Nebenstrafen und Nebenfolgen wie oben Anm. 1.

[3] Vgl. E. 64, 35 (und dort zitierte): „Der Gewinn hing, da die ihn auslösende Ursache für den einzelnen nicht erkennbar, die Gewinnaussicht also nicht berechenbar war, vom Zufall ab;" vgl. auch E. 65, 56.

Auszuscheiden sind Unterhaltungsspiele, die nicht um des Gewinnes willen gespielt werden.

[4] Vgl. E. 64, 219 (mindestens so, daß der Gewinner von vornherein einen Rechtsanspruch darauf hat, statt des gewonnenen Gegenstandes einen seinem Wert entsprechenden Geldbeitrag zu erhalten).

[5] Vgl. E. 60, 387.

[6] Vgl. E. 65, 56. Also nicht bereits der Veranstalter (§ 284); spielt dieser selbst mit, so liegt Idealkonkurrenz zwischen §§ 284/85 vor (E. 64, 361). Strafbarkeit nach § 285 besteht auch dann, wenn § 284 wegen behördlicher Erlaubnis entfällt (E. 65, 56).

[7] D. h. auch in Lotterien anderer deutscher Länder. Vgl. für Preußen Gesetz v. 29. Aug. 1904. Dazu Strafr. I („Lotteriegesetz", Sachverzeichnis, S. XXVI). Für die Gültigkeit solcher Gesetze gegenüber dem Reichsrecht RG. E. 36, 260 (und dort zitierte). Dazu oben S. 76, Anm. 3, Abs. 2.

[8] Es handelt sich also nach dem entscheidenden Zweck des Gesetzes um Vermögensdelikte; der etwaige Schutz für „ein den Urheberrechten gleich-

lassen sich in zwei Gruppen zusammenfassen: Unlautere Reklame (Kundenfang)[1] und unlautere Schädigung fremden Geschäfts[2].

V. **Wirtschaftsstrafrecht.** Auch abgesehen vom unlauteren Wettbewerb finden sich in strafrechtlichen Nebengesetzen zahlreiche Vorschriften, die sich unter obigem Namen zusammenfassen lassen und einer entsprechenden einheitlichen Behandlung harren[3].

Im StrGB. selbst erscheint als wirtschaftliche Sondervorschrift § 145a: Ausstellen und In-Verkehr-Bringen von Schuldverschreibungen auf den Inhaber „ohne die erforderliche staat-

---

wertiges (?) Individualrecht“ (so v. Liszt und andere) kommt evtl. als Mittel zum Zweck in Frage; vgl. dazu oben S. 222.

[1] Öffentliche oder für einen größeren Personenkreis bestimmte Kundgebungen, und zwar: § 4 (unwahre, scheinbar besonders günstige Angebote); § 6 (Konkursverkäufe); § 8/9 (Ausverkäufe).

[2] Vgl.: § 12 (Bestechung von Angestellten); § 15 (Wissentlich unwahre Angaben über einen fremden Geschäftsbetrieb); § 17 (Verrat und Verwertung von Geschäftsgeheimnissen); § 18 (Unbefugte Verwertung anvertrauter Vorlagen oder Vorschriften); § 19 (Bestimmung Dritter zu den Delikten der §§ 17/18). — Übertretungen §§ 10/11; Strafantrag § 22; Öffentliche Bekanntmachung § 23; Buße § 26.

Über Anwendung des Gesetzes auf Kurpfuscherei und Strafantrag der Ärztekammer vgl. RG. E. 35, 268.

Literatur insbes.: Stenglein, Nebengesetze, 5. Aufl., I 253ff. (1928); Callmann, D. unl. Wettbewerb, Kommentar 1931, (Verlag: Bensheimer).

Neuestens ergänzende bzw. abändernde Gesetzesbestimmungen in Verordg. d. Reichspräsidenten v. 9. März 1932 (RGBl. I, S. 122—124).

Verwandte Vorschriften enthält als Ersatz des früheren § 287 StrGB. das Gesetz zum Schutz der Warenbezeichnungen v. 12. Mai 1894 in Fassung v. 7. Dez. 1923.

[3] Verdienstvoll hier neuerdings Alsberg, Wirtschaftsstrafrecht als Problem der Gesetzgebung, Wissenschaft und Praxis, 1931 (Vortrag auf d. Tagung d. Giroverbandes der Dresdner Bank). Alsberg unterscheidet 2 Gruppen: 1. Allgemeine Vermögensdelikte (z. B. Betrug) in bestimmten Anwendungsformen, die gerade in der Wirtschaft vorkommen; 2. Besondere Vermögensdelikte, die nur in der Wirtschaft vorkommen. Auf dem Gesamtgebiet fehlt es an brauchbarer Gesetzgebung und einheitlicher Bearbeitung. Mangelhafte Gelegenheitsgesetze ohne ausreichende Beherrschung von Wirtschaft und Strafrecht bleiben so teilweise einfach auf dem Papier stehen (so z. B. der sog. Kursbetrug des Börsengesetzes § 88, letzte Entscheidung des RG. E. 23, 137, von 1892; Verleitung zu Börsenspekulation, § 94), teils sind sie unzweckmäßig, unklar, zu weitgehend. (So z. B. Mietwucher — oben S. 273, Anm. 2 — „unangemessener“ Preis; Stimmenkauf nach Handelsgesetzbuch § 317 usw.) Die Praxis krankt an den Schwierigkeiten der Auslegung; eine Wissenschaft des Wirtschaftsstrafrechts aber fehlt.

Zusammenfassende Vorführung der einschlägigen Gesetzgebung mit Erläuterungen bietet Alsberg, Die strafrechtl. Nebengesetze, Bd. I. Handels- und Wirtschaftsrecht. Berlin: Heymann, 1930. Betr. Privatrecht vgl. neuerdings Rühl: Rechtsschöpfung durch die Wirtschaft. Mannheim: Bensheimer, 1931.

Vgl. ferner neuestens die Verordg. d. Reichspräsidenten zum Schutze der Wirtschaft v. 9. März 1932 (RGBl. I, S. 121ff.).

liche Genehmigung"[1]. Ferner gehört hierher die Übertretung des StrGB. § 360 Nr. 9[2].

§ 74. Gefährdung der Zwangsvollstreckung.

In Betracht kommt hier zunächst die gewöhnliche Zwangsvollstreckung des Zivilprozesses, sodann der Fall des Konkurses.

I. **Vollstreckungsvereitelung** (StrGB. § 288). Strafbar ist[3], „wer bei einer ihm drohenden Zwangsvollstreckung in der Absicht, die Befriedigung des Gläubigers zu vereiteln, Bestandteile seines Vermögens veräußert oder beiseiteschafft".

Täter des Delikts „ist nur, wer vor einer seinem Vermögen drohenden Zwangsvollstreckung seine Vermögensstücke veräußert oder beiseiteschafft"[4].

„Drohen" kann Zwangsvollstreckung begrifflich nur aus einem bereits bestehenden Anspruch[5]. „Absicht" im Sinne des § 288 bedeutet dolus directus[6]. Vereitelung[7] der „Befriedigung des Gläubigers", setzt objektiv voraus, daß Zwangsvollstreckung rechtlich zulässig und wirtschaftlich nicht schlechthin aussichtslos war[8]. „Veräußern"[9] oder „Beiseiteschaffen" bedeutet, daß die Gegenstände der Zwangsvollstreckung entzogen werden[10].

---

[1] Geschaffen durch EinfGes. BGB., Art. 34.

[2] „Wer gesetzlichen Bestimmungen zuwider ohne Genehmigung der Staatsbehörde" Versicherungsanstalten usw. errichtet, die gegen Zahlung von Beiträgen Kapital oder Rente liefern sollen.

[3] Strafe: Gefängnis bis 2 Jahre oder Geldstrafe; Verfolgung nur auf Antrag des Gläubigers. Vgl. dazu E. 41, 103 (Handelsgesellschaft).

[4] Vgl. E. 63, 134 (Bestellung einer Scheinhypothek durch die Mutter für den Sohn; die Mutter danach Täterin, der Sohn nur Gehilfe). — Wer selbständig als Vertreter handelt, ist nach RG. (E. 16, 123; 60, 234) straflos (Lücke im Gesetz).

[5] Vgl. E. 63, 342 (und dort zitierte): Wann im übrigen Zwangsvollstreckung „droht", d. h. nahe bevorsteht, ist Tatfrage. Regelmäßig sind dabei „schlüssige Handlungen des Gläubigers vorauszusetzen". Es kann sich aber auch die Absicht des Gläubigers aus der Erfahrung des Lebens (z. B. im kaufmännischen Verkehr) ergeben.

[6] Also nicht nur bezweckte, sondern auch als notwendig vorgestellte Folgen der Tat; vgl. E. 59, 315 (und dort zitierte); dazu oben S. 136 Nr. 2, b.

[7] Dafür genügt bereits „jede wesentliche Erschwerung". Vgl. E. 38, 232 (Notwendigkeit für den Gläubiger, die geschaffenen Hindernisse zu beseitigen). Die Vereitelung braucht nicht eingetreten, sondern nur beabsichtigt zu sein.

[8] Vgl. E. 59, 315 (letzteres z. B. bei Wertlosigkeit oder um das Vielfache vorliegender Überlastung des Grundstücks. Bei irrtümlicher derartiger Annahme des Schuldners fehlt der Vorsatz gemäß StrGB. § 59).

Nicht erforderlich ist, daß es sich um Zwangsvollstreckung wegen Geldleistungen handelt; vgl. näher E. 38, 227.

[9] Darunter fällt auch hypothekarische Belastung von Grundstücken; vgl. E. 38, 231.

[10] Vgl. E. 42, 62: Bloß tatsächliche Verschlechterung (Sachbeschädigung) genügt daher nicht.

Nächstverwandt mit unserem Delikt ist der Verstrickungsbruch des § 137 StrGB.; vgl. unten S. 306.

II. **Bankrottdelikte**[1]. An die Stelle der früheren §§ 281—283 StrGB. sind hier die §§ 239—244 der Konkursordnung getreten (20. Februar 1877, Fassung vom 17. Mai 1898).

1. Bankrott bedeutet begrifflich: Schuldhafte Gläubigerbenachteiligung bei Vermögenszusammenbruch des Schuldners mittels Verminderung des Vermögens oder Verschleierung der Vermögenslage.

Die gesetzliche Regelung ist folgende:

a) Vermögenszusammenbruch nimmt das Gesetz nicht nur bei Konkurseröffnung an, sondern mit Recht auch bereits, wenn deren gesetzliche Voraussetzung, die Zahlungseinstellung, vorlag[2].

b) Gläubigerbenachteiligung durch Verminderung des Vermögens bzw. Verschleierung der Vermögenslage erblickt das Gesetz ausschließlich und andererseits stets in einer Reihe einzelner Handlungen, die es als solche in ungeschickter Breite kasuistisch aufzählt.

c) Schuldhafte Gläubigerbenachteiligung bedeutet im schwersten Falle des „betrügerischen" Bankrotts (KO. § 239) die vorsätzliche Vornahme der dort aufgeführten Handlungen „in der Absicht[3], die Gläubiger zu benachteiligen". Beim „einfachen Bankrott" (KO. § 240) genügt in den Fällen der Nr. 1, 3, 4 subjektiv Fahrlässigkeit[4].

2. Hiernach ergeben sich die unten in Anmerkung aufgeführten,

---

[1] Geschichte: Das Wesen des materiellen Konkursrechts besteht in der anteiligen (d. h. gleichmäßigen, prozentualen) Befriedigung einer Gläubigermehrheit bei Vermögenszusammenbruch des Schuldners. Dieser Gedanke ist schon dem römischen wie (seit dem 13. Jahrhundert) dem deutschen Rechte bekannt. Der Konkursprozeß als selbständige, vom sonstigen Zivilprozeß getrennte Prozeßart entwickelt sich nach der Rezeption und ist um die Mitte des 17. Jahrhunderts als „Gantprozeß" anerkannt.

Strafrechtlich tritt der Bankrott (Banckenrodt") in den Reichspolizeiordnungen v. 1548/77, Abschnitt „von verdorbenen Kauffleuthen" als Flucht des leichtfertigen Schuldenmachers auf (vgl. Strafr. I, 217). Daran anschließend entwickelt sich das Landesrecht. Im Preuß. Landrecht II, 20, § 1452ff. wird der „Bankerut" als selbständiges, nicht auf Kaufleute beschränktes Delikt eingehend und klar behandelt.

[2] Das Vorliegen dieser Momente bildet die objektive Voraussetzung für die Strafbarkeit des Bankrotts, ist also dogmatisch eine sog. objektive Bedingung der Strafbarkeit (daher weder Kausalzusammenhang noch Schuld erforderlich). Vgl. auch z. B. E. 16, 278/79; dazu oben S. 148, IV; näher Strafr. II, 379/80.

[3] „Absicht" umfaßt auch hier den dolus directus (im Gegensatz zum dolus eventualis); vgl. oben S. 276, Anm. 6. Dazu E. 39, 138; herrschende Ansicht.

[4] Abgesehen von dem „Verheimlichen" und „Vernichten" der Nr. 3, das Vorsatz fordert. So auch RG. E. 16, 279; überwiegende Ansicht (dagegen fordert z. B. Frank allgemeinen Vorsatz).

Nr. 2 des § 240 wurde erst durch die Novelle v. 1898 hinzugefügt. Sie fordert Vorsatz hinsichtl. der einzelnen Handlungen und darüber hinaus Absicht (hier technisch, also Zweck) der Konkurshinausschiebung.

gesetzlichen Tatbestände des betrügerischen[1] und einfachen Bankrotts[2].

3. Weiter straft das Gesetz als Gläubigerbenachteiligung die Begünstigung einzelner Gläubiger (KO. § 241)[3], die Begünstigung des Schuldners oder Dritter (KO. § 242)[4], sowie den Verkauf der Gläubigerstimme (KO. § 243)[5].

---

[1] KO. § 239: „Schuldner, welche ihre Zahlungen eingestellt haben oder über deren Vermögen das Konkursverfahren eröffnet worden ist, werden wegen betrüglichen Bankrotts bestraft" (mit Zuchthaus, bei mildernden Umständen Gefängnis nicht unter 3 Monate), „wenn sie in der Absicht ihre Gläubiger zu benachteiligen:

„1. Vermögensstücke verheimlicht oder beiseitegeschafft haben" (vgl. dazu oben S. 277, Anm. 4),

„2. Schulden oder Rechtsgeschäfte anerkannt oder aufgestellt haben, welche ganz oder teilweise erdichtet sind,"

„3. Handelsbücher zu führen unterlassen haben, deren Führung ihnen gesetzlich oblag", oder

„4. ihre Handelsbücher vernichtet oder verheimlicht oder so geführt oder verändert haben, daß dieselben keine Übersicht des Vermögenszustandes gewähren".

[2] KO. § 240: „Schuldner, welche ... (wie oben § 239) eröffnet worden ist, werden wegen einfachen Bankrotts bestraft" (mit Gefängnis; bei mildernden Umständen Geldstrafe zulässig), „wenn sie

„1. durch Aufwand, Spiel oder Wette oder durch Differenzhandel mit Waren oder Börsenpapieren übermäßige Summen verbraucht haben oder schuldig geworden sind".

„2. in der Absicht, die Eröffnung des Konkursverfahrens hinauszuschieben, Waren oder Wertpapiere auf Kredit entnommen und diese Gegenstände erheblich unter dem Werte in einer den Anforderungen einer ordnungsmäßigen Wirtschaft widersprechenden Weise veräußert oder sonst weggegeben haben",

„3. Handelsbücher zu führen unterlassen haben, deren Führung ihnen gesetzlich oblag, oder dieselben verheimlicht, vernichtet oder so unordentlich geführt haben, daß sie keine Übersicht ihres Vermögenszustandes gewähren", oder

„4. es gegen die Bestimmung des Handelsgesetzbuches unterlassen haben, die Bilanz ihres Vermögens in der vorgschriebenen Zeit zu ziehen."

In den Fällen Nr. 1, 2 kann neben Gefängnis auf Verlust der bürgerl. Ehrenrechte erkannt werden.

[3] KO. § 241: „Schuldner, welche ... (wie oben § 239) ... eröffnet worden ist, werden bestraft" (mit Gefängnis bis 2 Jahre, bei mildernden Umständen Geldstrafe zulässig) ... „wenn sie, obwohl sie ihre Zahlungsunfähigkeit kannten, einem Gläubiger in der Absicht" (d. h. dolus directus, vgl. oben S. 277, Anm. 3), „ihn vor den übrigen Gläubigern zu begünstigen, eine Sicherung oder Befriedigung gewährt haben, welche derselbe nicht oder nicht in der Art oder nicht zu der Zeit zu beanspruchen hatte".

[4] KO. § 242: Bestraft wird (mit Zuchthaus bis 10 Jahre, bei mildernden Umständen mit Gefängnis oder Geldstrafe), wer:

„1. Im Interesse eines Schuldners, welcher ... (wie oben § 239) ... eröffnet worden ist, Vermögensstücke desselben verheimlicht oder beiseite geschafft hat" oder

„2. im Interesse eines solchen Schuldners oder, um sich oder einem anderen Vermögensvorteil zu verschaffen, in dem Verfahren erdichtete Forderungen im eigenen Namen oder durch vorgeschobene Personen geltend gemacht hat."

[5] KO. § 243: Bestraft wird danach (mit Geldstrafe oder Gefängnis bis 1 Jahr) „ein Gläubiger, welcher sich von dem Gemeinschuldner oder anderen Personen

Die Vorschriften über Bankrott und Gläubigerbegünstigung (KO. § 239—241) finden auch auf Vorstandsmitglieder von Aktiengesellschaften usw. Anwendung[1].

§ 75. Schiffahrtsvergehen.

Unser StrGB. enthält zwei vermögensrechtliche Tatbestände solcher Art.

I. **Schiffsgefährdung durch Konterbande** (StrGB. § 297). Strafbar ist danach das Anbordnehmen von Gegenständen, die Schiff oder Ladung der Gefahr der Beschlagnahme oder Einziehung aussetzen[2].

II. **Bruch des Heuervertrages** (StrGB. § 298)[3]. Das StrGB. enthält den schwersten Fall, die Tat des „Schiffsmanns, welcher mit der Heuer[4] entläuft, oder sich verborgen hält, um sich dem übernommenen Dienste zu entziehen". Die Tat ist auch bei Begehung im Ausland strafbar[5]. Wiederholung des Tatbestandes und Ergänzung bietet die Seemannsordnung vom 2. Juni 1902 (RGBl. 200) § 93)[6].

III. Über **gemeingefährliche** Schiffahrtsdelikte unten 386/87.

---

besondere Vorteile dafür hat gewähren oder versprechen lassen, daß er bei den Abstimmungen der Konkursgläubiger in einem gewissen Sinne stimme."

[1] Vgl. KO. § 244: Danach ebenso für eingetragene Genossenschaften, ferner Liquidatoren einer Handelsgesellschaft oder eingetragenen Genossenschaft. — Entsprechend bei Gesellschaften mit beschränkter Haftung (Ges. v. 20. Mai 1892, §§ 71, 83), bei Geschäftsführern der privaten Versicherungsunternehmungen (VersGesetz 12. Mai 1901, §§ 112/13).

[2] Genauer (§ 297): „Ein Reisender oder Schiffsmann, welcher ohne Vorwissen des Schiffers, ingleichen ein Schiffer, welcher ohne Vorwissen des Reeders Gegenstände an Bord nimmt, welche das Schiff oder die Ladung gefährden, indem sie die Beschlagnahme oder Einziehung des Schiffes oder der Ladung veranlassen können." Strafe: Geldstrafe oder Gefängnis bis 2 Jahre.

Die Vorschrift stammt aus dem Preuß. Seerecht. Aufnahme in das Preuß. StrGB. 1851, § 278, erfolgte auf Antrag des Admiralitätskollegiums in Danzig mit Rücksicht auf häufige Konfiskationen in England wegen Zollkonterbande; vgl. GOLTD, Mat. II, 624. (Sachlich kommt ferner Kriegskonterbande in Betracht.)

Vollendet ist das Delikt mit dem „Anbordnehmen". Der Vorsatz umfaßt auch das Merkmal der Gefährdung; vgl. E. 43, 383.

[3] Strafdrohungen gegen einzelne Fälle von Vertragsbruch enthält schon das frühere Recht. Die landesrechtlichen Vorschriften betr. Dienstboten und Landarbeiter wurden durch Verordg. v. 12. Nov. 1918 (RGBl. 1303) beseitigt. — Über Vertragsbruch des Armeelieferanten, StrGB. § 329, vgl. unten S. 390.

Grundsätzlich ist der Vertragsbruch straflos; mit Recht. Sonst würde das Strafrecht die Aufgaben des Privatrechts übernehmen und ein neues uferloses Massendelikt schaffen.

[4] Also mit der Löhnung.

[5] Strafe: Gefängnis bis 1 Jahr. Bei mildernden Umständen nach Seemannsordnung § 93³ (die aber nur für deutsche Kauffahrteischiffe gilt) Geldstrafe.

[6] Mildere Strafe für die Fälle, in denen die Heuer noch nicht bezahlt ist. Antragsdelikt (berechtigt der Kapitän).

Die Entwürfe haben den § 298 StrGB. mit Rücksicht auf die Seemannsordnung gestrichen.

Zweites Buch.

Die Verbrechen gegen den Staat.

Kapitel I.

Verbrechen gegen Bestand und Sicherheit des Staates.

§ 76. Hochverrat; Landesverrat; Angriffe gegen auswärtige Staaten.

Hochverrat bedeutet den Angriff auf die rechtlichen Grundlagen des Staates als Einzelwesen, Landesverrat den Verrat des Inlands an das Ausland[1]. Angriffe gegen auswärtige Staaten stellen sich evtl. als „Störung auswärtiger Beziehungen"[2] dar und gefährden so mittelbar die Sicherheit des eigenen Staates.

I. **Hochverrat** (StrGB. §§ 80—86, 93). 1. Der Begriff des Hochverrats nach StrGB. §§ 80/81 entspricht dem Staatsbegriff. Staat ist das unter einer beherrschenden Gewalt auf bestimmtem Landgebiet

---

[1] Geschichte: Allgemeingeschichtlich gehört der Verrat am Gemeinwesen (Hochverrat, Landesverrat, insbes. militärischer) zu den ältesten öffentlichen Verbrechen. Sobald sich eine ausreichend starke öffentliche Gewalt entwickelt hat, schreitet sie gegen Angriffe auf die eigene Existenz ein (Friedloslegung, Todesstrafe); vgl. näher oben S. 9/10, Strafr. I, 43.

Im römischen Recht ist die perduellio, das „Staatsverbrechen" (Mommsen 537ff.), Landesverrat, Hochverrat usw. umfassend, neben dem parricidium der älteste und wichtigste öffentliche Deliktsbegriff, von der Überlieferung auf Romulus zurückgeführt. Vgl. oben S. 12/13, näher Strafr. I, 60. Der Begriff erweitert sich später zu dem unbestimmten und vielfach uferlosen crimen maiestatis; vgl. oben S. 13, Anm. 5; näher Strafr. I, 60[4], 64[1].

Im germanischen Recht werden bereits Kriegsverrat und Heeresflucht mit dem Tode bestraft (vgl. oben S. 21, Anm. 4). Im fränkischen Reich fallen Hoch- und Landesverrat unter den Sammelbegriff der Infidelitas (Verletzung der Königstreue; der Verräter verwirkt Leben und Gut); dazu tritt, unter römischem Einfluß, die Bezeichnung als crimen maiestatis auf; vgl. oben S. 22, Anm. 6. An die infidelitas anschließend entwickelt sich im Mittelalter der allgemeine Begriff des „Verrats" als schwerstes Verbrechen (Strafe insbes. Vierteilen); vgl. oben S. 27, Anm. 7. So noch die Carolina, Art. 124 (schwerste Fälle „als so die eyn landt, statt, seinem eygen herrn ... betreffe"). Dazu tritt, anschließend an das crimen maiestatis, der Schutz des Lebens des Kaisers und der Kurfürsten durch die Goldene Bulle (1356). Vgl. näher Strafr. I, 184, 194/95. Die Folgezeit des gemeinen Strafrechts übernimmt, entsprechend der absoluten Monarchie, den römischen uferlosen Begriff des crimen maiestatis als omnium delictorum gravissimum (so Carpzow); vgl. näher Strafr. I, 233. Um 1700 treten die Namen „Hochverrat" und „Landesverrat" auf; vgl. His, Strafr. 1928, S. 115/16. Das Preuß. Landrecht, 1794, scheidet beide Begriffe klar; die Strafen sind noch allerschärfste (Hochverrat, §§ 92—99: „härteste und schreckhafteste Leibes- und Lebensstrafe"; Landesverrat, §§ 100—148, im schwersten Falle Schleifen zur Richtstatt und Rädern von unten herauf); vgl. näher Strafr. I, 281. Das 19. Jahrhundert schafft den heutigen Rechtszustand.

[2] So die Entwürfe seit 1913.

organisierte Volk. Schwerstes Verbrechen gegen den Staat als Einzelwesen — Hochverrat — ist daher: Beseitigung des Staatshauptes sowie gewaltsamer Angriff auf das Staatsgebiet oder auf die Staatsverfassung.

2. Der obige Schutz des monarchischen Staatshauptes (StrGB. §§ 80, 81 Nr. 1) ist durch den Übergang Deutschlands zur Republik gegenstandslos geworden. Ein entsprechender Schutz des Reichspräsidenten ist im StrGB. bisher nicht geschaffen[1]. So fallen heute unter den Begriff des Hochverrats nur gewaltsame Angriffe auf Staatsverfassung und Staatsgebiet.

3. Angriff auf die Verfassung: Hochverrat begeht, (StrGB. § 81 Nr. 2), „wer es unternimmt, die Verfassung des Deutschen Reichs oder eines Bundesstaats gewaltsam zu ändern".

„Verfassung" bezeichnet hier, wo es sich um das schwerste Staatsverbrechen handelt, nicht beliebige Verfassungsvorschriften, sondern die Grundlagen der rechtlichen Organisation des Staates[2]. Dahin gehört die bestehende (demokratisch-republikanische) Staatsform selbst sowie die Rechtsstellung (Zusammensetzung und grundsätzliche Befugnisse) der obersten Staatsorgane (Reichspräsident, Regierung, Reichsrat, Volksvertretung)[3].

Gewaltsame Änderung bedeutet die mit physischen Zwangsmitteln erfolgende widerrechtliche Umgestaltung der bestehenden grundlegenden Rechtsverhältnisse[4], und zwar einschließlich des Mittels

---

[1] Wohl aber in den Entwürfen seit 1919. — Vgl. ferner das Republikschutzgesetz unten S. 292.

[2] Also nicht den Verfassungsbegriff im formellen (Verfassungsurkunde), sondern im materiellen Sinne. Beweis auch: Schon das Preuß. Landrecht (II, 20, § 92) spricht von „Umwälzung der Verfassung des Staates".

Vgl. auch RG. E. 58, 3ff.: „Das Ziel des Hochverrats ist die Erschütterung der öffentlichen Gewalt, die Änderung der Grundlagen des Staates und seiner Verfassung." E. 56, 259ff.: „Grundlegende Änderung dieser Verfassung" (Gegensatz: bloße Verfassungswidrigkeit). Vgl. auch Motive z. Vorentw. 1909, 423: „staatliche Grundeinrichtungen" (im einzelnen Tatfrage). In gleichem Sinne die Literatur.

[3] Vgl. auch v. Liszt: „Die auf dem Grundsatz der Gewaltenteilung beruhende Bestimmung der Staatsorgane und der diesen übertragenen Funktionen"; ebenso v. Liszt-Schmidt.

[4] Mag diese Änderung durch rein tatsächlichen gewaltsamen Eingriff (vgl. auch Ebermayer, Olshausen) oder durch gewaltsame Schaffung einer veränderten Rechtsordnung geschehen. Erforderlich ist also (vgl. Ebermayer) eine, wenn auch nur vorübergehende Entziehung der Rechte (Gegensatz: bloße Hemmung in ihrer Ausübung); vgl. auch E. 56, 261 (Gegensatz: bloße Verfassungswidrigkeit). Nichts über den Begriff der „Änderung" bieten v. Liszt, v. Liszt-Schmidt, Allfeld, Frank.

Beispiele: E. 58, 3ff. (1923, Max Hölz): Kommunistischer Aufstand; Ersatz der republikanischen Verfassung des Reiches durch die Räterepublik unter der Diktatur des Proletariats; vgl. auch E. 53, 289 (Spartakistenaufstand). — E. 56, 259ff. (1921, Kapp-Putsch): Ersatz des Volkes als Träger der Staatsgewalt der Drohung mit Gewalt[1].

Strafbar ist bereits, wer den Hochverrat „unternimmt"; d. h. (StrGB. § 82) „jede Handlung, durch welche das Vorhaben unmittelbar zur Ausführung gebracht werden soll". Damit wird der Versuch gekennzeichnet und hier ausnahmsweise der Vollendung gleichgestellt[2]. Stets muß es sich beim Hochverrat um ein nach Angriffsobjekt und Angriffsplan erkennbar (wenn auch nicht im einzelnen) bestimmtes Unternehmen handeln[3].

4. Zweiter Fall: Gewaltsames Unternehmen der Losreißung von Bundesgebiet oder Gebiet eines Bundesstaats (§ 81 Nr. 3, 4)[4].

5. Strafe des Hochverrats (§ 81) ist lebenslanges Zuchthaus oder lebenslange Festungshaft, bei mildernden Umständen Festung nicht unter 5 Jahren[5].

(Verf. Art. 1) durch eine Diktatur (Alleinherrschaft eines Einzelnen oder einer einzelnen Volksklasse); „gewaltsame Abschüttelung der demokratisch-republikanischen Staatsform". ... „Als Hochverrat erscheint jeder gewaltsame Angriff auf den Träger der Staatsgewalt, der ihm und seinen berufenen Organen die freie Regierungsbetätigung entzieht." — E. 41, 138: Unternehmen der Zerstörung der Deutschen Wehrverfassung zwecks Revolution und Vernichtung der bestehenden Gesellschaftsordnung als Aufforderung nach StrGB. § 85; Hochverrat selbst nach § 81 StrGB. wäre hier m. E. erst das Unternehmen der Revolution.

[1] So ausdrücklich — zur Vermeidung von Zweifeln — die Entwürfe; kriminalpolitisch die allein sachgemäße Auslegung. Andernfalls wäre der Hochverrat straflos, wenn die bestehende Regierung sich unter dem Zwang der Lage veranlaßt sah, bereits der Androhung der Gewalt zu weichen (z. B. um nutzloses Blutvergießen zu hindern). Im obigen Sinne auch ein erheblicher Teil der Literatur, z. B. Frank, Ebermayer; dagegen z. B. v. Liszt, v. Liszt-Schmidt.

[2] Vgl. dazu oben S. 155, X: Feststehende Rechtsprechung des RG.; eingehend E. 42, 266; siehe auch E. 41, 138; E. 56, 259ff. („Versuch" einer grundlegenden Änderung der Verfassung). In der Literatur teilweise Streit: erweiternd z. B. v. Liszt, einschränkend z. B. Frank.

Der Versuch beginnt mit der Anwendung von Gewalt bzw. ihrer Androhung. Die Vollendung ist gegeben mit dem Augenblick, „wo der Widerstand der Gegenpartei zusammenbrach oder aufgegeben wurde"; vgl. E. 56, 259ff.; bis dahin ist daher strafbare Teilnahme möglich; gleichgültig ist die Absicht, nach längerer oder kürzerer Zeit wieder zu gesetzmäßigen Zuständen zurückzukehren.

[3] E. 41, 138; vgl. auch E. 16, 165 („konkretes" hochverräterisches Unternehmen).

[4] Das Gesetz erwähnt nebeneinander das gänzliche oder teilweise Einverleiben in einen anderen Staat und das Losreißen eines Teils vom Ganzen (also Schaffung eines neuen Staates). Beide Fälle fallen unter den obigen Begriff.

Beispiel: E. 16, 165 (1887, Patriotenliga in Elsaß-Lothringen): Herbeiführung eines Angriffskrieges Frankreichs gegen Deutschland zwecks Losreißung des Reichslandes.

[5] Zuchthaus ist (vgl. StrGB. § 20) nur bei festgestellter ehrloser Gesinnung zulässig. Mit Recht; denn Hochverrat kann auch aus ethischen Motiven hervorgehen. Begrifflich ist jede Revolution Hochverrat am bisherigen Staat. Mißlingt sie, so trifft den Täter dessen Strafe. Gelingt sie, so ent-

6. Liegt Hochverrat vor, so umfaßt er nach RG. im Einzelfalle zugleich diejenigen Handlungen, die sich „gegen den Bestand der öffentlichen Ordnung und gegen solche Amtspersonen richten, die zu ihrer Aufrechterhaltung und Verwaltung eingesetzt waren“[1]. Delikte gegen Privatpersonen dagegen kommen als solche in Betracht[2].

7. Strafbare Vorbereitungshandlungen: a) Hochverräterisches Komplott (StrGB. § 83)[3]. Zum Begriff des Komplotts vgl. oben S. 170. Kommt es zum Hochverrat selbst, so entfällt § 83[4].

b) Dem Komplott stellt StrGB. § 84 drei weitere Fälle in der Bestrafung gleich: Wer „zur Vorbereitung eines Hochverrats entweder sich mit einer auswärtigen Regierung einläßt[5] oder die ihm von dem Reich oder einem Bundesstaate anvertraute Macht mißbraucht[6] oder Mannschaften anwirbt oder in den Waffen einübt“[7].

c) „Aufforderung“[8] zum Hochverrat (StrGB. § 85)[9], und zwar

---

steht eine neue Rechtsordnung, die ihrerseits den Schutz gegen Hochverrat genießt; vgl. dazu auch E. 56, 261, 265/66.

Nebenstrafe evtl. Verlust der öffentlichen Ämter sowie der aus öffentlichen Wahlen hervorgegangenen Rechte (§ 81 Abs. 3); über Vermögensbeschlagnahme während des Prozesses StrGB. § 93, StrPO. § 433. Weitere Folgen (Republikschutzgesetz, Notverordnung) vgl. unten S. 284, Nr. 8.

[1] Vgl. E. 58, 3; daher schließt Hochverrat nach RG. insoweit andere Delikte aus, auch Mord und Mordversuch.

Dieser Standpunkt ist hinsichtlich der Amtspersonen entschieden abzulehnen. Denn damit werden politischer Mord und sonstige Angriffe auf Beamte privilegiert. (Keine Todesstrafe; bei nicht festgestellter ehrloser Gesinnung nur Festungshaft.) Es ist hier vielmehr je nach Lage des Falles Ideal- bzw. Realkonkurrenz anzunehmen. So auch Ebermayer, zu § 81 Nr. 8.

[2] Also Ideal- bzw. Realkonkurrenz; vgl. E. 58, 3.

[3] „Haben mehrere die Ausführung eines hochverräterischen Unternehmens verabredet.“

Strafe: Zuchthaus oder Festung nicht unter 5 Jahren, bei mildernden Umständen Festung nicht unter 2 Jahren. Nebenstrafen usw. vgl. oben Anm.

[4] Vgl. § 83: „ohne daß es zum Beginn einer nach § 82 strafbaren Handlung gekommen ist“; E. 51, 388. — Begrifflich handelt es sich hier um straflose Vortat, vgl. oben S. 180; entsprechend in den folgenden §§ 84—86.

[5] Sog. Konspiration. Erforderlich für das „Einlassen“ ist eine Verbindung, also beiderseitiges Verhandeln (Unterhandeln), mehr nicht. Bleibt es beim einseitigen Angebot, so liegt § 86 vor (da strafbarer Versuch bei Vorbereitungshandlung nicht in Frage kommt; vgl. oben S. 154, Anm. 8). Gegenüber § 87 (Landesverrat) besteht evtl. Idealkonkurrenz; vgl. E. 16, 165.

[6] Also Mißbrauch staatlicher übertragener Befugnis (nicht notwendig militärischer).

[7] Die „Waffen“ müssen solche im technischen Sinne sein; vgl. E. 18, 368.

[8] Begriff vgl. oben S. 169. — Strafe: Zuchthaus oder Festungshaft bis 10 Jahre, bei mildernden Umständen von 1—5 Jahre.

[9] „Zur Ausführung einer nach § 82 strafbaren Handlung“, d. h. Aufforderung zu einer Handlung, durch welche das geplante hochverräterische Unternehmen unmittelbar zur Ausführung gebracht werden soll; E. 41, 138; vgl. auch RG. 5. Febr. 1927, Jur.-Ztg. 32, 801. Über die erforderliche Bestimmtheit des Unternehmens oben S. 282, Anm. 3.

entweder „öffentlich[1] vor einer Menschenmenge"[2] oder „durch Verbreitung[3] oder öffentlichen Anschlag oder öffentliche Ausstellung von Schriften oder anderen Darstellungen"[4].

d) „Jede andere, ein hochverräterisches Unternehmen vorbereitende Handlung" (StrGB. § 86)[5], also auch alle entfernten Vorbereitungshandlungen zu einem bestimmten Unternehmen[6].

8. Öffentlich oder in einer Versammlung erfolgende Verherrlichung oder ausdrückliche Billigung begangenen Hochverrats (StrGB. 81—86) ist gegenwärtig strafbar nach Republikschutzgesetz vom 25. März 1930 (RGBl. I, S. 91) § 5 Nr. 4[7]. Ferner gibt § 6 des Gesetzes zusätzliche Vorschriften betr. Strafen usw. des Hochverrats[8]. Zusätze brachte weiter die Verordnung des Reichspräsidenten vom 6. Oktober 1931 (RGBl. I, S. 566)[9].

9. Der Hochverrat ist in allen Fällen[10] auch bei Begehung im Ausland strafbar, gleichgültig, ob der Täter ein Deutscher oder Aulsänder ist[11].

---

[1] D. h. allgemein wahrnehmbar (also z. B. auch vom offenen Fenster aus).

[2] Zum Begriff vgl. unten S. 302 Anm. 4.

[3] Vgl. dazu E. 16, 245: Zugänglichmachen an einen „größeren, wenn auch nach Zahl und Individualität bestimmten Personenkreis" (Gegensatz: vertrauliche Mitteilung); vgl. auch oben S. 232, Anm. 5.

[4] Über ihre verschiedenen Arten (auch Schallplatten) vgl. E. 47, 494; dazu oben S. 232.

[5] Strafe: Zuchthaus bis 3 Jahre oder Gefängnis von 1—3 Jahre (eingefügt durch Notverordnung v. 6. Okt. 1931) oder Festungshaft von gleicher Dauer.

[6] Über dessen Begriff und Bestimmtheit oben S. 281/82. Das Delikt des § 86 kann im übrigen auf jede Art, also auch durch Verbreitung von Druckschriften zu hochverräterischem Zweck, begangen werden; vgl. RG. 5. Febr. 1927, oben S. 283, Anm. 9. Gegenüber §§ 81—85 ist § 86 selbstverständlich subsidiär; vgl. E. 41, 138 (betr. § 85); oben S. 283, Anm. 4.

[7] Wenn die Tat sich richtete „gegen die verfassungsmäßig festgestellte republikanische Staatsform des Reichs oder eines Landes oder den Bestand des Reichs oder eines Landes". — Strafe: Gefängnis nicht unter 3 Monaten, bei mildernden Umständen Gefängnis; daneben evtl. Geldstrafe. — Vgl. näher betr. Republikschutzgesetz unten S. 292.

[8] Vgl. § 6[1]: Verurteilung zu Zuchthaus wegen Hochverrats bewirkt außer den Folgen des StrGB § 31 von Rechts wegen den Verlust der aus öffentlichen Wahlen hervorgegangenen Rechte. — Bei Verurteilung zu Gefängnis (§ 6[2]) ev. Amtsunfähigkeit bzw. Lösung des Militärverhältnisses.

[9] Teil VII § 1. Bei § 86 StrGB. wird wahlweise Gefängnis von 1—3 Jahre angedroht. — Bei §§ 81—86 wird Einziehung oder Unbrauchbarmachung der zum Verbrechen gebrauchten oder bestimmten Gegenstände zugelassen, ohne Rücksicht, ob sie dem Täter oder einem Teilnehmer gehören (auch wenn keine bestimmte Person verfolgt werden kann). Praktisch wichtig wird dies insbes. bei Druckschriften sein. — Die Vorschriften der folgenden Paragraphen sind neuerdings aufgehoben durch die Verordnung v. 14. Juni 1932 (RGBl. I Nr. 36 S. 297).

[10] Also auch im Falle der §§ 83—86; vgl. E. 16, 170.

[11] Vgl. StrGB. § 4 Nr. 1, oben S. 80, RepSchutzGes. § 7. Auf Hochverrat von Soldaten finden ebenfalls die §§ 83ff. StrGB. Anwendung; vgl. MilStrGB. 1926, § 56.

II. **Landesverrat** (StrGB. §§ 87—92). Landesverrat ist der Verrat des Inlands an das Ausland[1]. Er zerfällt in militärischen und sog. diplomatischen Verrat.

1. **Militärischer Verrat**: Hier handelt es sich um Herbeiführung eines Krieges gegen Deutschland oder um Unterstützung des Feindes in einem ausgebrochenen Kriege. Strafbar ist:

a) Kriegstreiberei: „Ein Deutscher[2], welcher sich mit einer auswärtigen Regierung einläßt[3], um[4] dieselbe zu einem Kriege gegen das Deutsche Reich zu veranlassen" (StrGB. § 87)[5].

b) Kriegsdienst (Waffenhilfe): „Ein Deutscher, welcher während eines gegen das Deutsche Reich ausgebrochenen Krieges in der feindlichen Kriegsmacht Dienste nimmt[6] oder die Waffen gegen das Deutsche Reich oder dessen Bundesgenossen trägt" (StrGB. § 88)[7].

c) Begünstigung (§ 89): „Ein Deutscher, welcher vorsätzlich während eines gegen das Deutsche Reich ausgebrochenen Krieges einer feindlichen Macht[8] Vorschub leistet oder der Kriegsmacht des Deutschen Reiches oder der Bundesgenossen desselben Nachteil zufügt".

„Vorschub leisten" bzw. „Nachteil zufügen" erfordern zur Vollendung, daß Vorteil (objektiv günstigere Bedingungen) bzw. Nach-

---

[1] Zur Geschichte vgl. oben S. 280, Anm. 1.

[2] Über Ausländer vgl. unten S. 287.

[3] Vgl. dazu oben S. 283, Anm. 5. Einseitiges Angebot wäre hier als Versuch strafbar (weil es sich um ein selbständiges Delikt handelt).

[4] Also Absicht im technischen Sinne; vgl. oben S. 136, Nr. 2c. — Gleichgültig ist der mit dem Kriege weiterhin verfolgte Zweck. Beispiel: Eine Kriegspartei glaubt Deutschland in solcher Weise zu nützen.

[5] Strafe: Zuchthaus nicht unter 5 Jahren „und, wenn der Krieg ausgebrochen ist", lebenslanges Zuchthaus. Der Ausbruch des erstrebten Krieges ist also objektive Bedingung höherer Strafbarkeit; oben S. 148, Anm. 1, Strafr. II, 380 (teilweise streitig). Bei mildernden Umständen Festung von 6 Monaten bis 5 Jahre und, wenn der Krieg ausgebrochen ist, Festung nicht unter 5 Jahren. Neben Festung kann auf Verlust der bekleideten öffentlichen Ämter sowie der aus öffentlichen Wahlen hervorgegangenen Rechte erkannt werden. — Betr. Vermögensbeschlagnahme StrGB. § 93, oben S. 283, Anm.

[6] Nicht notwendig mit der Waffe, sondern z. B. auch als Beamter, Arzt usw.

[7] „Waffentragen" bedeutet Waffen im technischen Sinne bei sich führen zwecks bestimmungsgemäßer Benutzung; vgl. E. 18, 367. Beispiel: Franktireur.

Strafe nach § 88: Lebenslanges Zuchthaus oder lebenslange Festungshaft, bei mildernden Umständen Festung nicht unter 5 Jahren. Strafmilderung (vgl. Abs. 3), wenn der Täter „schon früher in fremden Kriegsdiensten stand" (Beispiel: Fremdenlegion; möglich im Einzelfalle ist hier StrGB. §§ 52 u. 54), Zuchthaus oder Festung von 2—10 Jahren, bei mildernden Umständen Festung bis 10 Jahre, Nebenstrafe (Abs. 4) wie oben Anm. 5 am Schluß.

[8] D. h. einem feindlichen Staat; vgl. näher EBERMAYER, Leipz. Komm.

teil eingetreten sind[1]. Der Nachteil muß die Kriegsmacht betreffen, das „Vorschubleisten" kann in beliebiger Richtung erfolgen[2]. Zum Vorsatz genügt dolus eventualis[3].

Als weitere Ausführung zu § 89 zählt das Gesetz in § 90 eine Anzahl mit schwererer Strafe bedrohter Fälle in kasuistischer Breite auf[4].

---

[1] Anderenfalls evtl. strafbarer Versuch; vgl. E. 53, 121 (Beispiel: Mitteilung bereits bekannter Nachrichten.) Auszuscheiden sind objektiv unerhebliche Fälle. Beispiel: E. 51, 282 (Vernichtung einer Anzahl Kartoffelstecklinge; hier aber in concreto Versuch wegen geplanter weiterer Vernichtung der Ernte); Gegenbeispiel: E. 52, 9: Verbrennen einer größeren Menge von Futtermitteln, unter § 89 fallend. — Bei einer Kundgebung, die größeren Nachteil abwenden will, ist das Gesamtverhalten zu würdigen; vgl. näher E. 65, 430ff.

[2] Insbes. also auch in politischer und wirtschaftlicher. Vgl. bereits Preuß. Obertribunal 3. April 1871 (Zeichnung französischer Kriegsanleihe als Landesverrat). Ferner E. 51, 282; 52, 9 (vgl. vorige Anm.). — Lebhaften Streit rief im Weltkrieg die Frage des Handels mit dem neutralen und indirekt dem feindlichen Ausland hervor. Entscheidend ist auch hier objektiv, ob im Einzelfalle der feindliche Staat zuungunsten Deutschlands gefördert wurde (Gegensatz: überwiegend deutscher Vorteil).

[3] Vgl. auch E. 62, 69 (betr. § 92 Nr. 1).

[4] Vgl. § 90: „im Falle des § 89"; dessen Tatbestand muß also zunächst vorliegen (als Vollendung oder Versuch); vgl. E. 49, 422; 55, 268.

Strafe: Lebenslanges Zuchthaus; „in minder schweren Fällen" kann auf Zuchthaus nicht unter 10 Jahre erkannt werden (die mindere Schwere bestimmt sich lediglich nach objektiven Gesichtspunkten; vgl. E. 59, 238). Bei mildernden Umständen Festung nicht unter 5 Jahre; Nebenstrafe wie oben S. 285, Anm. 5 am Schluß.

Die Straferschwerung nach § 90 tritt ein, „wenn der Täter:

1. „Festungen, Pässe, besetzte Plätze oder andere Verteidigungsposten, ingleichen Teile oder Angehörige der deutschen oder einer verbündeten Kriegsmacht in feindliche Gewalt bringt."

2. „Festungswerke, Schiffe oder Fahrzeuge der Kriegsmarine, öffentliche Gelder, Vorräte von Waffen, Schießbedarf oder anderen Kriegsbedürfnissen, sowie Brücken, Eisenbahnen, Telegraphen und Transportmittel in feindliche Gewalt bringt oder zum Vorteile des Feindes zerstört oder unbrauchbar macht." (Vgl. dazu E. 51, 282: „Vorräte von Kriegsbedürfnissen", nicht Früchte auf dem Felde, sondern aufgestapelte, zur späteren Verwendung zusammengebrachte Mengen von Gegenständen.)

3. „Dem Feinde Mannschaften zuführt oder Angehörige der deutschen oder einer verbündeten Kriegsmacht verleitet, zum Feinde überzugehen."

4. „Operationspläne oder Pläne von Festungen oder festen Stellungen dem Feinde mitteilt."

5. „Dem Feinde als Spion dient oder feindliche Spione aufnimmt, verbirgt oder ihnen Beistand leistet." — „Als Spion dient auch, wer aus eigenem Entschluß dem Feinde militärische Geheimnisse mitteilt; gleichgültig, wie er sie erfuhr"; so E. 55, 268 (unter Aufgabe von E. 53, 121); 53, 6. Dagegen nicht, wer unrichtige Nachrichten über den Gegner nach Deutschland übermittelt, E. 53, 121 (Kritik: dann aber § 89); vgl. ferner E. 49, 422: der völkerrechtliche Begriff des Spions nicht maßgebend).

6. „Einen Aufstand unter Angehörigen der Deutschen oder einer verbündeten Kriegsmacht anregt."

Die §§ 89, 90 Nr. 4, 5 gehen dem Spionagegesetz von 1914 §§ 1, 3 (unten S. 290/91) vor, schließen dessen Anwendung also aus (Gesetzeskonkurrenz)[1].

d) Strafbar ist nach §§ 87—90 der Deutsche auch bei Begehung der Tat im Ausland (StrGB. § 4 Nr. 2)[2]. Ebenso (§ 91 Abs. 2) der Ausländer, der ein Verbrechen nach §§ 87, 89, 90 (nicht § 88) während seines Aufenthalts im Inland begeht[3].

Im übrigen ist wegen obiger Verbrechen (§§ 87, 89, 90) bei Ausländern laut StrGB. § 91 Abs. 1 „nach dem Kriegsgebrauch zu verfahren". Diese Vorschrift ist insoweit gegenstandslos[4], als Bestrafung nach MilitärStrGB. eingreift[5]. Abgesehen hiervon bestimmt sich der Kriegsgebrauch evtl. nach Gesetz, Gewohnheitsrecht, Völkerrecht[6].

e) Betr. Nicht-Erfüllung von Lieferungsverträgen über Heeresbedürfnisse (StrGB. § 329) vgl. unten S. 390 (oben S. 279, Anm. 3).

2. **Diplomatischer Verrat** (StrGB. § 92)[7]. Der diplomatische Landesverrat besteht sachlich im Verrat staatlich wichtiger Geheimnisse oder in Schädigung von Beweismitteln oder in untreuer Führung von Staatsgeschäften. Strafbar ist stets der Deutsche, der Ausländer bei Begehung der Tat im Inland (vgl. StrGB. §§ 3, 4 Nr. 2)[8].

a) Geheimnisverrat (StrGB. § 92, Nr. 1): „Wer vorsätzlich Staatsgeheimnisse oder Festungspläne, oder solche Urkunden, Akten-

---

[1] Vgl. näher E. 49, 423, 427. [2] Oben S. 80, Anm. 6.

[3] „Unter dem Schutze des Deutschen Reiches oder eines Bundesstaats" (so § 89 Abs. 2) steht jeder Ausländer im Inland, der nicht dem feindlichen Heere angehört; vgl. E. 49, 422.

Verrat, der sich teils im Inland, teils im Ausland abspielt, ist Inlandsdelikt; vgl. E. 49, 422 (425); auch E. 13, 337 (betr. § 92); dazu näher oben S. 105.

[4] Für StrGB. § 87 wohl ferner deshalb, weil es keinen „Kriegsgebrauch" für im Frieden begangene Handlungen gibt.

[5] Von 1872, jetzt 1926; vgl. oben S. 77. — Über Landesverrat im Felde (Kriegsverrat) vgl. MilStrGB. §§ 57—59. Bei Begehung „auf dem Kriegsschauplatz" ist hier der Ausländer wie der Deutsche strafbar, vgl. § 160. Das MilStrGB. findet weiter Anwendung auf alle beim kriegführenden Heere befindlichen Personen, auf zugelassene ausländische Offiziere mit Gefolge und auf Kriegsgefangene (§§ 155—157); ferner auf alle nach deutschem Recht strafbaren Handlungen in besetztem ausländischen Gebiet gegen deutsche Truppen, deren Angehörige oder gegen eine auf Anordnung des Reichspräsidenten eingesetzte Behörde (§ 161).

[6] „Nach Kriegsrecht" sagt E. 49, 424. Vgl. näher insbes. Frank § 91[1]; ausführlich über Kriegsgebrauch Romen-Rissom, MilStrGB., 2. Aufl., 1916, S. 898ff.

[7] Die Geltung des § 92 StrGB. wird durch den Versailler Vertrag und spätere Abkommen nicht berührt; vgl. näher E. 62, 65.

[8] Nicht erforderlich ist Aufenthalt im Inland (anders oben bei Anm. 3). Eine teilweise im Inland liegende Tat ist Inlandsdelikt; vgl. dort, dazu näher E. 13, 337.

Strafe nach § 92: Zuchthaus nicht unter 2 Jahren, bei mildernden Umständen Festungshaft nicht unter 6 Monaten. Evtl. Vermögensbeschlagnahme während des Prozesses (§ 93; vgl. oben S. 285, Anm. 5).

stücke oder Nachrichten, von denen er weiß, daß ihre Geheimhaltung einer anderen Regierung gegenüber für das Wohl des Deutschen Reichs oder eines Bundesstaats erforderlich ist, dieser Regierung mitteilt oder öffentlich bekanntmacht"[1].

Unter unbedingtem Schutz stehen hiernach „Staatsgeheimnisse"[2]. „Urkunden, Aktenstücke und Nachrichten", soweit deren Geheimhaltung einer anderen Regierung[3] gegenüber im Staatsinteresse erforderlich ist[4]. Die Vollendung tritt mit der erfolgten Mitteilung[5] oder öffentlichen Bekanntmachung ein[6]. Zum Vorsatz genügt dolus eventualis[7].

Über staatsgefährliche Mitteilungen aus Gerichtsverhandlungen vgl. unten S. 331.

b) Beweisvernichtung (§ 92 Nr. 2). Wer vorsätzlich „zur Gefährdung[8] der Rechte des Deutschen Reichs oder eines Bundesstaats im Verhältnis zu einer anderen Regierung die über solche Rechte sprechenden Urkunden oder Beweismittel vernichtet, verfälscht oder unterdrückt[9].

c) Untreue Geschäftsführung (§ 92 Nr. 3): Wer vorsätzlich „ein ihm von seiten des Deutschen Reichs oder eines Bundesstaats auf-

---

[1] Das RG. nimmt an, daß § 92 Nr. 1 StrGB., früher der einzige Schutz gegen Friedensspionage, durch das Spionagegesetz (1893, jetzt 1914), das insoweit als seine Erweiterung erscheine, hinsichtlich militärischer Geheimnisse ausgeschlossen wird. Vgl. E. 25, 45; 49, 427/28 (anders oben, S. 287, bei §§ 89, 90 Nr. 4, 5). Dazu näher EBERMAYER, Leipz. Komm. zu § 92 (die Erwähnung der „Festungspläne" im Gesetz ist damit heute gegenstandslos). — Fällt eine fortgesetzte Handlung teils unter § 90[1], teils unter das Spionagegesetz, so ist Zusammenfassung zu einem fortgesetzten Verbrechen möglich; vgl. E. 56, 323.

[2] Vgl. E. 10, 420.

[3] Nach herrschender Ansicht auch einer deutschen.

[4] Vgl. dazu E. 10, 420: Maßgebend ist, ob die Tatsache „der fremden Regierung nicht bekannt und daher ihr gegenüber der Geheimhaltung fähig ist".

Neuerdings eingehend E. 62, 55ff.: Ob Geheimhaltung erforderlich, entscheidet die Regierung, im Strafprozeß das Gericht, nicht aber die Meinung irgendwelcher Volkskreise. Nicht rechtmäßig, sondern Landesverrat, ist insbes. auch die Mitteilung angeblich gesetzwidriger Zustände im Inland (Einziehung von Zeitfreiwilligen) an das Ausland. Ebenso die Bestätigung und Bekräftigung früherer Mitteilungen unter Hinzufügung neuer Tatsachen. — Hielt der Täter unwahre Mitteilungen für richtig, so liegt (untauglicher) Versuch vor.

[5] An die fremde Regierung bzw. deren Beauftragten.

[6] Vgl. dazu über Verjährung bei Preßdelikt eingehend E. 61, 19.

[7] Vgl. E. 62, 55 (69): Rechnen mit der Möglichkeit, daß die betr. Tatsachen noch nicht bekannt, also geheim, waren und die Mitteilung das Wohl des Deutschen Reiches schädigen konnte; bedingter Vorsatz.

[8] D. h. nicht zu diesem Zweck (Absicht), sondern die Handlung muß objektiv den Rechten zur Gefährdung gereichen (subjektiv also Vorsatz, auch dolus eventualis, genügend).

Es ergibt dies die Entstehungsgeschichte aus dem Preuß. StrGB (GOLTD. Mat. II, 70); vgl. EBERMAYER, zu § 92 Nr. 8.

[9] Vgl. dazu über „verfälschen" und „unterdrücken" unten S. 345, 347. Eine Lücke im Gesetz ist die Nicht-Erwähnung des Fälschens unten S. 344.

getragenes Staatsgeschäft mit einer anderen Regierung zum Nachteil[1] dessen führt, der ihm den Auftrag erteilt hat."

Ergänzend kommt StrGB. § 353a (sog. Arnimparagraph) in Betracht; vgl. unten S. 321.

III. **Angriffe gegen auswärtige Staaten** (StrGB. §§ 102—104). Grund der Bestrafung ist hier das staatliche Interesse an ungestörten völkerrechtlichen Beziehungen[2]. Unter Strafe gestellt sind folgende Fälle:

1. Hochverrat (§§ 81 bis 86) gegenüber einem ausländischen Staat (bzw. Landesherrn, vgl. StrGB. § 102)[3], sowie Beleidigung eines ausländischen Landesherrn oder Regenten (§ 103)[4]; beide unter der Voraussetzung, daß „dem Deutschen Reich die Gegenseitigkeit verbürgt ist"[5]. Diese Taten sind Antragsdelikte[6].

2. Bestimmte Angriffe[7] auf „ein öffentliches Zeichen der Autorität" oder „ein Hoheitszeichen"[8] eines auswärtigen Staates (StrGB. § 103a)[9] sowie die Beleidigung ausländischer im Inland beglaubigter Gesandten und Geschäftsträger (StrGB. § 104)[10].

§ 77. Spionage; Gefährdung der Republik; Politische Ausschreitungen.

I. **Spionage**: Mit dem Anwachsen der ausländischen Spionage erwiesen sich die Vorschriften des StrGB. über Landesverrat in dieser

---

[1] Es gilt hier das oben S. 288, Anm. 8 Gesagte entsprechend. Zur Vollendung ist Eintritt des Nachteils erforderlich; vgl. Ebermayer § 92 Nr. 9.

[2] Vgl. dazu bereits oben S. 280. — Das StrGB spricht von „feindlichen Handlungen gegen befreundete Staaten". Das sind solche, mit denen Deutschland in normalen völkerrechtlichen Beziehungen steht. Gegensatz: Abbruch diplomatischer Beziehungen, Krieg, sonstiges feindliches Vorgehen (z. B. Blockade bzw. der französische Ruhreinfall; so mit Recht Frank).

[3] Der Deutsche ist hier bei Begehung im Inland oder Ausland strafbar; der Ausländer nur bei Begehung „während seines Aufenthalts im Inland".

[4] Für Begehung im Inland bzw. Ausland gelten hier die allgemeinen Grundsätze (StrGB. § 3/4, oben S. 79/80). So auch in den folgenden §§ 103a, 104.

[5] Also objektive Bedingung der Strafbarkeit, vgl. dazu oben S. 148. — So auch E. 38, 75: Die Verbürgung der Gegenseitigkeit muß bereits zur Zeit der Tat vorliegen; erforderlich ist dafür ein Rechtszustand im Ausland, der im wesentlichen die Anwendung entsprechender Rechtssätze verbürgt. In diesem Falle vom RG. mit eingehender Begründung gegenüber Rußland, 1905, verneint. (Heute würde es sich bei Angriffen auf ausländische Staatshäupter darum handeln, ob im Ausland der deutsche Reichspräsident einen entsprechenden Rechtsschutz genießt.)

[6] Antrag der auswärtigen Regierung, zurücknehmbar.

[7] Wer ein solches Zeichen „böswillig (d. h. aus feindseliger Gesinnung, E. 48, 176) wegnimmt, zerstört oder beschädigt oder beschimpfenden Unfug (unten S. 365 zu § 166) daran verübt"; übereinstimmend StrGB. § 135, unten S. 304/05.

[8] Beide Begriffe sind wesentlich gleichbedeutend. Es handelt sich um Zeichen ausländischer Staatsgewalt.

[9] Geschaffen durch die Novelle v. 1876.

[10] Antragsdelikt; antragsberechtigt der Beleidigte, Zurücknahme zulässig.

Richtung als unzureichend[1]. Es erging das „Gesetz gegen den Verrat militärischer Geheimnisse" vom 3. Juli 1893 (RGBl. S. 205), heute in erweiterter Fassung vom 3. Juni 1914 (RGBl. S. 195)[2]. Liegt im Einzelfalle zugleich begrifflich Landesverrat vor, so schließt StrGB. §§ 89, 90 Nr. 4, 5 (Spionage im Kriege) das Spionagegesetz aus, während umgekehrt § 92 Nr. 1 StrGB. durch das Spionagegesetz ausgeschlossen wird[3]. Strafbar ist:

1. Verrat: a) Wer vorsätzlich durch Verrat militärischer Geheimnisse[4] „die Sicherheit des Reichs gefährdet" (§ 1)[5].

Der Verrat besteht nach dem Gesetz entweder darin, daß der Täter vorsätzlich geheimzuhaltende „Schriften, Zeichnungen oder andere Gegenstände[6] ... in den Besitz oder zur Kenntnis eines anderen gelangen läßt" (§ 1 Abs. 1) oder, daß er derartige „Nachrichten[7] ... an eine ausländische Regierung oder an eine Person, die im Interesse einer ausländischen Regierung tätig ist, gelangen läßt" (§ 1 Abs. 2).

b) Der Verrat nach § 1 Abs. 1 (nicht Abs. 2) ist auch dann — aber milder — strafbar, wenn er „vorsätzlich und rechtswidrig"[8], aber „ohne den Vorsatz die Sicherheit des Reichs zu gefährden" begangen wird (§ 2 des Gesetzes)[9].

c) Ferner ist strafbar fahrlässiger Verrat im Sinne des § 1 Abs. 1, begangen an amtlich oder kraft amtlichen Auftrags zugänglichen Gegenständen (§ 8)[10].

---

[1] Insbes. fordert StrGB. § 92 Nr. 1 Mitteilung an eine Regierung, während gewöhnlich Mittelspersonen tätig werden. Ferner war die Spionage als solche straflos (abgesehen von dem ganz ungenügenden, jetzt aufgehobenen § 360 Nr. 1 StrGB.).

[2] Eingehender Kommentar von Schneidewin in Stenglein, Nebengesetze, 5. Aufl., II, 1931, 411ff. — Durch den Versailler Vertrag usw. wird das Gesetz nicht berührt; vgl. E. 62, 66.

[3] Vgl. darüber oben S. 287 bei Anm. 1; 288, Anm. 1.

[4] D. h. Dinge, „deren Geheimhaltung im Interesse der Landesverteidigung erforderlich ist"; vgl. dazu oben S. 288, Anm. 4, ferner E. 61, 50 (Tatfrage, daher nicht revisibel).

[5] Strafe: Zuchthaus nicht unter 2 Jahren, bei mildernden Umständen Gefängnis nicht unter 1 Jahr. Lebenslanges Zuchthaus ist zulässig (vgl. § 1 Abs. 3), wenn „der Verrat einen schweren Schaden für die Sicherheit des Reichs zur Folge gehabt" und „der Täter dies vorausgesehen und gegen Entgelt gehandelt hat".

[6] D. h. alle körperlichen Gegenstände, gleichgültig, ob beweglich oder unbeweglich; vgl. E. 25, 47ff. (Beschaffenheit der deutschen Küste).

[7] Entscheidende Neuerung des Gesetzes v. 1914 (1893 vom Reichstag verfehlterweise abgelehnt); entsprechend StrGB. § 92 Nr. 1 (oben S. 287/88).

[8] D. h. ohne eine besondere Berechtigung im Einzelfalle; zum Vorsatz gehört das Bewußtsein dieser Sachlage; vgl. E. 28, 266.

[9] Strafe: Gefängnis oder Festungshaft bis 5 Jahre; der Versuch ist strafbar.

[10] Strafe: Gefängnis oder Festung bis 3 Jahre oder Geldstrafe.

2. Spionage: Strafbar ist[1], wer sich den Besitz bzw. die Kenntnis der Geheimnisse des § 1 Abs. 1, 2 zwecks Verrats im Sinne des § 1 verschafft (vgl. ausführlicher § 3)[2].

Geschieht dies bei Gegenständen des § 1 Abs. 1 (nicht Abs. 2) ohne verräterische Absicht[3], so tritt ebenfalls Strafe, aber Strafmilderung ein (§ 4)[4].

3. Komplott: „Wer ein Verbrechen der in den §§ 1, 3 bezeichneten Art (also Verrat bzw. Spionage) mit einem anderen verabredet" (§ 5, Abs. 1)[5].

4. Sonstige Vorbereitung: Unterhaltung oder Anknüpfung von Beziehungen im Sinne des § 1 zu einem Spion des Auslands[6] oder von seiten eines solchen Spions (vgl. § 6)[7].

5. Unbefugtes Betreten militärischer Anlagen usw. (vgl. näher § 7). Strafbar sind hier falsche Angaben über Persönlichkeit bzw. Verweigerung von Angaben gegenüber zuständigen Beamten, wenn Zusammenhang mit den Zwecken des §§ 1, 3 des Gesetzes „nach den Umständen anzunehmen" ist[8].

6. Unterlassung rechtzeitiger Verbrechensanzeige in den Fällen der §§ 1, 3 (vgl. näher § 9)[9].

7. Veröffentlichung militärischer Nachrichten im Kriege oder bei drohendem Krieg zuwider Verbot des Reichskanzlers (vgl. näher § 10)[10].

---

[1] Strafe: Zuchthaus bis 10 Jahre, bei mildernden Umständen Gefängnis nicht unter 6 Monaten. Waren die Geheimnisse dem Täter als deutschem Beamten oder Militär zugänglich, evtl. Zuchthaus bis 15 Jahre.

[2] Gegenüber dem Verrat (§ 1) ist die Spionage (§ 3) subsidiär; vgl. E. 25, 50. — Der Versuch ist strafbar; vgl. Anm. 4.

[3] „Ohne die Absicht, sie zu einer die Sicherheit des Reichs gefährdenden Mitteilung zu gebrauchen."

[4] Gefängnis oder Festung bis 3 Jahre, bei mildernden Umständen Geldstrafe zulässig. Der Versuch ist strafbar. — Diese Vorschrift entspricht also dem obigen § 2 des Gesetzes betr. Verrat (oben S. 290, Nr. 1, b).

[5] Zum Begriff des Komplotts oben S. 170. Strafe (falls es nicht zur Vollendung bzw. zum strafbaren Versuch des Verbrechens kommt): Gefängnis nicht unter 1 Jahr, bei mildernden Umständen nicht unter 3 Monaten. Straflosigkeit, aber nicht für den Anstifter, bei rechtzeitiger freiwilliger Anzeige an die Behörde (§ 5 Abs. 2).

[6] „Einer Person, die im Interesse einer ausländischen Regierung tätig ist."

[7] Wichtige Neuerung des Gesetzes v. 1914. Strafe: Gefängnis.

Vgl. dazu E. 50, 423: Nicht erforderlich ist, daß die Beziehungen die Mitteilung von Geheimnissen „bezwecken, sondern nur, daß sie, äußerlich betrachtet, eine derartige Mitteilung zum Gegenstande haben". Durch § 6 soll Bekämpfung der Spionage schon in den ersten Anfängen ermöglicht und der Einwand mangelnder verräterischer Absicht bzw. der Wertlosigkeit des gelieferten Materials abgeschnitten werden. Es genügt daher auch Bezahlung für Dienste, die der Täter in Wahrheit nicht leisten wollte.

[8] Strafe: Gefängnis bis 1 Jahr bzw. Geldstrafe.

[9] Strafe: Gefängnis (ausgenommen Angehörige und Geistliche).

[10] Strafe: Gefängnis oder Festung bis 3 Jahre oder Geldstrafe.

8. Öffentliche Mitteilungen ohne Erlaubnis über schwebende Ermittelungen wegen Verbrechens bzw. Vergehens gegen das Gesetz (vgl. näher § 11)[1].

9. Übertretungen: vgl. § 12; Nebenstrafen usw. §§ 13—15[2].

10. Strafbar auf Grund des Spionagegesetzes ist bei Begehung der Tat im Inland jedermann (StrGB. § 3), bei Begehung im Ausland der Deutsche in den Fällen der §§ 1, 3, 5, 6, 8 (vgl. § 16)[3].

II. **Republikschutzgesetz vom 25. März 1930** (RGBl. I, 91[4]): 1. Über Ergänzungen dieses Gesetzes zum Hochverrat vgl. bereits oben S. 284.

2. Schutz des Reichspräsidenten und der Regierungsmitglieder.

Strafbar sind (§ 3): „Angriffe auf Leib oder Leben (Gewalttätigkeiten)" gegen den Reichspräsidenten oder Regierungsmitglieder des Reichs oder eines Landes sowie deren Verabredung oder nachträgliche Belohnung; auch (§ 5 Nr. 4) öffentliche oder in einer Versammlung erfolgende Aufforderung dazu, sowie derart erfolgende nachträgliche Verherrlichung oder ausdrückliche Billigung.

Weiter die Herabwürdigung der republikanischen Staatsform durch öffentlich oder in einer Versammlung erfolgende Beschimpfung oder Verleumdung des Reichspräsidenten oder eines Regierungsmitgliedes (§ 5 Nr. 1) sowie öffentlich oder in Versammlung erfolgende Beschimpfung oder Verleumdung nach dem Tode mit Beziehung auf ihr Amt (§ 5 Nr. 3).

---

[1] Strafe: Gefängnis oder Festung bis 1 Jahr oder Geldstrafe.

[2] Übergangsbestimmungen §§ 17, 19; Zuständigkeit des Reichsgerichts im Falle der §§ 1, 3; vgl. § 18.

[3] Eine teils im Inland, teils im Ausland begangene Tat ist Inlandsdelikt; vgl. oben S. 287, Anm. 3, 8; näher oben S. 105.

[4] Geschichte: Aus Anlaß der Ermordung Rathenaus ergingen zunächst Verordnungen des Reichspräsidenten v. 26. und 29. Juni 1922 (RGBl. I, 521, 532). Es folgte das „Gesetz zum Schutze der Republik" v. 21. Juli 1922 (RGBl. I, 585), ein weit über das Ziel hinausschießendes Werk politischer Erregung (eingehende Kritik von mir im Hannoverischen Kurier, 16.—23. Aug. 1922, 4 Nummern). Das Gesetz, auf 5 Jahre erlassen, geändert durch Gesetze v. 31. März und 8. Juli 1926 (RGBl. I, 190, 397), dann durch Gesetz v. 2. Juni 1927 (RGBl. I, 125) um 2 Jahre verlängert, trat mangels Einigung über Erneuerung mit Ablauf der gesetzlichen Geltungsdauer außer Kraft.

An die Stelle trat das obige, sehr viel maßvollere Gesetz v. 1930. Es soll (§ 15) außer Kraft treten „mit dem Inkrafttreten des neuen allgemeinen deutschen StrGB. (?), spätestens aber am 31. Dez. 1932".

Da die künftige Entwicklung heute nicht übersehbar ist, gebe ich trotz dieser begrenzten Geltungsdauer oben im Text eine kurze inhaltliche Kennzeichnung.

Zum früheren Gesetz vgl. auch Strafr. II, 13; zeitliche Geltung daselbst II, 63, 65[3]; räumliche 75; Mordkomplott 414, 490.

3. Öffentlich oder in einer Versammlung erfolgende Beschimpfung bzw. Herabwürdigung der Republik, ihrer Farben und Flaggen (vgl. näher § 5 Nr. 1, 2).

4. § 5 Nr. 4: Öffentlich oder in einer Versammlung erfolgende Aufforderung „zu Gewalttätigkeiten gegen andere wegen ihrer politischen Betätigung", sowie nachträgliche Verherrlichung oder Billigung solcher Gewalttätigkeiten.

5. § 4: „Geheime oder staatsfeindliche Verbindungen (§§ 128, 129 StrGB.)". Vgl. dazu unten S. 374/76. Unter dieser Voraussetzung ist strafbar: § 4 Nr. 1: Teilnahme oder Unterstützung an Verbindungen, „die die Bestrebung verfolgen", die republikanische Staatsform des Reichs oder eines Landes „zu untergraben".

§ 4 Nr. 2: Wer sich einer Verbindung anschließt, „die selbst oder deren Mitglieder unbefugt Waffen besitzen". Vgl. dazu unten S. 376.

6. Über den Schutz der Republik und das politische Gebiet greift als allgemeine Strafvorschrift hinaus:

§ 1: Teilnahme oder Unterstützung „einer Verbindung oder Verabredung, die Verbrechen wider das Leben bezweckt oder als Mittel für andere Zwecke in Aussicht nimmt". Dazu § 2: Strafbarkeit unterlassener rechtzeitiger Anzeige im Falle des § 1. — Siehe dazu unten S. 376.

7. Strafbar ist auch Begehung im Ausland durch In- oder Ausländer (§ 7). Über Nebenstrafen vgl. § 6. Über Auflösung von Versammlungen und Vereinen sowie über Beschlagnahme und Verbot von Druckschriften §§ 8—14[1].

III. **„Bekämpfung politischer Ausschreitungen".** Unter diesem Titel ergingen auf Grund Verfassung Art. 48 Verordnungen des Reichspräsidenten vom 28. März, 17. Juli (Fassung vom 10. August) und 6. Oktober 1931. Es folgten weitere Verordnungen vom 8. Dezember 1931, 17. März und 13. April 1932.

Die neuesten Verordnungen „gegen politische Ausschreitungen" sind vom 14. Juni 1932 (RGBl. I, 297), 28. Juni 1932 (RGBl. I, 339) und 9. Aug. 1932 (RGBl. I, 403 ff., politischer Terror; Sondergerichte). Sie haben die früheren zum erheblichen Teil außer Kraft gesetzt. Bei dem dauernden Wechsel auf diesem Gebiet muß ich auf inhaltliche Darstellung verzichten.

§ 78. Sonstige politische Verbrechen.

Zu den politischen Verbrechen[2] gehören außer den bereits behandelten, unmittelbar gegen Bestand und Sicherheit des Staates gerichteten

---

[1] Eingehende Bearbeitung des Republikschutzgesetzes (von Schneidewin) vgl. Stenglein, Nebengesetze, 5. Aufl., Bd. II, 1931, S. 877 ff.

[2] So die Begriffsbestimmung des politischen Delikts im Auslieferungsgesetz v. 23. Dez. 1929 (RGBl. I, 239) § 3 Abs. 2. (Über die dort ferner erwähnten Taten „gegen die guten Beziehungen zum Ausland" vgl. oben S. 289.)

und den Angriffen auf das Staatshaupt oder Regierungsmitglieder als solche[1], weiter die Verbrechen gegen verfassungsmäßige Körperschaften und gegen das staatsbürgerliche Wahl- und Stimmrecht. Sie sind an dieser Stelle zu betrachten.

I. **Schutz politischer Körperschaften.** Strafbar ist: 1. Zwang gegen gesetzgebende Versammlungen: „Wer es unternimmt[2], den Senat oder die Bürgerschaft einer der freien Hansestädte, eine gesetzgebende Versammlung des Reichs[3] oder eines Bundesstaats auseinanderzusprengen[4], zur Fassung oder Unterlassung von Beschlüssen zu nötigen[5] oder Mitglieder aus ihnen gewaltsam zu entfernen“[6] (StrGB. § 105)[7].

2. Hinderung von Mitgliedern: Wer „ein Mitglied“ obiger Versammlungen „durch Gewalt oder durch Bedrohung mit einer strafbaren Handlung verhindert, sich an den Ort der Versammlung zu begeben oder zu stimmen“ (StrGB. § 106)[8].

3. Als vorbeugende Ergänzung erscheint hier heute das Gesetz über die Befriedung der Gebäude des Reichstags und der Landtage vom 8. Mai 1920 (RGBl. I, 909). Strafvorschriften vgl. §§ 3, 4.

4. Über Beleidigung gesetzgebender Versammlungen (StrGB. § 197) vgl. oben S. 218, Anm. 3.

[1] Der Schutz des monarchischen Staatshaupts gegen Hochverrat und Majestätsbeleidigung (StrGB. §§ 94—101) ist durch die Veränderung unserer Staatsform gegenstandslos geworden. Vgl. dazu betr. Hochverrat oben S. 281. Über Angriffe auf den Reichspräsidenten und Regierungsmitglieder (Republikschutzgesetz) vgl. oben S. 292.

[2] Der Begriff des Unternehmens umfaßt Versuch und Vollendung; vgl. oben S. 155 (betr. Hochverrat oben S. 282) zu § 105: E. 63, 325.

[3] Früher Bundesrat und Reichstag, heute Reichsrat und Reichstag. Und zwar der Reichsrat, weil er auch Funktionen der Gesetzgebung hat (vgl. Verf. Art. 60, 69, 74). Dies erklärte beim Bundesrat mit Recht für entscheidend RG. E. 7, 382. Im Ergebnis ebenso überwiegend die Literatur. Die Erwähnung des Senats und der Bürgerschaft der Hansestädte im Gesetz ist deshalb entbehrlich.

[4] Also die Versammlung durch Gewalt oder Drohung mit Gewalt zum Auseinandergehen zu nötigen; so auch Ebermayer, Leipz. Komm.

[5] Vgl. dazu E. 58, 78: für § 105 genügt hier „widerrechtlicher Zwang aller Art“.

Verfolgt die Tat des § 105 den Zweck gewaltsamer Verfassungsänderung, so liegt evtl. Idealkonkurrenz mit Hochverrat vor. (Ebermayer und Olshausen nehmen Subsidiarität von § 105 an.)

[6] Objektiv rechtmäßig ist gewaltsame Entfernung auf Grund der Geschäftsordnung; vgl. E. 47, 276.

[7] Strafe: Zuchthaus oder Festungshaft nicht unter 5 Jahren, bei mildernden Umständen Festung nicht unter 1 Jahr.

[8] Strafe: Zuchthaus oder Festungshaft bis 5 Jahre, bei mildernden Umständen Festung bis 2 Jahre. Amtsdelikt § 339 Abs. 3; vgl. unten S. 315.

Eine heute empfindliche Lücke unseres Rechts ist es, daß Strafschutz gegen (aktive und passive) Bestechung von Mitgliedern politischer Körperschaften fehlt, vgl. unten S. 311 Anm. 2.

5. Über den obigen Schutz politischer Körperschaften (§§ 105, 106) hinaus greift der durch Gesetz vom 23. Mai 1923 (RGBl. I, 296)[1] geschaffene § 107a StrGB., gerichtet gegen Verhinderung oder Sprengung „nichtverbotener Versammlungen, Aufzüge oder Kundgebungen"[2].

II. **Schutz des staatsbürgerlichen Wahl- und Stimmrechts.** Strafbar ist hier: 1. Wahlhinderung: „Wer einen Deutschen durch Gewalt oder durch Bedrohung mit einer strafbaren Handlung verhindert, in Ausübung seiner staatsbürgerlichen Rechte[3] zu wählen oder zu stimmen"[4] (StrGB. § 107)[5].

2. Wahlfälschung: „Wer in einer öffentlichen Angelegenheit[6] ... ein unrichtiges Ergebnis der Wahlhandlung[7] vorsätzlich herbeiführt oder das Ergebnis verfälscht[8]" (StrGB. § 108)[9].

[1] Gesetz z. Änderung d. StrGB.; einziger Artikel. Strafe: Gefängnis bzw. Geldstrafe.

[2] Nach Abs. 1 ist strafbar, wer solche Versammlungen usw. „mit Gewalt oder durch Bedrohung mit einem Verbrechen verhindert oder sprengt". — Nach Abs. 2, wer „in" solchen Versammlungen usw. „Gewalttätigkeiten in der Absicht begeht, die Versammlung usw. zu sprengen". Betr. Gewalt vgl. E. 64, 116 (körperliche äußere Kraft, die körperlich, nicht bloß seelisch als Zwang empfunden wird; also auch vis compulsiva, aber nicht Drohung).

[3] Der Ausdruck umfaßt die Wahlen in Staat, Staatsbezirken und Gemeinden; vgl. näher E. 7, 223ff., eingehend E. 41, 121ff.; neuerdings E. 64, 303. — Betr. Zulässigkeit von Landesrecht gegen Mißbrauch kirchlicher Amtsgewalt vgl. E. 39, 149ff. — „Verhinderung" ist auch der Zwang zur Wahl eines anderen Kandidaten; vgl. E. 48, 72.

[4] § 107 schützt die Willensfreiheit des Wählers, § 108 die Richtigkeit des Wahlergebnisses. Daher Idealkonkurrenz möglich; vgl. E. 63, 387.

[5] Strafe: Gefängnis nicht unter 6 Monaten oder Festungshaft bis 5 Jahre. Der Versuch ist strafbar. Amtsdelikt § 339 Abs. 3, unten § 82, II, 2.

[6] Diese Vorschrift greift über § 107 (oben Anm. 3) hinaus. Sie umfaßt auch die Wahlen für öffentlich-rechtliche Körperschaften. Vgl. E. 64, 303 (die „gleich dem Staat für das gemeine Wohl" zu wirken haben; hier: Betriebsratswahl der Reichsbahn); E. 41, 128ff. (Krankenkassen). Auch Kirchenwahlen: E. 41, 127 (als Körperschaften öffentlichen Rechts). So auch heute (Verf. Art. 137 Abs. 5); vgl. auch Frank, Ebermayer.

[7] Vgl. dazu E. 63, 383; E. 62, 6 (Volksentscheid).

[8] Vgl. dazu E. 56, 389 (und dort zitierte): Das Wahlergebnis liegt vor, sobald die Wahl selbst beendet ist (noch vor Ermittlung und Feststellung). Dies Ergebnis ist „unrichtig" (gefälscht)— vgl. E. 63, 386 —, „wenn das tatsächlich herbeigeführte Stimmenverhältnis bei ordnungsmäßiger Wahl ein anderes gewesen wäre (Beispiel: Zulassung Unberechtigter oder Zurückweisung Berechtigter). Es ist verfälscht, wenn an Stelle des tatsächlichen Stimmenverhältnisses ein anderes gesetzt wird (Beispiel: Nichtzählung oder doppelte Zählung von Stimmen).

[9] Strafe (vgl. Abs. 2/3): Gefängnis bis 2 Jahre, evtl. Aberkennung der bürgerlichen Ehrenrechte. Höhere Strafe (Gefängnis von 1—3 Jahre) trifft nach Abs. 1 den, der „mit der Sammlung von Wahl- oder Stimmzetteln oder -zeichen oder mit der Führung der Beurkundungshandlung beauftragt" war; vgl. dazu E. 56, 389.

3. Wahlbestechung: „Wer in einer öffentlichen Angelegenheit[1] eine Wahlstimme kauft oder verkauft" (StrGB. § 109)[2].

Kapitel II.
Verbrechen gegen die Staatsgewalt.

§ 79. Widerstand, Nötigung, Aufruhr, Auflauf.

I. **Widerstand**[3]: 1. Gegen Vollstreckungsbeamte (StrGB. § 113, Abs. 1, 2): Strafbar ist[4], wer einem Vollstreckungsbeamten[5] „in der rechtmäßigen Ausübung seines Amtes durch Gewalt oder durch Bedrohung mit Gewalt Widerstand leistet oder wer einen solchen Beamten während der rechtmäßigen Ausübung seines Amtes tätlich angreift".

a) Rechtmäßig ist die Amtsausübung, wenn sie innerhalb der Zuständigkeit des Beamten liegt[6] und im Einzelfalle auf Grund pflichtmäßigen Ermessens erfolgt[7], auch wenn sich

---

[1] Vgl. oben S. 295, Anm. 6.

[2] Dazu E. 48, 70: Der nicht juristische Ausdruck ist nach dem Zweck des Gesetzes auszulegen, dahin, „daß niemand für wirtschaftliche Vorteile sich sein freies Wahlrecht beschränken lassen darf". Daher fällt auch das Versprechen der Wahlenthaltung unter § 109; vgl. ferner insbes. E. 47, 71 (und dort zitierte). Die Vollendung tritt mit der Willenseinigung ein; E. 17, 296.

Strafe: Gefängnis von 1 Monat bis 2 Jahre; daneben evtl. Ehrverlust.

[3] Zur Geschichte: Der Tatbestand des Widerstands gegen die Staatsgewalt hat sich als selbständiges Delikt erst in neuerer Zeit entwickelt; vgl. Preuß. Landr. II, 20, § 166.

[4] Strafe: Gefängnis von 14 Tage bis 2 Jahre; bei mildernden Umständen bis zu 1 Jahr oder Geldstrafe.

[5] Das Gesetz sagt ausführlicher: „einem Beamten, welcher zur Vollstreckung von Gesetzen, von Befehlen und Anordnungen der Verwaltungsbehörden oder von Urteilen und Verfügungen der Gerichte berufen ist".

Über den Begriff des Beamten vgl. StrGB. § 359, unten S. 309ff. Vollstreckungsbeamter ist „ohne Unterschied jeder Beamte, der im einzelnen Falle, wo ihm Widerstand geleistet wird, durch sein Amt zur Vollstreckung des Staatswillens berufen ist und zu diesem Zwecke tätig wird"; vgl. E. 61, 298; dazu 41, 85. Im einzelnen bietet die Rechtsprechung des RG. reiche Kasuistik, zugleich betr. Rechtmäßigkeit der Amtsausübung (vgl. dazu die Register und die Kommentare).

[6] Dazu gehört — vgl. E. 59, 335 — a) abstrakte Zuständigkeit, d. h. die Handlung muß in den Geschäftskreis des Beamten fallen; b) konkrete, d. h. „das Vorhandensein von Tatsachen, von denen die rechtliche Zulässigkeit im Einzelfalle abhängt". Dahin gehören auch zwingende (nicht bloß instruktionelle) Formvorschriften; Beispiel: richterlicher Haftbefehl. Über Handeln auf Befehl vgl. dazu oben S. 125; näher Strafr. II, 262/63; über einzelne Amtsrechte oben S. 124, näher Strafr. II, 260/61.

[7] Vgl. oben S. 109, Anm. 5 (näher Strafr. II, 195). Dazu E. 61, 298 („pflichtmäßiges Ermessen"); ebenso E. 59, 335. Erläuterungen hier: „ohne pflichtwidriges

hinterher ergibt, daß die sachlichen Voraussetzungen nicht vorlagen[1].

b) Der „Widerstand" muß sich gegen die Durchführung der Amtshandlung richten[2]; beim „tätlichen Angriff" ist dies nicht erforderlich[3].

c) Zum Vorsatz genügt dolus eventualis[4]. Der Vorsatz erstreckt sich aber nach feststehender Rechtsprechung des RG. nicht auf das Merkmal der Rechtmäßigkeit der Amtsausübung; dieses ist hiernach vielmehr lediglich objektiv festzustellen[5].

2. „Dieselben Strafvorschriften treten ein" (vgl. StrGB. § 113 Abs. 3), „wenn die Handlung gegen Personen, welche zur Unterstützung des Beamten zugezogen waren[6], oder gegen Mannschaften der be-

---

Verschulden"; „entschuldbarer" Irrtum oder „nicht entschuldbarer". Schärfer gesagt: Es kommt darauf an, ob der Beamte fahrlässig pflichtwidrig handelte (dann rechtswidrig) oder schuldlos irrte.

Gegenüber pflichtwidriger Handlung ist Notwehr zulässig; vgl. RG., 10. Febr. 1922, Leipz. Z. 16, 133 („feststehende Rechtsprechung"). In den Fällen E. 22, 300, E. 25, 152 lag pflichtmäßige Handlung vor (deshalb keine Notwehr).

[1] Beispiele: Irrtümliche Festnahme eines Unschuldigen; vgl. auch E. 61, 298 (Irrtum hinsichtl. des Orts der Vollstreckung).

[2] Vgl. E. 13, 105; 28, 33. Und zwar mittels Gewalt oder Bedrohung mit Gewalt. Vgl. dazu betr. Gewalt oben S. 205, Anm. 5; 247, Anm. 9; über Drohung oben S. 115, III, 1.

Passiver Widerstand genügt, wenn seine Überwindung eine erheblich erhöhte Kraftaufwendung des Beamten forderte; vgl. E. 2, 412 (gewaltsames gegen den Boden Stemmen).

[3] Es genügt hier vielmehr, daß der Amtsausübung dadurch „tatsächlich ein Hindernis erwächst"; vgl. E. 13, 105; 28, 98. — „Tätlicher Angriff" erfordert „eine in feindlicher Willensrichtung unmittelbar auf den Körper eines anderen zielende Einwirkung, ohne Rücksicht auf ihren Erfolg"; Berührung des Körpers ist nicht erforderlich; E. 59, 265; 41, 182; auch Einsperren, vgl. E. 28, 33; 41, 182; Verfolgung eines Flüchtigen zwecks Mißhandlung, E. 59, 265.

Hinsichtlich „Widerstand" bzw. „Angriff" ist alternative Feststellung zulässig; vgl. oben S. 73. Dagegen aber RG. E. 28, 98.

[4] Vgl. E. 47, 279/80.

[5] Vgl. E. 61, 298; 60, 342; 55, 166 (Bedingung der Strafbarkeit); 47, 80 usw. Dagegen fordert ein bedeutender Teil der Literatur (z. B. v. Liszt, Frank) zum Vorsatz das Bewußtsein der Rechtsmäßigkeit der Amtsausübung (weil rechtmäßig Tatbestandsmerkmal). Kritik: Dieser Schluß ist dogmatisch nicht zwingend und bedeutet praktisch einen völlig ungenügenden Schutz der gefährdeten Vollstreckungsbeamten. Von meinem Standpunkt muß nach allgemeinen Grundsätzen Freisprechung bei schuldlosem Rechtsirrtum eintreten; vgl. oben S. 141, eingehend Strafr. II, 337ff. Grund: Stände das Wort „rechtmäßig" nicht im Tatbestand, so wäre nach Sinn und Zweck des Gesetzes doch nur die rechtmäßige (pflichtmäßige) Amtshandlung geschützt. Die Hervorhebung hat also hier nur prozessuale Bedeutung; vgl. oben S. 113, Anm. 13; 140, Anm. 2; Strafr. II, 199.

[6] Über die Frage, wen der Beamte bei Bedarf derart zuzieht, entscheidet mangels gesetzlicher Regelung pflichtmäßiges Ermessen; vgl. E. 25, 253.

waffneten Macht[1], oder gegen Mannschaften einer Gemeinde-, Schutz- oder Bürgerwehr in Ausübung des Dienstes[2] begangen wird."

3. Forstwiderstand[3]: Mit höherer Strafe[4] bedroht das Gesetz (§§ 117—119) den Widerstand bzw. tätlichen Angriff gegenüber „einem Forst- oder Jagdbeamten, einem Waldeigentümer, Forst-[5] oder Jagdberechtigten[6], oder einem von diesen bestellten Aufseher[7] in der rechtmäßigen Ausübung seines Amtes oder Rechtes", also beim Forst- bzw. Jagdschutz[8]. Der Tatbestand entspricht im übri-

[1] D. h. bei Soldaten: in Ausübung ihres militärischen Dienstes; daß dieser außerdem eine besondere staatliche Aufgabe erfüllen soll, ist nicht erforderlich; vgl. E. 13, 105.

[2] Auch § 113 Abs. 3 erfordert (gemäß Abs. 1) Ausübung rechtmäßigen Dienstes; vgl. E. 11, 176 (Gendarm).

[3] Die §§ 117—119 StrGB. stammen aus dem Preuß. Gesetz v. 31. März 1837. Grund des erhöhten Schutzes ist die gefährdete Stellung dieser Personen, die regelmäßig fern von menschlicher Hilfe Angriffen besonders ausgesetzt sind.

Vgl. dazu betr. § 117: v. Hippel, in Festschrift f. d. Hochschule Münden, 1924, S. 23/25 (auch abgedruckt in Allg. Forst- u. Jagdzeitung, 1924, S. 71/73).

[4] Nach § 117: Gefängnis von 14 Tagen bis 3 Jahre, bei mildernden Umständen Gefängnis bis 1 Jahr.

Wenn die Tat „unter Drohung mit Schießgewehr (gleichgültig, ob geladen, vgl. E. 9, 178), Äxten oder anderen gefährlichen Werkzeugen" (vgl. oben S. 196, Anm. 2) erfolgte, Gefängnis nicht unter 3 Monaten, bei mildernden Umständen nicht unter 1 Monat (vgl. dazu über „Drohung" oben S. 115, III, 1).

Weitere Strafschärfungen § 118: Bei Verursachung einer Körperverletzung des Angegriffenen: Zuchthaus bis 10 Jahre, bei mildernden Umständen Gefängnis nicht unter 3 Monate. (Also durch den Erfolg qualifiziertes Delikt, vgl. oben S. 148, V.)

§ 119: Bei Begehung „von mehreren gemeinschaftlich" (d. h. bei Mittäterschaft, vgl. E. 28, 98) ist Straferhöhung um die Hälfte des angedrohten Höchstbetrages (bei Gefängnis jedoch nicht über 5 Jahre) zulässig.

[5] „Forstberechtigter" ist nach RG. E. 57, 80 auch, „wer zufolge formloser Vereinbarung mit einem Waldeigentümer die persönliche Nutzung eines Waldteils hat". — Ferner dinglich Berechtigte.

[6] Also insbes. auch Jagdpächter. Desgleichen die mit gültiger Jagderlaubnis des Jagdberechtigten versehenen Personen. Formloser Vertrag genügt mangels anderweiter Bestimmung; vgl. E. 57, 78.

[7] Also insbes. auch Privatjagdaufseher; vgl. E. 22, 302. Es genügt formloser Vertrag mit dem Jagdberechtigten, auch bei Übernahme des Jagdschutzes aus Gefälligkeit ohne Vergütung; E. 57, 80. — Ein staatlicher Förster in Preußen hat als solcher kein Recht zur Bestellung eines Aufsehers mit Wirkung des § 117 StrGB.; vgl. E. 60, 276.

[8] Nicht in Ausübung sonstigen bloßen Privatrechts. Vgl. näher RG. E. 2, 170; 3, 14; 20, 160. So auch die herrschende Ansicht.

Der Forst- bzw. Jagdschutz umfaßt das Recht zur Anhaltung des betroffenen Verdächtigen und Ablieferung an die Behörde (E. 22, 302; 35, 404; 46, 348). Damit selbstverständlich auch das Recht zur Entwaffnung als dem notwendigen Mittel der Durchführung (E. 35, 404 stützt dies auf Notwehr, vgl. aber auch E. 8, 289). Beseitigt ist das frühere landesrechtliche „Pfändungsrecht" durch EinfGes. BGB. Art. 89; vgl. E. 34, 155.

gen[1] dem § 113 StrGB. Der Schutz des § 117 greift auch dann durch, wenn der Berechtigte Handlungen vornimmt, zu denen jedermann befugt ist[2].

4. Konkurrenz: § 117 schließt als das spezielle Gesetz die §§ 113/14 aus; ebenso schließt § 113 den § 114 aus; die Vergehen der §§ 240/41 werden durch die §§ 113, 114, 117 ausgeschlossen[3]; § 115 schließt die §§ 113/14 aus.

II. **Nötigung** (StrGB. § 114). Strafbar ist[4], „wer es unternimmt[5], durch Gewalt oder Drohung eine Behörde oder einen Beamten[6] zur Vornahme oder Unterlassung einer Amtshandlung[7] zu nötigen".

Vgl. dazu über Begriff und Mittel der Nötigung oben S. 205[8]. Der Vorsatz bezieht sich in § 114 auf diejenigen sachlichen Umstände, die den Begriff des Beamten bzw. der Amtshandlung begründen, nicht aber auf die Einsicht in diese Rechtsbegriffe selbst[9].

---

[1] Also betr. Widerstand, Angriff, Rechtmäßigkeit; vgl. oben. — Zum Vorsatz fordert aber hier das RG. (E. 20, 156; 27, 70) bei Widerstand gegen Privatpersonen dolus eventualis des Täters hinsichtlich der Rechtmäßigkeit des Auftretens jener; ebenso überwiegend die Literatur. Ich halte das für verfehlt. Denn die Gefahrlage und damit das Schutzbedürfnis ist genau dieselbe wie beim Beamten, die Fassung des Gesetzes daher auch — mit Recht — für alle Fälle die gleiche.

[2] Insbes. Notwehr, vorläufige Festnahme nach StrPO. § 127; vgl. E. 21, 10: 57, 80.

[3] Vgl. dazu E. 31, 3; 34, 113; 56, 336.

[4] Strafe: Gefängnis nicht unter 3 Monate, bei mildernden Umständen Gefängnis oder Geldstrafe.

[5] Der Begriff umfaßt Versuch und Vollendung; vgl. oben S. 155; zu § 114 insbes. E. 63, 325. Daher untauglicher Versuch, wenn der Drohende eine untaugliche Drohung für geeignet hielt; E. 56, 226.

[6] „Beamter": vgl. StrGB. § 359, unten S. 309 ff. — Die Erwähnung der „Behörde" erweitert den Schutz hier insbes. auf Fälle, in denen Laien allein oder mit Beamten zusammenwirken. Behörde ist ein ständiges Organ zur Erfüllung staatlicher Aufgaben; vgl. E. 56, 226; 40, 161. — Behörden sind z. B. auch die Universitäten und deren Fakultäten; vgl. E. 17, 208 (für Preußen und Rostock).

[7] D. h. eine Handlung, „die vermöge ihres Amtes kraft und innerhalb ihrer örtlichen und sachlichen Zuständigkeit vorzunehmen" ist; E. 56, 22 (daher im allgemeinen nicht Amtsniederlegung; hier aber wohl, angesichts des Zwecks der Verhinderung von Amtshandlungen). Gleichgültig ist es, ob die betr. Amtshandlung als solche rechtmäßig ist oder nicht; E. 60, 343.

[8] Eine Beschwerde als an sich erlaubtes Mittel fällt unter § 114 nur, soweit damit nicht nur anderweite sachliche Entscheidung des Falles, sondern darüber hinausgehend Zufügung von Nachteilen für den Bamten persönlich bzw. für die dienstlichen Interessen erstrebt wird; vgl. E. 60, 343. — Auch im übrigen wird (wie bei der Erpressung oben S. 262, Anm. 8) die Androhung verkehrsmäßiger Übel auszuscheiden sein; vgl. Frank, § 114 III 2, und dazu Schaffstein, Jur. Wochenschr. 61, 1932, S. 882.

[9] Also Komplexbegriffe; vgl. oben S. 138. E. 56, 22 nimmt hier unbeachtlichen Strafrechtsirrtum an. Siehe dagegen oben S. 140, Anm. 10.

III. **Aufruhr** (StrGB. § 115)[1]. Strafbar ist, „wer an einer öffentlichen Zusammenrottung, bei welcher eine der in den §§ 113 und 114 bezeichneten Handlungen mit vereinten Kräften begangen wird, teilnimmt[2]." Erhöhte Strafe (Abs. 2) trifft die „Rädelsführer, sowie diejenigen Aufrührer, welche eine der in den §§ 113 und 114 bezeichneten Handlungen begehen"[3].

Der Aufruhr erfordert also Widerstand bzw. Nötigung von Beamten (§§ 113/114)[4] bei einer „öffentlichen Zusammenrottung"[5]. Strafbar ist dann bereits die Teilnahme an der Zusammenrottung; dazu unten S. 355/56 (Landfriedensbruch)[6].

IV. **Auflauf** (StrGB. § 116). Das Delikt setzt eine auf öffentlichen Wegen, Straßen oder Plätzen versammelte Menschenmenge" voraus[7]. Strafbar[8] ist dann „jeder der Versammelten", der sich nach dreimaliger Aufforderung[9] des „zuständigen Beamten[10] oder Befehlshabers der bewaffneten Macht ... nicht entfernt"[11]. Zum Vorsatz gehört Kenntnis der dreimaligen Aufforderung[12].

---

[1] Geschichte: Der Begriff des Aufruhrs findet sich, wenn auch nicht in derart scharfer Umgrenzung, im römischen (seditio; MOMMSEN, S. 562) wie im deutschen Recht (vgl. Strafr. I, 185; HIS, Strafr., 1928, S. 117). Die Carolina bringt reichsrechtliche Regelung (Art. 127: Strafbar, wer „geverliche, fürsetzliche und boßhafftige Auffruren des gemeinen volcks wider die oberkeyt macht"). Vgl. dann insbes. Preuß. Landrecht II, 20, §§ 167—175.

[2] Strafe: Gefängnis nicht unter 6 Monaten.

[3] Zuchthaus bis 10 Jahre, daneben evtl. Polizeiaufsicht; bei mildernden Umständen Gefängnis nicht unter 6 Monaten.

[4] Bzw. einer Behörde (§ 114); oben S. 299, Anm. 6. Hinsichtl. §§ 113/14 ist alternative Feststellung zulässig; vgl. E. 54, 324; dazu oben S. 73.

[5] „Zusammenrottung" ist „jede räumliche Vereinigung mehrerer in der erkennbaren Absicht, gemeinschaftlich ungesetzliche Handlungen zu begehen"; vgl. E. 53, 305; auch E. 54, 89, 56, 281. Unten S. 307, Anm. 3.

Die Zusammenrottung ist „öffentlich" bei Möglichkeit der Teilnahme einer nach Zahl und Person unbestimmten Mehrheit; vgl. E. 21, 370.

[6] Zwischen den §§ 115 und 125 besteht evtl. Idealkonkurrenz; vgl. E. 29, 11.— Die §§ 113/14 werden durch § 115 ausgeschlossen.

[7] Es kommt also hier, im Gegensatz zu § 115 (vgl. oben), auf die Öffentlichkeit des Orts der Versammlung an; vgl. E. 21, 370 (hier bejaht für einen im Privateigentum befindlichen, aber dem Publikum offenstehenden Wirtschaftsgarten). Über „Menschenmenge" vgl. unten S. 302, Anm. 4; § 87, I.

Rechtswidriger Zweck der Versammlung ist nicht erforderlich. Treffend kennzeichnet FRANK den § 116 als Unterlassungsdelikt, dessen Strafbarkeit in der Gefahr begründet ist, daß aus der „Versammlung" eine „Zusammenrottung" wird.

[8] Strafe: Gefängnis bis 3 Monate oder Geldstrafe.

[9] Die Aufforderung muß an die versammelte Menge (nicht an einzelne Ungehorsame) gerichtet sein; E. 12, 427.

[10] Die Zuständigkeit bestimmt sich nach Reichs- und Landesrecht. Anerkannt für Polizeibeamte (Schutzleute) in E. 12, 427.

[11] Auch wenn die Menge überwiegend Folge geleistet hat und nur noch einzelne Ungehorsame zurückbleiben; E. 12, 427. — Straflos ist, wer sich nicht entfernen kann. Denn die Strafbarkeit der Unterlassung fordert Möglichkeit des Handelns.

[12] Sie ist auch dann gegeben, wenn der Täter die Aufforderung nicht hörte, aber davon erfuhr; E. 21, 154 (hier durch den Beamten).

„Ist bei einem Auflauf gegen die Beamten oder gegen die bewaffnete Macht[1] mit vereinten Kräften tätlich Widerstand geleistet oder Gewalt verübt worden", so trifft jeden Teilnehmer an diesen Handlungen die Strafe des Aufruhrs (§ 116 Abs. 2).

§ 80. Sonstige Verbrechen gegen die Staatsgewalt.

I. **Staatsverleumdung**[2] (StrGB. § 131): „Wer erdichtete oder entstellte Tatsachen, wissend, daß sie erdichtet oder entstellt sind, öffentlich behauptet oder verbreitet, um dadurch Staatseinrichtungen oder Anordnungen der Obrigkeit verächtlich zu machen"[3].

Der übliche Ausdruck „Staatsverleumdung" ist treffend; denn es handelt sich auch hier, wie bei der Verleumdung des StrGB. § 187 (oben S. 213), um die Behauptung oder Verbreitung unwahrer Tatsachen wider besseres Wissen[4]. Objektiv müssen diese Tatsachen, wie bei § 187, geeignet sein[5], verächtlich zu machen und sie müssen öffentlich[6] behauptet bzw. verbreitet sein.

Zum Vorsatz („wissend") gehört, wie bei § 187, dolus directus. Darüber hinaus ist die Staatsverleumdung Absichtsdelikt[7]: Zweck des Täters muß es sein, durch seine Kundgebung „Staatseinrichtungen[8]

---

[1] Vgl. oben S. 298, Anm. 1.

[2] Vgl. dazu eingehend v. Hippel, V. D., Bes. Teil II, 1906, S. 68—88. Dort auch über das Bedürfnis nach Ausdehnung, gerade heute wichtig.

Der Tatbestand schließt (einschränkend) an das Preußische Recht an; vgl. Landrecht II, 20, § 151; dann StrGB. 1851, § 101. — Versuche der Erweiterung (1875/76, 1894) scheiterten.

[3] Strafe: Geldstrafe oder Gefängnis bis 2 Jahre.

[4] Vgl. näher V. D. a. a. O., S. 73/74. Der Begriff der Tatsache ist der gleiche wie bei Beleidigung (vgl. oben S. 213, Anm. 1); so ausdrücklich auch E. 41, 193: hier mit Recht verneint für einen Zeitungsbericht mit erkennbar erdichtetem Inhalt (solche „freie Erfindung" kann sehr wohl bestimmt sein, verächtlich zu machen, aber sie bildet als „persönliche Meinung und abfällige Beurteilung den Gegensatz zum Tatsachenbegriff"); vgl. ferner E. 24, 300, 387; E. 16, 368; siehe auch oben S. 256.

„Entstellung" von Tatsachen ist selbstverständlich auch durch Verschweigen wesentlicher Momente möglich; E. 4, 297. Dazu oben S. 257, Anm. 1.

[5] Vgl. näher V. D. a. a. O.; streitig. Unsicher das RG. Dafür: E. 1, 161; R 3, 147; vgl. auch E. 41, 194; dagegen R. 4, 233 (Absicht genügt).

[6] D. h. wahrnehmbar für einen größeren, individuell nicht bestimmten Personenkreis. (Teilweise bestritten beim „Verbreiten"; vgl. näher V. D. a. a. O.)

[7] „Um — zu", also Absicht im technischen Sinne, d. h. erstrebter Zweck (Endzweck und Mittel dafür). Herrschende Ansicht; so auch RG. R. 3, 147 (unrichtig aber hier das Wort dolus eventualis); dazu oben S. 136, Nr. 2, c.

[8] D. h. „die bleibenden, dauernden Bestandteile der Verfassung und Verwaltung"; E. 22, 253; vgl. auch E. 29, 318.

Beispiele: E. 29, 318: Der Reichstag (aber nicht ein einzelner Beschluß). — E. 30, 263: Der Staat und seine gesamten Einrichtungen. — E. 22, 253: Ehe, Familie und Eigentum als staatlich geregelte Rechtsinstitute (aber nicht sonst oder Anordnungen der Obrigkeit[1] verächtlich[2] zu machen". Geschützt sind dabei alle inländischen Einrichtungen und Anordnungen[3].

II. **Strafbare Aufforderungen**: 1. Grundlegend sind hier §§ 110/11 StrGB.; dazu tritt die Sondervorschrift des § 112.

Die §§ 110/11 stellen die öffentliche[4] Aufforderung[5] zu näher bestimmtem, gesetzwidrigem Verhalten unter Strafe, und zwar ohne Rücksicht auf den Erfolg, als selbständiges Delikt[6].

2. Nach § 110 ist strafbar[7], wer in der bezeichneten Weise „zum Ungehorsam gegen Gesetze oder rechtsgültige Verordnungen oder gegen die von der Obrigkeit innerhalb ihrer Zuständigkeit getroffenen Anordnungen auffordert". Es handelt sich also hier um Aufforderung zur grundsätzlichen Auflehnung gegen einen bestimmten Willensakt des

---

allgemein). — Nicht „die Regierung" in abstracto; E. 29, 318. — Nicht einzelne angebliche Pflichtverletzungen staatlicher Organe; E. 30, 263.

Wesentlich im gleichen Sinne die Literatur mit Abweichungen im einzelnen vgl. V. D. a. a. O. S. 75/76.

[1] D. h. nach außen eingreifende, nicht lediglich innere Dienstanweisungen; E. 23, 151. — Auch solche für den Einzelfall, E. 4, 297; R. 8, 109; auch Gesetze; E. 24, 318; 21, 394. — Nicht: vergangene Anordnungen von lediglich historischem Interesse; E. 16, 368; ebensowenig erdichtete oder reine Unterlassungem E. 30, 263.

Die Literatur zeigt Meinungsverschiedenheiten; vgl. näher V. D. a. a. O. S. 76/77.

[2] D. h. in ihrem sittlichen Werte anzugreifen, also aus sittlich verwerflichen Motiven hervorgegangen oder zu sittlich verwerflichen Zwecken dienend bzw. bestimmt hinzustellen; vgl. E. 1, 161; wesentlich übereinstimmend die Literatur; vgl. D. V. a. a. O.

[3] Vgl. E. 21, 394 (auch einzelstaatliche, ohne Rücksicht auf den Begehungsort).

[4] Genauer: Strafbar ist, „wer öffentlich vor einer Menschenmenge oder wer durch Verbreitung oder öffentlichen Anschlag oder öffentliche Ausstellung von Schriften oder anderen Darstellungen . . . auffordert". In dieser Öffentlichkeit liegt zugleich das Gemeingefährliche der Tat; so mit Recht v. Liszt.

Die Fassung entspricht wörtlich der des § 85 (Aufforderung zum Hochverrat); vgl. darüber näher oben S. 282/83.

Dazu betr. „Menschenmenge" (zu § 110) E. 40, 76: „Größere Anzahl, Vielheit von Menschen." (Nicht erforderlich, daß diese ungeordnet, zusammengewürfelt ist; Beispiel: Besucher eines Theaters. Ebensowenig maßgebend, daß Feststellung der Zahl längere Zeit erfordert, weil dies von der Beobachtungsgabe und der Ordnung der Menge abhängt.)

„Vor" einer Menschenmenge, d. h. für sie wahrnehmbar, erfolgen heute insbes. auch die Ansprachen durch Lautsprecher (Radio).

[5] Zum Begriff des Aufforderns vgl. näher oben S. 169. — Dazu (betr. § 110) E. 63, 172: Aufforderung eine Kundgebung, „die den Willen des Auffordernden erkennbar macht, daß von dem anderen ein bestimmt bezeichnetes Tun oder Lassen gefordert wird"; vgl. ferner unten S. 303, Anm. 7.

[6] Vgl. auch v. Liszt; v. Liszt-Schmidt. — Daher z. B. evtl. Idealkonkurrenz mit Anstiftung (vgl. Strafr. II, 406[7]); Strafbarkeit Dritter wegen Teilnahme nach allgemeinen Grundsätzen usw.

[7] Strafe: Geldstrafe oder Gefängnis bis 2 Jahre.

Staates, nicht lediglich zum Ungehorsam dagegen in Einzelfällen[1]. Entscheidend dafür ist der Wille des Auffordernden, nicht der des Aufgeforderten[2].

3. Die entsprechende Aufforderung zum Ungehorsam in Einzelfällen stellt § 111 unter Strafe, wenn sie erfolgt „zur Begehung einer strafbaren Handlung“[3]. Die Strafe ist verschieden, je nachdem die Aufforderung Erfolg hatte[4] oder nicht[5].

4. Nach § 112 ist strafbar, „wer eine Person des Soldatenstandes[6] auffordert oder anreizt[7], dem Befehle des Oberen nicht Gehorsam

[1] Feststehende Rechtsprechung des RG.: Vgl. E. 65, 368 (Aufforderung zum Steuerstreik); so auch E. 64, 76; E. 65, 260 (hier aus obigem Grunde verneint); E. 63, 326; 59, 150; 58, 361; 54, 265 (Gegensatz: bloßes Streben nach Verbesserung unter Achtung des bestehenden Rechtszustandes); E. 50, 150. (Zweck: Schutz der staatlichen Autorität gegen Erschütterung ihrer Grundlagen.)

[2] Vgl. E. 59, 150 (gleichgültig daher auch, ob letzterer sich der Gesetzwidrigkeit bewußt war).

Im einzelnen ist hervorzuheben: a) Die Fassung „Gesetze usw. (Pluralis) ist sachlich bedeutungslos; E. 55, 102. — b) Obrigkeitliche „Anordnungen“ im Sinne des § 110 sind nur solche, die sich an irgendeinen Teil der Staatsbürger (nicht lediglich an unterstellte Beamte) richten. Deshalb bejaht in E. 63, 326 (Schulstreik), verneint in E. 65, 260 (Dienstanweisung eines Landrats). — c) Die Rechtsgültigkeit des Gesetzes usw. ist nach RG. E. 65, 364; 64, 76 („ständige Rechtsprechung“) lediglich objektiv festzustellen, der Vorsatz der Täter erstreckt sich nicht auf dies Merkmal. Also wie im Falle des § 113 StrGB.; vgl. dazu näher oben S. 297, Anm. 5. — d) Strafbar ist auch die Aufforderung zum Ungehorsam gegen bürgerlichrechtliche Gesetze; E. 54, 265. — e) Die Aufforderung braucht in den Fällen der §§ 110/11 nicht zur Kenntnis des Aufgeforderten gelangt zu sein; E. 58, 111, 198. — f) Zwischen §§ 110/11 besteht evtl. Idealkonkurrenz; E. 63, 326; 58, 361.

[3] Die Aufforderung muß die Art der strafbaren Handlung kennzeichnen (nicht ihre Durchführung im einzelnen); vgl. E. 65, 200 („Schlagt die Faschisten, wo Ihr sie trefft“; Aufforderung zur Kriegsdienstverweigerung).

Zum Vorsatz gehört die Kenntnis der Merkmale, die die Handlung zur strafbaren machen; gleichgültig ist Kenntnis der Strafbarkeit selbst (Komplexbegriff, vgl. oben S. 138). Ebenso im Ergebnis E. 40, 300, 363 (Strafrechtsirrtum; zur Kritik vgl. oben S. 140, Anm. 10). Dagegen teilweise die Literatur (Bewußtsein der Strafbarkeit); so z. B. v. Liszt; v. Liszt-Schmidt.

[4] In diesem Falle (bei Begehung des Delikts bzw. strafbaren Versuchs) Bestrafung „gleich dem Anstifter“. Kausalzusammenhang liegt vor, wenn die Aufforderung (adäquate) Bedingung des Erfolges war. So auch, wenn der Täter sie zwar nicht erfuhr, aber infolge der dadurch verursachten allgemeinen Aufregung entsprechend handelte; vgl. E. 57, 285.

[5] Geldstrafe oder Gefängnis bis zu 1 Jahr; jedoch nach Art und Maß keine schwerere Strafe als die auf die Handlung selbst angedrohte.

[6] „Sei es des Reichsheeres oder der Reichsmarine.“ Gegenstandslos ist heute die weitere Erwähnung der Personen des Beurlaubtenstandes (Dienstverweigerung).

Strafe: Gefängnis bis 2 Jahre.

[7] Zum Begriff des „Anreizens“ vgl. oben S. 169. — Schief ist es m. E., wenn E. 63, 172 meint, die „Aufforderung“ richte sich an den „Intellekt“, das „Anreizen“ an die „Leidenschaften“. In beiden Fällen kann das eine oder andere oder beides vorliegen; letzteres wird die Regel sein.

zu leisten". Die Kundgebung muß zur Kenntnis des Soldaten gelangt sein[1] und einen Befehl eines Vorgesetzten betreffen, der ein bestimmtes Tun oder Unterlassen fordert[2]. Zum Vorsatz genügt dolus eventualis[3]. Über Verleitung zur Desertion (StrGB. § 141) vgl. unten S. 307.

5. Sonstige strafbare Aufforderungen: Über StrGB. §§ 49a, 85 vgl. oben S. 170, 283. — Republikschutzgesetz oben S. 292/93. — Siehe ferner Sprengstoffgesetz, 1884, § 10, unten § 91, V. — Seemannsordnung, 1902, § 102; Preßgesetz, 1874, § 16, unten S. 273. Militär-StrGB. 1926, §§ 99/100.

Über Verherrlichung und Billigung begangener Verbrechen: Republikschutzgesetz, oben S. 292/93.

III. **Amtsanmaßung** (StrGB. § 132). Geschützt wird hier die öffentliche Amtsausübung gegen unbefugte Einmischung Dritter.

Strafbar ist[4], „wer unbefugt sich mit Ausübung eines öffentlichen Amtes befaßt oder eine Handlung vornimmt, welche nur kraft eines öffentlichen Amtes vorgenommen werden darf".

Im ersten Falle gebärdet sich der Täter unbefugt als Inhaber eines öffentlichen Amtes und gibt so seiner Tat den Anschein einer befugten Amtshandlung; im zweiten Falle maßt er sich als Privater unberechtigt Amtsbefugnisse an[5]. Zum Vorsatz gehört das Bewußtsein des Handelns ohne Befugnis[6].

IV. **Angriffe auf amtliche Kundgebungen und Hoheitszeichen.** 1. StrGB. § 134: Strafbar ist[7], „wer öffentlich angeschlagene Bekanntmachungen, Verordnungen, Befehle oder Anzeigen von Behörden[8] oder Beamten böswillig[9] abreißt, beschädigt oder verunstaltet".

2. StrGB. § 135: Geschützt werden hier die öffentlichen Zeichen der Autorität des Reichs[10] sowie die Hoheitszeichen eines Bundes-

---

[1] Vgl. E. 58, 198; 60, 166 (daß er sie begriff, ist nicht erforderlich).

[2] E. 58, 198.

[3] E. 58, 198. — Gleichgültig ist daher auch der weiterhin verfolgte Zweck (Absicht): E. 60, 166 (deshalb genügend, daß der Täter den Soldaten vorsätzlich in die Versuchung führt, Ungehorsam zu leisten, auch wenn er ihn nur „auf die Probe" stellen wollte).

[4] Strafe: Gefängnis bis 1 Jahr oder Geldstrafe.

[5] Wird dabei zugleich der Anschein befugter Amtsausübung erregt, so nimmt RG. ein Zusammentreffen beider Fälle an; vgl. E. 59, 295 („Verhör", Festnahme, Durchsuchung durch Privatdetektiv); vgl. auch E. 58, 175; 56, 156; 46, 183.

Täter kann auch ein Beamter sein, der sich unbefugt ein anderes Amt anmaßt oder in dessen Befugnisse eingreift; vgl. E. 58, 175; 56, 234.

Ein Teilnehmer, der sich selbst kein Amt anmaßt, ist Gehilfe (nicht Mittäter); E. 59, 81; 55, 266.

[6] Vgl. E. 59, 297; 56, 148. Dazu oben S. 220/21.

[7] Strafe: Geldstrafe oder Gefängnis bis 6 Monate. Zum Tatbestand vgl. E. 36, 183.

[8] Vgl. oben S. 299, Anm. 6. [9] Dazu oben S. 137.

[10] Gegenstandslos geworden sind die weiteren Worte „oder eines Bundesfürsten".

staats. Tatbestand und Strafe stimmen im übrigen wörtlich mit StrGB. § 103a überein; vgl. dazu oben S. 289[1]. Siehe ferner Republikschutzgesetz, oben S. 293, Nr. 3.

V. **Bruch amtlichen Gewahrsams.** 1. Verwahrungsbruch (StrGB. § 133): Strafbar ist[2] hier die vorsätzliche Beschädigung, Vernichtung oder Beiseiteschaffung[3] amtlich aufbewahrter[4] oder einem anderen (Beamten oder Dritten) „amtlich übergebener"[5] „Gegenstände"[6]. Die Annahme, zur Beiseiteschaffung berechtigt zu sein, schließt nach RG. den Vorsatz nicht aus[7].

2. Siegelbruch (StrGB. § 136). Strafbar ist[8], „wer unbefugt[9] ein amtliches Siegel, welches von einer Behörde oder einem Beamten angelegt ist[10], um Sachen zu verschließen, zu bezeichnen oder in Beschlag zu nehmen, vorsätzlich erbricht, ablöst oder beschädigt oder den durch ein solches Siegel bewirkten amtlichen Verschluß aufhebt"[11].

---

[1] Ferner E. 63, 286; 65, 355.

[2] Strafe: Gefängnis. Bei „gewinnsüchtiger Absicht" (Abs. 2) Gefängnis nicht unter 3 Monate, daneben Aberkennung der bürgerlichen Ehrenrechte zulässig. Nicht erforderlich ist die Absicht, daß der Gewinn dem Täter selbst zufalle; vgl. E. 56, 244.

[3] Nicht notwendig ist dafür Entfernung aus den amtlichen Geschäftsräumen; vgl. E. 57, 9 (Postamt). Wohl aber Beseitigung wider den Willen des Berechtigten; E. 56, 118 (Gegensatz: Herausgabe infolge Täuschung).

[4] „Welche sich zur amtlichen Aufbewahrung an einem dazu bestimmten Orte befinden." Also in amtlichem Gewahrsam; vgl. E. 57, 371; E. 56, 400 (Körperschaft des öffentlichen Rechts).

[5] D. h. auf Grund amtlicher Anordnung oder mit Rücksicht auf sein Amt; vgl. E. 43, 247.

[6] Das Gesetz sagt unnötig breit: „Eine Urkunde, ein Register, Akten oder einen sonstigen Gegenstand." Die ersten Worte sind also lediglich Beispiele, deren nähere Begriffsbestimmung damit praktisch gleichgültig ist. Vgl. z. B. E. 62, 206 (Steuerzeichen nur Wertzeichen, nicht Urkunden, deshalb § 133, nicht 348a); siehe daselbst auch betr. Teilnahme. Über sonstige Einzelfälle vgl. z. B. E. 59, 322, 326.

Gegenüber Diebstahl bzw. Unterschlagung besteht evtl. Idealkonkurrenz; E. 59, 175, 340. Über Idealkonkurrenz mit §§ 348², 354 vgl. E. 58, 334; zu § 274¹ unten S. 349, IV, 1.

[7] Vgl. E. 57, 372. Kritik: Hier haben die allgemeinen Grundsätze über Rechtsirrtum Platz zu greifen; vgl. oben S. 141.

[8] Strafe: Gefängnis bis 6 Monate oder Geldstrafe.

[9] D. h. vorsätzlich unbefugt; vgl. E. 56, 148; oben S. 304, Anm. 6.

[10] Rechtmäßigkeit der Amtsausübung im Einzelfalle ist hier (im Gegensatz zu StrGB. § 113) nicht erforderlich, sondern nur Befugnis zur Siegelanlage überhaupt und örtliche Zuständigkeit; vgl. E. 36, 157; 34, 398.

[11] Beispiel: E. 65, 133: Der Täter hat aus Unfug einen städtischen Feuermelder in Betrieb gesetzt unter Zerreißung des Fadens mit dem Siegel der Stadt. Hier zugleich Idealkonkurrenz mit StrGB. § 304.

Zwischen §§ 136/137 besteht evtl. Idealkonkurrenz; vgl. E. 48, 365.

3. Pfandbruch (StrGB. § 137). Bestraft wird hiernach[1], „wer Sachen[2], welche durch die zuständigen Behörden oder Beamten gepfändet[3] oder in Beschlag genommen worden sind[4], vorsätzlich beiseiteschafft, zerstört oder in anderer Weise der Verstrickung ganz oder teilweise entzieht"[5].

VI. **Gefangenenbefreiung** (StrGB. §§ 120—122)[6].

Es handelt sich in diesen Fällen um Eingriffe in staatliche Freiheitsentziehung, dadurch zugleich um Delikte gegen Verwaltung und Rechtspflege.

„Gefangener" im Sinne der §§ 120—122 ist, wer „aus Gründen des öffentlichen Interesses in gesetzlich gebilligter Form der Freiheit beraubt ist und sich infolgedessen in der Gewalt der zuständigen Behörde befindet"[7]. Strafbar ist:

1. „Wer einen Gefangenen . . .[8] vorsätzlich befreit oder ihm zur Selbstbefreiung vorsätzlich behilflich ist" (StrGB. § 120)[9].

2. „Wer vorsätzlich einen Gefangenen, mit dessen Beaufsichtigung oder Begleitung er beauftragt ist, entweichen läßt oder dessen Befreiung befördert" (StrGB. § 121 Abs. 1)[10].

---

[1] Strafe: Gefängnis bis 1 Jahr oder Gedlstrafe.

[2] Nicht Forderungen; vgl. E. 24, 40 (Vereinigte Strafsenate, eingehendes Urteil).

[3] D. h. in formgerechter Weise gepfändet; vgl. E. 61, 101, 367.

[4] Zum Vorsatz gehört Kenntnis von der amtlichen Pfändung bzw. Beschlagnahme; vgl. E. 64, 78.

[5] Als Beispiele zu § 137 vgl. auch E. 63, 338, 347, 361.

Die „Entziehung" kann auch dadurch erfolgen, daß der Inhaber durch Täuschung zur Herausgabe veranlaßt wird; vgl. E. 58, 356.

Gegenüber § 288 ist Idealkonkurrenz möglich; vgl. E. 17, 42.

[6] Geschichtlich vgl. Carolina, Art. 180 (Strafr. I, 194); näher v. Liszt.

[7] Vgl. E. 44, 171 („ständige Rechtsprechung"); dazu E. 39, 189: Rechtmäßigkeit der Freiheitsentziehung im Einzelfalle ist dafür nicht erforderlich, es genügt, daß diese „innerhalb der allgemeinen Zuständigkeitsgrenze eines Vertreters der Staatsgewalt" lag. — E. 48, 226 beschränkte den Begriff auf Ausübung der Polizei- bzw. Strafgewalt und schied damit Fürsorgezöglinge aus. Siehe dagegen jetzt Jugendwohlfahrtsgesetz v. 1922, § 76. Entscheidend ist Unterbringung in geschlossener Anstalt; so auch v. Liszt-Schmidt, Frank, Ebermayer. Gefangen sind auch behördlich in Irrenanstalt untergebrachte Personen; herrschende Ansicht; vgl. auch E. 44, 171.

[8] „Aus der Gefangenenanstalt oder aus der Gewalt der bewaffneten Macht, des Beamten oder desjenigen, unter dessen Beaufsichtigung, Begleitung oder Bewachung er sich befindet."

Strafbar sind auch Angehörige; E. 57, 301 (§ 257 Abs. 2 StrGB. ist auf § 120 nicht anwendbar). — Nach RG. ist auch strafbar die Anstiftung zur eigenen Befreiung; vgl. E. 61, 33 (und dort zitierte). Siehe dagegen oben S. 169, III, 2.

[9] Strafe: Gefängnis bis 3 Jahre. Der Versuch ist strafbar.

[10] „Entweichen" und „Befreiung" sind gleichbedeutend. Sie erfordern zeitweilige Beseitigung des behördlichen Gewahrsams; vgl. E. 57, 75. Strafe: Gefängnis bis 3 Jahre.

3. Wer im vorstehenden Falle „die Entweichung durch Fahrlässigkeit befördert“ (StrGB. § 121 Abs. 2)[1].

4. Selbstbefreiung ist straflos[2]. Strafbar dagegen „Meuterei“ (StrGB. § 122): „Gefangene, welche sich zusammenrotten[3] und mit vereinten Kräften“ a) „die Anstaltsbeamten oder die mit der Beaufsichtigung Beauftragten angreifen, denselben Widerstand leisten oder es unternehmen[4], sie zu Handlungen oder Unterlassungen zu nötigen“[5] (Abs. 1), oder welche b) „einen gewaltsamen Ausbruch[6] unternehmen“ (Abs. 2)[7]. — Über Amtsverbrechen (§ 347) unten S. 317.

VII. **Sonstige Entziehung aus der Staatsgewalt.** Hier kommen militärische und bevölkerungspolitische Gesichtspunkte in Betracht.

1. Das StrGB. behandelte in §§ 140—143 die strafbaren Verletzungen der Wehrpflicht. Durch die Beseitigung der allgemeinen Wehrpflicht (Gesetz vom 21. August 1920) sind die §§ 140, 142, 143 nicht aufgehoben, aber gegenstandslos geworden[8]; übrigblieb StrGB. § 141.

Danach ist strafbar[9], „wer einen Deutschen zum Militärdienste einer ausländischen Macht[10] anwirbt oder den Werbern der letzteren zuführt, ingleichen wer einen deutschen Soldaten zum Desertieren[11] verleitet[12] oder die Desertion desselben vorsätzlich befördert“. Der Ver-

[1] Strafe: Gefängnis bis 3 Monate oder Geldstrafe.

[2] Zulässig ist Disziplinarstrafe; vgl. oben S. 7.

[3] „Zusammenrottung“ erfordert räumliches Zusammentreten und inneres Zusammenhalten (nicht noch weiter besondere Gefährlichkeit); die räumliche Vereinigung muß erreicht (nicht nur vorbereitet bzw. versucht) sein; vgl. E. 55, 67; 54, 313; 50, 85. Es genügt Vereinigung von zwei Gefangenen; E. 49, 249. — Vgl. auch oben S. 300, Anm. 5, zu § 115.

[4] „Unternehmen“ umfaßt Versuch und Vollendung; vgl. oben S. 155; zu § 122: E. 54, 316.

[5] Es genügt hier jedes Nötigungsmittel (nicht notwendig Gewalt bzw. Drohung); vgl. E. 58, 76 („widerrechtlicher Zwang aller Art“, hier Streik bei Außenarbeit).

[6] Gewalt gegen Sachen genügt; vgl. E. 49, 429 (Erbrechen eines Verschlusses; nicht aber Anwendung falscher Schlüssel).

[7] Strafe: Gefängnis nicht unter 6 Monaten.

Erhöhte Strafe (Zuchthaus bis 10 Jahre, daneben evtl. Polizeiaufsicht) trifft „diejenigen Meuterer, welche Gewalttätigkeiten gegen die Anstaltsbeamten oder die mit der Beaufsichtigung Beauftragten ausüben“; § 122 Abs. 3.

[8] Vgl. E. 55, 125 (Strafbarkeit früher begangener Handlungen).

In gleicher Weise gegenstandslos geworden ist die Übertretungsvorschrift des § 360 Nr. 3 (unerlaubtes Auswandern von Reservisten usw.) Als Übertretung militärischer Interessen kommt noch in Betracht § 370 Nr. 3: Unerlaubter Erwerb von Uniformen durch Dritte (Ankauf, Pfandnahme); vgl. näher das Gesetz.

[9] Strafe: Gefängnis von 3 Monaten bis 3 Jahren.

[10] Beispiel: Französische Fremdenlegion.

[11] Fahnenflucht; vgl. MilStrGB. 1926, §§ 69ff.

[12] Begriff vgl. oben S. 169.

such ist strafbar. — Über Aufforderung zum Ungehorsam (StrGB. § 112) vgl. oben S. 303/04.

2. StrGB. § 144[1]: „Wer es sich zum Geschäfte macht[2], Deutsche unter Vorspiegelung falscher Tatsachen oder wissentlich[3] mit unbegründeten Angaben oder durch andere auf Täuschung berechnete Mittel zur Auswanderung zu verleiten[4]."

Vgl. dazu ferner die Strafdrohungen des Gesetzes über das Auswanderungswesen vom 9. Juni 1897 (RGBl. 463) § 43ff.[5].

VIII. **Übertretungen**: Hier sind zu nennen:

1. § 361 Nr. 1, 2 StrGB.: Zuwiderhandlungen gegen die auferlegten Beschränkungen bei Polizeiaufsicht (Nr. 1); unerlaubte Rückkehr des Ausgewiesenen (Nr. 2)[6].

2. § 360 Nr. 7: Unbefugter Gebrauch der Abbildung von Reichs-[7] oder Landeswappen.

3. § 360 Nr. 8: Unbefugtes[8] Führen amtlicher Abzeichen[9] sowie falsche Namensangaben[10] gegenüber einem zuständigen Beamten.

Ergänzungen enthalten die Gesetze zum Schutz des Genfer Neutralitätsabzeichens vom 22. März 1902 (RGBl. 125) sowie über die Berufstrachten und Berufsabzeichen in der Krankenpflege vom 7. September 1915 (RGBl. 561)[11].

---

[1] Strafe: Gefängnis von 1 Monat bis 2 Jahre.

[2] Zum Begriff der Geschäftsmäßigkeit vgl. oben S. 179.

[3] D. h. hier m. E. vorsätzlich; vgl. dazu oben S. 137.

[4] D. h. zum Verlassen des Reichsgebiets in der Absicht, Wohnsitz und Zugehörigkeit zum Inland dauernd aufzugeben; vgl. E. 36, 245 (Gegensatz: vorübergehender Aufenthalt; gleichgültig ist die Absicht, später einmal zurückzukehren). Ob die Auswanderung erfolgte, ist unerheblich; denn bestraft wird hier der Geschäftsbetrieb des Verleitens; herrschende Ansicht, vgl. FRANK und dort zitierte.

[5] Darüber eingehend STENGLEIN, Nebengesetze, 5. Aufl., I, 1928, S. 421ff.

[6] Der Täter muß das Bestehen der Polizeiaufsicht bzw. des Verbots kennen. Streitig ist, ob im übrigen Fahrlässigkeit (wegen Polizeidelikts) genügt oder Vorsatz erforderlich ist. M. E. ist letzteres zutreffend; vgl. oben S. 146.

[7] Da heute an Stelle des im Gesetz genannten „Kaiserlichen" Wappens das Reichswappen getreten ist, scheint mir dies die allein sinngemäße Auslegung (streitig). Das Delikt erfordert vorsätzlich-unbefugten Gebrauch; vgl. ROSENBERG, Leipz. Komm. (siehe auch E. 56, 148). Strafe: Geldstrafe bis 150 M. oder Haft.

[8] Objektiv „unbefugt" ist das Tragen stets, wenn keine besondere Befugnis besteht. — Vorsatz wie im vorigen Fall (Anm. 7); ebenso die Literatur dazu E. 33, 305. — Ebenso die Strafe.

[9] „Uniform, Amtskleidung, Amtszeichen, Orden, Ehrenzeichen, Titel, Würden, Adelsprädikate" (letzteres heute streitig; vgl. die Kommentare).

[10] „Wer sich eines ihm nicht zukommenden Namens ... bedient." Auch hier ist Vorsatz erforderlich.

[11] Dazu eingehend STENGLEIN, Nebengesetze, 5. Aufl., II, 1931, S. 408ff.; I, 462ff.

Kapitel III.
Die Amtsverbrechen.

§ 81. Allgemeines.

I. Bei den Amtsverbrechen (StrGB. §§ 331—359) handelt es sich nicht, wie im vorausgehenden Kapitel, um Angriffe Dritter gegen die Staatsgewalt, sondern um strafbare Verfehlungen der Staatsorgane selbst[1]. Im einzelnen greifen diese in die verschiedensten rechtlich geschützten Interessen ein. Gemeinsam ist ihnen die Verletzung der Pflicht reiner Amtsführung, damit nach innen die Verletzung der Treue des Amtsträgers gegenüber dem Staat[2], nach außen die Verfälschung des Staatswillens durch pflichtwidriges Verhalten seiner Organe.

II. Geschichtlich treten die Amtsverbrechen, im einzelnen in wechselnder den jeweiligen Zeitverhältnissen entsprechender Form, mit dem Erstarken der Staatsgewalt auf. So finden wir sie im römischen wie im älteren deutschen Recht[3]. Die heutige Gestalt beruht auf der Entwicklung des 19. Jahrhunderts. Sie ist noch teilweise mehr kasuistisch als grundsätzlich abgeklärt.

III. Den Begriff des **„Beamten im Sinne dieses Strafgesetzes"** bestimmt StrGB. § 359 dahin: „Alle im Dienste des Reichs oder in unmittelbarem oder mittelbarem Dienste eines Bundesstaats auf Lebenszeit, auf Zeit oder nur vorläufig angestellte Personen, ohne Unterschied, ob sie einen Diensteid geleistet haben oder nicht, ingleichen Notare, nicht aber Advokaten und Anwälte"[4].

Allein entscheidend ist also die öffentlich-rechtliche Anstellung im unmittelbaren oder mittelbaren Staatsdienst[5]; gleichgültig

---

[1] Neben der öffentlichen Strafe und zugleich über ihr Gebiet weit hinausgreifend steht hier evtl. die Disziplinarstrafe; vgl. oben S. 7.

[2] Solche Treuverletzung begeht Jeder, der auf Grund staatlicher Berufung öffentlich-rechtliche Aufgaben zu erfüllen hat, nicht nur der hauptamtliche Berufsbeamte im engeren Sinne. Letzterer lediglich in besonders hohem Maße.

[3] Für das römische Recht kommen hier insbes. die Begriffe ambitus, repetundae, vis in Betracht; vgl. näher Strafr. I 64, 63[1]. — Im deutschen Recht finden wir strafbare Fälle seit den Volksrechten, zunehmend in späterer Zeit; vgl. näher Strafr. I 112[4]; His, Geschichte, 1928, S. 120 (114, 161). — In der Carolina Bestrafung des Richters (Art. 100) und der Procurators (Art. 115); vgl. auch Art. 20 bis 22, 61 (Mißbrauch der Folter); ergänzend die Reichspolizeiordnungen 1548/77; vgl. näher Strafr. I, 182, 219. — Breiteste, dem Wesen des Polizeistaats entsprechende Behandlung dann im Preuß. Landrecht II, 20, §§ 323—508.

Vgl. neuestens zur Entwicklungsgeschichte eingehend: Stock, Entwicklung und Wesen der Amtsverbrechen; Leipzig, 1932.

[4] Seit 1879 (Rechtsanwaltsordnung v. 1. Juli 1878) besteht in Deutschland nur eine einheitliche Rechtsanwaltschaft. Die ausdrückliche Ausnahme der Anwälte an dieser Stelle war erforderlich gegenüber StrGB. § 31 Abs. 2.

[5] Auch im mittelbaren Reichsdienst (im Gesetz nicht besonders hervorgehoben); vgl. E. 60, 139.

Mittelbarer Staatsdienst ist der Dienst der Gemeinden und Kommunalsind Dauer[1], Diensteid[2], Gehalt[3], haupt- oder nebenamtliche[4], entscheidende oder bloß ausführende Tätigkeit[5].

Damit greift der Beamtenbegriff des StrGB. im Interesse der Reinhaltung der Amtsführung über den engeren staatsrechtlichen Begriff weit hinaus. Letzterer erfordert die Begründung „eines öffentlich-rechtlichen Dienstgewaltverhältnisses"[6].

Strafrechtlich genügend und entscheidend ist nach § 359 gemäß feststehender Rechtsprechung des RG. lediglich die von einer reichs-

---

verbände, sonstiger Selbstverwaltungskörper öffentlich-rechtlicher Art (Hochschulen, Deichverbände, landwirtschaftliche Kreditanstalten usw.) sowie sonstiger Rechtssubjekte, denen staatliche Hoheitsrechte zur Ausübung übertragen sind; vgl. E. 60, 140.

Beispiele: E. 64, 262 (städtisches Wohlfahrtsamt, Armenpflege); E. 62, 188 (öffentlicher Arbeitsnachweis); E. 57, 366 (städtische Wohnungskommission); 57, 126 (Kreisausschußmitglieder); E. 60, 2, 139ff. (Reichsbahnbeamte); kirchliche Beamte, soweit sie Kirchenvermögen unter staatlicher Mitwirkung bzw. Aufsicht zu verwalten haben (vgl. E. 63, 116; 62, 309; 57, 23) oder ihnen staatliche Aufgaben (Schul-, Armenpflege) übertragen sind, E. 47, 50. Auch Mitglieder der Preuß. Konsistorien, E. 56, 225. — Verneint in E. 62, 24 für Ortskrankenkasse. Siehe im übrigen über die reiche Kasuistik zu § 359 StrGB. die Register des RG. und die Kommentare. Im folgenden weitere Beispiele aus neuerer Zeit.

[1] Vgl. das Gesetz. Beispiel: Wahlvorsteher und Mitglieder des Wahlvorstandes, E. 56, 390.

[2] Vgl. das Gesetz. Beispiel: Verpflichteter Vertreter der Inhaberin einer Posthilfsstelle, E. 65, 38; verpflichteter Armenpfleger, E. 64, 262.

[3] Vgl. E. 62, 309. Daher auch ehrenamtlich gewählte Personen; E. 64, 262 (vorige Anm.); E. 57, 126 (Kreisausschußmitglieder in Hannover). Handelsrichter gemäß GVG. § 107, 112; auch sonstige Gesetze geben stellenweise ausdrückliche Vorschriften; vgl. die Kommentare.

[4] E. 60, 141 (bahnpolizeiliche Verrichtungen der Angestellten von Privateisenbahngesellschaften; hier steht die Amtsübertragung neben dem privatrechtlichen Dienstverhältnis). — E. 62, 24 (Geschäftsführer einer Ortskrankenkasse, soweit er zugleich als Vollstreckungsbeamter bestellt ist). — Vgl. auch E. 62, 188, 309.

[5] Beispiele: Für entscheidende Tätigkeit: Die Minister; vgl. RG. E. 58, 265 (dazu Strafr. II, 586); Reichsministergesetz v. 27. März 1930 (RGBl. I, 96) § 1.

Für unterstützende Tätigkeit: E. 65, 52 (Bürohilfsarbeiter); E. 62, 337 (Registrator einer amtlichen Prüfungsstelle); E. 57, 366 (bloße Vorprüfung).

„Ein Soldat" ist Beamter, wenn er ein Amtsverbrechen im Sinne des StrGB. „bei einem ihm übertragenen Geschäft der Heeres- oder Marineverwaltung begeht" (MilStrGB. 1872/1926 § 145). RG. E. 60, 94 fordert hier Übertragung „zur selbständigen Wahrnehmung und unter eigener Verantwortung". Nicht unter den Begriff des Beamten fällt Ausübung der militärischen Kommandogewalt; vgl. auch E. 58, 185. — Siehe dazu auch unten S. 314, Anm. 10.

[6] „Das den Angestellten zu angemessener Dienstleistung, zu besonderem Gehorsam und besonderer Treue, den Staat zu besonderem Schutz und zur Leistung der etwa zugesicherten Vergütung verpflichtet und durch disziplinäre Vorschriften geschützt ist"; so RG. E. 60, 140. Wesentlich im gleichen Sinne staatsrechtlich LABAND, Staatsrecht, 4. Aufl., I, 1901, S. 401ff., aber mit dem weiteren Erfordernis der freiwilligen (auf Vertrag beruhenden) Übernahme des Amtes. Gleichgültig sind auch nach LABAND: Gehalt, Dauer, obrigkeitliche oder technische, höhere oder niedere Dienste, Haupt- oder Nebenamt.

oder landesrechtlich zuständigen Stelle erfolgende Berufung „zu Verrichtungen öffentlich-rechtlicher Art, die aus der Staatsgewalt abzuleiten sind und staatlichen Zwecken dienen"[1], „mithin das Wesen einer öffentlichen Amtstätigkeit aufweisen"[2]. Die Literatur schränkt den Begriff vielfach weiter ein, mit verschiedenen Ergebnissen[3].

Das obige Hinausgreifen des RG. über den staatsrechtlichen Beamtenbegriff entspricht m. E. dem Inhalt des § 359 StrGB. wie dem sachlichen Bedürfnis[4]. Geschichtlich, weil seit 1870 in dauernd steigendem Maße öffentlich-rechtliche Aufgaben an Nicht-Beamte (im staatsrechtlichen Sinne) übertragen wurden[5]. Sachlich, weil das Interesse an reiner Amtsführung ein Lebensinteresse des Staates wie der Gesamtheit und des einzelnen Betroffenen ist und Jeder dies Interesse in entscheidender Weise verletzt, der bei Durchführung ihm übertragener öffentlich-rechtlicher Staatsaufgaben strafbare Handlungen begeht[6]. Die Entwürfe

---

[1] Vgl. E. 64, 262; 63, 116; 62, 188; 62, 337; 60, 140/41 (ausführlich über Staats- und Strafrecht); 57, 126.

[2] Vgl. E. 62, 24, 337.

Die Berufung kann (mangels anderweiter gesetzlicher Regelung) formlos, auch stillschweigend erfolgen; vgl. E. 60, 140; E. 64, 262 (stillschweigende Verlängerung der Tätigkeit eines Armenpflegers); E. 57, 366. — Die Auswahl kann evtl. von der vorgesetzten Dienstbehörde einer anderen Stelle überlassen werden; E. 62, 337.

Nicht unter den Beamtenbegriff des § 359 fallen die Abgeordneten (Volksvertreter); vgl. dazu oben S. 294, Anm. 8.

[3] So z. B. wesentlich der engere, staatsrechtliche Begriff bei Binding, Lehrb. II, 2, S. 381ff.; v. Liszt, v. Liszt-Schmidt; Frank, § 359, II (im Anschluß an Laband). Viel näher steht dem RG. z. B. Rosenberg, Leipz. Kom. § 359 Nr. 1 (aber insbes. mit dem Erfordernis vertragsmäßiger Anstellung); ähnlich Olshausen, § 359 Nr. 2. Dem RG. folgt Kohlrausch (Textausgabe).

[4] Vgl. jetzt auch Reichsverfassung Art. 131 (Pflichtverletzung des „Beamten" in Ausübung des Amtes gegenüber Dritten) und die dortige weite Begriffsauslegung, insbes. des RG. Dazu Anschütz, Verf., 12. Aufl., 1930 Art. 131 Nr. 4.

[5] Vgl. dazu auch Denkschrift z. Entw. 1919, S. 138.

[6] Deshalb fallen m. E. auch Laienrichter, insbes. Schöffen und Geschworene, unter den strafrechtlichen Begriff des „Beamten". Auch kriminalpolitisch ist es völlig abwegig, ihnen straflos Amtsverbrechen, insbes. Rechtsbeugung (§ 336), zu gestatten; vgl. unten S. 315, Anm. 3; 316, Anm. 2.

Der Schöffe bzw. Geschworene bekleidet ein „öffentliches Amt" (StrGB. § 31²), ein „öffentliches Ehrenamt" (Reichsministergesetz 27. März 1930, § 7 Abs. 3).

Die Literatur verneint einmütig; in diesem Sinne auch (gelegentlich) E. 51, 221; die Gründe aber (auch der angebliche Gegensatz zu § 31 StrGB.) entsprechen evtl. dem engeren staatsrechtlichen Beamtenbegriff, nicht dem § 359 StrGB. So z. B. der Hinweis auf das Ehrenamt (vgl. z. B. Frank; dagegen oben S. 310, Anm. 3), ferner insbes. auf die Pflicht zur Übernahme (Untertanenpflicht, vgl. Laband usw.). Letzteres würde bedeuten: Wer ein Amt übernehmen muß, darf straflos Amtsverbrechen begehen! § 359 StrGB. aber weiß nichts davon. Für ihn ist — mit Recht — allein die Anstellung im Staatsdienst entscheidend, nicht deren Gründe. Daß aber Richteramt — auch an einzelnen Tagen — Staatsbringen diese bisherige Entwicklung auch formell zum Abschluß, indem sie an Stelle des „Beamten" den „Amtsträger" setzen.

Im einzelnen geht das StrGB. in seinem Abschnitt über „Verbrechen und Vergehen im Amte" (§§ 331—359) mehrfach über den vorstehenden Beamtenbegriff hinaus, indem es im Zusammenhang der Tatbestände auch gewisse andere Täter unter Strafe stellt[1].

IV. Die Amtsverbrechen zerfallen in sog. **eigentliche** (reine) und **uneigentliche** (gemischte). Bei den eigentlichen Amtsverbrechen wirkt die Eigenschaft als Beamter strafbegründend[2], bei den uneigentlichen lediglich straferhöhend[3]. Daraus folgt: Beim eigentlichen Amtsdelikt sind dritte Personen — Schuld vorausgesetzt — nach allgemeinen Grundsätzen als Teilnehmer bzw. als mittelbare Täter[4] des Amtsverbrechens strafbar. Beim uneigentlichen dagegen trifft gemäß StrGB. § 50 die Straferhöhung des Amtsverbrechens nur denjenigen Täter bzw. Teilnehmer, in dessen eigener Person die Eigenschaft als Beamter vorlag[5].

V. Einheitlich und zusammenfassend regelt das StrGB., § 357, die **strafrechtliche Verantwortlichkeit des „Amtsvorgesetzten"**[6]: Er hat die auf das Delikt des Untergebenen angedrohte Strafe verwirkt, wenn er

---

dienst und die staatliche Berufung dazu Anstellung in diesem Staatsdienst ist, ist klar.

Zur Unterstützung ein anderes Beispiel: Nach den Statuten der Preuß. Hochschulen v. 14. März 1930 § 33 darf der gewählte Fakultätsdekan die Wahl nur aus „dringenden Gründen" ablehnen, über die auf Beschwerde der Minister entscheidet. Es kann also jemand Dekan wider Willen werden. Daß ein solcher Dekan staats- wie strafrechtlich dieselbe Rechtsstellung hat wie ein mit seinem Willen berufener, ist selbstverständlich. (Vgl. dazu über Fakultät als Behörde oben S. 299, Anm. 6.)

[1] Schiedrichter, Religionsdiener, Rechtsanwälte, Rechtsbeistände; vgl. die folgende Darstellung.

[2] Beispiel: Bestechung (§§ 331/32; 334 Abs. 1).

Eigentliche Amtsdelikte sind ferner die §§ 336 bis 339; 343 bis 345; 348/49; 352 bis 353 a; 356/57; teilweise ferner 354/55 (über Zweifel und Einzelheiten vgl. die folgende Darstellung).

[3] Beispiel: Amtsunterschlagung (§§ 350/51).

Uneigentliche Amtsdelikte sind ferner die §§ 340 bis 342; 346/47; teilweise 354/55.

In den §§ 333, 334 Abs. 2 werden bestimmte Teilnahmehandlungen Dritter bei der Bestechung als formell selbständige Delikte unter Strafe gestellt.

[4] Beispiel: Bestimmung eines unzurechnungsfähigen Beamten zur Tat. — Physischer Täter kann nur der „Beamte" sein.

[5] Vgl. zum Vorstehenden näher oben S. 168/69; eingehend Strafr. Bd. II, S. 481 ff. — Siehe auch E. 55, 181 (und dort zitierte); unzutreffend die Verneinung mittelbarer Täterschaft in E. 63, 315.

[6] Dem Vorgesetzten stellt § 357 Abs. 2 gleich den Aufsichtsbeamten („welchem eine Aufsicht oder Kontrolle über die Amtsgeschäfte eines anderen Beamten übertragen ist"). — Nebenstrafe vgl. § 358.

diesen „zu einer strafbaren Handlung im Amte[1] vorsätzlich verleitet oder zu verleiten unternimmt[2] oder eine solche strafbare Handlung wissentlich geschehen läßt“[3].

VI. Der Begriff **„Beamter“** ist sog. Komplexbegriff[4]. D. h.: Der Vorsatz des Täters (bzw. Teilnehmers) muß nicht den Rechtsbegriff „Beamter“ umfassen, sondern nur diejenigen Tatsachen, welche die Beamteneigenschaft begründen[5].

VII. Amtsverbrechen deutscher Beamter sind auch bei **Begehung im Ausland** ohne Rücksicht auf die Staatsangehörigkeit des Täters strafbar (StrGB. § 4 Nr. 1)[6].

§ 82. Die einzelnen Amtsverbrechen.

I. **Die Bestechung** (StrGB. §§ 331—335). Die Bestechung ist das allgemeinste Amtsverbrechen, weil bei allen Amtshandlungen jedes Beamten strafbar[7]. Mit Recht: Ein bestechliches Beamtentum bedeutet schwerste Gefahr für den Staat wie für die Untertanen.

1. Sog. **passive Bestechung.** Strafbar ist „der Beamte“[8], „welcher für eine in sein Amt einschlagende Handlung[9] Geschenke oder andere Vorteile[10] annimmt[11], fordert oder sich versprechen läßt“[12] (§§ 331/32).

Dabei unterscheidet das Gesetz zwei Fälle: Milder strafbar ist die Bestechung, wenn die Amtshandlung „an sich nicht pflicht-

---

[1] D. h. Amtsverbrechen nach §§ 331—359 StrGB.; herrschende Ansicht.

[2] Über „Verleiten“ vgl. oben S. 169; „Unternehmen“ oben S. 155.

[3] Sog. Konnivenz, auch bei aktiver Beihilfe gegeben (herrschende Ansicht). § 357 StrBG. schließt die §§ 48/49 aus.

[4] Vgl. oben S. 138; näher Strafr. II, 332.

[5] Herrschende Ansicht, insbes. feststehende Rechtsprechung des RG.; vgl. E. 62, 339; 57, 366; 53, 131 (anders früher E. 23, 374). — Gleichgültig ist Befolgung von Vorschriften über den Dienstanzug; E. 60, 6; 56, 430.

[6] Vgl. oben S. 80.

[7] So bereits Preuß. StrGB. §§ 309/10. Der Entw. der ReichsStrGB. (Reichstagsvorlage, vgl. Motive S. 85) wollte im Gegensatz dazu die Bestechung bei nicht-pflichtwidrigen Handlungen dem Disziplinarrecht überlassen. Der Reichstag (Stenogr. Berichte II, S. 743) aber stellte die Vorschrift wieder her (StrGB. § 331).

[8] Begriff vgl. oben S. 309 ff.

[9] D. h. für eine Amtshandlung; vgl. E. 56, 401 („die in den Kreis der ihm übertragenen dienstlichen Obliegenheiten fällt und lediglich vermöge seiner amtlichen Stellung vorgenommen werden kann“). — Die betr. Amtshandlung muß ihrer Eigenart nach erkennbar, aber nicht notwendig im einzelnen bestimmt sein; E. 64, 335.

[10] Nicht notwendig Vermögensvorteile; vgl. z. B. E. 64, 291 (Gewährung des Beischlafs); E. 64, 376.

[11] Zwecks Behaltens oder Verfügung für eigene Zwecke; vgl. E. 58, 266.

[12] Mit diesen Handlungen ist das Delikt vollendet, der vom Bestechenden verfolgte Zweck braucht nicht erreicht zu sein; vgl. E. 64, 291.

widrig" ist[1], § 331 (einfache Bestechung[2]); weit schwerer diejenige bei einer „Handlung, die eine Verletzung einer Amts- oder Dienstpflicht enthält" (§ 332, schwere Bestechung)[3].

Einseitiges Verschaffen von Vorteilen ist keine Bestechung[4]: „Zum Wesen der Bestechung gehört die vertragsmäßige Willensübereinstimmung der Beteiligten dahin, daß dem Beamten — als Gegenleistung für eine Amtshandlung — ein Vorteil zufallen soll"[5]. Jene Amtshandlung kann auch bereits in der Vergangenheit liegen[6].

2. **Aktive Bestechung**[7]. Strafbar ist, wer im Falle des § 332 (nicht 331)[8] einen Beamten besticht[9] (StrGB. § 333). Gleichgestellt ist hier die entsprechende Bestechung „eines Mitglieds der bewaffneten Macht"[10].

3. Erschwerter Sonderfall ist die **Richterbestechung** (StrGB. § 334). Sie ist zugleich Verbrechen gegen die Rechtspflege und stellt insoweit den Übergang zu dieser Deliktsgruppe dar.

---

[1] Beispiel: E. 63, 367 (Herstellung von amtlichen Abschriften in Freistunden).

[2] Strafe: Geldstrafe oder Gefängnis bis 6 Monate; Nebenstrafe § 358 (Verlust der Amtsfähigkeit für 1—5 Jahre).

[3] Strafe: Zuchthaus bis 5 Jahre, bei mildernden Umständen Gefängnis. Der Versuch ist hier also strafbar.

Zum Vorsatz nach § 332 gehört Kenntnis der Pflichtverletzung; fehlt sie, so ist 331 anzuwenden; vgl. E. 56, 401.

Über militärische Bestechung vgl. MilStrGB. § 140.

[4] Evtl. Betrug, Untreue, § 353; vgl. E. 65, 52, 277.

[5] Vgl. E. 65, 52; auch E. 65, 277 (Abkaufen der Amtshandlung durch, wenn auch bürgerlich-rechtlich ungültigen Vertrag); E. 64, 335.

Auszuscheiden aus dem Begriff der Bestechung sind kleinere, verkehrsübliche Zuwendungen (Höflichkeit, Anerkennung, Dankbarkeit, Üblichkeit); vgl. E. 63, 367 (von der vorgesetzten Behörde stillschweigend zugelassen).

[6] Vgl. E. 64, 291; E. 63, 367 (auch wenn der Beamte nicht durch die Aussicht auf Gegenleistung dazu bestimmt wurde).

[7] Strafe: Gefängnis (evtl. Ehrverlust); bei mildernden Umständen Geldstrafe zulässig.

[8] Hier ist der Bestechende (Geschenkgeber) straflos. Das folgt mit argumentum a contrario aus § 333, 334[2]; anerkannt; vgl. auch E. 42, 382.

Im übrigen gelten für die Bestechung die allgemeinen Grundsätze über Teilnahme (reines Amtsdelikt; vgl. oben S. 168; dazu aber unten Anm. 9 am Schluß): Ebenso im Ergebnis E. 42, 383.

[9] Die Tat, damit zugleich die Vollendung, besteht darin, daß der Täter dem Beamten „Geschenke oder andere Vorteile anbietet, verspricht oder gewährt, um ihn zu einer Handlung, die eine Verletzung einer Amts- oder Dienstpflicht enthält, zu bestimmen". Auch hier muß es sich um eine Amtshandlung handeln; vgl. E. 55, 50; dazu oben S. 313, Anm. 9.

§ 333 ist auch dann anwendbar, wenn der Beamte selbst mangels Vorsatzes des § 332 (oben Anm. 3) nur nach § 331 bestraft werden kann; vgl. E. 64, 298. — Liegt § 333 vor, so schließt er Bestrafung wegen Teilnahme nach 331/32 und § 49a aus; vgl. E. 64, 298; 61, 269.

[10] Vgl. dazu über passive Bestechung MilStrGB. § 140. — Personen des Soldatenstandes sind nach § 333 StrGB. nur im Falle des MilStrGB. § 145 strafbar; vgl. E. 60, 95; dazu oben S. 310, Anm. 5.

§ 334 Abs. 1 behandelt die passive[1], § 334 Abs. 2 die aktive Richterbestechung[2]. Die Ausführungshandlungen entsprechen wörtlich den §§ 331—333.

Subjekt oder Objekt der Bestechung ist hier „ein Richter, Schiedsrichter, Geschworener oder Schöffe"[3]. Eingefügt wurden durch Gesetz von 1926 die „Beisitzer einer Arbeitsgerichtsbehörde"[4].

Zweck der Bestechung ist Behandlung einer Rechtssache in bestimmtem Sinne[5].

4. „In den Fällen der §§ 331—334 ist im Urteile das Empfangene oder der Wert desselben für dem Staate verfallen zu erklären" (StrGB. § 335)[6].

II. **Politische Verbrechen.** Zu diesem Begriff vgl. oben S. 293/94. Als Amtsdelikte sind hier strafbar:

1. Diplomatischer Verrat (StrGB. § 353a); vgl. unten S. 321.

2. Gemäß StrGB. § 339 Abs. 3: Die Delikte gegen staatsbürgerliche Rechte der §§ 106/107 StrGB. (oben S. 294 Nr. 2, 295 Nr. 1), wenn sie zwar ohne Gewalt oder Drohung, aber „durch Mißbrauch der Amtsgewalt oder Androhung eines bestimmten Mißbrauchs" begangen werden[7]. Strafe gemäß §§ 106/07.

III. Unter denselben Voraussetzungen (vgl. § 339 Abs. 3) ist die **Störung des Gottesdienstes** (StrGB. § 167) Amtsverbrechen; Strafe gemäß § 167.

IV. **Verbrechen gegen die Rechtspflege:** 1. An die Richterbestechung (§ 334, vgl. oben) schließt die **Rechtsbeugung** (§ 336) an:

---

[1] Strafe: Zuchthaus.

[2] Strafe: Zuchthaus; bei mildernden Umständen Gefängnis.

[3] Die Gegenüberstellung lehrt, daß als „Richter" hier der Berufsrichter gemeint ist (herrschende Ansicht). Neben ihn werden der Schiedsrichter (Nicht-Beamter, weil von den Parteien berufen; vgl. auch § 336 „ein Beamter oder Schiedsrichter") und die 1870 in Betracht kommenden Laienrichter gestellt, weil sie die gleiche Aufgabe zu erfüllen haben.

Daraus läßt sich selbstverständlich nicht etwa schließen, daß diese Laienrichter keine Beamten im Sinne des § 359 StrGB. wären (vgl. oben S. 311, Anm. 6). Sondern das Gesetz stellt lediglich Berufs- und Laienrichter ausdrücklich gleich.

[4] Arbeitsgerichtsgesetz v. 23. Dez. 1926 § 113.

[5] Vgl. § 334 Abs. 1: „Um eine Rechtssache, deren Leitung oder Entscheidung ihm obliegt, zugunsten oder zum Nachteile eines Beteiligten zu leiten oder zu entscheiden" (334^2 „zu dem vorbezeichneten Zwecke"). Die Behandlung braucht keine Rechtsbeugung darzustellen (anerkannt). Streitig ist, ob sie auch den Tatbestand des § 331 umfaßt. Dafür insbes. Frank, Rosenberg, dagegen Olshausen usw. Der Zweck braucht, ebenso wie bei der gewöhnlichen Bestechung, nicht erreicht zu sein.

[6] Nach RG. Nebenstrafe: Spezialfall gegenüber § 40 StrGB., aber sachlich weitergehend (insbes. nicht nur körperliche Gegenstände); vgl. E. 57, 232 und dort zitierte; E. 58, 157. — Dazu über § 40 StrGB. unten S. 436.

[7] Vgl. dazu § 339 Abs. 1, unten S. 322.

Strafbar[1] ist hier „ein Beamter[2] oder Schiedsrichter, welcher sich bei der Leitung oder Entscheidung[3] einer Rechtssache vorsätzlich[4] zugunsten oder zum Nachteile einer Partei einer Beugung des Rechts schuldig macht“[5].

2. **Unzulässige Eheschließung:** a) Strafbar ist der „Geistliche oder andere Religionsdiener“, der ohne Nachweis standesamtlicher Eheschließung „zu den religiösen Feierlichkeiten einer Eheschließung schreitet“ (früher StrGB. § 337; jetzt Personenstandsgesetz vom 6. Februar 1875, § 67)[6].

b) „Ein Religionsdiener oder Personenstandsbeamter, welcher, wissend[7], daß eine Person verheiratet ist, eine neue Ehe derselben schließt[8], wird mit Zuchthaus bis zu 5 Jahren bestraft“ (StrGB. § 338).

c) Geldstrafe trifft den Standesbeamten, welcher „unter Außerachtlassung“ der im Personenstandsgesetz bzw. dem BGB. „gegebenen Vorschriften eine Eheschließung vollzieht“ (Personenstandsgesetz § 69).

3. **Verbrechen im Strafverfahren.** a) Aussageerpressung: „Ein Beamter, welcher in einer Untersuchung[9] Zwangsmittel anwendet

---

[1] Strafe: Zuchthaus bis 5 Jahre.

[2] Jeder „Beamte“, deshalb auch Schöffen und Geschworene. Dagegen die gemeine Meinung, vgl. näher oben S. 311, Anm. 6. — Es wäre eine grobe Inkonsequenz, zwar Bestechung (oben S. 315), nicht aber Rechtsbeugung bei Schöffen und Geschworenen zu strafen. In neuerer Zeit sind Fälle bekanntgeworden, in denen offene Erklärung gewollter Rechtsbeugung erfolgte. Gerade Rechtsbeugung in Strafsachen ist schwerster Fall, bei dem evtl. Leben, Freiheit und Zukunft in Frage stehen.

Rosenberg, Leipz. Komm., § 336[1] erklärt die (Kritik: vermeintliche) Ausscheidung der Geschworenen damit, daß ihr Spruch keine Gründe enthielt (wie aber, wenn der Täter sich hinterher seiner Rechtsbeugung rühmt?). Er fährt fort: „Für die“ (vermeintliche) „Sonderstellung der Schöffen fehlt jeder sachliche Grund.“ Kritik: Heute sind auch die Geschworenen nichts anderes als Schöffen.

[3] Also zwei verschiedene Fälle. Beispiel für „Leitung“ E. 57, 31 (vorsätzlich falsche Prozeßleitung zugunsten des Angeklagten; nicht notwendig, daß sie kausal wurde für unrichtige Entscheidung).

[4] Also Vorsatz, nicht Absicht; vgl. E. 25, 276; 57, 31.

[5] Auch bei polizeilicher Strafverfügung; vgl. E. 25, 276. Vgl. auch E. 63, 168 (Amtrichter als Vollstreckungsgericht). — Dagegen nicht nicht-streitige Rechtssachen, d. h. solche ohne gegenteilige Parteiinteressen. Zu weit geht danach die völlige Ausscheidung der freiwilligen Gerichtsbarkeit (so z. B. E. 25, 276). Zutreffend hierüber Frank, Rosenberg.

[6] Strafe: Geldstrafe oder Gefängnis bis 3 Monate.

Abs. 2: „Eine strafbare Handlung ist nicht vorhanden“ bei „lebensgefährlicher, einen Aufschub nicht gestattender Erkrankung eines der Verlobten.“ Hier ist die Tat wegen Notstands rechtmäßig; vgl. Strafr. II, 225, 232 Anm. 1.

[7] Nach RG. E. 16, 364 auch dolus eventualis umfassend, also vorsätzlich.

[8] D. h. in der gesetzlich vorgeschriebenen Form bei der Eheschließung mitwirkt. Häufig wird hierin zugleich Teilnahme an der Bigamie liegen.

[9] D. h. in einem von der zuständigen Behörde zwecks Ermittelung einer gesetzlich strafbaren Handlung und Herbeiführung ihrer gesetzlichen Folgen

oder anwenden läßt, um[1] Geständnisse oder Aussagen zu erpressen" (StrGB. § 343)[2].

b) Verfolgung Unschuldiger: „Ein Beamter, welcher vorsätzlich zum Nachteile einer Person, deren Unschuld[3] ihm bekannt ist[4], die Eröffnung oder Fortsetzung einer Untersuchung[5] beantragt oder beschließt" (StrGB. § 344)[6].

c) Widerrechtliche Strafvollstreckung: Ein Beamter, „welcher vorsätzlich eine Strafe vollstrecken läßt[7], von der er weiß[8], daß sie überhaupt nicht oder nicht der Art oder dem Maße nach vollstreckt werden darf" (§ 345 Abs. 1)[9]. Mildere Strafe tritt ein, wenn „die Handlung aus Fahrlässigkeit begangen" ist (§ 345 Abs. 2)[10].

d) Widerrechtliche Strafentziehung (StrGB. § 346): Strafbar ist hier „ein Beamter, welcher vermöge seines Amtes bei Ausübung der Strafgewalt oder bei Vollstreckung der Strafe mitzuwirken hat[11], wenn er in der Absicht, jemand der gesetzlichen Strafe zu entziehen[12], die Verfolgung einer strafbaren Handlung[13] unterläßt oder eine Handlung begeht, welche geeignet ist, eine Freisprechung oder eine dem Gesetze nicht entsprechende Bestrafung zu bewirken, oder die Vollstreckung der ausgesprochenen Strafe nicht betreibt, oder eine gelindere als die erkannte Strafe zur Vollstreckung bringt"[14].

e) Gefangenenbefreiung (StrGB. § 347): Bestraft wird hiernach der Beamte, der vorsätzlich (Abs. 1)[14] oder fahrlässig (Abs. 2)[15] „einen Gefangenen, dessen Beaufsichtigung, Begleitung oder Bewachung ihm

---

eingeleiteten Verfahren; vgl. E. 62, 306 (auch betr. § 344). Ebenso grundsätzlich E. 42, 66 (polizeiliche Untersuchung); E. 25, 366 (auch bei Einschreiten gegen Strafunmündige, desgleichen im Disziplinar- bzw. Verwaltungswege); streitig.

[1] Also Absicht im technischen Sinne; vgl. oben S. 136, Nr. 2, c.

[2] Strafe: Zuchthaus bis 5 Jahre.

[3] D. h. hinsichtlich des konkreten Delikts.

[4] Also dolus eventualis ausgeschlossen; herrschende Ansicht.

[5] Vgl. oben S. 316, Anm. 9. [6] Strafe: Zuchthaus.

[7] D. h. innerhalb seiner Amtsbefugnis durch Tun oder Unterlassen, unmittelbar oder mittelbar, die Vollstreckung mit verursacht; auch Unterbeamte; vgl. E. 63, 175 (und dort zitierte); E. 57, 393 (bei bedingter Strafaussetzung). E. 16, 222 (Ordnungsstrafe wegen Ungebühr).

[8] Dolus eventualis genügt hier; Beweis: Die Strafbarkeit der Fahrlässigkeit.

[9] Strafe: Zuchthaus.

[10] Gefängnis oder Festungshaft bis 1 Jahr oder Geldstrafe.

[11] Auch z. B. Beamte des Polizei- und Sicherheitsdienstes, Beamte der Finanzämter; vgl. E. 58, 79; E. 57, 19 (Eisenbahnassistent als Eisenbahnpolizeibeamter).

[12] Also zu diesem Zweck. Das Delikt des § 346 fällt damit als erschwerter Fall unter den Begriff der persönlichen Begünstigung (StrGB. § 257); vgl. E. 54, 351. Also uneigentliches Amtsdelikt; vgl. oben S. 312. — Über vorausgehende Begünstigung vgl. E. 63, 276.

[13] Nach E. 42, 201 genügt disziplinare Strafbarkeit; streitig.

[14] Strafe: Zuchthaus bis 5 Jahre, bei mildernden Umständen Gefängnis nicht unter 1 Monat.

[15] Strafe: Gefängnis bis 6 Monate oder Geldstrafe.

anvertraut ist[1], entweichen läßt oder dessen Befreiung bewirkt oder befördert"[2]. Der Tatbestand ist demnach lex specialis gegenüber StrGB. § 121 (oben S. 306/7), also uneigentliches Amtsdelikt (oben S. 312).

4. **Parteiverrat des Rechtsbeistands** (StrGB. § 356)[3]. Strafbar ist (§ 356 Abs. 1)[4] der Rechtsanwalt[5] oder „andere Rechtsbeistand"[6], „welcher bei den ihm vermöge seiner amtlichen Eigenschaft[7] anvertrauten[8] Angelegenheiten in derselben Rechtssache[9] beiden Parteien durch Rat oder Beistand pflichtwidrig dient"[10].

Zum Vorsatz gehört Kenntnis „derjenigen Tatsachen, aus denen sich bei zutreffender rechtlicher Beurteilung das Vorliegen derselben Rechtssache ergibt"; ferner „Kenntnis der den Interessengegensatz und somit die Pflichtwidrigkeit begründenden Tatsachen"[11]. Nimmt der Täter trotzdem rechtsirrtümlich Erlaubtheit seines Verhaltens an[12],

---

[1] Das ist gegeben, „wenn für den Beamten eine Pflicht zur Beaufsichtigung usw. des Gefangenen besteht"; E. 27, 210 (nicht erforderlich eine besondere Übernahme des Gefangenen), herrschende Ansicht; dagegen v. Liszt, v. Liszt-Schmidt, Frank (Übergabe durch anderen Beamten; daher nicht bei Verhaftung aus eigener Initiative; Kritik: eine unbefriedigende Wortauslegung).

[2] D. h. dafür günstigere Bedingungen schafft; vgl. E. 54, 259 (auch Erleichterung der Selbstbefreiung; aber nicht bloße Hervorrufung des Entschlusses dazu). Vollendet ist das Delikt erst mit der tatsächlich erfolgten Entweichung; E. 41, 120.

[3] Dazu römisch über collusio und praevaricatio: Mommsen 501; Carolina Art. 115 („Procurator"); vgl. Strafr. I, 182.

[4] Strafe: Gefängnis nicht unter 3 Monate.

[5] Das Gesetz sagt „Advokat, Anwalt"; dazu oben S. 309, Anm. 4.

[6] Nach RG. E. 51, 220 (dem die Literatur überwiegend folgt) fallen darunter nicht gewerbsmäßige Rechtsagenten. Ich halte das für dogmatisch wie kriminalpolitisch verfehlt. Daß der „Rechtsbeistand" zugleich „Amtsträger" sei (so RG.), verlangt § 356 nicht. Die Stellung der Prozeßagenten aber ist nicht nach der Entstehungsgeschichte der StrGB., sondern nach heutigem Recht zu beurteilen. Die angebliche Straflosigkeit kann nur als ganz grober Mißstand bezeichnet werden. So auch im Falle des § 352, vgl. unten S. 323.

[7] D. h. in seiner Eigenschaft als Anwalt bzw. Rechtsbeistand; vgl. E. 62, 291ff.

[8] D. h. alle mitgeteilten E. 49, 343; auch die dabei bekanntgewordenen; vgl. oben S. 220/21 (zu § 300 StrGB.).

[9] Nicht nur Prozeß, sondern „jede rechtliche Angelegenheit, bei der mehrere Personen mit widerstreitenden rechtlichen Interessen beteiligt sind"; vgl. E. 62, 291, 157; 60, 299, 303; auch wenn es sich um verschiedene Prozesse handelt, vgl. E. 23, 60; selbstverständlich auch Strafsachen; vgl. E. 49, 343. — Die Treupflicht endigt zeitlich nicht mit der Erledigung der betr. Sache, sondern bleibt auch für die Zukunft eine dauernde; vgl. E. 62, 294.

[10] D. h. im entgegengesetzten Interesse; vgl. E. 62, 158/59; 62, 291 (Gegensatz evtl.: billige Einigung im beiderseitigen Interesse). Dazu Rechtsanwaltsordnung, 1. Juli 1878, § 31 Nr. 2; vgl. E. 60, 299. — Ein weitergehender Vertrauensmißbrauch oder eingetretener Schaden ist nicht erforderlich; vgl. E. 49, 344.

[11] Vgl. E. 62, 157/58 (und dort zitierte frühere). Also Komplexbegriffe, vgl. oben S. 138.

[12] Z. B. wegen wirksamer Einwilligung des früheren Auftraggebers, wegen kollidierender Pflichten; vgl. dazu das zit. RG.

so liegt nach allgemeinen Grundsätzen zu beurteilender Rechtsirrtum vor[1].

Erschwerte Strafe tritt ein (§ 356 Abs. 2), wenn der Täter „im Einverständnisse mit der Gegenpartei zum Nachteile seiner Partei handelt"[2]. —

Über Gebührenüberhebung (StrGB. § 352) vgl. unten S. 323.

V. **Verbrechen an Urkunden:** 1. Falschbeurkundung (StrGB. § 348 Abs. 1): Strafbar ist[3] „ein Beamter, welcher, zur Aufnahme öffentlicher Urkunden[4] befugt, innerhalb seiner Zuständigkeit vorsätzlich eine rechtlich erhebliche Tatsache falsch beurkundet[5] oder in öffentliche Register oder Bücher falsch einträgt"[6].

Zum Vorsatz gehört die Kenntnis derjenigen Tatumstände, aus denen sich die Eigenschaft als öffentliche Urkunde ergibt[7].

2. Unterdrückung (StrGB. § 348 Abs. 2): Strafbar[8] ist hiernach der Beamte, welcher eine ihm amtlich anvertraute[9] oder „zugängliche

---

[1] Von meinem Standpunkt wäre dann bei fahrlässigem Rechtsirrtum zu verurteilen, bei schuldlosem freizusprechen; vgl. oben S. 141.

Das RG. arbeitet auch hier mit seiner Irrtumslehre, wonach Strafrechtsirrtum gleichgültig ist, außerstrafrechtlicher aber den Vorsatz ausschließt (zur Kritik vgl. oben S. 140, Anm. 10). — E. 62, 157 erklärt den Begriff „dieselbe Rechtssache" für strafrechtlich, den Begriff der „Pflichtwidrigkeit" für außerstrafrechtlich; E. 62, 295 fordert in letzterer Richtung nähere Unterscheidung.

[2] Zuchthaus bis 5 Jahre.

[3] Strafe: Gefängnis nicht unter 1 Monat.

[4] Begriff und Beweiskraft der öffentlichen Urkunde ergeben sich aus ZPO. § 415, 417/18; vgl. E. 64, 331; 63, 149. Eine solche fehlt daher bei Nicht-Beachtung wesentlicher Formerfordernisse, E. 63, 126. Ebenso bei ausschließlich innerdienstlichen Zwecken dienenden Aufzeichnungen E. 64, 331 (und dort zitiert); 65, 33.

Die Befugnis zur Ausstellung öffentlicher Urkunden bestimmt sich nach Reichs- und Landesrecht und beschränkt sich nicht auf die eigentlichen Urkundsbeamten (Richter, Notare, Standesbeamte usw.); vgl. E. 63, 150; 42, 234; 22, 153.

[5] Es handelt sich also um inhaltlich unrichtige Beurkundung, nicht um Urkundenfälschung. Die Urkunde ist vielmehr echt (weil von dem angeblichen Aussteller wirklich herrührend) und unverfälscht (weil nicht inhaltlich unbefugt verändert). — Vgl. dazu StrGB. § 271, unten S. 347.

[6] Es sind dies lediglich Spezialfälle öffentlicher Urkunden; vgl. E. 64, 330. Beispiele: Grundbücher, Standesregister.

[7] Vgl. E. 63, 152; also Komplexbegriff, vegl. oben S. 138.

Teilnahme Dritter ist nach allgemeinen Grundsätzen strafbar (eigentliches Amtsdelikt, oben S. 312); vgl. dazu E. 63, 149. Bei Bestimmung eines getäuschten Beamten aber greift StrGB. § 271 ein; vgl. unten S. 347.

Gegenüber §§ 350/51 (Amtsunterschlagung) liegt Real- evtl. Idealkonkurrenz vor; E. 65, 104.

[8] Strafe: wie oben Anm. 3.

[9] Vgl. dazu E. 64, 2: Auf amtlicher Anordnung beruhende Herstellung der Verfügungsmacht (gleichgültig, zu welchem Zweck).

Urkunde vorsätzlich vernichtet, beiseite schafft, beschädigt[1] oder verfälscht"[2].

3. StrGB. § 349: Erschwerte Strafe greift im Falle des § 348 platz, wenn die Handlung „in der Absicht" begangen wird, „sich oder einem anderen einen Vermögensvorteil zu verschaffen oder einem anderen Schaden zuzufügen".

4. Über § 351 StrGB. (falsche Buchung bei Amtsunterschlagung) vgl. unten S. 323.

VI. **Bruch des Amtsgeheimnisses.** Das Amtsgeheimnis umfaßt grundsätzlich diejenigen, dem Beamten „vermöge seines Amtes bekannt gewordenen Angelegenheiten, deren Geheimhaltung ihrer Natur nach erforderlich oder von seinem Vorgesetzten vorgeschrieben ist"[3]. Strafbar sind folgende Fälle des Geheimnisbruchs:

1. **Verletzung des Postgeheimnisses** (StrGB. §§ 354/55): a) „Der Post anvertraute[4] Briefe oder Pakete": Strafbar ist hier (§ 354)[5] ein „Postbeamter"[6], der obige Gegenstände „in anderen, als den im Gesetze vorgesehenen Fällen eröffnet oder unterdrückt[7], oder einem anderen wissentlich[8] eine solche Handlung gestattet, oder ihm dabei wissentlich Hilfe leistet"[9].

---

[1] D. h. derart verändert, daß ihr Zweck, als Beweismittel zu dienen, beeinträchtigt wird; vgl. E. 63, 367.

[2] Vgl. dazu die verwandten Tatbestände der §§ 133 (oben S. 305), 274 Nr. 1 (unten S. 348). RG. E. 58, 335, nimmt gegenüber § 133 Idealkonkurrenz an; dasselbe muß gegenüber § 274[1] gelten. § 348 Abs. 2 ist danach eigentliches Amtsdelikt; vgl. oben S. 312. — ROSENBERG, Leipz. Komm., will hier im einzelnen unterscheiden; FRANK betrachtet § 348[2] als lex specialis.

[3] So Reichsbeamtengesetz 1873/1907 (18. Mai), § 11. Diese Begriffsbestimmung ist (vorbehaltlich etwaiger Sondervorschriften) allgemein anwendbar. Feststehende Rechtsprechung des RG.; vgl. näher E. 41, 9 (und dort zitierte).

[4] D. h. „durch Vermittlung einer von der Postverwaltung geschaffenen Einrichtung in die Verfügungsgewalt der Post gelangt"; E. 65, 89; E. 65, 146. 54, 228 (bis zur Ablieferung an den Adressaten).

[5] Strafe: Gefängnis nicht unter 3 Monaten; Nebenstrafe § 358.

[6] Gleichgültig, ob der Täter mit dem betr. Briefe dienstlich befaßt ist; entscheidend, daß er als Postbeamter die tatsächliche Möglichkeit der Verfügung hatte; vgl. E. 54, 228.

[7] D. h. dem Postverkehr, wenn auch nur vorübergehend, vorsätzlich entzieht; E. 52, 249.

Gegenüber Amtsunterschlagung evtl. Idealkonkurrenz; E. 59, 175; 58, 335. Ebenso betr. § 133 Abs. 2: E. 58, 234 (verschiedene Entscheidungen betr. 133 Abs. 1).

Das „Unterdrücken" ist eigentliches Amtsdelikt; E. 28, 102. Soweit im übrigen § 299 StrGB. vorliegt, ist uneigentliches Amtsdelikt gegeben; vgl. ROSENBERG, Leipz. Komm. § 354 Nr. 10. — Dazu oben S. 312.

[8] D. h. vorsätzlich; vgl. E. 28, 102; 35, 82.

[9] Der „Andere" kann in diesen Fällen nicht wegen Beihilfe nach § 354, wohl aber nach § 299 strafbar sein; vgl. v. LISZT, v. LISZT-SCHMIDT.

b) Einer Telegraphenanstalt bzw. Fernsprechanlage[1] anvertraute Depeschen bzw. Ferngespräche (§ 355 Abs. 1/2): Strafbar sind hier[2] Telegraphen- bzw. Fernsprechbeamte „oder andere mit der Beaufsichtigung und Bedienung einer zu öffentlichen Zwecken dienenden Telegraphenanstalt (Fernsprechanlage) betraute Personen." Strafbar ist zunächst das „Verfälschen". Der übrige Tatbestand entspricht wörtlich dem § 354 (oben Nr. a); hinter „unterdrücken" (vgl. oben) aber sind eingeschaltet die Worte „oder von ihrem Inhalt Dritte rechtswidrig benachrichtigen".

2. **Diplomatischer Verrat** (StrGB. § 353a)[3]: Sachlich handelt es sich hier um eine Ergänzung der Vorschriften über Landesverrat (vgl. oben S. 289). Strafbar ist[4]:

a) Verletzung der Amtsverschwiegenheit (Abs. 1): Täter ist „ein Beamter[5] im Dienste des Auswärtigen Amtes des Deutschen Reichs". Die Handlung besteht darin, daß dieser „die Amtsverschwiegenheit dadurch verletzt[6], daß er ihm amtlich anvertraute oder zugängliche Schriftstücke oder eine ihm von seinem Vorgesetzten erteilte Anweisung oder deren Inhalt anderen widerrechtlich[7] mitteilt".

b) Ungehorsam bzw. Täuschung (Abs. 2): Täter ist hier „ein mit einer auswärtigen Mission betrauter oder bei einer solchen beschäftigter Beamter". Die Tat besteht darin, daß dieser „den ihm durch seinen Vorgesetzten erteilten Anweisungen vorsätzlich zuwiderhandelt" oder daß er „in der Absicht, seinen Vorgesetzten in dessen amtlichen Handlungen irrezuleiten, demselben erdichtete oder entstellte Tatsachen berichtet".

VII. **Körperverletzung** (StrGB. § 340): Strafbar ist[8] „ein Beamter,

---

[1] Fassung des Gesetzes v. 19. Juni 1912; vgl. dazu ferner Gesetz über Fernmeldeanlagen v. 14. Jan. 1928 (RGBl. I, 8).

[2] Strafe: Gefängnis; Nebenstrafe § 358.

[3] Politisches Verbrechen; vgl. oben S. 293/94, 322. — Sog. Arnimparagraph; eingestellt durch die Novelle v. 1876 aus Anlaß des Prozesses gegen den früheren deutschen Botschafter Graf Arnim in Paris. Der Tatbestand des Abs. 2 greift über den Geheimnisverrat hinaus.

[4] Strafe: Gefängnis oder Geldstrafe, „sofern nicht nach anderen Bestimmungen eine schwerere Strafe verwirkt ist"; also insoweit subsidiär. Nebenstrafe vgl. § 358.

[5] Auch Unterbeamter; vgl. E. 41, 5 (Büroassistent).

[6] Zum Vorsatz gehört das Bewußtsein der Verletzung der Amtsverschwiegenheit; vgl. E. 41, 7/8.

[7] Das Wort ist überflüssig; denn wer die Amtsverschwiegenheit verletzt, handelt stets widerrechtlich; vgl. E. 41, 7; dazu oben S. 110, Anm. 12.

[8] Strafe: Gefängnis nicht unter 3 Monaten; bei mildernden Umständen Gefängnis oder Geldstrafe.

Falls die Körperverletzung eine schwere ist (vgl. § 224), Zuchthaus nicht unter 2 Jahren, bei mildernden Umständen Gefängnis nicht unter 3 Monaten.

Neben der Strafe bleibt Buße (§ 231) zulässig, vgl. E. 12, 224.

Nebenstrafe vgl. § 358.

welcher in Ausübung[1] oder in Veranlassung[2] der Ausübung seines Amtes vorsätzlich[3] eine Körperverletzung begeht oder begehen läßt"[4]. Die Tat ist erschwerter Spezialfall der Körperverletzung, also uneigentliches Amtsdelikt; vgl. oben S. 312.

VIII. **Freiheitsverbrechen: 1. Nötigung** (StrGB. § 339 Abs. 1)[5]: Strafbar ist[6] „ein Beamter, welcher durch Mißbrauch seiner Amtsgewalt[7] oder durch Androhung eines bestimmten Mißbrauchs derselben jemand zu einer Handlung, Duldung oder Unterlassung widerrechtlich nötigt." Hier wirkt die Eigenschaft als Beamter strafbegründend; also reines Amtsdelikt (oben S. 312).

2. **Freiheitsberaubung** (StrGB. § 341). Strafbar ist[8] „ein Beamter[9], welcher vorsätzlich, ohne hierzu berechtigt zu sein, eine Verhaftung oder vorläufige Ergreifung und Festnahme oder Zwangsgestellung vornimmt oder vornehmen läßt[10], oder die Dauer einer Freiheitsentziehung verlängert".

Es handelt sich hier begrifflich um Freiheitsberaubung (StrGB. § 239)[11], beschränkt auf bestimmte Fälle des Mißbrauchs der Amtsgewalt[12].

---

[1] D. h. als Beamter auftretend während amtlicher Tätigkeit; vgl. näher E. 17, 166 (Gegensatz hier: Akt bloßer Privatrache).

[2] D. h. in innerem Zusammenhang mit einer bestimmten Amtshandlung; diese muß den Anlaß zur Tat gegeben haben; vgl. E. 6, 20; sie kann auch in der Vergangenheit oder Zukunft liegen; vgl. E. 17, 166.

[3] Bei irrtümlicher Annahme einer die Körperverletzung rechtfertigenden Sachlage (hier betr. Züchtigungsrecht) fehlt der Vorsatz; vgl. E. 65, 265; oben S. 139, II, 3.

[4] Für letzteres genügt nach RG. nicht das bloße Unterlassen der Abhaltung Dritter, sondern es wird hier die Anstiftung und Beihilfe (§§ 48/49) des Beamten als selbständige Straftat unter erhöhte Strafe gestellt; vgl. E. 59, 86 (und dort zitierte). — Dagegen für Strafbarkeit der Unterlassung bei Rechtspflicht zum Handeln v. Liszt-Schmidt, Frank, Rosenberg, Leipz. Komm. M. E. mit Recht, sofern der Beamte hier die Körperverletzung gemäß den allgemeinen Grundsätzen über Kommissivdelikte durch Unterlassung „begeht"; vgl. oben S. 101/02.

[5] Vgl. dazu über den allgemeinen Tatbestand der Nötigung (§ 240 StrGB.) oben S. 205/06.

[6] Strafe: Gefängnis; der Versuch ist strafbar (vgl. Abs. 2); Nebenstrafe vgl. § 358.

[7] Mißbrauch der Amtsgewalt und damit zugleich widerrechtliche Nötigung liegt vor, wenn die Amtsgewalt nicht als Zwangsmittel für den vorliegenden Zweck eingesetzt werden darf; zum Vorsatz gehört das Bewußtsein dieser Sachlage. E. 60, 4; vgl. auch E. 56, 235, 417, 430.

Das Wort „widerrechtlich" ist demnach auch hier überflüssig; vgl. oben S. 321, Anm. 7.

[8] Strafe gemäß § 239 StrGB., jedoch mindestens 3 Monate Gefängnis; Nebenstrafe vgl. § 358.

[9] Gleichgültig, ob er überhaupt zu Freiheitsentziehungen befugt ist oder nicht; erforderlich aber ist Auftreten als Beamter; vgl. E. 27, 287.

[10] Vgl. dazu oben Anm. 4. [11] Vgl. oben S. 209.

[12] Vgl. E. 61, 241. Dazu über Mißbrauch und Vorsatz oben Anm. 7. Ferner E. 8, 104 betr. § 341 („der Beamte muß das Bewußtsein haben, die Grenzen seiner Befugnis zu überschreiten"). — Uneigentliches Amtsdelikt, oben S. 312.

3. **Hausfriedensbruch** (StrGB. § 342): Strafbar ist[1] „ein Beamter, der in Ausübung oder in Veranlassung[2] der Ausübung seines Amtes einen Hausfriedensbruch (§ 123) begeht“[3].

IX. **Vermögensverbrechen: 1. Amtsunterschlagung** (StrGB. §§ 350 und 351). a) Grunddelikt (§ 350)[4]: „Ein Beamter, welcher Gelder[5] oder andere Sachen, die er in amtlicher Eigenschaft empfangen[6] oder in Gewahrsam hat, unterschlägt“[7].

b) Erschwerter Fall[8]: Dieser liegt vor bei Verdeckung der Unterschlagung durch unrichtige Buchungen (StrGB. § 351)[9].

In beiden Fällen ist die Amtsunterschlagung uneigentliches Amtsdelikt[10].

2. **Erpressung** (StrGB. § 339 Abs. 3): Die Erpressung ist als Amtsverbrechen strafbar[11], wenn sie „auch ohne Gewalt oder Drohung, aber durch Mißbrauch der Amtsgewalt oder Androhung eines bestimmten Mißbrauchs derselben begangen ist“[12].

3. **Gebührenüberhebung.** a) § 352: Vorsätzliche Gebührenüberhebung durch einen Beamten, Rechtsanwalt oder sonstigen Rechts-

---

[1] Strafe: Gefängnis bis 1 Jahr oder Geldstrafe.

[2] Vgl. dazu oben S. 322, Anm. 1, 2.

[3] Vgl. oben S. 206/07. Der Tatbestand ist also lex specialis gegenüber § 123 StrGB., demnach uneigentliches Amtsdelikt; vgl. oben S. 312. — Gegenüber StrGB. § 123 Abs. 2 nahm E. 32, 402 Idealkonkurrenz an; heute ist dies m. E. überflüssig angesichts der herabgesetzten Strafdrohung in § 123².

[4] Strafe: Gefängnis nicht unter 3 Monate; daneben Ehrverlust zulässig. Der Versuch ist strafbar (§ 350 Abs. 2).

[5] Vermischung des empfangenen mit eigenem Gelde ist Unterschlagung, wenn sie mit dem Vorsatz der Aneignung erfolgt; vgl. E. 26, 439.

[6] Entscheidend dafür ist nach RG. E. 65, 88 „der beiderseits erkennbar gemachte Vertragswille, das Geld der öffentlichen Verwaltung im Bereiche ihres Dienstbetriebes zu Händen ihres Beamten — gleichviel ob dieser zur Annahme an sich zuständig oder verpflichtet war — zu übergeben oder anzuvertrauen“ (teilweise enger E. 65, 40). In der Literatur bestehen stellenweise Meinungsverschiedenheiten; vgl. die Kommentare.

[7] Vgl. dazu über Unterschlagung oben S. 248/49. — Sie liegt auch dann vor, wenn spätere Deckung aus eigenem Vermögen beabsichtigt war; E. 64, 415.

[8] Strafe: Zuchthaus bis 10 Jahre, bei mildernden Umständen Gefängnis nicht unter 6 Monate.

[9] Die Fassung des Gesetzes ist unbeholfen kasuistisch: „Hat der Beamte in Beziehung auf die Unterschlagung die zur Eintragung oder Kontrolle der Einnahmen oder Ausgaben bestimmten Rechnungen, Register oder Bücher unrichtig geführt, verfälscht oder unterdrückt, oder unrichtige Abschlüsse oder Auszüge aus diesen Rechnungen, Registern oder Büchern oder unrichtige Belege zu denselben vorgelegt, oder ist in Beziehung auf die Unterschlagung auf Fässern, Beuteln oder Paketen der Geldinhalt fälschlich bezeichnet.“

[10] Vgl. E. 65, 105; dazu oben S. 312. — Gegenüber §§ 348², 349 StrGB. besteht Real- bzw. Ideal-, nicht Gesetzeskonkurrenz; E. 65, 103.

[11] Strafe gemäß § 253 StrGB.

[12] Vgl. dazu oben S. 322, Anm. 7.

beistand[1]. Strafbar[2] ist der Täter, „wenn er Gebühren oder Vergütungen erhebt, von denen er weiß[3], daß der Zahlende sie überhaupt nicht oder nur in geringerem Betrage verschuldet".

b) Im gleichen Falle ist nach § 353 Abs. 1 der Kasseneinnehmer[4] bei Erhebung von Abgaben[5] strafbar, wenn er „das rechtswidrig Erhobene ganz oder zum Teil nicht zur Kasse bringt"[6].

4. **Leistungsverkürzung** (§ 353 Abs. 2): „Gleiche Strafe trifft den Beamten, welcher bei amtlichen Ausgaben von Geld oder Naturalien vorsätzlich und rechtswidrig Abzüge macht und die Ausgaben als vollständig geleistet in Rechnung stellt."

X. Über die Strafbarkeit des **Amtsvorgesetzten** (§ 357) vgl. oben S. 312/13.

Kapitel IV.

Verbrechen gegen die Rechtspflege.

§ 83. Verbrechensanzeige, Anschuldigung, Begünstigung usw.

I. **Unterlassene Verbrechensanzeige** (StrGB. § 139)[7]: Die Tat ist reines Unterlassungsdelikt (Omissivdelikt)[8]. Die Strafbarkeit ist

---

[1] „Welcher Gebühren oder andere Vergütungen für amtliche Verrichtungen zu seinem Vorteile zu erheben hat." Beamte solcher Art sind z. B. Notare (E. 30, 249), Gerichtsvollzieher (E. 40, 378). Zum Begriff des „Rechtsbeistands" vgl. oben S. 318, Anm. 8.

[2] Strafe: Geldstrafe oder Gefängnis bis 1 Jahr. Der Versuch ist strafbar. — Nebenstrafe § 358.

[3] Nach RG. genügt dolus eventualis; vgl. E. 16, 364 (Gegensatz: Annahme, zu der Erhebung berechtigt zu sein); vgl. betr. Vorsatz auch E. 30, 249. — Gegen dolus eventualis insbes. BINDING, FRANK, ROSENBERG.

Gegenüber Betrug stehen §§ 352/53 evtl. in Idealkonkurrenz; vgl. E. 65, 55.

[4] „Ein Beamter, welcher Steuern, Gebühren oder andere Abgaben für eine öffentliche Kasse zu erheben hat"; vgl. dazu E. 41, 91; 52, 165.

[5] „Steuern, Gebühren oder andere Abgaben"; vgl. E. 41, 91.

[6] Strafe: Gefängnis nicht unter 3 Monate; Nebenstrafe: § 358.

[7] Geschichte: Über Unterlassungsdelikte allgemein oben S. 100, Anm. 9; näher Strafr. II, 154/56. Der Tatbestand unterlassener Verbrechensanzeige tritt kasuistisch im römischen Recht (bei Staats- und Münzverbrechen, Nächstenmord, Entführung) auf; vgl. näher Strafr. I, 71[12], MOMMSEN, 91, 98. Auch das deutsche Mittelalter zeigt einzelne Fälle (so Gotteslästerung, vgl. HIS, Strafr. 1928, S. 107). Die Carolina schweigt; Ausdehnung erfolgte im gemeinen Recht. Wichtig dann Preuß. Landrecht II, 20, §§ 80—82. Das RStrGB. schließt an das Preußische (§ 39) sowie die meisten Landesrechte des 19. Jahrhunderts an (vgl. Motive, Reichstagsvorlage, S. 63).

[8] Vgl. oben S. 100. Strafbarkeit wegen Kommissivdelikts durch Unterlassung (z. B. Verursachung des Todes, des Brandes) ist nur möglich, wenn im Einzelfalle eine weitere besondere Rechtspflicht zum Hindern bestand; vgl. oben S. 102; Strafr. II, 157 (herrschende Ansicht); E. 64, 276.

beschränkt auf folgende Verbrechen: Hochverrat[1], Landesverrat, Münzverbrechen (nicht Vergehen), Mord, Raub (§§ 249—251), Menschenraub (§ 234) oder „ein gemeingefährliches Verbrechen"[2]. Bestrafung tritt dabei nur ein, „wenn das Verbrechen oder ein strafbarer Versuch desselben begangen worden ist"[3].

Unter diesen Voraussetzungen ist strafbar, „wer[4] von dem Vorhaben"[5] eines solchen Verbrechens[6] „zu einer Zeit, in welcher die Verhütung des Verbrechens möglich ist[7], glaubhafte Kenntnis erhält[8] und es unterläßt[9], hiervon der Behörde oder der durch das Verbrechen bedrohten Person[10] zur rechten Zeit Anzeige zu machen"[11].

Ergänzungen zu § 139 geben das Sprengstoffgesetz (1884, § 13, unten S. 382), das Spionagegesetz (1914, § 9, oben S. 291), das Republikschutzgesetz (1930, § 2, oben S. 293).

II. **Falsche Anschuldigung** (StrGB. §§ 164/65)[12]. Strafbar ist

---

[1] Nach überwiegender Ansicht nur die §§ 80—82 StrGB.

[2] Also StrGB. Abschn. 27, §§ 306ff. (aber nicht Vergehen). Dagegen nicht § 265 StrGB.; vgl. E. 56, 96.

[3] Objektive Bedingung der Strafbarkeit (also in dieser Richtung weder Kausalzusammenhang noch Schuld erforderlich); vgl. dazu oben S. 148, näher Strafr. II, 379/80.

[4] D. h. Jeder, der nicht an der Tat beteiligt ist; vgl. RG. E. 64, 276; 63, 218; 60, 254/56 (Beteiligung ist auch bloße Mitwirkung an der Vorbereitung). Anzeigepflichtig sind auch nahe Angehörige; vgl. E. 2, 57; 64, 276 (anders evtl. bei Notstand, E. 43, 344). Dagegen selbstverständlich nicht der Bedrohte (als die geschützte Person; vgl. oben S. 169, III, 1).

[5] D. h. von dem ernstlichen Plan, gleichgültig, ob dieser bereits endgültig feststand; vgl. E. 60, 254. — Ist das Verbrechen begrifflich vollendet, so besteht fortdauernde Anzeigepflicht bei Dauerverbrechen; E. 63, 106 (hier StrGB. § 315).

[6] Gleichgültig ist, wenn ein solcher Tatbestand vorliegt, die Strafbarkeit des konkreten Täters (daher insbes. Unzurechnungsfähigkeit, Jugend); streitig.

[7] D. h. wo die Anzeige die Behörde bzw. den Bedrohten noch rechtzeitig erreichen würde; E. 43, 348.

[8] Dafür ist die Feststellung erforderlich, daß der Unterlassende mit der Ausführung der Tat rechnete (nicht genügend, daß er damit hätte rechnen müssen); E. 64, 370. — Also Vorsatz, nicht Fahrlässigkeit.

[9] Nach RG. E. 45, 395 genügt fahrlässige Unterlassung (streitig, überwiegende Ansicht).

[10] D. h. derjenigen, gegen die sich der Angriff unmittelbar richten soll (Verletzter im Sinne des § 61 StrGB.); vgl. E. 43, 344. — Bei den Delikten gegen allgemeine Interessen (Hoch- und Landesverrat, Münzverbrechen, auch gemeingefährliche Delikte) besteht Anzeigepflicht nur gegenüber der Behörde; vgl. E. 43, 346/47.

[11] Anzuzeigen ist der Verbrechensplan, auch wenn der Täter noch nicht feststeht; E. 60, 254.

[12] Geschichte: Falsche Anklage ist im römischen (calumnia) wie im älteren deutschen Rechte strafbar (vgl. näher Strafr. I, 195 Anm. 2, His, Strafr. 1928, 136), stellenweise hier auch falsche Anzeige (His, 138). Die Carolina (Art. 110) enthält den Sonderfall öffentlicher Schmähschrift solchen Inhalts (vgl. Strafr. I, 181, 195). Ausdehnung erfolgte im gemeinen Recht; wichtig dann Preuß.

(§ 164)[1], „wer bei einer Behörde[2] eine Anzeige macht[3], durch die er jemand wider besseres Wissen[4] einer strafbaren Handlung oder der Verletzung einer Amtspflicht beschuldigt“[5].

Ihrem Wesen nach ist die falsche Anschuldigung ein eigenartiges selbständiges Delikt gegen die Rechtspflege[6], zugleich Gefährdung der Interessen des fälschlich Bezichtigten[7].

III. **Begünstigung** (StrGB. §§ 257/58)[8]: 1. Das Wesen der Begün-

---

Landrecht II, 20, §§ 1431—34 (hier noch die Talion als Strafe; Stellung im Abschnitt: Von Eigennutz und Betrug). Selbständige systematische Stellung und Regelung wie heute brachte das Preuß. StrGB. 1851, §§ 133/34 (erst 1850 in der II. Kammer erfolgte Trennung von der Verleumdung; vgl. GOLTD. Mat. II, 258).

[1] Strafe: Gefängnis nicht unter 1 Monat; daneben evtl. Ehrverlust.

Dem Verletzten ist auf Kosten des Schuldigen die Befugnis zur öffentlichen Bekanntmachung der Verurteilung zuzusprechen (Art und Frist bestimmt das Urteil) sowie Ausfertigung des Urteils zu erteilen (§ 165).

Prozessual ist die Entscheidung über die falsche Anschuldigung auszusetzen, „so lange ein infolge der Anzeige eingeleitetes Verfahren anhängig ist“ (§ 164 Abs. 2). Diese Vorschriften entsprechen denen bei der Beleidigung: vgl. § 200 Abs. 1, 3 (oben S. 219); § 191 (oben S. 215, Anm. 1). RG. E. 53, 290 betrachtet die öffentliche Bekanntmachung als Nebenstrafe.

[2] Vgl. oben S. 299, Anm. 6. — Dazu E. 39, 359: Schutzleute als Beamte des unteren Polizeidienstes sind nicht „Behörde“. Entscheidend ist daher hier erst die vom Anzeigenden gewollte Weitergabe an die Polizeibehörde. — In Betracht kommen nur deutsche Behörden, E. 60, 317 (betr. rechtswidrig besetztes Gebiet).

[3] Die „Anzeige“ muß aus eigenem Antrieb, freiwillig und einseitig, erfolgen; E. 61, 373; E. 58, 231 (daher nicht unter behördlicher Befragung, um sich selbst zu entlasten), vgl. dazu auch E. 42, 18.

[4] dolus directus, nicht eventualis; E. 32, 303; vgl. oben S. 137, Anm. 2.

[5] Dazu E. 21, 101: Die Anzeige muß objektiv unwahr sein und nach ihrem Inhalt eine strafbare Handlung (bzw. Verletzung der Amtspflicht) enthalten. Das ist der Fall auch dann, wenn Schuld- bzw. Strafausschließungs- oder Strafaufhebungsgründe nicht mitgeteilt werden. Dagegen nicht bei Anzeige einer nicht strafbaren Tat (hier § 247).

Die Anzeige muß sich ferner gegen eine bestimmte, erkennbare Person richten; vgl. RG. Leipz. Z. 24, 1930, S. 1503.

Nicht unter den Tatbestand fällt nach herrschender Ansicht falsche Selbstbeschuldigung; vgl. E. 59, 34 (strafbar ist aber nach RG. Anstiftung eines Dritten zu falscher Anschuldigung des Anstifters; m. E. unzutreffend, vgl. oben S. 169, III, 2).

[6] So auch die herrschende Ansicht wie das RG.; vgl. E. 59, 34. Deshalb ist auch Idealkonkurrenz mit Verleumdung (§ 187 StrGB.) möglich; E. 53, 208 (daher § 188, Buße, anwendbar).

Ferner folgt daraus, daß Einwilligung des Angezeigten die Rechtswidrigkeit nicht ausschließt; herrschende Ansicht; E. 59, 34; dagegen insbes. FRANK.

[7] Deshalb § 165; vgl. oben Anm. 1, Abs. 2.

[8] Geschichte: Das römische Recht der Kaiserzeit straft extra ordinem die den Räubern und Dieben gewerbsmäßig Unterkunft gewährenden Wirte (receptor, receptator); vgl. MOMMSEN, 775. — Im deutschen Recht erscheint die Begünstigung als eigenartiges schweres Verbrechen; vgl. näher Strafr. I, 119 (fränkisch), 150 (Mittelalter); HIS, Strafr., 1928, 28ff. — Seit den Italienern

stigung besteht in der Unterstützung des Verbrechers nach begangener Tat. Damit grenzt sich die Begünstigung als eigenartiges, selbständiges Delikt gegen die Rechtspflege einerseits scharf von der Teilnahme[1], andererseits von der Sachhehlerei ab[2].

Je nachdem die Begünstigung den Zweck verfolgt, den Verbrecher der Bestrafung zu entziehen oder ihm die Vorteile des Verbrechens zu sichern, unterscheidet man persönliche und sachliche Begünstigung.

2. Das StrGB. (§ 257) umfaßt — mit Recht — beide Fälle[3]: Strafbar ist (§ 257), „wer nach Begehung eines Verbrechens oder Vergehens dem Täter oder Teilnehmer wissentlich Beistand leistet, um denselben der Bestrafung zu entziehen oder um ihm die Vorteile des Verbrechens oder Vergehens zu sichern"[4].

a) Die Vortat muß strafbar[5], und zwar Verbrechen oder Ver-

und der Rezeption wird die Begünstigung als sog. nachfolgende Teilnahme (Beihilfe) betrachtet; so auch offenbar in der Carolina (Art. 177; vgl. näher Strafr. I, 207). Diese Auffassung beherrscht noch die Landesrechte des 19. Jahrhunderts, auch das Preuß. StrGB. 1851, § 37. Erst unser Reichsrecht hat bewußt damit gebrochen, im Anschluß an die neuere Wissenschaft („selbständiges Vergehen, delictum sui generis, wenn auch von akzessorischer Natur"; vgl. Motive zum StrGB., Reichstagsvorlage, S. 77); dazu Strafr. II, 490/91. — Siehe auch oben S. 265, Anm. 7.

[1] Jede Art von Teilnahme ist ihrem Wesen nach Mitverursachung des Erfolges, d. h. Setzen von Bedingungen für dessen künftigen Eintritt. Im Gegensatz dazu besteht die Begünstigung in Förderung des Verbrechers nach begangener Tat; vgl. auch E. 58, 14; E. 57, 353.

[2] Der Begünstiger handelt zum Zweck der Unterstützung des Verbrechers, auch falls er dadurch außerdem eigenen Vorteil erstrebt; vgl. unten S. 329/30. Der Sachhehler (§ 259) macht sich eine strafbare Vortat selbst zunutze; vgl. näher oben S. 265ff.; dazu E. 54, 133 (betr. Idealkonkurrenz oben S. 269, Anm. 5).

Höchst ungeschickt ist daher die Verwertung des Wortes „Hehler" in StrGB. § 258 (in Wahrheit schwere Begünstigung); vgl. unten S. 331.

[3] Die Entwürfe seit 1913 behandeln nur die persönliche Begünstigung (sog. „Strafvereitelung") als Delikt gegen die Rechtspflege, die sachliche als Vermögensdelikt. Vgl. Strafr. II, 491. Aber auch die sachliche Begünstigung fällt zweifellos unter den Begriff der Hemmung der staatlichen Rechtspflege; so scharf auch RG. E. 58, 292; 55, 19; 54, 133; 50, 366. Der zu sichernde „Vorteil" braucht nicht einmal ein Vermögensvorteil zu sein; vgl. unten S. 330, Anm.

[4] Strafe: Geldstrafe oder Gefängnis bis 1 Jahr; bei Handeln um eigenen Vorteils willen Gefängnis; „die Strafe darf jedoch der Art oder dem Maße nach keine schwerere sein, als die auf die Handlung selbst angedrohte" (eine verständige kriminalpolitische Bewertung des Verhältnisses zur Haupttat). Zu vergleichen sind dabei die gesetzlichen Strafrahmen beider Delikte; vgl. E. 54, 96.

Straflos bleiben Angehörige (§ 52 Abs. 2), aber nur bei persönlicher Begünstigung (§ 257 Abs. 2); persönlicher Strafausschließungsgrund, vgl. oben S. 149.

[5] Dazu gehört auch Rechtswidrigkeit und Schuld; E. 58, 290 (alle äußeren und inneren Merkmale). Ausnahme: Jugendgerichtsgesetz, 1923, § 4; oben S. 130, Anm. 4. Bei Antragsdelikten nach RG. auch der Strafantrag; E. 57, 81; E. 40, 393 (da sonst

gehen[1] (nicht Übertretung) sein; entweder vollendetes Delikt[2] oder strafbarer Versuch[3].

Zum Vorsatz des Begünstigers hinsichtlich der Vortat ist erforderlich und ausreichend das Bewußtsein ihrer Strafbarkeit[4] bei Kenntnis derjenigen Tatumstände, nach denen sie sich juristisch als Verbrechen oder Vergehen darstellt[5]; dolus eventualis genügt[6].

b) Ausführungshandlung ist das „wissentliche", d. h. vorsätzliche[7] Beistandleisten. Dafür ist erforderlich und ausreichend eine Handlung, die objektiv geeignet und subjektiv bestimmt ist, dem Vortäter (hinsichtlich Bestrafung bzw. Sicherung der Vorteile) eine günstigere Lage zu verschaffen. Daß dies Ziel erreicht wurde, ist nicht notwendig[8]. Denn das Gesetz betrachtet bereits das Beistandleisten als Vollendung des Delikts[9].

kein verfolgbarer Strafanspruch vorliege). Über die Strafbarkeit der Vortat ist nach E. 58, 290 im jetzigen Prozeß selbständig zu entscheiden (frühere Freisprechung nicht bindend).

Die Begünstigung selbst ist kein Antragsdelikt (Ausnahme § 257, Abs. 3, unten S. 330, Anm. 4); E. 57, 81. Die Literatur nimmt ganz überwiegend Antragdelikt an, wenn die Vortat ein solches war (unter Berufung auf StrGB. §§ 63, 247³). Für das RG. Lobe, Leipz. Komm. § 257 I.

1 Nach RG. genügt urteilsmäßige Feststellung dieser Alternative, daher auch wahlweise Feststellung; vgl. E. 58, 290 (Unterschlagung, Hehlerei, Untreue); dazu oben S. 73.

2 Maßgebend ist der Augenblick der juristischen Vollendung; von da ab ist Begünstigung möglich, auch wenn das Delikt tatsächlich noch nicht abgeschlossen ist (Dauerdelikt, Kollektivdelikt); geht im letzteren Falle der Wille des Begünstigers zugleich auf Förderung der Fortsetzung, so ist in Idealkonkurrenz Beihilfe gegeben; vgl. E. 58, 13; 50, 219. — Die Begünstigung erstreckt sich beim fortgesetzten bzw. Kollektivdelikt nur auf die Einzelhandlungen, hinsichtl. deren der Begünstiger tätig wurde; E. 57, 81; dazu Strafr. II, 545.

3 So schon die Motive, Reichstagsvorlage, S. 77. — Bei der sachlichen Begünstigung muß der Versuch naturgemäß dem Täter bereits „Vorteile" gebracht haben, um deren Sicherung es sich handelt; so in E. 50, 219 (Fahnenflucht); E. 53, 284 (Diebstahl). — Über evtl. Idealkonkurrenz mit Beihilfe vgl. die vorige Anm.

4 Denn sonst handelt er nicht, „um" den Täter „der Bestrafung" zu entziehen bzw. ihm die Vorteile eines „Verbrechens oder Vergehens" zu sichern; vgl. E. 55, 127; 53, 342; 50, 219. — Analogie oben S. 111 bei Anm. 1.

Bei irrtümlicher Annahme strafbarer Vortat liegt begrifflich untauglicher Versuch vor; dahingestellt in E. 64, 131.

5 Vgl. E. 58, 290; also insoweit Komplexbegriff, vgl. oben S. 138. In der Literatur besteht teilweise Streit.

Nicht erforderlich ist nähere Kenntnis, um welches Delikt es sich handelt; Irrtum darüber gleichgültig; vgl. E. 53, 342; 50, 219. Dazu oben Anm. 1.

6 Vgl. E. 55, 126 (möglicherweise gestohlene Sache); 53, 342 (Rechnen mit der Möglichkeit schweren Diebstahls).

7 Auch hier genügt dolus eventualis; vgl. E. 55, 126.

8 Ebensowenig Kenntnis oder Einwilligung des Vortäters; E. 36, 78.

9 Feststehende Rechtsprechung des RG.: Vgl. E. 58, 13 (Verbotener Waffenbesitz; auf Wunsch des Inhabers ermittelt der Begünstiger einen Dritten, der

Beistandsleistung durch Unterlassen ist nur bei besonderer Rechtspflicht zum Handeln strafbar[1]. Ob mehrere Beistandshandlungen in Realkonkurrenz stehen oder als fortgesetztes Delikt erscheinen, bestimmt sich nach allgemeinen Grundsätzen[2].

c) Die Begünstigung ist Absichtsdelikt[3]. Erstrebter Zweck[4] ist Strafvereitelung oder Vorteilssicherung[5]. Beide Fälle können

die Waffen wegschaffen und verwahren soll; vorher aber werden sie beschlagnahmt). Dazu das RG.: Beistandsleistung erfordert „nichts weiter, als daß die Handlung des Begünstigers an sich geeignet ist, den von ihm erstrebten Erfolg herbeizuführen, auch wenn sie im gegebenen Falle nicht dazu geführt hat" (E. 35, 128; 36, 76; 16, 157). — Vgl. ferner E. 58, 129, 155; — E. 50, 366 (objektive Eignung erforderlich. Wesen der Tat — so schon wiederholte Urteile — „eine zur selbständigen Straftat erhobene Versuchshandlung"). — E. 46, 74 (abgeschlossene Zeugenaussage im Ermittlungsverfahren; gleichgültig dann nachfolgende Änderung unter dem unerwarteten Zwang der Beeidigung).

Anscheinend enger E. 55, 179: Maßgebend, ob die Sicherung des Vortäters „tatsächlich bereits erhöht war". Nach dem Tatbestand aber lag hier m. E. nur Vorbereitung der Beistandshandlung vor (die Täter wurden auf dem Wege zum Tatort abgefaßt).

Die Literatur fordert teilweise, daß die Lage des Vortäters tatsächlich günstiger gestaltet ist; vgl. insbes. v. Liszt, v. Liszt-Schmidt, Frank.

[1] Das folgt aus allgemeinen Grundsätzen; oben S. 101/02. So auch das RG.; vgl. E. 57, 242 (verneint Rechtspflicht des Vermieters zur Hinderung der Unterbringung gestohlener Sachen); E. 54, 41 (verneint bei bloßer Verweigerung von Auskunft gegenüber Polizeibeamten; hier aber unrichtige Angaben); E. 53, 108 (bejaht Pflicht des Zugführers, zugleich Bahnpolizeibeamten, zur Meldung von Diebstahl).

[2] Vgl. E. 57, 307.

[3] Analog Diebstahl, Betrug, Erpressung. „Um ... zu", also Absicht im technischen Sinne; oben S. 236, Anm. 11. Vgl. auch E. 57, 75; E. 55, 126 (möglich dabei die Verfolgung verschiedener Zwecke durch dieselbe Tat, nebeneinander wie alternativ; letzterenfalls strafrechtlich entscheidend die für den wirklich vorliegenden Fall gehegte Absicht); E. 54, 351 (der erstrebte Zweck der Begünstigung braucht nicht der einzige zu sein); E. 53, 179 (hinter dem unmittelbaren Zweck der Begünstigung steht evtl. der entferntere der Erlangung eigenen Vorteils).

[4] Der selbstverständlich nicht erreicht zu sein braucht.

[5] „Entziehung" der Bestrafung, sei es der Verurteilung oder der Vollstreckung (auch vorübergehende, E. 16, 204). Voraussetzung ist selbstverständlich rechtswidriges Handeln; daher z. B. nicht (vgl. E. 40, 393) erlaubte Zeugnisverweigerung, Einwirkung auf Unterlassung eines Strafantrags. Wohl aber wissentlich unwahres Gnadengesuch (E. 35, 128), Verbüßung einer Freiheitsstrafe für einen anderen (E. 8, 367).

Stark umstritten ist der Fall der Bezahlung einer Geldstrafe für einen Dritten. Während das Preuß. Obertribunal noch 1878 (Oppenhoff, Rechtsprechung 20, 122ff.) die Strafbarkeit verneinte, bejahte das RG. (E. 30, 232) sie für den Fall, daß die Zahlung lediglich auf Kosten des Gebers (ohne Ersatzanspruch, schenkungshalber) erfolgt, falls Zweck der Tat (nicht bloß vorgestellte Folge) die Strafvereitelung, also die Beseitigung des Strafübels, war. (Hier: Versprechen der Zahlung etwaiger Geldstrafen an den verantwortlichen Redakteur und später entsprechende Zahlung).

Kritik: Die (vom RG. nicht hervorgehobene) Eigenart dieses Falles, die tatsächlich den entscheidenden Zweck der Strafvereitelung ergibt, liegt m. E. in der Zusage der Zahlung der Geldstrafe für künftige Delikte. Bei Zahlung zusammentreffen[1]. Erschwerter Fall ist die Begünstigung zugleich zwecks eigenen Vorteils (§ 257 Satz 1, zweiter Teil)[2].

3. Straflos ist Selbstbegünstigung[3].

4. Als Sondertatbestand[4] behandelt das Gesetz die vor Begehung der Tat zugesagte Begünstigung. Die Begünstigung ist hier „als Beihilfe zu bestrafen"[5], auch bei Angehörigen (§ 257 Abs. 3).

---

erkannter Geldstrafen sind ganz regelmäßig andere Motive maßgebend, insbes. Hilfe bei Mittellosigkeit. Solche Hilfe zu hindern, hat der Staat kein Interesse, sie ist keine rechtswidrige Strafentziehung. Andernfalls würde auch nur der harmlose, anständige Mensch bestraft; der minder harmlose würde das Geld ausleihen und die Schuld später nicht einklagen. Daß aber ein Verurteilter Geld leihen darf, um zahlen zu können (und nicht sitzen zu müssen), ist selbstverständlich. Die gegenteilige Ansicht führt überdies dahin, daß Zahlung von Geldstrafe bei Verbrechen und Vergehen (vgl. § 257) strafbar wäre, bei Übertretungen nicht. Vgl. ferner unten § 101, Nr. V.

Nach Preßgesetz 1874, §§ 16, 18[1] ist strafbar die öffentliche Aufforderung zur Aufbringung von Geldstrafen und Kosten sowie die öffentliche Bescheinigung darüber.

Sicherung der „Vorteile des Verbrechens oder Vergehens" liegt nur vor, wenn ein durch die Vortat selbst widerrechtlich erlangter Vorteil — also das Ergebnis der Vortat selbst, nicht dessen weiterer Erlös — zugunsten des Vortäters, zuungunsten des Verletzten, gegen Wiederentziehung gesichert werden soll. Vgl. E. 60, 278; E. 58, 117, 129, 155, 336; E. 55, 19; 54, 133. Dazu betr. Sachhehlerei oben S. 266, Anm. 3 Abs. 2.

Die Vortat braucht kein Vermögensdelikt zu sein (vgl. E. 54, 133); ebensowenig der erlangte, jetzt zu sichernde Vorteil ein Vermögensvorteil; vgl. E. 50, 220 (Hilfe nach Fahnenflucht); E. 25, 265.

Vermögensvorteil fordert insbes. v. Liszt, v. Liszt-Schmidt; dagegen die überwiegende Ansicht.

[1] Beispiel: Der Begünstiger verbirgt den Dieb und die gestohlenen Sachen. Vgl. auch E. 50, 220. — Wahlweise Feststellung ist zulässig, vgl. E. 58, 290; dazu oben S. 73.

[2] „Seines Vorteils wegen"; vgl. dazu E. 53, 179, oben S. 329, Anm. 3. Strafe: oben S. 327, Anm. 4. Beispiel: Begünstigung gegen Bezahlung.

Zum Begriff: E. 58, 16 (Handeln und Eigennutz; mittelbarer Vorteil genügt); ferner näher oben S. 269 (zu § 259), S. 313 (betr. Bestechung). Der Vorteil braucht also auch hier kein vermögensrechtlicher zu sein.

[3] Vgl. E. 65, 335; 63, 375. — Auch wenn sie zugleich Begünstigung eines andern ist: E. 63, 233; 60, 102.

Nach RG. aber ist strafbar die Anstiftung zur Selbstbegünstigung (Bestimmung eines Dritten zur Begünstigung des Vortäters); vgl. E. 60, 346 (und dort zitierte). Zur Kritik oben S. 169, III, 2.

[4] Vgl. E. 57, 347; 49, 381 ff.

[5] Die Vorschrift ermöglicht insbes. strengere Bestrafung der Begünstigung bei schweren Vordelikten. Vorher zugesagte Begünstigung ist regelmäßig besonders gefährlich und schuldhaft.

Zur Auslegung vgl. insbes. E. 49, 381 ff. (anschließend an E. 8, 317): Sachlich ist die vorher zugesagte Begünstigung in jeder Hinsicht als Beihilfe zu behandeln (obwohl sie begrifflich keine solche ist). Sie nimmt daher teil an den Strafausschließungs- und Antragserfordernissen der Haupttat, wirkt (z. B. bei Diebstahl) rückfallsbegründend. — Ferner E. 16, 376: Erscheint die vorherige Zusage zugleich

5. Schwere Begünstigung (fälschlich sog. „Personenhehlerei")[1], (StrGB. § 258): Hier wird die Begünstigung um des eigenen Vorteils willen[2] (der S. 330, oben behandelte Fall) bei bestimmten Vordelikten mit teilweise schwererer Strafe bedroht[3]. Die begrifflich falsche Bezeichnung als „Hehlerei" bedeutet ferner, daß in diesen Fällen die weiteren Straferschwerungen der §§ 260—262 eingreifen[4].

IV. **Strafbare Gerichtsberichte:** Wahrheitsgetreue Berichte über Gerichtsverhandlungen sind grundsätzlich erlaubt[5]. Strafbar aber folgende Fälle:

1. Bei Ausschluß der Öffentlichkeit wegen Gefährdung der Sittlichkeit sittlich anstößige Berichte (StrGB. § 184b); vgl. näher oben S. 234. Ferner bei Ausschluß wegen Gefährdung der Staatssicherheit jeder Verhandlungsbericht durch die Presse[6].

2. Das Preßgesetz, 1874, § 17, verbietet die Veröffentlichung der Anklageschrift oder anderer amtlicher Schriftstücke eines Strafprozesses, bevor sie in öffentlicher Verhandlung kundgegeben worden sind oder das Verfahren sein Ende erreicht hat[7].

als Anstiftung zur Vortat, so konsumiert die Anstiftung die Begünstigung (Gesetzeskonkurrenz). Vgl. auch E. 55, 127 (das Urteil muß ergeben, zu welchem Delikt die „Beihilfe" geleistet wurde). — Betr. Strafantrag vgl. auch E. 57, 81, oben S. 327, Anm. 5.

[1] Die verfehlte Verwertung des Wortes „Hehler" in § 258 erklärt sich geschichtlich; vgl. näher E. 49, 382.

Das RG. betrachtet § 258 als einen aus § 257 ausgeschiedenen Sondertatbestand mit der Folge, daß zwischen § 258 und 257 Abs. 3 (vgl. oben den Text Nr. 4) Idealkonkurrenz möglich sei. Vgl. E. 57, 347 (im erklärten Gegensatz zu E. 49, 381; der damals erkennende Senat erklärte sich einverstanden).

[2] Auch bei Angehörigen; vgl. § 258 letzter Absatz.

[3] Vordelikt: § 258 Nr. 1: einfacher Diebstahl oder Unterschlagung; Strafe: Gefängnis (also wie in § 257). — Nr. 2: Schwerer Diebstahl, Raub oder gleich zu bestrafendes Verbrechen (§§ 252, 255); Strafe: Zuchthaus bis 5 Jahre, bei mildernden Umständen Gefängnis nicht unter 3 Monate.

Zum Vorsatz noch § 258 gehört Kenntnis der Strafbarkeit und derjenigen Tatumstände, die die Eigenschaft als Diebstahl usw. begründen; dolus eventualis genügt: E. 53, 342. Vgl. oben S. 328.

[4] Gewerbs- und Gewohnheitsmäßigkeit, Rückfall, Nebenstrafen; vgl. dazu oben S. 269 (zu § 259).

[5] Vgl. oben S. 125; näher Strafr. II, 266/67.

[6] Ges. v. 5. Apr. 1888 (RGBl. S. 133) Art. III (auch nach Beendigung des Verfahrens ist danach verboten die Veröffentlichung der Anklagschrift oder anderer amtlicher Schriftstücke des Prozesses); bei gerichtlicher Auferlegung des Schweigegebots (GVG. § 174 Abs. 2) ferner jede Verletzung der Pflicht der Geheimhaltung durch unbefugte Mitteilung (Art. II). Strafe: Geld oder Haft oder Gefängnis bis 6 Monate.

Dieselben Grundsätze gelten neuestens nach Verordnung des Reichspräsidenten (gemäß Verf. Art. 48) v. 9. März 1932 (RGBl. I, 124/25) bei Ausschluß der Öffentlichkeit wegen Gefährdung eines wichtigen Geschäfts- oder Betriebsgeheimnisses.

[7] Strafe (§ 18 Nr. 1): wie vorige Anm.

3. Über Spionagegesetz § 11 vgl. oben S. 292 Nr. 8.

V. **Unwahre Entschuldigung bei Gericht:** Strafbar ist gemäß StrGB. § 138, wer als Zeuge, Sachverständiger[1], Geschworener oder Schöffe berufen, „eine unwahre Tatsache als Entschuldigungsgrund vorschützt"[2].

VI. Über **Amtsverbrechen** gegen die Rechtspflege vgl. oben S. 315—319.

§ 84. Die Eidesverbrechen.

I. Sachlich handelt es sich bei den Eidesverbrechen darum, daß Personen, die zur Auskunft vor Behörden, insbes. vor Gericht, verpflichtet sind, unter Eid (bzw. an Eidesstatt) vorsätzlich oder fahrlässig **unwahre Angaben machen.** Die Wirkung solcher Angaben besteht in der Verfälschung des Beweisergebnisses, auf dem die Entscheidung der Behörde beruht, damit in der Gefahr unrichtiger amtlicher Entscheidung in Rechtsangelegenheiten. Es handelt sich also um Verbrechen gegen die Rechtspflege[3] auf dem Gebiete des

---

[1] Bei gesetzlicher Pflicht zum Erscheinen.

[2] Nach RG. auch nachträglich, zwecks Vermeidung der Ordnungsstrafen für Nichterscheinen (die nach § 138 Abs. 3 unberührt bleiben); vgl. E. 29, 315. Strafe: Gefängnis bis 2 Monate.

[3] So unsere heutige Kulturauffassung; vgl. z. B. Begründung zum Vorentw. 1909, S. 529.

Geschichtlich ist hervorzuheben: Der Parteieid als Reinigungseid vor Gericht ist eine allgemeingeschichtliche Erscheinung älterer Kulturperioden; vgl. oben S. 11; näher Strafr. I, 52[7]. Im römischen Recht ist er nicht mehr vorhanden (vgl. dort), im germanischen steht er in voller Blüte (vgl. oben S. 21; näher Strafr. I, 107).

Das römische Recht stellt von alters her falsches Zeugnis im Kapitalprozeß (in der Kaiserzeit auch falsche Anzeige) dem Morde gleich (vgl. Mommsen, 635); dazu Strafr. I, 64[5]. Sonstiges falsches Zeugnis ist als falsum nach der lex Cornelia (Sulla) strafbar; Mommsen, 675[4], Strafr. I, 64[7]. Meineid wird nur in einzelnen Fällen bestraft; vgl. Mommsen, 681.

Nach deutscher Auffassung verfällt der Meineidige dem Götterzorn; die Bußen der fränkischen Volksrechte sind noch gering. Unter kanonischem Einfluß (Verstoß gegen die Zehn Gebote) wird dann der Meineid zum Religionsdelikt; vgl. Hinochius, Kirchenrecht, V, 184; mein Strafr. I, 83[3], 85. Als (spiegelnde) Strafe erscheint seit den Karolingischen Kapitularien Handverlust, später insbes. Verlust der Schwurfinger; vgl. Strafr. I, 116/17; 135[3, 4]; His, Strafr. 1928, S. 112/13.

An diesen Rechtszustand schließt die Carolina an, bedroht aber weitergehend den Meineid in peinlicher Sache mit der Strafe der Talion (vgl. Art. 107, eingestellt als Religionsdelikt zwischen Gotteslästerung und Zauberei; dazu näher Strafr. I, 180).

Seit der Aufklärung zeigt sich Abkehr von der religiösen Auffassung. Im Preuß. Landrecht II, 20, §§ 1405ff. erscheint der Meineid als erschwerter Betrug. Andere (zu unbestimmte) Auffassungen sind die als Verstoß gegen Treu und Glauben (so noch die Preuß. Entwürfe v. 1835/36; vgl. Goltd, Mat. II, 225) sowie als Fälschungsverbrechen (weitverbreitet).

Beweisrechts. Auch der religiöse Einschlag, den der Eid heute noch grundsätzlich hat[1], dient lediglich der Sicherheit des Beweisergebnisses.

II. Sprachlich sind wir gewohnt, den vorsätzlichen **Meineid** vom fahrlässigen sog. **Falscheid** zu unterscheiden.

Das Gesetz trennt beim Meineid den Parteieid (StrGB. § 153)[2] vom Zeugen- und Sachverständigeneid (§ 154)[3], stellt dabei gewisse Beteuerungsformen dem Eide gleich (§ 155)[4] und behandelt ferner als minder strafwürdig die falsche Versicherung an Eidesstatt (§ 156)[5]. Beim Falscheid (§ 163)[6] nimmt es auf diese Tatbestände (§§ 153—156) Bezug; der objektive Tatbestand ist also auch hier derselbe.

---

[1] „Bei Gott dem Allmächtigen und Allwissenden"; „so wahr mir Gott helfe"; vgl. ZPO. § 481; StrPO. § 63. Seit Reichsverfassung v. 1919 Art. 177 kann der Schwörende die religiöse Eidesform weglassen und lediglich erklären: „ich schwöre".

[2] Vgl. § 153: „Wer einen ihm zugeschobenen, zurückgeschobenen oder auferlegten Eid wissentlich falsch schwört." Strafe: Zuchthaus bis 10 Jahre; Nebenfolgen (§ 161) unten S. 338.

[3] § 154: Wer „vor einer zur Abnahme von Eiden zuständigen Behörde wissentlich ein falsches Zeugnis oder ein falsches Gutachten mit einem Eide bekräftigt oder den vor seiner Vernehmung geleisteten Eid wissentlich durch ein falsches Zeugnis oder ein falsches Gutachten verletzt".

Also Erwähnung von Nacheid und Voreid. Ursprünglich hatten unsere Prozeßordnungen den Voreid, nur in besonderen Fällen den Nacheid. Auf Grund der wissenschaftlichen Reformbewegung wurde durch Gesetz v. 1909 im Zivilprozeß für Zeugen der Nacheid eingeführt (ZPO. § 392; bei Sachverständigen besteht die Wahl, ZPO. § 410). Im Strafprozeß scheiterte die Reform, weil die Entwürfe einer neuen StrPO. (1909 usw.) nicht Gesetz wurden. So haben wir hier heute noch grundsätzlich den Voreid, eine Unstimmigkeit im Prozeßrecht; vgl. StrPO. §§ 61 ff., 79.

Strafe nach § 154: wie § 153, oben Anm. 2.

Erschwerter Fall aber (§ 154 Abs. 2): wenn „das falsche Zeugnis oder Gutachten in einer Strafsache zum Nachteile eines Angeschuldigten abgegeben" und dieser zum Tode, zu Zuchthaus oder Freiheitsstrafe über 5 Jahre verurteilt ist; dann Zuchthaus nicht unter 3 Jahren. Also objektive Bedingung höherer Strafbarkeit; vgl. oben S. 148, Anm. 1.

[4] § 155 Nr. 1: Mitglieder von Religionsgesellschaften, denen besondere Beteuerungsformeln an Stelle des Eides gesetzlich gestattet sind; vgl. auch ZPO. § 484, StrPO. § 65 (in Preußen die Mennoniten und Philiponen).

Nr. 2: Versicherung unter Berufung auf früher in derselben Angelegenheit geleisteten Eid, auch (beim Sachverständigen) auf ein für allemal geleisteten Eid; vgl. ZPO. § 398, 402, 410; StrPO. §§ 66, 67, 72, 79.

Nr. 3: Amtliche Versicherung eines Beamten unter Berufung auf seinen Diensteid; reichsrechtlich nur zugelassen in ZPO. § 386 Abs. 2 (Glaubhaftmachung bei Zeugnisverweigerung); dagegen nicht in StrPO. § 56 (hier eidliche Versicherung). Dazu E. 25, 99 (betr. Disziplinarverfahren): Ist Versicherung auf den Diensteid nicht gesetzlich als Ersatz des Eides zugelassen, so ist sie strafrechtlich bedeutungslos.

[5] § 156: „Wer vor einer zur Abnahme einer Versicherung an Eidesstatt zuständigen Behörde eine solche Versicherung wissentlich falsch abgibt oder unter Berufung auf eine solche Versicherung wissentlich falsch aussagt." Strafe: Gefängnis von 1 Monat bis 3 Jahre.

[6] Strafe: Gefängnis bis 1 Jahr.

III. **Objektiv** erfordert der Meineid bzw. Falscheid eine unwahre beeidete Aussage vor einer zur Abnahme von Eiden zuständigen Behörde. Entsprechendes gilt für die Versicherung an Eidesstatt.

1. Niemals unwahr ist eine Aussage, die der Wirklichkeit entspricht[1]. Im übrigen bedarf die Wahrheit der Aussage in Zweifelsfällen evtl. der näheren Auslegung nach Sinn, Zweck und Zusammenhang[2].

Hinsichtlich der verschiedenen Fälle ist hervorzuheben:

a) Beim Parteieid (§ 153)[3] wird lediglich der von der Behörde festgesetzte Wortlaut (Eidessatz) beschworen, sonstige Tatsachen kommen nicht in Betracht[4].

b) Der Zeuge bzw. Sachverständige schwört unter dem Vorbehalt „soviel er wisse" bzw. „soviel er verstehe"; andererseits ist er zu „genauer und vollständiger" Darlegung seines Wissens und Verstehens verpflichtet[5], und zwar auf Grund gewissenhafter Überlegung[6]. Entspricht die Aussage diesen Anforderungen,

---

[1] Beispiel E. 37, 395: Die der Wirklichkeit entsprechende Angabe, etwas gegenwärtig nicht zu wissen, ist deshalb kein Falscheid; vgl. auch E. 59, 344. — Über untauglichen Versuch bei Meineid vgl. unten S. 336, Anm. 3.

[2] Lehrreiches Beispiel E. 63, 50: Parteieid; streitig die Frage, ob es zum Kaufabschluß kam. Die Partei beschwört, daß sie nicht am 1. Febr. einen zweijährigen Stier verkauft habe. Sie bestreitet dann den Meineid, weil der Stier noch nicht volle 2 Jahre alt war und der Verkauf einige Tage vor dem 1. Febr. stattfand. Mit vollem Recht bejaht das RG. hier den Meineid. — Umgekehrt wäre zu entscheiden, wenn der Kauf feststand und streitig das genaue Alter des Tieres bzw. das genaue Datum des Kaufabschlusses war. Vgl. auch E. 59, 343.

[3] Wortlaut des Gesetzes oben S. 333, Anm. 2.

Beim Parteieid handelt es sich vor allem um die Fälle der ZPO. §§ 445ff. (zugeschoben bzw. zurückgeschoben), §§ 475ff. (auferlegt), ferner um den Editionseid bei Urkunden (§ 426) und den Offenbarungseid (auferlegte Eide) vgl. ZPO. §§ 807, 883 (auch KonkO. § 125, VerglO. § 61, BGB. § 259ff.).

Auferlegte Eide finden sich auch in der sonstigen Gesetzgebung; vgl. z. B. E. 3, 70 (Eid auf der deutschen Gesandtschaft in Amerika); E. 61, 228 (Verklarungseid des Schiffers). Dagegen fällt ein durch Parteivergleich beschlossener Eid (sog. Kompromißeid) nicht unter das Strafgesetz; E. 5, 95.

[4] Daher ist das Verschweigen solcher kein Eidesdelikt; vgl. E. 59, 344.

Im übrigen ist hier zu unterscheiden zwischen Wahrheits- und Überzeugungseid (vgl. dazu ZPO. § 459). Der Wahrheitseid ist objektiv richtig, wenn die beschworene Tatsache mit der Wirklichkeit übereinstimmt, sonst objektiv falsch. Beim Überzeugungseid gilt das im folgenden für den Zeugen- bzw. Sachverständigeneid Gesagte.

[5] So treffend E. 65, 27 (Ergebnis: Der Steuerpflichtige „macht die Angaben nach bestem Wissen und Gewissen, wenn er nichts anderes weiß und versteht, als das, was er angibt"). — Vgl. dazu die Fassung der Eidesworte in StrPO. §§ 62, 79, ZPO. §§ 392, 410.

[6] Vgl. StrPO. und ZPO. (vorige Anmerkung). Dazu auch E. 63, 371 (Nachdenken, evtl. Benutzung vorhandener Hilfsmittel, Würdigung — nicht Nachahmung — anderer Aussagen); E. 42, 236; 37, 395. Über analoge Anwendung auf Versicherung an Eidesstatt E. 63, 232.

so ist sie rein[1], andernfalls falsch, soweit sie von der Wirklichkeit abweicht.

2. Die Eidesabnahme muß vor einer zuständigen Behörde erfolgen. Dafür ist erforderlich allgemeine Zuständigkeit zur Eidesabnahme in einer Sache solcher Art (nicht notwendig im vorliegenden Fall) und ferner Abnahme durch einen zur Vertretung der Behörde bei solchen Amtsgeschäften berufenen Beamten[2]. Gleichgültig sind dann bloß formelle Verstöße[3], gleichgültig auch, ob der Aussagende nach StrPO. § 57 Nr. 1 bis 3 „unbeeidigt zu vernehmen" gewesen wäre[4].

Versicherung an Eidesstatt fällt entsprechend unter § 156, „wenn sie sich auf einen Gegenstand erstreckt, über den ihre Abgabe vor dieser Behörde zulässig ist"[5].

IV. Zur **Schuld** gehört beim Meineid Vorsatz, beim Falscheid Fahrlässigkeit.

---

[1] D. h. sie entspricht zwar möglicherweise nicht der Wirklichkeit, wohl aber den Anforderungen der Rechtsordnung, ist also objektiv rechtmäßig.

Der Grund liegt darin, daß hier auch für den gewissenhaftesten Menschen Schranken bestehen. Eine der Wirklichkeit entsprechende Aussage setzt dreierlei voraus: 1. richtige Wahrnehmung, 2. richtiges Gedächtnis, 3. richtige Wiedergabe. In allen drei Richtungen bestehen breite natürliche Fehlerquellen. Für richtige Wiedergabe ferner ist geradezu entscheidend die gute oder schlechte Art der Vernehmung. Allgemein grundlegend ist hier StrPO. § 69 (so mit Recht E. 65, 273), ZPO. § 396. — Abschreckende Beispiele unbrauchbarer Vernehmung vgl. in E. 65, 273; 62, 147. Sehr mit Recht stellt sich hier das RG. in E. 65, 273 auf den Standpunkt, daß bei gröblich unrichtiger, den Inhalt der Aussage verfälschender Art der Vernehmung überhaupt kein Zeugnis im Rechtssinne vorliege.

Daß die betr. Tatsache rechtlich erheblich war, ist nicht erforderlich. Bei Unerheblichkeit aber können leicht Vorsatz bzw. Fahrlässigkeit fehlen; E. 61, 430; 10, 338.

Als Einzelheit ist hervorzuheben: Der Eid des Zeugen erstreckt sich (gemäß StrPO. § 68, ZPO. § 395) auch auf die Personalfragen (vgl. E. 60, 408; 12, 128), derjenige des Sachverständigen dagegen nicht (StrPO. § 79, ZPO. § 410); will man dies im Einzelfalle, so ist Beeidigung auch als Zeuge erforderlich; E. 20, 235.

[2] Vgl. E. 65, 207 (hier verneint für eine Referendarin).

[3] Vgl. E. 65, 207 (Fehlen des Urkundsbeamten); ebenso E. 38, 103. Bedenklich weitgehend E. 62, 147.

[4] Vgl. E. 36, 278ff., Vereinigte Strafsenate (sehr eingehendes Urteil in dem Sinne: bloße Beweisregel wegen Verdachts der Unglaubwürdigkeit; die Zurechnungsfähigkeit des Täters bestimmt sich nach materiellem Strafrecht).

Gegen diese Auffassung vielfach die Literatur (der Eidesunmündige, § 57 Nr. 1, könne keinen Meineid leisten); so z. B. v. Liszt, Frank.

[5] Vgl. E. 62, 120. Gegensatz: „gesetzlich unstatthafte oder rechtlich völlig wirkungslose" Versicherung. So im Strafprozeß hinsichtlich des Beweises des Verbrechens; zulässig dagegen bei prozessualen Feststellungen (hier: Aussetzung des Verfahrens); vgl. auch z. B. E. 47, 394. Über die Zulässigkeit im übrigen entscheidet das Reichs- und Landesrecht; vgl. z. B. E. 17, 209 (bejaht für die Preuß. Universitäten und die Univ. Rostock in Promotionsangelegenheiten).

1. Als Vorsatz genügt dolus eventualis[1]. Vorsätzlich unrichtig ist die Aussage, wenn sie bewußt von der vorhandenen Kenntnis des Schwörenden abweicht[2]. Weicht sie zugleich von der objektiven Wirklichkeit ab, so ist der Meineid vollendet; entspricht die dieser, hielt also der Aussagende eine objektiv richtige Angabe für unwahr, so liegt (untauglicher) Versuch vor[3].

2. Fahrlässigkeit (Falscheid, § 163) liegt vor, wenn die Aussage der Wirklichkeit nicht entspricht und dies darauf beruht, daß der Täter die objektiv erforderliche und ihm persönlich mögliche Sorgfalt vernachlässigte[4], also nicht auf Grund gewissenhafter Prüfung und Überlegung aussagte[5].

---

[1] Das Gesetz sagt „wissentlich"; dazu allgemein oben S. 137. Die obige Auslegung folgt hier zwingend daraus, daß sogar die Fahrlässigkeit strafbar ist. — Für dolus eventualis auch E. 61, 159 (zu § 153); 53, 220 (zu § 159). So auch überwiegend die Literatur, z. B. FRANK. Dagegen v. LISZT; v. LISZT-SCHMIDT (ohne zureichende Begründung, wohl die obige Sachlage übersehend).

[2] Bewußt unrichtiges Behaupten, Entstellung, Unterdrückung wesentlicher Tatsachen. Vgl. dazu E. 65, 27; ferner z. B. die bewußt unwahre Behauptung sicheren Wissens; vgl. E. 37, 395.

Entspricht andererseits die Aussage der Kenntnis des Täters, so fehlt der Vorsatz. Der Schwur ist dann nicht vorsätzlich „falsch" (§§ 153/54), es fehlt also Kenntnis dieses Tatbestandsmerkmals (gleichgültig aus welchem Grunde). So im Ergebnis auch E. 65, 27 (vgl. näher oben S. 334, Anm. 5; siehe auch E. 65, 207, unten, Anm. 3).

Das RG. unterscheidet leider auch hier bei Rechtsirrtum mehrfach zwischen strafrechtlichem und außerstrafrechtlichem. Letzteren (also mangelnden Vorsatz) nahm — im Ergebnis richtig — an: E. 61, 430 (irrtümliche Annahme, daß der Eid sich nicht auf die betr. — nach Ansicht des Täters unerhebliche — Tatsache beziehe, Prozeßirrtum); E. 60, 75 (Offenbarungseid; unterlassene Angabe einer Hypothekenfrage; Zivilrechtsirrtum). Zur Kritik vgl. oben S. 140, Anm. 10; näher Strafr. II, 331/33.

[3] So auch z. B. v. LISZT; dagegen z. B. FRANK, v. LISZT-SCHMIDT (Mangel an Tatbestand).

Ebenso, wenn der Schwörende die nicht zuständige Behörde für zuständig hielt; E. 65, 207 (weil die Zuständigkeit Tatbestandsmerkmal). Entsprechend bei Benutzung einer unzulässigen Beteuerungsformel; E. 58, 302 (unzulässige Berufung auf früher geleisteten Eid).

Im übrigen ist zum Versuch des Meineids hervorzuheben: Der Versuch (Anfang der Ausführung) beginnt beim Voreid mit der Abgabe falscher Aussage, beim Nacheid mit Beginn der Eidesleistung; E. 54, 120. Beim Voreid liegt mit dem Abschluß der Vernehmung (nicht erst der sonstigen Beweisaufnahme) Vollendung vor, E. 23, 26; Versuch ist daher hier nur als nicht beendeter (oben S. 153) möglich; E. 22, 263.

[4] Vgl. näher oben S. 143/44.

[5] So bereits die Motive zum StrGB. (Reichstagsvorlage S. 65). Vgl. auch E. 65, 27. Eingehend E. 63, 371: Hier insbes. Betonung, daß Kausalzusammenhang zwischen mangelnder Überlegung und dem unrichtigen Ergebnis festgestellt werden muß. Weiter, daß das erforderliche Nachdenken zwar häufig zur Beseitigung des Irrtums genügt, nicht aber gegenüber festeingewurzelten Vorstellungen; daß das Gedächtnis durch Aufregung, Angetrunkenheit, Mißhandlungen ohne

In neuerer Zeit wurde die Bestrafung fahrlässigen Eides mehrfach bekämpft. Die Entwürfe haben sie mit Recht beibehalten[1].

V. **Teilnahme:** Mittäterschaft ist beim Meineid nicht möglich, weil jede Eidesleistung eine selbständige ist[2]. Über mittelbare Täterschaft vgl. unten S. 339, Anm. 6.

VI. **Eidesnotstand; Widerruf.** 1. Notstand (StrGB. § 157)[3]: Das Gesetz berücksichtigt beim Meineid strafmildernd[4] die Zwangslage des Zeugen bzw. Sachverständigen, der durch eine wahre Aussage sich selbst[5] oder solche Personen belasten würde, hinsichtlich deren er die Aussage ablehnen durfte[6].

Schuld des Täters getrübt sein kann; daß abweichende Aussagen anderer zwar zu überlegen, aber das eigene Wissen zu bekunden ist. — Über die Unmöglichkeit beliebiger Anspannung des Gedächtnisses vgl. ferner E. 42, 236 (andererseits: Pflicht, sich „zu besinnen", nicht „vorschnell und leichtfertig" auszusagen): E. 26, 134; 25, 123. — Über schuldlosen Rechtsirrtum E. 46, 143 (Offenbarungseid); über Fahrlässigkeit bei Aussage als sicher bzw. „nach sorgfältiger Prüfung und Erkundigung" E. 37, 395. — Bei Zweifel über Vorsatz bzw. Fahrlässigkeit ist selbstverständlich nur wegen Fahrlässigkeit zu verurteilen; E. 41, 389.

[1] Es wäre eine schwere Gefährdung der Rechtssicherheit, grundsätzlich unrichtig und auch für gesundes Volksrechtsbewußtsein nicht verständlich, wenn das Strafrecht auf das Erfordernis gewissenhafter Aussage verzichten würde.

[2] Vgl. E. 61, 199 (deshalb Realkonkurrenz bei Anstiftung eines anderen und eigenem Meineid); E. 37, 93.

[3] Auch das RG. verwertet diesen zutreffenden Ausdruck; vgl. E. 63, 174.

[4] „Die an sich verwirkte Strafe" ist auf $^1/_2$ bis $^1/_4$ zu ermäßigen. Kritik: Eine unbeholfene Methode; denn sie erfordert zunächst Ausmessung der im Einzelfalle verwirkten Strafe unter der Fiktion mangelnden Notstands und dann erst dessen nachträgliche Berücksichtigung; vgl. dazu E. 60, 289; 59, 25. Bei versuchtem Meineid ist die verwirkte Versuchsstrafe weiter gemäß § 157 zu mildern; E. 65, 207; 63, 174.

[5] § 157 Nr. 1: „Wenn die Angabe der Wahrheit gegen ihn selbst eine Verfolgung wegen eines Verbrechens oder Vergehens nach sich ziehen konnte."

Dazu reiche Rechtsprechung des RG. Ich hebe hervor: Die Fassung des Gesetzes ist objektiv; gleichgültig daher, ob der Aussagende dies wußte bzw. dadurch beeinflußt wurde; E. 65, 273; 62, 55. — Die Gefahr muß in einem Zugeständnis hinsichtlich einer in der Vergangenheit liegenden Tat bestehen; E. 64, 42; 62, 211 (auch StrGB. § 49a; E. 64, 375).

Es genügt wesentlicher Beitrag zum Verdacht durch die Aussage, E. 64, 72; auch in Verbindung mit anderen Momenten, E. 62, 192. Aber nicht jede entfernte Möglichkeit, sondern eine solche, mit der nach der Lebenserfahrung als wesentlich für die Aussage zu rechnen ist; E. 62, 55. — Betr. Anstiftung E. 61, 199 (bedenklich).

Bei freiwilligem Rücktritt vom Versuch Straflosigkeit (§ 46), nicht § 157[1]; E. 62, 406.

[6] § 157 Nr. 2: „Wenn der Aussagende die falsche Aussage zugunsten einer Person, rücksichtlich welcher er die Aussage ablehnen durfte, erstattet hat, ohne über sein Recht, die Aussage ablehnen zu dürfen, belehrt worden zu sein."

Zum Ablehnungsrecht vgl. StrPO. §§ 52, 53, 55; ZPO. §§ 383—385.

Betr. „Belehrung" ist hervorzuheben: Allein entscheidend ist ihr Unterbleiben trotz Ablehnungsrechts, auch wenn sie gesetzlich nicht vorgeschrieben

2. Rechtzeitiger Widerruf[1] wirkt beim Meineid (bzw. bei eidesstattlicher Versicherung) strafmildernd (StrGB. § 158)[2], beim Falscheid als Strafaufhebungsgrund (§ 163 Abs. 2)[3]. Der Tatbestand stimmt in beiden Fällen wörtlich überein[4].

VII. **Nebenfolgen** (StrGB. § 161): 1. Neben „jeder Verurteilung wegen Meineids", d. h. gemäß StrGB. § 153 bis 155, ist auf Aberkennung der bürgerlichen Ehrenrechte zu erkennen (Abs. 1); „in den Fällen der §§ 156 bis 159" kann darauf erkannt werden (Abs. 2)[5].

2. Neben jeder Verurteilung wegen Meineids[6] ist „außerdem auf die dauernde Unfähigkeit des Verurteilten, als Zeuge oder Sachverständiger eidlich vernommen zu werden, zu erkennen"[7].

ist; gleichgültig, ob der Täter das Ablehnungsrecht kannte; vgl. E. 60, 107.— Genügend ist Belehrung über das Recht zur Verweigerung der Aussage, auch wenn sie hinsichtl. des Eidesweigerungsrechts unterblieb; E. 62, 142 (Wortlaut des Gesetzes; ferner sachlich: wer freiwillig aussagt, muß wahrheitsgemäß aussagen). — Bei wiederholter Vernehmung muß erneute Belehrung erfolgen; E. 62, 207. — Belehrung fehlt, wenn sie sich unrichtigerweise nur auf einen, nicht auch auf den anderen Mitangeklagten erstreckte; E. 65, 31.

[1] Hier ist ausnahmsweise tätige Reue bei vollendetem Delikt berücksichtigt; vgl. dazu oben S. 155, Anm. 9.

[2] Strafermäßigung wie bei § 157; vgl. oben S. 337, Anm. 4.

[3] Vgl. dazu oben S. 149.

[4] Widerruf, „bevor eine Anzeige gegen ihn erfolgt oder eine Untersuchung gegen ihn eingeleitet und bevor ein Rechtsnachteil für einen anderen aus der falschen Aussage entstanden ist". Der Widerruf muß erfolgen „bei derjenigen Behörde, bei welcher er sie (die Aussage) abgegeben hat".

Dazu ist hervorzuheben: Das RG. legt die Vorschrift, ihrem Zweck gemäß, absichtlich weit aus; vgl. E. 64, 218; 61, 123.

Im einzelnen: a) Es genügt, wenn der Widerruf auf Vorhalt der Unrichtigkeit erfolgt; E. 60, 160; dagegen nicht nur teilweiser Widerruf E. 59, 87. — b) Für die Rechtzeitigkeit ist maßgebend der Augenblick, wo der Widerruf der Behörde zugeht, nicht erst die Kenntnisnahme; E. 61, 123 (Einwurf in den Gerichtsbriefkasten). — c) Anzeige ist jede Strafanzeige bei einer Behörde; E. 61, 373 (daher auch Antrag auf Sühneversuch bei der Vergleichsbehörde). — d) Untersuchung: d. h. wegen der falschen Bekundung wegen Verdachts der Eidesverletzung; E. 64, 217. — e) Rechtsnachteil ist jede ungünstige Änderung der Rechtslage. Darunter fällt auch bereits die Einleitung eines Strafverfahrens. Mitverursachung genügt; E. 60, 160. — f) Dieselbe Behörde: auch dann, wenn es sich einerseits um Zivilprozeß, andererseits um Strafprozeß handelt; E. 60, 160; auch die Staatsanwaltschaft bei Berufung, E. 64, 218.

Ist bereits Strafermäßigung nach § 157 eingetreten, so führt der Widerruf nicht zu nochmaliger Herabsetzung des Strafrahmens, sondern ist nur Strafzumessungsgrund; E. 64, 218.

[5] Eidesstattliche Versicherung (156); Notstand (157); Widerruf (158); versuchte Anstiftung (159; vgl. unten).

[6] Auch hier nur §§ 153—155. Die §§ 157, 158 werden in Abs. 1 ausdrücklich ausgenommen. Dasselbe gilt sinngemäß für § 159; vgl. näher E. 2, 93.

[7] Nicht Nebenstrafe, daher auch bei Idealkonkurrenz mit anderem Delikt anzuwenden. Vgl. näher E. 60, 285. — Unzutreffend hier die Kennzeichnung als „polizeiliche Sicherungsmaßregel". Es handelt sich um eine selbständige, eigenartige Rechtsfolge kriminellen Unrechts; vgl. unten S. 435, Anm. 5.

VIII. **Sondertatbestände:** 1. Verleitung zum Meineid (§ 159)[1]: „Wer es unternimmt[2], einen anderen zur Begehung eines Meineides zu verleiten“[3].

Das Gesetz stellt hier, mit Rücksicht auf ihre besondere Gefährlichkeit, bereits die versuchte Anstiftung zum Meineid unter Strafe, die sonst nach allgemeinen Grundsätzen (oben S. 164, IV Nr. 1) straflos wäre[4].

2. Verleitung zu unrichtiger Aussage (§ 160): „Wer einen anderen zur Ableistung eines falschen Eides verleitet“[5]. Hier handelt es sich darum, daß nach der Vorstellung des Verleitenden ein objektiv unrichtiger Eid geschworen werden soll, der aber kein vorsätzlicher Meineid ist[6]. Die Vollendung des Delikts tritt erst mit der falschen eidlichen Aussage ein. Der Versuch ist strafbar[7].

[1] Strafe: Zuchthaus bis 5 Jahre; bei falscher Versicherung an Eidesstatt Gefängnis bis 1 Jahr.

[2] D. h. versucht; vgl. insbes. E. 42, 266ff. (eingehendes Urteil); E. 60, 68. Dazu oben S. 155.

[3] D. h. zu bestimmen; vgl. oben S. 169. — Dazu die Motive, Reichstagsvorlage S. 65: „Das Wort ‚verleiten‘ ist beibehalten worden, da es hinreicht, um die einzelnen Fälle der Anstiftung zu erschöpfen.“

[4] So ausdrücklich die Motive zum StrGB., Reichstagsvorlage S. 65. — Ebenso, feststehend, das RG., vgl. z. B. E. 15, 259; neuerdings E. 64, 223: Kommt es auf Grund der Verleitung zum vorsätzlichen Meineid (bzw. strafbaren Versuch), so entfällt § 159 (Kritik: straflose Vortat) vgl. oben S. 180.

Im übrigen ist § 159 stets anwendbar, wenn der Bestimmende einen vorsätzlichen Meineid erstrebt (vgl. E. 64, 223), also insbes. auch, wenn der andere bereits zur Tat entschlossen war oder überhaupt nichts tut (Beispiel: Er wirft den Verleiter hinaus). Deshalb auch dann, wenn der andere weitere Handlungen vornimmt, die kein vorsätzlicher Meineid sind, z. B. als Unzurechnungsfähiger (was der Verleiter nicht weiß) schwört oder einen fahrlässigen Eid leistet. Hier bleibt also § 159 (nicht § 160 mit seiner viel milderen Strafe) gegeben; vgl. auch RG. Jur. Wochenschr. 46, 108 (1917), Jur.-Ztg. 31, 86 (1926).

Wirkt A auf B ein, daß dieser X zum Meineid bestimmen solle, und B unternimmt dies gemäß § 159, so ist A wegen Anstiftung zum Sonderdelikt des § 159 strafbar. Tut B nichts, so fehlt eine Haupttat gemäß § 159, A bleibt daher straflos. Streitig; RG. E. 15, 261 nimmt hier vollendetes „Unternehmen“ gemäß § 159 an; ebenso weitere in E. 45, 286 zit. Urteile (E. 45, 286 läßt die dort nicht entscheidende Frage dahingestellt).

[5] Strafe: Gefängnis bis 2 Jahre, evtl. Ehrverlust. Bei Versicherung an Eidesstatt Gefängnis bis 6 Monate.

[6] Also insbes. Bestimmung getäuschter, wenn auch evtl. fahrlässig handelnder Personen; vgl. E. 64, 223; 61, 221; 34, 431; 25, 213.

Begrifflich liegt hier mittelbare Täterschaft des Meineids vor; aber das wußte man 1870 noch nicht. Und auch heute noch wird es von denen bestritten, die mittelbare Täterschaft bei sog. eigenhändigen Delikten verneinen; so beim Meineid auch E. 61, 199. Vgl. dazu oben S. 166, 167 Nr. 5; näher Strafr. II, 475[2, 4]. — Angesichts der ausdrücklichen Sondervorschrift des § 160 scheidet die Anwendung der Grundsätze über mittelbare Täterschaft beim Meineid aus.

[7] Er beginnt erst mit dem Augenblick der Irreführung dessen, der schwören soll; vgl. eingehend E. 45, 282ff.

3. Sog. Eidesbruch (§ 162): „Wer vorsätzlich einer durch eidliches Angelöbnis bestellten Sicherheit oder dem in einem Offenbarungseide gegebenen Versprechen zuwiderhandelt[1]. Es sind dies seltene Fälle[2].

IX. Das Gebiet der Eidesdelikte ist **reichsrechtlich geregelte Materie** (Einf.-Ges. StrGB. § 2)[3], landesrechtliche Bestrafung anderer Fälle, insbes. uneidlicher falscher Aussage vor Behörden, daher ungültig[4].

X. Lebhaft erörtert aber wurde der Gedanke, die **falsche uneidliche Aussage** künftig unter Strafe zu stellen[5].

Drittes Buch.

Die Verbrechen gegen die Gesamtheit.

Es handelt sich hier um Verbrechen, die sehr wohl gegen eine bestimmte Person oder unmittelbar gegen den Staat gerichtet sein können, bei Gesamtbetrachtung des Deliktsbegriffs aber in erster Linie als Angriffe auf Interessen der Allgemeinheit erscheinen[6].

---

[1] Strafe: Gefängnis bis 2 Jahre.

[2] Betr. „Sicherheit" vgl. ZPO. § 108 (prozessualische Sicherheit; Bestimmung nach freiem Ermessen des Gerichts). — „Versprechen", soweit ein Offenbarungseid ausnahmsweise nicht assertorisch, sondern promissorisch geleistet wird; vgl. BGB. § 261 (Rechnungslegung, Vorlegung eines Verzeichnisses); evtl. ZPO. § 883 Abs. 3 (auf Gerichtsbeschluß); dazu E. 4, 76 (Realkonkurrenz mit dem assertorischen Eid).

[3] Vgl. oben S. 75, Anm. 2.

[4] Vgl. E. 42, 100 (Braunschweigisches PolStrGB.).

[5] Das wäre zu begrüßen, wenn es sich auf wahlweise Zulassung in den gesetzlichen Fällen der Beeidigung beschränkt, unter besonderem Hinweis auf die Strafbarkeit der uneidlichen Aussage. Dann würden Eide praktisch nur noch in wirklich notwendigen Fällen abgenommen und damit zugleich die Schwere der Meineidsstrafen auf das nötige Mindestmaß beschränkt werden. In diesem Sinne die Entwürfe 1909 bis 1919.

Abzulehnen dagegen ist der Gedanke, uneidliche falsche Aussagen vor Behörden (bei Hinweis) allgemein unter Strafe zu stellen. So leider die Entwürfe seit 1925. Das Anwendungsgebiet der Strafe, der schwersten Unrechtsfolge, wird damit weit über das Gebiet des Erforderlichen ausgedehnt. In breitestem Maße bestände dabei zugleich die Gefahr mangelhafter Vernehmung oder Protokollierung mit deshalb unrichtigen Ergebnissen. Unlauterem Denunziantentum wäre Tür und Tor geöffnet. Im Strafprozeß wäre der im Ermittlungsverfahren Vernommene auf diese Aussage auch für die Hauptverhandlung zum Schaden der Wahrheit festgelegt; gestattet man aber hier straflosen Widerruf, so können gerade unlautere Personen doch zunächst lügen.

Vgl. hierzu auch die Tagung der IKV. in Göttingen 1922, S. 72ff. (dort meine Ausführungen, S. 106).

[6] Vgl. dazu oben S. 187 (Vorbemerkung).

Kapitel I.
Urkunden- und Münzverbrechen.

§ 85. Die Urkundenverbrechen.

I. **Die Urkundenfälschung** (StrGB. §§ 267—270). 1. Das Delikt entwickelt sich mit der Verwertung der Schrift im Rechtsleben, zunächst in begrenzten Fällen. Allmählich wird die Urkunde zum allgemeinen Beweismittel im Rechtsverkehr und bedarf als solche des Strafschutzes[1].

2. Systematische Stellung: Beweismittel sind Personen, die rechtserhebliche Aussagen machen sollen, oder Sachen, deren Benutzung ein Bild der rechtserheblichen Tatsachen liefern soll: Urkunden und Augenscheinsobjekte. Verfälschung des Beweisergebnisses durch Aussage von Personen ist als solche nur bei eidlicher Vernehmung vor dazu zuständigen Behörden strafbar. Deshalb fallen die Eidesverbrechen unter den engeren Begriff der Verbrechen gegen die staatliche Rechtspflege (oben S. 332). Die Urkunde dagegen findet darüber hinaus breiteste Verwertung auch als Beweismittel im privaten Rechtsverkehr. Der Zusammengehörigkeit beider Fälle als Beweisschutz entspricht meine Darstellung in zwei aufeinanderfolgenden Paragraphen, dem Unterschied die Kennzeichnung der Eidesdelikte als Verbrechen gegen den Staat, der Urkundendelikte als Verbrechen gegen die Gesamtheit.

3. Die **Urkunde** soll Beweis liefern durch ihren lesbaren Gedankeninhalt, das Augenscheinsobjekt durch andere Eigenschaften[2]: Existenz[3], körperliche Beschaffenheit[4], räumlich-zeitliche Be-

[1] Geschichte: Im römischen Recht ist seit Sulla die Testamentsfälschung strafbar; seit der ersten Kaiserzeit erfolgte allgemeine Ausdehnung auf Urkundenfälschung; vgl. Strafr. I, 64[7]; näher MOMMSEN S. 669ff. — Im kanonischen Recht erscheint die Fälschung von Papsturkunden; der allgemeine Begriff nur stellenweise (Provinzialkonzilien) seit ca. 1200; vgl. Strafr. I, 83; näher HINSCHIUS V, 199/200. — In Deutschland treten Fälle von Urkundenfälschung bereits in den Volksrechten auf, das spätere Mittelalter behandelt sie meist gleich der Münzfälschung; vgl. näher HIS, Strafr. 1928, S. 167/68. — Mit dieser stellt sie auch die Carolina zusammen (Art. 112: Welche falsch siegel, brieff, instrument, urbar, renth oder zinssbücher, oder register machen); vgl. näher Strafr. I, 181/82. — Das Preuß. Landrecht II, 20, § 1380ff. bestraft die Urkundenfälschung lediglich unter dem Gesichtspunkt des Betruges (vgl. dazu auch GOLTD. Mat. II, 563). Allgemeine Fassung dann im Preuß. StrGB. 1851, §§ 247ff.

[2] Alle sachlichen Beweismittel, die nicht Urkunden sind, bezeichnet man a potiori mit dem Sammelnamen Augenscheinsobjekte, weil meist die Benutzung durch Besichtigung erfolgt (aber keineswegs ausschließlich, z. B. auch durch Gehör, Geruch, Geschmack, chemische Methoden usw.).

[3] Beispiel: Das Vorhandensein eines Fensters beweist die Möglichkeit der Übersicht über den Tatort.

[4] Häufigster Fall. Beispiele: Blutspuren, Fingerabdrücke, Beschaffenheit der Brandstätte, der Waffe (z. B. mit frischen Pulverrückständen im Lauf), verfälschte Nahrungsmittel, unzüchtige Bilder usw.

Augenscheins-, nicht Urkundenbeweis, ist Schriftvergleichung. Denn ziehungen[1]. Verfälschung des Beweisergebnisses mittels Augenscheinsobjekten ist daher genau ebenso möglich und ebenso gefährlich wie eine solche durch Urkunden[2]. Auch hier wäre deshalb allgemeiner Strafschutz durchaus erforderlich. Aber unser Recht ist noch nicht zu dieser Einsicht durchgedrungen. Es behandelt in § 274 Nr. 2 lediglich den alten geschichtlichen Sonderfall der Grenzverrückung[3].

4. Den **Begriff** der Urkunde hat das StrGB. (§ 267) nicht bestimmt, sondern als bekannt vorausgesetzt[4]. Das Ergebnis war lebhafter Streit[5].

Grundlegendes Erfordernis der Urkunde ist, daß sie „durch Schriftzeichen oder diesen durch Gesetz, Verkehrssitte oder Vereinbarung gleichgestellte Zeichen[6] einen Gedankeninhalt zum Ausdruck bringt"[7]. Kürzer: daß sie einen lesbaren Gedankeninhalt besitzt[8].

hier interessiert die Beschaffenheit der Schriftzüge, nicht der Gedankeninhalt; vgl. auch E. 17, 106.

[1] Beispiel: Am Tatort zurückgelassene Gegenstände; in der Wohnung gefundene Sachen.

In allen obigen Richtungen kann auch der Mensch (wie die Leiche) Augenscheinsobjekt sein. Beispiele: Existenz: Der angeblich Getötete erscheint wieder. Beschaffenheit: beweist evtl. die Art der Körperverletzung bzw. Tötung. Räumlich-zeitliche Beziehung: beweist evtl. die Anwesenheit am Tatort oder liefert den Alibi-Beweis.

[2] Ein Unschuldiger kann zum Tode verurteilt werden, weil der Mörder ihm, um den Verdacht von sich abzulenken, den Rest des Giftes oder die Taschenuhr des Erschlagenen in sein Schubfach legte.

[3] Vgl. unten S. 350. Ebenso die Entwürfe.

Zur Grenzverrückung vgl. römisch Mommsen, 822; deutsches Recht His, Strafr., 1928, S. 168; Carolina, Art. 114 (Strafr. I, 182).

[4] Zur Vermeidung von Schwierigkeiten der Begriffsbestimmung des Preuß. StrGB.; vgl. Motive, Reichstagsvorlage S. 78/79.

[5] Dabei werden noch heute vielfach zu enge Auffassungen vertreten, weil man das zu schützende Interesse (Urkunde als allgemeines Beweismittel im Rechtsverkehr) nicht genügend erkannte. Vgl. oben S. 4 Anm. 1; Strafr. I, 15 Anm. 1.

[6] Beispiele: Gesetzliche Abkürzungen: Wechsel, Eisenbahnfahrkarte, Stempel auf Frachtbrief E. 46, 293. — Verkehrssitte: Theaterbillet, Eigentumszeichen auf Tieren; beglaubigtes Handzeichen (3 Kreuze) E. 62, 261. — Vereinbarung: Chiffreschrift.

[7] So der Entw. v. 1913 § 12 Nr. 6; Entw. 1919 § 9 Nr. 7. — Fast wörtlich ebenso — als ständige Rechtsprechung — RG. E. 46, 293 (1912); vgl. auch z. B. E. 64, 98. Verfehlte Einengung des Begriffs in Entw. 1925/27; zur Kritik oben Anm. 5.

[8] Es muß also für den, der die betr. Schriftzüge versteht, objektiv feststellbar sein, daß sie eine menschliche Aussage enthalten, die einen bestimmten Sinn hat (analog einer mündlichen Aussage); vgl. auch E. 17, 106 (am Schluß): Erkennbarkeit des Gedankens, d. h. Beweisfähigkeit. Gegensatz: Irgendwelche Zeichen (z. B. abgerissene Worte, Knoten im Taschentuch), die Gedanken anregen sollen (z. B. etwas nicht zu vergessen), aber selbst keinen objektiv feststellbaren Sinn haben. Sonstige Zeichen, bei denen „ihr körperliches Dasein" (E. 64, 48; Verschlußplomben) das Wesentliche ist (bloße „Kennzeichen, Unterscheidungszeichen, Identitätszeichen"), nicht aber eine darüber hinausgehende

5. Strafschutz gegen Fälschung genießt die Urkunde in ihrer Eigenschaft als **Beweismittel im Rechtsverkehr**[1], mag sie von vornherein mit dieser Bestimmung errichtet sein[2] oder erst später im Einzelfalle zu diesem Zwecke verwertet werden[3].

6. Die **Fälschung** (StrGB. § 267)[4]: a) Schlechthin geschützt ist die öffentliche Urkunde[5]; als Privaturkunde[6] nur die für Rechtsverhältnisse beweiserhebliche (vgl. unten Anm. 4).

Gedankenäußerung. Hier handelt es sich um Augenscheinsobjekte, nicht um Urkunden; vgl. auch E. 64, 97; 55, 98.

Vielfach wird die Urkunde als verkörperte „Erklärung" gekennzeichnet. Das ist unbedenklich, wenn man Erklärung und Aussage gleichstellt (so offenbar E. 64, 97; vgl. „gedankliche Mitteilung des Ausstellers"), anderenfalls zu eng. Beispiel: Notizen lediglich für eigenen Gebrauch, die später irgendwie rechtlich erheblich werden; vgl. E. 17, 108.

[1] Erfordernis dafür ist, daß der Aussteller der Urkunde feststellbar ist, gleichgültig, ob aus der Urkunde selbst oder durch sonstige Beweismittel. Denn wenn jener feststeht, beweist die Urkunde dessen Aussage, anderenfalls nichts.

Zu eng hier das RG. E. 52, 313 (und dort zitierte) mit der Forderung, daß der Aussteller zu ermitteln sein müsse, „unter Zuhilfenahme von Umständen, auf die der Inhalt der Urkunde hinweist"; vgl. auch E. 59, 40. Eine andere Frage ist es, ob eine öffentliche Urkunde — vorgeschriebene Form — vorliegt.

Abschriften können evtl. nach gesetzlicher Vorschrift, aber auch nach dem Willen des Herstellers oder Verwenders an Stelle des Originals als Urkunden dienen; vgl. E. 59, 15/16.

[2] Das ist stets der Fall bei der öffentlichen Urkunde (vgl. unten Anm. 5). Sie wird aufgenommen, um die darin bezeugten Tatsachen mit öffentlichem Glauben für und gegen jedermann zu beweisen; vgl. ZPO. §§ 417/18; E. 64, 330; 63, 149; 42, 234; 22, 153.

Verschieden ist es dabei, ob nur die Abgabe der Erklärung (Beispiel: Zeugenaussage) oder die Wahrheit des Inhalts (z. B. Standesregister) bewiesen werden soll; vgl. z. B. E. 61, 305.

[3] So, sehr anschaulich, bereits RG. E. 17, 108/09. Das RG. wählt dafür die Fassung, daß ein Gegenstand, der ursprünglich keine Urkunde im Rechtssinne ist, durch Heranziehung zum Beweise zu einer solchen wird. — Im Ergebnis ist dies heute herrschende Ansicht, der Streit um „Beweisbestimmung" wäre daher entbehrlich. Auch sachlich ist es klar, daß die Verwertung des Gedankeninhalts für das Beweisergebnis denselben Nutzen bzw. Schaden bedeutet, ganz gleichgültig, ob jener Gedankeninhalt dafür von vornherein bestimmt war oder nicht. Vgl. auch z. B. E. 59, 16.

[4] § 267: „Wer in rechtswidriger Absicht eine inländische oder ausländische öffentliche Urkunde oder eine solche Privaturkunde, welche zum Beweise von Rechten oder Rechtsverhältnissen von Erheblichkeit ist, verfälscht oder fälschlich anfertigt und von derselben zum Zwecke einer Täuschung Gebrauch macht." Strafe: Gefängnis; Nebenstrafe evtl. Ehrverlust (§ 280).

[5] Begriff gemäß ZPO. § 415: „Welche von einer öffentlichen Behörde innerhalb der Grenzen ihrer Amtsbefugnisse oder von einer mit öffentlichem Glauben versehenen Person — (Beispiel: Notar) — innerhalb des ihr zugewiesenen Geschäftskreises in der vorgeschriebenen Form aufgenommen sind (öffentliche Urkunden)." Dazu oben Anm. 2; vgl. auch oben S. 319 Anm. 4. — Darunter fallen nicht Aufzeichnungen für lediglich innerdienstliche Zwecke; E. 64, 331.

[6] Privaturkunde ist jede nicht öffentliche; E. 52, 12.

Darunter versteht das RG. in feststehender Rechtsprechung „abstrakte“ Erheblichkeit, nicht solche für den vorliegenden Einzelfall[1]. Geht man hiervon aus, so ist in Wirklichkeit jede Privaturkunde bei Verwertung im Rechtsverkehr geschützt[2]. Das allein entspricht auch sachlich dem Bedürfnis des Beweismittelschutzes.

b) Die Ausführungshandlung ist eine zweiaktige: Fälschen bzw. Verfälschen und Gebrauch zwecks Täuschung[3].

Gefälscht („fälschlich angefertigt“, unecht) ist eine Urkunde, die von ihrem angeblichen Aussteller in Wahrheit nicht herrührt[4], mag im übrigen ihr Gedankeninhalt richtig sein oder nicht[5].

---

[1] Vgl. E. 62, 219/20 (und dort zitierte). In dieser Richtung bereits die Motive, Reichstagsvorlage S. 79.

[2] Denn jede kann (vgl. E. 62, 219/20) „in irgendeiner Beziehung, sei es auch nicht einmal für sich allein, sondern erst in Verbindung mit anderen Tatsachen oder Umständen, für den Beweis von Rechten oder Rechtsverhältnissen ‚erheblich‘ sein, also mit ins Gewicht fallen“. Schon die Abgabe der Erklärung (ob wahr oder unwahr) kann z. B., wie RG. bemerkt, für den Beweis betrügerischer oder verleumderischer Tätigkeit erheblich sein.

Weiter z. B.: Ein Liebesbrief kann die Glaubwürdigkeit eines Zeugen, einen Ehebruch, die Wahrnehmung berechtigter Interessen (§ 193) oder sonstige rechtserhebliche Tatsachen beweisen. Eine Kündigung ohne Datum die Tatsache erfolgter Kündigung; ein nicht datiertes holographisches Testament die Zurechnungsfähigkeit usw. Grund: Bei freier Beweiswürdigung gibt es keine Tatsache, die nicht als Indiz für irgendwelche Rechtsverhältnisse von Bedeutung werden könnte.

Vgl. auch z. B. E. 56, 66 (nichtiges Zahlungsversprechen).

Würde man Eignung in concreto fordern, so läge bei rechtlicher Unerheblichkeit im Einzelfalle untauglicher Versuch vor (strafbar nur im erschwerten Falle des § 268). — Die Ansichten in der Literatur über diese Frage sind wenig geklärt.

[3] Vgl. dazu oben S. 153, Anm. 3; E. 56, 206.

Der Versuch (strafbar nur im erschwerten Falle des § 268) beginnt daher bereits mit dem Fälschen bzw. Verfälschen. Die Vollendung tritt mit dem Gebrauch ein, gleichgültig ob der Zweck der Täuschung erreicht wurde; vgl. E. 59, 395; 51, 240.

[4] Vgl. z. B. E. 62, 261 („wenn also mit der Urkunde eine Täuschung über die Identität der Person des Ausstellers bezweckt worden ist“). — Deshalb auch, wenn der Aussteller (durch den Inhalt der Urkunde oder durch Zusätze zu seinem Namen) den Anschein erweckt, daß er eine andere Person sei; E. 55, 174. — Dagegen nicht bei Unterzeichnung mit anderem Namen, wenn der Aussteller selbst damit gekennzeichnet wird; E. 48, 241. — Unterschrift mit Zustimmung des Namensträgers bleibt Fälschung, sofern das Gesetz eigenhändige Unterschrift zwingend vorschreibt; vgl. E. 57, 235 (holographisches Testament). — Wie Einwilligung, so kann auch Geschäftsführung ohne Auftrag möglich sein; vgl. Strafr. II, 250; LOBE, Leipz. Komm., 4. Aufl., S. 21 (Beispiel: unter Ehegatten).

Bei Depeschenfälschung fälscht der Aufgebende als mittelbarer Täter die Ankunftsdepesche; vgl. E. 8, 92ff. (Vereinigte Strafsenate). So auch bei Aufgabe durch Fernsprecher; E. 57, 321.

[5] Beispiel: Der Schuldner fertigt sich eine mit dem Namen des Gläubigers unterzeichnete Quittung an. Das ist Urkundenfälschung, mag er bezahlt haben oder nicht.

Verfälscht ist eine echte (also vom angeblichen Aussteller wirklich herrührende) Urkunde, soweit ihr Gedankeninhalt nachträglich unbefugt verändert wurde[1].

Die gefälschte Urkunde beweist über Erklärungen des angeblichen Ausstellers nichts; denn sie rührt nicht von ihm her. Die verfälschte Urkunde bleibt echtes Beweismittel in ihren nicht verfälschten Teilen[2].

In beiden Fällen handelt es sich um die formellen Voraussetzungen für die Beweiskraft von Urkunden. Grundverschieden davon sind inhaltlich unwahre Angaben in echten Urkunden. Solche schriftliche Lügen sind als solche grundsätzlich nur in öffentlichen Urkunden strafbar[3], wie — entsprechend — mündliche Lügen nur als beeidigte.

c) Gebrauchmachen bedeutet Verwertung der Urkunde im Rechtsverkehr als Beweismittel[4] (durch ihren Gedankeninhalt) mit der (ausdrücklichen oder stillschweigenden) Behauptung der Echtheit und Unverfälschtheit[5].

d) Der Vorsatz des Täters muß das Fälschen bzw. Verfälschen und Gebrauchmachen von einer (öffentlichen oder privaten)[6] Urkunde umfassen[7]. Darüber hinaus muß die Absicht, d. h. der Zweck[8], dahin gehen, auf diese Weise im Rechtsleben mittels Täuschung einen Beweis zu erbringen[9]. Auf den damit weiter erstrebten sachlichen Erfolg und dessen Rechtswidrigkeit kommt es nicht an[10].

---

[1] Vgl. dazu E. 62, 12 (und dort zitierte): „Die Urkunde muß infolge des vom Täter vorgenommenen Eingriffs eine andere Tatsache zu beweisen scheinen als bisher" (hier verneint für Wegradieren des Datums eines Poststempels); vgl. dazu § 274 Nr. 1, unten S. 349, Anm. 2.

Verfälschen kann auch der Aussteller, wenn er nicht mehr die ausschließliche rechtliche Verfügungsbefugnis über den Inhalt der Urkunde hat; E. 64, 397; 60, 188.

Auch hier ist es gleichgültig, ob die Veränderung der Wahrheit entsprach (z. B. Richtigstellung); E. 60, 188.

[2] Im verfälschten Teil nur, soweit der ursprüngliche Text noch lesbar ist.

[3] StrGB. §§ 348, 271; vgl. unten S. 347. Ferner in Gesundheitszeugnissen, unten S. 350.

[4] Vgl. z. B. E. 62, 12, 223; Vollendung liegt vor mit dem Zugänglichmachen der Urkunde (nicht erst mit der Kenntnisnahme); E. 64, 397; 63, 262; 60, 162; 59, 395.

[5] Vgl. E. 56, 330. [6] Betr. Beweiserheblichkeit oben S. 344.

[7] Die Begriffe Fälschen, Verfälschen, Urkunde (ebenso öffentliche Urkunde) sind dabei sog. Komplexbegriffe; vgl. oben S. 138, Anm. 2, 3. Dazu betr. Fälschen E. 57, 238; betr. Urkunde E. 39, 370; 40, 203; betr. öffentliche Urkunde E. 64, 334. — dolus eventualis genügt; so (betr. Echtheit) E. 57, 238.

[8] Vgl. den Gesetzestext: (oben S. 343, Anm. 4 Fälschen bzw. Verfälschen „in rechtswidriger Absicht"; Gebrauchmachen „zum Zwecke einer Täuschung"). Dazu oben S. 136 Nr. 2, c; RG. E. 57, 238 und folgende Anm.

[9] Vgl. E. 60, 162, 378; E. 60, 188 (um dadurch auf das „Rechtsleben" „irgendwelchen Einfluß auszuüben (so auch E. 57, 238), insbes. den Getäuschten zu einem rechtlich erheblichen Verhalten zu bestimmen"). Die Urteile E. 64, 98; 56, 115 betonen lediglich den letzteren Zweck.

[10] Vgl. E. 60, 188 (feststehende Rechtsprechung); 60, 378; 57, 238.

Hält aber der Täter sein Verhalten aus besonderen Gründen für rechtlich

7. Wohl aber ist dieser weiter erstrebte Erfolg entscheidend für den Begriff der **schweren Urkundenfälschung** (StrGB. § 268). Sie liegt vor, wenn die Urkundenfälschung „in der Absicht[1] begangen wird, sich oder einem anderen einen Vermögensvorteil zu verschaffen[2] oder einem anderen Schaden zuzufügen“[3]. Die schwere Urkundenfälschung ist Verbrechen[4], Versuch hier also strafbar[5].

Hat der Anstifter zur Urkundenfälschung die straferschwerende Absiht des § 268, der ausführende Täter nicht, so liegt für den ersteren mittelbare Täterschaft nach § 268 vor[6].

8. Überflüssig ist der in § 269 der Urkundenfälschung ausdrücklich gleichgestellte Fall der sog. **Blankettfälschung**[7]. Denn es handelt sich hier begrifflich lediglich um einen Spezialfall der Urkundenfälschung[8].

---

erlaubt (z. B. das Niederschreiben eines holographischen Testaments für einen anderen), so greifen die Grundsätze über Rechtsirrtum durch (Freisprechung bei unverschuldetem Irrtum); vgl. oben S. 141. (Das RG. arbeitet mit seiner Unterscheidung oben S. 140; vgl. E. 57, 235; in Wirklichkeit lag aber hier Zivilrechtsirrtum vor.) Vgl. näher Strafr. II, 344, Anm. 6.

[1] Auch hier technisch, also Beweggrund (wenn auch nicht einziger und ausschließlicher) des Handelns; vgl. E. 59, 18; 53, 268; oben S. 345 Anm. 8.

Es genügt, daß diese Absicht zur Zeit des Gebrauchmachens vorhanden war; E. 51, 239; 53, 111.

[2] „Jede tatsächlich günstigere Gestaltung der Vermögenslage“; vgl. E. 53, 111/12 (Rechtswidrigkeit des erstrebten Vorteils ist nicht erforderlich; Beispiele hier: Erhaltung des Vermögens gegenüber Gefahr; leichtere Abwehr unberechtigten Anspruchs); vgl. auch E. 54, 218. — Mittelbare Verbesserung genügt, E. 62, 221 (erstrebte Anstellung).

[3] Nicht notwendig Vermögensschaden (es können viel höhere Güter durch Urkundenfälschung angegriffen werden). Rechtswidrigkeit ist nach RG. nicht erforderlich; vgl. E. 53, 268 (Gefahr der Strafverfolgung); E. 50, 215.

Ich halte die vorstehende Rechtsprechung mit ihrem Verzicht auf Rechtswidrigkeit des erstrebten Vorteils bzw. Nachteils für zu weitgehend. Die bedeutende Strafschärfung des § 268 ist lediglich erklärlich aus der Annahme eines vom Täter verfolgten verwerflichen Ziels. Es muß sich um solche Folgen handeln, die der andere zu dulden rechtlich nicht verpflichtet ist; vgl. dazu näher v. Hippel, Jur. Wochenschr. 56, 1927, 3040; siehe auch Frank § 268, I, 1.

[4] Strafe § 268 Nr. 1: „Wenn die Urkunde eine Privaturkunde ist“, Zuchthaus bis 5 Jahre; Nr. 2: wenn öffentliche Urkunde: Zuchthaus bis 10 Jahre. In beiden Fällen daneben Geldstrafe zulässig. — Bei milderen Umständen Gefängnis (bei Privaturkunde nicht unter 1 Woche, bei öffentlicher nicht unter 3 Monate; dazu E. 56, 365); daneben Geldstrafe zulässig.

[5] Dazu oben S. 344, Anm. 3.

[6] Vgl. E. 3, 96; dazu oben S. 167 Anm.; näher Strafr. II, 473/74.

[7] § 269: „Wenn jemand einem mit der Unterschrift eines anderen versehenen Papiere ohne dessen Willen oder dessen Anordnungen zuwider durch Ausfüllung einen urkundlichen Inhalt gibt.“

[8] Vgl. auch E. 48, 344 (bloße Klarstellung). Insbes. gehört zur Vollendung auch hier das Gebrauchmachen; E. 64, 17; 63, 39 (unzutreffend nach obigem die Annahme von Idealkonkurrenz gegenüber § 267 in E. 64, 226).

9. Dem zweiaktigen Tatbestand der Urkundenfälschung (oben S. 344) stellt das Gesetz (§ 270) den einaktigen des **Gebrauchmachens** von einer falschen oder verfälschten Urkunde zwecks Täuschung[1], „wissend, daß sie falsch oder verfälscht ist", gleich[2].

10. Als **Übertretung** (StrGB. § 363)[3] ist aus den Tatbeständen der Urkundenfälschung und des Gebrauchmachens (§§ 267—270) ausgeschieden[4] der Spezialfall der Fälschung bzw. des Gebrauchs von Legitimationspapieren[5] und Zeugnissen[6] zwecks besseren Fortkommens[7].

11. Über Idealkonkurrenz zwischen Urkundenfälschung und Betrug vgl. oben S. 173 Anm. 4[8].

II. **Falschbeurkundung** (StrGB. §§ 271—273). Hier handelt es sich um inhaltlich unrichtige Angaben[9] über rechtlich erhebliche Tatsachen in öffentlichen Urkunden[10]:

1. Macht der zuständige Beamte vorsätzlich solche Angaben, so liegt das Amtsverbrechen des § 348 Abs. 1 StrGB. vor, dritte Personen sind evtl. Teilnehmer; vgl. näher oben S. 319.

2. Bewirkt vorsätzlich[11] ein Dritter, daß ein nicht als vorsätzlicher Täter strafbarer Beamter[12] die Tat ausführt, so liegt begrifflich mittel-

---

[1] Betr. Gebrauchmachen zwecks Täuschung gilt das oben S. 345 Ausgeführte; vgl. auch E. 64, 95. — Realkonkurrenz zwischen § 267 und 270 ist möglich, wenn es sich um einen neuen selbständigen Akt des Gebrauchmachens handelt; vgl. E. 58, 35.

[2] dolus eventualis genügt auch hier (vgl. oben S. 345, Anm. 7); E. 55, 175.

[3] Strafe: Haft oder Geldstrafe bis 150 M.

[4] Vgl. auch E. 58, 74.

[5] „Pässe, Militärabschiede, Wanderbücher oder sonstige Legitimationspapiere" (nicht Beglaubigungsvermerke; E. 63, 85).

[6] „Dienst- oder Arbeitsbücher oder sonstige auf Grund besonderer Vorschriften auszustellende Zeugnisse, sowie Führungs- und Fähigkeitszeugnisse."

[7] D. h. zwecks Erlangung „irgendwelcher besserer Aussichten" dafür; E. 62, 352. — Ausgeschlossen ist § 363, wenn sich die Tat gegen bestimmte fremde, öffentliche oder private Rechte richtet; E. 62, 352 (auch Recht eines fremden Staates); E. 60, 377 (gefälschtes Reifezeugnis zwecks Immatrikulation; ständige Rechtsprechung, vgl. auch E. 58, 74).

[8] Auch E. 44, 28; näher Strafr. II 513, 516 Anm. — Über Idealkonkurrenz mit § 271 E. 61, 411; mit Meineid E. 60, 353 (Beschwören der Echtheit der überreichten Urkunden).

[9] Also um schriftliche Lügen; dazu oben S. 345; vgl. auch z. B. E. 61, 411.

[10] Begriff der öffentlichen Urkunde vgl. oben S. 343, Anm. 5. Die rechtliche Erheblichkeit bestimmt sich hier, dem Wesen der öffentlichen Urkunde entsprechend, lediglich aus deren Inhalt selbst (anders oben S. 344, Anm. 2). Sie reicht so weit wie die öffentliche Beweiskraft der Urkunde; vgl. E. 61, 304, 412; 60, 231; dazu oben S. 343, Anm. 2.

[11] dolus eventualis genügt; vgl. E. 13, 52ff.; E. 18, 309.

[12] Also ein getäuschter, gutgläubiger (wenn auch evtl. grob fahrlässiger, E. 63, 149) bzw. ein nicht zurechnungsfähiger oder gezwungener (vgl. auch Binding, Frank).

bare Täterschaft vor[1]. Das StrGB. § 271 aber stellt diesen Fall (sog. intellektuelle Urkundenfälschung) als selbständiges Delikt unter Strafe[2]. Der Tatbestand stimmt sachlich mit § 348 überein[3], ist aber — unnötigerweise — breiter gefaßt[4]. Zur Auslegung gilt daher das oben S. 319 Gesagte.

3. Straferschwerend (§ 272) wirkt auch hier die auf Vermögensvorteil oder Schadenszufügung gerichtete Absicht[5].

4. Der Falschbeurkundung gleichgestellt ist ferner auch hier, entsprechend § 270, das wissentliche Gebrauchmachen zwecks Täuschung (StrGB. § 273)[6].

III. **Unterdrückung** (StrGB. § 274 Nr. 1). Unterdrückung ist die — gänzliche oder teilweise — Beseitigung des Beweismittels[7].

Strafbar ist[8], „wer eine Urkunde, welche ihm entweder überhaupt nicht oder nicht ausschließlich gehört[9], in der Absicht[10], einem anderen

---

[1] Vgl. oben S. 166/67. Dagegen (kurz) E. 61, 411 (eigenhändiges Delikt; zur Kritik oben S. 167 Nr. 5).

[2] Strafe: Gefängnis bis 6 Monate oder Geldstrafe.

[3] Vgl. auch v. Liszt, v. Liszt-Schmidt; Olshausen § 271 Nr. 2. Demgemäß liegt § 271 auch dann vor, wenn der Vorsatz des Beamten nach § 348 nicht feststellbar ist; vgl. E. 13, 52ff.

[4] „Wer vorsätzlich bewirkt, daß Erklärungen, Verhandlungen oder Tatsachen, welche für Rechte oder Rechtsverhältnisse von Erheblichkeit sind, in öffentlichen Urkunden, Büchern oder Registern als abgegeben oder geschehen beurkundet werden, während sie überhaupt nicht oder in anderer Weise oder von einer Person in einer ihr nicht zustehenden Eigenschaft oder von einer anderen Person abgegeben oder geschehen sind."

[5] Tatbestand wörtlich wie § 268; oben S. 346.

Strafe: Wie bei § 268 Nr. 2, oben S. 346, Anm. 4 (bei mildernden Umständen Gefängnis, daneben evtl. Geldstrafe).

[6] Zum Tatbestand oben S. 347, Nr. 9; Strafe gemäß §§ 271, 272.

Begeht der Täter zunächst die Falschbeurkundung (§§ 271/72) und macht dann den dabei bereits beabsichtigten Gebrauch (§ 273), so ist § 273 straflose Nachtat. Dagegen Realkonkurrenz bei neuem, selbständigem Entschluß; E. 58, 34.

[7] So auch z. B. v. Liszt, v. Liszt-Schmidt, Frank. Grundlegend bereits E. 1, 160. Dann E. 3, 370: „Das Vergehen des § 274 ist auf Beseitigung eines Beweismittels, die Urkundenfälschung auf Herstellung eines falschen Beweismittels gerichtet"; vgl. auch E. 16, 151/52; auch der Fall E. 20, 415 fällt m. E. unter obigen Begriff. — Näher zu § 274[1], auch über die Möglichkeit objektiv rechtmäßigen Handelns (Notwehr, Notstand, Pflichtenkollision) und Rechtsirrtums vgl. v. Hippel, Jur. Wochenschr. 56, 1927, S. 3038ff.

[8] Strafe: Gefängnis; daneben Geldstrafe zulässig, auch Ehrverlust (§ 280).

[9] Letzteres nimmt das RG. auch bei dinglichen Rechten Dritter an der Sache an; dahingestellt in E. 33, 290, ausgesprochen in E. 38, 38 (auch bedingte Übereignung genügt); streitig.

[10] Auch hier im technischen Sinne, also Zweck (Endzweck und Mittel dafür); vgl. insbes. E. 50, 56 (auch betr. 274); eingehend v. Hippel, oben Anm. 7.

Nachteile zuzufügen[1], vernichtet, beschädigt[2] oder unterdrückt"[3].

Aus dem Zweck der Vorschrift — dem Rechtsverkehr ein Beweismittel zu erhalten — folgt: der Begriff „Urkunde" ist auch hier entsprechend § 267 zu fassen[4]: Er umfaßt danach jeden Gegenstand mit lesbarem Gedankeninhalt, dessen Verwertung als solchen im Rechtsleben der Täter hindern wollte[5].

IV. **Sonstige Urkundendelikte:** 1. Nächstverwandt mit § 274 Nr. 1 ist der Tatbestand des § 133 StrGB. (oben S. 305). Bei § 274 Nr. 1 aber ist im übrigen das Eigentum an der Urkunde entscheidend, bei § 133 die amtliche Aufbewahrung[6].

2. Über „Urkunde" in §§ 92 Nr. 1, 2 vgl. oben S. 287/88, in § 299 oben S. 220: zu § 348 oben S. 319. — Über Gesundheitszeugnisse das Folgende.

V. **Falsche Gesundheitszeugnisse** (StrGB. §§ 277/79): Strafbar ist Herstellung und Gebrauch solcher Zeugnisse zur Täuschung von Behörden oder Versicherungsgesellschaften.

1. Fälschung bzw. Verfälschung von Gesundheitszeugnissen zu obigem Zweck, also zur Verwertung im Rechtsverkehr, ist begrifflich Urkundenfälschung (§§ 267/68), der Gebrauch zwecks Täuschung

---

[1] Vgl. oben S. 346, Anm. 3.

[2] D. h. inhaltlich, als Beweismittel beschädigt (Gegensatz z. B. Beschmutzen); Beispiel E. 62, 12 (oben S. 345, Anm. 1; RG. erwähnt den § 274[1] nicht, die Eigentumsfrage ist dort nicht berührt).

[3] D. h. der Benutzung als Beweismittel (dauernd oder zeitweilig) entzieht; vgl. E. 57, 312. Kein Unterdrücken, vielmehr das Gegenteil davon, liegt vor, wenn der Täter die Urkunde selbst als Beweismittel verwerten will; vgl. RG. oben S. 348 Anm. 7; näher dort v. Hippel.

[4] Herrschende Ansicht mit (entsprechend § 267) verschiedenen Ergebnissen.

[5] Es ist also weder Beweisbestimmung noch Beweiserheblichkeit erforderlich (vgl. oben S. 343/44) (streitig). An die Stelle der (erstrebten oder erfolgten) Verwertung im Rechtsverkehr (oben S. 344/45) tritt die vorsätzliche Vereitelung solcher Verwertung.

Für weite Auffassung, gegen Beweiserheblichkeit für Rechte bzw. Rechtsverhältnisse, auch das RG., E. 57, 311; 55, 74. Nicht genügend klar in positiver Richtung: Nach E. 55, 74 „genügt" es „„wenn die Urkunde zum Beweis einer Tatsache geeignet oder bestimmt ist". Nach E. 57, 311 „genügt" es, „wenn das Schriftstück bestimmt und geeignet ist, eine Tatsache, nämlich den in ihm bekundeten Vorgang, zu beweisen". Maßgebend soll nach E. 40, 146 der Zeitpunkt der Unterdrückung sein (Analogie mit § 267, Zeitpunkt des Gebrauchmachens). Kritik: Diese Analogie verkennt, daß es sich bei § 274[1] um Schutz einer erst künftigen Verwertung im Rechtsverkehr durch einen Dritten handelt, die der Täter hindern will, natürlich weil er sie für erheblich hält, mag sie dies sein oder nicht. Das Erfordernis der Beweisbestimmung aber übersieht, daß eine Disposition des Verletzten in solchem Sinne noch gar nicht vorzuliegen braucht. Beweisbestimmung aber schon bereits bei der Errichtung der Urkunde zu fordern, wäre viel zu eng gegenüber dem Zweck des Beweismittelschutzes und im Widerspruch zu § 267 (oben S. 343 Nr. 5).

[6] Also evtl. Idealkonkurrenz.

fällt unter § 270. Es ist daher, vom heutigen Standpunkt beurteilt, verfehlt, daß die §§ 277, 279 hier ein milder bestraftes Sonderdelikt aufstellen[1]. Über Einzelheiten vgl. unten[2].

2. Sachlich begründet ist StrGB. § 278[3]: Er betrifft wissentlich falsche Angaben, also die schriftliche Lüge in Gesundheitszeugnissen[4], während diese sonst nur in öffentlichen Urkunden strafbar ist[5]. § 279 bestraft anschließend das Gebrauchmachen[6].

VI. **Grenzverrückung** (StrGB. § 274 Nr. 2): Hier ist ausnahmsweise die Fälschung, Verfälschung und Beseitigung eines Augenscheinsobjekts als Beweismittels unter Strafe gestellt[7].

---

[1] § 277: „Wer unter der ihm nicht zustehenden Bezeichnung als Arzt oder als eine andere approbierte Medizinalperson oder unberechtigt unter dem Namen einer solchen Person ein Zeugnis über seinen oder eines anderen Gesundheitszustand ausstellt oder ein derartiges echtes Zeugnis verfälscht und davon zur Täuschung von Behörden oder Versicherungsgesellschaften Gebrauch macht."

§ 279: „Wer, um eine Behörde oder eine Versicherungsgesellschaft über seinen oder eines anderen Gesundheitszustand zu täuschen, von einem Zeugnisse der in den §§ 277 und 278 bezeichneten Art Gebrauch macht." Vgl. dazu betr. § 278 den Text oben Nr. 2.

Strafe: Gefängnis bis 1 Jahr, evtl. Ehrverlust (§ 280).

Kritik zu § 277: Es liegt begrifflich Urkundenfälschung vor, soweit — so regelmäßig — über die Identität der Person des Ausstellers getäuscht wird (vgl. oben S. 344, Anm. 4); andernfalls nur unbefugte Titelführung, für deren Bestrafung als Urkundenfälschung (im Gegensatz zu sonstigen solchen Fällen) ein ausreichender Grund fehlt. RG. E. 20, 168 nimmt begrifflich stets Fälschung an.

Die Entwürfe haben die Vorschrift mit Recht gestrichen; zutreffend die Begründung zum Vorentw. 1909, S. 801/02.

Die §§ 277/279 schließen die Anwendung der §§ 267—270 aus; vgl. E. 20, 168; 31, 296. Ebenso den § 363 StrGB. (oben S. 347 Nr. 10); vgl. E. 31, 296.

[2] „Zeugnis" ist auch das Gutachten; E. 33, 294. — Gleichgültig ist auch hier (wie bei § 267) die inhaltliche Richtigkeit; E. 32, 295; oben S. 344/45. — Kein „Gesundheitszeugnis" ist Angabe falscher Todesursache; E. 65, 78. — Die Hebamme ist nach der Gewerbeordnung keine „approbierte Medizinalperson"; E. 10, 341. (Möglich bleibt landesrechtliche Approbation; herrschende Ansicht.)

[3] Daher auch von den Entwürfen beibehalten.

[4] § 278: „Ärzte und andere approbierte Medizinalpersonen, welche ein unrichtiges Zeugnis über den Gesundheitszustand eines Menschen zum Gebrauche bei einer Behörde oder Versicherungsanstalt wider besseres Wissen ausstellen".

Strafe: Gefängnis von 1 Monat bis 2 Jahre; daneben evtl. Ehrverlust (§ 280).

[5] Vgl. oben S. 345 Anm. 3, 347 Anm. 7.

[6] Entsprechend §§ 270, 273. Vgl. den Text oben Anm. 1. Es genügt hier nach RG., daß der Inhalt des zu einer Täuschung verwerteten Zeugnisses objektiv unrichtig ist (auch wenn es gutgläubig ausgestellt wurde); E. 32, 295; streitig.

[7] § 274[2]: „Wer einen Grenzstein oder ein anderes zur Bezeichnung einer Grenze oder eines Wasserstandes bestimmtes Merkmal in der Absicht, einem anderen Nachteil zuzufügen, wegnimmt, vernichtet, unkenntlich macht, verrückt oder fälschlich setzt." Strafe oben S. 348, Anm. 8.

Geschichtlich und kritisch vgl. dazu oben S. 342 bei Anm. 3.

Im einzelnen betr. Grenzstein E. 56, 193; E. 48, 252 („durch die Betätigung eines maßgebenden Willens gesetztes, zur Bezeichnung einer Grenze bestimmtes

VII. **Stempel- und Postwertzeichen** (StrGB. §§ 275/76): Auch bei diesen Tatbeständen handelt es sich um Fälschung, Verfälschung und unbefugten Gebrauch. Geschützt aber sind hier nicht Urkunden (Gedankeninhalt), sondern Wertzeichen[1]. Es liegt danach begrifflich ein Sonderfall vor, der systematisch zu den im folgenden zu behandelnden Münzdelikten gehört[2]. Die Fassung des Gesetzes ist ungeschickt weitschweifig[3]. Bestimmte Vorbereitungshandlungen sind gemäß StrGB. § 360 Nr. 4, 5 als Übertretungen strafbar[4]. Ferner ist nach § 364 als Übertretung strafbar das vorsätzliche Veräußern bzw. Feilhalten bereits einmal verwerteter Stempel- oder Postwertzeichen nach Entfernung der Entwertungszeichen[5]. Andere Wertzeichen sind mehrfach in Nebengesetzen geschützt[6].

---

und dazu dienendes Grenzzeichen"; sowohl zur Abgrenzung von Eigentum wie aller sonstigen dinglichen Rechte; auch Landesgrenzsteine; gleichgültig, ob die bezeichnete Grenze richtig war und ob sie nachher noch nachweisbar bleibt); vgl. auch E. 41, 94. — Unter § 274^2 fallen auch Grenzraine; dann evtl. Idealkonkurrenz mit § 370^1 StrGB.; vgl. E. 22, 286. — Betr. Wasserstandsmerkmal E. 31, 147. — Absicht der Nachteilzufügung oben S. 346, Anm. 3; E. 31, 147.

[1] Auch ausländische; E. 55, 81. Die im Gesetz erwähnten Telegraphenzeichen und gestempelten Briefkuverts werden nicht mehr ausgegeben.

[2] So, zutreffend, die Entwürfe seit 1913 (§§ 254—256).

[3] StrGB. § 275: „Wer

1. „wissentlich von falschem oder gefälschtem Stempelpapier, von falschen oder gefälschten Stempelmarken, Stempelblanketten, Stempelabdrücken, Post- oder Telegraphen-Freimarken oder gestempelten Briefkuverts Gebrauch macht" (d. h. sie dem äußeren Rechtsverkehr zuführt; vgl. E. 63, 382; 24, 111).

2. „unechtes Stempelpapier, unechte Stempelmarken, Stempelblankette oder Stempelabdrücke für Spielkarten, Pässe oder sonstige Drucksachen oder Schriftstücke, ingleichen wer unechte Post- oder Telegraphen-Freimarken oder gestempelte Briefkuverts in der Absicht anfertigt, sie als echt zu verwenden" (über mittelbare Täterschaft vgl. E. 63, 382).

3. „echtes Stempelpapier, echte Stempelmarken usw. (wie oben Nr. 1) in der Absicht verfälscht, sie zu einem höheren Werte zu verwenden".

Strafe: Gefängnis nicht unter 3 Monate, evtl. Ehrverlust (§ 280).

§ 276: „Wer wissentlich schon einmal zu stempelpflichtigen Urkunden, Schriftstücken oder Formularen verwendetes Stempelpapier oder schon einmal verwendete Stempelmarken oder Stempelblankette, ingleichen Stempelabdrücke, welche zum Zeichen stattgehabter Versteuerung gedient haben, zu stempelpflichtigen Schriftstücken verwendet." Strafe: Geldstrafe (daneben die Stempelsteuerentziehungsstrafe).

Abs. 2: Gleiche Strafe: Wer „wissentlich schon einmal verwendete Post- oder Telegraphenwertzeichen nach gänzlicher oder teilweiser Entfernung des Entwertungszeichens zur Frankierung benutzt". (Daneben evtl. die Postgebührenstrafe.)

[4] Unbefugtes Anfertigen usw.; vgl. näher das Gesetz; dazu unten S. 354, Anm. 4.

[5] § 364 ist Ergänzung zu § 276; vgl. oben Anm.

[6] Vgl. betr. Versicherungsmarken RVO. 1911 (Fassung 1924/26) §§ 1496 bis 1499; Angestellten-Vers.-Ges. 1924 §§ 350—353; Steuerzeichen: Reichsabgabenordnung § 369a (eingefügt 1924); siehe ferner die Kommentare.

§ 86. Die Münzverbrechen.

I. Die Münzverbrechen entwickeln sich mit der Verwertung des Geldes im Rechtsverkehr[1]. Auch hier handelt es sich um **Fälschungsverbrechen** (Fälschen, Verfälschen, Gebrauchmachen)[2]. Gegenstand der Fälschung aber sind nicht Beweismittel, sondern Zahlungsmittel.

II. **Objekt** des Delikts ist „inländisches oder ausländisches Metallgeld oder Papiergeld" (StrGB. § 146)[3], ferner bestimmte, dem Papiergeld „gleich geachtete" geldwerte Papiere (§ 149)[4].

III. Strafbar ist zunächst das **vorsätzliche Fälschen** („Nachmachen", Falschmünzerei) bzw. Verfälschen in der Absicht der Verwertung als echt (StrGB. § 146)[5]. Der Tatbestand ist also, abweichend von der Urkundenfälschung (§ 267, oben S. 344, b), einaktig gestaltet[6], Voll-

[1] Für das römische Recht kommt zunächst der Sammelbegriff des falsum in Betracht, unter Sulla (lex Cornelia) wird die Münzfälschung zum crimen ordinarium; vgl. Strafr. I, 64, 181!; MOMMSEN, 672/74. Im kanonischen Recht erscheint die Münzfälschung seit dem 12. Jahrhundert; vgl. Strafr. I 83, 181[8]; HINSCHIUS V, 200/01. — In Deutschland ist der Solidus der Volksrechte zunächst Rechnungseinheit, tatsächliches Zahlungsmittel das Vieh; vgl. Strafr. I, 103, 111, 112[1]. Seit den karolingischen Kapitularien tritt die (spiegelnde) Strafe des Handverlustes auf, seit dem 13. Jahrhundert Todesstrafen, Brandmarkung; vgl. Strafr. I, 132, 153 (Sachsenspiegel), 181[8]; HIS, Strafr. 1928, S. 166. — Eingehende Regelung bringt die Carolina (Art. 111); vgl. näher Strafr. I, 181/82. — Im Preuß. Landrecht II, 20, §§ 252ff. erscheinen die Münzdelikte als Verbrechen gegen „die vorbehaltenen Rechte des Staates".

[2] Vgl. über diese Begriffe oben S. 344/45.

[3] Dazu E. 58, 256: Auszugehen ist vom allgemeinen Rechtsbegriff des Geldes. „Danach ist Geld jedes vom Staat oder von einer durch ihn dazu ermächtigten Stelle als Wertträger beglaubigte, zum Umlauf im öffentlichen Verkehr bestimmte Zahlungsmittel ohne Rücksicht auf eine Annahmepflicht"; vgl. GERLAND, Ger. S. 59, 128; E. 51, 411.

[4] § 149: „Dem Papiergelde werden gleich geachtet die auf den Inhaber lautenden Schuldverschreibungen, Banknoten, Aktien oder deren Stelle vertretende Interimsscheine oder Quittungen, sowie die zu diesen Papieren gehörenden Zins-, Gewinnanteils- oder Erneuerungsscheine, welche von dem Reich, einem Bundesstaate oder fremden Staate oder von einer zur Ausgabe solcher Papiere berechtigten Gemeinde, Korporation, Gesellschaft oder Privatperson ausgestellt sind."

Dazu betr. Schuldverschreibungen auf den Inhaber E. 59, 31; 58, 412; betr. Aktien E. 48, 125.

[5] § 146: „Wer inländisches oder ausländisches Metallgeld oder Papiergeld nachmacht, um das nachgemachte Geld als echtes zu gebrauchen oder sonst in Verkehr zu bringen, oder wer in gleicher Absicht echtem Gelde durch Veränderung an demselben den Schein eines höheren Werts oder verrufenem Gelde durch Veränderung an demselben das Ansehen eines noch geltenden gibt."

Strafe: Zuchthaus nicht unter 2 Jahren, daneben evtl. Polizeiaufsicht; bei mildernden Umständen Gefängnis (keine Polizeiaufsicht; vgl. E. 38, 215).

[6] Zum Tatbestand ist hervorzuheben: a) „Nachmachen" erfordert eine Ähnlichkeit, die im gewöhnlichen Verkehr den Arglosen zu täuschen vermag;

endung daher bereits mit der durchgeführten Fälschung bzw. Verfälschung gegeben; § 146 umfaßt aber zugleich auch die nachfolgende Verwertung[1].

IV. Strafbar ist ferner das **vorsätzliche Inverkehrbringen** falschen oder verfälschten Geldes (StrGB. §§ 147/48)[2]. Mögliche Fälle sind hier:

1. Der Täter selbst hat das Falschgeld ohne die strafbare Absicht des § 146 (oben Nr. III) hergestellt und bringt es nun vorsätzlich „als echtes in Verkehr": § 147 erster Teil[3].

2. Der Täter verschafft sich vorsätzlich das von einem anderen hergestellte Falschgeld in Kenntnis der Falschheit[4] und bringt es in Verkehr: § 147 zweiter Teil[5].

Dem Inverkehrbringen stellt das Gesetz hier das Einführen aus dem Ausland gleich: § 147 dritter Teil[6].

3. Der Täter hat gutgläubig Falschgeld als echtes empfangen und bringt es „nach erkannter Unechtheit als echtes in Verkehr". Diesen Fall des sog. Abschiebens von Falschgeld[7] stellt StrGB. § 148 mit Recht unter sehr viel mildere Strafe[8].

V. Als Sonderfall der Verfälschung bzw. des Inverkehrbringens be-

---

E. 58, 351 (nicht notwendig das Vorhandensein eines entsprechenden echten Stückes); E. 6, 142. Fehlt obige Ähnlichkeit, so liegt (untauglicher) Versuch vor; E. 16, 111 (zu § 147). — Gleichgültig ist der Geldwert. — b) Gebrauch als echtes ist nach RG. auch bereits das Vorzeigen als echt zwecks Erlangung von Kredit oder sonstiger Täuschung im Rechtsverkehr; E. 14, 161. — c) In Verkehr bringen bedeutet: weitergeben zur Verwertung als echt (nicht erforderlich ist dabei Vorspiegelung der Echtheit; vgl. E. 1, 408 (zu §§ 146/47). — d) „Verrufenes" Geld ist außer Geltung gesetztes; E. 60, 316; 59, 373 usw.

[1] Vgl. oben S. 180, III; E. 60, 316 (mit Betrug evtl. Idealkonkurrenz).

[2] StrGB. § 147: Wer „das von von ihm (auch) ohne die vorbezeichnete Absicht nachgemachte oder verfälschte Geld als echtes in Verkehr bringt", „sowie" derjenige, „welcher nachgemachtes oder verfälschtes Geld sich verschafft und solches entweder in Verkehr bringt oder zum Zwecke der Verbreitung aus dem Auslande einführt".

Strafe: wie § 146; oben S. 352, Anm. 5.

[3] Oben Anm. 2. — „Als echtes in Verkehr bringen" erfordert den Vorsatz, daß das Geld als echtes in den Verkehr gelange, aber nicht die Vorspiegelung der Echtheit gegenüber dem Abnehmer; E. 1, 409; 16, 111 (vgl. auch oben Anm., c).

[4] Vgl. auch E. 58, 412.

[5] Oben Anm. 2. — Dieser Tatbestand ist also zweiaktig konstruiert (vgl. E. 59, 79). Der strafbare Versuch beginnt daher bereits mit dem ersten Akt, des „Sich-Verschaffens", d. h. der Herstellung der Verfügungsgewalt (E. 59, 79; 58, 412). Wer erst nach Vollendung dieses ersten Aktes sich beim zweiten (Inverkehrbringen) beteiligt, ist Gehilfe (nicht Mittäter; E. 59, 79).

[6] Oben Anm. 2. — Dies wäre sonst im Einzelfalle evtl. nur straflose Vorbereitungshandlung.

[7] Vgl. auch E. 54, 219 (Idealkonkurrenz mit Betrug möglich).

[8] Gefängnis bis 3 Monate oder Geldstrafe. Der Versuch ist auch hier strafbar.

handelt StrGB. § 150 die **Münzverringerung** von Metallgeld, das sog. Kippen und Wippen[1].

VI. Das „Anschaffen" oder „Anfertigen" bestimmter Werkzeuge[2] „zum Zwecke eines Münzverbrechens", typische und gefährliche **Vorbereitungshandlungen**, stellt StrGB. § 151 unter Strafe[3].

Als Ergänzung erscheinen die Übertretungen des § 360 Nr. 4—6 StrGB.[4].

VII. § 152 StrGB. schreibt obligatorisch „die **Einziehung** des nachgemachten oder verfälschten Geldes" sowie der Werkzeuge des § 151 vor[5].

VIII. Über § 139 (unterlassene Anzeige) vgl. oben S. 324/25; betr. § 145a oben S. 275/76.

IX. Münzverbrechen (nicht Vergehen) sind auch als **Auslandsdelikte** strafbar (StrGB. § 4 Nr. 1); vgl. oben S. 80.

---

[1] „Wer echte, zum Umlauf bestimmte Metallgeldstücke durch Beschneiden, Abfeilen oder auf andere Art verringert und als vollgültig in Verkehr bringt, oder wer solche verringerte Münzen gewohnheitsmäßig oder im Einverständnisse mit dem, welcher sie verringert hat, als vollgültig in Verkehr bringt."

Strafe: Gefängnis, daneben Ehrverlust zulässig. Der Versuch ist strafbar.

[2] „Stempel, Siegel, Stiche, Platten oder andere zur Anfertigung von Metallgeld, Papiergeld oder dem letzteren gleichgeachteten Papieren dienliche Formen." Die „Dienlichkeit" bezieht sich auf alle vorstehenden Gegenstände. Sie liegt erst vor, wenn der Gegenstand „gebrauchsfertig" ist; E. 65, 203; 55, 46; 55, 283 (bei einem zusammengesetzten Satz ist nicht erforderlich, daß bereits sämtliche Formen angeschafft bzw. angefertigt sind). Kommt es zum Versuch des Münzverbrechens selbst, so ist § 151 straflose Vortat; vgl. oben S. 180; E. 65, 203.

[3] Strafe: Gefängnis bis 2 Jahre. — Dazu oben S. 154, Anm. 7.

[4] § 360 Nr. 4: Anfertigung oder Verabfolgung obiger Gegenstände an einen anderen „ohne schriftlichen Auftrag einer Behörde".

Nr. 5: Herstellung und Verabfolgung von Abdrücken oder gedruckten Formularen ohne obigen Auftrag.

Nr. 6: Anfertigung, Verbreitung oder Anfertigung der Formen für Papiere geldähnlicher Art (Waren: Empfehlungskarten, Ankündigungen oder andere Drucksachen oder Abbildungen).

Vgl. näher das Gesetz; Strafe: Geldstrafe bis 150 M oder Haft; evtl. Einziehung (§ 360 am Schluß).

Betr. Stempel- und Postwertzeichen vgl. oben S. 351.

[5] Also obligatorische und unterschiedslose Einziehung, d. h. ohne Rücksicht auf die Eigentumsverhältnisse. Insoweit bei Eigentum dritter Unbeteiligter über das Ziel schießend in Fällen, in denen Unbrauchbarmachung genügen würde; Verbesserung hier in den Entwürfen seit 1913 (§ 251); vgl. dazu auch oben S. 253, Anm. 8.

Die Einziehung greift hier Platz, „auch wenn die Verfolgung oder Verurteilung einer bestimmten Person nicht stattfindet", also als selbständige Maßregel; vgl. E. 46, 133 („polizeiliche Vorbeugungsmaßregel"); E. 14, 161. Zweck: Verhütung des Inverkehrbringens, ferner Sammlung an Zentralstellen zwecks Verbrechensermittelung; Verurteilung oder Freisprechung einer bestimmten Person ist danach unwesentlich. Nach herrschender Ansicht aber muß jedenfalls der objektive Tatbestand eines Münzdelikts vorliegen; vgl. dazu auch E. 44, 320.

Kapitel II.
Friedensstörungen.

§ 87. Störungen des öffentlichen Friedens.

I. **Landfriedensbruch** (StrGB. § 125)[1]: Landfriedensbruch liegt vor, „wenn sich eine Menschenmenge öffentlich zusammenrottet[2] und mit vereinten Kräften gegen Personen oder Sachen Gewalttätigkeiten begeht“[3]. Unter dieser Voraussetzung ist strafbar „jeder, welcher an dieser Zusammenrottung teilnimmt“[4].

Erhöhte Strafe[5] (§ 125 Abs. 2) trifft „die Rädelsführer“[6], d. h.

---

[1] Dazu eingehend (auch rechtsvergleichend) v. Hippel: V.D. Bes. T. II, 1906, S. 2—28. — Über „Friede“ unten S. 357, Anm. 5.

Geschichtlich kommt hier für das römische Recht der Sammelbegriff des crimen vis in Betracht; vgl. Strafr. I, 64[9]; Mommsen, 662. Im deutschen Mittelalter ist Landfriedensbruch die Verletzung der Strafdrohungen der Landfrieden, insbes. die verbotene Fehde; vgl. oben S. 24, Anm. 7. Auch die Carolina kennt den heutigen Begriff noch nicht (vgl. Art. 128, Landzwang, 129 Fehde; dazu Strafr. I 185; betr. Reichspolizeiordnungen I, 219); ebensowenig das Preuß. Landrecht, 1794 (vgl. V.D. — oben — S. 2, Anm. 1). Noch in den deutschen Landesrechten des 19. Jahrhunderts fehlt der Begriff teilweise (Württemberg, Hessen, Baden, Nassau), teils erscheint er lediglich als erschwerte Vermögensbeschädigung (so insbes. Preußen, StrGB. 1851), überwiegend aber als Verletzung öffentlicher Interessen (Bayern, 1813, Art. 332—335 usw.); näher V. D., oben.

[2] Betr. „öffentliche Zusammenrottung“ vgl. oben S. 300, Anm. 5 (zu § 115); dazu E. 60, 331 (auch bei räumlich getrennten, aber zusammenwirkenden Gruppen); E. 54, 89 (auch die Arbeiterschaft eines einzelnen Werkes); näher V.D. a. a. O. S. 6/8. — „Zusammenrottung“ vgl. auch oben S. 307, Anm. 4 (zu § 122).

Betr. „Menschenmenge“ oben S. 302, Anm. 4 (zu §§ 110/111); näher V.D. a. a. O. (bedenklich weitgehend E. 9, 143).

[3] „Gewalttätigkeit“ erfordert Anwendung physischer (körperlicher) Kraft (selbstverständlich rechtswidriger), gerichtet gegen Personen oder Sachen; ein schädigender Erfolg ist nicht erforderlich; vgl. E. 65, 389 (Steinwerfen, Versperrung eines Durchgangs); E. 55, 35 (körperlicher Zwang; seelischer nicht ausreichend); E. 55, 102 (auch Gewalt gegen eine einzelne Person bzw. deren Eigentum); E. 54, 89 (Forderung der Herausgabe von Sachen); 52, 34 (Wegnehmen von Sachen); E. 45, 153; E. 30, 391 (Haberfeldtreiben, scharfe Schüsse gegen Häuser); näher VD. a. a. O. S. 8/9.

Gewalttätigkeiten müssen begangen (nicht nur beabsichtigt) sein. Nicht erforderlich ist, daß bereits die Zusammenrottung in dieser Absicht erfolgte; E. 52, 119.

Begehung „mit vereinten Kräften“ erfordert Gewalttätigkeiten mehrerer am Landfriedensbruch Beteiligter (E. 52, 119; nicht notwendig gleichzeitige); zu weitgehend E. 47, 180; 30, 391; 36, 174 (Tätigkeit eines Einzelnen unter Billigung bzw. psychischer Förderung der Menge); vgl. näher V.D. a. a. O. S. 9; siehe auch v. Liszt-Schmidt (mindestens 2 Personen).

[4] Strafe: Gefängnis nicht unter 3 Monaten.

[5] Zuchthaus bis 10 Jahre, daneben evtl. Polizeiaufsicht; bei mildernden Umständen Gefängnis nicht unter 6 Monate.

[6] Das Wort „Redlin führer“ tritt bereits in den Reichspolizeiordnungen 1548, 1577 auf; vgl. Strafr. I, 219.

die geistigen Leiter der Bewegung[1], ferner diejenigen, die selbst „Gewalttätigkeiten gegen Personen begangen oder Sachen geplündert, vernichtet oder zerstört haben“[2].

Die Eigenart des Deliktstatbestandes besteht — wie beim Aufruhr (§ 115 StrGB., oben S. 300)[3] — darin, daß bereits die Teilnahme an der Zusammenrottung[4] bestraft wird, auch wenn keine Teilnahme an den begangenen Gewalttätigkeiten vorliegt. Das ist praktisch erforderlich, weil sehr häufig Beteiligung an den einzelnen Gewaltakten nicht nachweisbar ist. Grundsätzlich ist es berechtigt, weil der Landfriedensbruch nicht nur Verletzungsdelikt, sondern darüber hinaus gemeingefährliche Friedensgefährdung ist[5].

Über Konkurrenz mit anderen Delikten vgl. unten[6].

---

[1] Vgl. V.D. a. a. O. S. 11. Auch der Rädelsführer muß persönlich an der Zusammenrottung teilnehmen; E. 60, 331. — Andernfalls kommt evtl. Anstiftung in Betracht.

[2] Bloße Sachbeschädigung fällt nicht darunter; E. 47, 180. Die Erwähnung des „Vernichtens“ neben dem „Zerstören“ ist überflüssig (teilweise Zerstörung genügt nicht, E. 39, 234); „Plünderung“ bezeichnet das offene Wegnehmen oder Abnötigen von Sachen unter Benutzung der durch den Landfriedensbruch verursachten Störung der öffentlichen Ordnung (vgl. den Begriff in MilStrGB. § 129 Nr. 1); dazu V.D. a. a. O.; E. 56, 247; E. 52, 34.

[3] Entsprechend beim Raufhandel (StrGB. § 227), oben S. 198, Anm. 10.

[4] Dazu ist — vgl. E. 58, 208 — „nichts weiter erforderlich, als der vorsätzliche Anschluß an die öffentlich zusammengerottete Menge und das Bewußtsein der Möglichkeit davon, daß es zu Gewalttätigkeiten kommen werde oder könne“. . . . „an Stelle persönlicher Mittäter tritt die unpersönliche Menschenmenge. Diese wird vom Gesetz als gefahrdrohende Zusammenballung erkannt und deshalb jeder Anschluß an sie mit Strafe bedroht“; vgl. auch E. 60, 331; 55, 249; 53, 46. Dazu ferner V.D. a. a. O. S. 9/11.

Im einzelnen vgl. E. 58, 208: Beweggründe und Absichten der Teilnehmer können verschieden sein (z. B. auch Neugierde, E. 20, 403). Auch evtl. Pressevertreter und politische Parteiführer, die ihre besonderen Interessen im Auge haben: so auch E. 55, 248 (andernfalls müssen sie, wie andere Staatsbürger, sich so benehmen, „daß ihre auf Aufrechterhaltung der Ordnung gerichtete Absicht zum Ausdruck kommt und nicht umgekehrt ihre Anwesenheit in der Menge als Anschluß an sie erscheint und gefahrvergrößernd wirkt“). — E. 60, 331 (gleichgültig, ob der Einzelne für seine Person Gewalttätigkeiten widerstrebt).

Nicht erforderlich ist nach RG. Anwesenheit des „Teilnehmers“ zur Zeit der Gewalttätigkeiten; vgl. E. 36, 174 (Teilnahme vorher); E. 54, 85 (Teilnahme nachher); streitig. Die Teilnahme endigt mit vorsätzlicher Trennung von der Menge: E. 54, 299.

[5] Ähnlich wie bei Brandstiftung oder Überschwemmung die Naturkraft des Feuers bzw. Wassers entfesselt wird, so hier die Naturkraft der menschlichen Leidenschaften. Wie weit es eine zu Gewalttätigkeiten vorgeschrittene Menschenmenge treibt, das entzieht sich jeder Berechnung. Deshalb ist Bestrafung jedes Teilnehmers berechtigt, der durch seinen Anschluß einen solchen Gefahrzustand mit herbeiführte; vgl. V.D. a. a. O. S. 25/26. Siehe auch RG. E. 58, 208 (oben Anm. 4); 55, 249.

[6] Idealkonkurrenz mit § 115 (Aufruhr) vgl. oben S. 300, Anm. 6; mit

II. **Landzwang** (StrGB. § 126)[1]: Strafbar ist[2], „wer durch Androhung[3] eines gemeingefährlichen Verbrechens[4] den öffentlichen Frieden stört"[5], d. h. wer bei einem größeren, individuell nicht bestimmten Personenkreis das Gefühl der Rechtssicherheit erschüttert, also ernsthafte Beunruhigung wegen der befürchteten Begehung des Verbrechens hervorruft. Dieser Erfolg muß eingetreten[6] und der Vorsatz des Täters darauf gerichtet sein[7]. Gegenüber StrGB. § 241 besteht evtl. Idealkonkurrenz[8].

III. **Bildung bewaffneter Haufen** (StrGB. § 127)[9]: Strafbar ist (Abs. 1)[10], „wer unbefugterweise einen bewaffneten Haufen bildet oder befehligt[11] oder eine Mannschaft, von der er weiß, daß sie

§ 124 (schwerer Hausfriedensbruch) oben S. 209, Anm. 5. Gegenüber grobem Unfug (§ 360[11]) Gesetzeskonkurrenz; E. 53, 257.

Idealkonkurrenz ferner zwischen § 125 Abs. 2 und §§ 223a, 226; E. 65, 389; gegenüber § 255 (räuberische Erpressung): E. 56, 247.

An der durch Plünderung erlangten Sache kann ein anderer Teilnehmer Hehlerei begehen; E. 58, 208 (Realkonkurrenz).

[1] Geschichte: Für das römische Recht kommt evtl. das crimen vis in Frage; vgl. Strafr. I, 64[9]; Mommsen, 652ff. — Deutschrechtlich ist „Landzwang" die Bedrohung oder Schädigung einer größeren Personenmehrheit (vgl. His, Strafr. 1928, S. 160); in der Carolina (Art. 128 „Lantzwinger") insbes. das Überlaufen zum landschädlichen Gesindel; vgl. Strafr. I, 185. — Name und Tatbestand (gemeingefährliche Drohung, insbes. mit Mord, Raub, Brandstiftung, Überschwemmung) erhalten sich auch in den Landesrechten des 19. Jahrhunderts. Die heutige Fassung — und als Ergänzung der § 241 StrGB. — stammt erst aus Entw. II des StrGB. (Dez. 1869); vgl. dazu eingehend v. Hippel, V.D., Bes. Teil II, 1906, S. 29/30 (auch über die geplante, aber gescheiterte Erweiterung der sog. Umsturzvorlage, Dez. 1894). Zur Kritik V.D. a. a. O. 37/39.

[2] Strafe: Gefängnis bis 1 Jahr.

[3] D. h. Drohung mit Verbrechen; dazu oben S. 205, Anm. 6.

[4] Nicht Vergehens. Gemeingefährliche Verbrechen sind die des 27. Abschn. StrGB. (§§ 306—308; 311—313; 315, 321[2]; 322—324); ferner diejenigen des Sprengstoffgesetzes (heute anerkannt; näher VD. a. a. O. S. 31); vgl. dazu unten S. 377 ff.

[5] Das Wort „Friede" bedeutet objektiv (so in §§ 130, 130a StrGB.) den Friedenszustand; subjektiv das Vertrauen in seine Fortdauer, das Gefühl der Rechtssicherheit. So hier in § 126 StrGB. (herrschende Ansicht; dazu RG. R. 3, 632; E. 7, 394; 15, 117); V.D. a. a. O. S. 32; unten S. 359, Anm. 3.

[6] Anerkannt; vgl. RG. (vorige Anm.) und näher VD. (andernfalls nur strafloser Versuch).

[7] Ebenso anerkannt; vgl. insbes. E. 7, 394.

Der Vorsatz muß selbstverständlich auch die Androhung eines gemeingefährlichen Verbrechens umfassen. Letztere Worte sind dabei Komplexbegriff; vgl. oben S. 205, Anm. 10; dazu S. 138.

[8] Vgl. oben S. 206, Anm. 5; näher V.D. a. a. O.

[9] Das Delikt tritt erst seit dem Preußischen StrGB. 1851 (Entw. 1850) auf; vgl. näher V.D. a. a. O. S. 40/41. [10] Strafe: Gefängnis bis 2 Jahre.

[11] Der „Haufen" fordert räumliche Vereinigung einer größeren Menschenzahl; vgl. V.D. a. a. O.; RG. E. 56, 281. — „Bewaffnet" (bzw. „Waffen") bedeutet Waffen im technischen Sinne (nicht sonstige gefährliche Werkzeuge); R. 10, 683; E. 18, 367. „Bewaffnet" muß der „Haufen" sein, nicht notwendig

ohne gesetzliche Befugnis gesammelt ist, mit Waffen oder Kriegsbedürfnissen versieht"[1]; ferner (Abs. 2), „wer sich einem solchen bewaffneten Haufen anschließt"[2].

Der Tatbestand erscheint als abstraktes Gefährdungsdelikt[3]. Verwandt ist die Übertretung des § 360 Nr. 2 StrGB.[4].

IV. **Anreizung zum Klassenkampf** (StrGB. § 130)[5]: Strafbar ist[6], „wer verschiedene Klassen[7] der Bevölkerung zu Gewalttätig-

---

das einzelne Mitglied; E. 30, 391. — „Unbefugt" („ohne gesetzliche Befugnis") ist jedes Vorgehen ohne rechtlich anerkannten Grund. Also z. B. nicht bei Notwehr; stets bei strafbarem Zweck; Beispiel E. 53, 65 (aufrührerischer Zweck).

[1] Die „Mannschaft" fordert eine gewisse Organisation (beim „Haufen" nicht nötig), andererseits nicht notwendig räumliche Vereinigung. — Die Worte „von denen er weiß" kennzeichnen den Vorsatz (also auch dolus eventualis).

[2] Strafe: Gefängnis bis 1 Jahr.

Das „Sich-Anschließen" fordert (entsprechend dem Teilnehmen in §§ 115, 125), daß der Täter sich vorsätzlich und räumlich zum Teil des Haufens macht; E. 56, 281 (nicht genügend andere Tätigkeit im Interesse des Haufens); E. 30, 392.

[3] Vgl. zu diesem Begriff oben S. 87. Es braucht also im Einzelfalle der Friede (oben S. 257, Anm. 5) weder im objektiven noch subjektiven Sinne verletzt oder gefährdet zu sein; vgl. auch E. 30, 392 (dem Polizeistrafrecht angehörig).

[4] § 306 Nr. 2: „Wer außerhalb seines Gewerbebetriebes heimlich oder wider das Verbot der Behörde Vorräte von Waffen oder Schießbedarf ansammelt." Strafe: Geldstrafe bis 150 M. oder Haft, evtl. Einziehung (§ 360 am Schluß).

[5] Dazu eingehend v. Hippel, V.D., Bes. T. II, 1906, S. 47—67.

Die Vorschrift tritt erst seit 1849 im Preuß. Recht auf (Verordg. v. 30. Juni 1849, dann StrGB. 1851 § 100), anschließend an französisches Preßrecht (1822, 1835); Versuche der Erweiterung scheiterten 1875/76, 1894; vgl. näher v. Hippel, a. a. O. Zur Kritik eingehend a. a. O. S. 60—67: Hauptergebnis: Grundsätzlich unter Strafe zu stellen ist die öffentliche Aufreizung verschiedener Teile der Bevölkerung zu Gewalttätigkeiten; ferner die öffentliche Aufreizung gegeneinander mittels Behauptung unwahrer Tatsachen wider besseres Wissen. Heute sind diese Forderungen dringlicher als je.

[6] Strafe: Geldstrafe oder Gefängnis bis 2 Jahre.

[7] Vgl. dazu bereits die Motive, Reichstagsvorlage S. 63: „Mehrheit von Personen, welche wegen gleicher Lebensstellung oder wegen einer Übereinstimmung der Ansichten, Zwecke oder Interessen als verbunden betrachtet und deshalb unter einer gemeinschaftlichen Bezeichnung zusammengefaßt werden", und zwar im Gegensatz „zu den übrigen Staatsbürgern oder anderen Kategorien von Personen" und in bestimmt erkennbarer Weise (Gegensatz: „Vage Abstraktionen").

In solchem Sinne auch die Literatur (mit Abweichungen im einzelnen) und das RG., im Begriff fast wörtlich an die obigen Motive anschließend (mit der Kennzeichnung: „auf dem Boden der Gesellschaft emporgewachsene Gliederungen des Volksorganismus"); vgl. E. 50, 324; E. 35, 96; 32, 353; 26, 63; 22, 293. Dazu V.D. a. a. O. S. 51.

Beispiele: Deutsche und Polen (E. 36, 146; schon früher R. 9, 458 usw.); Arbeiterbevölkerung gegenüber anderen Ständen (E. 26, 63; 22, 293 usw.); Proletariat und Bürgertum (E. 26, 349); Juden (E. 32, 353); Beamte (E. 22, 293); Monarchisten und Republikaner (E. 9, 417); Agrarier, Kapitalisten, Besitzende gegenüber Arbeitern, kleinen Handwerkern und Geschäftsleuten (E. 50, 324).

Dagegen verneint, weil vage Abstraktionen: Regierung bzw. Regierende (E. 22, 293); Brotverteurer (E. 26, 63); — ferner Streikende (E. 35, 96), weil bloß gelegentliche Zusammengehörigkeit; vgl. auch E. 50, 326.

keiten[1] gegeneinander öffentlich anreizt"[2], und zwar „in einer den öffentlichen Frieden gefährdenden Weise".

Das RG. fordert hierfür keinen äußeren Erfolg der Anreizung, sondern lediglich eine Kundgebung, die inhaltlich geeignet ist, den Frieden im subjektiven oder objektiven Sinne zu stören[3]. Zum Vorsatz genügt dolus eventualis[4].

V. **Staatsverleumdung** (StrGB. § 131): Staatsverleumdung wirkt zwar auch friedensgefährdend, ist aber unmittelbar Verbrechen gegen die Staatsgewalt, daher bereits oben S. 301 behandelt.

VI. **Kanzelparagraph** (StrGB. § 130a)[5]: Strafbar ist hiernach „ein Geistlicher oder anderer Religionsdiener[6], welcher in Ausübung oder in Veranlassung[7] der Ausübung seines Berufs öffentlich vor einer Menschenmenge"[8], oder welcher in einer Kirche oder an einem anderen zu religiösen Versammlungen bestimmten Orte vor mehreren[9], oder durch Ausgabe oder Verbreitung von Schriftstücken (Abs. 2)[10]

---

[1] Begriff: oben S. 355, Anm. 3.

[2] Anreizen bedeutet (offenes oder verdecktes) Anstiften ohne Rücksicht auf den Eintritt eines Erfolges; vgl. oben S. 169. — Öffentliches Anreizen erfordert nicht Öffentlichkeit des Begehungsaktes, sondern Zugänglichmachen der Kundgebung für das Publikum, auch wenn noch keine Kenntnisnahme erfolgte (E. 50, 324); so bereits Übersendung von Druckschrift zwecks Verbreitung an Buchhändler (E. 28, 387) bzw. Besteller (E. 36, 146); Schallplatten E. 38, 345. — Die Anreizung muß gegen eine andere Bevölkerungsklasse, nicht nur gegen eine bestimmte Einzelperson erfolgen; RG. R. 9, 458. — Nicht erforderlich ist Anreizung zu bestimmten Gewalttätigkeiten; RG. R. 8, 109; ebensowenig zu sofort auszuführenden; E. 54, 27; 50, 324; 26, 349; 17, 309ff.

[3] Also entweder (Friede im subjektiven Sinn) geeignet, das Gefühl der Rechtssicherheit zu erschüttern (so E. 34, 269; 15, 116) oder (Friede im objektiven Sinn) geeignet, eine zu Gewalttätigkeiten geneigte Stimmung hervorzurufen (E. 54, 27; 50, 324; 17, 309; 2, 431); beides nebeneinander in E. 26, 349; vgl. auch E. 54, 27.

In der Literatur wird teilweise als Erfolg Friedensgefährdung im objektiven Sinne gefordert (so früher ich in V.D., v. Liszt, v. Liszt-Schmidt). Eignung zur Gefährdung im objektiven Sinne fordert z. B. Frank. Mir scheint heute der Standpunkt des RG. zutreffend; V. D. a. a. O. S. 53/54; oben S. 357, Anm. 5.

[4] Vgl. E. 54, 27; 50, 326.

[5] Dazu eingehend v. Hippel, V. D., Bes. T. II, 1906, S. 89—103 (auch kritisch im Sinne verbesserter Fassung).

Die Bestrafung geistlicher Übergriffe in weltliches Gebiet hat bereits die Landesrechte (Preuß. Landrecht II, 20, §§ 227/28, dann das 19. Jahrhundert) beschäftigt. Der heutige § 130a beruht in Abs. 1 auf Ges. v. 10. Dez. 1871; Abs. 2 wurde durch die Novelle v. 1876 hinzugefügt; dazu näher a. a. O. S. 89—92.

Strafe: Gefängnis oder Festungshaft bis zu 2 Jahre.

[6] D. h. der nicht einer privilegierten christlichen Kirche Angehörige, aber zu gottesdienstlichen Verrichtungen Berufene (nicht niedere Dienste, Küster, Organisten).

[7] Vgl. dazu oben S. 322, Anm. 2; die Literatur zu § 130a zeigt Schwankungen: näher V. D. a. a. O. S. 92.

[8] Vgl. dazu oben S. 302, Anm. 4.

[9] Also vor mindestens 2 Personen; vgl. V. D. a. a. O. S. 92/93.

[10] D. h. durch Übergabe, auch an nur eine Person; Vorlesen genügt nicht.

„Angelegenheiten des Staats[1] in einer den öffentlichen Frieden gefährdenden Weise[2] zum Gegenstande einer Verkündigung oder Erörterung macht".

VII. **Grober Unfug** (StrGB. § 360 Nr. 11)[3]. „Wer ungebührlicherweise ruhestörenden Lärm erregt oder wer groben Unfug verübt".

1. In beiden Fällen[4] muß das Delikt sich gegen das Publikum richten, nicht lediglich gegen einzelne Personen[5]. Erforderlich ist eine Belästigung oder Beunruhigung des Publikums[6]. Diese muß sich nach der neueren Rechtsprechung des RG. zugleich als „Verletzung oder Gefährdung des äußeren Bestandes der öffentlichen Ordnung" darstellen[7]. Eine nähere Kennzeichnung dieses unbestimmten Merkmals fehlt[8], die Durchführung im einzelnen ist unsicher und zum Teil wenig

---

[1] Der Begriff ist ein ausgedehnter; vgl. E. 27, 430; 18, 406; 13, 169. Nicht darunter fallen Privatangelegenheiten Einzelner (E. 27, 430; 13, 169) und rein kirchliche; wohl aber solche, die Staat und Kirche berühren (vgl. insbes. die Tatbestände in E. 27, 430; 18, 406).

Beispiele: Reichs- bzw. Landtagswahlen und Wahlausübung (E. 27, 430; 13, 169); Einverleibung von Hannover in Preußen (E. 18, 314); evtl. auch Anordnungen einzelner Behörden bzw. Beamten (E. 18, 406; 13, 169).

Weite Fassung auch in der Literatur; vgl. näher V. D. a. a. O. S. 93/94.

[2] Das RG. faßt diesen Begriff entsprechend § 130; so auch die Literatur; vgl. dazu oben S. 359, Anm. 3. — Zu § 130a: E. 18, 314, 406 (geeignet, „Unzufriedenheit hervorzurufen und das Ansehen der Beamten und Behörden zu untergraben").

Zum Vorsatz gehört das Bewußtsein dieser Eignung; E. 27, 430. — dolus eventualis genügt.

[3] Die Bestimmung führt zurück auf Preuß. Landrecht II, 20, § 183 („Mutwillige Buben"), dann Preuß. StrGB. § 340 Nr. 9. Der Begriff ist lebhaft umstritten, deshalb bei der Häufigkeit des Delikts nähere Klarstellung erforderlich.

Strafe: Geldstrafe bis 150 M. oder Haft.

[4] Vgl. E. 32, 100; 19, 294 (Lärmerregung genügt, persönliches Lärmen nicht erforderlich).

[5] Feststehende Rechtsprechung des RG.; vgl. z. B. E. 64, 253; 63, 290; 36, 214 usw. — Angriff auf Einzelne (z. B. unsittliche Belästigung) genügt daher nur unter obiger Voraussetzung; vgl. E. 53, 139; 34, 364; 32, 100.

Den Gegensatz zum „Publikum" bilden einzelne Personen und individuell begrenzte Personenkreise; E. 27, 294; 19, 294; 16, 99. Bei Begehung an allgemein zugänglichem Ort genügen einzelne zufällig Anwesende; E. 34, 425 (Wirtshaus, 3 Personen). Vgl. auch E. 13, 366 (die Bewohner eines Mietshauses als Gesamtheit).

[6] Feststehende Rechtsprechung; vgl. z. B. E. 63, 290; 36, 214; 34, 365, 425; 32, 100; 19, 294.

[7] Vgl. insbes. E. 36, 214; 34, 362; 32, 100; 31, 185; auch E. 64, 253; 53, 139.

[8] Vgl. dazu auch Frank: Die üblichen Definitionen seien „sehr unbestimmt", zum Teil Tautologien. Äußere Ordnung seien äußerlich wahrnehmbare, geregelte Beziehungen von Personen (oder Sachen). Das regelnde Prinzip sei die Sitte, namentlich in der Richtung des Anstandes und der Verkehrssicherheit. — Ähnlich: Rosenberg, Leipz. Komm.: Verstoß gegen die allgemeine Verkehrssitte, welche die äußeren Beziehungen von Personen regelt. — Höchst unbestimmt v. Liszt, v. Liszt-Schmidt: „Richtung gegen die äußere, öffentliche Ordnung, gegen die Ruhe der äußeren Sinne."

befriedigend[1]. Anerkannt ist, daß grober Unfug auch durch die Verbreitung von Druckschriften begangen werden kann[2].

2. Mir scheint folgende Begriffsbestimmung zutreffend: Grober Unfug sind rechtswidrige[3], unsittliche[4] oder wider die Verkehrssitte[5] verstoßende Handlungen, die im vorliegenden Einzelfalle geeignet sind, unbestimmte Personen[6] in Gefahr zu bringen, gröblich zu belästigen oder durch die Befürchtung künftig drohender Gefahren bzw. Belästigungen zu beunruhigen[7]. Der grobe Unfug ist demnach Gefährdungsdelikt[8]. Zum Vorsatz gehört das Bewußtsein der obigen Eignung.

---

[1] Insbes. schränkt m. E. die neuere Rechtsprechung des RG. — in dem an sich löblichen Streben der Begrenzung — die Anwendung des § 360[11] zu sehr und in unklarer Weise ein.

Zutreffend bejaht z. B. früher in E. 7, 168: öffentliche, teils unsittliche, teils unanständige (zwecks Notdurft erfolgende) Entblößung als „gegen Sitte und Anstand verstoßende, die öffentliche Ordnung gefährdende Tätigkeit". — E. 16, 99: Beunruhigung unbestimmter Angehöriger durch unwahre Nachrichten über Unfälle bei einem Regiment. — E. 19, 294 (297) bemerkt, daß § 360[11] in erster Linie „die polizeiliche Ordnung, die äußerliche Ruhe und den sittlichen Anstand auf den öffentlichen Straßen" schütze, aber darüber hinausgreife (hier: unwahre Pressenachricht); anerkannt ist, daß psychische Belästigung genügt; vgl. z. B. E. 34, 425, ferner unten Anm. 2.

Neuerdings fordert das RG., insbes. E. 64, 253 Unmittelbarkeit der Belästigung in dem Sinne, daß die Handlung selbst (hier das Herunterholen und Forttragen einer Fahne) vom Publikum wahrgenommen wurde und spricht frei, weil die Beunruhigung erst durch Mitteilung von der Tat eintrat (E. 34, 364 begnügte sich mit Wahrnehmbarkeit durch in der Nähe befindliche Personen); E. 53, 139 (unsittliche Belästigung, Wahrnehmung). Ich halte obige Einschränkung für unzutreffend; vgl. das Folgende (auch Anm. 2, 7).

[2] Vgl.: E. 36, 214; 32, 100. E. 31, 185: Hier — unter Ablehnung von E. 25, 404; 27, 292 — Freisprechung, weil die Beunruhigung „keine unmittelbare Wirkung" der Handlung, sondern erst „eine Folgeerscheinung" sei. Kritik: Die Beunruhigung ist bei Preßdelikten stets erst Folgeerscheinung der Kenntnisnahme und der sich auf Grund dieser weiter entwickelnden Vorstellungen. — Gute Begründung der Möglichkeit groben Unfungs durch Druckschriften in E. 19, 294ff.

[3] Auch polizeiwidrige; vgl. E. 19, 294, oben Anm. 1.

[4] Beispiel: Unanständiges Entblößen.

[5] Vgl. E. 7, 168; E. 16, 99; oben Anm. 1. Vgl. auch E. 19, 294: Feuerlärm oder sonstige Panik.

[6] Nicht nur bestimmte Angegriffene.

[7] Beispiel: Aus der Praxis: Nächtliches Ausheben von Kanaldeckeln auf der Straße, wodurch Fußgänger bzw. Fuhrwerke verunglücken können. Es muß selbstverständlich ganz gleichgültig sein, ob (und von wem) die Handlung sofort wahrgenommen oder erst später entdeckt wurde. Genau dasselbe gilt bei Herunterholen von Fahnen usw.; unzutreffend RG., oben Anm. 1, Abs. 3.

Ebenso z. B. bei Ankündigung künftiger gefährlicher usw. Handlungen, gleichgültig, ob mündlich oder durch Druckschriften.

[8] Greift dabei bereits ein speziellerer Deliktstatbestand ein, so entfällt § 360[11] (Gesetzeskonkurrenz). So z. B. E. 53, 257 betr. Landfriedensbruch.

VIII. Als Gefährdung der Ordnung bzw. des Friedens ist endlich der Tatbestand des §365 StrGB., die **Übertretung der Polizeistunde**, zu nennen[1].

§ 88. Störungen des religiösen Friedens und der Totenruhe.

I. **Geschichte:** Allgemeingeschichtlich treten Kultverbrechen seit den Anfängen öffentlicher Bestrafung auf[2]. Für die Fortentwicklung wird die christlich-kanonische Auffassung entscheidend, die in das weltliche Strafrecht übergeht[3]. Sie führt zur Ausdehnung der Religionsdelikte, für die die Kirche vom 10. bis 12. Jahrhundert die ausschließliche oder mit der weltlichen konkurrierende Gerichtsbarkeit erlangt[4]. Im späteren Mittelalter sind Ketzerei, Gotteslästerung, Zauberei, Kirchenraub weltliche Verbrechen[5].

Die Carolina stellt an die Spitze aller Verbrechen als Religionsdelikte: Gotteslästerung, Meineid, Zauberei[6]. Schwerster Diebstahlsfall ist der Kirchendiebstahl[7]. Ausdehnung bringen die Reichspolizei-

[1] § 365 in ursprünglicher Fassung gilt nicht mehr. Er ist ersetzt durch das Gaststättengesetz v. 28. April 1930 (RGBl. I, 146) § 29 Nr. 6, 7. Danach ist strafbar (mit Haft und Geldstrafe bis 150 M. oder einer dieser Strafen): Nr. 6: Der Gast, der trotz Aufforderung des Inhabers oder der Polizei über die Polizeistunde hinaus verweilt. Nr. 7: Der Inhaber bzw. dessen Vertreter, der solches Verweilen duldet.

[2] Vgl. oben S. 9; näher Strafr. I, 43, 48[8]. Insbes. Diebstahl an Göttergut; dazu römisch (sacrilegium); Strafr. I, 61; MOMMSEN, 760ff. (betr. Sakraldelikt Strafr. I, 58); deutsch: lex Frisionum (8. Jahrhundert), Strafr. I, 104[6],[7]. — Strafbar ist ferner schädigende Zauberei: vgl. näher Strafr. I, 64[5] (römisch), I, 116 (fränkisch); Ableugnung der Staatsgötter führte als crimen maiestatis zu den Christenverfolgungen der römischen Kaiserzeit; vgl. näher Strafr. I, 67[4]; MOMMSEN, 567ff. In fränkischer Zeit ist Verletzung der Tempel (später der christlichen Kirchen) todeswürdiges Verbrechen; Strafr. I, 117.

[3] Schwerster kirchlicher Disziplinarfall ist seit früher Zeit der Abfall vom Glauben (Heidentum, Ketzerei, Apostasie); vgl. Strafr. I, 78. Unter Konstantin (306—337) wird das Christentum Staatsreligion, Ketzerei und Heidentum werden als Härerie weltliche Verbrechen; vgl. Strafr. I, 67[4], 80. In Deutschland vollzieht sich der gleiche Vorgang in der Karolingerzeit; vgl. Strafr. I, 81[8], 82[7].

Die Gotteslästerung straft Justinians Novelle 77; Strafr. I, 179.

[4] delicta mere ecclesiastica: Ketzerei, Schisma, Apostasie, Simonie; — delicta mixta, darunter Gotteslästerung (Blasphemie), Kirchenraub, Sacrilegium, Zauberei; vgl. oben S. 17. — Seit dem 14. Jahrhundert tritt die Vorstellung der Verbindung mit Dämonen (Teufelsbündnis) auf; Strafr. I, 83[3]; oben S. 35.

[5] Vgl. näher Strafr. I, 124 (Landfrieden); I, 132, 134[4], 135[5]; I, 145 (Sachsenspiegel). Regelmäßig Todesstrafe (insbes. Verbrennen), ferner Zungeausreißen bei Gotteslästerung.

[6] Art. 106—109. Gestrichen ist (offenbar unter dem Einfluß der Reformation) die noch in der Bambergensis vorhandene Ketzerei. Art. 106 (Gotteslästerung) führt über den Wormser Reichsabschied (1495) auf Justinians Novelle 77 zurück. Deutlich tritt an diesen Stellen die Angst vor dem Götterzorn hervor. Vgl. dazu eingehend Strafr. I, 179/81.

[7] Also das alte sacrilegium; vgl. oben Anm. 2; Carolina, Art. 171—174; dazu näher Strafr. I, 193/94.

ordnungen[1]. Anschließend daran wirkt das gemeine Recht erweiternd und verschärfend, insbes. in dem auf kanonischem Einfluß beruhenden Schandfleck der Ketzerinquisition (Hexenbrände)[2].

Völligen Wandel schafft die Aufklärungszeit[3], für Preußen insbes. Friedrich der Große[4]. Das Preußische Landrecht II, 20, 214—228 behandelt die Religionsdelikte als „Beleidigung der Religionsgesellschaften". In solchem Sinne erscheinen sie uns heute als Störungen des religiösen Friedens[5].

II. **Gotteslästerung** (StrGB. § 166 erster Teil): Strafbar ist[6], „wer dadurch, daß er öffentlich in beschimpfenden Äußerungen Gott lästert, ein Ärgernis gibt".

Geschützt wird hier also das religiöse Gefühl[7] in Ansehung des höchsten Gegenstandes der Verehrung.

1. „Gott" bezeichnet nicht einen abstrakten Gottesbegriff, sondern denjenigen der christlichen Kirchen und sonstigen mit Korporationsrechten innerhalb des Reichsgebiets bestehenden Religionsgesellschaften[8]. Zur Beschimpfung gehört begriffsmäßig eine besonders verletzende, rohe Kundgebung der Mißachtung[9]. „Öffentlich" bedeutet

---

[1] 1530, 1548, 1548. In breiter Behandlung stellen sie an den Anfang die Gotteslästerung und das Fluchen und Schwören bei Gott (auch Lästerung der Heiligen und unterlassene Anzeige der Gotteslästerung). Anschaulich zeigt sich auch hier die Besorgnis vor dem Zorn Gottes; vgl. näher Strafr. I, 214/15.

[2] Vgl. oben S. 35; eingehend Strafr. I, 228—236. — Noch für Friedrich Wilhelm I. (1713—1740) ist das Verbrechen Kränkung Gottes, dessen Zorn sonst über das Land kommt; vgl. näher Strafr. I, 256. — Noch der codex Bavaricus, 1751, enthält den ganzen Hexenwahn (Teufelsbündnis, Feuertod).

[3] Vgl. näher Strafr. I, 263 (Montesquieu), 265 (Voltaire).

[4] Bereits 1740 erging sein berühmter Bescheid: „Die Religionen müssen alle toleriert werden, und muß der Fiskal nur das Auge darauf haben, daß keine der anderen Abbruch tue; denn hier muß ein jeder nach seiner Fasson selig werden."

[5] So die Entwürfe seit 1913.

[6] Strafe: Gefängnis bis 3 Jahre.

[7] Vgl. auch E. 16, 245; E. 64, 125 (näher unten S. 364, Anm. 3). Mit Recht betonen die Motive zum StrGB. (Reichstagsvorlage, S. 65) das staatliche Interesse an solchem Schutz.

[8] Vgl. RG. E. 6, 77 (eingehend). Darunter fällt daher auch die Lästerung Christi; E. 64, 121ff.; 61, 151. — Auch der jüdische Gottesbegriff; E. 56, 128. — Obige, auch in der Literatur überwiegende Auffassung entspricht zugleich dem folgenden Teil des § 166; vgl. unten Nr. III. „Korporationsrechte" bedeutet zivilrechtliche Rechtsfähigkeit.

[9] „Wer in beschimpfenden Äußerungen lästert."

Feststehende Rechtsprechung; vgl. z. B. E. 65, 424; 64, 121ff.; 64, 56; 56, 218. Die Roheit kann in der Form (z. B. Schimpfwörter) wie im Inhalt liegen; vgl. E. 64, 127/28: Behauptung einer an sich schimpflichen Tatsache, Darstellung in schimpflicher Lage oder Tätigkeit; E. 56, 128: Vorwurf sittlich verwerflichen oder verächtlichen Handelns.

Erforderlich ist, daß der Täter selbst beschimpft. Mitteilung von anderen begangener Beschimpfung fällt nur insoweit unter das Gesetz, als der Täter sie sich zugleich erkennbar zu eigen macht; E. 65, 360; 64, 56; 46, 356. Selbstwahrnehmbar für einen größeren, nicht individuell bestimmten Personenkreis[1]. Die Kundgebung muß ferner tatsächlich Ärgernis erregt, d. h. das religiöse Gefühl mindestens eines Wahrnehmenden verletzt haben[2].

2. Zum Vorsatz gehört das Bewußtsein, daß die Kundgebung geeignet ist, das Gefühl religiös Denkender in Ansehung Gottes gröblich zu verletzen. Ferner der Wille, sie zur Kenntnis, und zwar zur öffentlichen, zu bringen. Dolus eventualis genügt[3]. Welche weiteren Zwecke der Täter verfolgt, ist gleichgültig[4]. Die „Kulturmission der Kunst" insbes. gibt kein Recht zur Gotteslästerung[5].

---

verständlich kann „beschimpfende Äußerung" auch durch bildliche Darstellungen erfolgen; so auch E. 64, 121ff.; merkwürdigerweise bestritten.

[1] Tatfragen evtl. bei Vereinsversammlungen; vgl. E. 40, 262. Bei Druckschriften bzw. bildlichen Darstellungen ist maßgebend das Zugänglichmachen an einen solchen Personenkreis; vgl. E. 5, 357; dazu oben S. 359, Anm. 2.

[2] Wie bei StrGB. § 183; vgl. oben S. 228, Anm. 8. Dazu E. 16, 245.

[3] Vgl. dazu E. 64, 121ff., insbes. 129/30: „Der innere Tatbestand ist erfüllt, wenn der Angeklagte in dem Bewußtsein gehandelt hat, daß die gläubigen Angehörigen der christlichen Kirchen die Bilder auf Christus, seinen Erlösertod ... beziehen und durch die rohe Form der Darstellungen in ihren religiösen Empfindungen gekränkt werden." Dabei betont das Urteil treffend, daß das Gesetz nicht für besonders, z. B. künstlerisch, gebildete Beschauer gemacht sei, sondern „das schlichte Gefühl des einfachen, religiös gesinnten Menschen schützen will, der das Bild unbefangen beschaut und die sinnlichen Wahrnehmungen in sich aufnimmt". Zutreffend ferner S. 129: nicht erforderlich, daß der Täter „eine rohe Gesinnung zum Ausdruck bringen wollte". — S. 129: dolus eventualis genügt; ebenso E. 61, 155 (betr. mehrdeutige Äußerungen).

Betr. vorsätzliches Zur-Kenntnis-Bringen vgl. E. 16, 247; 40, 262 (für „Öffentlichkeit" genügt Kenntnis der Tatsachen, die diese Eigenschaft begründen; also Komplexbegriff, vgl. oben S. 138).

[4] Vgl. E. 64, 121 (125). Hier angeblicher Zweck, zum Kriege hetzende Vertreter der Kirche zu geißeln. Kritik: Solcher Zweck ändert nichts an der Gotteslästerung als Mittel.

[5] So treffend E. 64, 128f. (ebenso betr. Wissenschaft). — Auch hier gilt Entsprechendes wie oben S. 232, Anm. 1 (betr. unzüchtige Darbietungen): Wahre Kunst und religiöse Beschimpfung sind Gegensätze. — Ebensowenig rechtfertigt die „Erregung und Nervosität der Gegenwart" solche Handlungen; so zutreffend E. 56, 130.

Unbefriedigend im Ergebnis (der Nicht-Verurteilung) — auch gegenüber den übrigen wertvollen Ausführungen des RG. selbst — sind die beiden Urteile E. 61, 151ff. und E. 64, 121ff. (Fortsetzung: Jur.-Ztg. 36, 1931, S. 1565). Ihnen gegenüber ist nochmals hervorzuheben: Es ist gleichgültig, welche Zwecke der Täter verfolgte, welche verschiedenen Deutungsmöglichkeiten seine Kundgebungen zuließen und welche Deutung in seinem Sinne lag. Allein entscheidend ist, daß die tatsächlich erfolgte Kundgebung sich objektiv, in ihrer Wirkung auf den religiösen Beschauer, als rohe Herabwürdigung Gottes darstellt und daß hinsichtlich dieses Erfolges mindestens dolus eventualis vorlag.

In den obigen Fällen ist jene Wirkung der Kundgebung m. E. derart zweifellos und selbstverständlich, daß ein zurechnungsfähiger Täter darüber unmöglich im unklaren sein konnte. Verneinung des dolus eventualis verstößt daher hier (gegen RG.) allerdings „gegen allgemeine Erfahrungssätze und Denkgesetze" (und erzeugt entsprechende Beunruhigung und Kritik). Zwecke und Deutungen des Täters sind evtl. wesentlich für die Strafzumessung.

III. **Angriffe gegen Religionsgesellschaften.** Geschützt werden hier die Religionsgesellschaften als solche sowie ihre äußere Organisation und Betätigung gegen Beschimpfung und gegen Behinderung des Gottesdienstes.

1. Beschimpfung: a) „Wer öffentlich eine der christlichen Kirchen oder eine andere mit Korporationsrechten innerhalb des Bundesgebiets bestehende Religionsgesellschaft oder ihre Einrichtungen oder Gebräuche beschimpft" (§ 166 zweiter Teil)[1].

b) „Wer in einer Kirche oder in einem anderen zu religiösen Versammlungen bestimmten Orte[2] beschimpfenden Unfug verübt" (§ 166, dritter Teil)[3].

2. Behinderung des Gottesdienstes (StrGB. § 167)[4]: a) „Wer durch eine Tätlichkeit oder Drohung jemand hindert, den Gottesdienst einer im Staate bestehenden Religionsgesellschaft auszuüben[5], ingleichen

[1] Vgl. dazu betr. Religionsgesellschaften, Beschimpfung und öffentlich oben S. 363 Anm. 8, 9; S. 364 bei Anm. 1.

Es handelt sich hier nicht um eingetretenes Ärgernis (anders oben S. 364, Anm. 2), sondern um den Schutz der Kirche als solcher gegen Beschimpfung; vgl. E. 40, 262 (Beschimpfung der Bibel in ihrer Eigenschaft als Grundlage des christlichen Glaubens und der christlichen Kirche). Beschimpfung kirchlicher Lehren (Glaubenssätze) bzw. Persönlichkeiten ist nur strafbar, soweit sie im Einzelfalle als bewußt die Kirche als solche angreifende Beschimpfung erscheint; E. 9, 159 (betr. Luther).

Der gute Glaube an die Wahrheit des Behaupteten schließt für sich allein den Charakter als Beschimpfung nicht aus; vgl. näher E. 65, 424; 63, 20; 28, 407.

Einrichtungen bzw. Gebräuche sind äußere, auf allgemeiner Anordnung beruhende Organisationen und Veranstaltungen; vgl. dazu auch E. 47, 142 (Sonntagsheiligung, jüdisches Laubhüttenfest); E. 64, 123 (Predigtamt, Priestertum, Christusverehrung). Der Angriff muß sich auch hier gegen die Einrichtung usw. als solche richten, nicht lediglich gegen eine einzelne Handlung; E. 45, 11; E. 24, 12 (Reliquienverehrung); bedenklich E. 22, 238.

[2] Jeder zu religiösen Versammlungen bestimmte Ort (nicht nur die Versammlungsorte der oben im Text Nr. a bezeichneten Religionsgesellschaften); vgl. E. 34, 265; E. 32, 212. (Heilsarmee. Nicht erforderlich ist, daß der Unfug zur Zeit der Versammlung begangen wurde.) — Die Bestimmung des Ortes zu religiösen Versammlungen muß die wesentliche sein. Daher z. B. nicht: Öffentliche Straßen bei Prozessionen; E. 28, 303; vgl. ferner E. 29, 334; wohl aber Friedhöfe E. 27, 296. — Das Wort „in einem . . . Orte" ist gleichbedeutend mit „an" (also nicht nur umschlossene Räume); E. 29, 334.

[3] „Beschimpfender Unfug sind beschimpfende Handlungen (auch mündliche Äußerungen, E. 48, 300). Die Eignung zur Herabwürdigung genügt nicht, sondern es muß in concreto vorsätzliche Herabwürdigung vorliegen; vgl. E. 43, 202 (auch betr. § 168 StrGB.). Und zwar in Beziehung auf den religiösen Charakter des Ortes; E. 32, 213; 23, 104.

[4] Strafe: Gefängnis bis 3 Jahre (also wie § 166).

[5] D. h. Gottesdienst abzuhalten oder daran teilzunehmen (herrschende Ansicht). Sachlich ein Spezialfall der Nötigung.

„Im Staate bestehende Religionsgesellschaft": Hier war früher maßgebend das Landesrecht (vgl. E. 39, 388, betr. Heilsarmee). Heute genügt tatsächlicher Zusammenschluß zu solcher Gesellschaft; Verf. Art. 137.

b) „wer in einer Kirche oder an einem anderen zu religiösen Versammlungen bestimmten Orte[1] durch Erregung von Lärm oder Unordnung[2] den Gottesdienst oder einzelne gottesdienstliche Verrichtungen einer im Staate bestehenden Religionsgesellschaft vorsätzlich verhindert oder stört"[3].

3. In diesem Zusammenhang gehört endlich die Übertretung des § 366 Nr. 1 StrGB.: „Wer den gegen die Störung der Feier der Sonn- und Festtage erlassenen Anordnungen zuwiderhandelt" (Geldstrafe bis 150 M. oder Haft bis 14 Tage).

IV. **Störung der Totenruhe**[4] (StrGB. § 168). Hier kommen zwei Gruppen von Fällen in Betracht:

1. Wegnahme von Leichen: „Wer unbefugt eine Leiche aus dem Gewahrsam der dazu berechtigten Person wegnimmt" (StrGB. § 168, erster Teil)[5].

Unbefugt bedeutet ohne besondere Befugnis[6]. Zum Vorsatz gehört das Bewußtsein hiervon. Betr. Wegnahme vgl. StrGB. § 242[7]. „Berechtigte Person" sind regelmäßig die nächsten Angehörigen[8].

Im Gegensatz zu Diebstahl bzw. Sachbeschädigung handelt es sich bei der Leiche grundsätzlich um keine fremde Sache[9].

---

[1] Vgl. oben S. 365 Anm. 2.

[2] D. h. Störung der äußeren Ordnung; E. 37, 148.

[3] Die „Störung" kann selbstverständlich auch erst durch das Zusammenwirken mehrerer entstehen; E. 17, 316 (oben S. 95 Anm. 4). Sie kann auch von auswärts kommen; vgl. E. 37, 150: erlaubter Gewerbebetrieb keine Störung, falls nicht Schikane vorliegt (bedenklich m. E. die Ablehnung im vorliegenden Falle: Orchestrionspielen während des Gottesdienstes).

Die Rechtswidrigkeit kann z. B. entfallen wegen Notwehr bzw. Notstand; vgl. oben S. 117, Anm. 7. Ferner z. B. bei berechtigtem polizeilichem Eingreifen; E. 34, 266/67.

[4] So die Entwürfe seit 1913 (früher bereits erwähnt in E. 12, 168).

Die Bestrafung von Gräber- und Leichenschändung ist alt. Vgl. römisch Mommsen, S. 812ff.; deutsches Recht His, Strafr. 1928 (Register: Leichenraub, Leichenschändung). Die Carolina schweigt.

[5] Strafe nach § 168: Gefängnis bis 2 Jahre, evtl. Ehrverlust. Wegnahme von Leichenteilen ist im gleichen Falle Übertretung gemäß StrGB. § 367 Nr. 1, zweiter Teil (Geldstrafe bis 150 M. oder Haft).

Im ersten Teil stellt § 367 Nr. 1 ferner unter Strafe die Beerdigung oder das Beiseiteschaffen eines Leichnams „ohne Vorwissen der Behörde"; vgl. dazu E. 28, 119. Dazu § 367 Nr. 2: „Wer den polizeilichen Anordnungen über vorzeitige Beerdigungen entgegenhandelt."

[6] Vgl. oben S. 221, zu § 300; dazu E. 28, 139. — Siehe auch E. 64, 313 (einseitige Erklärung, hier Aushang in der Klinik betr. Sektion, begründet keine Befugnis).

[7] Oben S. 237ff.

[8] Vgl. E. 64, 313: Die Berechtigung bestimmt sich gewohnheitsrechtlich.— Sie stellt sich grundsätzlich dar als Recht der Fürsorge; vgl. auch oben S. 236, Anm. 9.

[9] Vgl. E. 64, 313. Ob „Sache", läßt dies Urteil dahingestellt, neigt aber (im Gegensatz zu den zitierten Urteilen der Zivilsenate) zur Bejahung, m. E. mit

2. Mißachtung von Gräbern (§ 168, zweiter Teil). Strafbar ist: a) „Wer unbefugt ein Grab beschädigt oder zerstört"[1].

b) „Wer an einem Grabe beschimpfenden Unfug verübt[2]".

V. Durch Verordnung des Reichspräsidenten vom 3. Mai 1932 (RGBl. I, 185) wurden die kommunistischen Gottlosenorganisationen aufgelöst und für Zuwiderhandlungen Strafen angedroht.

Kapitel III.

Preßrecht, Vereins- und Versammlungsrecht.

§ 89. Preßrecht.

I. Die Bedeutung der Presse, ihr Nutzen wie ihre Gefahr, liegt in der Verbreitung von Gedankenäußerungen. Dementsprechend besteht das **Wesen des Preßdelikts** in der Verbreitung von Druckschriften strafbaren Inhalts[3].

Recht. „Fremde" Sache jedenfalls nur in Ausnahmefällen rechtsgeschäftlicher Verfügung. So überwiegend auch die Literatur. Beispiel: Überweisung an Anatomie.

Im vorliegenden Falle handelte es sich um unbefugte Leichensektion (in Universitätsklinik). RG. kommt zu dem Ergebnis: Sachbeschädigung nicht, da keine fremde Sache; deshalb hier mangels sonstiger Strafvorschriften Freisprechung. — Zu betonen ist: Möglich bleibt § 367 Nr. 1 (vgl. oben S. 366, Anm. 5). Auch kann im Einzelfalle sehr wohl ein „Wegnehmen" der Leiche vorliegen (insbes. auch bei Mitgewahrsam). — Über Leichenöffnung im Strafprozeß vgl. StrPO. §§ 87—90. — Über „das Recht zur klinischen Leichensektion" neuerdings eingehend Bohne, Leipzig (Hirschfeld), 1932.

[1] „Grab" ist die ganze Grabstätte, nicht bloß der Hügel; E. 39, 155 (hier die Tafel). — Betr. „unbefugt" oben S. 366 Anm. 6. Nicht unbefugt beschädigt der Verfügungsberechtigte, E. 42, 145 (bei Roheit evtl. „beschimpfender Unfug"; vgl. oben den Text Nr. b). — Zerstörung eines „Grabes" ist auch Entfernung des Sarges mit der Leiche aus dem noch offenen Grabe; E. 28, 139. Vgl. im übrigen betr. Beschädigung und Zerstörung oben S. 249, zu § 303. Beschädigung wäre danach z. B. wesentliche Verunstaltung durch Ausreißen bzw. Abpflücken von Blumen oder Epheu zwecks Verkaufs (nicht entschieden in E. 7, 190).

[2] Betr. „beschimpfender Unfug" vgl. oben S. 365, Anm. 3; dazu E. 48, 300 (evtl. rohe Äußerung am offenen Grabe); E. 42, 145 (evtl. Ausreißen von Pflanzen); nicht ohne weiteres Wegnehmen loser Kränze usw. E. 42, 145; 21, 178. Kritik: Auch hier Tatfrage, wohl auch im Sinne des RG. Zweifellos kann in schweren Fällen (z. B. bei Entblößung des frischen Hügels) grobe Herabwürdigung vorliegen.

Der Unfug muß „an" dem Grabe, d. h. in räumlicher Beziehung auf dieses (nicht notwendig durch Berührung) begangen sein, sich als Störung des Gräberfriedens darstellen; E. 48, 300; 42, 145.

Gegenüber § 167 (vgl. E. 48, 300) bzw. 304 (E. 39, 155) besteht evtl. Idealkonkurrenz.

[3] Geschichtlich ist hervorzuheben: Die neue Buchdruckerkunst (Gutenberg, um 1450) führt seit ungefähr 1500 zu einer Tagespresse, die steigende Bedeutung gewinnt (erste regelmäßig — wöchentlich — erscheinende Zeitung in Deutschland 1615 in Frankfurt a. M.). Seit 1524 beschäftigen sich die Reichsabschiede damit;

Zur Verhütung von Preßdelikten dienen evtl. die Zensur, auch sonstige Einschränkungen bzw. Verbote.

Bei ausreichend gesicherten Verhältnissen verzichtet der Staat auf grundsätzliche Vorbeugung und stellt sich damit auf den Boden der Preßfreiheit. Ihr notwendiges Gegenstück besteht in der Bestrafung begangener Preßdelikte. Das ist der Standpunkt unseres Reichspreßgesetzes vom 7. Mai 1874[1].

Leider hat das Preßgesetz die maßgebenden Grundbegriffe nicht klar bestimmt. Das Ergebnis war lebhafter Streit, der zum Teil noch fortdauert[2].

II. **Begriff des Preßdelikts**: Bei jedem Verbrechen können Mitteilungen in der Presse als Mittel zum Zweck verwertet werden. Solche Fälle erledigen sich nach allgemeinen Grundsätzen[3].

---

näher dann die Reichspolizeiordnungen v. 1548, 1577 (Zensur, Druckereibeschränkungen, Strafen); vgl. Strafr. I, 215/16.

Fortschritt bringt die Aufklärung; Friedrich der Große befreit (1740) die Zeitungen von der Zensur des nichtpolitischen Teils (mit dem berühmten Ausspruch: Gazetten, wenn sie interessant sein sollen, müssen nicht geniert werden); vgl. Strafr. I, 273. Über Bestrafung aufrührerischer und beleidigender Schriften vgl. Preuß. Landrecht II, 20, §§ 153/55; 618/27. — Unter dem Einfluß des Jahres 1848 erfolgt in den Landesverfassungen die Annahme der Preßfreiheit; vgl. Preuß. Verf., 1850, Art. 27. Ein rückschrittlicher Beschluß des Deutschen Bundes v. 6. Juli 1854 wurde überwiegend nicht durchgeführt (dazu v. Liszt, Reichspreßrecht, 1880, S. 4/5).

Heute enthält die Reichsverfassung, 1919, Art. 118, den Grundsatz der Preßfreiheit „innerhalb der Schranken der allgemeinen Gesetze" (unter Verbot der Zensur; Ausnahme: Lichtspiele, Jugendschutz); dazu E. 62, 67.

[1] Vgl. § 1 (gewisse gewerbepolizeiliche Einschränkungen §§ 4, 5).

Das Preßgesetz findet (§ 2) „Anwendung auf alle Erzeugnisse der Buchdruckerpresse sowie auf alle anderen, durch mechanische oder chemische Mittel bewirkten, zur Verbreitung bestimmten Vervielfältigungen von Schriften und bildlichen Darstellungen mit oder ohne Schrift, und von Musikalien mit Text oder Erläuterungen." „Was im folgenden von Druckschriften verordnet ist, gilt für alle vorstehend bezeichneten Erzeugnisse."

[2] Vgl. heute als systematische Darstellung: Mannheim, Preßrecht, Berlin: Julius Springer, 1927; als Kommentar: Stenglein, Nebengesetze I, 359ff. (Reichsgerichtsrat Conrad), 1928; an diesen Stellen die weitere Literatur. Neuerdings: Bierwirth, D. Grundbegriffe des Preßstrafrechts (Göttinger Dissert.), 1932.

[3] So kann insbes. Anstiftung, mittelbare Täterschaft, Beihilfe zu beliebigen Delikten ebenso durch das gedruckte wie durch das gesprochene Wort erfolgen. Entscheidend für die Strafbarkeit bleibt dann hier wie dort, ob es zur Haupttat des Ausführenden kommt.

Aber auch Begehung der Ausführungshandlung mittels der Presse kann bei gewöhnlichen Delikten (d. h. Nicht-Preßdelikten) vorkommen. Lehrreiches Beispiel: Körperverletzung, vgl. Jur. Ztg. 14, 1909, S. 1198. (Beleidigender Preßangriff, Ergebnis Schlaganfall. In Kenntnis hiervon erneuter Angriff, Ergebnis Gesundheitsbeschädigung. Im zweiten Falle Verurteilung wegen fahrlässiger Körperverletzung nach allgemeinen Grundsätzen.) — Vgl. ferner z. B. E. 33, 230: Erpressung kein Preßdelikt, weil Begehung (d. h. also Vollendung) erst mit der abgenötigten Handlung eintritt. Ebensowenig ist der Betrug Preßdelikt;

Ein **Preßdelikt** im Sinne des Preßgesetzes dagegen liegt nur vor, wenn der Inhalt der Druckschrift selbst mit dem Bekanntwerden und dem dadurch verursachten psychischen Eindruck den objektiven Tatbestand eines vollendeten Delikts darstellt[1]. Denn in der Erzeugung seelischer Eindrücke durch Verbreitung von Gedankenäußerungen mittels Druckschriften liegt der Sinn und Zweck der Presse[2].

---

unsicher hier E. 53, 196. Scharfe Gegenüberstellung von Begehung gemeiner Verbrechen durch die Presse und Preßdelikten in E. 61, 19ff. (31).

[1] Der subjektive Tatbestand bedarf dann des Nachweises im Einzelfall, soweit nicht die Sonderhaftung des Redakteurs (unten S. 370ff.) durchgreift; vgl. z. B. E. 65, 67; 59, 181. Auch sonst gelten im übrigen die allgemeinen Grundsätze (vgl. § 20 Abs. 1). So betr. Rechtfertigungsgründe; vgl. E. 63, 92, 202; E. 22, 80. — Antragserfordernis; (hier bei Beleidigung) E. 41, 49ff.; 29, 143; 9, 186. Begehungsort bei Distanzverbrechen, E. 23, 158. Etwaiges fortgesetztes Delikt, E. 65, 67.

[2] Daß das Preßdelikt die Verbreitung von Druckschriften strafbaren Inhalts erfordert, spricht das Gesetz selbst klar aus (§§ 20—22). Streit besteht darüber, wann ferner solcher Inhalt die Strafbarkeit „begründet" (§ 20, 21, 23 Nr. 3), wann also danach ein Preßdelikt im Sinne des Gesetzes vorliegt (vgl. auch § 22 „begangen"). Dabei wird diese Frage nicht immer mit solcher Schärfe gestellt.

Früher forderten insbes. v. Liszt (oben S. 368, Anm.) und Loening, daß bereits die Gedankenäußerung selbst die Strafbarkeit begründe. Das trifft nicht einmal beim häufigsten und typischsten aller Preßdelikte, bei der Beleidigung, zu (denn sie verlangt Kenntnisnahme); v. Liszt betrachtete aber (a. a. O., S. 143) auch die Gotteslästerung (die Ärgerniserregung verlangt) mit Recht als Preßdelikt.

Erheblich vertreten ist die Ansicht (so insbes. Appelius, Kitzinger), daß die Druckschrift nur die Ausführungshandlung (nur eine Ursache) des Delikts darzustellen brauche; das führt zu weit (vgl. oben S. 368, Anm. 3; näher Mannheim a. a. O. S. 34ff., Häntzschel, Z. 47, 417ff. (1926). — Häntzschel, dem Mannheim folgt, sucht einen Mittelweg mit dem weiteren Erfordernis einer „Druckschrift erkennbar strafbaren Inhalts" (erkennbar allein aus der Druckschrift).

Mir scheint der oben im Text selbständig gekennzeichnete Weg zutreffend. Danach sind insbes. auch die §§ 166 erster Teil (Gotteslästerung) und 183, die Ärgerniserregung fordern, bei Begehung durch die Presse Preßdelikte. Das entspricht auch allein dem sachlichen Bedürfnis. Auf die §§ 85, 95 (Majestätsbeleidigung, also auch sonstige Beleidigung), 111, 130, 184 verweist das Gesetz selbst (§ 23 Nr. 3).

Auch das Reichsgericht sucht wohl einen mittleren Weg, ohne ihn klar zu finden; E. 42, 87 erfordert, daß die Strafbarkeit im Inhalt der Druckschrift ihren Grund habe; E. 61, 19ff. verlangt Vollendung des Delikts durch die Verbreitung; vgl. auch E. 32, 69.

Als Preßdelikte wurden außer Beleidigung insbes. anerkannt: § 92 Nr. 1 (Landesverrat; vgl. E. 62, 65; 61, 19ff.); § 130 (E. 62, 145; 32, 69); § 131 (E. 59, 181); § 164 (E. 59, 181); § 166 (E. 32, 69); § 184 (E. 32, 69); ferner Unlauterer Wettbewerb (E. 53, 276); Beschimpfung nach Republikschutzgesetz (E. 59, 181). — Betr. StrGB. § 286, vgl. E. 63, 323. — Mit Recht verneint für Nachdruck (E. 48, 334), betr. Warenzeichengesetz (E. 42, 87). — Insgesamt E. 32, 69: „Alle in den Strafgesetzen vorgesehenen Handlungen, die ihrer Natur nach mittels der Presse verübt werden können, sofern sie im Einzelfalle mittels der Presse verübt worden sind."

Ausführungshandlung ist dabei die Verbreitung der Druckschrift[1]. Die Vollendung bestimmt sich nach dem einzelnen Deliktstatbestand[2].

III. Auch bei Preßdelikten richtet sich die **Verantwortlichkeit** aller Beteiligten zunächst „nach den allgemeinen Strafgesetzen" (PreßGes. § 20 Abs. 1)[3].

Darüber hinaus aber schafft das Gesetz bei „periodischen" Druckschriften[4] die entscheidende Sonderhaftung des **verantwortlichen Redakteurs** (§§ 20 Abs. 2, § 21). Diese früher stark umstrittenen Vorschriften sind heute wenigstens in den Grundlagen geklärt:

1. Redakteur ist, wer über den Inhalt der Druckschrift, also über Aufnahme oder Ablehnung, zu entscheiden hat. **Verantwortlicher**

[1] Vgl. E. 32, 69 (notwendiges Tatbestandsmerkmal); E. 30, 224: Verbreitung von Druckschriften erfordert grundsätzlich, „daß die Mitteilung nach Absicht des Täters bestimmt ist, an weitere Kreise zu gelangen". Es genügt das Zugänglichmachen (vgl. auch E. 36, 409, Versendung) an einen größeren, wenn auch individuell bestimmten Personenkreis, E. 36, 331. — Als „Verbreitung" gilt nach § 3 des Gesetzes auch das Anschlagen, Ausstellen oder Auslegen an Orten, wo die Druckschrift der Kenntnisnahme durch das Publikum zugänglich ist.

In den §§ 5, 21 fordert das Gesetz öffentliche Verbreitung, also solche an unbestimmte Personenkreise (E. 61, 29/30 stellt Veröffentlichung und Verbreitung gleich).

Den Gegensatz zu „Verbreitung" bildet vertrauliche Mitteilung an wenige, individuell bestimmte Personen; E. 9, 293.

Alles, was der Verbreitung vorausgeht, ist vom Standpunkt des Preßdelikts straflose Verbreitung, kann aber sehr wohl nach allgemeinen Grundsätzen strafbar sein (z. B. als Vorbereitung zum Hochverrat); vgl. dazu E. 61, 30.

[2] Also z. B. bei Beleidigung mit der Kenntnisnahme, bei §§ 166, 183 mit der Ärgerniserregung.

Dagegen neuerdings RG. E. 61, 29/30 mit dem Standpunkt: Die Verbreitung sei zugleich Vollendung des Preßdelikts, Versuch daher begrifflich unmöglich. Kritik: Träfe das zu, so wäre das Preßdelikt materiell-rechtlich von dem entsprechenden allgemeinen Delikt verschieden. Gerade das aber verneint das RG. scharf und mit Recht bei Auslegung des § 20; vgl. unten. — E. 64, 292 kennzeichnet zutreffend das Aufgeben zur Post als Anfang der Verbreitung (also Versuch). Klar im Sinne meines obigen Textes E. 23, 159.

[3] Vgl. oben S. 369, Anm. 1. Vorsatz muß also in concreto nachgewiesen werden; E. 65, 67 (dolus eventualis genügt, aber nicht ein sog. genereller Vorsatz).— Beim technischen Unterpersonal wird der Vorsatz regelmäßig fehlen. (Aufsehen erregte hier seinerzeit RG. III, 16. Febr. 1891, Jur. Wochenschr., S. 229; Verurteilung eines Setzers bzw. Korrektors.)

Der verantwortliche Redakteur, soweit er als solcher haftet, ist nach § 20 Abs. 2 „als Täter zu bestrafen". Im übrigen greifen die allgemeinen Grundsätze über Teilnahme durch, evtl. also auch deren Streitfragen. Vom Standpunkt der subjektiven Teilnahmetheorie (animus anctoris bzw. socii) nahm im Falle E. 23, 392 das RG. Mittäterschaft bei Verfasser und Verbreiter (Verleger) an; E. 9, 186 Mittäterschaft von Verfasser und Redakteur (daher betr. Strafantrag §§ 63, 64 StrGB. E. 65, 67 betont, daß regelmäßig Drucker und Verleger nur Gehilfen sein werden). — Nach objektiver Theorie wird der Verfasser gewöhnlich als Anstifter (bzw. mittelbarer Täter) erscheinen.

[4] D. h. (§ 7): „Zeitungen und Zeitschriften, welche in monatlichen oder kürzeren, wenn auch unregelmäßigen Fristen erscheinen".

Redakteur derjenige, dem diese Prüfung und Entscheidung in strafrechtlicher Hinsicht obliegt[1].

2. Gegenüber dem verantwortlichen Redakteur stellt § 20 Abs. 2 des Gesetzes die (widerlegbare) Beweisvermutung auf, daß er die Druckschrift, also insbes. den in Betracht kommenden Artikel, „mit Kenntnis und Verständnis des Inhalts vorsätzlich veröffentlicht hat“[2]. Weiter erstreckt sich die Vermutung nicht[3].

---

[1] Überall — deshalb auch hier — kann strafrechtlich verantwortlich für einen Erfolg nur sein, wer ihn hindern kann und soll.

Verantwortlicher Redakteur ist also der, den die für Anstellung der Personals geschäftlich zuständige Stelle (evtl. ein zuständiger Vertreter) zur strafrechtlichen Entscheidung über den Inhalt des Blattes bestellt hat; der also strafrechtlich redigieren soll, mag er dies im Einzelfalle getan haben oder nicht. Nicht dagegen ein fälschlich auf dem Blatte Benannter (Strohmann, Sitzredakteur); ebensowenig wer ohne Befugnis im Einzelfalle tatsächlich redigierte.

So heute insbes. das RG.; vgl. E. 36, 215ff. (auch bereits E. 35, 271; 27, 246). Dazu auch E. 39, 408 (während des Urlaubs bestellter Vertreter); E. 58, 244 (betr. Sitzredakteur). In diesem Sinne heute auch überwiegend die Literatur (sog. Stellungstheorie). Früher bestand hier lebhafter Streit; anders früher auch das RG. in E. 23, 11 (entscheidend die Benennung auf der Druckschrift; dazu § 7 d. Gesetzes). Näher über die Literatur MANNHEIM, a. a. O. S. 49ff. Unhaltbar v. LISZT, v. LISZT-SCHMIDT: Benennung und Redaktionstätigkeit. Kritik: Wird dann der eine benannt und der andere redigiert, so ist keiner verantwortlich.

[2] So das RG. seit Entscheidung der Vereinigten Strafsenate E. 22, 75ff.; vgl. neuerdings E. 65, 338 („längst feststehende Rechtsprechung“); ferner E. 65, 359; 61, 28 („bedingte Beweisvermutung“); E. 59, 182/83; 39, 87ff.; 22, 223.

Dieser (insbes. auch gegenüber § 21 des Gesetzes) allein befriedigende Standpunkt wurde schon früher scharf durch v. LISZT vertreten. Heute ist er herrschende Ansicht. Streit wurde veranlaßt durch den nicht eindeutigen Wortlaut des § 20 Abs. 2 (Bestrafung „als Täter, wenn nicht durch besondere Umstände die Annahme seiner Täterschaft ausgeschlossen wird“). Hinter den „besonderen“ Umständen suchte man teilweise außerordentliche, unverschuldete (nahm also eine materiellrechtliche Sonderregelung an).

Aus der Eigenschaft als bloße Beweisvermutung (widerlegbare Schuldvermutung des oben gekennzeichneten Umfangs) folgt insbes.: Der Redakteur hat naturgemäß das Interesse an Führung des Gegenbeweises, aber keine formelle Beweislast (E. 59, 182; 22, 84); es gilt also das Prinzip der Wahrheitsermittelung von Amts wegen. Bleibt aber das Ergebnis zweifelhaft, so ist zu verurteilen. Bei Nachweis, daß der Redakteur vom Inhalt des Artikels keine Kenntnis hatte, ist freizusprechen (E. 39, 87ff.). Es genügt dolus eventualis (aber nicht bloß allgemeine, vage Vorstellungen). Deshalb sind insbes. die Einwände der Geschäftsüberlastung bzw. den Artikel nicht gelesen zu haben, als solche gleichgültig; vgl. E. 62, 65; 39, 87ff.; 22, 75ff. (78/79, 84). — Betr. Schuldausschluß, auch Ausschluß der Rechtswidrigkeit, z. B. § 193 StrGB.) gelten im übrigen die allgemeinen Grundsätze; E. 65, 359; 22, 80. Ebenso betr. Strafantrag; E. 41, 49ff.; 29, 143. — Selbstverständlich gilt die Beweisvermutung des § 20² auch dann, wenn der Redakteur zugleich der Verfasser war; E. 65, 338.

[3] Also insbes. bei Absichtsdelikten nicht auf die über den Vorsatz hinausgehende Absicht (Beispiel: StrGB. § 131); nicht auf Handeln wider besseres Wissen (§§ 164, 187). Vgl. dazu auch (betr. § 21) E. 64, 134; 59, 183/84; 23, 153.

IV. Liegt hiernach im Einzelfalle keine vorsätzliche strafbare Handlung nach § 20 Abs. 2 vor[1], so ist der verantwortliche Redakteur wegen **preßrechtlicher Fahrlässigkeit** strafbar[2], wenn er „nicht die Anwendung der pflichtmäßigen Sorgfalt oder Umstände nachweist, welche diese Anwendung unmöglich gemacht haben" (§ 21)[3].

Diese Haftung wegen Fahrlässigkeit aber entfällt, wenn der Redakteur (bis zur Verkündung des ersten Urteils) den Verfasser oder den Einsender, mit dessen Einwilligung die Veröffentlichung geschah, nachweist (§ 21, letzter Absatz)[4].

Die vorstehende Fahrlässigkeitshaftung des § 21 trifft nächst dem verantwortlichen Redakteur auch — und zwar in dieser Reihenfolge — den Verleger, Drucker und Verbreiter[5]. Jeder dieser letzteren aber kann sich, wie der Redakteur, von der Haftung durch den Nachweis eines seiner Vormänner befreien[6]. Dies

[1] Liegt eine solche Handlung wohl vor, fehlt aber der Strafantrag (z. B. bei Beleidigung), so ist nach allgemeinen Grundsätzen das Verfahren einzustellen; § 21 kommt also dann nicht in Betracht. Vgl. E. 41, 53/54.

[2] Ausnahme nach RG. bei solchen Tatbeständen, die nur bei besonders geartetem Vorsatz überhaupt eine strafbare Handlung darstellen; Beispiele §§ 131, 164 StrGB. Hier findet nach RG. § 21 nur Anwendung, wenn jener besondere Vorsatz und damit die Strafbarkeit der Tat bei einem Beteiligten festzustellen ist; vgl. insbes. E. 59, 183/84; 64, 135; 23, 154. Streitig; näher MANNHEIM a. a. O. S. 73; CONRAD a. a. O.

Im übrigen ist hervorzuheben: Es handelt sich bei § 21 nicht etwa um Bestrafung wegen fahrlässiger Beleidigung usw., die unser geltendes Recht nicht kennt, sondern um ein selbständiges, eigenartiges, preßrechtliches Sonderdelikt der fahrlässigen Bewirkung des Erscheinens einer Druckschrift strafbaren Inhalts. Feststehende Rechtsprechung des RG. Vgl. insbes. E. 64, 135 („besonderes, dem Preßgewerbe eigentümliches Fahrlässigkeitsvergehen"). Deshalb sind Schuld- bzw. Strafausschließungsgründe, die dem Verfasser zur Seite stehen, gleichgültig, § 193 StrGB. nicht anwendbar; E. 41, 54; 29, 143 (§ 21 ist Offizialvergehen, nicht Antragsdelikt); streitig; vgl. näher MANNHEIM, a. a. O. — Vgl. ferner E. 38, 380.

Die Strafe des § 21 ist: Geldstrafe oder Haft oder Festungshaft oder Gefängnis bis 1 Jahr.

[3] Die obigen Worte enthalten nach RG. nicht (wie § 20 Abs. 2) eine Beweisvermutung zuungunsten des Redakteurs, vielmehr muß die Fahrlässigkeit, deren Begriff derselbe ist wie sonst, nach allgemeinen Grundsätzen nachgewiesen werden (wobei naturgemäß bereits die gesamte Sachlage die nötigen Anhaltspunkte bieten kann); E. 59, 182; 26, 46/47. Streitig; vgl. näher MANNHEIM, a. a. O. S. 74.

[4] Erforderlich ist dabei, daß der benannte Vormann sich in dem Bereich der richterlichen Gewalt eines deutschen Bundesstaats befindet oder, falls er verstorben ist, zur Zeit der Veröffentlichung befand. — Es genügt, daß der Vormann irgendwie bekannt wird (also keine formelle Beweislast des Nachmannes); E. 5, 361.

[5] D. h. den, „welcher die Druckschrift gewerbsmäßig vertrieben oder sonst öffentlich verbreitet hat".

[6] Einschließlich des Redakteurs, Verfassers und Einsenders: bei nichtperiodischen Druckschriften auch des Herausgebers. — Der Verbreiter ausländischer Druckschriften ferner ist straflos, wenn sie ihm im Wege des Buchhandels zugekommen sind.

System sog. stufenweiser Verantwortung stammt aus dem Belgischen Recht[1].

V. Die **Verjährung** der Strafverfolgung tritt bei Preßdelikten bereits nach 6 Monaten ein[2].

VI. Die **sonstigen Strafvorschriften** des Gesetzes behandeln: 1. Die Vergehen der §§ 16 (Aufforderung zur Zahlung von Geldstrafen und Kosten) und 17 (verbotene Veröffentlichungen über schwebenden Strafprozeß). Vgl. dazu bereits oben S. 330 Anm., S. 331 Nr. 2[3].

2. Die in §§ 6—14 enthaltenen Vergehen bzw. Übertretungen[4], die nicht den Inhalt von Druckschriften, sondern die „Ordnung der Presse"[5] betreffen, also durch Fürsorge für ordnungsmäßigen Preßbetrieb insbes. der Verhütung von Preßdelikten dienen[6]: Benennung des Druckers, Verlegers, evtl. Verfassers oder Herausgebers (§ 6), insbes. des verantwortlichen Redakteurs (§§ 7/8)[7]; Ablieferung von Pflichtexemplar an die Polizei (§ 9); Pflicht zur Aufnahme amtlicher Bekanntmachungen (§ 10), zur Berichtigung (§ 11); evtl. Verbot ausländischer periodischer Druckschriften (§ 14). — Über vorläufige Beschlagnahme vgl. §§ 23—29.

3. Landesstrafrecht ist nur noch in geringem Umfang gemäß § 30 Abs. 2 zulässig[8].

---

[1] Verfassung 1831, Art. 18, und Preßgesetz v. 1831: sog. responsabilité par cascades.

[2] Entsprechend dem zwar evtl. großen aber regelmäßig vorübergehenden Eindruck der Tagespresse. Auch dies spricht für die oben S. 369 gegebene Begriffsbestimmung.

Die Verjährung beginnt nach RG. für alle Beteiligten mit der Verbreitung; vgl. E. 61, 20/21; E. 32, 69 (bei mehreren Verbreitern für jeden mit dem Abschluß seiner Tätigkeit). Über Unterbrechung und Ruhen gelten die allgemeinen Grundsätze; E. 65, 85; 59, 197. Die Frist gilt auch für ausländische Preßerzeugnisse; E. 61, 21ff. Ferner auch für die sonstigen Vergehen (nicht Übertretungen) des Preßgesetzes selbst (§ 22, zweiter Teil); vgl. oben Nr. VI.

[3] Auch in diesen Fällen handelt es sich um strafbaren Inhalt der Druckschrift. Es gelten daher auch hier die §§ 20, 21; E. 32, 71. Die Strafbarkeit aller Beteiligten bestimmt sich im übrigen ebenfalls nach allgemeinen Grundsätzen; E. 40, 360. Zu § 17 vgl. näher E. 47, 248; 44, 279; 9, 269. — Betr. Strafe vgl. § 18 Nr. 1.

[4] Vgl. die Strafdrohungen in §§ 18, 19.

[5] So das Gesetz, vor § 6.

[6] Vgl. auch E. 40, 360; 32, 69. — § 15 ist aufgehoben durch Spionagegesetz v. 1914, § 19.

[7] Zu § 7 vgl. näher E. 63, 340 (gegenüber Preßdelikt evtl. Idealkonkurrenz); 58, 244; 39, 105, 202.

Nach § 8 Abs. 2 (eingefügt durch Gesetz v. 4. März 1931) darf nicht verantwortlicher Redakteur sein, „wer nach gesetzlicher Vorschrift nicht oder nur mit besonderer Zustimmung oder Genehmigung strafrechtlich verfolgt werden kann". Damit ist der Unfug beseitigt, daß Abgeordnete straflos als verantwortliche Redakteure auftraten.

[8] „Vorschriften über das öffentliche Anschlagen, Anheften, Ausstellen sowie die öffentliche, unentgeltliche Verteilung von Bekanntmachungen, Plakaten und

VII. Über den **Gerichtsstand des Begehungsorts** bei Preßdelikten vgl. StrPO. § 7 Abs. 2[1]. Über Zeugnisverweigerungsrecht für Redakteur, Verleger, Drucker und Personal StrPO. § 53 Nr. 4[2].

VIII. **Sondervorschriften:** 1. Das Republikschutzgesetz vom 25. März 1930, § 13, gestattet in bestimmten Fällen[3] das zeitweilige Verbot periodischer Druckschriften; bei Zuwiderhandlung Strafe gemäß § 14.

2. Weitere Sondervorschriften brachten die Verordnungen des Reichspräsidenten vom 28. März, 17. Juli (10. August) und 6. Oktober 1931. Augenblicklich bestehen Verordnungen vom 14. Juni 1932 (RGBl. I, 297) und 28. Juni 1932 (RGBl. I, 339).

§ 90. Vereins- und Versammlungsrecht.

Entsprechend der Preßfreiheit fand auch die Vereins- und Versammlungsfreiheit grundsätzliche Anerkennung in den Landesverfassungen seit 1848[4]; weiter im Reichsvereinsgesetz vom 19. April 1908. Darüber hinaus dann im Aufruf der Volksbeauftragten vom 12. November 1918 (RGBl. S. 1303)[5]; heute in der Reichsverfassung von 1919 Art. 123/24[6].

I. **Vereine:** 1. Die Vereinsfreiheit erstreckt sich nur auf Vereine oder Gesellschaften „zu Zwecken, die den Strafgesetzen nicht zuwiderlaufen"[7].

2. Damit sind die Strafvorschriften der §§ 128/129 StrGB. bestehen geblieben[8].

Aufrufen." Danach blieb in Geltung das Preuß. Preßgesetz v. 12. Mai 1851, §§ 9, 10; so noch E. 59, 158; dann aber Aufhebung durch Gesetz v. 28. Nov. 1925 (Ges.S. S. 169). — Ferner Vorschriften über Abgabe von Freiexemplaren an Bibliotheken und öffentliche Sammlungen, § 30 Abs. 3. — Vgl. auch § 5: Nicht gewerbsmäßige öffentliche Verbreitung kann gewissen Personen untersagt werden.

[1] Auf Grund Ges. v. 13. Juni 1902: Grundsätzlich ist danach lediglich maßgebend der Ort des Erscheinens. Daneben der Ort der Verbreitung nur noch bei Privatklage wegen Beleidigung, wenn der Beleidigte hier den Wohnsitz oder gewöhnlichen Aufenthalt hat.

[2] Geschaffen durch Ges. v. 27. Dez. 1926 (RGBl. I, 529).

[3] Verstöße gegen §§ 1, 4, 5 des Gesetzes sowie gegen StrGB. §§ 81—86.

[4] Vgl. Preuß. Verf. 1850, Art 29/30.

[5] Dadurch wurden die im Reichsvereinsgesetz noch vorhandenen Schranken überwiegend beseitigt. Vgl. dazu Stenglein, Nebengesetze, 4. Aufl., 1911, Bd. I, S. 1ff. (frühere Fassung des Gesetzes); 5. Aufl., 1931, Bd. II, S. 859ff. (die heutigen Überbleibsel).

[6] Vgl. auch Art. 130, 137, 159.

[7] Verf.-Art. 124. So bereits Preuß. Verf.-Art. 30; ebenso Reichsvereinsgesetz 1908, § 1.

[8] Ebenso wie früher die §§ 98, 99 Preuß. StrGB. gegenüber der Preuß. Verfassung. Für Geltung der §§ 128/29 auch RG. E. 59, 165; 58, 225; 54, 102. Dazu die Entwicklung aus der Entstehungsgeschichte in E. 35, 178/79. Ebenso die herrschende Ansicht der Literatur, insbes. Frank, Ebermayer, v. Liszt-Schmidt; vgl. auch Anschütz, Komm., 3. Aufl., 1930, S. 506, Anm. 3 (einschränkend z. B. Kohlrausch, Textausgabe, m. E. mit Unrecht).

Sie richten sich gegen „Verbindungen“[1], die entweder schon durch die Art ihrer Organisation als staatsgefährlich erscheinen (§ 128) oder durch ihre Betätigung (§ 129). Unter diesen Voraussetzungen sind strafbar die Mitglieder[2]; schwerer strafbar die Stifter und Vorsteher[3].

a) § 128 (sog. Geheimbündelei) straft die Teilnahme an geheimen Verbindungen und an solchen mit blinder Gehorsamspflicht[4].

b) Unter § 129 (staatsfeindliche Verbindungen) fällt „die Teilnahme an einer Verbindung, zu deren Zwecken oder Beschäfti-

[1] Zum Begriff der Verbindung im Sinne der §§ 128/29 gehört a) eine gewisse Organisation (durch Satzungen, Mehrheitsbeschluß, Befehle der Oberen oder sonstwie) mit entsprechender Unterordnung des einzelnen unter den Willen der Gesamtheit; b) eine Vereinigung auf längere Dauer (im Gegensatz zur Versammlung, dem bloß zeitweiligen Zusammentreten); c) die Verbindung muß eine Einwirkung auf öffentliche Angelegenheiten bezwecken.

So die feststehende Rechtsprechung des RG. Vgl. zu Nr. a und b: E. 54, 102 („feste Organisation“); näher E. 24, 328; 19, 99; 17, 193; E. 16, 294ff. (hier bejaht für einen vorläufig für 6—8 Wochen begründeten Wahlverein); E. 13, 273ff. (das erste, eingehende Urteil). — Zu Nr. c: E. 41, 264 (auch ausländische öffentliche Angelegenheiten bei Rückwirkung auf deutsche Interessen); E. 35, 177ff., 195; E. 13, 273ff. (öffentliche Angelegenheiten sind nicht nur politische im engeren Sinne; politische Parteien sind im allgemeinen mangels fester Organisation der Mitglieder keine „Verbindungen“, können es aber sein; auch Parteigruppen). — Herrschende Ansicht auch der Literatur.

[2] Mitgliedschaft erfordert, entsprechend dem Wesen der Verbindung, „Unterordnung unter einen Gesamtwillen und eine gewisse Dauer des Verhältnisses“; E. 24, 328 (nicht entscheidend ausdrückliche Aufnahme- oder Beitrittserklärung, besondere Satzungsvorschriften. Gegensatz: bloße vorübergehende oder vereinzelte Tätigkeit). Vgl. auch E. 17, 193; 13, 280; neuerdings RG. 23. Febr. 1931, Goltd.-Arch. 75, 294.

[3] Ob diese zugleich „Mitglieder“ sein müssen, bezeichnet E. 24, 328 als „nicht unzweifelhaft“ (verneint in E. 6, 12); in der Literatur streitig.

Nicht strafbar nach §§ 128/29 (also wegen „Teilnahme“ an der Verbindung) sind sonstige Personen. Verstoßen ihre Handlungen gegen andere Strafgesetze, so sind diese maßgebend; E. 24, 328; vgl. auch E. 13, 280.

[4] Vgl. § 128: Verbindung, „deren Dasein, Verfassung oder Zweck vor der Staatsregierung geheimgehalten werden soll oder in welcher gegen unbekannte Obere Gehorsam oder gegen bekannte Obere unbedingter Gehorsam versprochen wird“. — Der Zweck der Geheimhaltung kann auch stillschweigend bestehen; E. 13, 284; es genügt Geheimhaltung im Inland, E. 16, 165ff.

Der Rechtsgrund der Bestrafung liegt bei § 128 darin, daß solche Form der Organisation sich der Kontrolle entzieht und deshalb staatsgefährlich ist; nicht notwendig im Einzelfalle, wohl aber bei allgemeiner Zulassung. Also abstraktes Gefährdungsdelikt; vgl. oben S. 87. — In diesem Sinne auch das RG.: E. 41, 264 (Staatsgefährlichkeit kein Tatbestandsmerkmal; Grund der Bestrafung die Möglichkeit der Staatsgefährlichkeit); E. 35, 177ff. (deshalb strafbarer Zweck nicht erforderlich); entsprechend E. 35, 195; E. 13, 278 (Strafbarkeit abhängig von der Form).

Strafe: Mitglieder: Gefängnis bis 6 Monate; Stifter und Vorsteher: 1 Monat bis 1 Jahr. Bei Beamten dazu evtl. Verlust der Amtsfähigkeit für 1—5 Jahre.

gungen gehört, Maßregeln der Verwaltung oder die Vollziehung von Gesetzen durch ungesetzliche Mittel zu verhindern oder zu entkräften"[1].

3. Das Reichsgesetz vom 22. März 1921 (RGBl. S. 235) verbietet Vereinigungen mit militärischen Zwecken[2].

4. An die §§ 128/29 StrGB. knüpft das Republikschutzgesetz vom 25. März 1930 § 4 für bestimmte Fälle erweiternd und strafschärfend an[3]. Dazu tritt die selbständige Strafdrohung des § 1 daselbst[4]; ferner § 11[5].

5. Neuerdings ergingen Verordnungen des Reichspräsidenten vom 28. März und 8. Dezember 1931, 17. März 1932. Gegenwärtig besteht die Verordnung vom 14. Juni 1932 (RGBl. I, 297).

II. **Versammlungen**: Art. 123 der Reichsverfassung gewährt das freie Recht zu friedlicher und unbewaffneter Versammlung[6]; Versammlungen unter freiem Himmel können durch Reichsgesetz anmelde-

[1] Hier also handelt es sich um bestimmte, staatsfeindliche Tätigkeit („Beschäftigung") oder um entsprechenden staatsfeindlichen Zweck, demnach um „eine Art Widerstand gegen die Staatsgewalt"; E. 40, 383.

Dem entspricht die gegenüber § 128 höhere Strafe: Mitglieder: Gefängnis bis 1 Jahr; Stifter und Vorsteher: 3 Monate bis 2 Jahre (Nebenstrafe bei Beamten wie § 128).

Zum Tatbestand ist hervorzuheben a) die Verbindung muß ungesetzliche (nicht notwendig strafbare) Mittel anwenden bzw. deren Anwendung bezwecken; E. 54, 102ff.; 16, 294. Ungesetzliches Mittel ist auch Organisation gemäß § 128; E. 19, 99. — b) Der mit diesen Mitteln verfolgte Zweck braucht kein strafbarer zu sein; E. 35, 177ff. („Zweck" ist nicht notwendig Endzweck, sondern auch das Mittel dafür, E. 54, 102). — c) Wohl aber muß die Tätigkeit („Beschäftigung") bzw. der (erkennbare, nicht notwendig bekannt gegebene) Zweck dahin gehen, die Durchführung von Verwaltungsmaßregeln oder Gesetzen zu hindern oder in ihrer Wirkung zu entkräften; E. 54, 102ff.; 40, 383. Das ist auch dann der Fall, wenn es sich um im einzelnen noch unbestimmte aber zu erwartende Verwaltungsmaßregeln handelt; E. 54, 102 (zu erwartender Widerstand der Regierung gegenüber Revolution). — Vgl. auch das in GOLTD-Arch. 75, 292 angegebene Urteil des RG. (2. Febr. 1931, betr. Roten Frontkämpferbund).

[2] Ausführung zu Art. 177/78 des Versailler Vertrages; Strafen: § 4. Vgl. näher STENGLEIN, Nebengesetze, 1931, II, S. 875.

[3] Tatbestand vgl. oben S. 293 Nr. 5; Strafe: Gefängnis nicht unter 3 Monaten (falls nicht andere Vorschriften schwerere Strafe androhen).

[4] Tatbestand oben S. 293 Nr. 6; Strafe: Gefängnis nicht unter 3 Monate, in besonders schweren Fällen Zuchthaus bis 10 Jahre.

[5] Bei Auflösung eines Vereins auf Grund des Gesetzes ist hiernach strafbar: weitere Beteiligung als Mitglied, sonstige Unterstützung sowie Aufrechterhaltung des Zusammenhalts.

[6] „Bewaffnetes Erscheinen" ist strafbar nach Reichsvereinsgesetz v. 1908, § 19 Nr. 2; vgl. dazu oben S. 374, Anm. 5. — Über sonstige strafbare Handlungen in Versammlungen vgl. Republikschutzgesetz, 25. März 1930, § 5 (Nebenstrafen § 6 Abs. 2); Nichtentfernen bei Auflösung, § 18 Nr. 4. — Vgl. dazu oben S. 292/93. Eingehend STENGLEIN, Nebengesetze, Bd. II, 1931, S. 887ff. — Über Waffenverbote vgl. ferner oben S. 203.

pflichtig gemacht und bei unmittelbarer Gefahr für die öffentliche Sicherheit verboten werden.

1. Strafschutz gegen Hinderung bzw. Sprengung nichtverbotener Versammlungen, Aufzüge und Kundgebungen gewährt StrGB. § 107a (Gesetz vom 23. Mai 1923); vgl. oben S. 295.

2. Durch Reichsgesetz vom 8. Mai 1920 (RGBl. S. 909) wurde ein befriedeter Bannkreis des Reichstags- und der Landtagsgebäude geschaffen[1].

3. Eingriffe brachten ferner die Verordnungen des Reichspräsidenten vom 28. März und 6. Oktober 1931; gegenwärtig Verordnungen vom 14. Juni 1932 (RGBl. I, 297), 28. Juni 1932 (RGBl. I, 339) und 18. Juli 1932 (RGBl. I, 355).

Kapitel IV.

Gemeingefährliche Verbrechen.

§ 91. Brandstiftung, Überschwemmung, Explosion, Sprengstoffverbrechen.

Das Wesen der Gemeingefahr liegt in der Gefährdung unbestimmter Personen bzw. Sachen. Der Täter ist hier nicht mehr Herr über den Umfang des Erfolges. Einmal entfesselt, geht der Naturkausalismus seinen eigenen unberechenbaren Gang[2]. Dieser schweren Gefahr entspricht schwere Strafe.

Als typischste Fälle dieses Gebiets erscheinen die Entfesselung der Naturkräfte des Feuers, Wassers und explodierender Stoffe.

Für den Gesetzgeber bietet sich dabei ein doppelter Weg: Er kann die Gemeingefahr zum gesetzlichen Tatbestandsmerkmal des Verbrechens machen; so bei der Überschwemmung (§§ 312—314). Er kann es aber auch — insbes. wegen zu befürchtender Schwierigkeiten der tatsächlichen und rechtlichen Beurteilung — vorziehen, die nach seiner Ansicht besonders strafwürdigen Fälle abschließend aufzuzählen. Dann hat der Richter nur das Vorliegen dieser näher bezeichneten Tatbestände festzustellen, die Gemeingefahr ist nicht mehr Tatbestandsmerkmal, sondern der gesetzgeberische Grund der Bestrafung. So bei der Brandstiftung[3].

I. **Brandstiftung**[4]: Das Gesetz stellt die als besonders schwer

[1] Hier Verbot von Versammlungen unter freiem Himmel und Umzügen. Bei Zuwiderhandlung die Strafen des Auflaufs (§ 116 Abs. 1, 2); vgl. näher Stenglein, Nebengesetze Bd. II, S. 871.

[2] Vgl. auch E. 5, 309 (betr. Überschwemmung): Das Wesen der Gemeingefahr besteht darin, „daß der Täter die Ausdehnung der Gefährdung nicht in seiner Gewalt hat".

[3] Vgl. zum vorstehenden näher Strafr. II, 100ff.; siehe auch oben S. 87.

[4] Geschichte: Im Römischen Recht erscheint die Brandstiftung (wahrscheinlich schon seit den 12 Tafeln, sicher seit lex Cornelia) im schwersten Fall

erachteten Fälle vorsätzlicher Brandstiftung in §§ 306/07 voran und regelt die übrigen in § 308. Der § 309 umfaßt die fahrlässige Brandstiftung; § 310 gibt eine Sondervorschrift über straffreien Rücktritt.

1. Schwere vorsätzliche Brandstiftung. a) Nach § 306 ist strafbar[1], „wer vorsätzlich in Brand setzt[2]: 1. ein zu gottesdienstlichen Versammlungen bestimmtes Gebäude[3], 2. „ein Gebäude, ein Schiff oder eine Hütte, welche zur Wohnung von Menschen dienen[4], 3. „eine Räumlichkeit, welche zeitweise zum Aufenthalt von Menschen dient, und zwar zu einer Zeit, während welcher Menschen in derselben sich aufzuhalten pflegen"[5].

b) Erhöhte Strafe[6] tritt in diesen Fällen des § 306 gemäß § 307 ein, „wenn 1. der Brand den Tod eines Menschen dadurch verursacht hat[7], daß dieser zur Zeit der Tat in einer der in Brand gesetzten Räumlichkeiten sich befand"[8]; 2. „die Brandstiftung in der Absicht[9]

(Lebensgefährdung) dem Morde gleich, sonst evtl. als erschwerte Sachbeschädigung; vgl. Strafr. I 64; näher Mommsen, S. 646, 836, 840/41. — Ob im germanischen Recht Brandstiftung bereits öffentliches Verbrechen war, ist zweifelhaft; vgl. Strafr. I 104; wohl aber seit fränkischer Zeit; Strafr. I 115. Dabei wird vielfach als schwerster Fall der Mordbrand (d. h. die heimliche Brandstiftung, Todesstrafe, insbes. Verbrennen) von anderen Fällen unterschieden (nach Sachsen- und Schwabenspiegel hier Schwertstrafe); vgl. näher Strafr. I, 132/34, 153; siehe auch His, Strafr., 1928 S. 175/77. — Die Carolina (Art. 125) gibt diese Unterscheidung auf und droht einheitlich (gemäß Bamberger Recht) für „boßhafftige überwundene brenner" den Feuertod an; vgl. Strafr. I, 184. — Eingehende kasuistische Behandlung bietet das Preuß. Landrecht II 20 §§ 1510—1570.

[1] Strafe: Zuchthaus; evtl. Polizeiaufsicht § 325.

[2] Das Inbrandsetzen ist vollendet, der Brand also gestiftet, sobald der geschützte Gegenstand selbst derart vom Feuer erfaßt ist, daß dieses sich ohne Zufuhr neuen Zündstoffs selbständig fortzuentwickeln vermag; E. 40, 321; 25, 329 (gleichgültig, ob offene Flamme oder Glimmen). — b) Über Begehung durch Unterlassung bei Rechtspflicht zum Handeln vgl. E. 64, 273; 62, 299. — c) Gegenüber § 265 (Versicherungsbetrug) evtl. Idealkonkurrenz; oben S. 261 Anm. 4.

[3] Hier wirkt die Heiligkeit des Orts straferschwerend. (So auch teilweise im älteren deutschen Recht; vgl. His, a. a. O.: Kirchenbrand.)

[4] D. h. tatsächlich dazu dienen zur Zeit der Inbrandsetzung; E. 62, 136 (nicht entscheidend Bestimmung und Eignung; auch der Alleinbewohner ist Täter, wenn er die Wohnung nicht vorher endgültig geräumt hat).

Betr. Gebäude vgl. E. 60, 136 (wie bei § 243[7]); näher E. 49, 52 (nicht ein unfertiger Rohbau); 32, 128; betr. Hütte E. 17, 179.

[5] Auch wenn dies im Einzelfalle, wie der Täter wußte, nicht der Fall war; E. 23, 102.

[6] Zuchthaus nicht unter 10 Jahre oder lebenslang; evtl. Polizeiaufsicht § 325.

[7] Also durch den Erfolg qualifiziertes Delikt; vgl. oben S. 148. — Der Brand selbst muß den Tod verursacht haben; vgl. näher E. 40, 321 ff. (Deshalb verneint bei Tod durch Explosion, die dann den Brand bewirkte. Weitere Beispiele hier: Zu bejahen bei Sprung aus dem Fenster, Herabstürzen von Balken; zu verneinen bei Tötung durch herbeieilende Spritze.)

[8] Auch wenn er diese zunächst verließ und dann zur Rettung von Sachen zurückkehrte; E. 5, 202.

[9] Absicht im technischen Sinne, also Zweck; vgl. oben S. 136 Nr. 2, c.

begangen worden ist, um unter Begünstigung derselben[1] Mord oder Raub zu begehen oder einen Aufruhr zu erregen; 3. „der Brandstifter, um das Löschen des Feuers zu verhindern oder zu erschweren, Löschgerätschaften entfernt oder unbrauchbar gemacht hat."

2. Einfache vorsätzliche Brandstiftung (StrGB. § 308)[2]: Das Gesetz zählt hier zunächst abschließend diejenigen weiteren Gegenstände auf, an denen strafbare Brandstiftung begangen werden kann[3]. Strafbarkeit tritt dann in zwei Fällen ein:

a) „Wenn diese Gegenstände fremdes Eigentum sind"[4].

b) Wenn sie „zwar dem Brandstifter eigentümlich gehören, jedoch ihrer Beschaffenheit und Lage nach geeignet sind, das Feuer einer der in §§ 306 Nr. 1 bis 3 bezeichneten Räumlichkeiten oder einem der vorstehend (also in § 308) bezeichneten fremden Gegenstände mitzuteilen"[5].

Zwischen §§ 306 und 308 besteht evtl. Idealkonkurrenz[6].

3. Fahrlässige Brandstiftung (§ 309). Strafbar ist, „wer durch Fahrlässigkeit einen Brand der in den §§ 306 und 308 bezeichneten Art herbeiführt"[7].

4. Straflos wird die Brandstiftung (vgl. § 310), wenn „der Täter den Brand, bevor derselbe entdeckt und ein weiterer als der durch die bloße Inbrandsetzung bewirkte Schade entstanden war, wieder gelöscht" hat[8].

[1] Also durch eine neue Handlung, nicht durch die Brandstiftung selbst. Überwiegende Ansicht, dagegen FRANK.

[2] Strafe: Zuchthaus bis 10 Jahre, bei mildernden Umständen Gefängnis nicht unter 6 Monate; neben Zuchthaus evtl. Polizeiaufsicht; § 325.

[3] Es sind dies: Gebäude, Schiffe, Hütten, Bergwerke, Magazine; Warenvorräte, welche auf dazu bestimmten öffentlichen Plätzen lagern; Vorräte von landwirtschaftlichen Erzeugnissen oder von Bau- oder Brennmaterialien; Früchte auf dem Felde, Waldungen oder Torfmoore.

Vgl. dazu im einzelnen: Betr. Gebäude und Hütten oben S. 378, Anm. 4. — Magazine: E. 13, 407. — Vorräte: E. 62, 28; 39, 22. — Landwirtschaftliche Erzeugnisse: E. 39, 22; 27, 14. — Brennmaterialien: E. 62, 28. — Früchte auf dem Felde: E. 38, 140. — Waldungen E. 6, 22; 2, 314. — Betr. alternativer Feststellung E. 64, 274; E. 35, 285; dazu oben S. 73.

[4] Dieser Fall ist nur möglicherweise gemeingefährliches Delikt (oben Nr. b), sonst lediglich erschwerte Sachbeschädigung. Im letzteren Falle schließt daher Einwilligung des Eigentümers bzw. Vertretungsmacht die Rechtswidrigkeit aus; vgl. E. 12, 138; 11, 345.

[5] Der Vorsatz muß sich auch hier (entsprechend § 306) auf die oben unter a und b bezeichneten Eigenschaften der Sache erstrecken; vgl. z. B. E. 35, 286.

[6] Vgl. E. 64, 273.

[7] Strafe: Gefängnis bis 1 Jahr oder Geldstrafe. — Straferschwerung „wenn durch den Brand der Tod eines Menschen verursacht worden ist; vgl. oben S. 378, Anm. 7. Dann Gefängnis von 1 Monat bis 3 Jahre.

[8] Hier also wirkt in obigem Umfang (vgl. E. 57, 296) ausnahmsweise die tätige Reue nicht nur beim Versuch (vgl. § 46 Nr. 2), sondern auch beim vollendeten Delikt als Strafaufhebungsgrund; dazu oben S. 155 Anm. 9. Und zwar auch

5. Eine Reihe ergänzender Vorschriften zur Verhütung von Brandgefahren enthalten die Übertretungen der §§ 368 Nr. 3 bis 8, 369 Nr. 3. Es handelt sich hier um abstrakte Gefährdungsdelikte (vgl. oben S. 87)[1].

II. **Überschwemmung**[2] (StrGB. §§ 312—314). Hier ist die Gemeingefahr Tatbestandsmerkmal (vgl. oben S. 377), daher auch Schuld des Täters (Vorsatz bzw. Fahrlässigkeit) hinsichtlich dieses Merkmals erforderlich[3]. Das Gesetz unterscheidet:

1. Vorsätzliche Herbeiführung einer Überschwemmung[4]: a) „mit gemeiner Gefahr für Menschenleben (§ 312)[5]; b) „mit gemeiner Gefahr für das Eigentum" (§ 313)[6].

2. Fahrlässige Herbeiführung einer Überschwemmung „mit gemeiner Gefahr für Leben oder Eigentum (§ 314)[7]."

---

bei fahrlässiger Brandstiftung; E. 19, 394. Tätige Reue gemäß § 310 macht zugleich die evtl. in Idealkonkurrenz vorliegende Sachbeschädigung straflos; E. 57, 296. Dagegen ist § 310 auf § 265 nicht anwendbar; E. 56, 95.

[1] § 368 (Geldstrafe bis 150 M. oder Haft bis 14 Tage). Nr. 3: Anlegung oder Verlegung von Feuerstellen ohne polizeiliche Erlaubnis. — Nr. 4: Unterlassung der Fürsorge für Brandsicherheit von Feuerstätten und rechtzeitige Reinigung der Schornsteine. — Nr. 5: Betreten oder Annäherung an Scheunen usw. mit unverwahrtem Feuer oder Licht. — Nr. 6: Feueranzünden an näher bezeichneten gefährlichen Stellen. — Nr. 7: Desgleichen derartiges Schießen oder Feuerwerkabbrennen. — Nr. 8: Übertretung der Vorschriften über Löschgerätschaften und sonstige Feuerpolizei.

§ 369 (Geldstrafe bis 150 M. oder Haft bis 4 Wochen).

Nr. 3: „Gewerbetreibende, welche in Feuer arbeiten", bei Übertretung der dafür erlassenen Polizeivorschriften.

Zum ausführlichen Wortlaut vorstehender Bestimmungen vgl. das Gesetz.

[2] Der Tatbestand tritt als selbständiges Delikt erst in der neueren Rechtsentwicklung auf; vgl. insbes. Preuß. Landr. II, 20, §§ 1571—1577.

[3] Vgl. E. 5, 311; herrschende Ansicht.

[4] Also einer Überflutung (E. 40, 325). Herbeiführung einer Überschwemmung ist auch die Vergrößerung einer vorhandenen oder ohnehin eintretenden. Denn der Täter hat hier den Zuwachs des Wasserstandes verursacht; vgl. E. 5, 309 (eine private Stauberechtigung gewährt keine Befugnis gegenüber StrGB. §§ 312—314, vielmehr besteht Rechtspflicht zur Hinderung). — Über Gemeingefahr vgl. oben S. 316, Anm. 2.

[5] Strafe: Zuchthaus nicht unter 3 Jahren; evtl. Polizeiaufsicht, § 325. — Bei Verursachung des Todes eines Menschen durch die Überschwemmung: Zuchthaus nicht unter 10 Jahren oder lebenslang; vgl. dazu näher oben S. 378, Anm. 7; auch E. 40, 325 (Verursachung ist hier durch die Überschwemmung erforderlich; daher nicht bei Durchstechen des Dammes vor Eintreten der Überflutung).

[6] Gleichgültig, ob die Sachen demselben Eigentümer gehören; so mit Recht z. B. Frank, teilweise bestritten.

Strafe: Zuchthaus, daneben evtl. Polizeiaufsicht, § 325. Strafmilderung (Gefängnis nicht unter 1 Jahr), wenn „die Absicht (d. h. der Zweck) des Täters nur auf Schutz seines Eigentums gerichtet war". Also hier Notstand ausnahmsweise als Strafmilderungsgrund; vgl. Strafr. II, 225.

[7] Strafe: Gefängnis bis 1 Jahr; bei Verursachung des Todes (wie oben Anm. 5) Gefängnis von 1 Monat bis 3 Jahre.

3. Als vorbeugende Übertretungsvorschrift ist in diesem Zusammenhang StrGB. § 366a zu nennen (geschaffen durch die Novelle von 1876): „Wer die zum Schutze der Dünen und der Fluß- und Meeresufer, sowie der auf denselben vorhandenen Anpflanzungen und Anlagen erlassenen Polizeiverordnungen übertritt" (Geldstrafe bis 150 M. oder Haft).

III. **Explosion:** StrGB. § 311 stellt „die gänzliche oder teilweise Zerstörung einer Sache durch Gebrauch von Pulver oder anderen explodierenden Stoffen" „der Inbrandsetzung der Sache gleich". Es gelten also bei Anwendung dieses Mittels die §§ 306—309 StrGB. entsprechend[1].

IV. **Vorbeugende Übertretungsvorschriften:** Hierher gehören die abstrakten Gefährdungsdelikte (vgl. oben S. 87) des StrGB. § 367 Nr. 4 bis 6 und 8 (am Schluß)[2].

V. **Sprengstoffgesetz,** 9. Juni 1884 (RGBl. S. 61). 1. Das Gesetz wurde durch die damaligen anarchistischen Attentate veranlaßt. Es fordert (§§ 1—4) zunächst für Herstellung, Vertrieb, Besitz und Einführung von Sprengstoffen (mit gewissen Ausnahmen) polizeiliche Genehmigung und Registerführung; Zuwiderhandlungen sind nach § 9 strafbar[3].

2. Das entscheidende, über § 311 StrGB. weit hinausgreifende Grunddelikt enthält § 5: „Wer vorsätzlich durch Anwendung von Sprengstoffen[4] Gefahr für das Eigentum, die Gesundheit oder das Leben eines anderen herbeiführt[5]."

---

[1] Für § 310 ist nach dem Tatbestand praktisch kein Raum.

Explodierende Stoffe sind solche, die durch plötzliche gewaltsame Ausdehnung ihre Daseinsform verändern; E. 22, 304 (z. B. Dynamit, Benzin, Schießbaumwolle, gewisse Gase; nicht aber Wasserdampf). Gebrauch bedeutet jede Verwendung; E. 19, 279 (gleichgültig, ob mittelbar oder unmittelbar; entscheidend allein die Mitwirkung zum Erfolg). — Über Zerstörung vgl. oben S. 250; E. 8, 33.

[2] § 367: Geldstrafe bis 150 M. oder Haft.

Nr. 4: Zubereitung explodierender Stoffe (auch Feuerwerkskörper) „ohne die vorgeschriebene Erlaubnis".

Nr. 5: Nichtbefolgung der für Zubereitung, Aufbewahrung usw. ergangenen Verordnungen (vgl. näher das Gesetz). Nr. 5a: Entsprechende Versendung durch die Post.

Nr. 6: Unvorsichtiges Aufbewahren leicht entzündlicher Stoffe (näher das Gesetz).

Nr. 8 (am Schluß): Unvorsichtiges Abbrennen von Feuerwerkskörpern (näher das Gesetz).

[3] Hier handelt es sich ebenfalls um abstrakte Gefährdungsdelikte.

[4] D. h. als Sprengmittel, nicht als Schießmittel; E. 58, 276.

[5] Strafe: Zuchthaus. — Bei Verursachung schwerer Körperverletzung (StrGB. § 224) Zuchthaus nicht unter 5 Jahren; bei Verursachung des Todes eines Menschen Zuchthaus nicht unter 10 Jahren oder lebenslang. Also durch den Erfolg qualifizierte Delikte; vgl. oben S. 148, V.

Dazu Abs. 3: Todesstrafe bei Verursachung des Todes eines Menschen, wenn der Täter „einen solchen Erfolg hat voraussehen können". — Einen

3. Ergänzende Tatbestände: a) Komplott und Bande zum Verbrechen des § 5 stellt § 6 unter Strafe[1].

b) Sonstige, näher bezeichnete Vorbereitungs- und Unterstützungshandlungen fallen unter §§ 7, 8[2].

c) Öffentliche Aufforderung[3] zu den Verbrechen der §§ 5, 6, desgleichen Anreizung oder Verleitung mittels Anpreisung oder Verherrlichung sind strafbar nach § 10.

d) Unterlassene Verbrechensanzeige der Delikte der §§ 5, 6, 7 fällt unter § 13[4].

4. Nach § 12 sind die Verbrechen der §§ 5, 6, 7, 8, 10 auch bei Begehung im Ausland strafbar[5].

5. Über Polizeiaufsicht und Einziehung vgl. § 11.

§ 92. Gemeingefährliche Verkehrsstörungen.

Musterbeispiele sind hier die Eisenbahn- und Schiffsgefährdung. Dazu treten andere Fälle.

I. **Eisenbahngefährdung:** 1. Vorsätzliche Gefährdung (StrGB. § 315): Die etwas undurchsichtige Fassung des Gesetzes lautet: „Wer vorsätzlich Eisenbahnanlagen, Beförderungsmittel oder sonstiges Zu-

solchen Erfolg, nicht notwendig den eingetretenen; so ausdrücklich die Begründung des Gesetzes. Also genügt hier hinsichtlich des eingetretenen Erfolges Fahrlässigkeit; so auch die überwiegende Ansicht.

Abgesehen hiervon fordert § 5: Vorsätzliche Gefährdung (nicht notwendig Verletzung); dolus eventualis genügt; vgl. E. 59, 2. Dazu oben S. 136 näher Strafr. II, 326ff.

Endlich ist scharf zu betonen: Objektiv rechtmäßig ist die Verwertung von Sprengstoffen zu rechtlich anerkannten Zwecken (Bergwerksbetrieb, militärische Übungen, wissenschaftliche Untersuchungen usw.) mit den erforderlichen Vorsichtsmaßregeln.

[1] Auch wenn es zu keinen Ausführungshandlungen kam. Strafe: Zuchthaus nicht unter 5 Jahre. — Über Komplott und Bande vgl. oben S. 170. — Zu §§ 6, 7 des Gesetzes E. 59, 214.

[2] § 7: Herstellung, Anschaffung, Bestellung oder Besitz von Sprengstoffen in der Absicht, selbst das Verbrechen des § 5 zu begehen oder andere dazu in den Stand zu setzen. Ebenso (Abs. 2): Überlassung von Sprengstoffen an andere, „wissend", daß sie zur Begehung eines Verbrechens nach § 5 „bestimmt sind". Strafe: Zuchthaus bis 10 Jahre.

§ 8: Herstellung, Anschaffung, Bestellung, wissentlicher Besitz oder Überlassung an andere „unter Umständen, welche nicht erweisen, daß dies zu einem erlaubten Zweck geschieht". Strafe: Zuchthaus bis 5 Jahre oder Gefängnis nicht unter 1 Jahr.

[3] Wortlaut wie in StrGB. § 110/11; vgl. oben S. 302.

[4] Die Strafe entspricht StrGB. § 139; vgl. oben S. 324. Im Tatbestand fehlen die dortigen Worte: „zu einer Zeit, in welcher die Verhütung des Verbrechens möglich ist"; auch braucht es nicht zum Versuch bzw. zur Vollendung des Verbrechens gekommen zu sein.

[5] Gemäß StrGB. § 4 Abs. 2 Nr. 1, also ohne Rücksicht auf die Nationalität des Täters; vgl. oben S. 80 Anm. 6.

behör derselben dergestalt beschädigt, oder auf der Fahrbahn durch falsche Zeichen oder Signale oder auf andere Weise solche Hindernisse bereitet, daß dadurch der Transport in Gefahr gesetzt wird"[1].

Eisenbahnen sind Beförderungsmittel, bei denen der Transport von Personen bzw. Gütern auf baulich festgelegter Bahn (meist eiserne Schienen) mittels mechanischer Naturkräfte erfolgt[2]. Transportgefährdung ist nicht nur die Gefährdung bestimmter Wagen, Maschinen, Züge nebst etwaigem Inhalt an Personen und Gütern, sondern darüber hinaus die Gefährdung des Bahnbetriebes als solchen[3]. Der Vorsatz muß das Merkmal der Transportgefährdung umfassen; dolus eventualis genügt[4].

Als Mittel der Transportgefährdung fordert das Gesetz entweder vorsätzliche Beschädigung von Transportmitteln[5] oder Bereitung von Hindernissen auf der Fahrbahn[6].

[1] Strafe: Zuchthaus bis 10 Jahre. — Bei Verursachung schwerer Körperverletzung Zuchthaus nicht unter 5 Jahren; bei Verursachung des Todes eines Menschen Zuchthaus nicht unter 10 Jahren oder lebenslang (also durch den Erfolg qualifizierte Delikte, vgl. oben S. 148). — Als Nebenstrafe evtl. Polizeiaufsicht, § 325.

[2] Vgl. bereits E. 12, 371 (Dampfbetrieb, elektrische Bahnen; auch Straßenbahnen; dagegen nicht Pferdebahnen); E. 35, 12 (Drahtseil-, Bergbahn, betrieben durch Schwerkraft; eingepumptes Wasser). — Auch Schwebebahnen; streitig. — Auch Privat- und Kleinbahnen.

[3] Also die Schaffung eines Zustands, bei dem etwaige Transporte gefährdet sind (Beispiele: Aufreißen oder Sprengung von Schienen, gefährliches Stehenlassen von Wagen usw.). Vgl. näher E. 30, 178 (z. B. Erzeugung der Gefahr des Hineinfahrens in gesperrte Strecke, auf der Reparaturen vorgenommen werden); E. 11, 205 („Gefährdung des Eisenbahnbetriebes im allgemeinen", d. h. der Benutzung der Eisenbahn zu ihrem eigentümlichen Zweck der Beförderung von Personen und Gütern).

Betr. „Gefahr" vgl. oben S. 87, 136. Eingehend Strafr. II (Sachverzeichnis S. XXIV unter „Gefahr"). — E. 61, 362 (Steinwerfen gegen fahrenden Zug ist Transportgefährdung, wenn in concreto die Gefahr der Verletzung des Lokomotivpersonals besteht). Es genügt wesentliche Steigerung bereits vorhandener Gefahr; E. 53, 212 (gefährliche Erhöhung der Heftigkeit unvermeidlichen Zusammenstoßes). Vgl. auch E. 51, 77 (Steinwerfen); E. 31, 198 (Aufdrehen der Bremse, wodurch Güterwagen führerlos rollen); E. 30, 178 (Überfahren der Station trotz Signal).

Ist ein solcher Gefahrzustand geschaffen, so ist § 315 gegeben, auch wenn kein Unglück eintrat, insbes. die Gefahr rechtzeitig abgewendet wurde; E. 31, 198.

[4] E. 51, 79 (hier zugleich betr. Versuch); dazu auch E. 40, 276. Entscheidend ist das Bewußtsein von Schaffung obiger allgemeiner Gefahrlage, nicht erforderlich Vorstellung des konkreten Verlaufs; E. 31, 198.

[5] „Eisenbahnanlagen, Beförderungsmittel oder sonstiges Zubehör."

[6] Gleichgültig ist es, ob die Handlung selbst auf der Fahrbahn vorgenommen wurde; entscheidend allein, daß ihre Wirkung dort eintrat; E. 51, 77 (Steinwerfen gegen Lokomotivpersonal). Gleichgültig ist ferner unmittelbare oder mittelbare Wirkung; vgl. das Gesetz „durch falsche Zeichen oder Signale oder auf andere Weise"); dazu E. 51, 77. — Betr. „Hindernisse" ferner z. B. E. 40, 276 (gesprengte Steine); E. 31, 198 (führerlos rollende Wagen sind zugleich Transportmittel und Hindernisse).

2. Fahrlässige Gefährdung (§ 316 Abs. 1): Hier wird die Transportgefährdung des § 315 durch Fahrlässigkeit des Täters verwirklicht[1].

3. Sonderdelikt: Fahrlässigkeit von Aufsichtspersonen (§ 316 Abs. 2)[2]: Bei diesen Personen tritt Bestrafung (gemäß § 316 Abs. 1) ferner ein, „wenn sie durch Vernachlässigung der ihnen obliegenden Pflichten einen Transport in Gefahr setzen"[3].

II. **Gefährdung des Telegraphenbetriebes:** Die Tatbestände sind wesentlich entsprechend der Eisenbahngefährdung (vgl. oben) aufgebaut.

1. Vorsätzliche Gefährdung (StrGB. § 317): Strafbar ist[4], „wer vorsätzlich und rechtswidrig[5] den Betrieb einer zu öffentlichen Zwecken dienenden Telegraphenanlage[6] dadurch verhindert oder gefährdet[7], daß er Teile oder Zubehörungen derselben beschädigt oder Veränderungen daran vornimmt"[8].

[1] Vgl. § 316: „Wer fahrlässigerweise durch eine der vorbezeichneten Handlungen den Transport auf einer Eisenbahn in Gefahr setzt." Vgl. dazu E. 40, 276.

Die gefährdenden Handlungen selbst (vgl. § 315) können vorsätzlich oder fahrlässig vorgenommen werden; E. 22, 357.

Strafe: Gefängnis bis 1 Jahr oder Geldstrafe. Erschwerte Strafe bei Verursachung des Todes eines Menschen (Gefängnis von 1 Monat bis 3 Jahre).

[2] Es sind „die zur Leitung der Eisenbahnfahrten und zur Aufsicht über die Bahn und den Beförderungsbetrieb angestellten Personen". — Auch niedere Angestellte; E. 21, 15 (Hilfsbremser).

[3] Also nicht notwendig durch Handlungen gemäß § 315. Vgl. dazu E. 53, 134: Die Pflichten bestimmen sich zunächst nach der Dienstanweisung, aber nicht erschöpfend. Die Umstände des Falles können einengend, erweiternd, ergänzend wirken. Nicht erforderlich ist Voraussehbarkeit der als Folge der Pflichtverletzung eingetretenen Transportgefährdung.

Nebenstrafe bei obigen Aufsichtspersonen ist in den Fällen der §§ 315/16 evtl. Dienstunfähigkeit, vgl. § 319. Der „Vorsteher einer Eisenbahngesellschaft", der den Dienstunfähigen nicht alsbald entfernt, ist strafbar gemäß § 320 (Geldstrafe oder Gefängnis bis 3 Monate). Ebenso ist strafbar die vorsätzliche Wiederanstellung des Dienstunfähigen (an diesem und dem Anstellenden); vgl. näher § 320.

[4] Strafe: Gefängnis von 1 Monat bis 3 Jahre.

[5] Danach fordert die überwiegende Ansicht zum Vorsatz das Bewußtsein der Rechtswidrigkeit (vgl. z. B. Leipz. Komm.). Dazu oben S. 110, 140.

[6] Den „Telegraphenanlagen" gleichgestellt sind öffentlichen Zwecken dienende Rohrpost- und Fernsprechanlagen. So jetzt ausdrücklich § 318 a (Ges. v. 13. Mai 1891). Früher streitig; dagegen seiner Zeit E. 4, 406 betr. Rohrpost, dafür E. 19, 55 betr. Fernsprecher.

Öffentlichen Zwecken dient auch eine an das öffentliche Leitungsnetz angeschlossene Privatfernsprechanlage, weil dadurch jeder mit dem Angeschlossenen telephonisch verkehren kann; E. 29, 244.

[7] Also Verursachung eines Zustands, der die nahe Möglichkeit von Störungen bietet (z. B. Zerreißen der Drähte, Ablenkung des Stroms); RG. E. 29, 244 (hier Abhauen einer Leitungsstange). Nicht aber unbefugte Benutzung des Betriebes; E. 65, 133 (Feuermelder).

[8] „Veränderung" (im Gegensatz zur Beschädigung) bedeutet Ersatz des

Der Vorsatz muß auch hier (wie oben bei § 315) das Merkmal der Verhinderung bzw. Gefährdung umfassen[1]. Über Rechtswidrigkeit gelten die allgemeinen Grundsätze[2]. Gegenüber § 304 StrGB. besteht, soweit Beschädigung vorliegt, Gesetzeskonkurrenz[3].

2. Fahrlässige Gefährdung (§ 318 Abs. 1): Der Tatbestand schließt ebenso an § 317 an, wie oben § 316 Abs. 1 an § 315. Objektiv also muß § 317 vorliegen, subjektiv ist Fahrlässigkeit erforderlich[4].

3. Sonderdelikt der Aufsichtspersonen (§ 318 Abs. 2). Der Tatbestand entspricht § 316 Abs. 2[5]; demgemäß greifen auch hier die §§ 319/320 (evtl. Dienstunfähigkeit, dann Anstellungsverbot) ein[6].

4. Das Telegraphenkabelgesetz vom 21. November 1887 (RGBl. S. 169), zum Schutz der unterseeischen Telegraphenkabel, bedroht in § 2 bestimmte Zuwiderhandlungen mit Strafe; vgl. ferner § 3.

III. **Gemeingefährliche Störung anderer Anlagen:** 1. Vorsätzliche Störung (StrGB. § 321). Das Gesetz gibt eine unübersichtliche Sammelvorschrift, die mehrere Gruppen von Fällen umfaßt[7]. Gemeinsam ist ihnen der Gefährdungserfolg. Strafbar ist[8], „wer durch eine dieser Handlungen Gefahr für das Leben oder die Gesundheit anderer herbeiführt". Dieser Erfolg muß vorsätzlich herbeigeführt sein[9].

Die in Betracht kommenden Fälle sind: a) Vorsätzliche Zerstörung oder Beschädigung: α) Von **Wasserbauten**[10]; β) Von

---

bisherigen Zustands durch einen abweichenden; E. 37, 53 (Herunterdrücken eines Telegraphendrahts durch einen daraufgefallenen Baum).

[1] E. 22, 393 (dolus eventualis genügt).

[2] Mit Recht bejaht, gegenüber BGB., in E. 34, 249.

[3] E. 34, 209: §§ 317 als lex specialis schließt den § 304 aus.

[4] Strafe: Gefängnis oder Geldstrafe.

[5] Vgl. § 318 Abs. 2: „Gleiche Strafe trifft die zur Beaufsichtigung und Bedienung der Telegraphenanlagen und ihrer Zubehörungen angestellten Personen, wenn sie durch Vernachlässigung der ihnen obliegenden Pflichten den Betrieb verhindern oder gefährden."

[6] Vgl. oben S. 384, Anm. 3, Abs. 2.

[7] Sie knüpft an Preuß. Landr. II, 20, § 1497 an und entspricht dem Preuß. StrGB. 1851, § 301; vgl. dazu Goltd. Mat. II 656.

[8] Strafe: Gefängnis nicht unter 3 Monaten. Auch hier (§ 321 Abs. 2) Strafschärfung für Verursachung einer schweren Körperverletzung (Zuchthaus bis 5 Jahre) bzw. des Todes eines Menschen (Zuchthaus nicht unter 5 Jahre); dazu oben S. 148, V. Neben Zuchthaus evtl. Polizeiaufsicht, § 325.

[9] Vgl. E. 35, 53; 27, 363; 20, 393.

[10] Das Gesetz nennt: „Wasserleitungen, Schleusen, Wehre, Deiche, Dämme oder andere Wasserbauten." Getrennt davon später „Schutzwehre", die demnach nicht notwendig dem Wasserschutz zu dienen brauchen.

bestimmten **Transportanlagen:** „Brücken, Fähren, Wegen“[1]. γ) Von bestimmten Vorrichtungen des **„Bergwerksbetriebes“**[2].

b) Vorsätzliche Störung des **Fahrwassers** „in schiffbaren Strömen, Flüssen oder Kanälen“[3]. Hier handelt es sich also um Gefährdung der Schiffahrt; vgl. unten IV.

2. Fahrlässige Störung (§ 326)[4]. Hier muß objektiv der Tatbestand des § 321, subjektiv dessen fahrlässige Verwirklichung vorliegen[5]. Strafbarkeit aber ist in diesem Falle nur gegeben, „wenn durch die Handlung ein Schaden verursacht worden ist“[6].

3. Gefährdungen des **Straßenverkehrs** betreffen ferner die Übertretungen des StrGB. § 366 Nr. 2 bis 5, Nr. 8 bis 10. Vgl. dazu oben S. 204, näher das Gesetz.

Siehe auch das Kraftfahrzeuggesetz vom 3. Mai 1909 (RGBl. S. 437ff.) §§ 21ff.[7].

IV. **Schiffsgefährdung:** In Betracht kommen drei grundlegende Fälle:

1. Gefährdung durch Störung des Fahrwassers. Dieser Tatbestand ist ungeschickterweise bereits als letzter Teil in § 321 eingefügt; vgl. oben Nr. b.

2. Gefährdung durch **Signalfälschung.** a) Vorsätzliche Gefährdung (StrGB. § 322). Der Tatbestand ist in unbeholfener und dabei

---

[1] Darunter fallen auch Privatwege (E. 20, 393) einschließlich zeitweilig als solche benutzter und erkennbarer Notwege (E. 27, 363, hier bei Schneeverwehung). Das evtl. Privatrecht des Eigentümers zur Sperrung gibt keine Befugnis zu Handlungen, die unter § 321 fallen (E. 27, 363). Irrtum über die Rechtmäßigkeit der Sperrung (E. 20, 393) bzw. über die Eigenschaft als „Weg“ (E. 27, 363) ist nach RG. unbeachtlicher Strafrechtsirrtum. Kritik: Im ersteren Falle gelten die allgemeinen Grundsätze über Rechtsirrtum oben S. 141, im zweiten liegt Vorsatz vor, weil der Rechtsbegriff „Weg“ Komplexbegriff ist; vgl. oben S. 138. (Dazu S. 140 Anm. 10.)

[2] „Vorrichtungen zur Wasserhaltung, zur Wetterführung oder zum Ein- und Ausfahren der Arbeiter.“

[3] Dazu E. 18, 85: „Fahrwasser“ ist der für Schiffe (nicht Holzflöße) befahrbare Teil des Wasserlaufs (der unter dem Einfluß natürlicher Vorgänge wechselt). Erforderlich ist, daß dieses Fahrwasser selbst eine unbefugte Veränderung erfährt (Beispiele: Bauten, Pfähle, Hineinwerfen explodierender Stoffe). Nicht unter die Vorschrift fallen daher durch verkehrte Schiffsführung erzeugte Zusammenstöße. — „Schiff“ ist auch ein Flußkahn; E. 8, 219 (hier Frachtkahn).

[4] § 326: „Ist eine der in §§ 321 (bis 324) bezeichneten Handlungen aus Fahrlässigkeit begangen“ usw.

[5] Wobei die einzelnen, in § 321 aufgezählten Handlungen auch vorsätzlich begangen sein können, wenn der Erfolg der Gefährdung fahrlässig herbeigeführt wurde; vgl. oben S. 384, Anm. 1.

[6] Also Erfolghaftung (die hier ausnahmsweise strafbegründend wirkt); vgl. oben S. 148. Es genügt Sachschaden; E. 35, 400; 8, 221. Strafe: Gefängnis bis 1 Jahr; „wenn der Tod eines Menschen verursacht worden ist“, Gefängnis von 1 Monat bis 3 Jahre.

[7] Vgl. näher oben S. 204 Anm. 3.

lückenhafter Weise breit kasuistisch gefaßt. Vgl. unten Anm.[1]. Es handelt sich sachlich a) um Beseitigung vorhandener Signale, b) um dienstpflichtwidrige Nichtaufstellung, c) um Aufstellung irreführender Signale.

b) Fahrlässige Gefährdung: § 326. Es gilt hier das oben S. 386 Nr. 2 zu § 326 Gesagte entsprechend.

3. Lebensgefährdung durch **Schiffsstrandung:** a) Vorsätzliche: § 323: „Wer vorsätzlich die Strandung oder das Sinken eines Schiffes bewirkt und dadurch Gefahr für das Leben eines anderen herbeiführt"[2].

b) Fahrlässige, § 326: Auch hier gilt das oben S. 386 Nr. 2 Ausgeführte.

4. Der Verhütung von Schiffsunfällen dient ferner das Blankettgesetz des § 145 StrGB.[3].

5. Über vermögensrechtliche Schiffahrtsvergehen vgl. oben S. 279.

V. **Luftverkehr:** Maßgebend ist das Luftverkehrsgesetz vom 1. August 1922, §§ 31—33 (RGBl. I, 686/87).

Das entscheidende Grunddelikt (§ 33) erfordert objektiv Gefährdung von Menschenleben mittels Beeinträchtigungen des Fahrzeugs oder Störung der Fahrt. Subjektiv Vorsatz bzw. Fahrlässigkeit, auch hinsichtlich der Gefährdung[4].

---

[1] § 322: „Wer vorsätzlich ein zur Sicherung der Schiffahrt bestimmtes Feuerzeichen oder ein anderes zu diesem Zwecke aufgestelltes Zeichen zerstört, wegschafft oder unbrauchbar macht, oder ein solches Feuerzeichen auslöscht,

„oder seiner Dienstpflicht zuwider nicht aufstellt",

„oder ein falsches Zeichen, welches geeignet ist, die Schiffahrt unsicher zu machen, aufstellt, insbesondere zur Nachtzeit auf der Strandhöhe Feuer anzündet, welches die Schiffahrt zu gefährden geeignet ist".

Strafe: Zuchthaus bis 10 Jahre, evtl. Polizeiaufsicht (§ 325). Strafschärfungen: Wenn die Strandung eines Schiffes verursacht ist, Zuchthaus nicht unter 5 Jahre; wenn der Tod eines Menschen verursacht ist: Zuchthaus nicht unter 10 Jahre oder lebenslang (also durch den Erfolg qualifizierte Delikte; vgl. oben S. 148, V).

[2] „Sinken" ist auch das Kentern; E. 35, 399. — Der Vorsatz muß auch hier den Erfolg der Lebensgefährdung umfassen; E. 25, 312.

Strafe: Zuchthaus nicht unter 5 Jahre, evtl. Polizeiaufsicht (§ 325); bei Verursachung des Todes eines Menschen Zuchthaus nicht unter 10 Jahre oder lebenslang.

[3] § 145: „Wer die vom Kaiser (heute vom Reichspräsidenten) zur Verhütung des Zusammenstoßens der Schiffe auf See, über das Verhalten der Schiffer nach einem Zusammenstoße von Schiffen auf See, oder in betreff der Not- und Lotsensignale für Schiffe auf See und auf den Küstengewässern erlassenen Verordnungen übertritt, wird mit Zuchthaus bestraft."

Siehe auch die Strafvorschriften der Seemannsordnung v. 2. Juni 1902 (RGBl. S. 175ff.) § 83ff.; hier handelt es sich insbes. um dienstliche Delikte des Schiffspersonals.

[4] Entsprechend den im vorausgehenden behandelten Tatbeständen,

§ 33 lautet: „Wer Menschenleben dadurch gefährdet, daß er vorsätzlich ein Luftfahrzeug beschädigt, zerstört oder sonst unbrauchbar oder unzuverlässig

§ 93. Gesundheitsgefährdungen.

I. Gefährdung durch vergiftete Stoffe: 1. Vorsätzliche Gefährdung (StrGB. § 324): Der umständliche Tatbestand[1] umfaßt die Vergiftung bestimmter zum menschlichen Gebrauch dienender Gegenstände, ferner das Inverkehrbringen. Es handelt sich also um abstrakte Gefährdungsdelikte[2].

a) Objekt des Delikts sind „Brunnen oder Wasserbehälter, welche zum Gebrauche anderer dienen"; ferner „Gegenstände, welche zum öffentlichen Verkaufe oder Gebrauche bestimmt sind".

b) Strafbar ist[3], wer vorsätzlich α) obige Gegenstände „vergiftet oder denselben Stoffe beimischt[4], von denen ihm bekannt ist, daß sie die menschliche Gesundheit zu zerstören geeignet sind"[5].

β) Wer solche vergifteten oder vermischten Gegenstände „wissentlich und mit Verschweigung dieser Eigenschaft verkauft, feilhält oder sonst in Verkehr bringt"[6].

2. Fahrlässige Gefährdung (StrGB. § 326): Vgl. dazu oben S. 386 Nr. 2.

3. Über den vorstehenden Umfang des StrGB. greifen hinaus die

---

macht oder vorsätzlich die Fahrt eines Luftfahrzeuges durch falsche Zeichen oder sonst stört." Der Versuch ist strafbar.

Strafe: Gefängnis nicht unter 3 Monaten. Bei Verursachung schwerer Körperverletzung (§ 224 StrGB.) oder des Todes eines Menschen Zuchthaus, bei mildernden Umständen Gefängnis nicht unter 6 Monaten.

Bei fahrlässiger Begehung: Gefängnis bis 6 Monate und Geldstrafe oder eine dieser Strafen; bei Verursachung des Todes Gefängnis nicht unter 1 Monat.

§ 32 enthält eine Reihe von Einzeltatbeständen, insbes. betr. Bestrafung unerlaubter Führung. § 31 stellt unter Strafe die Nichtbefolgung der „zur Wahrung der öffentlichen Ordnung und Sicherheit" des Luftverkehrs erlassenen Vorschriften.

Kommentar vgl. Stenglein, Nebengesetze, 5. Aufl., 1928; I S. 621 ff. (Reichsgerichtsrat Conrad).

[1] Er stammt aus dem Preuß. StrGB. 1851 § 304; vgl. dazu Preuß. Landrecht, II, 20, § 870—872.

[2] Vgl. oben S. 87.

[3] Strafe: Zuchthaus bis 10 Jahre; bei Verursachung des Todes eines Menschen Zuchthaus nicht unter 10 Jahren oder lebenslang; evtl. Polizeiaufsicht (§ 325).

[4] Selbstverständlich ist dafür nicht persönliche Tätigkeit erforderlich, sondern es gelten die allgemeinen Grundsätze über Verursachung und Teilnahme; vgl. E. 21, 76.

[5] Über diese Eigenschaft vgl. oben S. 199/200 (zu § 229 StrGB.).

[6] D. h. anderen überläßt; vgl. E. 3, 122 (auch unentgeltlich; Verkauf und Feilhalten sind lediglich Beispielsfälle). Vgl. auch oben S. 353 (zu § 146/47, worauf auch RG. verweist).

Vorschriften des Lebensmittelgesetzes vom 5. Juli 1927 (RGBl. I, 134ff.)[1].

4. Als Übertretungen kommen StrGB. § 367 Nr. 3, 5 in Betracht[2].

II. **Seuchenverbreitung:** 1. Gegen Übertragung ansteckender Krankheiten richten sich die §§ 327 (menschliche Krankheiten) und 328 (Viehseuchen)[3]. Es handelt sich um abstrakte Gefährdung, und zwar um ein Blankettgesetz[4].

Der übereinstimmende Tatbestand lautet: „Wer die Absperrungs- oder Aufsichtsmaßregeln oder Einfuhrverbote, welche von der zuständigen Behörde zur Verhütung des Einführens oder Verbreitens einer ansteckenden Krankheit (bzw. von Viehseuchen) angeordnet worden sind, wissentlich verletzt"[5].

Der Bekämpfung gewisser tierischer Schädlinge dient ferner die Übertretungsvorschrift des § 368 Nr. 2[6].

2. Über Gefährdung durch Geschlechtskrankheiten (Gesetz vom 18. Februar 1927); vgl. oben S. 203, II.

---

[1] Gesetz über den Verkehr mit Lebensmitteln und Bedarfsgegenständen (Strafbestimmungen §§ 12ff.). Kommentar (Schneidewin): Stenglein, Nebengesetze I, 1928, S. 709ff.

Das Gesetz ist an die Stelle des früheren Nahrungsmittelgesetzes v. 14. Mai 1879 getreten.

Über die sonstigen Sondergesetze betr. Gesundheitswesen und Lebensmittel vgl. Stenglein a. a. O. I, 699ff.

[2] § 367 Nr. 3: Herstellung usw. von Gift oder nicht freigegebenen Arzneien ohne polizeiliche Erlaubnis. — Nr. 5: Zuwiderhandlung gegen Verordnungen betr. Aufbewahrung usw. — (§ 367 Nr. 7 ist durch das Lebensmittelgesetz v. 1927 [§ 24[2]] außer Kraft gesetzt.)

[3] Strafe: § 327: Gefängnis bis 2 Jahre oder Geldstrafe; falls durch die Verletzung Ansteckung eines Menschen erfolgte, Gefängnis von 3 Monate bis 3 Jahre.

§ 328: Gefängnis bis 1 Jahr oder Geldstrafe; bei Ansteckung von Vieh Gefängnis von 1 Monat bis 2 Jahre.

[4] Das die Strafe für gewisse Gruppen von Fällen verordnet und auf einen von anderer Stelle zu erlassenden Tatbestand verweist. — In erster Linie kommt hier zu § 327 das Reichsseuchengesetz v. 30. Juni 1900 in Betracht; über andere Fälle vgl. z. B. Frank. — Zu § 328 vgl. insbes. Viehseuchengesetz v. 26. Juni 1909, näher Frank. Eingehend über die einschlägigen Sondergesetze Stenglein a. a. O. I, 1022ff.

[5] Wichtig zur Auslegung insbes. Vereinigte Strafsenate E. 37, 178 (189ff.): 1. Die oben im Gesetz bezeichneten Maßregeln usw. können auch dauernde sein (also nicht nur für konkrete Fälle und vorübergehend); 2. sie können auch durch Gesetz erfolgen (in der Literatur bestritten). Über die Zuständigkeit entscheidet das Reichs- und Landesrecht.

Zum Vorsatz gehört bewußtes Zuwiderhandeln gegen die betr. Vorschriften. E. 36, 362 (Annahme der Rechtsungültigkeit schließt nach diesem Urteil den Vorsatz aus. M. E. gelten die allgemeinen Grundsätze über Bewußtsein der Rechtswidrigkeit, vgl. oben S. 141).

[6] „Wer das durch gesetzliche oder polizeiliche Anordnungen gebotene Raupen unterläßt."

III. **Nichterfüllung von Lieferungsverträgen** (StrGB. § 329): 1. Das Gesetz betrifft den Vertragsbruch des Armeelieferanten im Kriege und des Notstandslieferanten bei Lebensmittelnot[1]. Im ersten Falle entsteht abstrakte Gemeingefahr für das Heer[2], im zweiten für die durch Nahrungsmangel Bedrohten. Angesichts dieser gesetzlichen Verbindung rechtfertigt es sich, insbes. mit Rücksicht auf den zweiten Fall[3], die Vorschrift einheitlich an dieser Stelle zu behandeln.

2. Der Tatbestand fordert einen „mit einer Behörde geschlossenen Lieferungsvertrag"[4], und zwar entweder „über Bedürfnisse des Heeres oder der Marine zur Zeit eines Krieges" oder „über Lebensmittel zur Abwendung oder Beseitigung eines Notstandes".

Strafbar ist dann zunächst, wer einen solchen Vertrag „vorsätzlich entweder nicht zur bestimmten Zeit oder nicht in der vorbedungenen Weise erfüllt"[5]. Strafbar ist auch (Abs. 2) fahrlässige Nichterfüllung[6], aber nur, „wenn durch die Handlung ein Schaden verursacht worden ist"[7].

Im Abs. 3 stellt das Gesetz dem Lieferanten bestimmte Hilfspersonen gleich[8]. Mit Betrug besteht evtl. Idealkonkurrenz[9].

IV. **Gefährliches Bauen** (StrGB. § 330). Strafbar ist, „wer bei der Leitung oder Ausführung eines Baues wider die allgemein anerkannten Regeln der Baukunst dergestalt handelt, daß hieraus für andere Gefahr entsteht"[10].

---

[1] Der erste Teil stammt aus dem code pénal Art. 430ff., der zweite wurde durch das Preuß. StrGB. 1851, § 308 hinzugefügt; vgl. dazu auch E. 49, 94ff.; 50, 108ff. — Diese ausnahmsweise Bestrafung des Vertragsbruchs (vgl. oben S. 279, Anm. 3) findet in dem obigen Gesichtspunkt der Gemeingefahr ihre Begründung.

[2] Dieser Fall berührt sich sachlich nahe mit dem militärischen Landesverrat des § 89 StrGB.; vgl. oben S. 287 Nr. e. Evtl. liegt Idealkonkurrenz vor.

[3] Denn bei Lebensmittelnot handelt es sich um Gemeingefahr für Gesundheit und Leben.

[4] D. h. jeder Vertrag, der „nach dem Sprachgebrauch des täglichen Lebens eine Lieferung von Sachen zum Gegenstand hat"; E. 50, 108ff. (hier Werkvertrag).

[5] Vgl. dazu E. 59, 299ff.: Maßgebend ist das bürgerliche Recht. Vollendung aber ist gegeben mit Nichtlieferung, nicht rechtzeitiger bzw. nicht vertragsmäßiger Lieferung; gleichgültig sind die weiteren zivilrechtlichen Folgen. Vorsatz liegt vor, wenn der Täter „in Kenntnis des Vertragsgegners, des Vertragsinhalts, des Vertragszwecks und der Vertragswidrigkeit" handelte. Vgl. auch E. 53, 27 (dolus eventualis genügt).

[6] Das Verschulden — Vorsatz wie Fahrlässigkeit — kann vor, bei oder nach Vertragsabschluß vorliegen; vgl. E. 50, 102ff. (culpa in contrahendo).

[7] Also entsprechend § 326; vgl. oben S. 386, Nr. 6. Der Schaden muß hier in der Richtung der zu verhütenden Gefahr liegen. Vgl. E. 49, 94ff.; E. 50, 102ff. (bei Heereslieferung muß daher „irgendeine nachteilige Wirkung auf die Schlagfertigkeit, Handlungs- und Bewegungsfähigkeit des Heeres" eingetreten sein).

[8] Unterlieferanten, Vermittler, Bevollmächtigte, „welche mit Kenntnis des Zweckes der Lieferung die Nichterfüllung vorsätzlich oder aus Fahrlässigkeit verursachen".

[9] Vgl. E. 51, 327.

[10] Strafe: Geldstrafe oder Gefängnis bis 1 Jahr.

Ausführungshandlung des Delikts ist also ein „Baukunstfehler“[1]; Erfolg die Gefährdung von Leib oder Leben Dritter durch diesen[2]. Zur Schuld genügt Fahrlässigkeit[3].

Vorbeugende baupolizeiliche Vorschriften enthalten die Übertretungen des § 367 Nr. 14, 15 StrGtB.[4].

Kapitel V.

Die Übertretungen.

§ 94. Allgemeine Grundlagen.

I. Die **Übertretungen** sind von den Verbrechen und Vergehen begrifflich nicht verschieden[5], sondern es sind die geringfügigen Delikte (das Bagatellstrafrecht), die das Gesetz hier in einem systemlosen Sammelabschnitt (StrGB. §§ 360—370) unter zahlreichen Nummern vereinigt. Die Geringfügigkeit kommt in der Strafdrohung — höchstens Geldstrafe bis 150 M. oder Haft bis zu 6 Wochen — zum Ausdruck. Sachlich haben wir es vielfach mit abstrakten Gefährdungsdelikten

[1] So E. 56, 343ff. (347); der Fehler muß eine „in das Gebiet der Ausübung des Bauhandwerks fallende Tätigkeit“ betreffen (auch z. B. Unterlassung von Schutzmaßnahmen, wie Schutzdächer, Warnungstafeln, Absperrungen). Evtl. auch unhygienische Anlage: E. 27, 389 (Erzeugung von Schwamm). — Nicht aber sonstige Tätigkeit; vgl. z. B. E. 47, 426 (Sandgrube).

„Allgemein anerkannte“ Regeln sind die in den Kreisen der betr. Techniker allgemein bekannten und als richtig anerkannten, vgl. E. 44, 75 (nicht entscheidend wissenschaftliche Erkenntnis, z. B. an Hochschulen); E. 56, 343 (nicht maßgebend Verstoß gegen Polizeivorschriften).

Bauleiter ist, wer tatsächlich die Gesamtausführung maßgebend bestimmt E. 57, 205 (nicht entscheidend die Rechtsgrundlage). Ausführender ist jeder im Betriebe Mitwirkende.

Zum Vorsatz gehört nicht die Vorstellung, „Bauleiter“ zu sein, sondern nur die Kenntnis der diesen Begriff begründenden Tatsachen; vgl. E. 57, 205 (Strafrechtsirrtum; Kritik: Komplexbegriff, vgl. oben S. 138).

[2] Also konkretes Gefährdungsdelikt; und zwar Gefährdung bestimmter oder unbestimmter anderer. Vgl. auch E. 31, 180 (Vollendung des Delikts mit dem Zeitpunkt, wo „die Ausführung für andere eine Gefahr zur Existenz gebracht hat“; und zwar eine gegenwärtige Gefahr. Es genügt Gefahr für die Bauarbeiter).

Betr. Verjährung vgl. E. 26, 261; 9, 152 (die Frist beginnt mit der Vollendung und Abnahme des Baues).

[3] Vgl. z. B. E. 56, 347; auch sonst anerkannt. Gerade um das fahrlässige Bauen durch unkundige Unternehmer zu treffen, wurde der Tatbestand geschaffen. Vgl. die Motive (Reichstagsvorlage S. 73 zu § 228). — Ausnahmsweise besteht also hier Strafbarkeit der Fahrlässigkeit ohne ausdrückliche Erwähnung; dazu oben S. 146 Anm. 2.

[4] Nr. 14: Bauen ohne polizeilich angeordnete oder sonst erforderliche Sicherungsmaßregeln; Nr. 15: Bauen ohne polizeiliche Genehmigung (vgl. näher das Gesetz).

[5] Vgl. dazu oben S. 85—89. Eingehend Strafr. II, 94—119.

(oben S. 87) zu tun, aber auch mit Gefährdungen in concreto[1] und mit Verletzungsdelikten[2]. Überwiegend handelt es sich um Angriffe auf Interessen der Gesamtheit, aber auch um solche auf staatliche[3] und private Interessen[4]. Nach diesem überwiegenden Gesichtspunkt[5] ordnet sich die Behandlung der Übertretungen zwanglos an dieser Stelle als letzter Abschnitt dem System des besonderen Teils ein.

II. Grundsätzlich gelten die **allgemeinen Lehren vom Verbrechen.** Der Eigenschaft der Übertretungen als Bagatellstrafrecht aber entspricht eine Anzahl von Abweichungen.

1. Überwiegend sind die Übertretungen keine reichsrechtlich geregelte Materie (E. StrGB. § 2), ergänzendes Landesstrafrecht daher zulässig[6]. Aber dieser Satz gilt nicht allgemein, vielmehr bedarf stets der einzelne Tatbestand der Prüfung[7].

2. Im Ausland begangene Übertretungen sind grundsätzlich straflos (StrGB. § 6); vgl. näher oben S. 80 Anm. 4.

3. Auch die Übertretungen fordern schuldhaftes Handeln (Zurechnungsfähigkeit, Vorsatz, Fahrlässigkeit)[8]. Häufig aber ist hier, nach Zweck und Zusammenhang des Gesetzes, die Fahrlässigkeit auch ohne ausdrückliche Erwähnung strafbar. Jedoch bedarf stets der einzelne Tatbestand in dieser Richtung der Prüfung[9].

4. Versuch, Beihilfe und Begünstigung sind bei Übertretungen straflos (StrGB. §§ 43, 49, 257).

5. Bei Realkonkurrenz wird keine Gesamtstrafe gebildet (StrGB. § 77)[10]; vgl. oben S. 176 Anm. 7.

---

[1] Vgl. §§ $360^{10, 11}$; 366^{6}; 367^{10}; $368^{6, 7}$.

[2] §§ 360^{13}; $368^{9, 10, 11}$; $370^{1, 2, 4, 5, 6}$. [3] Vgl. §§ $360^{1, 3, 7, 8,}$; $361^{1, 2}$; 370^{3}.

[4] §§ $368^{9, 10. 11}$; $370^{1, 2, 4, 5, 6}$. [5] Vgl. oben S. 187.

[6] Vgl. darüber oben S. 75; näher Strafr. II, 52. Zahlreiche Vorschriften verweisen ausdrücklich auf das Erfordernis polizeilicher Vorschriften bzw. ergänzenden Verordnungsrechts. Vgl. §§ 360^{9}; 365; 366^{1}, ^{10}; 366a; 367 Nr. 2 bis 5a, 8, 9, 11, 13—16; 368 Nr. 1—3, 8; 369 Nr. 1, 3.

So konnten mehrere deutsche Staaten (Bayern, Württemberg, Baden, Hessen, Braunschweig) besondere Polizeistrafgesetzbücher beibehalten; oben S. 75.

[7] Vgl. Strafr. II, 52; RG. E. 36, 249; 10, 220. Beispiele: § 370^{5} (Mundraub) ist reichsrechtlich geregelte Materie; ebenso § 360^{8} (unbefugte Führung von Amtzeichen, Titeln usw.), vgl. E. 48, 182. Dagegen z. B. nicht reichsrechtlich abschließend geregelt §§ 360 Nr. 2—10, vgl. E. 49, 115 (damals auch § 361 Nr. 6). Über § 360^{13} (Tierquälerei) vgl. unten S. 402. Das Erfordernis der Prüfung im Einzelfalle besteht auch gegenüber den Polizeistrafgesetzbüchern; vgl. E. 42, 100.

[8] Vgl. E. 38, 104; oben S. 127 Anm. 3; näher Strafr. II, 287/88.

[9] So stellt E. 48, 324 fest, daß ihrer Natur nach Vorsatz fordern: § 360 Nr. 1, 11, 13, 14; § 361 Nr. 3, 4, 6; § 366 Nr. 6, 7, 8; § 367 Nr. 1, 3, 9, 11, 15; § 368 Nr. 3, 5, 6, 7; § 369 Nr. 1 „und andere" (vgl. insbes. § 370 Nr. 1, 2, 4, 5, 6). Siehe ferner grundsätzlich E. 49, 118. — Näher dazu (auch über das kriminalpolitisch Richtige und Notwendige der obigen Auffassung und über die verfehlte Stellungnahme der Entwürfe) vgl. oben S. 146; eingehend Strafr. II, 368—370.

[10] Das Höchstmaß der Strafe aber ist auf 3 Monate begrenzt.

6. Die Verjährungsfristen sind besonders kurze (StrGB. § 67 Abs. 4: § 70 Nr. 6)[1].

7. Mindestbetrag der Geldstrafe ist 1 M., Höchstbetrag 150 M. (StrGB. § 27 Nr. 2)[2].

8. Einziehung der instrumenta und producta sceleris ist gemäß StrGB. § 40 bei Verbrechen und Vergehen zulässig. Bei Übertretungen dagegen nur in den gesetzlich besonders bestimmten Fällen[3].

III. Systematische Betrachtung des **Inhalts** der einzelnen Übertretungstatbestände lehrt ebenfalls, daß die Übertretungen von den Verbrechen und Vergehen begrifflich nicht verschieden sind. Den Beweis dafür liefert die gesamte vorausgehende Darstellung des Besonderen Teils. Dort sind sämtliche Übertretungen bereits an denjenigen Stellen, an die sie sachlich hingehören, je nach ihrer Bedeutung kurz oder näher behandelt. Erst durch diese gemeinsame Behandlung ergibt sich zugleich eine wirklich klare Grundlage für die dogmatische Auslegung und die sachliche Bedeutung dieser Tatbestände wie für ihre Brauchbarkeit und ihre Mängel.

IV. Von den vorstehenden Ausführungen (Nr. III) sind zwei Deliktsgruppen auszunehmen, die als eigenartige und selbständige erscheinen: 1. Bettel, Landstreicherei, Arbeitsscheu, 2. Tierquälerei. Unsere Entwürfe seit 1913[4] haben diese Tatbestände mit Recht zu Vergehen erklärt und damit wiederum erwiesen, daß auch hier begrifflich kein Unterschied gegenüber den schwereren Delikten besteht. In beiden Fällen handelt es sich um eigenartige Angriffe gegen Interessen der Gesamtheit, die als solche im folgenden darzustellen sind.

Vorher aber gebe ich einen Gesamtüberblick über sämtliche Übertretungen unter Hinweis auf die Stellen, an denen sie in meiner Darstellung behandelt sind.

§ 95. Übersicht aller Übertretungen.

I. **StrGB. § 360** (Geldstrafe bis 150 M. oder Haft):

Nr. 1: (Unerlaubte Aufnahme von Festungswerken). Aufgehoben; vgl. oben S. 290 Anm. 1.

Nr. 2: (Aufsammlung von Waffen oder Schießbedarf); vgl. oben S. 203 Anm. 4, S. 358 Anm. 4.

Nr. 3: (Auswanderung von Reservisten usw.); heute gegenstandslos; oben S. 307 Anm. 8.

Nr. 4, 5: (Stempel, Postwertzeichen usw.); oben S. 351, S. 354 Anm. 4.

[1] Verjährung der Strafverfolgung in 3 Monaten, der Strafvollstreckung in 2 Jahren; vgl. oben S. 182.

[2] Über Ersatz der Freiheitsstrafe durch Geldstrafe vgl. StrGB. § 27b (hier Regelung gemeinsam mit dem Vergehen); dazu unten S. 421.

[3] Vgl. §§ 360 am Schluß; 367 am Schluß.

[4] Betr. Tierquälerei bereits der Vorentw. v. 1909.

Nr. 6: (Papiergeldähnliche Darstellungen); S. 354, Anm. 4.

Nr. 7, 8: (Unbefugte Titel usw.); S. 308. 392 Anm. 7, S. 430 Anm. 6.

Nr. 9: (Wirtschaftliche Unternehmungen); S. 276 Anm. 2.

Nr. 10: (Unterlassene Nothilfe bei Gefahr); S. 203 Anm. 2; vgl. auch S. 100 Anm. 7.

Nr. 11: Grober Unfug: oben S. 360/61 (eingehend).

Nr. 12: (Pfandleiher): oben S. 246 Anm. 6; S. 273 Anm. 2.

Nr. 13: Tierquälerei: vgl. unten S. 400—402.

Nr. 14: (betr. Glücksspiele): aufgehoben; vgl. oben S. 273 Anm. 4.

Über Einziehung zu Nr. (1), 2, 4, 5, 6, (14) vgl. § 360 am Schluß.

II. **§ 361**: (Haftstrafe).

Zu Nr. 1 (Polizeiaufsicht), Nr. 2 (Ausweisung) vgl. oben S. 308; unten S. 434, 435 Anm.

Nr. 3 bis 5, Nr. 7, 8, 10: Bettel, Landstreicherei, Arbeitsscheu; dazu eingehend unten S. 395ff.

Nr. 6, 6a: Prostitution, oben S. 228/30; unten S. 396 Anm. 5.

Nr. 9: Unterlassene Abhaltung von Kindern und Hausgenossen von Diebstählen usw.; oben S. 245 Anm. 2, S. 254; unten S. 438.

III. **§ 362**: Verschärfte Haft, Arbeitshaus (zu § 361 Nr. 3 bis 8): unten S. 399, 435.

IV. **§ 363**: (Haft oder Geldstrafe bis 150 M.). Falsche Legitimationspapiere: oben S. 347.

V. **§ 364**: (Geldstrafe bis 150 M.). Stempelpapier, Postwertzeichen usw.; vgl. S. 351 Anm. 4; auch S. 354, Anm. 4.

VI. **§ 365**: Übertretung der Polizeistunde. Ersetzt durch neues Gesetz; oben S. 362 Anm. 1.

VII. **§ 366**: (Geldstrafe bis 150 M. oder Haft bis 14 Tage).

Nr. 1: (Störung der Sonn- und Festtage); oben S. 366.

Nr. 2 bis 5, Nr. 8 bis 10: (Straßenverkehr): oben S. 204: vgl. auch S. 386.

Nr. 6: Hundehetzen; S. 203 Anm. 10.

Nr. 7: Steinewerfen; S. 203 Anm. 5.

VIII. **§ 366a**: (Geldstrafe bis 150 M. oder Haft): Schutz der Dünen und Ufer; oben S. 381.

IX. **§ 367**: (Geldstrafe bis 150 M. oder Haft):

Nr. 1, 2: (Leichen, Beerdigungen); oben S. 366 Anm. 5.

Nr. 3: (Gifte, Arzneien); S. 204, S. 389 Anm. 2.

Nr. 4, 5, 5a, 6: (Gefährdungen durch entzündliche Stoffe); oben S. 204; S. 381 Anm. 2; S. 389 Anm. 2 (Nr. 5).

Nr. 7: (verdorbene Nahrungsmittel); aufgehoben, vgl. oben S. 389 Anm. 2.

Nr. 8: (Selbstschüsse usw.); S. 203 Anm. 6; vgl. auch S. 381 Anm. 2.

Nr. 9: (Verborgene Waffen) und Nr. 10: (Waffen bei Raufhandel); oben S. 203 Anm. 6.

Nr. 11: (Gefährliche Tiere); S. 203 Anm. 11.

Nr. 12: (Unverdeckte Brunnen usw.); Nr. 13: (Einsturzdrohende Gebäude); oben S. 204 bei Anm. 4.

Nr. 14: (unvorsichtiges Bauen); Nr. 15: (ohne polizeiliche Genehmigung); oben S. 391 Anm. 4; zu Nr. 14 auch S. 204 Anm. 4.

Nr. 16: (öffentliche Versteigerungen); oben S. 272 Anm. 10; vgl. auch S. 75 Anm. 6.

Einziehung bei Nr. 7 bis 9, vgl. § 367 am Schluß.

X. **§ 368**: (Geldstrafe bis 150 M. oder Haft bis 14 Tage).

Nr. 1: (Schließung der Weinberge); oben S. 247.

Nr. 2: (Unterlassenes Raupen); S. 389 Anm. 6.

Nr. 3 bis 8: (Vorbeugungen gegen Feuersgefahr); oben S. 204 Anm. 5; ferner insbes. S. 380 Anm. 1.

Nr. 9: (Betreten fremder Grundstücke); oben S. 247.

Nr. 10 und Nr. 11: (Jagddelikte); S. 254.

XI. **§ 369**: (Geldstrafe bis 150 M. oder Haft bis 4 Wochen).

Nr. 1: (Unbefugte Anfertigung von Schlüsseln usw.); oben S. 242 Anm.

Nr. 2: Aufgehoben durch Maß- und Gewichtsordnung, 1908.

Nr. 3: („Gewerbetreibende, welche in Feuer arbeiten"); oben S. 380 Anm. 1.

XII. **§ 370**: (Geldstrafe bis 150 M. oder Haft):

Nr. 1: (Grundstücksverringerung); S. 246 Anm. 1; vgl. auch S. 250 Nr. 3; S. 351 Anm.

Nr. 2: (Unbefugtes Graben von Erde usw.); S. 246 Anm. 2; vgl. auch S. 250 Anm. 10.

Nr. 3: (Uniformverkauf); S. 307 Anm. 8.

Nr. 4: (Unberechtigtes Fischen); S. 255 Anm. 2.

Nr. 5: (Mundraub); S. 244; vgl. auch S. 249 Nr. 3.

Nr. 6: (Futterdiebstahl); S. 246 Anm. 3.

§ 96. Bettel, Landstreicherei, Arbeitsscheu.

I. Es handelt sich hier um sozial wichtige Fragen: Um die Notwendigkeit, **Müßiggang und Arbeitsscheu** mit Entschiedenheit, auch strafrechtlich, zu bekämpfen, dort aber, wo wirkliche Not und Bedürftigkeit vorliegt, nicht zu strafen, sondern zu helfen.

Diese doppelte Aufgabe bleibt auch in wirtschaftlichen Notzeiten, wie wir sie heute durchleben, grundsätzlich unverändert. In solcher Zeit wächst das Heer notleidender Bedürftiger, das der Fürsorge bedarf. Aber auch Arbeitsscheu und Müßiggang bestehen fort und mißbrauchen die oft leichter erreichbare öffentliche und private Hilfe. Wirtschaftliche Selbstbehauptung jedes einzelnen, der dazu imstande ist, bleibt stets, gerade auch in Notzeiten, die Grundlage gedeihlichen staatlichen und sozialen Lebens. Bei ungenügender Bekämpfung ferner werden erfahrungsgemäß Bettel und Landstreicherei zur Person und Eigentum bedrohenden Gefahr für die Rechtssicherheit[1].

II. **Landstreicherei** (§ 361 Nr. 3): „Wer als Landstreicher umherzieht"[2].

Der Begriff erfordert ein Umherziehen von Ort zu Ort[3] ohne erlaubten Erwerbszweck[4], bei dem der Täter sich seinen Unterhalt rechtswidrig auf fremde Kosten, und zwar durch Bettel, beschafft[5]. Der Landstreicher wandert also gewerbsmäßig auf fremde Kosten[6].

III. **Bettel** (§ 361 Nr. 4): „Wer bettelt oder Kinder zum Betteln anleitet oder ausschickt[7], oder Personen, welche seiner Gewalt und Aufsicht untergeben sind und zu seiner Hausgenossenschaft gehören, vom Betteln abzuhalten unterläßt"[8].

1. Betteln[9] bedeutet die Bitte um Gewährung eines geldwerten Geschenkes, gestützt auf wirkliche oder angebliche Bedürftigkeit[10]

---

[1] Vgl. hierzu wie zum folgenden meine wiederholten Arbeiten: a) Die korrektionelle Nachhaft, Freiburg i. B., 1889 (hier insbes. die geschichtliche Grundlage). — b) Die strafrechtliche Bekämpfung von Bettel, Landstreicherei und Arbeitsscheu, Berlin, 1895 (eingehende, auch kritische Darstellung des bestehenden Rechtszustandes, insbes. auch der Arbeitshäuser). — c) Zur Vagabundenfrage, Berlin 1902 (Vortrag, Verbindung von Bekämpfung und Fürsorge). — d) Umfassende, auch internationale Gesamtdarstellung in V. D., Bes. Teil II, 1906, S. 107—240. — e) Kritik des Vorentwurfs in Aschaffenburg, Monatsschrift, Bd. 7, 1910, S. 449ff. — f) Ferner betr. Arbeitshaus Z. 30, 1910, 899ff., 908. — g) Kritik des Entw. 1925, Z. 47, 1926, S. 61/62. — Weiter über Literatur vgl. Strafr. I, 564/65.

[2] Strafe nach § 361: Haft; vgl. dazu weiter betr. § 362 (geschärfte Haft, Arbeitshaus) unten S. 399. (Im Falle des § 361 Nr. 10 kann statt Haft auf Geldstrafe bis 150 M. erkannt werden.)

[3] Mit wechselndem Nachtquartier; gleichgültig ist das Bestehen eines Wohnsitzes.

[4] Wer ernstlich Arbeit sucht, ist kein Landstreicher. — Wohl aber kann Landstreicherei trotz gelegentlicher Arbeit wie trotz Besitzes eigener Mittel vorliegen.

[5] Streitig ist, ob nur die Beschaffung des Unterhalts durch Bettel unter den Begriff fällt. Dafür meine Arbeiten a. a. O. (Nr. b und d), v. Liszt, v. Liszt-Schmidt, Frank. — Rosenberg, Leipz. Komm., fordert Inanspruchnahme fremder Mildtätigkeit. Weitergehend z. B. E. 30, 438 (Lohnhurerei); das war bei der früheren Fassung des § 361 Nr. 6 überflüssig, heute wäre es eine Umgehung des § 361 Nr. 6, 6a neuer Fassung (oben S. 229). Abzulehnen ist die mehrfach vertretene Ansicht, daß verbotener Hausierhandel Landstreicherei sei.

[6] Teilweise wird ferner Gewohnheitsmäßigkeit gefordert. Das ist unbedenklich, aber m. E. entbehrlich, wenn man es wahlweise neben die Gewerbsmäßigkeit stellt, abzulehnen als Ersatz. Denn dann käme das strafrechtliche Eingreifen regelmäßig viel zu spät.

[7] Kommt es tatsächlich zum Betteln, so liegt nach allgemeinen Grundsätzen Teilnahme bzw. mittelbare Täterschaft vor.

[8] Als Schuld genügt im letzten Falle Fahrlässigkeit.

[9] Vgl. dazu eingehend meine oben zit. Arbeiten.

[10] Daher kein Bettel, wenn die Gabe in Ausübung örtlicher Sitte oder Gewohnheit begehrt wird (z. B. Grüßen des Handwerks): E. 20, 435. Der Täter muß bitten für sich oder diejenigen, deren Unterhalt ihm (rechtlich oder tat-

und gerichtet an eine fremde Person[1]. Vollendet ist das Betteln mit dem Aussprechen der Bitte[2], gleichgültig ihr Erfolg. Zur Schuld gehört Vorsatz[3].

2. Begrifflich kein Bettel ist die Erhebung von Rechtsansprüchen auf Unterstützung; rechtlich erlaubt die Benutzung von Wohlfahrtseinrichtungen[4]. Bei Notstand greift StrGB. § 54 durch. Darüber hinaus ist die Auffassung zu vertreten, daß gelegentliches Betteln arbeitswilliger oder arbeitsunfähiger Personen aus wirklicher Not straffreier übergesetzlicher Notstand ist, auch wenn diese Not noch nicht den Grad des § 54 StrGB. erreichte oder selbstverschuldet war[5].

IV. **Mißbräuche der Armenpflege.** 1. Spiel, Trunk, Müßiggang (StrGB. § 361 Nr. 5): „Wer sich dem Spiel, Trunk oder Müßiggang dergestalt hingibt, daß er in einen Zustand gerät, in welchem zu seinem Unterhalte oder zum Unterhalte derjenigen, zu deren Ernährung er verpflichtet ist, durch Vermittlung der Behörde fremde Hilfe in Anspruch genommen werden muß".

Erforderlich ist danach ein in obiger Weise schuldhaft (vorsätzlich bzw. fahrlässig) erzeugter Zustand der Unterhaltsbedürftigkeit, der tatsächlich zum Einschreiten der Behörde geführt hat[6].

2. Arbeitsscheu (§ 361 Nr. 7): „Wer, wenn er aus öffentlichen Armenmitteln eine Unterstützung empfängt, sich aus Arbeitsscheu weigert, die ihm von der Behörde angewiesene, seinen Kräften an-

sächlich) obliegt; dadurch unterscheidet sich das Betteln vom sog. Kollektieren (für Dritte bzw. für wohltätige Zwecke); herrschende Ansicht. — Kein Bettel ist ferner die Bitte um eine vom Spender angebotene bzw. in Aussicht gestellte Gabe.

[1] D. h. an eine solche, zu der der Täter in keinerlei näherem Verhältnis steht, das nach verständiger Lebensauffassung das Ansprechen gerade dieser Person als wohlbegründet erscheinen läßt. Vgl. auch E. 20, 435 (moralische oder soziale Verbindlichkeiten oder andere derartige Gründe. Solche „können" nicht nur Verwandtschaft, Freundschaft sein, sondern auch Vereinigungen von Personen, verbunden durch Gleichheit des Erwerbes, des Berufs, der Lebensstellung usw.).

[2] Vgl. E. 6, 221 (Vereinigte Strafsenate); das Erlangen der Gabe ist keine strafbare Handlung mehr (weil freiwillige Besitzübertragung); deshalb keine Hehlerei daran möglich (vgl. § 259).

[3] E. 48, 324.

[4] Denn diese (z. B. Herbergen, Naturalverpflegungsstationen usw.) wollen gerade dem Mittellosen ein Fortkommen ohne Bettel ermöglichen.

[5] Diese von mir früher de lege ferenda gestellte Forderung hat in den Entwürfen Anerkennung gefunden. Schon 1906 (in V. D.) bezeichnete ich den in solcher Richtung gehenden Standpunkt Bindings als sehr beachtenswert. Vgl. heute betr. übergesetzlichen Notstand oben S. 117/18. Will man materiell nicht so weit gehen, so ist nach StrPO. § 153 die Verfolgung in solchen Fällen zu unterlassen.

[6] Die Vorschrift ist (vgl. meine Kritik in den oben zit. Arbeiten unter b, d) von den Entwürfen als ungeeignet gestrichen. Ihre praktische Bedeutung ist gering und sie greift zu spät ein. Zur Bekämpfung des Alkoholismus insbes. ist § 361 Nr. 5 ganz unzureichend, hier bedarf es anderer strafrechtlicher Mittel. Darüber näher Strafr. I, 562—564. Über Verwaltungsrecht unten S. 400.

gemessene Arbeit zu verrichten"[1]. — Der Tatbestand erfordert vorsätzliche Zuwiderhandlung gegen das ergangene Gebot[2].

3. Obdachlosigkeit (§ 361 Nr. 8)[3]: Bestraft wird hier die schuldhafte (vorsätzliche oder fahrlässige) Nichtbeseitigung vorhandenen Unterkommenmangels innerhalb einer behördlich gesetzten Frist[4].

4. Nichterfüllung der Unterhaltspflicht (§ 361 Nr. 10)[5]. Diese durch Gesetz vom 12. März 1894 als Ergänzung zu § 361[5] geschaffene Vorschrift erfordert ebenfalls, daß es infolge des Verhaltens des Täters zum Eingreifen der öffentlichen Hilfstätigkeit kam. Die Tat besteht in vorsätzlicher Nichterfüllung der gesetzlichen Unterhaltspflicht trotz vorhandener Fähigkeit und behördlicher Aufforderung[6].

Getroffen werden soll damit das Darbenlassen der Familie durch arbeitsscheue oder liederliche Nährpflichtige. Insoweit aber ist der Tatbestand zu eng[7] und für schwerere Fälle die Strafe zu gering[8], während das Gesetz in anderer Richtung zu weit geht[9].

§ 361 Nr. 10 ist reichsrechtlich geregelte Materie (E. StrGB. § 2),

[1] Die im Grundgedanken berechtigte Vorschrift gelangt selten zur Anwendung (vgl. näher meine zit. Arbeiten), die Entwürfe seit 1913 haben sie gestrichen. Über Verwaltungsrecht vgl. unten S. 400.

[2] Vgl. meine zit. Arbeiten; überwiegende Ansicht, dagegen FRANK.

[3] § 361 Nr. 8: „Wer nach Verlust seines bisherigen Unterkommens binnen der ihm von der zuständigen Behörde gesetzten Frist sich kein anderweitiges Unterkommen verschafft hat und auch nicht nachweisen kann, daß er solches der von ihm angewandten Bemühungen ungeachtet nicht vermocht habe."

Die letzteren Worte bedeuten lediglich eine Beweisvermutung, keine förmliche Beweislast des Angeklagten. Es greift also Wahrheitsermittelung von Amts wegen Platz; überwiegende Ansicht.

[4] Streitig ist, ob „Unterkommen" auch den Lebensunterhalt umfaßt; dahingestellt in E. 36, 59. Wer ein Unterkommen besitzt, wenn auch evtl. mit rechtswidrigen Mitteln, fällt nicht unter das Gesetz; vgl. zit. RG.

Die ganze Vorschrift ist unzweckmäßig und in ihrer Wirkung ungerecht (vgl. meine zit. Arbeiten), erst recht in heutiger Zeit. Zweckmäßiger Ersatz ist evtl. Ausdehnung des Begriffs des Landstreichers auf den Stadtstreicher; so die Entwürfe. Im übrigen ist hier Hilfe erforderlich, nicht Strafe.

[5] § 361 Nr. 10: „Wer, obschon er in der Lage ist, diejenigen, zu deren Ernährung er verpflichtet ist, zu unterhalten, sich der Unterhaltspflicht trotz der Aufforderung der zuständigen Behörde derart entzieht, daß durch Vermittelung der Behörde fremde Hilfe in Anspruch genommen werden muß."

[6] Vgl. näher meine zit. Arbeit V. D. a. a. O. S. 174/75, 238/40. — Die Fähigkeit unterliegt richterlicher Nachprüfung auf Grund billigen Ermessens.

[7] Tritt ohne behördliches Eingreifen private Hilfe ein, so ist der Täter straflos.

[8] Haft oder Geldstrafe bis 150 M.; die nach der Regierungsvorlage zulässige Unterbringung im Arbeitshaus (§ 362) wurde im Reichstag verfehlterweise gestrichen.

[9] Weil es auf das Motiv des Täters keine Rücksicht nimmt. Beispiel: Die Frau arbeitet für sich und die Kinder, will aber nicht außerdem den trunksüchtigen Mann unterstützen. — Besserung in den Entwürfen 1913, 1919, Streichung 1927.

Landesstrafrecht also unzulässig[1]. Zulässig aber bleiben verwaltungsrechtliche Zwangsmittel gegen säumige Unterhaltspflichtige[2].

V. Die bei unseren Delikten eintretende Haftstrafe ist zweckmäßigerweise mit **Arbeitszwang** verbunden, steht damit der Gefängnisstrafe sachlich wesentlich gleich[3].

VI. **Arbeitshaus** (§ 362 Abs. 2/3): Bei der Verurteilung zur Haft kann zugleich in den Fällen des § 361 Nr. 3 bis 8 die sog. Überweisung an die Landespolizeibehörde ausgesprochen werden[4]. Die Behörde erhält damit die Befugnis, den Verurteilten bis zu 2 Jahren in ein Arbeitshaus unterzubringen[5].

Diese sog. korrektionelle Nachhaft ist die praktisch weitaus wichtigste, die vom gewerbs- und gewohnheitsmäßigen Bettler- und Vagantentum allein gefürchtete Maßnahme im Kampfe gegen Arbeitsscheu und Müßiggang[6]. Von den Gerichten muß gefordert werden, daß sie hiervon niemals in entschuldbaren Fällen gegenüber notleidenden Bedürftigen, ganz grundsätzlich aber gegenüber dem wirklich arbeitsscheuen Müßiggänger und schuldhaften Rechtsbrecher Gebrauch machen. Aufgabe der Landespolizeibehörde ist dann in allen Fällen der letzteren Art die tatsächliche Überweisung in das

---

[1] So ausdrücklich die Motive des Gesetzes; vgl. V. D. a. a. O., auch Rosenberg, Leipz. Komm.

[2] Vgl. unten S. 400.

[3] Vgl. § 362 Abs. 1: „Die nach Vorschrift des § 361 Nr. 3 bis 8 Verurteilten können zu Arbeiten, welche ihren Fähigkeiten und Verhältnissen angemessen sind, innerhalb und, sofern sie von anderen freien Arbeitern getrennt gehalten werden, auch außerhalb der Strafanstalt angehalten werden."

Verfehlterweise umfaßt obige Vorschrift nicht den § 361 Nr. 10. — Zu Nr. 6, 6a (Prostitution) vgl. oben S. 229.

[4] D. h. an die höhere, im Gegensatz zur Ortspolizeibehörde. In Preußen ist der Regierungspräsident zuständig.

Beim Bettel (§ 361 Nr. 4) ist diese Überweisung nur zulässig, wenn der Verurteilte in den letzten 3 Jahren wegen dieser Übertretung mehrmals rechtskräftig verurteilt worden ist oder wenn er unter Drohungen mit Waffen gebettelt hat. — Rechtskräftige Verurteilung liegt auch bei den abgekürzten Verfahrensarten (polizeiliche Strafverfügung, richterlicher Strafbefehl) vor; E. 36, 313. — Bei der Drohung genügt es, daß diese in unmittelbarem Anschluß an das Betteln erfolgte; E. 35, 343.

Im Falle des § 360 Nr. 10 ist die Überweisung nicht zulässig; vgl. dazu oben S. 398, Anm. 8.

Betr. Prostitution (§ 361 Nr. 6, 6a) vgl. oben S. 229, unten S. 400, Anm. 6.

[5] „Oder zu gemeinnützigen Arbeiten zu verwenden". Diese Möglichkeit spielt praktisch keine Rolle.

[6] Streit besteht darüber, ob die Nachhaft Nebenstrafe oder eine von der Strafe verschiedene (bessernde bzw. sichernde Maßnahme) ist. Im letzteren Sinne künftig die Entwürfe. Die überwiegende Ansicht — auch meine zit. Arbeiten — nimmt für das geltende Recht Nebenstrafe an. So auch RG. E. 6, 183; 7, 431; E. 61, 16/17 (zu § 285a) wie schon die Motive zum StrGB. (Reichstagsvorlage S. 88). Dagegen z. B. Frank (polizeiliche Maßregel).

Arbeitshaus[1]. Unzulässig ist die Überweisung gegenüber Jugendlichen[2].

3. „Ist gegen einen Ausländer auf Überweisung an die Landespolizeibehörde erkannt, so kann neben oder an Stelle der Unterbringung (im Arbeitshause) Verweisung aus dem Bundesgebiet eintreten" (§ 362 Abs. 4)[3].

VII. **Verwaltungsrecht.** Die Vorschriften des Reichsstrafrechts über die Überweisung ins Arbeitshaus finden Erweiterung im Verwaltungsrecht der Länder. So werden in Preußen evtl. säumige Unterhaltspflichtige[4] und entmündigte Trinker[5] zwangsweise im Arbeitshaus untergebracht, eine zweckmäßige Ergänzung der, wie dargelegt, unzureichenden §§ 361 Nr. 5, 7, 10 StrGB.[6].

§ 97. Tierquälerei.

I. Einzelne Fälle von Verurteilung wegen Tierquälerei treten in Deutschland im 18. Jahrhundert auf; im 19. Jahrhundert erfolgte zunächst vielfach polizeiliche Bestrafung. Seit 1838 (Sachsen) greifen —

---

[1] Vgl. über vorstehende Fragen, auch über die Arbeitshäuser und den Vollzug der Nachhaft in diesen (ganz überwiegend Gemeinschaftshaft, intensiver Arbeitsbetrieb, viel landwirtschaftliche Arbeit), eingehend meine zit. Arbeiten.

[2] Bis 18 Jahre; Jugendgerichtsgesetz v. 16. Febr. 1923 § 9 letzter Absatz. Damit ist eine, z. B. von mir, schon früher aufgestellte Forderung erfüllt.

Darüber, daß Anwendung des Arbeitshauses gegenüber Zuhältern (StrGB. § 181a) und Glücksspielern (§ 285a) verfehlt ist, vgl. oben S. 231, Anm. 5; 273, Anm. 5.

[3] Die Landespolizeibehörde hat hier also das Recht der Ausweisung aus dem gesamten Reichsgebiet. Verwertung an Stelle des Arbeitshauses ist nur dann sachgemäß, wenn keine verbotswidrige Rückkehr zu befürchten ist; vgl. meine Arbeiten; dazu unten S. 435.

[4] Auf Grund der Reichsverordnung über die Fürsorgepflicht v. 13. Febr. 1924 (RGBl. I, 100), § 20; dazu Preuß. Ausführungsverordg. v. 17. Apr. 1924 (Ges.S., 210), §§ 21ff.

[5] Auf Grund des Preuß. Gesetzes v. 23. Juli 1912 (Ges. S., 195). — So z. B. im Arbeitshaus Moringen, Hannover.

[6] Die Preußischen Arbeitshäuser sind nicht, wie diejenigen der anderen deutschen Länder, Staats-, sondern Kommunalanstalten.

In den Preußischen Provinzialarbeitshäusern (einschließlich der Stadt Berlin) befanden sich am 1. Januar 1932 folgende Personengruppen: a) Zuhälter, StrGB. § 181a: 34. — b) Spieler, StrGB. § 285a: 3. — c) Landstreicher und Bettler, § 361, Nr. 3, 4: 964. — d) Trinker, § 361 Nr. 5: 9. — e) Dirnen, § 361 Nr. 6: 12. — f) Arbeitsscheue und Obdachlose, § 361 Nr. 7, 8: 58. — g) Säumige Unterhaltspflichtige (oben Anm. 4): 165. — h) Sonstige, insbes. Trinker (oben Anm. 5): 372 (diese Mitteilung verdanke ich Herrn Direktor Krack, Moringen).

Leider enthalten eine Reihe Preußischer Arbeitshäuser noch heute eine Abteilung für Orts- und Landhilfsbedürftige, eine rückständige Vermengung von Fürsorge und Strafe bzw. Verwaltungszwang.

in verschiedenem Umfang — die Landesrechte ein. Ihnen gegenüber stellt unser RStrGB. einen mittleren Standpunkt dar[1].

Nach § 360 Nr. 13 wird bestraft[2]: „Wer öffentlich oder in Ärgernis erregender Weise Tiere boshaft quält oder roh mißhandelt."

II. Geschütztes Rechtsgut ist hier das menschliche **Sittlichkeitsgefühl,** genauer das Gefühl des Mitleids, das durch Tierquälerei teils empört, teils abgestumpft wird. Es handelt sich also um einen eigenartigen Angriff auf Interessen der Gesamtheit[3].

III. Zum **Begriff** ist hervorzuheben: „Quälen" bedeutet die Verursachung länger fortdauernder oder sich wiederholender Schmerzen oder Leiden[4]. „Boshaft" ist das Quälen ohne vernünftigen Zweck um des Quälens willen. „Mißhandlung" im Sinne unserer Vorschrift ist die Erregung erheblicher Schmerzen oder Leiden. „Roh" ist diese, wenn sie Gleichgültigkeit gegenüber den Leiden des Tieres bekundet. „Öffentlich" bedeutet: wahrnehmbar für unbestimmte Personen[5]. Begehung „in Ärgernis erregender Weise" erfordert Verletzung des normalen sittlichen Gefühls[6]. Und zwar muß diese im Einzelfalle tatsächlich eingetreten sein[7], entweder durch Wahrnehmung der Tat selbst oder ihrer Spuren an dem angegriffenen Tier[8].

Nach allgemeinen Grundsätzen ist Tierquälerei auch durch Unterlassung möglich bei besonderer Rechtspflicht zum Handeln[9]. Zur Schuld gehört Vorsatz[10].

---

[1] Vgl. hierzu und zum folgenden eingehend meine Arbeiten: a) Die Tierquälerei in der Strafgesetzgebung des In- und Auslandes, historisch, dogmatisch und kritisch dargestellt, Berlin 1891 (198 S.); b) Die Tierquälerei, in V. D., Bes. Teil, Bd. II, 1906, S. 241—270.

[2] Strafe: Geldstrafe bis 150 M. oder Haft.

[3] Von einem „Recht der Tiere" läßt sich überhaupt nur sprechen, wenn man damit nicht ein subjektives Recht (Willensmacht), sondern ein rechtlich geschütztes Interesse meint, und zwar ein solches, das — im Gegensatz zu menschlichen Interessen — vom Tier nicht grundsätzlich, sondern nur im Einzelfalle und ferner nicht rechtlich empfunden wird. Auch dann gewinnt man mit Verwertung dieses unklaren Ausdrucks keine tiefere Einsicht. Denn der Rechtsschutz jenes sog. Rechts wird allein durch das menschliche Gefühl des Mitleids erzeugt und der Umfang des Schutzes wird notwendig begrenzt durch die berechtigten menschlichen Interessen: Nur danach unnötige Eingriffe lassen sich verbieten.

[4] Auch durch einmalige Handlung. Beispiel: Der Täter bricht einer Gans die Beine.

[5] Nicht entscheidend ist Öffentlichkeit des Tatorts.

[6] Nicht der besonderen Empfindlichkeit einzelner.

[7] Allgemein anerkannt.

[8] Letzteres streitig, m. E. sachgemäß (überwiegende Ansicht).

[9] Beispiel: Hungernlassen; betr. Rechtspflicht oben S. 101/02.

[10] Vgl. E. 48, 324. — Auch hinsichtl. Öffentlichkeit bzw. Ärgerniserregung; herrschende Ansicht; dolus eventualis genügt.

IV. **Objektiv rechtmäßig** ist die zur Wahrnehmung überwiegender menschlicher Interessen notwendige Schmerzerregung[1]. Dahin gehört auch die Vivisektion zu ernsten wissenschaftlichen Zwecken innerhalb der dadurch gebotenen Schranken, insbes. also unter Vermeidung jeder unnötigen Schmerzerregung[2]. Hinsichtlich des jüdischen Schächtens ist heute das Landesrecht maßgebend[3].

V. § 360^{13} ist keine reichsrechtlich geregelte Materie, ergänzendes **Landesrecht** daher zulässig. Solches findet sich in breitem Umfang in Verordnungen, so insbes. Vorschriften über den Transport, die Benutzung von Zugtieren und über das Schlachten.

VI. Für die Zukunft bedarf das Reichsrecht der Verbesserung durch Streichung der unserer heutigen Kulturauffassung nicht mehr entsprechenden Schranken der Öffentlichkeit und Ärgerniserregung, Anerkennung der Tierquälerei als Vergehen und Einfügung einer neuen Übertretungsvorschrift, die die Zuwiderhandlung gegen landesrechtliche Verhütungsmaßnahmen bei Tierquälerei unter einheitliche Strafe stellt. Diesen von mir seinerzeit aufgestellten Forderungen haben sich die Entwürfe angeschlossen.

---

[1] So selbstverständlich der Gebrauch zur Arbeit und zur Ernährung; Jagd und Fischerei. Aber auch Vergnügungs- und Sportzwecke, soweit solche ethische Billigung erfahren (z. B. Hetz- und Parforcejagd; Dressuren).

[2] Vgl. näher V. D. a. a. O. S. 248ff., 269.

[3] Die Reichsregierung (Staatssekretär Lisco) lehnte im Januar 1913 im Reichstag ein Eingreifen für oder wider das Schächten als eine zur Zuständigkeit der Einzelstaaten gehörige Angelegenheit ab. Vgl. auch die Denkschrift zum Entwurf 1919, S. 348.

Das Preuß. Oberverwaltungsgericht entschied 1901 (Bd. 38, S. 58ff.), daß die Gemeinden in Schlachthausordnungen (auf Grund des Schlachthausgesetzes v. 1868/81) die Schlachtmethoden bestimmen, daher auch den Schächtschnitt ohne vorherige Betäubung verbieten dürfen.

Solches Verbot erfolgte allgemein durch Verordg. v. 21. März 1892 in Sachsen, neuerdings (Juni 1931) in Braunschweig; ausdrückliche Gestattung seinerzeit in Oldenburg (Verordg. v. 13. Nov. 1891). Vgl. auch meine Bemerkung Z. 47, 1925, S. 63.

Vierter Teil.

Die Strafe.

Kapitel I.

Allgemeine Grundlagen.

§ 98. Strafe, Strafzumessung.

I. Das Wesen der Strafe ist bereits oben (S. 6, 59ff.) des näheren klargestellt. Wir sahen: Die Strafe fällt unter den höheren Begriff der Unrechtsfolgen. Ihre Eigentümlichkeit liegt darin, daß sie verhängt wird, um dem Täter des Verbrechens ein Übel zuzufügen zwecks Verbrechensvergeltung und Verbrechensverhütung[1]. Daraus ergibt sich als **Begriff der Strafe:**

Strafe ist ein Übel, das wegen eines Unrechts über den Täter verhängt wird, zwecks Befriedigung des verletzten Rechtsbewußtseins (Vergeltung) und zwecks Verhütung ähnlicher Vorkommnisse für die Zukunft (Prävention).

Für die öffentliche Strafe im heutigen Sinne (Kriminalstrafe im engeren Sinne) ist einschränkend hinzuzufügen[2]: Sie wird verhängt seitens des Staates, und zwar gemäß vorausgehender gesetzlicher Strafdrohung[3] und auf Grund gerichtlicher Feststellung des Unrechts in gesetzlich geordnetem Verfahren[4].

II. Die **Strafzumessung,** d. h. die Bestimmung der Strafe nach Art und Maß, ist zunächst Aufgabe des Gesetzgebers, innerhalb dieser Schranken Aufgabe des Richters im Einzelfalle.

[1] Erst durch den Vergeltungszweck wird ein Eingriff in Rechtsgüter zur Strafe. Dieselbe Maßregel, zu anderen Zwecken verwertet, entbehrt des Strafcharakters; vgl. oben S. 60 bei Anm. 2.

[2] Über das Verhältnis der öffentlichen Strafe zur Privatstrafe, Disziplinarstrafe, sog. Exekutivstrafe, sog. Polizeistrafe und sog. Ordnungsstrafe vgl. oben S. 7.

[3] Vgl. oben S. 71 (nulla poena sine lege).

[4] Auch bei den besonderen Verfahrensarten der polizeilichen Strafverfügung und des Strafbescheides von Verwaltungsbehörden bleibt stets die Anrufung des ordentlichen Gerichts möglich; vgl. StrPO. § 413ff., 419ff.; Reichsabgabenordnung 1919/1931 § 447ff.

1. Die **geschichtliche Entwicklung** zeigt hier folgendes Bild[1]: Wenn an Stelle von Blutrache und Sühnezahlung das öffentliche Strafrecht die Herrschaft gewinnt, so überwiegt zunächst und gerade bei den schweren Verbrechen das System gesetzlich festbestimmter Strafen. So in Deutschland noch in der Carolina (1532)[2]. Der Vorzug dieses Verfahrens liegt in der Ausschaltung richterlicher Willkür, sein Nachteil in der Unmöglichkeit feinerer Würdigung des Einzelfalles nach Erfolg und Schuld.

Das gemeine Strafrecht setzt sich in steigendem Maße über die Schranken der Carolina hinweg. Als Fortschritt erscheint dabei das allmähliche Eindringen der Freiheitsstrafe an Stelle der Leibes- und Lebensstrafen, als schwerer Mißstand die Ausartung der Strafzumessung in richterliche Ungebundenheit und Willkür[3].

Hiergegen richtet sich der Kampf der Aufklärungszeit mit der Forderung der Bindung des Richters an das Gesetz und der Verhältnismäßigkeit von Verbrechen und Strafen unter Verwerfung unnötiger Strenge[4].

Das Ergebnis ist das System der Strafzumessung des 19. Jahrhunderts bis zur Gegenwart. Als Grundlage gesetzliche Strafdrohungen für die einzelnen Deliktstatbestände. Aber Strafdrohungen, die regelmäßig breite Spielräume des Verhaltens für die Bewertung des Einzelfalles gestatten[5]. Innerhalb dieser gesetzlichen Strafrahmen die Aufgabe gerechter richterlicher Strafzumessung.

2. Für die Lösung dieser grundlegend wichtigen Aufgabe des Richters gibt unser **geltendes Recht** keine allgemeinen gesetzlichen Maßstäbe, immerhin aber Vorschriften für besondere Gruppen von Fällen.

a) Rückfall, Gewerbs- und Gewohnheitsmäßigkeit erscheinen bei einer Anzahl von Delikten als gesetzliche Strafschärfungsgründe[6]. Daß dieser Gesichtspunkt analog auch für die gesamte sonstige richterliche Strafzumessung zu gelten hat, ist schon für verständige dogmatische Auslegung einleuchtend. Darüber hinaus ist es heute kriminalpolitisch anerkannt, daß eine der wichtigsten Aufgaben des Strafrechts in entschiedenster Bekämpfung des rückfälligen, gewerbs- und gewohnheitsmäßigen Verbrechertums besteht[7].

[1] Dazu im einzelnen näher oben §§ 4ff. (geschichtliche Entwicklung).

[2] Vgl. oben S. 31; eingehend Strafr. I, 196ff.

[3] Vgl. oben S. 34/36; näher Strafr. I, 235ff.

[4] Vgl. oben S. 37/38; näher Strafr. I, 262ff.

[5] Ausnahme: Absolute Androhung der Todesstrafe bei Mord (StrGB. § 211); Kritik oben S. 189 Anm. 5; unten S. 414 Anm. 9. Ferner insbes. im Zoll- und Steuerrecht Geldstrafen in Gestalt des Mehrfachen eines bestimmten (hinterzogenen) Betrages. Oben S. 86; Kritik unten S. 425 Anm. 6; näher Strafr. I, 97.

[6] Mit erhöhtem Strafrahmen. Vgl. betr. Rückfall: StrGB. §§ 244/25 (Diebstahl); 250 Nr. 5 (Raub); 261 (Hehlerei); 264 (Betrug); vgl. auch § 362 Abs. 2 (Bettel). — Gewerbs- und Gewohnheitsmäßigkeit, oben S. 179 Anm. 4.

[7] Vgl. dazu oben S. 68; näher Strafr. I, 565ff.

b) Vielfach gibt das StrGB. bei den einzelnen Delikten mildere gesetzliche Strafrahmen für den Fall, daß „mildernde Umstände“ vorliegen. Auch hier handelt es sich naturgemäß um einen für die Strafzumessung allgemein wesentlichen Gesichtspunkt[1].

Die Motive zum StrGB.[2] kennzeichnen die „mildernden Umstände“ als „leichtere Fälle“, für deren Vorhandensein „ebensowohl die objektive wie die subjektive Seite des einzelnen Falles in Betracht gezogen werden solle“.

c) Über bedingte Strafaussetzung vgl. unten S. 241. — Über Ersatz kürzerer Freiheitsstrafen (bis 3 Monate) durch Geldstrafe[3] und über Bemessung der Geldstrafe unten S. 409, 425/26. Über Strafzumessung bei Jugendlichen oben S. 130; unten S. 423.

III. Hinsichtlich der **gesetzlichen Strafrahmen** ist hervorzuheben: Zu enge Rahmen zwingen den Richter in leichten und schweren Fällen zu ungerechter Strenge oder Milde. Zu weite Rahmen erzeugen die Gefahr ungleichmäßiger und willkürlicher Rechtsprechung. Unter diesen Gesichtspunkten bestimmt es sich insbes. auch, inwieweit der Gesetzgeber einen Deliktstatbestand einheitlich regeln soll, oder inwieweit es sachgemäß ist, näher bezeichnete mildere bzw. schwerere Fälle mit selbständigen Strafrahmen auszuscheiden.

Unserem geltenden Recht gegenüber wurde von der strafrechtlichen Reformbewegung verfeinerte, den heutigen sozialen Anschauungen bei manchen Delikten besser entsprechende Gestaltung der Strafrahmen, zugleich Erweiterung der richterlichen Ermessensfreiheit, insbes. für leichte und schwere Fälle, gefordert. Der Entwurf der Strafrechtskommission von 1913 hat hier in sehr gründlicher und überlegter Einzelarbeit insgesamt gute Grundlagen für die Zukunft geschaffen[4]. Die folgenden Entwürfe brachten neben einzelnen Ver-

---

[1] Die Annahme der „mildernden Umstände“ stammt aus dem code pénal (circonstances atténuantes). Das Gesetz regelt sie — mit Recht — nur bei den Delikten, bei denen es die Aufstellung eines besonderen milderen Strafrahmens nötig fand; vgl. dazu näher Strafr. II, S. 6/7; eingehend v. HIPPEL in ASCHAFF., Monatsschrift 17, 1926, Beiheft, S. 19ff.

[2] Reichstagsvorlage 1870 S. 106/07.

[3] „Wenn der Strafzweck durch eine Geldstrafe erreicht werden kann“ (§ 27b).

[4] Sehr gewissenhafte Durcharbeitung sämtlicher einzelner Strafrahmen, auch hinsichtlich des Bedürfnisses nach Sonderrahmen für mildernde Umstände beim einzelnen Delikt. Darüber hinaus freies richterliches Strafmilderungsrecht (in besonders bestimmten Fällen auch Absehen von Strafe) in „besonders leichten“ Fällen. Andererseits erhebliche Strafschärfung für „besonders schwere“ Fälle bei bestimmten Delikten, wo dafür gegenüber dem ordentlichen Strafrahmen ein Bedürfnis bestand. Zugleich zutreffende Bestimmung beider Begriffe dahin, daß Tat und Schuld im ersteren Falle besonders leicht, im letzteren besonders schwer sein müssen. Ferner allgemeine Strafschärfung für Rückfall, Gewerbs- und Gewohnheitsmäßigkeit. — Möglichste Beschränkung der Zuchthausstrafe auf Fälle schwerer Tat und Schuld; Erweiterung des Gebiets der Festungs-

besserungen leider auch Rückschritte, insbes. durch Einführung schematischer Maßstäbe[1] und andere Einseitigkeiten[2].

IV. Für die **richterliche Aufgabe der Strafzumessung**[3] sind zwei Gesichtspunkte entscheidend: Ausreichende Klarstellung der begangenen Tat und zutreffende strafrechtliche Bewertung.

1. **Klarstellung der Tat:** Der Schuldspruch ergibt, daß objektiv der Deliktstatbestand, subjektiv Zurechnungsfähigkeit und Vorsatz bzw. Fahrlässigkeit vorliegen. Daraus allein aber würde lediglich die Anwendung absolut bestimmter Strafen folgen. Denn diese Merkmale sind stets die gleichen.

a) Es ist daher erforderlich, den Einzelfall unter dem Gesichtspunkt der Verhältnismäßigkeit von Verbrechen und Strafen weiter zu klären, also innerhalb des Tatbestandes und des gesetzlichen Strafrahmens leichteste, leichtere, mittlere, schwere, schwerste Fälle zu unterscheiden. Wertvollste Vergleichsmaßstäbe bietet hierfür dem Juristen die praktische Erfahrung, die ihm ständig massenhafte Einzelbilder vor Augen führt.

b) Grundsätzlich klarzustellen ist zunächst der Erfolg der Tat, der nach Art und Umfang des Eingriffs in rechtlich geschützte Interessen bei dem gleichen Delikt regelmäßig weitgehende Verschiedenheiten zeigt und damit den entscheidenden Maßstab für die Bewertung der objektiven Schwere des Verbrechens bildet[4].

c) Andererseits ist der subjektive Tatbestand zu klären: Zunächst die Größe der Schuld des Täters, d. h. der Grad der Schlechtigkeit oder Unbesonnenheit, die uns im Einzelfalle im vorsätzlichen bzw.

---

haft als custodia honesta; möglichste Vermeidung kurzzeitiger Freiheitsstrafe usw.; vgl. näher Strafr. I, 368.

Über Maßstäbe für die richterliche Strafzumessung unten Anm. 4; S. 407 Anm. 2.

[1] Rein schematische, nach Bedürfnis und Ergebnissen nicht geprüfte und durchaus unbefriedigende Einführung mildernder Umstände bei allen Delikten seit Entwurf 1919; vgl. zur Kritik Strafr. I 368/69; eingehend meine Arbeit in ASCHAFFENBURG, Monatsschr. 17 (Beiheft), 1926, S. 19ff.

[2] So im Entw. 1925 insbes. einseitige Übertreibung der Spezialprävention; vgl. unten S. 408 Anm. 4, dazu Strafr. II, 1/3; zum Entw. 1927 näher Strafr. II, 4/7. Dazu über die Entwürfe oben S. 45/46.

[3] Als Neuerscheinungen auf diesem Gebiet nenne ich: EXNER, Studien über Strafzumessung, 1931; DROST, D. Ermessen des Strafrichters, 1930; PETERS, D. kriminalpolitische Stellung des Strafrichters, 1932 (soeben erschienen). Meine Darstellung ist selbständig.

[4] Alles Recht als bindende Abgrenzung der Machtgebiete geht seinem Wesen nach notwendig von der entscheidenden Bedeutung des Erfolges aus. Vgl. oben S. 1; dazu Strafr. I, 486, 504/05 usw. So auch die gesamte Entwicklung des Strafrechts bis zur Gegenwart. Dem entspricht die Hervorhebung der Folgen der Tat als Strafzumessungsgrad in den Entwürfen 1909, 1913, 1919. Verfehlte Streichung im Entw. 1925, Verbesserung 1927; vgl. näher Strafr. II, 3/4; dazu unten S. 408 Anm. 4.

fahrlässigen Handeln entgegentreten[1]. Um sie zu ermitteln, bedarf es vor allem der Einsicht, aus welchen Gründen und zu welchen Zwecken der Täter handelte. Darüber hinaus ist auf solche Momente des Vorlebens einzugehen, die die im vorliegenden Falle zu bewertende Schuld milder oder schwerer erscheinen lassen[2]. Weiter handelt es sich in subjektiver Hinsicht darum, ein Bild von der Gefährlichkeit des Täters, d. h. von der Gefahr der Begehung neuer Delikte in der Zukunft zu gewinnen[3].

d) Beide Feststellungen, die objektive wie die subjektive, müssen so weit reichen, daß sie eine zutreffende rechtliche Bewertung gestatten (vgl. unten Nr. 2). Damit aber ist die juristische Aufgabe dieser Feststellungen auch erschöpft[4].

Das muß gerade in der Gegenwart betont werden: Gegenüber unserer früheren juristischen Praxis drängte die strafrechtliche Reformbewegung insbes. auf eingehendere Ermittelungen in subjektiver Richtung, hinsichtlich der Persönlichkeit des Täters. Heute sehen wir, insbes. in sog. Sensationsprozessen, nicht selten ein uferloses Streben nach „Gründlichkeit" in objektiver wie subjektiver Richtung, das in seinen übelsten Auswüchsen die sog. Monstreprozesse erzeugt.

Demgegenüber ist hervorzuheben: Alle objektiven und subjektiven Feststellungen, die für Schuldspruch und Strafmaß ohne Bedeutung sind[5], sind rechtlich unerheblich, daher abzulehnen[6]. Sie überhäufen das Gericht mit überflüssiger Arbeit, schädigen Ansehen und Wirkung der Strafjustiz durch unnötige Prozeßdauer und Aufregung und bedeuten darüber hinaus, insbes. in subjektiver Hinsicht, ein Eindringen in Angelegenheiten, die das Strafrecht nichts angehen und ein

---

[1] Vgl. näher Strafr. I, 504/06. Häufig bietet hierfür bereits die Feststellung des Erfolges wertvolle Anhaltspunkte, weil mit steigender Schwere des Erfolges oft (aber keineswegs immer) auch die Schuld des Täters entsprechend wächst.

[2] Die Entwürfe 1909, 1913, 1919 heben hervor: Die Beweggründe des Täters, den Anreiz zur Tat, den verfolgten Zweck, die angewandten Mittel, den Grad der Einsicht des Täters, sein Vorleben sowie seine persönlichen und wirtschaftlichen Verhältnisse; vgl. Strafr. I, 506[4]; siehe ferner Entw. 1925 § 67, 1927 § 69.

[3] Wichtig sind hier insbes. Rückfall, Gewerbs- und Gewohnheitsmäßigkeit; vgl. oben. Den Gegensatz bilden voraussichtlich einmalige Entgleisungen.

[4] Weitere Gesichtspunkte kommen evtl. für bessernde und sichernde Maßnahmen in Frage; vgl. unten S. 439.

[5] Das läßt sich naturgemäß häufig nicht im voraus beurteilen und insoweit sind auch solche Feststellungen unvermeidlich. In breitem Umfang aber ist es bei ausreichend scharfer geistiger Durchdringung des Falles allerdings zu beurteilen.

[6] Mit Recht gestattet die Strafprozeßordnung (§ 154) darüber hinaus auch den Verzicht auf Verfolgung von Delikten, deren Bestrafung neben der Haupttat praktisch nicht ins Gewicht fällt. Es wäre zu wünschen, daß die Praxis hiervon ausgiebigen Gebrauch machte.

verwerfliches Hinauszerren von Privatangelegenheiten[1] in die Öffentlichkeit[2].

2. Für zutreffende **strafrechtliche Bewertung** der objektiv wie subjektiv ausreichend klargestellten Tat sind zwei Gesichtspunkte entscheidend:

a) Richtige Einschätzung des zu verhängenden Strafübels nach seiner Schwere und seiner Bedeutung gegenüber der Gesamtheit und dem Betroffenen. Dafür bedarf es insbes. bei der Freiheitsstrafe auch ausreichender Kenntnis des Strafvollzuges, bei der Geldstrafe der Einsicht in ihre wirtschaftliche Bedeutung.

b) Zutreffende Würdigung der Strafzwecke. Denn es handelt sich hier um angewandte Strafrechtstheorie. Wer dabei mit einseitigen Theorien arbeitet, die nur einzelne Strafzwecke begreifen können und andere ablehnen oder vernachlässigen, der gelangt notwendig zu einseitigen und entsprechend unbrauchbaren praktischen Ergebnissen, die entweder die Gesamtheit und den Staat schädigen oder die Person des Täters unzureichend berücksichtigen.

Wissenschaftlich haltbar wie praktisch brauchbar ist allein die umfassende Berücksichtigung aller erfahrungsgemäß erreichbaren günstigen Wirkungen der Strafe als zielbewußt anzustrebender Strafzwecke. Daraus ergibt sich die oben S. 59ff. entwickelte Vereinigungstheorie (Vergeltung, Generalprävention, Spezialprävention), die hier als Grundlage der richterlichen Strafzumessung maßgebend wird. Ich verweise auf die dortigen näheren Ausführungen[3]. Allein die Vereinigungstheorie entspricht zugleich der gesamten geschichtlichen Entwicklung des Strafrechts wie den Entwürfen[4].

[1] Nicht nur des Angeklagten, sondern ebensowohl des Verletzten, der Zeugen und evtl. dritter Personen.

[2] Für andere Beobachter ist hier die Interessenlage möglicherweise eine durchaus andere und je nach dem persönlichen Standpunkt wiederum eine völlig verschiedene. (Man denke z. B. an den Psychiater, an den Pädagogen, den Volkswirt oder Techniker, den Politiker, den einseitigen Parteipolitiker, an die Tagespresse verschiedenster Qualität usw.). Der Jurist hat demgegenüber seine eigene hohe Aufgabe zu erfüllen und darf sich von ihr nicht auf andere Gebiete abdrängen lassen.

[3] Eingehend darüber Strafr. I, 495—526.

[4] Vgl. näher Strafr. I, 360, 367/68; II, 1, 2. Eine böse Entgleisung war es, wenn der Entw. v. 1925 im Sinne einseitiger Spezialprävention den Satz aufstellte: Die Tat entscheide nur über den Strafrahmen, für die Strafzumessung sei die Persönlichkeit des Täters maßgebend (vgl. dazu Strafr. II, 3). Das würde bedeuten: Der Gesetzgeber sondert zwar die verschiedenen Deliktsbegriffe nach Bedeutung des objektiven und subjektiven Tatbestandes. Innerhalb des einzelnen Deliktsbegriffs aber hört sein objektives Unterscheidungsvermögen auf, es ist ihm z. B. ganz gleichgültig, ob der Diebstahl objektiv mit 1 Tag oder mit 5 Jahren Gefängnis bewertet wird. Selbstverständlich ist das Gegenteil der Fall: Der Gesetzgeber überträgt die objektive und subjektive Aufgabe, die er bei Aufstellung der verschiedenen Deliktsbegriffe selbst löst, innerhalb des einzelnen Tat-

3. Wenn neuerdings § 27b StrGB.[1] es für maßgebend erklärt, ob „der Strafzweck" durch eine Geldstrafe erreicht werden kann, so ist festzustellen: Einen verständigen und verständlichen Sinn hat solche Vorschrift nur dann, wenn man darunter den allgemeinsten Endzweck alles Strafrechts versteht[2]: Wahrung der Rechtsordnung gegen rechtswidrige Angriffe (Sicherung, Schutz des Staats, der Gesellschaft, des einzelnen, Bekämpfung des Verbrechens). Jenem allgemeinen Zweck aber dient die Strafe mit den spezifischen Eigenschaften der Verbrechensvergeltung und Verbrechensverhütung (General- und Spezialprävention). Sie stellen daher die näheren Maßstäbe der Strafzumessung dar[3].

4. Jeder dieser **Maßstäbe** (Vergeltung, Generalprävention, Spezialprävention) gewährt erhebliche Spielräume des Verhaltens im Einzelfalle[4]. Denn es handelt sich dabei um Schätzungen, die, von der Erfahrung ausgehend, die Wirkung der Bestrafung auf die Gesamtheit und auf den einzelnen zu bewerten haben.

Den Ausgangspunkt für die Strafzumessung bilden die konstanten Strafzwecke, Vergeltung und Generalprävention: Die Vergeltung fordert gerechte Strafe gemäß der Bedeutung der Tat und der Schuld des Täters. Sie spielt stets die grundlegend regulierende Rolle. Das Bedürfnis der Generalprävention wird häufig bereits durch die Vergeltungsstrafe erfüllt, oft aber fordert es auch besondere Berücksichtigung innerhalb jener Schranken. Innerhalb des so gewonnenen Rahmens ist auf die Bedürfnisse der Spezialprävention (Besserung, Abschreckung, Unschädlichmachung) voller Nachdruck zu legen. Allein entscheidend sind Vergeltung und Generalprävention, wenn keine Wiederholungsgefahr besteht. Wo die Spezialprävention Sicherungen fordert, die über das Maß gerechter Vergeltung hinausgehen, da kann solche Sicherung nur durch weitere vorbeugende Maßnahmen, nicht durch Strafe erfolgen. Denn ungerechte Strafe ist niemals zu rechtfertigen, sie wirkt auch praktisch zum Schaden der Gesamtheit wie des Betroffenen.

---

bestandes zur weiteren, auf den gleichen Grundlagen beruhenden Lösung dem Richter. Anderenfalls müßte er in völlig unerträgliche Kasuistik der Tatbestände verfallen und würde damit trotzdem seine Aufgabe gerechter Bewertung des Einzelfalles nicht erfüllen können.

In Wahrheit beruht auch der Entwurf 1925 auf obigen richtigen Grundlagen. Denn seine Tatbestände und Strafdrohungen knüpfen an die der vorausgehenden Entwürfe an. Demgemäß hat auch der Entw. 1927 hier wieder eingelenkt; vgl. oben S. 46, näher Strafr. II, 4.

[1] Verordnung v. 6. Febr. 1924 (auf Grund Ermächtigungsgesetzes), RGBl. I, S. 44. Dazu auch unten S. 421, 425/26.

[2] Vgl. dazu Strafr. II, 495/96.

[3] Oben S. 59ff. So grundsätzlich auch das Reichsgericht, unten S. 426 Anm. 1.

[4] Vgl. näher zum Folgenden oben S. 49ff.; eingehend Strafr. I, 499ff.

Volle Berücksichtigung aller Strafzwecke ist danach zwar in breitem Umfang[1], aber nicht überall erreichbar. Wo wirkliche Kollisionen vorliegen, haben die konstanten Zwecke den Vorrang. Denn oberster Zweck des Strafrechts ist Sicherung der staatlichen Rechtsordnung (vgl. oben Nr. 3).

Dies Bedürfnis nach Wahrung der Rechtsordnung steigt in unruhigen Zeiten, wie wir sie heute durchleben. Wohl mehrt sich in solchen Zeiten auch die Zahl entschuldbarer Rechtsverletzungen, die Milde verdienen. Ebenso aber wachsen Zügellosigkeit und Auflehnung gegen die Rechtsordnung. Volle Energie des Strafrechts in dieser Richtung ist heute das Gebot der Stunde.

5. Auch die beste richterliche Strafzumessung liefert kein ziffernmäßig absolut bestimmtes und beweisbares Schlußergebnis. Es bleiben auch bei Berücksichtigung aller Maßstäbe noch Spielräume innerhalb der Grenzen des Gerechten und Zweckmäßigen; denn menschliche Schätzungstätigkeit ist nicht allwissend. Insoweit bleibt die iustitia die ars aequi et boni, der beste Richter der, der dem Ideal gerechter und zweckmäßiger Bestrafung am nächsten kommt[2].

6. Über richterliche Strafzumessung bei Freiheitsstrafe vgl. ferner unten S. 420.

7. Abzulehnen ist der Gedanke, unsere richterliche Strafzumessung durch (absolut oder relativ) unbestimmte Strafurteile zu ersetzen. Solche Bestimmung der Strafdauer auf Grund der Führung im Strafvollzug ist grundsätzlich unrichtig, weil sie die konstanten Strafzwecke (Vergeltung, Generalprävention) vernachlässigt und einseitig auf Spezialprävention beruht. Praktisch ferner bedeutet das unbestimmte Strafurteil eine verfehlte Ausschaltung der Justiz zugunsten der Verwaltung mit durchaus unsicheren Ergebnissen[3].

[1] Weil gerechte Vergeltung zugleich Bemessung nach dem Grade der Schuld fordert und damit sehr häufig dem Bedürfnis der Spezialprävention entspricht. Aber nicht immer: Das Verbrechen kann nach Tat und Schuld groß sein, die Gefährlichkeit, d. h. die Wiederholungsgefahr, gering und umgekehrt; vgl. näher Strafr. I, 517.

[2] Sachliche (aber nur solche) Mitwirkung von Laienrichtern kann dabei dem Juristen wertvollen Einblick in das natürliche Rechtsempfinden des Volkes bieten. Andererseits ist der Laie mangels Schulung und Erfahrung ständig der Gefahr von Fehlgriffen im Sinne übertriebener Strenge oder Milde ausgesetzt. Die erstere Gefahr ist im Einzelfalle die schlimmere, die letztere insgesamt schwerer, weil weit häufiger. — Es ist daher, auch für die Gleichmäßigkeit der Rechtsprechung, sehr bedenklich, daß der Einfluß der Laien auf die Strafzumessung durch die Strafprozeßverordnung v. 1924, auf der unsere heutige Gerichtsverfassung beruht, stark gesteigert wurde; vgl. v. HIPPEL in ASCHAFFENBURG, Monatsschrift, 17, 1926, Beiheft, S. 19/20.

[3] Vgl. dazu oben S. 66 Anm. 4; eingehend Strafr. I, 529/32, 568, 570; II, 4 Anm. 2. Wünschenswert ist sachgemäße Verwertung der vorläufigen Entlassung (unten S. 419); ferner Möglichkeit einer begrenzten nachträglichen Verlängerung als Disziplinarstrafe, die uns heute fehlt.

V. **Die Strafarten**: Unser Recht unterscheidet Haupt- und Nebenstrafen. Hauptstrafen sind solche, die für sich allein, Nebenstrafen, solche, die nur neben einer Hauptstrafe verhängt werden können.

Als Hauptstrafen sind im folgenden die Todesstrafe, Freiheitsstrafe, Geldstrafe und der Verweis zu betrachten. Daran hat sich die Behandlung der Nebenstrafen und gewisser sonstiger Nebenfolgen des Verbrechens zu schließen.

Kapitel II.

Die Hauptstrafen.

§ 99. Die Todesstrafe.

I. Tritt an die Stelle des Privatstrafrechts die öffentliche Strafe, so finden wir durch lange Zeiträume der geschichtlichen Entwicklung die **Todesstrafe** als die normale Strafe schwerer Verbrechen[1]. Gegenüber der schrankenlosen Blutrache ist dies ein großer Kulturfortschritt. Praktisch ferner ist es in jener Zeit das einzige verfügbare Strafmittel zum ausreichenden Schutz gegen das schwere Verbrechertum[2], schon deshalb für das Rechtsempfinden gerecht und notwendig.

Erst seit dem 17. Jahrhundert entwickelt sich bei den modernen Kulturvölkern allmählich zu grundsätzlicher Bedeutung die Freiheitsstrafe, die unter entsprechend gesicherten Rechtsverhältnissen, insbes. bei staatlich gesicherter Durchführung des Vollzuges, die physische Vernichtung des Schwerverbrechers in steigendem Maße zu ersetzen vermag. Dabei kommt hier als Ersatz der Todesstrafe die langzeitige bzw. lebenslange Freiheitsstrafe in Betracht. Unter dem Einfluß der Aufklärung verdrängt sie mehr und mehr die Todesstrafe, die damit im 19. Jahrhundert gesetzlich auf ein kleines Gebiet schwerster Fälle beschränkt wird[3].

Die Einsicht in diesen Entwicklungsgang lehrt zugleich: Wo eine entsprechende Verwertung der Freiheitsstrafe noch fehlt, nimmt notwendig die Todesstrafe breiten Raum ein. Wo ferner bei kulturellen Rückschlägen das Schwerverbrechertum wächst und die Sicherheit des staatlichen Strafrechts und Strafvollzuges zurückgeht, erweitert sich zwangsläufig das Gebiet der Todesstrafe, bei einsichtiger Gesetzgebung in maßvoller, sonst evtl. in maßloser Weise.

---

[1] Vgl. dazu näher die geschichtliche Darstellung oben § 4ff.

[2] Daneben lassen sich Friedloslegung und Verbannung nennen. Beide kommen nur unter bestimmten kulturellen und politischen Verhältnissen in Frage und sind in ihrer Wirkung unsicher.

Körperstrafen lassen den Täter in Freiheit, vereiteln das ehrliche Fortkommen des ehrlos Gewordenen und züchten so das Verbrechen.

[3] Über diesen Entwicklungsgang vgl. oben §§ 11ff.; unten S. 416/17.

Seit Mitte des 19. Jahrhunderts[1] setzt in breiterem Umfang ein Kampf um die Todesstrafe überhaupt mit der Forderung ihrer völligen Beseitigung ein[2]. Über die Fortsetzung dieses Kampfes in der Gegenwart vgl. unten S. 414/15.

II. Unser **heutiger Rechtszustand** ist folgender:

1. Die im Preuß. StrGB. noch in breiterem Umfang vorkommende Todesstrafe[3] ist im Reichsstrafgesetzbuch jetzt auf die obligatorische Androhung bei Mord (StrGB. § 211) beschränkt[4]. Dazu tritt als Sonderfall § 5 Abs. 3 des Sprengstoffgesetzes vom 9. Juni 1884 (RGBl. S. 61)[5]. Vorübergehende Erweiterung brachte das Republikschutzgesetz von 1922 § 1[6].

In einer erheblichen Anzahl von Fällen findet sich die Todesstrafe im Militärstrafgesetzbuch, überwiegend wahlweise, stellenweise obligatorisch. Es handelt sich hier um militärische, im Felde begangene Verbrechen[7].

Ausnahmerecht: Hier erweiterte sich früher das Anwendungsgebiet der Todesstrafe bedeutend im Falle der Erklärung des Kriegs-

---

[1] In Deutschland unter dem Einfluß des Jahres 1848. — In der Aufklärungszeit forderten Montesquieu und Voltaire Beschränkung auf schwerste Fälle, Beccaria Beschränkung auf Ausnahmezustände. In Preußen führte Friedrich der Große selbständig die Beschränkung auf schwerste Fälle durch; vgl. näher Strafr. I, 262, 264, 268, 274, 280. Vorübergehende Aufhebung erfolgte in Toscana 1786 bis 1790 bzw. 1795, in Österreich 1787—1796 (vgl. v. Liszt). Aufs schärfste für Todesstrafe bei Mord trat vom Vergeltungsstandpunkt Kant ein; vgl. oben S. 39; näher Strafr. I, 288/89.

[2] Solche erfolgte vorübergehend in einer Anzahl deutscher Staaten (so in Württemberg 1849—1853); bestehen blieb die Abschaffung bis zum Reichsstrafgesetzbuch in Oldenburg (seit 1858), Anhalt und Bremen; noch 1868 erfolgte Abschaffung in Sachsen; vgl. dazu Strafr. I, 329, 330[7], 334; ferner v. Liszt. — Im Reichstag (1870) wurde die Todesstrafe zunächst abgelehnt, auf Eingreifen der Regierung wiederhergestellt; vgl. näher Strafr. I, 344/45.

[3] Hoch- und Landesverrat, tätliche Majestätsbeleidigung, Mord, schwere Totschlagsfälle, gemeingefährliche Verbrechen mit Todeserfolg; vgl. Strafr. I, 344[10].

[4] Vgl. dazu oben S. 404 Anm. 5. Gegenstandslos geworden ist heute die Androhung auch bei Mordversuch am Kaiser, dem eigenen Landesherrn und dem Landesherrn des Aufenthaltsstaats (StrGB. § 80); vgl. oben S. 281 Nr. 2.

[5] § 5 Abs. 1: „Wer vorsätzlich durch Anwendung von Sprengstoffen Gefahr für das Eigentum, die Gesundheit oder das Leben eines anderen herbeiführt"; Strafe: Zuchthaus. — Abs. 2: erschwerter Fall. — Abs. 3, schwerster Fall: „Ist durch die Handlung der Tod eines Menschen herbeigeführt worden und hat der Täter einen solchen Erfolg voraussehen können, so ist auf Todesstrafe zu erkennen." Vgl. dazu oben S. 381 Anm. 5.

Praktisch zur Zeit gegenstandslos geworden ist durch den Verlust unserer Kolonien § 1 Abs. 2 des Sklavenraubgesetzes vom 28. Juli 1895 (RGBl. S. 425).

[6] Außer Kraft seit Juni 1929; das neue Gesetz vom 25. März 1930 enthält die Todesstrafe nicht; vgl. oben S. 292/93.

[7] Vgl. näher Mil. StrGB. 1872, jetzt in Fassung vom 16. Juni 1926, §§ 58, 60 (Kriegsverrat); § 63 (Kapitulation); §§ 71, 72, 73 (Fahnenflucht); § 84 (feige

zustandes[1]; heute ist Androhung der Todesstrafe durch Verordnung des Reichspräsidenten auf Grund Art. 48 der Verfassung zulässig[2].

In allen Fällen der Todesstrafe ist gemäß StrGB. § 32 als Nebenstrafe Ehrverlust statthaft (vgl. unten S. 429).

Unzulässig ist Todesstrafe gegenüber Jugendlichen, bei Versuch und Beihilfe[3].

2. Die Vollstreckung der Todesstrafe erfolgt durch Enthauptung (StrGB. § 13)[4]. Sie ist erst zulässig, wenn der Träger des Gnadenrechts dessen Anwendung abgelehnt hat[5]. Sie erfolgt in einem umschlossenen Raum (sog. Intramuranhinrichtung, im Gegensatz zur früheren öffentlichen)[6].

III. Das **Ausland** zeigt grundsätzlich überwiegend dasselbe Bild: Beschränkung der Todesstrafe auf schwerste Fälle und Intramuranhinrichtung[7].

Abgeschafft wurde die Todesstrafe für das ordentliche Verfahren (nicht für das bürgerliche und militärische standgerichtliche) 1919 in Österreich[8]; die Wiedereinführung wird erwogen[9].

Flucht aus dem Gefecht); §§ 95, 97 (Gehorsamsverweigerung, Angriff auf Vorgesetzte); §§ 107, 108 (Aufruhr); § 133 (Plünderung mit Todesfolge); § 141 (Verlassen der Stellung durch den Befehlshaber); § 159 (Wortbruch des Kriegsgefangenen).

Über Erweiterung des Anwendungsgebiets des Mil. StrGB. im Kriege vgl. oben S. 77.

[1] Vgl. EinfGes. StrGB. § 4. Danach trat statt lebenslangem Zuchthaus Todesstrafe in den Fällen des StrGB. §§ 81, 88, 90, 307, 311, 312, 315, 322, 323, 324 (ebenso bei Begehung dieser Verbrechen auf dem Kriegsschauplatz); dazu oben S. 77.

[2] So in Verordnung des Reichspräsidenten Ebert v. 29. Juni 1922 (RGBl. I, 532), als Ministerschutz aus Anlaß des Rathenau-Mordes (eingeschränkt im Republikschutzgesetz v. 1922, oben S. 412 Anm. 2); näher Strafr. I, 573. — Jetzt Verordnung Hindenburgs v. 9. Aug. 1932 (R.GBl. I, 403); dazu oben S. 77.

[3] Vgl. StrGB. §§ 44, 49; Jugendliche oben S. 130 Anm. 3.

[4] Im Felde durch Erschießen, vgl. Mil. StrGB. § 14. — Die Enthauptung bestimmt sich des näheren nach Landesrecht: Teilweise das Beil (so insbes. in Altpreußen), stellenweise das Schwert (z. B. Mecklenburg), vielfach das Fallbeil. — In den Verhandlungen der Strafrechtskommission (vgl. Prot. 6; 24. April 1911) ergab sich, daß letztere Methode nicht ohne weiteres die humanere ist; deshalb wurde von einheitlicher reichsrechtlicher Regelung abgesehen.

[5] StrPO. § 453. Unzulässig ist danach Vollstreckung an schwangeren und geisteskranken Personen.

[6] Vgl. näher StrPO. § 454. — So in Deutschland seit Mitte des 19. Jahrhunderts (in Preußen seit 1851).

[7] Öffentlich ist die Hinrichtung noch in Frankreich, ein kulturwidriger Zustand. — Das Italienische StrGB. v. 1930 Art. 21^2 läßt öffentliche Hinrichtung auf Anordnung des Justizministers zu.

[8] Vgl. Strafr. I, 379.

[9] 1927 gefordert vom Landtag von Steiermark; vgl. Strafr. II, 16; im März 1932 wurde durch den Bundeskanzler Wiedereinführung durch Volksabstimmung ins Auge gefaßt; vgl. Jur. Ztg. 37, S. 402.

In Holland ist die Todesstrafe seit 1870 im ordentlichen Strafrecht beseitigt, nicht aber im Militärstrafrecht von 1923 und im StrGB. für Indien; in neuerer Zeit erfolgten wiederholte Anträge auf Wiedereinführung im Parlament[1]. — Norwegen beseitigte die Todesstrafe im StrGB. von 1902, Schweden durch Gesetz von 1921, Dänemark im StrGB. von 1930; enthalten ist sie im Militärstrafrecht. — Portugal hob bei der Revision des StrGB. 1884 die Todesstrafe auf[2], Rumänien im StrGB. von 1864[3]. Dazu treten eine Anzahl Gebiete in den Vereinigten Staaten wie auch in Mittel- und Südamerika[4].

In der Schweiz wurde die durch die Bundesverfassung 1874 abgeschaffte Todesstrafe durch Volksabstimmung von 1879 den Kantonen wieder freigegeben[5]; zehn Kantone führten sie wieder ein. Vorhanden ist die Todesstrafe im Schweizer Bundes-Militär-StrGB. von 1927 für Kriegszeiten[6]. — Italien führte die im StrGB. von 1889 beseitigte Todesstrafe durch Gesetz von 1926 für politische Attentate, dann im StrGB. von 1930 für weitere Fälle wieder ein[7]. — In Belgien erfolgte nach langer Begnadigungspraxis (seit 1863) eine Hinrichtung 1918 (Militärgericht, Mord); von einer bevorstehenden (Kindermörder) berichteten jüngst die Zeitungen (März 1932). Mit der Todesstrafe wütet das Russische Sowjet-Strafrecht[8].

IV. Die jüngste Entwicklung in **Deutschland** war folgende: Unsere Entwürfe (1909 bis 1927) haben die Todesstrafe beibehalten, aber mit Recht auf den Fall des Mordes (also der überlegten Tötung) ohne mildernde Umstände beschränkt[9]. In der Reichstagskommission ergab sich Stimmengleichheit[10].

Im Jahre 1928 (Juli) regte das Reichsjustizministerium[11] die Nicht-Vollstreckung der Todesstrafe mittels grundsätzlicher Begnadi-

[1] Vgl. dazu Strafr. II, 17[7]; 1930 Anfrage des Justizministers in der ersten Kammer; vgl. Jur. Ztg. 35, 552.

[2] Vgl. Strafr. I, 413[1]. [3] Vgl. Strafr. I, 431[2].

[4] Vgl. Strafr. I, 434[9], 438—440. Aufzählung bei v. LISZT-SCHMIDT.

[5] Ausnahme: politische Delikte.

[6] Vgl. näher HAFTER, Lehrb. d. Schweiz. Strafr., 1926, S. 255ff.

[7] Vgl. dazu Strafr. II, 19/20. [8] Vgl. Strafr. I, 423; II, 22.

[9] Todesstrafe ist nur bei schwerster Tat und Schuld berechtigt. Letztere aber ist nicht bei jedem Mord vorhanden (Beispiel: Überlegte Tötung des Ehebrechers oder eines hoffnungslos Leidenden). Wohl aber ist sie gegeben, wenn Überlegung vorlag und mildernde Umstände fehlen. Vgl. dazu Strafr. I, 572; II, 3[1], 6.

Eine Entgleisung sogenannter Humanität brachte Entw. 1927 § 78: Verlängerte Freiheitsstrafe unter anderen für solche „für die öffentliche Sicherheit gefährliche Gewohnheitsverbrecher", die bereits zweimal zum Tode verurteilt waren! Vgl. Strafr. II, 9[9].

[10] 14/14 Stimmen. Die endgültige Abstimmung ist heute (Juni 1932) durch die Reichstagsauflösung erledigt. Vgl. dazu die Kommissionsprotokolle, 4. Wahlperiode Prot. Nr. 63; 5. Prot. Nr. 26, 27. — KAHL, Juristenzeitg. 37, S. 249.

[11] Reichsjustizminister KOCH; Reichskanzler MÜLLER.

gung bei den Ländern an bis zur Durchführung der (bisher gescheiterten) Strafrechtsreform. Dieser an sich unerfreuliche Vorgang[1] hatte den Vorzug, daß wir ohne endgültige Bindung die Entbehrlichkeit der Todesstrafe im eigenen Lande erproben konnten. Die Probe ist eindeutig negativ ausgefallen[2].

Wissenschaftlich bekämpft wird die Todesstrafe von einer Reihe von Vertretern einseitiger Spezialprävention[3]; politisch unter Umständen von radikal eingestellten Parteien, die, im Besitze der Macht, vor der Todesstrafe keineswegs zurückschrecken[4]. Das Volksrechtsbewußtsein läßt sich möglicherweise zeitweilig im Sinne der Milde bearbeiten. Treten dann besonders schwere Mordfälle auf, so fordert es eindeutig und elementar die Todesstrafe[5].

V. Nach meiner Überzeugung ist die Todesstrafe für Mord ohne mildernde Umstände vom Standpunkt der Vergeltung wie der Generalprävention ebenso gerecht wie notwendig[6]. Verzicht darauf bedeutet in ruhigen Zeiten Gefährdung von Menschenleben[7], in unruhigen darüber hinaus Erschütterung der Rechtsordnung. Auch vom einseitigen Standpunkt der Spezialprävention ist heute die Todesstrafe nicht zu entbehren. Denn lebenslange Freiheitsstrafe bietet gegenwärtig keine ausreichende Gewähr mehr für Unschädlichmachung[8].

[1] Weil grundsätzliche Änderung geltenden Rechts im Gnadenwege; vgl. oben S. 186 Anm. 5; Strafr. II, 582.

[2] Die Regierungen der Länder sahen sich genötigt, nach anfänglicher allgemeiner Gnadenpraxis zur Vollstreckung der Todesstrafe in schwersten Fällen zum Schutz der Rechtsordnung zurückzukehren (auch bei politisch links eingestellten Regierungen). So erfolgten neuerdings Vollstreckungen in Preußen (1931, Massenmörder Kürten, Düsseldorf), Bayern (1931, Tetzner), Württemberg (1930, Vatermord), Baden (1932, Mord einer 70jährigen Frau), Thüringen (1931, Doppelhinrichtung; gemeinster Mord der eigenen Frau, Raubmord).

[3] Hauptgegner war hier zunächst Liepmann; vgl. näher Strafr. I, 572; für die Todesstrafe erklärte sich 1929 einstimmig die „Deutsche strafrechtliche Gesellschaft"; vgl. Strafr. II, 10, Anm.

[4] Beispiel: „Abschaffung der Todesstrafe" wurde im September-Programm 1922 von der sozialistischen Partei gefordert. Ausdehnung der Todesstrafe aber erfolgte im Juni/Juli 1922 unter Reichspräsident Ebert und Reichsjustizminister Radbruch; vgl. oben S. 413 Anm. 3; dazu Strafr. I, 573.

[5] Beispiel: Fall Kürten, oben Anm. 2. — In Frankreich beschloß die Kammer 1907 die Aufhebung der Todesstrafe und stellte sie aus Anlaß eines Lustmordes 1908 wieder her.

[6] Die generalprävenierende Wirkung der Todesstrafe ist im Ergebnis allgemein anerkannt in ihrer erweiterten Verwertung bei Ausnahmezuständen und im Militärrecht; vgl. oben (auch Ausland). — Dazu ein Beispiel: Im Falle Gutmann (Schwurgericht Prenzlau, 1930) erklärte der Angeklagte bei Verkündung des Todesurteils: „Was kann mir schon passieren" (Begnadigungspraxis!).

[7] Wer an der Todesstrafe als entsetzlich Anstoß nimmt, der sollte sich fragen, ob ein Mord nicht entsetzlicher ist.

[8] Man denke an Ausbrüche, Begnadigung, Amnestien.

Die Gegner der Todesstrafe verweisen insbes. auch auf die Gefahr des Justizmordes (Hinrichtung eines Unschuldigen). Rein abstrakt ist darauf zu antworten:

Die weitere Zukunft der Todesstrafe in Deutschland wird von der Gesamtentwicklung der Rechtssicherheit abhängen[1]. Gelingt uns Rückkehr zu dem ruhigen und gesicherten Rechtszustand der Vorkriegszeit, so ist Ausdehnung grundsätzlich abzulehnen[2]; andernfalls wird solche Ausdehnung zwangsläufig eintreten[3]. Zu fordern bleibt dann, daß dies unparteiisch und unter gewissenhafter Beschränkung auf wirklich notwendige Fälle geschieht.

§ 100. Die Freiheitsstrafe.

I. **Geschichte**: Im Zeitalter der Leibes- und Lebensstrafen spielt die Freiheitsstrafe, soweit sie überhaupt auftritt, eine durchaus untergeordnete Rolle. So in Deutschland noch in der Carolina. Der Vollzug steht unter dem Zeichen der Vergeltung, Abschreckung, Unschädlichmachung. Grundlegenden Wandel bringt erst das Auftreten des Besserungszwecks, der Erziehung des Gefangenen zu Arbeit und geordnetem Leben. Bahnbrechend tritt diese moderne Freiheitsstrafe, im Gegensatz zum Kerker des Altertums und Mittelalters, in der Gründung des Amsterdamer Zuchthauses (1595) hervor. Auf dieser Grundlage drängt die Freiheitsstrafe allmählich die Leibes- und Lebensstrafen zurück und wird in der Aufklärungszeit zur herrschenden Strafe schwererer Delikte, freilich damals überwiegend unter starker Verwahrlosung des Vollzuges. Das 19. Jahrhundert bringt grundlegende wissen-

Jeder solche Fall wäre tieftraurig. Aber auch langzeitige Freiheitsstrafe kann zum Tode eines Unschuldigen führen; trotzdem bleibt sie staatlich notwendig.

Gerade bei der Todesstrafe ferner ist jene abstrakte Gefahr praktisch minimal wegen der Gründlichkeit der Behandlung und der Ausübung des Gnadenrechts in allen etwa verbleibenden Zweifelsfällen. Vgl. dazu die Kritik von Löffler (Österr. Z. f. Strafr. 3, 1912, 183ff.) über Sello, Irrtümer der Strafjustiz, 1911. Ergebnis: Es ist Sello nicht gelungen, auch nur einen Fall der Vollstreckung eines Todesurteils an einem Unschuldigen für Deutschland und Österreich von 1797 bis 1911 nachzuweisen. — Auch der neuerdings vielerörterte Fall Jacubowski hat sich nicht als Justizirrtum erwiesen.

Endlich bleibt zu erwägen: Ist es wirklich immer humaner, wenn ein unschuldig Verurteilter lebenslang eingesperrt wird? Die Zeitungen berichteten 1931 über einen Fall aus Dessau, wo ein Unschuldiger nach über 40 Jahren Zuchthaus als körperlich und seelisch gebrochener Greis entlassen wurde.

[1] Ein Goethe-Wort mag an dieser Stelle stehen (Insel-Ausgabe 1910 Bd. 6, S. 491, von Erich Schmidt): „Wenn man den Tod abschaffen könnte, dagegen hätten wir nichts; die Todesstrafen abzuschaffen wird schwer halten. Geschieht es, so rufen wir sie gelegentlich wieder zurück.

„Wenn sich die Sozietät des Rechts begibt, die Todesstrafe zu verfügen, so tritt die Selbsthilfe unmittelbar wieder hervor: Die Blutrache klopft an die Türe."

[2] Vorbehaltlich einzelner Fragen, z. B. Schutz des Reichspräsidenten gegen Mordversuch; oben S. 281. Todesstrafe bei schwerstem Landesverrat forderte ich (Strafr. I, 573) angesichts der Separatistenherrschaft in der Pfalz.

[3] Zusatz im Druck: Vgl. dazu jetzt Verordg. d. Reichspräs. v. 9. Aug. 1932 (RGBl. I, 403).

schaftliche und praktische Reformarbeit. Daran knüpfen die weiteren Bestrebungen der Gegenwart an[1].

II. Die Freiheitsstrafen unseres geltenden Rechts sind: **Zuchthaus** als Verbrechensstrafe; **Gefängnis** als Vergehensstrafe, in breitem Umfang aber auch als mildere Strafe bei Verbrechen; **Haft** als Übertretungsstrafe, an einzelnen Stellen auch als mildere Strafe für Vergehen[2]. Daneben als eigenartige custodia honesta für besonders bezeichnete Fälle die **Festungshaft**[3].

Hinsichtlich der Ausgestaltung dieser Strafen beschränkt sich das StrGB. auf wenige grundlegende Vorschriften. Mehr war 1870 bei der Verschiedenartigkeit des Zustandes in den Einzelstaaten nicht möglich[4]; einheitliche Fortentwicklung blieb Aufgabe der Folgezeit (vgl. unten).

1. **Dauer:** Zuchthaus und Festungshaft können lebenslang angedroht werden (StrGB. §§ 14, 17)[5]. Sonst ist gesetzlicher Mindestbetrag der Zuchthausstrafe 1 Jahr, Höchstbetrag 15 Jahre; bei Festungshaft 1 Tag bzw. 15 Jahre; bei Gefängnis 1 Tag bis 5 Jahre; bei Haft 1 Tag bis 6 Wochen (StrGB. §§ 14, 16^1, 17^2, 18^1).

Zuchthausstrafe darf nur nach vollen Monaten, sonstige Freiheitsstrafe nur nach vollen Tagen bemessen werden (§ 19^2)[6]. Über Strafdauer bei Realkonkurrenz vgl. oben S. 176[7]; bei Jugendlichen oben S. 130 Anm. 3.

---

1 Vgl. zum Vorstehenden näher oben S. 15 (römisch); 20 (Italien, Mittelalter); 26 (deutsches Mittelalter); 31 (Carolina); 35/36 (gemeines Recht, Amsterdam, Fortentwicklung bis zur Aufklärungszeit, dazu auch 38); 41/42 (19. Jahrhundert bis 1870); 43/44 (Reichsrecht und Fortentwicklung).

Eingehend hierüber Strafr. I, vgl. Sachverzeichnis unter „Freiheitsstrafe“; dazu die wichtigen Bilder im Anhang; ferner v. HIPPEL in BUMKE, Gefängniswesen, 1928, S. 1—15 (danach liegen die ersten Nachweise für Freiheitsstrafe im Deutschen Recht um 800). Über Amsterdam und Nachahmung in Deutschland siehe meine Beiträge zur Geschichte der Freiheitsstrafe, Z. 18, 419—494, 608—666. Der Hauptteil dieser Arbeit (Amsterdam, Bremen) ist neuerdings gedruckt als Heft 2 der Schriften der Thüringischen Gefängnisgesellschaft, Eisenach 1931.

Grundlegend für die Gegenwart ist das Sammelwerk von BUMKE, Deutsches Gefängniswesen (Handbuch), 1928. Dazu: Strafvollzug in Preußen (herausgegeben vom Preuß. Justizministerium, 1928 (BENSHEIMER). Wichtigste Zeitschrift sind die Blätter für Gefängniskunde, jetzt Bd. 62.

2 Vgl. §§ 185/86 (Beleidigung); § 29 (an Stelle uneinbringlicher Geldstrafe).

3 Wahlweise neben Zuchthaus bzw. Gefängnis bei bestimmten politischen Delikten (StrGB. §§ 81—92, 104—107); ferner in §§ 130a, 345; ausschließlich in § 102 und bei Zweikampf (§§ 201—206).

4 Das wird in den Motiven zum StrGB. klar hervorgehoben; vgl. Strafr. I, 341.

5 Beispiel: Zuchthaus §§ 87^1, 90; Zuchthaus oder Festungshaft §§ 81 erster Teil, 88^1.

6 Bei Freiheitsstrafen wird der Tag zu 24 Stunden, die Woche zu 7 Tagen, Monat und Jahr nach der Kalenderzeit gerechnet; § 19^1 StrGB.

7 Dort auch möglicherweise Zuchthausstrafe nach Tagen. — So auch evtl. bei § 29 (Umwandlung von Geldstrafe).

2. Wo das Gesetz die Wahl zwischen Zuchthaus und Festungshaft gestattet, darf auf Zuchthaus nur bei festgestellter ehrloser Gesinnung erkannt werden (vgl. StrGB. § 20).

3. Umrechnung: In den Fällen, wo solche erforderlich ist[1], sind 8 Monate Zuchthaus einem Jahr Gefängnis, 8 Monate Gefängnis einem Jahr Festung gleichzuachten (StrGB. § 21).

4. Erlittene Untersuchungshaft kann bei Fällung der Urteils auf die erkannte Strafe ganz oder teilweise angerechnet werden (StrGB. § 60)[2].

5. Über Nebenstrafen und sonstige Unrechtsfolgen vgl. unten S. 103/05.

6. **Vollzug:** a) Räumliche Trennung von Zuchthaus-, Gefängnis- und Haftgefangenen ist nicht vorgeschrieben[3]. Wohl aber Trennung Jugendlicher von Erwachsenen; so früher StrGB. § 57, jetzt näher Jugendgerichtsgesetz 1923 § 16.

b) Haftsysteme: Das StrGB. (§ 22) beschränkt sich auf ausdrückliche Zulassung der Einzelhaft bis zu 3 Jahren bei Zuchthaus und Gefängnis[4]. Darin liegt nicht etwa ein Verbot der Einzelhaft bei Haft[5]. Die Festungshaft wird „in Festungen oder anderen dazu bestimmten Räumen vollzogen“ (§ 17[4]).

c) Arbeit: Im Zuchthaus und Gefängnis besteht Arbeitszwang[6]. Dagegen besteht die Haftstrafe in „einfacher Freiheitsentziehung“ (§ 18[3])[7]; die Festungshaft in „Freiheitsentziehung mit Beaufsichtigung der Beschäftigung und Lebensweise der Gefangenen“ (§ 17[4]).

---

[1] Vgl. § 44 letzter Satz, 49[2] (Versuch, Beihilfe) § 74 Abs. 2, 79 (Realkonkurrenz); §§ 157 letzter Abs., 158 (Strafmilderung bei Meineid); vgl. auch StrPO. § 460. — Umwandlung uneinbringlicher Geldstrafe in Freiheitsstrafe unten S. 426/27.

[2] Von der Rechtskraft des Urteils ab ist Anrechnung obligatorisch; StrPO. § 450.

Über Anrechnung im Ausland verbüßter Strafe vgl. StrGB. § 7; über sog. Retorsion und Kompensation bei Beleidigung und Körperverletzung StrGB. §§ 199 233; oben S. 198, 219.

[3] Das Gesetz spricht beim Zuchthaus von „Strafanstalt“ (§ 15), beim Gefängnis von „Gefangenenanstalt“ (§ 16).

[4] Über 3 Jahre nur mit Zustimmung des Gefangenen.

[5] Ein solches wäre höchst verfehlt und besteht auch in der Praxis nicht.

[6] Im Zuchthaus ist Anhaltung „zu den eingeführten Arbeiten“ vorgeschrieben, auch Außenarbeit unter Trennung von freien Arbeitern zulässig (vgl. § 15). — Im Gefängnis ist Außenarbeit nur mit Zustimmung zulässig, im übrigen „können die Gefangenen“ (Kritik: also auch wider Willen, also Arbeitszwang) „auf eine ihren Fähigkeiten und Verhältnissen angemessene Weise beschäftigt werden“. (Auf ihr Verlangen sind sie so zu beschäftigen), StrGB. § 16.

Kritik: Für jeden brauchbaren Strafvollzug steht der Arbeitsbetrieb im Mittelpunkt, selbstverständlich mit dem Ziel einer, soweit durchführbar, möglichst zweckentsprechenden Beschäftigung. Es ergeben sich daher hier keine durchgreifenden Unterschiede (Zustimmung zur Außenarbeit wird meist gern erteilt); vgl. dazu Strafr. I, 370.

[7] Also ohne Arbeitszwang. Ein grober Fehlgriff; Faulheit auf Staatskosten

III. **Vorläufige Entlassung** (StrGB. §§ 23—26). Bei längerer Zuchthaus- oder Gefängnisstrafe ist nach Verbüßung von $^3/_4$, mindestens aber 1 Jahr, der Strafzeit vorläufige Entlassung bei guter Führung durch Beschluß der obersten Justizaufsichtsbehörde (Ministerium) nach Anhörung der Gefängnisverwaltung zulässig[1]. Entscheidend ist dann die Führung des Gefangenen in der Freiheit während der Restdauer der erkannten Strafe. Bei schlechter Führung (bzw. Zuwiderhandlung gegen auferlegte Verpflichtungen) innerhalb dieser Zeit ist jederzeit Widerruf (durch obige Behörde) zulässig[2], die Reststrafe kommt dann zur Vollstreckung. Anderenfalls gilt die Freiheitsstrafe mit Ablauf der Dauer des Strafrestes als verbüßt.

Der große Wert der vorläufigen Entlassung liegt im Ansporn zu guter Führung während der Strafdauer wie in der ersten Zeit nach der Entlassung[3].

Der Mangel des Gesetzes, vom heutigen Standpunkt beurteilt, liegt darin, daß es keine längere Bewährungsfrist gestattet als die Dauer des Strafrestes. Deshalb wird heute in der Praxis die vorläufige Entlassung des StrGB. vielfach durch die bedingte Strafaussetzung eines Strafrestes ersetzt[4].

IV. Auf diesen reichsgesetzlichen Grundlagen des Strafvollzuges arbeiteten zunächst die Einzelstaaten in erheblich verschiedener Art weiter[5];

ist ebenso unberechtigt wie unerziehlich (richtig wäre Zulassung von Selbstbeschäftigung gewesen).

Praktisch wirkt sich dieser Mißgriff glücklicherweise nicht entsprechend aus. Denn gerade für die arbeitsscheuen Gruppen (Bettler, Landstreicher, sonstige Arbeitsscheue, Prostituierte) besteht nach StrGB. § 362 Abs. 1 Arbeitszwang (sog. qualifizierte Haft, oben S. 99). Und im übrigen arbeitet regelmäßig auch der Haftgefangene, wenn Arbeit vorhanden ist; vgl. Strafr. I, 370.

[1] Mit Zustimmung der Verurteilten (§ 23).

[2] „Aus dringenden Gründen des öffentlichen Wohls" kann die Ortspolizeibehörde einstweilige Festnahme vornehmen und hat dann sofort den Beschluß über Widerruf nachzusuchen. Tritt dieser ein, so gilt er als am Tage der Festnahme erfolgt (§ 25 Abs. 2, 3).

[3] Die vorläufige Entlassung wurde, anschließend an das Englische Recht (Progressivsystem), zunächst 1862 in Sachsen gesetzlich eingeführt; von dort gelangte sie ins RStrGB. Die Verwertung erfolgte in früherer Zeit in Preußen sehr zurückhaltend, in Baden z. B. sehr viel ausgiebiger (auch bei kürzeren Strafen im Verwaltungswege). Heute ist die Bedeutung der vorläufigen Entlassung für besserungsfähige Gefangene anerkannt.

[4] Vgl. dazu Schäfer (Preuß. Justizministerium), Z. 52, 236ff. (1932), der hier (S. 237) von „vollkommener" Ersetzung spricht. Dazu unten S. 423 Anm., letzter Absatz.

[5] Insgesamt wurde dabei sehr Erhebliches geleistet (für Baden sei der Name v. Jagemann, für Preußen Krohne besonders hervorgehoben). Vgl. näher Strafr. I, 372—375. Wichtig war auch die Arbeit der Gefängnisgesellschaften, insbes. des Vereins deutscher Strafanstaltsbeamten (Blätter für Gefängniskunde, seit 1864).

Über den Zustand vor 1870 oben S. 41/42.

1897 gelang die Aufstellung einer Reihe wichtiger einheitlicher „Grund sätze“ im Bundesrat[1].

Als durchgreifender und entscheidender Fortschritt erschienen am 7. Juni 1923 (RGBl. II, Nr. 23) die **„Grundsätze** für den Vollzug von Freiheitsstrafen“, eine auf Anregung des Reichsjustizministeriums von den Ländern vereinbarte Verordnung. Es ist dies sachlich das uns bisher fehlende Reichsstrafvollzugsgesetz in Verordnungsform (233 Paragraphen), eine reife, auf den Vorarbeiten von Jahrzehnten beruhende Leistung[2].

V. Für die richterliche **Strafzumessung**[3] kommt bei der Freiheitsstrafe in leichteren Fällen die Möglichkeit des Ersatzes durch Geldstrafe sowie die Anwendung der bedingten Strafaussetzung in Betracht. Ferner gilt hier Sonderstrafrecht gegenüber Jugendlichen. Diese Fälle, bei denen es sich um Ergebnisse der neueren strafrechtlichen Reformbewegung handelt[4], sind im folgenden kurz zu kennzeichnen.

---

[1] Vgl. Strafr. I, 371.

[2] Der Geist des Ganzen erhellt aus den Sätzen (§§ 48/50): „Durch den Vollzug der Freiheitsstrafe sollen die Gefangenen, soweit es erforderlich ist, an Ordnung und Arbeit gewöhnt und sittlich so gefestigt werden, daß sie nicht wieder rückfällig werden. Die Gefangenen sind ernst, gerecht und menschlich zu behandeln. Das Ehrgefühl ist zu schonen und zu stärken. Gefangene, gegen welche dieselbe Strafart vollstreckt wird, sind grundsätzlich gleich zu behandeln.“ — Dazu § 62: „Regelmäßige Beschäftigung der Gefangenen ist die Grundlage eines geordneten Strafvollzugs.“

Aus dem reichen Inhalt im übrigen sei hervorgehoben: Zuchthausstrafe wird in ausschließlich dafür bestimmten Zuchthäusern vollstreckt; Gefängnis und Haft in Gefängnissen; Festung in besonderen Anstalten oder Abteilungen (§ 2). Für diese verschiedenen Strafarten werden nähere Vorschriften gegeben (§§ 154ff.). Für längere Freiheitsstrafen wird der sog. progressive Strafvollzug in Aussicht genommen (§§ 130/31), d. h. das stufenweise Fortschreiten von strengerer zu milderer Behandlung (geeignet für besserungsfähige Gefangene).

Der Gesamtinhalt der Grundsätze kann an dieser Stelle nur durch Erwähnung ihrer Abschnitte gekennzeichnet werden: 1. Strafanstalten (§§ 1—23); 2. Aufnahme (§§ 24—37); 3. Arten der Unterbringung (§§ 38—47); 4. Behandlung (§§ 48—125); 5. Verhalten der Gefangenen (§§ 126—129); 6. Vollzug in Stufen (§§ 130/31); 7. Sicherungsmaßnahmen, Hausstrafen, Beschwerderecht (§§ 136 bis 153); 8. Besondere Vorschriften für die einzelnen Arten der Freiheitsstrafen (§§ 154—195); 9. für Jugendliche, Minderjährige, geistig Minderwertige (§§ 196 bis 215); 10. Beurlaubung, Entlassung (§§ 216—224); 11. Fürsorge nach der Entlassung (§§ 225—229); 12. Übergangs- und Schlußbestimmungen (§§ 230—233).

Der Inhalt der Grundsätze (vgl. dazu auch Strafr. I, 375) gab Anlaß zu vielseitiger Arbeit, so insbes. auch in Beschlüssen des Vereins der deutschen Strafanstaltsbeamten (Blätter f. Gefängniskunde 55, 1923, 130ff.). — Über den Entwurf eines Strafvollzugsgesetzes v. 1927 vgl. oben S. 46 Anm. 6. Er ist gegenwärtig durch die Reichstagsauflösung (Juni 1932) bis auf weiteres erledigt. — Neuerdings erging Verordnung des Reichspräsidenten für den Vollzug der Festungshaft v. 9. Aug. 1932 (RGBl. I, 407).

[3] Vgl. darüber grundsätzlich oben S. 406ff.

[4] Vgl. oben S. 65; näher Strafr. I, 553ff.; betr. Jugendliche näher Strafr. I, 559ff.

VI. **Ersatz durch Geldstrafe**: Ist bei Vergehen oder Übertretungen im Einzelfalle Freiheitsstrafe unter 3 Monaten verwirkt, so ist statt dieser auf Geldstrafe zu erkennen[1], wenn „der Strafzweck durch eine Geldstrafe erreicht werden kann" (StrGB. § 27b). Vgl. dazu betr. „Strafzweck" oben S. 409; im übrigen unten S. 426 Anm. 1.

VII. **Bedingte Strafaussetzung** (bedingte Verurteilung)[2]. 1. Ihr Wesen besteht darin, daß dem zu Freiheitsstrafe Verurteilten die Vollstreckung der Freiheitsstrafe[3], damit zugleich der Makel des Gesessenhabens, erspart bleiben soll unter der Bedingung guter (insbes. straffreier) Führung in der Freiheit während einer angemessenen Bewährungsfrist. Andernfalls wird die Strafe vollstreckt. Auf diese Weise sollen insbes. entbehrliche und leicht schädliche kurzzeitige Freiheitsstrafen vermieden werden[4].

2. Schon eine Verurteilung zu Freiheitsstrafe stellt sich in ihrer Wirkung gegenüber der Gesamtheit und dem Betroffenen als Strafübel dar. Erst recht eine Verurteilung mit der Gefahr der Vollstreckung bei mangelndem Wohlverhalten. Dies Strafübel wird im allgemeinen schwerer sein als eine Geldstrafe. Andererseits ist es weit geringer als unbedingte Verurteilung zu Freiheitsstrafe.

3. Daraus folgt: Die bedingte Verurteilung zu Freiheitsstrafe ist bei grundsätzlicher Zulassung ihrem Wesen und Zwecke nach ein Akt der Strafzumessung. Sie ist zu verwerten, wenn es sich um leichtere entschuldbare Fälle handelt, in denen die Rücksicht auf die Gesamtheit (Vergeltung, Generalprävention) den Verzicht auf Vollstreckung bei künftigem Wohlverhalten gestattet und in denen zugleich die Person des Täters solches Wohlverhalten für die Zukunft erwarten läßt. Bei ernsthafter Einhaltung dieser Schranken bedeutet die bedingte Verurteilung einen wertvollen kriminalpolitischen Fortschritt für die Behandlung geringerer Fälle, insbes. erstmaliger Delikte. Bei Überschreitung jener Grenzen schädigt sie das Rechtsbewußtsein und die Rechtssicherheit[5] und ist verwerflich[6].

---

[1] Auch wenn das betr. Delikt lediglich mit Freiheitsstrafe bedroht ist. Unberührt bleiben die Vorschriften des Mil. StrGB. (§ 27b).

[2] Eingehende dogmatische Darstellung des heutigen Rechtszustandes bietet neuestens PETERS, D. kriminalpolitische Stellung d. Strafrichters, 1932, S. 124 bis 230.

[3] Evtl. auch subsidiärer Freiheitsstrafe, bei Uneinbringlichkeit der Geldstrafe.

[4] Dies war der Ausgangspunkt der ganzen Bewegung; vgl. oben S. 65; näher Strafr. I, 553/54.

[5] Unter Umständen auch den Betroffenen. Es sind Fälle bekannt geworden, in denen der erneut Verurteilte es bedauerte, daß die erste Strafe nicht vollstreckt wurde. Dann wäre er vom Rückfall abgehalten worden.

[6] Weil sie dann zu dem Satze „einmal ist keinmal" führt; das war seinerzeit ein Haupteinwand der Gegner; vgl. näher Strafr. I, 553/54.

4. Der Verlauf der Reformbewegung[1] in Deutschland war unerfreulich[2]. Statt gesetzlicher Übertragung der bedingten Verurteilung an den Richter[3] im Wege eines einheitlichen, klaren, kurzen Reichsgesetzes bekamen wir, nach anfänglicher Ablehnung, seit 1895 die Einführung der sog. bedingten Begnadigung in den Einzelstaaten, als deren Träger die Ministerien erschienen[4]. Und als man endlich, seit 1919, die Notwendigkeit der Einschaltung der Gerichte einsah[5], geschah dies — mangels Reichsgesetzes — durch Delegation des Gnadenrechts an die Gerichte unter Bindung an langatmige und wechselnde Ministerialverordnungen für die Ausübung[6]. Daneben besteht das allgemeine Gnadenrecht des Ministeriums[7].

Das Jugendgerichtsgesetz (vgl. unten) und unsere Entwürfe sind den allein richtigen Weg einheitlicher reichsrechtlicher Regelung der bedingten Strafaussetzung durch das Gericht gegangen[8].

In der Praxis besteht heute nach anfänglicher Zurückhaltung die Gefahr zu weitgehender Verwertung der bedingten Strafaussetzung[9].

---

[1] Ausgangspunkt war hier das Belgische Gesetz über die condamnation conditionelle von 1888. In Deutschland Gesetzesvorschläge zunächst von WIRTH, v. LISZT und von mir (vgl. Gerichtssaal 43, 99ff., 1890); vgl. weiter Strafr. I, 553/54.

[2] Vgl. auch meine Kritik, Z. 42, 197/98 (1921).

[3] Der allein in der Lage ist, die Beurteilung auf Grund der Hauptverhandlung aus persönlicher Kenntnis zu üben. (Korrekturen durch die Gnadeninstanz in Einzelfällen bleiben dann immer noch möglich.)

[4] Dieses Vorgehen war ohne Gesetz möglich. Denn wer begnadigen kann, kann auch bedingt begnadigen. Es urteilt dabei aber, sobald es sich nicht um einzelne, sondern um massenhafte Fälle handelt, der schlechter (nämlich nur auf Grund der Akten) Informierte.

[5] Zuerst Bayern, Verordg. v. 11. Juli 1819; in Preußen Erlaß der Staatsregierung vom 2. Aug. 1920 (Just. Min. Bl. 1920 S. 564) mit eingehender Ausführungsverfügung des Justizministers vom 19. Okt. 1920 und späteren Ergänzungen, zuletzt wohl 27. Juli 1931.

[6] In Preußen umfaßt die Regelung (vgl. vorige Anm.) Gefängnis-, Festungs-, Arrest- und Haftstrafen (einschließlich subsidiärer Freiheitsstrafe bei Uneinbringlichkeit der Geldstrafe). Ferner bei Zuchthaus einen Strafrest von höchstens 6 Monaten. Die Bewährungsfrist beträgt in der Regel 3 Jahre. Die Gewährung erfolgt durch besonderen, mit Rechtsmitteln nicht anfechtbaren Beschluß.

[7] In Preußen wurde dieses 1927—1930 in etwa 6 % der Fälle bedingter Strafaussetzung ausgeübt; vgl. Jur. Ztg. 36, 1931, S. 479; SCHÄFER, Z. 52 S. 239.

[8] Überwiegend für Freiheitsstrafen bis zu 6 Monaten (Entw. 1909, 1913, 1927). Im Entw. 1919, 1925 viel zu weitgehend (Gefängnis schlechthin; ebenso im Entw. 1919 Einschließung; letztere im Entw. 1925 verfehlterweise gestrichen). In der Reichstagskommission 1 Jahr (Kritik: zu weitgehend; von 192196 im Jahre 1926 erkannten Gefängnisstrafen betrugen nur 13790 ein Jahr und mehr); vgl. hierzu Strafr. II, 3[6], 10[2].

[9] Vgl. bereits Strafr. I, 554. Dazu folgendes:

Im Reich erfolgten bis 1898 durchschnittlich jährlich 6041 bedingte Begnadigungen, 1908: 28004 (Reichstagsdrucksache 1907/09 Nr. 1321 S. 4ff.); neuere Ziffern sind mir nicht bekannt.

In Preußen wurden 1899: 4168 Personen, 1920: 40489 bedingt begnadigt

VIII. **Jugendrecht**: Gesamtziel der strafrechtlichen Reformbewegung war hier: Möglichste Einschränkung der Strafe, insbes. der Freiheitsstrafe, unter Ersatz durch Erziehungsmaßnahmen. Dies Ziel wurde in breitestem Umfang durch das Jugendgerichtsgesetz vom 16. Februar 1923 verwirklicht. Vgl. dazu allgemein oben S. 65; zur Kennzeichnung des Gesetzesinhalts oben S. 130, im übrigen näher das Gesetz. Die bedingte Strafaussetzung insbes. (§§ 10ff.) hat hier die allein richtige gesetzliche Regelung als richterliche Strafzumessung gefunden. Über Fürsorgemaßnahmen vgl. unten S. 439.

(Strafr. Ztg. 8, 220/21). Die Ziffer stieg 1924 auf 67918, ging dann zurück bis 1927 auf 35005, 1928 auf 33211 (Statist. Jahrbuch) f. Preußen, Bd. 26, 1930, S. 278/79.

Zur Bewertung dieses Rückgangs ist aber die weitgehende Wirkung der Geldstrafengesetze von 1921/24 heranzuziehen. Ich bin hier nur zu einer lediglich ungefähren Schätzung auf Grund der folgenden Angaben in der Lage:

Von 1920 bis 1927 ging die Zahl der im ganzen Reich erkannten Freiheitsstrafen von rund 380000 auf rund 186000 zurück (vgl. Reichskriminalstatistik).

Die Einwohnerzahl Preußens betrug 1925 rund 62 % der Einwohnerzahl des Reichs (Statist. Jahrbuch f. d. Reich, 1930, S. 5: rund 39 Millionen von rund 63 Millionen).

Danach läßt sich die Zahl der in Preußen erkannten Freiheitsstrafen lediglich ungefähr schätzen auf 1920: 236000 Fälle, 1927: 115000 Fälle.

Das würde als ungefähre Schätzung weiter bedeuten: 1920: zu Freiheitsstrafe in Preußen verurteilt ca.: 236000; bedingt begnadigt rund 40000, also rund 17 %; dagegen 1927: zu Freiheitsstrafe verurteilt ca.: 115000; bedingt begnadigt rund 35000, also rund 30 %. Also eine Steigerung um ungefähr 80 % gegenüber 1920! Für ihre Bewertung kommt ferner in Betracht, daß infolge der neuen Geldstrafengesetze (1921/24) die Verwertung der Freiheitsstrafe, insgesamt betrachtet, in schwereren Fällen als früher erfolgte (weil die relativ geringeren, insgesamt betrachtet, durch Geldstrafe erledigt wurden).

Wertvolle statistische Betrachtung bietet neuestens Schäfer (Preuß. Justiz. Min.), Z. 52, 236ff. (1932), ebenfalls mit dem Ergebnis, daß in den letzten Jahren in Preußen ca. 30 % der Freiheitsstrafen bedingt ausgesetzt seien; Schäfer zieht aber in dieser Richtung keinen Vergleich mit dem Jahre 1920. — Hinsichtlich Widerrufs wegen schlechter Führung ergibt Schäfer (S. 249): Für 1921 bis 1925: 18—19 %; dagegen 1926/29: 27 %. Auch dies Ergebnis scheint mir entschieden zur Vorsicht zu mahnen.

Für 1930 lauten die Ergebnisse bei Schäfer für Preußen: Strafaussetzungen insgesamt: 37498 Fälle (also wieder Steigerung; vgl. oben). Davon 32064 = 86 % Aussetzung der ganzen Strafe, 14 % des Strafrestes. — Von den 32064 Personen, die Aussetzung der ganzen Strafe erhielten, waren 83 % nicht vorbestraft. In 14 % aller Aussetzungen (6617 Fälle) wurde die Aussetzung von Zahlung einer Geldbuße abhängig gemacht; in 8 % (2974 Fälle) wurde die subsidiäre Freiheitsstrafe ausgesetzt; 13 % betrafen Jugendliche. — In 85 % der Fälle betrug die ausgesetzte Freiheitsstrafe höchstens 3 Monate (in 60 % bis 1 Monat); nur in etwa 4 % (1564 Fälle) über 6 Monate. Davon erfolgte in 621 Fällen nur Aussetzung des Strafrestes, also wohl Ersatz für vorläufige Entlassung (oben S. 419 bei Anm. 4). — Im übrigen verweise ich auf den Aufsatz Schäfers selbst, der den heutigen Zustand insgesamt für befriedigend hält. Ich halte angesichts meiner obigen Angaben Einschränkung für geboten.

§ 101. Die Geldstrafe.

I. **Geschichtlich** erscheint die Geldstrafe, wenn sich das an Stelle von Blutrache und Buße tretende öffentliche Strafrecht über seine ersten Anfänge (Todesstrafe, Friedlosigkeit) hinaus zu einem mannigfaltigeren Strafsystem entwickelt. Dann finden wir als Abspaltung der Friedlosigkeit die Vermögenskonfiskation, als Nachfolger der Buße die Geldstrafe[1]. Die Vermögenskonfiskation verschwindet im 19. Jahrhundert[2], die Geldstrafe gelangt zu erweiterter Anwendung.

II. Unser StrGB. verwertet bei schweren Delikten ausschließlich die Freiheitsstrafe; im übrigen in breitem Umfang neben der Freiheitsstrafe wahlweise (evtl. bei mildernden Umständen) die Geldstrafe[3]. In einer Minderzahl von Fällen erscheint die Geldstrafe als Zusatzstrafe zur Freiheitsstrafe[4]; an einzelnen Stellen ist sie ausschließlich angedroht[5].

III. Im übrigen war die Sachlage auf Grund des StrGB. früher[6] folgende: Mindestbetrag bei Verbrechen und Vergehen 3 M., bei Übertretungen 1 M.; Höchstbetrag bei Übertretungen 150 M., bei Verbrechen und Vergehen in den einzelnen Deliktstatbeständen geregelt[7]; bei Uneinbringlichkeit subsidiäre Freiheitsstrafe (vgl. die §§ 27—29 alter Fassung).

IV. Die **strafrechtliche Reformbewegung** erstrebte Ersatz der kurzzeitigen Freiheitsstrafe insbes. durch verbesserte Gestaltung der Geldstrafe als Regelstrafe für geringere Delikte[8]: Dafür Anpassung der Geldstrafe an die Vermögenslage des Verurteilten, weil sie nur dann gleich-

---

[1] Vgl. zu diesem Entwicklungsgang oben S. 10 (allgemeingeschichtlich); S. 12 bis 14 (römisch); 22 (fränkische Zeit); 26 (Mittelalter). — Die Carolina behandelt grundsätzlich nur das Gebiet der „peinlichen“ Strafe, erwähnt Geldbuße daher nur gelegentlich; vgl. oben S. 30/31, näher Strafr. I, 178/79; in den Reichspolizeiordnungen kommt die Geldbuße vor (vgl. Strafr. I, 215, 220); im gemeinen Strafrecht ist sie verbreitet (vgl. Strafr. I, 236/37).

[2] Noch bei Feuerbach, Lehrb., 2. Aufl. 1803, S. 130, erscheint sie als selbstverständlich geltendes Recht. Beseitigung im Bayer. StrGB. 1813 Art. 33. — In Preußen Verbot in Verfassung von 1850 Art. 10; vgl. Strafr. II, 43[5].

[3] Dabei wird die Geldstrafe teils an erster, teils an zweiter Stelle genannt (je ungefähr 30 Fälle): Beispiele für ersteres: §§ 110, 111[2], 123, 130, 131, 184[6], 185/86, 230, 292, 300 usw.; für letzteres: 223, 239—241, 246, 271 usw. Obige Verschiedenheit kommt evtl. für die Strafumwandlung gemäß § 29[1] in Betracht (Zulässigkeit von Haft); vgl. unten S. 427 Anm. 1.

[4] Wahlweise in §§ 150, 184, 263[1], 264[2], 265[2], 266, 268, 272, 274, 290; obligatorisch in §§ 265[1], 302a ff., 349; neben Freiheitsstrafe oder allein in §§ 284, 284a, 285.

[5] Vgl. §§ 145, 145a, 276, 364.

[6] D. h. vor Erlaß der neuen Geldstrafengesetze; vgl. Text unten Nr. V.

[7] Im StrGB. selbst kamen als Höchstbetrag 6000 M. vor, später (1880) bei Wucher (302a ff.) 15000 M.; höhere Beträge stellenweise in Nebengesetzen; im Zoll- und Steuerrecht Vielfache des hinterzogenen Betrages.

[8] Vgl. oben S. 65.

mäßig als gerechtes Strafübel wirkt. Dadurch bereits tunlichste Beseitigung der subsidiären Freiheitsstrafe im Unvermögensfalle; weiter hierfür Teilzahlungen und Zahlungsfristen, evtl. die Möglichkeit der Abbüßung durch freie Arbeit. Ferner wurde entschiedene Verwertung der Geldstrafe neben der Freiheitsstrafe bei Delikten aus Gewinnsucht verlangt[1].

Diese Gedanken wurden, teilweise übertrieben weitgehend, verwirklicht im Geldstrafengesetz vom 6. Februar 1924 (RGBl. I, 44ff.)[2]; dadurch erhielten die §§ 27—29 StrGB. ihre heutige Fassung[3].

V. **Der heutige Rechtszustand** (StrGB. §§ 27—30): 1. Der Strafrahmen ist bei Übertretungen unverändert geblieben (1—150 Reichsmark, § 27 Nr. 2). Ebenso bei Verbrechen und Vergehen der Mindestbetrag von 3 Mark; als allgemeiner Höchstbetrag aber ist, zu weitgehend, die Summe von 10000 M. eingesetzt[4]. Diese Summe darf ferner überschritten werden, wenn im Einzelfall höhere Strafe oder Geldstrafe in unbeschränkter Höhe[5] angedroht ist (§ 27 Nr. 1)[6]. Über Überschreitung vgl. ferner § 27c Abs. 3; unten Nr. 3.

2. Zu dieser allgemeinen Regelung tritt Ausdehnung der Geldstrafe in zwei wichtigen Gruppen von Fällen:

a) Verbrechen und Vergehen: Beruht die Tat auf Gewinnsucht[7], so kann die Geldstrafe bis auf 100 000 M. erhöht und ferner darauf neben Freiheitsstrafe erkannt werden, auch wenn das Gesetz keine Geldstrafe androht (§ 27a). Dieser Gedanke ist zutreffend.

b) Vergehen und Übertretungen[8]: Wenn hier „an sich Geldstrafe überhaupt nicht oder nur neben Freiheitsstrafe zulässig ist", so ist statt

[1] Vgl. zum Vorstehenden Strafr. I, 554.

[2] Verordnung auf Grund Ermächtigungsgesetzes, unter Aufhebung der Gesetze von 1921/23.

[3] Unverändert blieb § 30; vgl. unten S. 427.

[4] Damit ist nicht nur die frühere individualisierende Behandlung bei den einzelnen Delikten aufgegeben (oben S. 424 Anm. 7), sondern zugleich eine Summe eingesetzt, die bei der heutigen wirtschaftlichen Notlage als unverhältnismäßig hoch erscheint. Der in der wirtschaftlichen Hochblüte Deutschlands geschaffene Entwurf von 1913 (§ 21) sah 5000 M. vor. Die Geldstrafe als Hauptstrafe aber soll — im Gegensatz zur Freiheitsstrafe — die Strafe geringerer Delikte sein.

[5] Die Androhung von Geldstrafe in unbeschränkter Höhe ist evtl. unvermeidlich in Inflationszeiten (Höhepunkt 1923, Beseitigung Ende 1923), sonst kriminalpolitisch verfehlt (evtl. Vermögenskonfiskation) und rechtlich unzulässig, weil im Widerspruch zu Verfassung Art. 116; vgl. oben S. 73, näher Strafr. II, 42—44. — Geldstrafe ohne Höchstbetrag enthält heute noch die Reichsabgabenordnung 1919 § 358, jetzt Fassung vom 22. Mai 1931 § 396.

[6] Diese Vorschriften gelten naturgemäß nicht, soweit die angedrohte Strafe in Prozenten eines bestimmten Betrages besteht (§ 27 letzter Absatz). Sachlich sind solche Strafandrohungen, die keine Würdigung des Einzelfalles gestatten, verwerflich; dazu oben S. 404 Anm. 5.

[7] Dafür genügt nicht Erstreben eines Vermögensvorteils; erforderlich ist vielmehr — E 60, 306 — Steigerung des Erwerbssinnes „auf ein ungewöhnliches, ungesundes, sittlich anstößiges Maß" (oft, aber nicht notwendig, dauernde Eigenschaft).

[8] Also nicht Verbrechen bei mildernden Umständen; vgl. E. 60, 168 (betr. § 332).

verwirkter Freiheitsstrafe unter 3 Monaten auf Geldstrafe zu erkennen, wenn dadurch „der Strafzweck erreicht werden kann" (§ 27b). Diese obligatorische, unbestimmte Fassung ermöglicht Übertreibungen[1].

3. Strafzumessung: „Bei der Bemessung einer Geldstrafe sind die wirtschaftlichen Verhältnisse des Täters zu berücksichtigen" (§ 27c Abs. 1); damit ist der leitende und früher im Gesetz fehlende Gesichtspunkt festgelegt. Naturgemäß kann diese Berücksichtigung im Einzelfalle nur im Rahmen der gesamten Strafzwecke erfolgen; sonst führt sie zu übertriebener Härte oder Milde.

Dazu tritt die berechtigte Anweisung, daß die Geldstrafe das Entgelt und den Gewinn aus der Tat übersteigen soll (§ 27c Abs. 2). Reicht das gesetzliche Höchstmaß dafür nicht aus, so darf es überschritten werden (§ 27c Abs. 3).

4. Vollstreckung: Das Gesetz bemüht sich, die subsidiäre Freiheitsstrafe (bei Uneinbringlichkeit) möglichst zu vermeiden: Für entsprechende Fälle sieht es Zahlungsfristen und Ratenzahlungen vor (StrGB. § 28)[2]. Soweit die Geldstrafe nicht gezahlt wird, ist sie beizutreiben (§ 28a Abs. 1)[3], aber möglichst unter Schonung des unbeweglichen Vermögens (§ 28a Abs. 2)[4]. Bei Uneinbringlichkeit kann Tilgung durch freie Arbeit gestattet werden (§ 28b)[5]. Im

[1] Zur richtigen Auslegung (Berücksichtigung aller Strafzwecke) oben S. 409. So auch das RG. (zu § 27b): Grundlegend E. 58, 109; neuerdings: E. 61, 417: „Die Strafe bezweckt in erster Linie eine gerechte Sühne des begangenen Unrechts, wenn sie auch zugleich den Verurteilten bessern und andere von der gleichen Straftat abschrecken soll" (deshalb für § 27b nicht allein die Wirkung auf den Täter maßgebend). E. 65, 230 (Persönlichkeit des Täters; aber auch Schwere der Tat, Wirkung auf Dritte); E. 65, 308 („Berücksichtigung aller in Betracht kommenden Verhältnisse"). — Weiter vertritt das RG. den Standpunkt: Ersatz der Freiheitsstrafe durch Geldstrafe ist nur zulässig, wenn von der letzteren ebenso sichere Wirksamkeit zu erwarten ist; vgl. E. 59, 51 (bestimmte Überzeugung des Gerichts); E. 65, 308 (Wirksamkeit in demselben Grade; daher Geldstrafe unzulässig, wenn Zahlung durch Dritte zu erwarten ist).

Unberührt bleiben die Vorschriften des Milit.StrGB.; vgl. § 27b Abs. 2.

[2] Das Gericht „hat" solche zu bewilligen, wenn dem Verurteilten sofortige Zahlung „nach seinen wirtschaftlichen Verhältnissen nicht zuzumuten" ist. Bewilligung und Widerruf (bei Nichtzahlung oder Besserung der wirtschaftlichen Verhältnisse) können auch nachträglich erfolgen; vgl. § 28, dazu StrPO. § 462.

[3] Nach den Vorschriften der Zivilprozeßordnung über Vollstreckung von Geldforderungen; vgl. StrPO. § 463.

[4] Um die seßhafte Bevölkerung tunlichst nicht von der Scholle zu treiben (ebenfalls Forderung der Reformbewegung). Nach § 28a „kann" der Versuch der Beitreibung unterbleiben, „wenn mit Sicherheit vorauszusehen ist, daß sie aus dem beweglichen Vermögen des Verurteilten nicht beigetrieben werden kann".

[5] Vorgesehen ist hier in § 28b nähere Regelung durch die Reichsregierung mit Zustimmung des Reichsrats; bei Nicht-Erlassung solcher Regelung (so bisher) Ermächtigung der obersten Landesbehörden. — Sachlich knüpft die Vorschrift an EinfGes. StrGB. § 6 Abs. 2 an; vgl. oben S. 76 Anm. 4; dazu Strafr. I, 554; II, 58. — Praktisch ist § 28b bisher wohl bedeutungslos geblieben.

übrigen tritt an Stelle uneinbringlicher Geldstrafe Freiheitsstrafe[1] bis höchstens 1 Jahr, bei Haft bis höchstens 6 Wochen (§ 29)[2]. Die Festsetzung der subsidiären Freiheitsstrafe erfolgt im Urteil[3]. Der Verurteilte kann die Vollstreckung jederzeit durch Zahlung der noch ausstehenden Geldstrafe abwenden (§ 29 Abs. 5). Bei unverschuldeter Uneinbringlichkeit kann das Gericht anordnen, daß die Vollstreckung der Geldstrafe unterbleibt (§ 29, letzter Absatz)[4].

5. Zahlung der erkannten Geldstrafe durch einen Dritten ist m. E. nur dann strafbar (als Begünstigung), wenn sie vor Begehung der Tat in Aussicht gestellt wurde[5].

6. Vollstreckung in den Nachlaß gestattet das StrGB. (§ 30), wenn das Urteil bei Lebzeiten des Verurteilten rechtskräftig wurde[6].

VI. Die **praktische Auswirkung** der vorstehenden Rechtsentwicklung war folgende: 1. Vor dem Weltkriege: Unter dem Einfluß der strafrechtlichen Reformbewegung ging bei gleichbleibender Gesetzgebung die kurzzeitige Freiheitsstrafe zurück, die Geldstrafe stieg auf über das Doppelte: von 25 % der Verurteilten (1882) auf 52,7 % (1913)[7]. Unter dieser weitgehenden Entwicklung hat damals die Rechtssicherheit nicht gelitten.

---

[1] Bei Verbrechen und Vergehen grundsätzlich Gefängnis (neben Zuchthausstrafe, Zuchthaus), bei Übertretungen Haft; letztere ist auch zulässig, wenn bei Vergehen Geldstrafe allein oder an erster Stelle oder wahlweise neben Haft angedroht ist.

[2] Aber nicht höher als eine neben der Geldstrafe wahlweise angedrohte Freiheitsstrafe; im Falle des § 27b (vgl. oben) tritt die verwirkte Freiheitsstrafe ein. Die Bemessung (nach vollen Tagen) unterliegt freiem Ermessen (§ 29). Wird die Geldstrafe (§ 27c) unter Berücksichtigung der wirtschaftlichen Lage verhängt, erhält also z. B. im gleichen Falle A. 60 M., B. 10 M. Geldstrafe, so muß bei richtigem Ermessen das Umwandlungsmaß für A. fünfmal so hoch sein wie bei B.; beide müssen dieselbe subsidiäre Freiheitsstrafe erhalten.

[3] Vgl. StrPO. § 459, 462.

[4] Dazu StrPO. § 462. Auch hier müssen die konstanten Strafzwecke (Vergeltung, Generalprävention) angemessen berücksichtigt werden; vgl. oben S. 426 Anm. 1.

[5] Streitig; vgl. näher oben S. 329 Anm. 5. Lehrreich dazu E. 65, 308, wo Vorinstanz und RG. durchaus mit der Möglichkeit der Zahlung der Geldstrafe durch Dritte rechnen und deshalb hier (im Falle des § 27b) Geldstrafe ablehnen. — v. Liszt-Schmidt, 26. Aufl., 1932, I, 393, nimmt Ungültigkeit der Zahlung durch Dritte an.

[6] Kritik: Eine fiskalische Auffassung (Betrachtung als Geldschuld). Die Strafe trifft hier statt des Täters die Erben.

[7] Dazu folgende Ziffern (Verbrechen und Vergehen gegen Reichsgesetze, Reichskriminalstatistik; erstes Berichtsjahr 1882): 1882: Verurteilte: 329968; davon Gefängnis 228136 = 69 %; Geldstrafe 83562 = 25 %; 1906 stehen beide Ziffern ungefähr gleich: Gefängnis 47,9 %, Geldstrafe 47,7 %. 1913: Verurteilte 561805; davon Gefängnis 244739 = 43,5 %; Geldstrafe: 296984 = 52,7 %. — Hätte man 1913, wie 1882, nur 25 % zu Geldstrafe verurteilt, so wären das 140451 Personen gewesen. Das bedeutet: Es sind 1913 zu Geldstrafe verurteilt 156533 Personen (296984 — 140451), die voraussichtlich 1882 noch kurzzeitige Freiheitsstrafe erhalten hätten. Vgl. hierzu auch Strafr. I, 555 Anm. 5. — Gesamtkriminalität für 1913 vgl. oben S. 68.

2. Nach dem Kriege: Auswirkung des Geldstrafengesetzes, also des heutigen Rechtszustands: Die Geldstrafe ist von 52,7 % der Verurteilten im Jahre 1913 weiter auf 69,4 % aller Verurteilten im Jahre 1928 gestiegen; die Gefängnisstrafe von 43,5 % auf 28,5 % gesunken[1]. Damit sind die Grenzen des im staatlichen Interesse Zulässigen offenbar überschritten (erst recht bei der heutigen Rechtsunsicherheit); vgl. oben S. 69. Die Praxis muß daher gegenüber dem zu weit gehenden Gesetz Vorsicht üben und darf nicht etwa ebenso unbedenklich auf Geldstrafen erkennen, wie dies in früheren Zeiten mit der kurzzeitigen Freiheitsstrafe geschah. Die Geldstrafe muß die Strafe für leichtere Fälle bleiben[2]. Das fordert der oberste Strafzweck, die Staatssicherheit (oben S. 409).

§ 102. Der Verweis.

I. Der Verweis als leichteste Hauptstrafe war früher gemäß StrGB. § 57 Nr. 4 gegenüber Jugendlichen in besonders leichten Fällen bei Vergehen und Übertretungen zulässig. Das Jugendgerichtsgesetz von 1923 § 9 Abs. 4 hat an seine Stelle die Möglichkeit des Absehens von Strafe gesetzt[3]. Damit ist uns der Verweis gegenwärtig im Kriminalstrafrecht[4] verlorengegangen, während er im Disziplinarstrafrecht[5] als die ganz allgemein gebräuchliche und bewährte Strafe für leichteste Fälle erscheint.

II. In der strafrechtlichen Reformbewegung bestand über den Verweis Streit. Mir scheint seine Brauchbarkeit für leichteste Fälle gegenüber Erwachsenen gerade durch die Erfahrungen des Disziplinarstrafrechts erwiesen[6]. In diesem Sinne hatten die Entwürfe von 1909, 1913, 1919 den Verweis aufgenommen, während die folgenden (1925/27) ihn wieder fallen ließen[7].

[1] 1927: Verurteilte 612315; davon Gefängnis 179510 = 29,3 %; Geldstrafe 419633 = 68,5 %. — 1928: Verurteilte 588492; davon Gefängnis 167820 = 28,5 %; Geldstrafe: 408619 = 69,4 %.

[2] Abgesehen von den Fällen der Nebenstrafe (neben Freiheitsstrafe) bei Gewinnsucht.

[3] Für diesen Fall war das zweckmäßig. Gerade gegenüber der Eigenart der Jugendlichen war es ein Mißstand, daß der Verweis als Hauptstrafe erst nach Rechtskraft vollstreckt werden konnte, während jetzt das „Absehen von Strafe" zwanglos die Möglichkeit bietet, zur Urteilsbegründung sofort einen geeigneten Verweis zu erteilen.

[4] Statistik vgl. oben S. 68. [5] Vgl. oben S. 7; näher Strafr. I, 34/35.

[6] Und zwar nicht nur gegenüber besonders ehrliebenden Personen, sondern auch gegenüber dem Sträfling im Gefängnis.

Eine weitere Frage ist es, ob für die Einführung des Verweises neben der Geldstrafe noch ausreichendes praktisches Bedürfnis besteht. Diese Frage ist m. E. gerade heute angesichts der Verarmung breitester Bevölkerungskreise zu bejahen.

Zur sachgemäßen Wirksamkeit des Verweises bedarf es grundsätzlich seiner Erteilung durch das erkennende Gericht.

[7] Vgl. dazu Strafr. I, 555; II, 6[6].

Kapitel III.
Nebenstrafen und Nebenfolgen.

§ 103. Nebenstrafen an der Ehre, Rehabilitation.

Geschichtlich treten Ehrenstrafen schon frühzeitig in den Anfängen des öffentlichen Strafrechts auf. Im deutschen Mittelalter entwickeln sie sich zu unerfreulichster Breite. Durchgreifende Einschränkung bringt die Aufklärungszeit, daran anschließend das 19. Jahrhundert[1]. Heute sind Ehrenstrafen nur in gesetzlich bestimmten Fällen neben längerer Freiheitsstrafe zulässig; und sie beschränken sich auf den zeitweiligen oder dauernden Verlust gesetzlich bestimmter einzelner, öffentlicher bzw. privater Rechte.

I. **Folgen der Zuchthausstrafe** (StrGB. § 31): Die Verurteilung zu Zuchthausstrafe hat die dauernde Unfähigkeit zum Dienst in Heer und Marine sowie zur Bekleidung öffentlicher Ämter[2] von Rechts wegen zur Folge[3].

II. **Aberkennung der bürgerlichen Ehrenrechte** (StrGB. §§ 32—34).

1. Zulässigkeit: Das Gericht „kann"[4] auf den „Verlust der bürgerlichen Ehrenrechte" stets neben Todes- und Zuchthausstrafe erkennen. Ferner neben Gefängnis von mindestens 3 Monaten; hier aber nur, falls das einzelne Gesetz dies ausdrücklich zuläßt oder die Gefängnisstrafe wegen Annahme mildernder Umstände an Stelle von Zuchthaus ausgesprochen wird (§ 32 Abs. 1).

---

[1] Vgl. dazu oben S. 10 (allgemeingeschichtlich); S. 14 (römisch); Strafr. I, 104[3] (germanisch); oben S. 22 (fränkisch); 26 (Mittelalter, dazu Strafr. I, 138/39); Carolina, Strafr. I, 177ff. (vgl. Art. 107, 115, 122 usw.); Aufklärungszeit, Strafr. I 268 (Beccaria), 273/74 (Friedrich der Große).

Erst um die Mitte des 19. Jahrhunderts verschwand die Strafe des bürgerlichen Todes (la mort civile), der die Vernichtung der rechtlichen Persönlichkeit bedeutete (Verlust des Eigentums und Erbrechts, Eheunfähigkeit, Prozeßunfähigkeit). Verboten in den Grundrechten der Frankfurter Nationalversammlung (§ 5), in Preußen in Verfassung 1850, Art. 10.

[2] Das bekleidete Amt geht damit verloren, ein neues kann nicht erworben werden. — Zu den „öffentlichen Ämtern im Sinne dieses Strafgesetzes" rechnet StrGB. § 31 Abs. 2 ausdrücklich auch die Rechtsanwaltschaft, das Notariat sowie den Schöffen- und Geschworenendienst. — Grundsätzlich entspricht der Begriff des „Amtes" dem des Beamten nach StrGB. § 359; vgl. oben S. 309ff.; (streitig).

[3] Merkwürdig ist hier die Annahme v. Liszts (ebenso v. Liszt-Schmidt), daß von Rechts wegen eintretende Folgen der Verurteilung deshalb aus dem Strafbegriff ausscheiden. Für letzteren kann doch nur das sachliche Wesen der betr. Maßregel entscheidend sein. Frank, Olshausen usw. (zu § 31) rechnen solche Folgen zum Inhalt der Hauptstrafe selbst. Für Nebenstrafe Lobe, Leipz. Komm.

[4] In den Fällen der §§ 161[1], 181, 302d, e ist darauf zu erkennen.

Über Versuch, Beihilfe, Realkonkurrenz vgl. §§ 45, 49; 76 (selbstverständlich). Unzulässig ist die Nebenstrafe bei Jugendlichen (früher StrGB. § 57 Nr. 5, jetzt Jugendgerichtsgesetz 1923 § 9).

2. Dauer des Verlustes: Sie beträgt bei zeitiger Zuchthausstrafe 2—10 Jahre[1], bei Gefängnis 1—5 Jahre (§ 32 Abs. 2).

3. Wirkungen: Das Gesetz unterscheidet dauernde (§ 33) und zeitige Wirkungen (§ 34). Die dauernden Wirkungen bedeuten den Verlust vorhandener Rechte, die zeitigen beziehen sich auf die Zukunft:

a) Die Aberkennung bewirkt dauernden Verlust „der aus öffentlichen Wahlen[2] für den Verurteilten hervorgegangenen Rechte, der öffentlichen Ämter[3], Würden[4], Titel, Orden und Ehrenzeichen" (§ 33)[5]. Bei Zuwiderhandlung vgl. StrGB. § 360 Nr. 8[6].

b) Zeitige Wirkungen (für die Zukunft): Hier handelt es sich um die Unfähigkeit zur Ausübung einer Reihe im einzelnen aufgezählter Rechte während der vom Gericht festgesetzten Dauer des Ehrverlustes[7].

c) Die Wirkung des Ehrverlustes tritt mit der Rechtskraft des Urteils ein; die Zeitdauer (oben Nr. 2) aber wird erst von dem Tage berechnet, an dem die Freiheitsstrafe verbüßt, verjährt oder erlassen ist (§ 36)[8].

---

[1] Bei lebenslangem Zuchthaus und Todesstrafe ist der Ehrverlust, falls das Gericht darauf erkennt, als dauernder auszusprechen; vgl. RG. R. 9, 175.

[2] D. h. Wahlen in öffentlichen Angelegenheiten (herrschende Ansicht); vgl. auch unten Nr. 4); über diesen Begriff vgl. näher oben S. 295, Anm. 6 (zu § 108 StrGB.).

[3] Vgl. oben S. 429, Anm. 2.

[4] Beispiele: Doktorwürde (anerkannt); Ehrenbürgerschaft.

[5] Vgl. dazu heute Verf. Art. 109, 175. Der Adel fällt nicht unter obige Rechte; so schon früher; heute Verf. Art. 109.

[6] Oben S. 308. [7] Es sind folgende (§ 34). Unfähigkeit:

1. „Die Landeskokarde zu tragen." Vgl. dazu näher meinen Aufsatz (Nationalkokarde und Strafrecht), Leipz. Z. 9, 1915, 321ff. Die Nationalkokarde wurde in Preußen 1813 bei Ausbruch der Freiheitskriege eingeführt. Heute ist das Tragen unüblich, die Vorschrift daher gegenstandslos.

2. „In die Reichswehr oder in die Reichsmarine einzutreten."

3. „Öffentliche Ämter, Würden, Titel, Orden und Ehrenzeichen zu erlangen"; dazu oben Nr. 3a.

4. „In öffentlichen Angelegenheiten zu stimmen, zu wählen oder gewählt zu werden oder andere politische Rechte auszuüben"; dazu oben Anm. 2. Die Erwähnung „anderer politischer" Rechte erscheint heute wohl bedeutungslos; vgl. E. 41, 128.

5. „Zeuge bei Aufnahmen von Urkunden zu sein".

6. „Vormund, Gegenvormund, Pfleger, Beistand der Mutter, Mitglied eines Familienrats oder Kurator zu sein" (Ausnahme: Bei Verwandten absteigender Linie mit Genehmigung der obervormundschaftlichen Behörde oder des Familienrats). — Diese Fassung beruht auf EinfGes. BGB. Art. 34 (einen „Kurator" kennt das BGB. aber nicht mehr; vgl. dazu geschichtlich E. 41, 388).

Die Wirkung von Verstößen gegen die Nr. 5, 6 bestimmt sich nach bürgerlichem Recht; danach tritt keine Unwirksamkeit ein; vgl. näher die Kommentare, auch v. Liszt-Schmidt.

[8] Bei bedingter Strafaussetzung von der bedingten Entlassung aus der Freiheitsstrafe; E. 63, 177ff.

d) Gegen einen im Ausland verurteilten Deutschen kann im Inland selbständig auf Ehrverlust (unter den allgemeinen Voraussetzungen) erkannt werden[1]; vgl. StrGB. § 37.

III. **Aberkennung einzelner Ehrenrechte:** 1. Allgemein gilt StrGB. § 35: „Statt Aberkennung der bürgerlichen Ehrenrechte" kann neben Gefängnis[2] auch lediglich auf die Unfähigkeit zur Bekleidung öffentlicher Ämter für 1—5 Jahre erkannt werden[3]. Auch hier gelten die §§ 36, 37 StrGB. (oben Nr. c, d).

2. Dazu treten gesetzliche Sondervorschriften für einzelne Fälle: So insbes. Amtsverlust und Verlust der aus öffentlichen Wahlen hervorgegangenen Rechte neben Festungshaft in StrGB. §§ 81, 83, 84, 87—90; Amtsverlust auch bei Gefängnis unter 3 Monaten in StrGB. §§ 128, 129, 358; Amtsverlust und evtl. Lösung des militärischen Dienstverhältnisses bei Zweikampf gemäß § 210a[4].

IV. **Rehabilitation:** Bei den Ehrenstrafen wurde die Frage der Rehabilitation Verurteilter im Falle länger dauernder guter Führung in der strafrechtlichen Reformbewegung eingehend erörtert[5]. Es handelte sich hier einmal darum, ein unnötiges bzw. schädliches Bekanntwerden von Vorstrafen durch Mitteilungen aus dem amtlichen Strafregister zu verhüten[6]; weiter aber darum, dem zu Ehrenstrafen Verurteilten nach angemessener Zeit guter Führung die Wiedereinsetzung in die aberkannten Ehrenrechte zu gewähren. Der erste Teil dieser Aufgabe ist heute gelöst durch das Reichsgesetz vom 9. April 1920 (RGBl. 507) über beschränkte Auskunft aus dem Strafregister und die Tilgung von Strafvermerken[7]. Der zweite Teil,

---

[1] Auch auf Aberkennung einzelner bürgerlichen Ehrenrechte; vgl. unten Nr. III.

[2] Über Zuchthaus vgl. oben S. 429, Nr. I.

[3] Damit tritt zugleich von Rechts wegen dauernder Verlust der bekleideten Ämter ein; § 35 Abs. 2.

[4] Bei einzelnen anderen Rechtsfolgen besteht Streit über den Strafcharakter. Beispiel: StrGB. § 161 (Meineid; Unfähigkeit als Zeuge oder Sachverständiger eidlich vernommen zu werden). RG. E. 60, 285 verneint hier (anders früher) den Strafcharakter (weil kein politisches Ehrenrecht, sondern staatsbürgerliche Pflicht); unzutreffend aber ist die Kennzeichnung als „polizeiliche" Sicherungsmaßregel; es handelt sich vielmehr um Schutz der Rechtspflege; vgl. dazu unten S. 435 Anm. 5.

[5] Hervorzuheben sind hier insbes. die wiederholten Arbeiten von DELAQUIS; vgl. oben S. 66/67; dazu Strafr. I. 573/74; nähere Darstellung bei LISZT-SCHMIDT, 26. Aufl., 1962, I, 459—467.

[6] Die Strafregister wurden durch Bundesratsverordnung v. 16. Juni 1882 eingeführt. Sie werden regelmäßig durch die Staatsanwaltschaft des Geburtsorts geführt und enthalten alle Bestrafungen des Verurteilten. Nach mehrfachen Änderungen erfolgte Neufassung in der (auf Grund Verf.-Art. 77) erlassenen Strafregisterverordnung v. 8. März 1926 (RGBl. I, 157).

[7] Vgl. über dies ganze Gebiet den eingehenden Kommentar von HARTUNG, Das Strafregister, Berlin, Stilke, 1926.

die Wiedereinsetzung in Ehrenrechte, in den Entwürfen behandelt, hat noch keine gesetzliche Erledigung gefunden: Maßgebend ist daher hier noch die Praxis der Begnadigung.

V. Für die Zukunft wird von einem Teil der auf Spezialprävention eingestellten Reformbewegung die **Beseitigung aller Ehrenstrafen** gefordert[1]. Das ist abzulehnen. Einschränkungen sind hier möglich[2]. Nicht angängig aber ist es, schweren Verbrechern insbes. die Amtsfähigkeit, Heeresfähigkeit und Wahlfähigkeit zu belassen[3]. Das würde eine Erschütterung der Reinheit dieser staatlichen Aufgaben wie des Vertrauens in deren Reinheit bedeuten zum Schaden des Staats und der Gesamtheit; doppelt in unruhigen Zeiten, wie wir sie heute durchleben.

VI. **Urteilsbekanntmachung**: 1. Bei Verurteilung wegen falscher Anschuldigung (StrGB. § 165) sowie wegen öffentlicher oder durch Verbreitung von Schriften, Darstellungen oder Abbildungen begangener Beleidigung (§ 200) „ist zugleich dem Verletzten die Befugnis zuzusprechen, die Verurteilung auf Kosten des Schuldigen öffentlich bekanntzumachen"[4]. Zulässig ist dies jetzt ferner gemäß § 285a Abs. 3 (Glücksspiel). Weiter kommt Urteilsbekanntmachung mehrfach in Nebengesetzen vor[5].

2. Geschichtlich erscheint die Urteilsbekanntmachung als Ausläufer der früher verbreiteten Einrichtungen: Widerruf, Abbitte, Ehrenerklärung. Ihrem Wesen nach betrachtet das RG. sie in feststehender Rechtsprechung, m. E. mit Recht, als Nebenstrafe[6]. Sie ist dann Nebenstrafe an der Ehre. Die Entwürfe haben sie beibehalten.

---

[1] So insbes. LIEPMANN (1921) und neuerdings EB. SCHMIDT in v. LISZT-SCHMIDT, 26. Aufl., 1932, S. 399/40 (dort weitere Literatur); vgl. auch Strafr. I, 573/74.

[2] In diesem Sinne auch die Entwürfe. Entbehrlich sind die Ehrenfolgen oben S. 430, Anm. 7, Nr. 1, 5, 6.

[3] Auch bei Würden, Titeln, Orden und Ehrenzeichen wäre die Belassung m. E. unangemessen.

[4] Art und Frist der Bekanntmachung sind im Urteil zu bestimmen. Ferner ist dem Verletzten auf Kosten der Schuldigen eine Ausfertigung des Urteils zu erteilen.

Erfolgte die Beleidigung in einer Zeitung oder Zeitschrift, so ist der verfügende Teil des Urteils durch die öffentlichen Blätter bekannzumachen, und zwar möglichst in gleicher Weise wie die Beleidigung (vgl. näher § 200 Abs. 2); dazu auch oben S. 219 (Beleidigung); S. 326 Anm. 1 (falsche Anschuldigung).

[5] Vgl. insbes. Wettbewerbsgesetz, 1909, § 23; Reichsabgabenordnung 1919/1931 § 399.

[6] Grundlegend E. 6, 180 (Vereinigte Strafsenate, zu § 200 StrGB.): Entscheidend, daß die Maßnahme „als ein dem Gesetzesübertreter wegen Bruches der Rechtsordnung im öffentlichen Interesse angedrohtes Übel zu gelten hat". Nicht zutreffend, „daß die Genugtuung allein dem Verletzten geleistet werde, denn der Staat gewährt durch seine Organe die Genugtuung als Sühne für die

§ 104. Nebenstrafen an der Freiheit.

Hier kommen in Betracht:

I. **Die Polizeiaufsicht:** Die Polizeiaufsicht gelangte aus dem code pénal über das Preuß. StrGB. in unser Reichsrecht[1].

Die gesetzliche Regelung (StrGB. §§ 38/39) ist folgende:

1. Polizeiaufsicht ist nur neben einer Freiheitsstrafe und nur bei denjenigen Delikten statthaft, bei denen das Gesetz dies ausdrücklich bestimmt (§ 38¹)[2].

2. Das Gericht „kann" in diesen Fällen die Polizeiaufsicht anwenden. Es erkennt dann aber lediglich auf deren Zulässigkeit. Dadurch erhält die „höhere Landespolizeibehörde"[3] „die Befugnis, nach Anhörung der Gefängnisverwaltung den Verurteilten auf die Zeit von höchstens 5 Jahren unter Polizeiaufsicht zu stellen" (§ 38)[4].

Dogmatisch ist dazu zu bemerken: Nebenstrafe ist hier selbstverständlich nicht die Zulässigkeit der Polizeiaufsicht, sondern die Polizeiaufsicht selbst. Denn sie stellt das zur Hauptstrafe hinzutretende Strafübel dar[5].

3. Die Wirkungen der Polizeiaufsicht sind gemäß § 39 Nr. 1.: dem Verurteilten kann der Aufenthalt an einzelnen bestimmten Orten[6] von der Landespolizeibehörde untersagt werden; Nr. 2. diese

---

verletzte Rechtsordnung". (Die bedauerliche Folge, daß dann bei Idealkonkurrenz die Nebenstrafe wegfällt, wenn das schwerere Gesetz sie nicht androht, liegt an der Regelung des § 73, die der Richter nicht ändern kann.) Vgl. ferner E. 46,73 (zu § 200); E. 16, 75 (§ 165); E. 53, 290 (Nebengesetze).

In der Literatur besteht teilweise Streit. So wollen Frank (vor § 13, III, 1) und v. Liszt-Schmidt, 26. Aufl., I, 368/404 Fälle der Genugtuung und der Nebenstrafe unterscheiden.

[1] Vgl. Strafr. I, 321 (Aufnahme in den Preuß. Entw. v. 1843); ferner eingehend die Motive zum StrGB., Reichstagsvorlage 1870, S. 96—105.

[2] Neben Zuchthaus: StrGB. §§ 44²; 115², 116²; 122³; 125²; 146/47; 181; 248, 256; 325; neben Gefängnis: §§ 49a; 180, 181a, 184; 262; 285a; 294. Dazu treten Nebengesetze (selbst Polizeiaufsicht in Afrika! so Sklavenraubgesetz v. 1895 § 3).

Zulässig ist Polizeiaufsicht auch bei Versuch, Beihilfe und (selbstverständlich) bei Realkonkurrenz; vgl. §§ 45, 49, 76. Unzulässig bei Jugendlichen (früher StrGB. § 57⁵, jetzt Jugendgerichtsgesetz, 1923, § 9).

[3] Im Gegensatz zur Ortspolizeibehörde; in Preußen der Regierungspräsident.

[4] Diese Zeit wird von dem Tage berechnet, an welchem die Freiheitsstrafe verbüßt, verjährt oder erlassen ist.

[5] Der Strafcharakter der Polizeiaufsicht wird teilweise bestritten (vgl. z. B. Frank, polizeiliche Sicherungsmaßregel), ist aber überwiegende Ansicht; so auch RG. E. 17, 193.

[6] Bestimmte Ortschaften (auch der Heimatort) oder bestimmte Örtlichkeiten (z. B. Straßen, Häuser, ein bestimmtes Waldgebiet). Unzulässig sind allgemeine Verbote.

Behörde ist befugt, den Ausländer aus dem Reichsgebiet zu verweisen[1]; Nr. 3. Haussuchungen unterliegen keiner zeitlichen Beschränkung[2].

Bei Zuwiderhandlung tritt gemäß StrGB. § 361 Nr. 1 und Nr. 2 (Ausweisung) Haftstrafe ein.

4. Kritisch ist hervorzuheben: Die einzige materiell entscheidende Wirkung der Polizeiaufsicht ist das obige Aufenthaltsverbot[3]. Daraus folgt: Unsere sog. „Polizeiaufsicht" ist in Wahrheit keine Aufsicht, sondern das Gegenteil einer solchen. Sie wirft den Verbrecher aus einem bestimmten Ort[4] heraus und überläßt ihn dann seinem Schicksal. Das Ergebnis ist ein kurzsichtiges Hin- und Herschieben schwerer Verbrecher von einem Ort zum anderen, insbes. von einer Stadt zur anderen[5], damit zugleich eine Erschwerung der Überwachung gefährlicher Elemente und eine Erhöhung der Rückfallsgefahr. Dazu kommt die Gefahr der Verbreitung von Großstadtlastern.

Die Gerichte sind daher dringlichst vor Anwendung der Polizeiaufsicht zu warnen[6]. Für die Zukunft ist ihre Beseitigung zu fordern[7].

5. Polizeiliche Aufenthaltsbeschränkungen bestrafter Personen gestattet ferner noch heute der nicht mehr in die Gegenwart passende § 3 des Freizügigkeitsgesetzes vom 1. November 1867[8].

[1] Vgl. dazu betr. Ausweisung unten S. 435.

[2] Vgl. dazu StrPO. §§ 103—106, 113.

[3] Ausweisung des Ausländers und Haussuchungen sind lediglich Spezialfragen, die ebensogut außerhalb des StrGB. zu erledigen sind.

[4] Sehr möglicherweise aus der Heimat oder dem Orte, wo er Arbeit fand. So lag der Fall des sog. Hauptmanns von Köpenick; vgl. meine Kritik, Jur.-Ztg. 11, 1302.

[5] Falls der Betroffene in der Großstadt es nicht vorzieht, sich unter falschem Namen ein anderes Quartier zu nehmen, wodurch er lediglich gefährlicher wird.

[6] Siehe dazu meine Kritik: Strafr. I, 574 und die dort zitierte ausgiebige Literatur; vgl. auch oben S. 67.

Diese wissenschaftliche Einsicht hat sich heute auch in der Praxis stark verbreitet: Im Jahre 1882 wurde auf Polizeiaufsicht erkannt in 8238 Fällen; dagegen 1914: 1581 Fälle; 1927: 933; 1928: 791; vgl. oben S. 69.

Denkbar ist Nutzen der Polizeiaufsicht in besonders gelagerten Ausnahmefällen: Beispiel: Die Anwesenheit gerade an diesem Ort bedeutet dauernde schwere Bedrohung eines anderen. Die Polizeiaufsicht insgesamt aber schafft keinen Nutzen, sondern schweren Schaden.

[7] Die Entwürfe bis 1919 haben die Polizeiaufsicht (unter dem neuen Namen des Aufenthaltsverbots) verfehlterweise beibehalten; vgl. Strafr. I, 368. Der Entw. 1925 hat sie beseitigt; vgl. Strafr. II, 7[6].

[8] § 3: „Insoweit bestrafte Personen nach den Landesgesetzen Aufenthaltsbeschränkungen durch die Polizeibehörde unterworfen werden können, behält es dabei sein Bewenden. Solche Personen, welche derartigen Aufenthaltsbeschränkungen in einem Bundesstaate unterliegen oder welche in einem Bundesstaate während der letzten 12 Monate wegen wiederholten Bettels oder wiederholter Landstreicherei bestraft worden sind, kann der Aufenthalt in jedem anderen

II. **Die korrektionelle Nachhaft (Arbeitshaus)**: Die Nachhaft besteht in der Unterbringung bestimmter arbeitsscheuer Personen (StrGB. § 361 Nr. 3 bis 8)[1] ins Arbeitshaus nach verbüßter Haft-Vorstrafe mittels Überweisung an die Landespolizeibehörde (StrGB. § 362 Abs. 2/3).

Die Eigenart und erhebliche praktische Bedeutung dieser Maßregel ist bereits oben S. 399/400 dargestellt[2].

III. **Ausweisung von Ausländern:** Sie ist zulässig als Wirkung der Polizeiaufsicht (StrGB. § 39 Nr. 2) und der Überweisung an die Landespolizeibehörde (§ 362 letzter Absatz); ferner als Befugnis der Landespolizeibehörde nach Vollstreckung der erkannten Freiheitsstrafe im Falle des §§ 285a (Glücksspiel). Dazu treten Nebengesetze[3].

Sachlich handelt es sich um eine auch sonst staatsrechtlich zulässige Maßnahme (Ausweisung des sog. lästigen Ausländers). Sie ist aber hier als Nebenstrafe gestaltet mit der besonderen Befugnis der Landespolizeibehörde, aus dem ganzen Reichsgebiet auszuweisen[4].

§ 105. Sonstige Unrechtsfolgen.

I. Der Besprechung bedürfen hier einige weitere Rechtsfolgen des Verbrechens. Ihrer Bedeutung wird man nur dadurch gerecht, daß man jede nach Inhalt und Zweck selbständig betrachtet. Soweit sich dann nicht etwa ergibt, daß begrifflich **Nebenstrafen** vorliegen, haben wir es mit Rechtsfolgen von selbständiger Eigenart zu tun[5].

Bundesstaate von der Landespolizeibehörde verweigert werden" (bei Zuwiderhandlung vgl. StrGB. § 361 Nr. 2).

Die Vorschrift (aufrechterhalten gemäß Verf. Art. 111) nützt wenig und schadet evtl. viel durch Beeinträchtigung des ehrlichen Fortkommens des Betroffenen. Auch ist es heute ein nach über 60jährigem Bestand des Reichs unhaltbarer Zustand, daß Deutschen der Aufenthalt in deutschen Ländern untersagt werden kann. Zur Kritik und zugleich als Beispiel vgl. meinen oben S. 434, Anm. 4 zit. Aufsatz. Dort weiteres Material; vgl. auch meine oben S. 396, Anm. 1 zit. Arbeiten; ferner Strafr. I, 574; II, 7 Anm. 6 (verfehlte Aufrechterhaltung in den Entwürfen 1925/27).

[1] Bettel, Landstreicherei, Arbeitsscheu, Prostitution; vgl. dazu oben S. 396ff.; betr. Prostitution oben S. 228/29.

Verfehlt ist die Ausdehnung der Nachhaft auf Zuhälterei (StrGB. § 181a) und Glücksspiel (§ 285a). Vgl. oben S. 231 Anm. 5; S. 273 Anm. 5. Die neueren Entwürfe (1925/27) haben diesen Fehlgriff beseitigt; vgl. Strafr. II, 7.

[2] Dazu meine eingehenden Arbeiten oben S. 396, Anm. 1; ferner Strafr. I, 564/65 (auch betr. Entwürfe).

[3] Vgl. Spionagegesetz 1914, § 14 Abs. 2.

[4] Über den Strafcharakter (Nebenstrafe oder nicht) besteht Streit. Dafür z. B. v. Liszt, v. Liszt-Schmidt; dagegen z. B. Frank.

[5] Abzulehnen ist es, derartige Folgen im Gegensatz zur Strafe als „Polizeimaßregeln" zu kennzeichnen, wie dies vielfach geschieht. Der Ausdruck „Polizeimaßregel" ist ebenso unklar und vieldeutig wie der des „polizeilichen Unrechts" (vgl. oben S. 87/89). Was ferner nicht Strafe ist, ist deshalb nicht „Polizeimaßregel". Es handelt sich hier vielmehr um strafgesetzlich vorgesehene,

II. Einziehung: 1. Allgemeiner Grundsatz (StrGB. § 40): Bei vorsätzlichen Verbrechen und Vergehen „können" eingezogen werden die durch die Tat hervorgebrachten[1] und die zu ihrer Begehung gebrauchten oder bestimmten Gegenstände[2], sofern sie dem Täter oder einem Teilnehmer gehören[3].

Der Einziehung unterliegen also insoweit die instrumenta et producta sceleris[4]. Die Einziehung ist im Urteil auszusprechen[5].

2. Erweiterungen: In einer Anzahl einzelner Deliktstatbestände (auch in Nebengesetzen) finden sich gegenüber diesem Grundsatz Erweiterungen in dreifacher Richtung: Es kommen vor: a) obligatorische Einziehung[6]; b) sog. unterschiedslose Einziehung, d. h. ohne Rücksicht darauf, ob die Sache dem Täter bzw. Teilnehmer oder einem Dritten gehört[7]; c) Einziehung bei Übertretungen[8].

3. Streit besteht darüber, ob das Einziehungsurteil konstitutiv oder deklaratorisch wirkt, ob also das Eigentum ipso iure auf den Staat übergeht oder ob es dafür — gemäß bürgerlichem Recht — der Besitzergreifung bedarf. Das RG. vertritt, m. E. mit Recht, den letzteren Standpunkt[9].

---

richterlich verhängte eigenartige Folgen kriminellen Unrechts; vgl. als Beispiel oben S. 431, Anm. 4; unten S. 437, Anm. 1 Abs. 2, S. 438, Anm. 3.

[1] Beispiel: Die gefälschte Urkunde.

[2] Also z. B. die Brechwerkzeuge, die Waffen für Tötung bzw. Körperverletzung usw.

„Gegenstände" sind nur körperliche Sachen; vgl. E. 52, 201.

[3] Ist dabei im Einzelfalle die Verfolgung oder Verurteilung einer bestimmten Person nicht ausführbar (Beispiel: Flucht, Tod, Unbekanntsein des Täters, vgl. E. 53, 183), so kann auf die Einziehung selbständig erkannt werden (StrGB. § 42). Dieses sog. objektive Strafverfahren wird geregelt in StrPO. §§ 430 bis 432.

Voraussetzung für die Anwendung des § 42 StrGB. ist, daß (wie bei § 40) der volle objektive und subjektive Deliktstatbestand vorliegt; E. 53, 83.

Im Falle des StrGB. § 295 ist das objektive Verfahren unzulässig, weil Einziehung hier nur neben verwirkter Strafe angedroht ist; E. 53, 182.

[4] Einziehung kommt nicht in Betracht für Gegenstände, die durch die strafbare Handlung dem Verletzten entzogen wurden (z. B gestohlene Sachen). Sie sind gemäß StrPO. § 111 von Amts wegen zurückzugeben (soweit andererseits Einziehung erfolgt, tritt § 111 zurück; E. 46, 137).

[5] Über evtl. Beschlagnahme im Prozeß vgl. StrPO. §§ 94ff.

[6] Vgl. StrGB. §§ 152 (Münzfälschung), 284 b (Glücksspiel), 295 (Jagddelikt), 296a (Fischerei von Ausländern in Küstengewässern).

[7] §§ 284 b, 360 letzter Abs., 367 letzter Abs. — Obligatorische und zugleich unterschiedslose Einziehung schreiben die obigen §§ 152, 295, 296a vor. Vgl. dazu näher, auch kritisch, oben S. 253, Anm. 8 (Jagddelikt), S. 354, Anm. 5 (Münzdelikt).

[8] Vgl. StrGB. §§ 360 letzter Abs.; 367 letzter Abs.

[9] Vgl. E. 21, 54 (maßgebend das Bürgerliche Recht; daher hier, damals gemäß Preuß. Landrecht, die Besitzergreifung; die Strafvollstreckung bestimmt sich nach StrPO. § 495, jetzt 463, also gemäß der Zivilprozeßordnung. — Vereitelung

4. Hinsichtlich der Rechtsnatur der Einziehung vertritt das RG. die Auffassung: Es können hier sowohl Strafzwecke wie Sicherungszwecke in Betracht kommen; entscheidend ist, welcher Zweck überwiegt. Danach betrachtet das RG. die Einziehung als Nebenstrafe dort, wo nur Einziehung von Gegenständen zulässig ist, die dem Täter bzw. Teilnehmer des Delikts gehören; so insbes. StrGB. § 40. Dagegen erblickt das RG. in der Zulassung unterschiedsloser Einziehung eine Sicherungsmaßregel[1]. Ebenso die überwiegende Ansicht in der Literatur[2].

Mir scheint einheitliche Auffassung als eigenartige, von der Strafe verschiedene Unrechtsfolge wissenschaftlich wie in den praktischen Ergebnissen als die befriedigendste Lösung[3].

III. **Unbrauchbarmachung:** 1. Unbrauchbarmachung von Gegenständen ist gegenüber der Einziehung das mildere Mittel. Sie läßt dem Inhaber den Besitz bzw. das Eigentum an der Sache, macht aber deren Verwertung zu strafbaren Zwecken unmöglich.

2. StrGB. § 41 bestimmt: „Wenn der Inhalt einer Schrift, Abbildung oder Darstellung strafbar ist[4], so ist im Urteile auszusprechen, daß alle Exemplare[5] sowie die zu ihrer Herstellung be-

---

der Vollstreckung, hier Beiseiteschaffen des Jagdgewehrs, fällt unter StrGB. § 288). In diesem Sinn insbes. auch Frank. Vgl. im übrigen über den Streit die Kommentare (dabei werden die Worte „konstitutiv" und „deklaratorisch" teilweise in verschiedenem Sinne gebraucht).

[1] Grundlegend ist das Urteil E. 46, 132ff. (Ergebnis: Bei Idealkonkurrenz, § 73, kann Einziehung nicht stattfinden, wenn das schwerere Gesetz sie nicht vorsieht). — Vgl. ferner E. 50, 388 (unterschiedslose Einziehung nicht Strafe, daher zulässig auch bei Niederschlagung des Strafverfahrens); E. 53, 124 (umgekehrt: bei Niederschlagung keine Einziehung nach § 40/42 StrGB., weil hier Nebenstrafe); siehe auch E. 53, 308; 54, 58; 57, 259, 334, 430; 61, 50; 63, 282, 380; 65, 285.

Soweit die Einziehung hiernach nicht Nebenstrafe ist, spricht das RG. in E. 50, 388 von „Enteignung" der Sache wegen ihrer Beziehung zur Straftat; in E. 61, 50 von „dinglicher strafrechtlicher Haftung" für die gewissermaßen mit einem strafrechtlichen Makel behaftete Sache. In E. 63, 380 von polizeilicher Sicherungs- oder Vorbeugungsmaßregel; in E. 53, 308 von polizeilicher Maßnahme. Vgl. dazu zur Kritik des Wortes „polizeilich" oben S. 435, Anm. 5.

[2] Stellenweise wurde für alle Fälle die Auffassung als Nebenstrafe vertreten. Das ist bestimmt abzulehnen; denn Strafe kann keinen unbeteiligten Dritten treffen (so mehrfach auch scharf das RG.).

[3] Diese Ansicht ist auch in der Literatur stark vertreten; vgl. näher die Kommentare. Betr. Ergebnisse vgl. die Beispiele oben Anm. 1.

[4] Dafür ist erforderlich der objektive Tatbestand einer strafbaren Handlung, also z. B. Unzüchtigkeit des Bildes (§ 184 Nr. 1); vgl. E. 61, 293, im einzelnen die Kommentare.

[5] Aber nur die im Besitz des Verfassers, Druckers, Herausgebers, Verlegers oder Buchhändlers befindlichen und die öffentlich ausgelegten oder dargebotenen; so § 41 Abs. 2.

stimmten Platten und Formen unbrauchbar zu machen sind"[1]. Auch hier findet § 42 StrGB. (objektives Strafverfahren) Anwendung[2].

3. Zweck der Unbrauchbarmachung ist die Verhinderung künftiger Verbrechen mittels dieser Sache. Es handelt sich also um eine eigenartige Unrechtsfolge vorbeugender Art[3].

IV. **Haftung für Geldstrafen Dritter:** 1. Das StrGB. selbst erwähnt diese Maßnahme nur in § 361 Nr. 9; danach wird bestraft, wer Kinder oder untergebene Hausgenossen von der Begehung von Diebstählen, Zoll- und Steuerdelikten oder der Gesetze zum Schutze der Forsten, der Feldfrüchte, der Jagd oder der Fischerei abzuhalten unterläßt. „Die Vorschriften dieser Gesetze über die Haftbarkeit für die den Täter treffenden Geldstrafen oder anderen Geldleistungen werden hierdurch nicht berührt."

2. Diese (regelmäßig subsidiäre) Haftung für die Geldstrafe des Dritten tritt hier also neben die wegen Nichterfüllung der Aufsichtspflicht verwirkte Strafe. Sie ist demnach keine Strafe, sondern eine auf einer Mischung von strafrechtlichen und fiskalischen Gedanken beruhende, öffentlich-rechtliche Haftung für fremde Geldschuld[4]. In dieser Art tritt die Haftbarkeit in Nebengesetzen (Reichs- und Landesrecht) auf. Sie kommt aber auch als Strafe für eigenes Verschulden (Fahrlässigkeit, mangelnde Aufsicht) vor[5].

V. **Buße:** 1. Buße ist eine Geldzahlung an den Verletzten, auf die bei Antrag des Verletzten im Strafprozeß[6] neben der öffentlichen Strafe erkannt werden kann.

In dieser Gestalt findet sich die Buße im StrGB. §§ 188 (Beleidigung) und 231 (Körperverletzung)[7], ferner mehrfach in Nebengesetzen[8].

---

[1] Ist nur ein Teil der Schrift, Abbildung oder Darstellung strafbar, so ist, insofern eine Ausscheidung möglich ist, die Unbrauchbarmachung nur für den strafbaren Teil der Exemplare, Platten und Formen auszusprechen; § 41 Abs. 3.

[2] Vgl. oben S. 436, Anm. 3.

[3] Vgl. auch E. 17, 311: „Präventivmaßregel polizeilicher Natur"; E. 14, 162 (zur Kritik betr. „polizeilich" oben S. 435, Anm. 5).

Zulässig ist es (vgl. näher E. 17, 311), daß zugleich auf Einziehung der dem Täter bzw. Teilnehmer gehörigen Exemplare gemäß § 40 und auf Unbrauchbarmachung sonstiger Exemplare erkannt wird. Denn die §§ 40, 41 sind in ihren Merkmalen verschieden.

[4] Herrschende Ansicht; vgl. näher v. Liszt 237 (publizistische Bürgschaft); v. Liszt-Schmidt, 26. Aufl., I 369.

Betr. Vereinszollgesetz und Reichsabgabenordnung vgl. RG. E. 54, 75; 57, 220; 63, 297.

[5] So z. B. wohl in Reichsabgabenordnung 1919/1931, § 416 Abs. 2 (mit Verschiebung der Beweislast).

[6] Vgl. StrPO. §§ 403—406; Vollstreckung gemäß § 463 nach der Zivilprozeßordnung.

[7] Vgl. dazu näher oben S. 198 (Körperverletzung); S. 219 (Beleidigung).

[8] In den Gesetzen zum Schutz des geistigen Eigentums (oben S. 221/22) und im Wettbewerbsgesetz, 1909, § 26.

Eine erkannte Buße schließt weitere Entschädigungsansprüche aus[1]; mehrere Verurteilte haften als Gesamtschuldner[2]. Der Mindestbetrag der Buße beträgt 3 M., ihr Höchstbetrag 10000 M.[3].

2. Das Gericht kann, muß aber nicht auf Buße erkennen. Es wird darauf zwecks Vermeidung entbehrlicher Zivilprozesse erkennen[4], wenn ohne wesentliche Belastung des Strafprozesses eine gesicherte Entscheidung möglich ist. Damit ist zugleich das Wesen der Buße gekennzeichnet: Sie ist ein zivilrechtlicher Anspruch auf Schadensersatz[5], der zwecks Vereinfachung des Verfahrens im Strafprozeß geltend gemacht werden darf[6]. In diesem Sinne haben die Entwürfe 1909, 1913/19, die Buße als „Schadensersatz" bei allen Delikten zugelassen[7].

VI. **Bessernde und sichernde Maßnahmen:** 1. Es handelt sich hier ganz überwiegend um Forderungen der Reformbewegung, die in den Entwürfen, aber noch nicht im geltenden Recht verwirklicht sind. Sie wurden bereits oben S. 66 in Kürze dargestellt[8]. Besonders dringlich ist heute, nach dem vorläufigen Scheitern des Entwurfs, das Bedürfnis nach einem Sondergesetz über Sicherungsverwahrung gemeingefährlicher Gewohnheitsverbrecher.

2. Geltendes Recht wurde durch das Jugendgerichtsgesetz vom 12. Februar 1923[9] der tunlichste Ersatz der Strafe durch Erziehungsmaßnahmen gegenüber Jugendlichen. Das Gericht hat danach stets zu prüfen, ob Erziehungsmaßregeln erforderlich sind (vgl. näher § 5). Hält es solche für ausreichend, so hat es von Strafe abzusehen (§ 6)[10]. Als Erziehungsmaßregeln sind zulässig (§ 7): Verwarnung; Überweisung in die Zucht des Erziehungsberechtigten oder

[1] Vgl. §§ 188. 231; so auch die Nebengesetze.

[2] So ausdrücklich z. B. das Wettbewerbsgesetz.

[3] So, einheitlich, seit Verordnung v. 6. Febr. 1924, RGBl. I, 44ff., Art. IV.

[4] Vgl. dazu auch E. 44, 296.

[5] Einschließlich Schmerzensgeld; vgl. oben S. 198.

Vgl. auch RG. E. 44, 296: „Entschädigungsanspruch bürgerlich-rechtlicher Natur" („ständige, Rechtsprechung"; frühere Urteile); E. 55, 188: „Nur die Eigenschaft einer Entschädigung", Zulässigkeit aber sei durch das Strafrecht geregelt ohne Erfordernis zivilrechtlicher Begründung? — Für Schadensersatz heute auch die herrschende Ansicht der Literatur.

[6] Dem Wesen des Strafprozesses entspricht es dabei, daß der Bußanspruch nicht von den Erben erhoben oder fortgesetzt werden kann; vgl. StrPO. § 404[3].

Aus der Eigenschaft als Schadensersatz folgt insbes.: Buße ist bei Idealkonkurrenz auch zulässig, wenn das mildere Gesetz sie vorsieht. Begnadigung umfaßt nicht die Buße; betr. Verjährung vgl. E. 44, 296.

[7] Bis 20000 M. Leider beseitigt in den folgenden Entwürfen 1925/27.

[8] Vgl. dazu näher Strafr. I, 527—532.

[9] Vgl. dazu oben S. 65, 130, 423.

[10] Das Ergebnis hinsichtlich Bestrafung erhellt aus folgenden Ziffern: Zu Strafe verurteilt wurden 1922: 74941; 1923: 89524; 1927: 24121; 1928: 27112 Jugendliche (vgl. Reichskriminalstatistik).

der Schule; Auferlegung besonderer Verpflichtungen; Unterbringung; Schutzaufsicht; Fürsorgeerziehung. Nähere Regelung brachte das Jugendwohlfahrtsgesetz vom 9. Juli 1922 (RGBl. I, 633).

3. Der begriffliche Unterschied bessernder und sichernder Maßnahmen von der Strafe besteht darin, daß bei jenen der Vergeltungszweck fehlt und daß in präventiver Hinsicht die Spezialprävention entscheidend ist[1].

Ich stehe am Schluß meiner Darstellung. Dies Buch erscheint, während Deutschland nach außen um Freiheit und Gleichberechtigung, nach innen um Einigkeit und wirtschaftlichen Wiederaufstieg ringt. Die hohe, verantwortungsvolle Aufgabe des Strafrechts bleibt stets dieselbe, aber in Notzeiten tritt sie besonders greifbar hervor: Wahrung der Staatsautorität und der Rechtssicherheit ohne Ansehen der Person und Partei, mit Nachsicht in entschuldbaren Fällen, aber mit aller Entschiedenheit gegenüber Zuchtlosigkeit und Verachtung der Rechtsordnung. Das ist diese Aufgabe.

[1] Anm.: Vgl. oben S. 60 Anm. 2, 62 63, 66, 409.

Druck von C. G. Röder A.-G., Leipzig.

GPSR Compliance

The European Union's (EU) General Product Safety Regulation (GPSR) is a set of rules that requires consumer products to be safe and our obligations to ensure this.

If you have any concerns about our products, you can contact us on ProductSafety@springernature.com

In case Publisher is established outside the EU, the EU authorized representative is:

Springer Nature Customer Service Center GmbH
Europaplatz 3
69115 Heidelberg, Germany

Batch number: 10844655

Printed by Printforce, the Netherlands